U0862726

《中华人民共和国民法典释义与案例评注丛书》
编委会

编委会主任：杨立新

编委会副主任：焦清扬　阙梓冰　李付雷　扈　艳
蒋晓华　和丽军　王毅纯　李怡雯

编委会成员：（按拼音排序）
蔡颖雯　杜泽夏　范佳慧　姜福晓
李　轶　牛文静　苏　烨　王　琦
王艺璇　吴万军　叶　翔　于　晓

丛书统稿：杨立新　李怡雯

本书系教育部人文社会科学重点研究基地重大项目
“中华人民共和国民法典评注”（18JJD820001）的研究成果

杨立新 / 主　编
焦清扬 / 副主编

中华人民共和国民法典释义与案例评注

1

总则编

撰稿人
（以撰写章节为序）
杨立新　焦清扬　杜泽夏
李付雷　苏　烨　阚梓冰

中国法制出版社
CHINA LEGAL PUBLISHING HOUSE

前　言

《中华人民共和国民法典》的诞生，标志着我国进入民事立法法典化的历史时期。从1949年开始，我国的民事立法经历了非法典化时期和类法典化时期，开启了法典化的进程。2020年5月28日，第十三届全国人民代表大会第三次会议审议通过了《中华人民共和国民法典》，标志着我国正式进入民法的法典化时代。

《中华人民共和国民法典》（以下简称《民法典》）作为新中国成立以来第一部以“法典”命名的法律，是法治思想和法治观念不断发展的结果。改革开放以来，民事主体和民事权利的地位提升，民法之于国家、民族、个体的重要作用也为众人所认识，立法机关也提高了对民事立法的重视程度。尤其是近年来，伴随着依法治国理念的不断深入，民法法典化才得以成为现实。

《民法典》是我们中国自己的民法典，是新时代“中国特色”的法治表达。不论是立法体例还是具体内容，都具有中国自己的鲜明特色。可以看到，我国《民法典》包含了我国民事法律关系调整的全部范围和基本规则，是一本具有中国特色的百科全书。

《民法典》的颁布标志着中国民事立法已经展开全新的一页。在这样一个新时期，民法学研究的重大任务是如何准确理解和适用民法典，让民法典在社会生活中发挥更为充分的调整作用。但是，《民法典》的内容博大精深，规则极其复杂，没有经过系统良好的研究和训练，难以掌握其精髓，无法准确适用其规则，以保护民事主体的民事权利、人的尊严，维护正常的民事生活秩序。

本人研究民法已有四十年，有幸参加了民法典编纂的全过程，对民法典各编条文的内涵有比较透彻的理解，在学习和理解上，算是先行了一步。在《民法典》颁布之际，我和我的研究团队对《民法典》开展深入研究，编撰了这套《中华人民共和国民法典释义与案例评注丛书》，通过条文释义和案例评注的方式，阐释民法典各个条文的深刻含义，有助于读者理解民法典的条文，掌握适用的要求，全面掌握民法典的要点。

本套丛书按照《民法典》的编纂体例分为七册，分别是总则编、物权编、合同编、人格权编、婚姻家庭编、继承编及侵权责任编。在内容方面，本套丛书对《民法典》的每一个条文进行阐释。每一条的阐释分为两部分：一是条文解读，通过理论上的探讨，揭示条文的深刻内涵；二是案例评注，通过选取与特定条文直接相关的案例，解读民法典条文的精神。应当说明的是，《民法典》刚刚通过，很多新规则并无直接适用的典型案例，只能援引已经发生的、适用原来的民法单行法裁判的案例，即用旧案阐释新法，因而恳请热心读者理解。

《民法典》博大精深，作者对民法典的理解也在深入之中。同时，编纂这样一部庞大的丛书，主编、副主编以及作者都有经验欠缺、理论准备不足、对条文理解不深等不尽人意之处。如在阐释和说明中存在不当之处，盼读者批评指正，提出宝贵意见。

中国人民大学民商事法律科学研究中心研究员
中国人民大学法学院教授、博士生导师
杨立新
2020 年 6 月 26 日

凡　例

为行文方便，本书中法律法规使用简称，具体如下：

1. 本书中的法律法规使用简称，例如，《中华人民共和国民法通则》简称为《民法通则》，《中华人民共和国民事诉讼法》简称为《民事诉讼法》，等等。

2. 本书中多次出现的法律文件简称如下：

文件名简称	发文号	文件名全称
《民法通则》	中华人民共和国主席令第 18 号	《中华人民共和国民法通则》
《民事诉讼法》	中华人民共和国主席令第 71 号	《中华人民共和国民事诉讼法》
《村民委员会组织法》	中华人民共和国主席令第 21 号	《中华人民共和国村民委员会组织法》
《物权法》	中华人民共和国主席令第 62 号	《中华人民共和国物权法》
《合同法》	中华人民共和国主席令第 15 号	《中华人民共和国合同法》
《侵权责任法》	中华人民共和国主席令第 21 号	《中华人民共和国侵权责任法》
《民法总则》	中华人民共和国主席令第 66 号	《中华人民共和国民法总则》
《未成年人保护法》	中华人民共和国主席令第 65 号	《中华人民共和国未成年人保护法》
《老年人权益保障法》	中华人民共和国主席令第 24 号	《中华人民共和国老年人权益保障法》
《残疾人保障法》	中华人民共和国主席令第 16 号	《中华人民共和国残疾人保障法》
《妇女权益保障法》	中华人民共和国主席令第 16 号	《中华人民共和国妇女权益保障法》

文件名简称	发文号	文件名全称
《消费者权益保护法》	中华人民共和国主席令第 7 号	《中华人民共和国消费者权益保护法》
《刑法》	中华人民共和国主席令第 80 号	《中华人民共和国刑法》
《土地管理法》	中华人民共和国主席令第 32 号	《中华人民共和国土地管理法》
《道路交通安全法》	中华人民共和国主席令第 47 号	《中华人民共和国道路交通安全法》
《立法法》	中华人民共和国主席令第 20 号	《中华人民共和国立法法》
《民用航空法》	中华人民共和国主席令第 24 号	《中华人民共和国民用航空法》
《涉外民事关系法律适用法》	中华人民共和国主席令第 36 号	《中华人民共和国涉外民事关系法律适用法》
《继承法》	中华人民共和国主席令第 24 号	《中华人民共和国继承法》
《婚姻法》	中华人民共和国主席令第 51 号	《中华人民共和国婚姻法》
《劳动法》	中华人民共和国主席令第 24 号	《中华人民共和国劳动法》
《担保法》	中华人民共和国主席令第 50 号	《中华人民共和国担保法》
《农村土地承包法》	中华人民共和国主席令第 17 号	《中华人民共和国农村土地承包法》
《劳动合同法》	中华人民共和国主席令第 73 号	《中华人民共和国劳动合同法》
《国家赔偿法》	中华人民共和国主席令第 68 号	《中华人民共和国国家赔偿法》
《行政许可法》	中华人民共和国主席令第 29 号	《中华人民共和国行政许可法》
《行政诉讼法》	中华人民共和国主席令第 71 号	《中华人民共和国行政诉讼法》
《公司法》	中华人民共和国主席令第 15 号	《中华人民共和国公司法》
《企业破产法》	中华人民共和国主席令第 54 号	《中华人民共和国企业破产法》

文件名简称	发文号	文件名全称
《民办教育促进法》	中华人民共和国主席令第 24 号	《中华人民共和国民办教育促进法》
《慈善法》	全国人民代表大会公告第 43 号	《中华人民共和国慈善法》
《宪法》	全国人民代表大会公告第 1 号	《中华人民共和国宪法》
《个人独资企业法》	中华人民共和国主席令第 20 号	《中华人民共和国个人独资企业法》
《合伙企业法》	中华人民共和国主席令第 55 号	《中华人民共和国合伙企业法》
《仲裁法》	中华人民共和国主席令第 76 号	《中华人民共和国仲裁法》
《海商法》	中华人民共和国主席令第 64 号	《中华人民共和国海商法》

目　录

第一章 基本规定

第一条 为了保护民事主体的合法权益，调整民事关系，维护社会和经济秩序，适应中国特色社会主义发展要求，弘扬社会主义核心价值观，根据宪法，制定本法。

【条文释义】

本条是对民法典立法目的和依据的规定。

民法典的立法目的是：1. 民法是民事权利的“圣经”，民法典的首要立法目的，就是保护民事主体的合法权益。2. 民法典保护民事权益，是通过调整民事法律关系实现的，通过调整民事权利和民事义务构成的各种民事法律关系，督促民事义务的履行，保障民事权益的实现。3. 民法典通过保护民事主体的合法权益以及调整民事法律关系，维护好社会和经济秩序，使市民社会的生活秩序和财产流转秩序得到稳定发展。4. 通过上述这些目的的实现，民法典最终保障中国特色社会主义稳步发展，使社会主义核心价值观得到弘扬。

我国民法典的立法依据是《宪法》。宪法是根本大法，是制定其他法律的依据。民法典是民法的基本法，是国家最重要的基本法，在民事领域中具有最高的地位。尽管如此，民法典也必须服从于宪法，依据宪法的基本原则制定和实施。

【案例评注】

于某诉货运公司劳务合同纠纷案[①]

基本案情

被告货运公司承包了平度市九店镇苗东村前水库，被告承包后，交给原告于

① 审理法院：山东省莱州市人民法院，案号：（2015）莱州金民初字第154号。

某组织人抽沙，原告提供抽沙船和铲车，每立方米被告给原告7元钱，从2010年开始到2011年3月30日结束。2011年3月11日，双方结算时，由被告会计郝某出具了欠条一张，证明欠款19100元，欠条载明是抽沙款。之后原告以多次催要，被告对前述欠款一直拖延不付为由，向法院提起诉讼，请求法院判令被告给付劳务费19100元。被告辩称，郝某是其会计，郝某出具的欠条系职务行为，其予以认可，但原告所诉的该笔款项其已付清。

法院判决

法院经审理认为，《民法通则》第一条规定："为了保障公民、法人的合法的民事权益，正确调整民事关系，适应社会主义现代化建设事业发展的需要，根据宪法和我国实际情况，总结民事活动的实践经验，制定本法。"第六条规定："民事活动必须遵守法律，法律没有规定的，应当遵守国家政策。"本案中原、被告从事抽沙属于违法行为，因违法行为产生的纠纷，不受法律保护，因此原告要求被告给付欠款的诉讼请求，法院不予支持。依照《民法通则》第一条、第六条之规定，判决驳回原告的诉讼请求。

专家点评

根据民法典总则编对立法宗旨的规定，民法保护的对象仅限于民事主体的合法权益，因而对"民事主体的合法权益"作出准确界定即构成了对民事纠纷加以正确裁判的重要前提条件之一，基于此，有必要确立合理且具有可操作性的判断"民事主体合法权益"的标准，其中最主要的即为对合法性的判断，但由于民事利益具有相当的抽象性，因而判断起来有一定难度，需要通过司法实践予以明确。本案中，人民法院根据原《民法通则》第6条的规定，在判断当事人所从事行为合法性的基础上，对原告诉请保护的民事利益的合法性作出了判断，即在当事人所从事的行为不符合法律规定，系违法行为的情况下，该行为所产生的利益也不具有合法性，因而不能获得法律的保护。这样一来，即将对抽象的民事利益的合法性的判断转换为对相对具体的行为的合法性的判断，提高了判断的可操作性；同时，由于法律规范通常会包含特定的行为模式及法律后果，因此在确定了当事人行为的性质后，即能根据其法律后果来判断其是否合法，因而也提高了判断的准确性。在民法典总则编第8条规定"民事主体从事民事活动，不得违反法律，不得违背公序良俗"的条件下，法院在裁判中即可通过判断当事人行为的合法性来判断该行为所产生利益的合法性，并进而确定是否对其予以保护。

第二条　民法调整平等主体的自然人、法人和非法人组织之间的人身关系和财产关系。

【条文释义】

本条是对民法典调整范围的规定。

民法典的调整对象，是平等主体的自然人、法人和非法人组织的人身关系和财产关系。这一规定的主要含义是：1. 法律的调整对象就是特定法律所调整的特定社会法律关系。民法典的调整对象就是民事法律关系，包括民事法律关系的主体、客体和内容。2. 我国民事法律关系的主体为自然人、法人和非法人组织。原《民法通则》规定的民事主体只有公民（自然人）和法人，民法典规定的民事主体增加了非法人组织，构建了我国民事主体三元体系。3. 三种民事主体的地位平等。民法典调整的民事法律关系的主体，是平等的自然人、法人、非法人组织，不调整非平等主体之间的法律关系，例如行政关系。4. 民法典调整的民事法律关系包括人身关系和财产关系。民法典调整的对象就是民事法律关系，包括人身关系和财产关系。与原《民法通则》的规定相比，民法典将民法调整的民事法律关系类型的顺序做了调整，将人身关系放在财产关系之前，突出了民法典的人文主义色彩。

【案例评注】

何某诉三门县国土某局采矿权纠纷案①

基本案情

2007 年 8 月 27 日，原告何某与被告三门县国土某局签订了一份《浙江省采矿权有偿出让合同》，原告取得三门县横渡镇白溪河道 a 采矿区范围普通建筑用砂的开采权。合同约定：出让人同意在 2007 年 9 月 1 日到 2009 年 8 月 30 日将合同第三条所列范围内的普通建筑用砂开采权出让给原告，如在采矿有效期限内设定的资源量未开采完的，原告应提前一个月提出延续申请，出让方应根据资源保有量准予延续，直至设定的资源量开采完毕为止。2007 年 11 月 30 日，被告颁发

① 审理法院：一审法院为浙江省台州市三门县人民法院，案号：（2011）台三民初字第 419 号；二审法院为浙江省台州市中级人民法院，案号：（2012）浙台民终字第 181 号。

给原告3310××010号采矿许可证，该许可证载明的有效期限为2007年12月至2009年12月。2009年10月23日，被告与三门县水利局、三门县横渡镇人民政府联合向原告发出《告知书》，内称：原告取得的采矿权已到期，即日起应停止开采和加工，并于2009年11月31日前自行拆除、清理完场内采（制）砂石设备及砂石料，逾期则予以强制拆除和清理。2009年12月15日，被告与三门县水利局、三门县横渡镇人民政府组织人员利用挖掘机等机械设备，将原告在白溪砂场内的采（制）砂设备强行予以拆毁。后原告提起行政诉讼，2010年7月10日，天台县人民法院作出（2010）台天行初字第30号行政判决书，确认被告与三门县水利局、三门县横渡镇人民政府于2009年12月15日拆毁原告白溪砂场内的采（制）砂设备的行为违法，被告与三门县水利局、三门县横渡镇人民政府不服该判决提起上诉，浙江省台州市中级人民法院经审理后作出维持原判的终审判决。之后，原告又提起行政赔偿诉讼，要求被告与三门县水利局、三门县横渡镇人民政府赔偿原告的机器设备及半成品砂石料的损失。2011年7月6日，天台县人民法院作出（2010）台天行赔初字第1号行政赔偿判决书，判决被告、三门县水利局、三门县横渡镇人民政府共同赔偿给原告财产损失人民币806776元，被告与三门县水利局、三门县横渡镇人民政府不服该判决上诉至台州市中级人民法院，现该案尚在审理过程中。原告又以被告未完全履行采矿权有偿出让合同的义务为由，向人民法院提起民事诉讼，请求法院判令被告承担违约责任。

法院判决

一审法院经审理认为，原告与被告签订的《浙江省采矿权有偿出让合同》是一份行政合同，被告是为了行使行政职能、实现特定的行政管理目标才与原告签订合同，其合同标的是采矿许可，明显是一种行政许可，双方之间的关系是一种管理与被管理的行政法律关系，不是平等主体之间发生的民事法律关系。依照《民法通则》第二条的规定，原、被告之间的关系不受民事法律直接调整，不能通过民事诉讼的方式处理纠纷，本案不属于人民法院民事诉讼的受案范围，裁定驳回原告起诉，并建议原告另案向人民法院提起行政诉讼。

一审宣判后，原告不服，提起上诉称：被上诉人与上诉人签订采矿权出让合同，收取了出让金，理应按照合同的约定履行自己的义务，保障上诉人应得的合法权益。被上诉人违反合同的约定，单方面终止合同履行，其应对自身的违约行为承担法律责任。

二审法院经审理认为，上诉人基于与被上诉人签订的《浙江省采矿权有偿出让合同》，认为被上诉人违反合同约定，而要求被上诉人赔偿合同完全履行情况下的可得利益损失。讼争的合同系被上诉人发出要约邀请，而后上诉人中标，双方当事人意思表示一致后签订的，现上诉人以被上诉人违约为由诉至法院，因此本案应属民事诉讼的调整范围。原审法院驳回上诉人的起诉不当，法院依法予以纠正。上诉人上诉理由充分，法院依法予以支持。根据《民事诉讼法》第一百五十四条、《最高人民法院关于适用〈中华人民共和国民事诉讼法〉若干问题的意见》第一百八十七条的规定，裁定撤销三门县人民法院（2011）台三民初字第419号民事裁定，指令三门县人民法院继续审理。

专家点评

平等主体界定了民法调整内容的主体范围，在诉讼中判断当事人是否属于法律地位平等的平等主体是确定案件是否由民事审判庭审理的重要依据之一。但是，在判断当事人是否属于法律地位平等的平等主体时，又不能仅在一般意义上作出判断，亦即不能仅根据当事人之间在一般情况下所具有的管理和被管理的关系就认为当事人之间不是平等的民事主体关系，而是应当判断当事人是否以平等的身份介入到具体的社会关系当中，即在实质意义上作出判断。本案中，虽然签订《浙江省采矿权有偿出让合同》的双方当事人分别为自然人何某和三门县国土某局，何某在一般情况下需要接受三门县国土某局的管理，这种管理具有强制性，但就本案的合同来看，订立合同的意思表示系由何某自愿作出，并不具有强制性，因而属于三门县国土某局代表国家，作为矿产资源所有权人这一民事主体，将其享有的矿产资源所有权这一民事权利的占有、使用、收益权能，通过收取一定的对价让渡给其他民事主体的一种等价有偿的市场交易行为，故应由民法调整。

第三条 民事主体的人身权利、财产权利以及其他合法权益受法律保护，任何组织或者个人不得侵犯。

【条文释义】

本条是对民事权益依法保护原则的规定。

私权神圣原则是民法基本准则之一，指的是民事主体的人身权利和财产权利以及其他合法权益的地位神圣，受法律保护，任何组织和个人不得侵犯。这一原则的含义是：1. 民事主体所有的民事权利都受到民法的保护。民事权利包括人身权利——人格权和身份权，也包括财产权利——物权、债权、知识产权、继承权和股权以及其他投资性权利。2. 不仅民事主体的民事权利受到保护，而且合法的民事利益也受法律保护。那些地位尚未上升到民事权利的民事利益，法律以法益的形式进行保护，例如胎儿的利益、死者的人格利益等，尽管不能以民事权利的形式保护，但是法律都依法以法益的形式予以保护，任何人不得侵犯。3. 民事主体的民事权益神圣不可侵犯。民事主体享有民事权益，是保障其行使民事权益的前提，地位极为重要。禁止任何组织或者个人侵害民事主体的民事权益。任何组织或者个人侵害他人的民事权益，都要承担民事责任。4. 民事主体的民事权益受到侵害，可以行使请求权予以保护。民事主体保护自己的民事权益，既享有民事权利本身所包含的请求权，也会因侵权行为而产生侵权请求权。行使这些请求权，就可以救济自己的损害，保护自己的民事权益。

【案例评注】

王甲、刘某、王乙诉垣曲县新城镇西峰山村西中居民组侵害集体组织成员权益纠纷案①

基本案情

原告王甲于1993年4月取得被告居民组户口，就学、生活一直在被告垣曲县新城镇西峰山村西中居民组（以下简称居民组），至今仍在被告居民组；原告刘某于2012年12月5日与原告王甲结婚，2013年1月7日取得被告居民组户口；原告王乙2013年6月7日出生，于2013年6月26日取得被告居民组户口；原告王甲1993年4月至2011年6月之前未享受被告居民组成员的相关分配权。2011年6月至2015年底期间三原告与本村其他村民享有同等的分配权。2015年春节被告为村民每人分配大米30斤或食用油3桶（二选一）。2016年妇女节，被告为居民组妇女每人分卫生纸1提、洗衣液1桶。2016年3月16日，被告为村民每人分配土地补偿款6000元。被告以原告王甲不具有合法的西峰山村西中居民组集体经济组织成员资格而取消了三原告享受村民福利待遇的权利。又查明：被告居民组成员王丙1981年与丈夫宋某离婚，其与丈夫生育一儿子王丁，由宋某抚养，至今王丙未再结婚。原告王甲系王丙妹妹之子，其出生后便由王丙抚养，后结婚生子均在被告居民组，并与王丙共同生活在一起。户主为王丙的常住人口登记卡

① 审理法院：一审法院为山西省运城市垣曲县人民法院，案号：（2016）晋0827民初313号；二审法院为山西省运城市中级人民法院，案号：（2016）晋08民终1518号。

上所记载的王丙与原告王甲之间的关系为“母子”、原告刘某为“儿媳”、原告王乙为“孙子”。经原、被告确认，大米20斤或食用油3桶价值为55元，卫生纸1提价值15元，洗衣液1桶价值15元，以上物品被告居民组均未向三原告分配。

法院判决

一审法院经审理认为，《民法通则》第五条规定，公民、法人的合法的民事权益受法律保护，任何组织和个人不得侵犯；《村民委员会组织法》第二十七条第二款规定，村民自治章程、村规民约以及村民会议或者村民代表讨论决定的事项不得与宪法、法律、法规和国家的政策相抵触，不得有侵犯村民的人身权利、民主权利和合法财产权利的内容。原告王甲1993年4月20日取得被告居民组的户口，至今户口仍在被告居民组，从形式上来看，原告王甲具有被告居民组成员的身份。实质上，原告王甲并非当然的被告居民组成员，因其是被告居民组成员王丙在其他村落的妹妹之子，其出生后由王丙抱养回家中抚养长大，并以母子身份长期生活在一起。王丙自1981年离婚之后未再婚，也未生育其他子女，其与前夫生育有一子王丁，王丁一直与其父亲生活在一起，那么也就是说是原告王甲与王丙长期以来共同相依生活，无论从称呼还是户籍登记上均可以看出原告王甲与王丙之间已形成了事实上的收养关系。另外，原告王甲落户到被告居民组是经过被告居民组的同意的，其除了被告居民组的户口再无其他户口，被告居民组户口是原告王甲唯一的户籍所在地，原告王甲在被告居民组生活期间，不仅履行着该居民组的相关义务，也未在其他村集体组织中享有相关权益，所以原告王甲应为被告居民组的合法成员。至于原告王甲如何落户到被告居民组，是否因超生及逃避缴纳社会抚养费，均不能改变其在被告居民组居住生活20余年，属被告居民组合法成员的既成事实。其应享有与户籍所在地其他村民同等的权利并履行相关义务，其中包括组织内的经济权利。关于原告刘某、王乙是否应当享受被告居民组分配权，法院认为原告刘某与原告王甲结婚后，其户口迁入被告居民组是经过被告居民组同意的。被告王乙自出生即取得被告居民组的户口，也是经过被告居民组同意的，二原告均属被告居民组组织成员。现被告以原告王甲不具有合法的西峰山村西中居民组集体经济组织成员资格为由，不让三原告参与被告居民组分配，于法无据，其主张不应采纳。判决被告给付三原告2016年福利折价款195元及2016年土地补偿款18000元，共计18195元。

二审法院经审理认为，被上诉人王甲自幼被其姨妈收养，户口也随迁其姨妈户口所在地上诉人处，王甲自迁入上诉人处后，再未在其出生地享有村民待遇，其与王丙形成事实上的收养关系。而此前上诉人亦同意王甲自2011年起与本村村民享有同等待遇。被上诉人刘某与王甲因婚姻关系户口随迁上诉人处，王乙因出生取得户籍。三被上诉人户口在上诉人西中居民组，其三人具有西中居民组成员的资格，依法享有西中居民组成员享有的权利。现上诉人西中居民组以王甲与王丙之间收养关系不成立为由，否认王甲的村民资格，以《西峰山村村民自治条例》、村民会议决议为由否认三被上诉人参与分配的权利，侵犯了三被上诉人的合法权益，其行为无效。综上所述，上诉人的上诉请求不能成立，应予驳回。一审判决认定事实清楚，适用法律正确，应予维持。依照《民事诉讼法》第一百七十条第一款第（一）项规定，判决驳回上诉，维持原判。

专家点评

“民事主体的人身权利、财产权利及其他合法权益”这一表述具有很强的包容性，其囊括了所有在民法上被明确规定的权利，以及尚未被立法明确规定为权利，但是理应获得保护的利益。由于这一条所具有的包容性，在援引这一条作为保护某项民事权益的依据时，应当对该项民事权益的正当性和保护必要性进行充分论证。在本案中，人民法院即通过详细阐明原告三人具有集体经济组织成员资格的理由，论证了对原告三人基于其集体经济组织成员资格所享有的民事权益保护的正当性，并依据“保护民事主体人身权利、财产权利及其他合法权益”保护了原告的民事权益，使这一规范发挥了其应有的作用。

第四条 民事主体在民事活动中的法律地位一律平等。

【条文释义】

本条是对民事主体地位平等原则的规定。

平等原则是民法的最高原则，是指所有的民事主体在地位上一律平等，没有任何一个民事主体的地位可以高于其他民事主体地位的基本准则。

平等原则是由民法调整的社会关系的性质决定的。民事主体地位平等的前提是人格独立和人格平等，因而任何民事主体的法律地位一律平等。平等的实现，是民事主体在相互之间互不隶属，各自能独立地表达自己的意愿，其合法的民事权益得到平等保护。

平等原则的含义是：1. 民事主体的资格平等，即所有的民事主体的民事权利能力一律平等。2. 民事主体的地位平等，任何一方都不具有凌驾于或者优越于他方的法律地位。3. 民事主体平等地享有权利和负担义务，平等地享有人格权、身份权、物权、债权、知识产权、继承权、股权等民事权利，平等地承担民事义务。4. 对民事主体在适用法律时平等对待，在法律面前人人平等，平等地受到法律的拘束，违反法律时平等地承担民事责任，不得有任何偏袒和歧视。5. 民事主体的民事权益平等地受到法律保护，当出现他人侵害民事权益时，法律予以平等保护。

【案例评注】

徐某等诉金秀瑶族自治县桐木镇桐木村民委解放街第三村民小组侵犯集体组织成员权益案①

基本案情

原告巫某系被告金秀瑶族自治县桐木镇桐木村民委解放街第三村民小组（以下简称解放街三组）村民，“文化大革命”期间外出，1970 年在平南县思旺镇崇秀村鱼鳞屯与原告徐某结婚并生活在该屯，先后共同生育了巫乙、巫丙、巫丁、巫戊、巫已 5 个子女，因该屯集体认为原告巫某不是该屯村民，且原告徐某系出嫁女，所以在 20 世纪 80 年代初落实家庭联产承包责任制时没有分配田地给原告七人。原告巫某于 1985 年在平南县去世后，原告徐某带其子女回到解放街三组，经被告集体同意，原告徐某及其子女于 1986 年加入并取得在被告的户籍。被告 1981 年已将责任田承包到户，后因部分村民农转非或去世，被告将该部分村民承包的责任田收回作为机动田，重新分配给新出生人口或新加入被告集体的人。1988 年，被告抽签分配 7 份机动田（每份 0.85 亩），原告徐某户分得其中 1 份，其余为陈某等 6 户分得。1996 年 1 月 1 日，被告与包括原告徐某户在内的集体各户签订《土地延包合同书》，以确认各户承包土地的种类及面积，原告徐某户承包有 0.85 亩水田，何某、张某等各户承包有水田及自留地，集体的林地、岭地等是否承包到户，《土地延包合同书》并没有写明。经庭审查明，除水田外，属被告集体所有的岭地、林地分别是平地岭、大岭（果园）及桥底岭。2008 年 1 月 10 日及 2010 年 4 月 18 日，被告分别按每份田（0.85 亩）160 元、80 元的分配方案，两次将出租平地岭所得的承包金发放给包括原告徐某在内的集体各户。2010 年 6 月 10 日，被告将出租大岭（果园）地所得的承包金 72000 元，按每份田

① 审理法院：广西壮族自治区金秀瑶族自治县人民法院，案号：(2011) 金民初字第 269 号。

(0.85 亩) 300 元的分配方案进行分配，同时以村民会议及部分村民签名的形式，决定不让原告徐某户参与此次分配。原告先后向桐木村委、桐木镇人民政府申请调处，因被告不同意支付大岭（果园）地收益款给原告致使调解未果。2010 年 8 月 13 日，原告以被告侵害其合法权益为由诉至法院，要求被告给付大岭（果园）地集体收益款 300 元。

法院判决

法院经审理认为，出租或发包集体所有的不动产或动产所获得的集体收益，属于本集体成员集体共同所有，享有集体成员资格的人即享有分配集体收益的权利。在农村集体经济组织所在地生产、生活并依法登记长住户口的人，应当认定具有该集体经济组织成员的资格。原告徐某户 1986 年户籍已确定加入被告解放街三组，1988 年又从该组承包一份 0.85 亩责任田经营至今，后来又一直领取这份田的各种补贴，长期生产、生活在该组，且被告曾两次将出租平地岭所得的集体收益分配给原告，应当认定原告具有该集体经济组织成员的资格，享有与该集体经济组织其他成员同等的权益。被告提出原告徐某户迁入户口及分得责任田，都没有经过被告全体群众开会同意，且原告徐某户曾承诺不要被告的田地，也不参与分配的主张，因原告不予认可，被告亦未能提供有效证据予以证实，故法院不予采信。被告提出 1981 年已将大岭（果园）地承包到户的主张，亦未能提供证据予以证实，而何某等户的《土地延包合同书》表明农户仅承包有水田及自留地，大岭（果园）地并未承包到户，故法院对该主张亦不予采信。被告此次大岭（果园）收益分配方案与原来的平地岭分配方案相似，按每份田（0.85 亩）300 元进行分配，即该集体成员的每份田（0.85 亩）都应该分得 300 元。1988 年与原告徐某户同时抽签并各分得一份田的陈某等六户，在此次大岭（果园）地收益分配中都分到了相应的款项，唯独没有分给原告，这显然与我国公平合理、村民待遇平等的民事法律原则相悖。综上所述，原告应当依法与被告集体其他成员一样享有同等的权益，该权益不允许也不能够任意由当事人的多数表决加以剥夺。虽然被告的村民大会讨论形式是其村民自治的表现，但其作出的大岭（果园）地收益分配决定，却是对具有与其他集体成员同等权益的原告不予分配，侵犯了原告享有的同等收益分配的权利，该部分决定内容应为无效。因此，原告的诉讼请求合法有据，法院依法予以支持，根据《民法通则》第三条、第四条、第五条，《物权法》第五十九条第一款、第六十三条第二款，《村民委员会组织法》第二十条第二款，并参照《最高人民法院关于民事诉讼证据的若干规定》第二条、第七十六条之规定，判决被告给付原告大岭（果园）地集体收益分配款人民币

300 元。

专家点评

“民事主体平等地享有权利、承担义务”和“民事主体的民事权益平等地受法律保护”是民事主体在民事活动中法律地位平等的两种重要表现。本案中，原告和被告的其他成员均具有该集体经济组织成员的资格，均为出租或发包集体所有的不动产或动产所获得的集体收益的所有权人，共同享有所有权，且这种权利的享有应具有平等性。这种平等性一方面体现为原告和被告其他集体成员均有权分配集体收益，另一方面体现为该项权利平等地受法律保护。基于此，在被告的其他成员获得收益分配款时，原告作为与其他成员法律地位平等的民事主体，亦应获得相应的收益分配款。

第五条　民事主体从事民事活动，应当遵循自愿原则，按照自己的意思设立、变更、终止民事法律关系。

【条文释义】

本条是对自愿原则即意思自治原则的规定。

自愿原则，即意思自治原则，是指平等民事主体之间在确定、变更或者终止民事法律关系时，要以各自的真实意志来表达自己意愿的民法基本准则。

自愿原则的具体内容是：1. 确立民事主体在法律允许的范围内具有最广泛的行为自由。意思自治原则的实质，就是赋予民事主体以行为自由，在法律允许的范围内，自主决定自己的事务，自由从事各种民事活动，确定参与社会生活的交往方式，最充分地实现自己的价值。2. 确立民事主体自由实施法律行为，调整民事主体之间的相互关系。根据民法的一般性规定，通过自主协商而达成合意，并使其具有优先于法律任意性规范的适用效力，据此设立、变更或者终止相互之间的民事法律关系。3. 确立“法无明文禁止即可为”的原则，在私法领域中，民事主体实施民事法律行为，只要法律未设立明文禁止的规范，民事主体即可为之，只要不违反法律的强制性规定，就可以自由行使自己的民事权利。

【案例评注】

薛某诉某房地产开发公司房屋买卖合同纠纷案[①]

基本案情

位于北京市通州区玉兰湾嘉园×号楼×单元×号房屋（以下简称×号房屋）系由被告某房地产开发公司所有。2015年5月8日，原告薛某向被告支付款项1万元，被告为其出具的收款收据上载明：今收到薛某交来K2玉兰湾诚意金1万元。但原告未与被告就×号房屋签订《购房意向书》及《商品房预售合同》。2015年7月31日，被告与案外人建设工程公司大仪分公司（以下简称某建设工程公司）签订《北京市商品房认购书》，约定被告以32847.82元/平方米的价格将×号房屋出售给某建设工程公司。认购定金为5万元。同日，某建设工程公司向被告支付款项5万元，被告为其出具的收款收据上载明：今收到建设工程公司大仪分公司交来K2玉兰湾×号房定金5万元。原告当庭表示其与被告的销售人员在2015年5月已就×号房屋的购买事宜达成一致意见，被告已经同意按照单价26404元/平方米的价格将×号房屋向其进行出售，后被告的销售人员又以各种理由推托，导致其未及时与被告签订×号房屋的《商品房预售合同》，因×号房屋价格大幅上涨导致被告拒绝与其签订《商品房预售合同》。经法院释明，原告坚持其诉讼请求，即要求被告与其按照单价26404元/平方米的价格签订《商品房预售合同》。

法院判决

法院经审理认为，民事活动应当遵循自愿、公平、等价有偿、诚实信用的原则。合同当事人的法律地位平等，一方不得将自己的意志强加给另一方。当事人依法享有自愿订立合同的权利，任何单位和个人不得非法干预。合同的成立需要双方在遵循上述原则的基础上意思表示一致。根据本案查明的事实，原告自始未与被告就×号房屋签订任何书面的《商品房认购合同》和《商品房预售合同》。原告虽向被告交纳款项1万元，但是被告出具的交款收据上仅载明系K2玉兰湾诚意金，并未载明该1万元系×号房屋的款项。即使如原告所述其与被告的销售人员就×号房屋的总价款达成一致意见，但是原告与被告之间也并未就购买×号

① 审理法院：北京市通州区人民法院，案号：（2015）通民初字第15980号。

房屋的付款时间、付款方式、交房时间及完成房屋权属转移登记时间等《商品房预售合同》应有的重要内容进行协商并达成一致意见，故双方未就×号房屋达成《商品房预售合同》。因此原告要求被告按照238万元的价格与其签订×号房屋的《商品房预售合同》的诉讼请求，有违合同自愿原则和相关法律规定，故对原告的上述诉讼请求，法院不予支持，依据《民法通则》第四条，《合同法》第三条、第四条，《民事诉讼法》第六十四条第一款之规定，判决驳回原告的诉讼请求。

专家点评

自愿原则意味着应对民事主体在民事活动中的意思自由加以保护，“民事主体有权依法从事某种民事活动和不从事某种民事活动”和“民事主体有权选择其行为相对人”是这种意思自由的应有之义，这就要求民事主体在从事民事活动时对其他民事主体的意思自由予以尊重，法院亦应对民事主体的意思自由加以保护。而合同行为作为最典型的双方法律行为，需要双方当事人对应的意思表示达成一致才能成立，且双方当事人的意思表示需要满足自愿性的要求。在本案中，原告薛某虽然交纳了1万元，被告也出具了针对前述款项的收据，但被告并未作出与原告订立房屋买卖合同的意思表示。相较于此，其后被告与某建设工程公司签订《北京市商品房认购书》，对购房价格以及认购定金作出约定，接受某建设工程公司向其支付的定金并为其出具收款收据的一系列行为则明显表明了其选择某建设工程公司作为另一方当事人订立房屋买卖合同的意思。这是被告基于自愿原则行使其选择订立或不订立房屋买卖合同以及合同相对人的意思自由，具有正当性，应受到法律保护。原告要求被告违反其意愿与自身订立买卖合同，侵犯了被告按照自己的意思设立民事法律关系的自由，不符合自愿原则的要求。

第六条　民事主体从事民事活动，应当遵循公平原则，合理确定各方的权利和义务。

【条文释义】

本条是对公平原则的规定。

公平原则，是民法针对民事权益确定的基本准则，是指对市民社会的人身利益、财产利益进行分配，确定权利和义务时，须以社会公共人的公平观念作为基础，维持民事主体之间的利益均衡的基本准则。

公平是民法的最高规则，是进步和正义的道德感在民法上的体现。在处理民事权利冲突和利益争执的纠纷时，公平原则是最基本的衡量标准。

公平原则的含义是：1. 基本要求是对民事利益分配关系达到均衡，以实现分配正义。对民事主体进行利益分配，要体现公正、正直、不偏袒、公道的特质和品质，以及公平交易或者正当行事的理念，保证民法分配正义的实现。2. 具体要求是民事主体依照公平观念行使权利、履行义务，以实现交换正义。在民事利益交换中，体现民法的正义要求，不得滥用权利，侵害他人的合法权益，防止造成不公平的后果。3. 确定民事活动目的性的评价标准，以实现实质正义。判断民事活动是否违背公平原则，主要是从结果上判断是否符合公平的要求，如果交易的结果导致当事人之间的利益失衡，除非当事人自愿接受，否则法律就应当作出适当调整。4. 是法官适用民法应当遵循的基本理念，以实现裁判正义。民法是最充分体现公平、正义要求的法律，法官在适用法律裁判民事纠纷时，应当严格依照公平理念作出判断，公正无私地进行司法活动，保障裁判正义的实现。

【案例评注】

严某诉某房地产开发公司合同纠纷案①

基本案情

因被告某房地产开发公司欠原告严某借款，无力偿还。2010 年 7 月 12 日，原告（甲方）与被告（乙方）签订借款抵顶商品房合同一份。约定：乙方用红寺堡区红寺堡镇圣丰花园 × 号楼 × 单元 101 室、201 室、301 室、401 室、102 室、202 室、302 室、402 室、502 室房屋抵顶 1340000 元借款及利息。抵顶房价按照 2010 年 5 月 6 日乙方定价的 70% 计算，即签订承诺协议书价款 1360650.76 元，多余 20650.76 元乘以相应系数在最后按揭贷款中甲方向乙方付清。签订给甲方的房屋，甲方委托乙方销售，甲方或乙方售出的房屋均由乙方与买方签订购房合同并办理按揭贷款或住房公积金贷款，房屋销售款及按揭贷款或住房公积金贷款转入乙方账户。乙方应及时向甲方支付，否则，每逾期一日向甲方支付应收款万分之八的利息；乙方向甲方支付房款，甲方不向乙方提供发票，可出具收据，甲方按套房款付清，承诺协议书交乙方；抵顶的房屋办理房产证税款按国家有关规定由乙方与买方分别承担，乙方的税款由甲方承担；签订给甲方的商品房甲方委托

① 审理法院：一审法院为宁夏回族自治区吴忠市红寺堡区人民法院，案号：（2016）宁 0303 民初 339 号；二审法院为宁夏回族自治区吴忠市中级人民法院，案号：（2016）宁 03 民终 601 号。

乙方销售，甲方不承担代理销售费；乙方签订给甲方的房屋，不得重复销售或抵顶给他人，否则甲方按照法律程序解决；合同一式二份，甲乙双方各执一份，自双方签字盖章之日起生效，房款收清后自动失效。合同签订当日双方签订了承诺协议书九份。2010年10月14日，吴忠市房产管理局向被告发放了红寺堡区红寺堡镇圣丰花园×号楼50套商品房预售许可证。根据2016年4月6日吴忠市房屋产权产籍管理所红寺堡工作站、中国农业银行红寺堡支行向原告出具的证明及被告提供的银行交易明细、收据，证明被告已经将红寺堡区红寺堡镇圣丰花园×号楼×单元101室、201室、301室、401室、102室、202室、302室、402室、502室房屋出售。

法院判决

一审法院经审理认为，关于本案案由，被告答辩称双方签订的借款抵顶商品房合同及承诺书的性质为偿还借款的保证书，案由应为民间借贷纠纷。但依据法律规定，当事人以签订买卖合同作为民间借贷合同的担保，借款到期后借款人不能还款，出借人请求履行买卖合同的，人民法院应当按照民间借贷法律关系审理，并向当事人释明变更诉讼请求。当事人拒绝变更的，人民法院裁定驳回起诉。而本案中被告自2008年开始向原告借款，当时并未签订买卖合同作为民间借贷合同的担保，至2010年经双方结算被告欠下原告借款本金及利息共计1340000元，因无钱偿还，经双方协商后签订了借款抵顶商品房合同。该合同中明确约定以红寺堡区红寺堡镇圣丰花园×号楼×单元101室、201室、301室、401室、102室、202室、302室、402室、502室房屋抵顶1340000元借款及利息。原告委托被告销售房屋；抵顶的房屋办理房产证税款按国家有关规定由被告与买方分别承担，被告的税款由原告承担。且被告在向原告账户中转款时明确注明用途为退原告红寺堡镇圣丰花园房款，同时依据双方签订的借款抵顶商品房合同中的约定扣除了被告应承担的税金5.62%。双方依据合同及承诺书已实际履行。故本案应为以物抵债后原告委托被告销售房屋，而非民间借贷纠纷。关于出售房屋溢价款问题，因双方在借款抵顶商品房合同中并未就原告委托被告销售的房屋低于顶账的1340000元出售或者高于1340000元出售产生溢价款如何分配进行约定，现九套房屋均已售出，总售价为2354539元，产生溢价款1014539元，双方就溢价款归属产生纠纷。一审法院认为，房子已抵顶给原告，出售款应归于原告，当初被告要低于或者等价于1340000元出售9套房屋，原告将得不到一分钱的溢价款，被告之所以高于1340000元出售，目的是想占有溢价款。这多出来的溢价款就是合同之外的部分，是被告辛勤劳动所得的成果。按照公平原则，被告应分得一部分，结合本案案情，判令由被告分得超出抵顶价格部分的20%。因双方在借款抵顶商品房合同中明确约定抵顶的房屋办理房产证税款按国家有关规定由被告与买方分别承担，被告的税款由原告承担，结合被告向法庭提供的收据，可以证实原告应承担的税金及附加比例为5.62%，故原告应承担132325.09元税金及附加。同时双方在借款抵顶商品房合同中明确约定抵顶房价按照2010年5月6日被告定价的70%计算，即签订承诺协议书价款1360650.76元，多余20650.76元乘以相应系数在最后按揭贷款中由原告向被告付清，故原告应再返还被告29501.09元。综上，被告应支付原告2016270.04元。庭审查明被告已支付原告1468434.07元，故被告应再支付原告547835.97元；关于原告要求被告支付利息778012.37元，以及利息计算至判决确定付款之日的诉讼请求，因双方签订的借款抵顶商品房合同并未明确约定付款时间，故对其要求被告支付利息的诉讼请求，不予支持。据此，依照《民法通则》第四条，《合同法》第八条、第一百五十九条，《最高人民法院关于审理民间借贷案件适用法律若干问题的规定》第二十四条之规定，判决被告支付原告严某547835.97元。

二审法院经审理认为，一审法院认定本案应为以物抵债后被上诉人委托上诉人销售房屋正确，应予维持。房子已抵顶给上诉人，出售款应归于上诉人，对于出售房屋溢价款及税金的问题，一审法院结合本案实际，按照公平原则，对溢价款进行了分割，税金亦判决由被上诉人承担，并无不当。综上所述，上诉人的上诉理由不能成立，应予驳回；一审判决认定事实清楚，适用法律正确，应予维持。依照《民事诉讼法》第一百七十条第一款第（一）项，判决驳回上诉，维持原判。

专家点评

公平原则旨在实现民事主体在民事活动中利益分配的均衡。就本案而言，这种利益的分配即为对被告将房屋高于1340000元出售所产生的溢价款的分配，而如果单纯以房屋已抵顶给原告作为理由，并将包括溢价款在内的出售款全部归于原告，则使得交易结果有失公平。一审法院在双方当事人对此没有进行约定的情况下，根据原告委托被告销售房屋的事实，认定前述溢价款系被告劳动所得的成果，理应由被告与原告共同分割。这一判决结果发挥了公平原则矫正形式平等所带来的利益分配不均衡的作用，实现了实质意义上的公平，同时也体现出了人民法院根据公平观念处理民事纠纷的司法理念。

第七条 民事主体从事民事活动，应当遵循诚信原则，秉持诚实，恪守承诺。

【条文释义】

本条是对诚信原则的规定。

诚实信用原则，主要是民法对具有交易性质的民事法律行为和民事活动确立的基本准则，是将诚实信用的市场伦理道德准则吸收到民法规则中，约束具有交易性质的民事法律行为和民事活动的行为人诚实守信，信守承诺。故诚信原则被称为民法特别是债法的最高指导原则，甚至被奉为“帝王原则”。

诚信原则的基本功能是：1. 确定民事法律行为的规则，包括：（1）行使民事权利应当以诚信为本，不滥用权利；（2）履行民事义务应当恪守诚信，守信用，重承诺；（3）与他人设立、变更、终止民事法律关系，诚实守信，不欺诈、不作假，不损害他人的利益和社会公共利益。2. 为解释法律和合同确定准则，并填补法律漏洞和合同漏洞。诚信原则被贯彻于民法的各个环节之中，通行于民法的各个领域。在解释法律和合同时，应当遵守诚信原则，在法律出现漏洞、规范不足或者空白时，法官应当依据诚信原则作出补充。在合同出现漏洞时，也应当依据诚信原则进行补充。3. 依据诚信原则衡平当事人的利益冲突。在当事人利益发生冲突时，应当以事实为依据，以法律为准绳，全面保护各方当事人的合法权益，平衡相互之间的利益关系。

【案例评注】

曹某诉黄某房屋买卖合同纠纷案①

基本案情

原告曹某与第三人李某为夫妻关系。第三人李某于1993年4月20日办理了龙集建（92）字第121772号集体土地建设用地使用证，其中用地面积为167.26平方米，建筑占地为167.26平方米。原告曹某与第三人李某在该地上所建房屋结构为土木砖混。2006年12月28日，第三人李某与被告黄某就上述房产买卖达成协议，双方签订了《绝卖房契》一份，主要内容：“甲方李某，乙方黄某，第一条，甲方对出售权的声明及房屋基本情况甲方保证所出售房屋产权权属清晰，自

① 审理法院：一审法院为福建省龙岩市新罗区人民法院，案号：（2016）闽0802民初57号；二审法院为福建省龙岩市中级人民法院，案号：（2016）闽08民终786号。

愿将坐落于龙岩市新罗区某镇某村三组房地产权转让给乙方。该房出售并交出土地使用证以及老字据。第二条，成交价格甲乙双方同意上述房地产总转让价为人民币八万六千九百元。第三条，甲乙双方约定的付款及交易程序，付款方式分为两期，第一期付款人民币陆万伍仟元整，余款在乙方接管产权后无任何纠纷情况下，乙方一次性在叁个月内付清。第四条，移交项目1. 房屋装修及附属设施现有状况应保存完整转让给乙方。2. 在乙方接收房屋时，甲方应结清移交前水、电等各种费用，保证水、电到位。3. 新房门前空地归乙方所有，鱼塘再向内扩宽1.5米，保证道路畅通。第五条，此房屋产权纯属甲方祖遗或自置有继承权和出售权，如有上述来历不明或亲族后代寻机争执、混闹，均由甲方负全部责任，并需赔偿乙方损失金叁拾万元，此系买卖两愿，各不反悔，恐后无凭，立此为证。第六条，交房管理乙方至第一期款项交付清楚后，甲方应将土地使用证及房屋管理权完整交给乙方，乙方永远享有房产权和使用权，如乙方二期款项到期未付，甲方有权收回管理权。第七条，附属工程甲方应将其厕所贰间，附房屋产权一起配套交给乙方。”签订协议当日，原、被告及第三人李某、李某之子和儿媳在协议上签名捺手印，原告曹某由第三人李某代签名，原告曹某捺手印。邻居数人在场作为证人签名捺手印。之后，被告黄某按约将购房款支付第三人李某，第三人李某将《绝卖房契》中约定的建筑物及附属物、土地使用权证原件交付被告黄某。被告黄某于2006年12月搬入居住使用至今，并对房屋进行了装修。现原告以该房屋买卖违反法律规定为由诉至法院，请求依法确认被告曹某与第三人李某于2006年12月28日签订的绝卖房契（房产转让合同）无效，并将房产返还给原告。

法院判决

一审法院经审理认为，当事人之间订立有关设立、变更、转让和消灭不动产物权的合同，除法律另有规定或者合同另有约定外，自合同成立时生效；未办理物权登记的，不影响合同效力。第三人李某与被告黄某于2006年12月28日签订了《绝卖房契》，从《绝卖房契》内容可以看出，双方对买卖房屋进行了充分协商，并达成一致意见，原告及第三人李某及子女均对《绝卖房契》内容进行认可，虽然原告名字系第三人代签，但原告捺手印予以认可。《绝卖房契》是原、被告及第三人的真实意思表示，是双方自愿协商达成，且双方已经履行完毕，被告入住讼争房屋近10年，对讼争房屋也已经进行部分装修、整改。综上，原审判决认为，法律禁止权利人买卖或者转让宅基地使用权，但是并不禁止权利人出卖、出租宅基地上的房屋，本案双方当事人签订的《绝卖房契》系双方自愿签订，意思表示真实，应认定合法有效，被告在讼争房屋已长期、稳定地占有、使用，应维护当事人现有生活状态的稳定、和谐，原告主张《绝卖房契》无效的行为违背了民法倡导的诚实信用原则，据此，对原告要求确认《绝卖房契》无效的诉讼请求不予支持，依法予以驳回。依照《民法通则》第四条，《物权法》第十五条之规定，判决驳回原告曹某的诉讼请求。

一审宣判后，原审原告曹某不服，提起上诉。

二审法院经审理认为，本案主要的争议焦点是非本村村民可否购买集体土地上的房屋。（1）从合同本身来说。从目前的法律及国家有关规定来看，除以行政规范性文件明确禁止城镇居民购买农村宅基地外，尚未对非本村村民购买集体土地上的房屋情形作出明确规定。本案中，被上诉人黄某亦属农村集体经济组织成员，2006 年其购买本案讼争房后一直居住管业使用至今已达 10 年之久，当地集体经济组织并未提出任何异议而采取了默认的态度，该买卖行为系双方当事人的真实意思表示，也不违反法律法规的强制性规定。（2）从当事人权益保护来看，我国法律虽规定农村宅基地不得转让给非本集体经济组织成员，但从立法本意来说是为了保护集体经济组织的利益，保障农民基本的居住权。从民法基本原则来看，《民法通则》第四条规定“民事活动应当遵循自愿、公平、等价有偿、诚实信用的原则”。其中的诚实信用原则作为市场经济活动的一项基本道德准则，现代法治社会的一项基本法律规则，已成为民法中的“帝王条款”，它要求人们在民事活动中应当讲究信用，严守诺言，诚实不欺。本案中，上诉人自愿与被上诉人签订买卖协议，被上诉人也支付了合理的对价，现上诉人因征拆房屋价值上涨而主张合同无效，其行为严重违反诚实信用原则，其主张《绝卖房契》无效及要求返还房屋，不予支持。综上，原审认定事实清楚，适用法律正确，上诉人的上诉理由不能成立。依照《民事诉讼法》第一百七十条第一款第（一）项规定，判决驳回上诉，维持原判。

专家点评

诚实信用原则要求民事主体在进行民事活动时，以善意的方式行使权利、履行义务，在进行民事活动时遵循基本的交易道德。这也就意味着，司法机关在判断民事主体是否遵循了诚实信用原则时，需要参考的一个重要标准即为“善意”。本案中，原告在自愿与被告签订并履行房屋买卖合同10年后，因征拆房屋价值上涨而以房屋买卖合同违反法律、法规的强制性规定为由主张无效，可见其实施该行为的目的只是获取更大的利益，而这一行为将会对被告的利益造成损害，这无疑不符合从事民事活动的“善意”标准，因而也就违背了诚实信用原则，自然不应在法律上获得支持。

第八条 民事主体从事民事活动，不得违反法律，不得违背公序良俗。

【条文释义】

本条是对公序良俗原则的规定。

公序良俗原则，也是民法针对民事法律行为和民事活动确定的最高规则，是指以一般道德为核心，民事主体在进行民事行为时，应当尊重公共秩序和善良风俗的基本准则。这是民法要求民事主体对社会和道德予以起码的尊重，在非交易的民事行为和民事活动中，公序良俗是衡量利益冲突的一般标准。法官依据公序良俗原则，填补法律漏洞，平衡利益冲突，确保公共利益，协调冲突，保护弱者，维护社会正义。

公序良俗是由公共秩序和善良风俗两个原则构成的，原《民法通则》第 8 条将其称为社会公共利益和社会公德。公共秩序是指全体社会成员的共同利益，法律强调违反公共秩序的行为无效，是从正面强调对公共秩序的维护。善良风俗是指由社会全体成员所普遍认许、遵循的道德准则，是我国民法所恪守的基本理念。

公序良俗原则的意义是：1. 实现对社会秩序的控制，补充强行法规定的不足。2. 对意思自治进行必要的限制，实现意思自治必须在不违背公序良俗原则时才为适法。3. 弘扬社会公共道德，建立稳定的市民社会秩序，从而保障市民社会的有序发展。

【案例评注】

付甲等诉王某侵权责任纠纷上诉案[①]

基本案情

原告付甲前妻尚某即原告付乙的母亲于 1976 年去世，其坟墓位于巩义市孝北

① 审理法院：一审法院为河南省巩义市人民法院，案号：(2014) 巩民初字第 1658 号；二审法院为河南省郑州市中级人民法院，案号：(2015) 郑民四终字第 100 号。

村广陵路东。2014 年清明节原告回家祭祀时，发现在尚某坟墓所在位置被被告王某建起四层住宅楼。原告在诉讼过程中提交康某、付丙两份证人证言，证明被告将其住宅建在尚某的坟上，且被告在建造住房前后未通知原告，巩义市孝北村网格信息联系人付丁在该两份证人证言签名并注明情况属实，巩义市孝义街道办事处孝北村民委员会在该两份证人证言上加盖公章并注明情况属实。原告付甲于 2009 年在其前妻坟上修建了一道一米高两米长的砖墙用于防止他人向坟上倾倒垃圾，原告付甲称其前妻坟墓墓底最深处距地面约 1.6 米。被告在诉讼中称其住房是按照巩义市孝北村委指定的地址进行建造并向村委缴纳了 3300 元费用，于 2011 年 8 月左右建造的四层住宅，该住宅占地面积为 129 平方米，在地基上共打了 30 多根 8、9 米深的桩子。另查明，被告建造住房并未办理相关规划审批许可手续，亦未取得集体土地建设用地使用证，被告及相邻居民住宅楼周边的空地上存在有其他几处坟墓。

法院判决

一审法院经审理认为，坟墓是人们追忆、祭祀已逝亲属的特定场所，对后人存在着重大的精神寄托，被告在建房时应当充分注意，采取合理措施，避免对他人坟墓造成损坏，而被告将其住房建造在尚某的坟墓上，有悖社会公德、有违公序良俗，使作为死者亲属的原告遭受了感情创伤和精神痛苦，结合被告的主观过错、坟墓的损害程度、当地的经济发展水平，酌定被告赔偿付甲、付乙精神损害抚慰金 4 万元为宜。因被告在该块土地进行地基建设建起四层住宅，且原告在诉讼中未提供充分证据证明被告建房之前的尚某坟墓原状的具体情况，故原审法院对原告要求被告将尚某的坟墓恢复原状的诉讼请求，不予支持。依照《民法通则》第七条，《最高人民法院关于确定民事侵权精神损害赔偿责任若干问题的解释》第一条、第三条之规定，判决被告赔偿原告精神损害抚慰金 4 万元。

一审宣判后，原审被告不服，提起上诉。

二审法院经审理认为，坟墓是人们追忆、祭祀已逝亲属的特定场所，对后人存在着重大的精神寄托。上诉人将其住房建造在尚某的坟墓上，使死者亲属被上诉人遭受了感情创伤和精神痛苦，酌定上诉人赔偿被上诉人精神损害抚慰金 4 万元并无不妥。诉讼时效从被上诉人知道或应当知道权利被侵害之日开始计算，诉讼时效并未经过。原审判决认定事实清楚，审判程序合法，实体处理适当，依据《民事诉讼法》第一百七十条第一款第（一）项之规定，判决驳回上诉，维持原判。

专家点评

在判断一个行为是否违反了公序良俗时，需要依靠法官的自由裁量，主要是对特定案件所涉及的道德和利益是否能够达到公共秩序和善良风俗的程度作出判断，特别是在某种违反公序良俗的行为尚未被法律明确规定时，只有在论证了某种道德和利益构成了公共秩序和善良风俗时，才能以特定行为违反了前述道德或损害了前述利益为由，对该行为在法律上给予否定性评价。本案中，法院即通过阐明坟墓所蕴含的重大精神寄托，论证了其所涉及的道德已经构成了社会全体成员所普遍认许、遵循的道德准则，并在完成前述论证的基础上，否定了被告在坟墓上建造房屋的行为，为司法实践中运用公序良俗原则裁判案件提供了指引。

第九条 民事主体从事民事活动，应当有利于节约资源、保护生态环境。

【条文释义】

本条是对绿色原则的规定。

绿色原则，也称环境生态原则，是指民法要求民事主体在从事民事活动时，应当有利于节约资源，保护生态环境，实现人与资源关系的平衡，促进人与环境和谐相处的基本准则。

规定绿色原则为民法基本原则的意义是：任何民事主体从事民事活动，都须把保护生态环境、节约资源的基本精神，作为贯穿人格权、物权、债权、知识产权、婚姻家庭、继承以及侵权责任的基本准则。民法典把绿色原则与公平原则、平等原则、诚实信用原则、公序良俗原则并列在一起，使节约资源，保护生态环境成为贯彻民法典始终的行为准则，使人与资源的关系平衡，人与环境和谐相处。

民事主体从事民事活动遵循绿色原则的目的，就是节约资源，保护生态环境，促进人与自然的和谐发展。民事主体行使民事权利，要贯彻绿色原则，不仅要严格执行侵权责任编对环境污染和生态破坏责任的规定，更要在行使物权、债权、知识产权等财产权利时，充分发挥物的效能，防止和避免资源被滥用和环境污染，使有限的资源在一定范围内得到更充分的利用，达到利益最大化。在人格权、婚姻家庭、继承等方面，也要体现绿色原则，缓解资源的紧张关系，使得在行使权利、利用家庭财产以及在继承领域分配遗产时，采用最有利于发挥物的效能的方法进行。

【案例评注】

中华环保联合会诉无锡市蠡湖惠山景区管理委员会环境污染责任纠纷案[①]

基本案情

被告无锡市蠡湖惠山景区管理委员会（以下简称蠡管委）于2009年10月至2010年7月间建设了无锡市动植物园、欢乐园，该项目是无锡市重点生态环境工程和“为民办实事”项目。在建设过程中，其先后搬迁了自然村落、乙炔厂、工矿企业等，清理了开山宕口和一批私埋乱葬坟墓并进行了复绿，使当地生态环境、人居环境都得到了一定程度的改善。在该项目建设过程中，蠡管委未经批准和办理相关手续，改变了部分林地用途。经查明共计两部分，一部分为在建设动物场馆与道路过程中占用林地合计17477平方米，另一部分为占用3677平方米林地建造了观光电梯连通动物园和欢乐园、消防储水池作为景区必需交通、消防设施。另在该动物园、欢乐园项目中，存在一块约2500平方米的山体土壤裸露的地块，系20世纪80年代开山采石的遗留状态。蠡管委未在该地块进行任何建设，目前该地块在蠡管委与两个第三人的共同管理使用范围内。原告中华环保联合会系合法设立的民间环保组织，其在无锡设有工作点。该工作点工作人员在收到群众举报信后，赶赴该欢乐园、动物园景区进行实地查勘，发现有山体裸露、植被遭到破坏的情形，经上网查询有农林机关的行政处罚案件，故由其作为公益诉讼的原告向法院提起诉讼，要求被告对生态破坏的行为进行补偿、弥补生态环境损害并支付原告为该诉讼支出的全部费用。

法院判决

人民法院经审理认为，环境是人类社会持续协调发展的必要前提，生态环境保护是一项极为重要的工作。《侵权责任法》规定，因污染环境造成损害的，污染者应当承担侵权责任。侵权人因同一行为应当承担行政责任或者刑事责任的，不影响依法承担侵权责任。承担民事责任的方式主要有：停止侵害；排除妨碍；

---

① 审理法院：江苏省无锡市滨湖区人民法院，案号：（2012）锡滨环民初字第0002号。

消除危险；恢复原状；赔偿损失等。本案中，蠡管委在开发建设无锡市动植物园、欢乐园项目时尚未取得改变林地用途的审批手续，构成了擅自占用林地21154平方米的事实。其改变林地用途对生态环境造成了一定程度的损害，应当承担相应的民事责任。

首先，蠡管委未经审批占用17477平方米林地是事实，但动物园项目系城市绿地系统的组成部分，由于整体规划效果的需要，建设中确实移植和采伐了原有林地的部分林木，但后期又通过对原有建筑的拆除，恢复和新增了一定数量的林地，未造成原有林地生态的显著损害。本案审理中，被告经过无锡市农林部门初审后按相关规定向江苏省林业局缴纳了全额植被恢复费1143508元，应当视为其已经按照法律规定弥补了生态损害。

其次，蠡管委在欢乐园东侧山顶擅自改变3677平方米林地的用途，在未经取得相应手续前即将之建设成为连通动物园与欢乐园的观光电梯和消防储水池，该部分占用林地建设的行为对生态环境造成了破坏，且至今尚未具备办理占用林地的合法手续的条件。鉴于在案件审理过程中，该3677平方米建设已经被纳入立项规划范围，且观光电梯同时具有逃生、急救通道的功能，是无锡市动植物园、欢乐园项目的必要组成部分，涉及较大的社会公共利益，如直接恢复原状，可能造成对社会资源的浪费。法院认为，环境侵权案件中，恢复原状不仅仅是指就地恢复原有的环境状况，更主要的是指恢复环境的生态容量，达到生态平衡，这更符合恢复原状的法理精神。如果能够就地恢复，即应就地恢复；若就地恢复确有困难，可以异地恢复，以尽量达到或超过原有的生态容量水平。对异地恢复的地点的选择，按照与原被侵权地最相密切联系、恢复方案经济可靠的原则来确定。在本案审理过程中，蠡管委提出三套备选异地补植方案，并在案件审理期间对补植方案进行了具体设计和网上公示，公示期内未有人提出异议，设计方案得到相关主管单位和原告的认可。在咨询相关专业林业绿化机构后，结合补植方案的可行性和苗木选择的合理性、林木养护的便利性等综合因素，法院确定无锡市滨湖区杨湾地块补植方案为本案恢复林地的最终方案，对被告提交的该处异地补植恢复方案予以确认与准许。

最后，本案中的宕口地块2500平方米系由于本市20世纪80年代开山采石遗留的裸露山石地貌，周边林木为防护林。目前根据土地拨用手续，该宕口地块划入无锡市动植物园、欢乐园项目使用。《物权法》第一百二十条规定："用益物权人行使权利，应当遵守法律有关保护和合理开发利用资源的规定……"故蠡管委及动物园管理处、欢乐园公司作为该地块的使用权人，有义务对该地块的状况进行持续整治，消除水土进一步流失的危险。在案件审理过程中，蠡管委自愿提出的复绿方案具有可行性，并属于就地恢复环境生态容量的组成部分，法院对该复绿固土方案予以确认与准许。

据此，无锡市滨湖区人民法院判决：一、蠡管委于本判决发生法律效力之日起1个月内完成17477平方米林地改变用途的申报程序；二、蠡管委、明珠欢乐园公司、无锡市动物园管理处于本判决发生法律效力之日起6个月内完成2500平方米宕口地块的复绿固土工作，并通过无锡市公园景区管理中心验收；三、蠡管委于本判决发生法律效力之日起6个月内完成无锡市滨湖区杨湾地块4500平方米的异地补植，并通过无锡市绿化质量监督管理中心验收；四、蠡管委于本判决发生法律效力之日起1个月内将无锡市滨湖区杨湾地块的异地补植费用79.44万元汇至指定账户，专款用于杨湾地块的异地补植；五、蠡管委于本判决发生法律效力之日起1个月内支付中华环保联合会交通费、住宿费、调查取证费等各项费用合计5000元；六、驳回中华环保联合会的其他诉讼请求。

专家点评

民法典总则编第9条为新增条文，其体现了节约资源、保护生态环境的立法目的。本案的裁判依据之一，即原《物权法》第一百二十条规定，“用益物权人行使权利，应当遵守法律有关保护和合理开发利用资源的规定”，则在一定程度上与民法典总则编第9条的立法目的是一致的。本案中，人民法院对蠡管委自愿提出的复绿方案加以确认，对原《物权法》第一百二十条这一规范以积极的方式予以适用，使立法所期望达到的“保护和合理开发利用资源”的效果得以实现。

第十条　处理民事纠纷，应当依照法律；法律没有规定的，可以适用习惯，但是不得违背公序良俗。

【条文释义】

本条是对民法法源的规定。

民法法源，是民法的表现形式。民法除了成文法之外，还有其他表现形式，即成文法是普通法源，习惯与法理是补充法源。在民法的成文法之外规定习惯和法理是民法的法源，是因为市民社会的生活过于复杂，民事法律关系的种类纷繁多样，再完备的民法也不可能把全部市民社会的法律关系都概括进来，必定会有遗漏。因而在法律没有明文规定时，适用习惯处理民事纠纷；没有成熟的习惯作为习惯法时，应当用法理予以补充。

本条在规定成文法是普通法源之外，规定了习惯是民法法源。在一个请求权没有具体的成文法律、法规作为法律基础时，应当适用习惯作为其法律基础。对于同一种类之事物，由多数人继续通行而视为准则的，就是习惯。

在民事裁判中适用民事习惯作为请求权法律基础的规则是：1. 该请求权确系法律所未规定者，需要民事习惯予以补充。2. 该民事习惯具有通用性，被多数人所相信，并且在一定期间内就同一事项反复为同一的适用。3. 该民事习惯不违反民法平等、公平、诚实信用和公序良俗规则。符合这样要求的习惯，就是习惯法，就可以予以适用，作为司法裁判的依据。

【案例评注】

某码头公司诉某公司等港口作业纠纷案①

基本案情

案外人某香港公司与案外人海运公司签订合作协议，约定自 2013 年 12 月 7 日始，双方在华北关西航线上共同派船、舱位互换的事宜。某海运公司在该航线上运营的三条船舶的船名依次为青岛快航、大连快航、天津快航。依据某公司与某香港公司签订的船舶代理协议，某香港公司将其控制的所有船舶在挂靠中国所有港口时均委托某公司作为其船舶代理；某公司负责在国内代付某香港公司委托的港口船舶使费等所有款项；某公司将正本航次账单送达某香港公司，某香港公司审核无误后，向某公司支付相关港口船舶使费。2013 年 12 月至 2014 年 3 月，本案诉争港口费用涉及该国际班轮运输航线的 19 个航次，其中均有某香港公司与共同海运公司互换的舱位。集装箱运输公司是涉案航线的总船代。涉案 19 个航次中某香港公司所占舱位产生的港口费用共计 795307 元未付。另查明，某公司是某香港公司的国际船舶代理人，某天津公司是某公司的分支机构，在天津港具体实施国际船舶代理人的事务，其不具有法人资格，不是独立核算的分支机构。某香港公司未取得我国交通运输部颁发的国际班轮运输经营资格登记证。港口作业人某码头公司作为原告向天津海事法院提起诉讼，请求判令某天津公司、某公司向其支付港口费用 795307 元及利息，并由某天津公司、某公司承担本案的诉讼费用。

---

① 审理法院：一审法院为天津海事法院，案号：（2014）津海法商初字第 514－524 号、第 639－646 号；二审法院为天津市高级人民法院，案号：（2014）津高民四终字第 91－109 号。

法院判决

一审法院经审理认为，本案涉及国际班轮运输中舱位互换的经营模式。在行业实践中，舱位互换是指有两家以上的集装箱船公司组成的航运集团，各船公司分别提供一艘或多艘性能及设备相近的集装箱船，通过相互协商，共同调整班期，各船公司在彼此的集装箱船上都拥有一定比例的舱位使用权，以承运集装箱货物或者空集装箱；船公司之间独立承揽各自的集装箱货，各船公司在彼此的集装箱船上互用舱位，但互不支付运费，仅支付各自有关集装箱的港口费，港口船舶使用费仍由所属船公司自行支付。关于某公司、某天津公司与原告之间是否存在港口作业合同关系，天津海事法院认为，在港口作业操作实务中，鉴于外国国际班轮运输经营者在我国境内支付相关港口费用的局限性，存在港口作业方要求国际船舶代理人支付其代理的船舶或舱位所产生的港口费用的交易习惯，因此，在涉案19航次中，某码头公司与某天津公司成立港口作业合同关系，某天津公司为委托人，某码头公司为受托人，某码头公司完成港口作业服务后，某天津公司应当支付相关报酬。由于某天津公司不是独立核算的分支机构，民事责任由其上级法人某公司承担。天津海事法院于2014年8月15日判决某天津公司、某公司给付某码头公司港口费用795307元；某天津公司、某公司给付某码头公司上述款项的利息；驳回某码头公司的其他诉讼请求。

一审宣判后，某天津公司、某公司提起上诉。

二审法院经审理认为，本案为与海上运输相关的港口作业合同纠纷。该纠纷涉及国际班轮运输中舱位互换经营模式，目前无论是相关法律还是行业实践，对此种经营模式均不存在统一、明确的定义。一审判决依据行业实践，对舱位互换的表述基本能够涵盖舱位互换的具体操作流程及费用承担，应予以确认。本案中，某香港公司未取得国际班轮运输经营资格登记证，其所占舱位在国内港口产生的相关费用通过其委托代理人进行支付。某香港公司与某公司通过签订船舶代理协议及议定书，形成委托合同关系，某香港公司是委托人，某公司是受托人。据此，应适用《合同法》第四百零三条间接代理之规定。本案诉讼期间，在某天津公司、某公司向某码头公司披露委托人为某香港公司后，某码头公司并未申请变更诉讼主体，应视为其有效行使了选择权，某天津公司负有向某码头公司支付港口费用的义务。由于某天津公司不具备法人资格，因此某公司作为其总公司亦应承担责任。天津市高级人民法院于2014年11月13日判决驳回上诉，维持原判。

专家点评

民法典总则编第10条规定了法律法规和习惯两类民法渊源，在法律法规无法为法官提供充分的裁判依据时，习惯可以补充作为裁判依据。但是，在适用习惯作为裁判依据时，法官需要持审慎态度，这不仅要求法官充分说明以习惯作为裁判依据的必要性，还要求法官对该习惯是否具有通用性以及是否违背公序良俗加以判断。本案中，一审、二审的判决结果虽然一致，但两者的裁判依据并不相同，一审以交易习惯作为裁判依据，二审则以成文法作为裁判依据。较之于一审法院，二审法院对待交易习惯更为审慎。首先，其找到了能够解决本案争议焦点的成文法规范，否定了适用习惯作为裁判依据的前提条件；其次，其分别对一般规范意义和个别规范意义上的（交易）习惯进行了识别，并得出了不存在能够作为裁判依据的（交易）习惯的结论。二审法院的做法体现出了民法渊源在适用上的先后顺序，以及适用成文法以外的渊源时所应秉持的审慎态度。

第十一条　其他法律对民事关系有特别规定的，依照其规定。

【条文释义】

本条是对民法特别法及效力的规定。

民法普通法是国家立法机关关于民法的集中的、专门的规定，即民法典。其特征是：1. 立法内容的完整性。2. 立法方式的概括性。3. 立法形式的完善性。4. 适用范围的全面性。

民法特别法是指民法普通法以外的单行法律和其他非民事法律中规定的民事法律规范所构成的民事法律规范的总和。其特征是：1. 表现形式是由民法典以外的法律规定，包括民法典以外的其他民事法律，以及其他法律中规定的民事法律规范。2. 具体内容与民法普通法的内容不同。3. 民法特别法的适用范围与民法普通法不同。

我国的民法特别法分为两种类型：1. 以法律形态出现的民法特别法，以商法的地位最为显著，知识产权法本来就属于民法，《民法总则》第128条规定链接的《未成年人保护法》《老年人权益保障法》《残疾人保障法》《妇女权益保障法》《消费者权益保护法》，其主要部分是民法特别法。2. 其他非民事法律规定的民法特别法，例如《土地管理法》大量涉及的是原物权法的规范，《道路交通安全法》有关道路交通事故责任的规定等，都是民法特别法。

《立法法》第九十二条规定民法特别法的适用规则，是特别法优先于普通法：1. 对作为民法特别法的法律规定优先适用。当一个具体案件所适用的法律是作为民法特别法中的具体法律条款时，应直接适用该法的民法特别法条款，例如《消费者权益保护法》规定七天无理由退货，就要直接适用。2. 对于作为民法特别法的法律规范的优先适用。这样的民法特别法本身就是请求权的法律基础，应依据这样的规定，直接确定争议双方当事人的权利义务，解决双方的争议。

【案例评注】

某科技诉甲公司等航空货物运输合同纠纷案[①]

基本案情

2012 年 1 月 30 日，某科技与案外人某光电公司签订产品购销合同，约定某光电公司向某科技购买液晶屏 48 块，单价 5 万元，合计总价值 240 万元。交货日期为 2012 年 6 月底，如延迟交货某科技需按日支付货款全额 5‰的违约金。2012 年 6 月 27 日，乙公司受某科技委托将液晶屏交由甲公司托运。乙公司支付航空运费 30 元后，甲公司出具了托运人为乙公司的航空货运单并将该液晶屏交由某航空实际承运。2012 年 6 月 28 日，某科技到某航空提货时只收到液晶屏 24 块，剩余液晶屏没有运送到西安。2012 年 7 月 16 日，经某科技配合公安机关多方查找，剩余 24 块液晶屏在长沙机场找到。某航空向原告出具了《货物运输事故记录》，对承运过程中发生部分货物丢失的事实予以认可。在甲公司向乙公司出具的航空货运单上第一条“关于承运人责任限额的声明”条款中明确约定：“货物在国内运输过程中因承运人原因发生损失（包括丢失、短少、变质、污染、损坏，以下同），承运人最高赔偿限额为毛重每千克人民币 100 元。托运人已向承运人办理货物声明价值并支付声明价值附加费的，该声明价值为最高赔偿限额，承运人能够证明货物的实际损失低于声明价值的，按实际损失赔偿。”航空货运单上载明，涉案丢失货物的毛重为 12 千克。2012 年 7 月 23 日，某科技又与案外人某光电公司签订产品购销合同，就双方所签订的案涉产品购销合同交货逾期赔偿约定如下：违约天数分别为 7 天和 16 天，赔偿金额分别为 42000 元和 96000 元，合计 138000 元；违约赔偿金支付方式为某光电公司付某科技货物余款时同时扣除；等

---

① 审理法院：一审法院为辽宁省大连市甘井子区人民法院，案号：（2013）甘民初字第 4428 号；二审法院为辽宁省大连市中级人民法院，案号：（2015）大民三终字第 783 号。

等。某光电公司于2013年1月15日向某科技发出扣除违约金函告，认可其欠某科技案涉产品购销合同尾款为70万元，扣除138000元违约金，应付货物尾款为562000元，自某科技收到本函告之日起，即视为该公司收到了某科技支付的违约金138000元。

法院判决

一审法院经审理认为，某科技与甲公司以签署航空货运单的形式缔结了航空运输合同，系双方的真实意思表示，合法有效。现运输过程中因承运人原因发生部分货物丢失，甲公司作为缔约承运人、某航空作为实际承运人，应对货物的丢失承担赔偿责任。在航空货运单的背面明确约定，货物在国内运输过程中因承运人原因发生损失（包括丢失、短少、变质、污染、损坏，以下同），承运人最高赔偿限额为毛重每千克人民币100元。某科技主张，该责任限额的约定属于承运人免除自身责任的格式条款，且乙公司托运货物时甲公司没有对该条款尽到合理的提示注意义务，故该责任限额的约定应为无效条款。法院认为，航空货运单上“关于承运人责任限额声明”的约定虽然是甲公司事先拟好的格式条款，但该条款中也明确约定，托运人已向承运人办理货物声明价值并支付声明价值附加费的，该声明价值为最高赔偿限额。依据该约定内容，如果乙公司受某科技委托在办理托运时对货物价值予以声明并支付声明价值附加费，在发生货物丢失的情况下，甲公司作为承运人需按照声明价值进行赔偿。该约定内容亦符合权利与义务相一致的公平原则。本案乙公司受某科技委托办理货物托运时，并未对托运货物的价值予以声明，也未交纳声明价值附加费，故在发生部分货物丢失的情况下，甲公司及某航空作为承运人有权利依据责任限额的约定进行赔偿。本案丢失货物的重量在托运时依据货运单载明为毛重12千克，故甲公司及某航空依据前述关于赔偿限额的约定应赔偿某科技人民币1200元。某科技关于甲公司、某航空赔偿其向案外人支付的违约金及寻找丢失货物实际支出费用的诉讼请求法院不予支持。综上，法院依据《民用航空法》第一百二十八条、第一百三十一条的规定，判决甲公司、某航空向某科技支付违约金1200元。

二审法院经审理认为，某科技委托乙公司以签署航空货运单的形式与甲公司缔结的航空运输合同，系双方当事人的真实意思表示，该合同内容符合法律规定，合同成立且合法有效，双方当事人应严格履行。甲公司在合同签署后将货物交付实际承运人某航空承运，案涉货物在国内运输过程中因承运人方的过错导致部分货物发运后丢失，经多方查找才将拟发运到西安的部分货物在长沙机场找到，造成某科技延期向案外人某光电公司交付货物，甲公司和某航空上述没有按约履行承运义务的行为已构成违约，依法应承担相应的违约责任。甲公司出具的航空货运单附有“关于承运人责任限额的声明”，某科技认为该条款是甲公司事先拟定的格式条款，甲公司利用该条款免除了其大部分赔偿责任，从而加重了某科技的责任，排除了某科技向其索赔的权利，且甲公司未履行对该条款的提示说明义务，依据《合同法》第四十条的规定，该条款应属无效条款。法院认为，该条款不符合《合同法》第四十条所规定的无效条款的法定情形，故对其该上诉理由，法院不予采纳。《合同法》第一百二十三条还规定：其他法律对合同另有规定的，依照其规定。本案系航空运输合同纠纷，根据《民用航空法》第一百二十八条、第一百三十一条和《国内航空运输承运人赔偿责任限额规定》第三条的规定，原审法院依据《民用航空法》对货物赔偿限额的规定处理本案并无不妥。综上，原判决认定事实基本清楚，适用法律正确，依据《民事诉讼法》第一百七十条第一款第（一）项之规定，判决驳回上诉，维持原判。

专家点评

民法典总则编第 11 条规定了在法律适用上特别法优先于普通法的原则。而本案的裁判依据之一，原《合同法》第 123 条规定，“其他法律对合同另有规定的，依照其规定”，该条规定的内容同样体现出了特别法优先于普通法的法律适用原则。本案涉及的是航空运输合同纠纷，《民用航空法》作为调整航空运输合同的特别法，自然应当优先适用。

第十二条 中华人民共和国领域内的民事活动，适用中华人民共和国法律。法律另有规定的，依照其规定。

【条文释义】

本条是对民法典地域适用范围的规定。

民法的适用范围，是指民法规范在何时、何地、对何人发生法律效力。民法的地域适用范围，也就是民法的空间效力范围。

民法的地域适用范围，是指民事法律规范在地域范围上所具有的效力。任何国家都是根据主权、领土完整和法制统一的原则，来确定各种法律、法规的空间效力范围。民法的地域效力范围分为域内效力和域外效力。

民法的域内效力，是指一国民法的法律效力可以及于该国管辖的全部领域，而在该国管辖领域以外无效。一般原则是，我国民事法律规范的效力及于我国主权管辖的全部领域，但在确定某一个具体民事法律、法规的效力时，由于制定、颁布民事法律、法规的机关不同，民事法律规范适用的空间范围也不相同。凡属全国人民代表大会及其常务委员会、国务院及其所属各委、部、局、署、办等中央机关制定并颁布的民事法规，适用于中华人民共和国的领土、领空、领海，以及根据国际法、国际惯例应当视为我国领域的一切领域，例如我国驻外使馆，我国航行或停泊于我国境外的船舶、飞机等。

本条没有规定民法典的域外效力。民法典的域外效力是指民法在其制定国管辖领域以外的效力。在现代社会，法律一般不能当然产生域外效力，但是随着国际交往的发展，为保护国家和自然人、法人、非法人组织的利益，也可以在例外情况下产生域外效力。

后段规定的"法律另有规定的，依照其规定"，主要指的是《涉外民事关系法律适用法》的规定，以及其他法律的规定，主要涉及的是国际私法问题，依照具体的法律规定处理。

【案例评注】

某公司诉某代理公司海上货物运输合同纠纷案①

基本案情

2009年11月，某公司将一批全棉针织婴儿服装出售给美国B公司，货物总价FOB上海63360美元。同年9月11日，S银行应B公司申请开立了可转账信用证，第一受益人中间商IPO公司，金额为500000美元，中转行汇丰银行台北分行，第二受益人某公司，转账金额为192480美元。某公司委托某代理公司承运上述出口货物。某代理公司签发并向某公司交付的正本提单载明，托运人某公司，收货人凭S银行指示，通知人B公司，承运船舶/航次为MAUNALEI/037E，装货港中国上海，卸货港美国长滩，交付地美国洛杉矶，交货联系人为C公司，集装箱编号MATU2476901，3300纸箱婴儿服装，交接方式为集装箱堆场至集装箱堆场，海洋提单编号为MATS4113069000，运费到付，2009年12月2日装船，同日在上海签发。上述集装箱于2009年12月13日到达卸货港，15日重箱提取出场，22日空箱返回进场，之后投入其他航次的使用，2010年7月13日，汇丰银行致

① 审理法院：一审法院为上海海事法院，案号：(2010)沪海法商初字第867号；二审法院为上海市高级人民法院，案号：(2011)沪高民四（海）终字第53号。

函 IPO 公司，称其自开证行收到信用证项下退回的单证。现某公司持有上述全套正本提单。庭审中，某代理公司承诺于 2010 年 11 月 9 日之前就货物的状态、是否放行、是否处于承运人掌控之下等情况予以明确，并提供相应证据，否则同意承担相应的责任。

法院判决

一审法院经审理认为，某公司是涉案提单项下的托运人，并合法持有涉案提单，某代理公司是涉案提单的签发人和承运人，双方之间的海上货物运输合同关系依法成立。双方均应按约履行合同义务。涉案提单载明的货物交接方式为集装箱堆场至集装箱堆场。此种交接方式下，承运人在装货港集装箱堆场整箱接货后，负责运抵卸货港集装箱堆场整箱交货；拆箱提货后，集装箱空箱返回。经查明，涉案集装箱在卸货港已被拆箱，空箱已返回投入了其他航次的使用。这一事实可以作为涉案货物已被放行的初步证明。某代理公司辩称其需要核实货物的具体情况，承诺在 2010 年 11 月 9 日之前予以明确并提供相应证据，但至今没有说明货物的下落，也没有提供相应的证据，依法应承担举证不能的不利后果。而目前全套正本提单仍由某公司持有。综上，可以认定某代理公司实施了无单放货。某代理公司作为承运人，无正本提单交付货物，显然构成违约。某代理公司的违约行为导致某公司丧失对货物的控制，某代理公司应当承担违约责任，赔偿某公司由此遭受的货物损失和利息损失。某公司关于利率标准和计算期间的主张，某代理公司没有异议。遂判决：某代理公司赔偿某公司货物损失 63360 美元；某代理公司赔偿某公司上述款项的利息损失。

二审法院经审理认为，本案系海上货物运输合同纠纷，双方当事人争议焦点主要是：原审适用中国法律处理双方当事人争议是否有误、涉案货物无单放货是否成立、货物损失是否发生以及相应的责任承担。我国民事法律规定，在中华人民共和国领域内的民事活动，适用中华人民共和国法律，法律另有规定的除外。本案中，双方当事人均是在中国大陆注册成立且营运的公司，某代理公司和某公司均非涉外合同当事人，且涉案运输合同的签订地和货物出运港亦均在中国上海，故解决双方当事人的合同争议应当适用中华人民共和国法律。某代理公司关于应适用香港法律的上诉理由没有法律依据，法院不予支持。根据法律规定，承运人的法定责任是适航、管货、不得进行不合理绕航和正确交付货物。本案中，涉案装货集装箱在目的港已被拆箱，空箱返回之后投入了其他航次的使用，在某公司持有全套正本提单的情况下，空箱返回可以作为无单放货的初步证据。现有证据证明，某代理公司未提供涉案货物在其掌控之下的证据，也没有在其承诺的时间2010年11月9日前提供涉案货物具体下落的相关材料，原判认定某代理公司无单放货正确。某代理公司作为承运人，违反凭提单交付货物的合同约定和妥善谨慎管理货物的义务，应向某公司承担赔偿责任。某公司提供的报关单和商业发票可以证明涉案货损金额。此外，某代理公司称某公司已经收到货款，但未提交相关证据，应承担举证不能的法律后果。原判对此节认定并无不当。某代理公司关于无单放货依据不足、某公司已经收到货款的上诉理由没有事实依据，法院不予支持。综上，原判认定事实清楚，适用法律正确，法院予以维持。某代理公司的上诉理由不能成立，法院不予支持。依照《民事诉讼法》第一百五十三条第一款第（一）项、第一百五十八条之规定，判决驳回上诉，维持原判。

专家点评

民法典总则编第12条规定我国民事法律适用的空间范围，这涉及人民法院在处理具体民事案件时对准据法的选择，进而影响案件的裁判结果。本案中，上诉人某代理公司在上诉理由中提出应适用香港特别行政区法律，但二审法院根据双方当事人的注册成立、营运地，涉案运输合同的签订地和货物出运港所在地等，认为双方当事人签订运输合同的行为属于在中华人民共和国领域内进行的民事活动，所以应当适用中华人民共和国法律。

第二章 自 然 人

第一节 民事权利能力和民事行为能力

第十三条 自然人从出生时起到死亡时止，具有民事权利能力，依法享有民事权利，承担民事义务。

【条文释义】

本条是对自然人民事权利能力的规定。

自然人，是指依自然规律产生，具有自然生命，区别于其他动物的人。自然人是最典型的民事主体。民事主体特别是自然人有一个员数，法律并无特别限制，以一人为通例，以数人为例外。

自然人的民事权利能力开始于出生，只要胎儿全部脱离母体，且在分离之际有呼吸行为，为出生完成。“出”，指胎儿的身体与母体分离，“生”，则是脱离母体的婴儿应有生命，而不论其生命保持时间的长短。按照当代医学公认的出生标准，出生应为胎儿完全脱离母体，独立存在，并能自主呼吸。自然人出生，即具有民事权利能力，享有民事权利，承担民事义务。

自然人的民事权利能力终止于死亡，包括生理死亡和宣告死亡。生理死亡是自然死亡，是指自然人生命的自然终结，现行的标准是心肺死，学理上多有主张脑死亡。宣告死亡是基于法律的规定而宣告自然人死亡。

自然人死亡的法律效果是：1. 该自然人不再具有民事权利能力，不能再作为民事权利主体；2. 民事权利和民事义务终止，发生继承开始、遗嘱继承或遗赠发生效力、婚姻关系消灭、委托关系终止等法律效果。

【案例评注】

刘某诉宜良县匡远街道办事处永丰社区居民委员会、宜良县匡远街道办事处永丰社区居民委员会左营居民小组二组侵害集体经济组织成员权益案[①]

基本案情

原告刘某的父亲刘甲生前系宜良县匡远街道办事处永丰社区居民委员会左营居民小组二组村民，于2012年1月死亡。原告刘某系刘甲与付某之女。2014年2月10日，宜良县匡远街道办事处与宜良县匡远街道办事处永丰社区居民委员会签订征地协议，征用宜良县匡远街道办事处永丰社区居民委员会左营居民小组二组土地149.81亩，并支付了征地补偿款1498.10万元。宜良县匡远街道办事处永丰社区居民委员会左营居民小组二组于2014年10月26日、11月14日分别召开党员及村民代表会，于2014年11月17日召开全体户主代表大会讨论并通过了土地补偿款分配实施方案并将分配实施方案公示，按照人均12000元的标准在组内分配土地补偿款。宜良县匡远街道办事处永丰社区居民委员会左营居民小组二组根据该分配方案第八条“死亡人口，不论是否有土地，不予分配征地款”的规定，认为原告父亲刘甲已死亡，故未分配征地款。对此，原告刘某以被告宜良县匡远街道办事处永丰社区居民委员会、宜良县匡远街道办事处永丰社区居民委员会左营居民小组二组侵害集体经济组织成员权益为由，向人民法院提起诉讼。本案在审理过程中，付某明确放弃作为共同原告参加诉讼的权利。上述事实有户口册、农村土地承包合同书、农村土地承包经营权证、村规民约、征地协议、会议记录、公告等证据及原、被告诉辩陈述在卷证实。

法院判决

人民法院经审理认为，《民法通则》第九条规定：“公民从出生时起到死亡时止，具有民事权利能力，依法享有民事权利，承担民事义务。”《最高人民法院关于审理涉及农村土地承包纠纷案件适用法律问题的解释》第二十四条规定：“农村集体经济组织或者村民委员会、村民小组，可以依照法律规定的民主议定程

① 审理法院：云南省昆明市宜良县人民法院，案号：（2015）宜民初字第670号。

序，决定在本集体经济组织内部分配已经收到的土地补偿费。征地补偿安置方案确定时已经具有本集体经济组织成员资格的人，请求支付相应份额的，应予支持。但已报全国人大常委会、国务院备案的地方性法规、自治条例和单行条例、地方政府规章对土地补偿费在农村集体经济组织内部的分配办法另有规定的除外。”因此，公民的民事权利始于出生，终于死亡。本案被告宜良县匡远街道办事处永丰社区居民委员会左营居民小组二组在分配相关土地补偿费时原告父亲刘甲已经死亡，其享有的民事权利于2012年死亡时终止，不再具有宜良县匡远街道办事处永丰社区居民委员会左营居民小组二组村集体经济组织成员资格，原告刘某的诉讼请求没有事实和法律依据，法院不予支持。据此，依照《民法通则》第九条，《最高人民法院关于审理涉及农村土地承包纠纷案件适用法律问题的解释》第二十四条，《民事诉讼法》第六十四条第一款之规定，判决驳回原告刘某的诉讼请求。

专家点评

民事权利能力是民事主体享有权利的条件之一，因而在司法实践中判断特定民事主体是否享有某项民事权利以及是否要对该项权利予以保护时，首先需要判断民事主体是否享有民事权利能力。就本案而言，原告父亲享有集体经济组织成员的经济权利并基于此获得土地补偿费的前提之一是其具有民事权利能力，但是由于其在被告分配相关土地补偿费时已经死亡，其民事权利能力亦随之终止，故不再具备享有集体经济组织成员的相关经济权利的前提条件，而在前述权利已经消灭的情况下，被告未向原告父亲分配土地补偿费的行为自然不构成侵权。

第十四条　自然人的民事权利能力一律平等。

【条文释义】

本条是对自然人民事权利能力平等的规定。

民事权利能力，是指作为民事主体可以享受民事权利、承担民事义务的资格。所有的自然人都具有民事权利能力。自然人民事权利能力的特征是：1. 自然人的民事权利能力具有属人性，即民事权利能力与民事主体具有一致性，属于特定人的民事权利能力。2. 自然人的民事权利能力具有普遍性，每一个人都具有民事权利能力。3. 自然人的民事权利能力不得让与和抛弃。一旦让与或者抛弃民事权利能力，人将不再是人。

自然人的民事权利能力是普遍的，因而派生了自然人的民事权利能力具有平等性的特征。由于人人皆享有权利能力，就说明在权利能力的享有上，人人都处于同等地位，不分男女、种族、阶级、财富、宗教等的不同，仅凭其自然出生的事实就取得民事权利能力，没有高低、多少的区别。这就是自然人民事权利能力的平等性。

【案例评注】

杨某甲诉信阳市平桥区平桥街道办事处十八里居民委员会杨西村民组侵害集体经济组织成员权益纠纷案①

基本案情

原告提供的户口簿载明原告出生于2008年12月16日，原告及其父母户口均登记在被告信阳市平桥区平桥街道办事处十八里居民委员会杨西村民组（以下简称杨西村民组）。2015年，被告杨西村民组两次共计向其村民组成员每人分配10443.5元集体收益款。现原告诉称“经其父母争取，被告杨西村民组的组长姜某同意按半人向其分配集体收益款”，以此为由，原告认为被告杨西村民组侵害了其作为集体经济组织成员的权益，遂诉至法院，要求：被告杨西村民组付给原告杨某甲2015年集体收益款10443.5元。

法院判决

一审法院经审理认为，原告杨某甲作为被告杨西村民组的成员，依法平等享有村民组成员的权益，被告杨西村民组应按村民组每位成员应分得的收益款10443.5元向原告分配该款。对于原告诉称被告杨西村民组的组长姜某按半人向其分配集体收益款的理由因无相应的证据证明，故不予采信。根据《民法通则》第九条、第十条，《民事诉讼法》第六十四条、第一百四十四条之规定，原审法院判决被告信阳市平桥区平桥街道办事处十八里居民委员会杨西村民组付给原告杨某甲2015年集体收益款10443.5元。如未按本判决指定的期间履行给付金钱义务，应当依照《民事诉讼法》第二百五十三条的规定，加倍支付迟延履行期间的债务利息。

---

① 审理法院：一审法院为河南省信阳市平桥区人民法院，案号：（2016）豫1503民初1565号；二审法院为河南省信阳市中级人民法院，案号：（2016）豫15民终2609号。

二审法院经审理认为，公民从出生时起到死亡时止，具有民事权利能力，依法享有民事权利，承担民事义务；公民的民事权利能力一律平等。本案杨某甲出生于2008年12月16日，其户口与父母杨某乙、黄某均登记在杨西村民组。2015年，杨西村民组的土地被征收，该组两次共计向其村民组成员每人分配10443.5元集体收益款。但杨西村民组未将2015年集体收益款10443.5元付给杨某甲。根据《民法通则》第五条规定，公民、法人的合法的民事权益受法律保护，任何组织和个人不得侵犯。根据以上法律规定，杨西村民组应当将2015年集体收益款10443.5元付给杨某甲。上诉人杨西村民组以河南省人口与计划生育条例为由提起上诉，上诉理由经查，该条例第四十五条规定了对超生子女的，从发现违法行为之日起14年之内，少分二人份的集体收入、集体福利和责任田等。但该条例于2016年5月27日被第十二届河南省人大常委会第22次会议修改，并删除了2011年11月25日《河南省人口与计划生育条例》第四十五条规定，故上诉人杨西村民组上诉要求仍按2011年11月25日《河南省人口与计划生育条例》第四十五条规定处理的上诉理由，法院不予采纳。依照《民事诉讼法》第一百七十条第一款第（一）项之规定，判决驳回上诉，维持原判。

专家点评

自然人的民事权利能力所具有的平等性要求自然人平等地享有民事权利，且法律对其享有的民事权利予以平等保护。本案中，被上诉人杨某甲作为上诉人杨西村民组的成员，与其他成员在集体经济组织成员资格的享有上不存在差异，平等地享有集体经济组织成员的经济权利，且该项权利平等地受到法律保护。上诉人杨西村民组的组长姜某在没有正当理由的情况下，按半人份向被上诉人杨某甲分配集体收益款，该行为违反了“自然人的民事权利能力一律平等”的规则，侵犯了被上诉人杨某甲作为集体经济组织成员所享有的经济权利，不具有正当性。

第十五条 自然人的出生时间和死亡时间，以出生证明、死亡证明记载的时间为准；没有出生证明、死亡证明的，以户籍登记或者其他有效身份登记记载的时间为准。有其他证据足以推翻以上记载时间的，以该证据证明的时间为准。

【条文释义】

本条是对自然人出生时间和死亡时间的规定。

自然人出生时间和死亡时间，在民法上具有重要意义，因而必须有准确的认定标准，以及证明出生时间和死亡时间的证据。

自然人的出生时间和死亡时间，以出生证明和死亡证明记载的时间为准。自然人在其出生和死亡后，应当由医院和有关部门开具出生证明书和死亡证明书，自然人出生和死亡的时间，一般都会在出生证明书和死亡证明书上标注清楚，因而应以出生证明书和死亡证明上记载的时间，作为认定自然人出生或者死亡的时间。

自然人没有出生证明或者死亡证明的，应当以户籍登记或者其他有效身份登记记载的时间为准。户籍登记是公安机关对自然人的户籍进行的登记，登记后发给自然人户口簿，这是户籍登记的证明文件。有效身份登记，主要是指身份证，军人没有身份证而使用军官证、军人证，这些都是有效的身份证明。户籍登记和有效的身份登记记载的出生时间，是准确的出生时间。户籍登记的死亡时间，也是证明自然人死亡的时间。

出生证明书或者死亡证明，以及户籍登记和有效身份登记中记载的时间，与自然人出生或者死亡的真实时间有出入时，其他证据能够证明到足以推翻以上记载的时间的程度的，则应以这些相关证据证明的时间作为自然人出生或者死亡的真实时间。

【案例评注】

赵某、李某诉通榆县妇幼保健院医疗损害责任纠纷案[①]

基本案情

原告赵某、李某系夫妻关系。2014 年 5 月 6 日 8 时 10 分，被告通榆县妇幼保健院为原告赵某实施剖宫产手术。同日 8 时 50 分产一男婴，于 9 时 10 分死亡。经吉林大学司法鉴定中心鉴定，赵某之子由于羊水吸入致肺功能障碍而死亡。吉林佳昌司法鉴定中心鉴定，通榆县妇幼保健院的医疗行为存在过错。院方过错与赵某之子死亡后果之间存在因果关系。院方过错在赵某之子死亡后果中的参与度为次要责任。故二原告诉至法院，要求被告给付死亡赔偿金 178196.8 元、丧葬费 8569.2 元、医疗费 370.96 元、精神抚慰金 50000 元。被告辩称：一、对吉林佳昌司法鉴定中心的鉴定意见书不予认可。二、自身疾病是造成胎儿死亡的原因。

① 审理法院：吉林省白城市通榆县人民法院，案号：(2014) 通法开民初字第 323 号。

三、原告赵某有擅自离开医院的行为，与胎儿吸入羊水有直接的因果关系。四、胎儿能够独立自主呼吸的时间为胎儿出生的时间，本案中的胎儿没有产生过自主呼吸属于胎儿，不属于自然人，不具备民事权利能力。五、二原告均为农民工，有承包土地，参加新农合保险，享受农民待遇，不应按照城镇居民的赔偿标准计算赔偿数额。根据原告诉求，被告答辩，法院归纳本案的争论焦点为：二原告所生婴儿是否具有民事权利能力？被告的医疗行为是否存在过错、过错与婴儿的死亡结果之间是否存在因果关系、医疗过错在死亡结果中的参与度？被告应否对二原告予以赔偿及赔偿的金额？

法院判决

人民法院经审理认为，《民法通则》第九条规定："公民从出生时起到死亡时止，具有民事权利能力，依法享有民事权利，承担民事义务。"《最高人民法院关于贯彻执行〈中华人民共和国民法通则〉若干问题的意见（试行)》第一条规定："公民的民事权利能力自出生时开始。出生的时间以户籍证明为准；没有户籍证明的，以医院出具的出生证明为准。没有医院证明的，参照其他有关证明认定。"本案中，被告单位的分娩记录：胎儿娩出的时间为5月6日8时50分，在"死胎死产其他"一栏中没有记载，在急救情况中记载"该新生儿出生后……无呼吸，心率40次每分，立即给予人工呼吸，评估后仍无呼吸，立即给予胸外按压，再次评估，仍无呼吸，心率20次每分，重新摆正体位，清理气道……于9时10分再次评估后，该新生儿呼吸、心跳停止"。吉林大学司法鉴定中心司法鉴定意见书中记载："死者赵某之子，于2014年5月6日8时50分剖宫产出生，并于该日9时10分死亡。"吉林佳昌司法鉴定中心鉴定意见书中记载"赵某2014年5月5日入通榆县妇幼保健院住院，次日8时50分剖宫产产下一男性新生儿，于该日9时10分新生儿死亡"。因赵某所生婴儿没有户籍证明及出生证明，以上证据足以证明该新生儿的出生时间为2014年5月6日8时50分，死亡时间为2014年5月6日9时10分。该新生儿从出生到死亡具有民事权利能力，依法享有民事权利。故法院对被告所提出的"赵某之子没有自主呼吸属于胎儿，不属于自然人，不具有民事权利"的主张法院不予支持。根据吉林佳昌司法鉴定中心的司法鉴定意见书，被告的医疗行为存在过错，过错与死亡结果之间存在因果关系，医疗过错在死亡结果中的参与度为次要责任。根据二原告提供的房屋产权证、工作证明及毕业证，二原告一直在城镇生活，经济收入主要来源于城镇，故应以城镇的赔偿标准计算赔偿数额。根据吉林省高级人民法院规定的赔偿标准，死亡赔偿金的赔偿标准为每年22274.60元，20年的总额为445492元。丧葬费的标准为21423

元。根据原告提供的票据，原告医疗费的损失为370.96元。关于原告要求精神抚慰金的请求，因造成了死亡的结果，给二原告造成巨大的精神痛苦，该请求应予以支持，但二原告请求得过高，应根据当地生活水平及医疗过错的参与程度等因素予以考虑。依照《侵权责任法》第五十四条之规定，判决被告赔偿二原告死亡赔偿金445492元、丧葬费21423元、医疗费370.96元，上款合计467285.96元的30%即140185.78元，并赔偿二原告精神抚慰金30000元。

专家点评

自然人的出生时间和死亡时间决定了自然人民事权利能力的开始和终止，进而决定了民事主体资格的有无以及能否享有相应的民事权利。本案中，被告的诊疗行为是否构成对原告之子生命权的侵害，取决于原告之子是否已经出生进而具有权利能力，因而需要对原告的出生时间和死亡时间加以确定。在原告之子没有出生、死亡证明以及户籍登记和其他有效身份登记的情况下，只能通过其他证据来确定原告之子的出生时间和死亡时间。就本案而言，根据吉林大学司法鉴定中心和吉林佳昌司法鉴定中心出具的司法鉴定意见书，能够确定原告之子的出生时间为2014年5月6日8时50分，死亡时间为2014年5月6日9时10分，在此期间，原告之子是具有民事权利能力及生命权的。由于被告的过失诊疗行为导致了原告之子的死亡，所以被告的行为构成医疗侵权，应当承担相应的损害赔偿责任。

第十六条　涉及遗产继承、接受赠与等胎儿利益保护的，胎儿视为具有民事权利能力。但是，胎儿娩出时为死体的，其民事权利能力自始不存在。

【条文释义】

本条是对胎儿及其部分民事权利能力的规定。

胎儿，是指自然人未出生但在受胎之中的生物体状态。为了保护胎儿的利益，民法实行预先保护主义，规定胎儿以将来非死产者为限，关于其个人利益之保护，视为既已出生。其含义是，在胎儿娩出时是活体的情况下，法律将其出生时间提前，视胎儿为已出生，使胎儿具有部分民事权利能力，从而得以享受部分权利。

胎儿取得部分民事权利能力系以“娩出时为活体”为条件。确定胎儿民事权利能力产生的时间，应当从胎儿出生的事实推溯于其出生前享有部分民事权利能力。在胎儿出生前，可以享有的一切权利，包括损害赔偿请求权、抚养费请求权、继承权、受赠与权、非婚生胎儿对其生父的认领请求权等，均已存在，尚未实际享有，待其出生成为法律上的“人”时，即可当然地、溯及既往地以自己的名义享有和行使这些权利。

部分民事权利能力，是只具有部分人格要素的主体，在特定情况下享有的民事权利能力状态。胎儿就是享有部分民事权利能力，不具有完整的民事主体资格的主体。胎儿的部分民事权利能力，本条规定了遗产继承、接受赠与和“等”字所包含的内容，应当包括的内容是：1. 继承权。2. 受遗赠权和受赠与权。3. 人身损害赔偿请求权。4. 抚养损害赔偿请求权。5. 身份权请求权，如对于其生父享有抚养费给付请求权。

胎儿享有部分民事权利能力，因而他们在母体中尚未出生前并不能行使这些权利，须待其出生后享有完全民事权利能力时方可行使。如果胎儿为死产，尽管其曾经享有部分民事权利能力，但其民事权利能力在事实上并未取得，故以上各项请求权均未发生，也不发生其权利的继承问题。

【案例评注】

王某诉杨某、泸州市汽车二队交通事故损害赔偿纠纷案①

基本案情

2002 年 4 月 27 日，挂靠在被告泸州市汽车二队的被告杨某驾驶的川 E073 × × 号小货车，从泸州市纳溪区安富镇沿泸纳二级公路向泸州方向行驶，当行至该公路 3KM + 200M 处会车时，由于对前方路面情况观察不够，将同向行走的赶猪人王甲撞倒，王甲经抢救无效死亡。泸州市公安局交通警察支队二大队认定，杨某负此次事故的主要责任。在解决杨某交通肇事应承担的民事赔偿责任时，被害人王甲的父母曾请求杨某和泸州市汽车二队连带赔偿“未生下来的小孩抚养费”。由于王甲至死未婚，没有妻子，且小孩尚未出生，无法断定其与王甲的关系，故在杨某反对下，未能满足此项赔偿请求。2002 年 10 月 22 日，牟某生育了原告王某。2003 年 1 月，牟某代理王某提起本案诉讼。审理期间，经原告王某方申请，

① 审理法院：四川省泸州市江阳区人民法院，案例来源：《最高人民法院公报》2006 年第 3 期（总第 113 期）。

法院提取了在交警处保存的被害人王甲血样和王甲母亲保存的王甲血衣，同时送至四川华西法医学鉴定中心鉴定。因血衣变质，丧失了检验条件，四川华西法医学鉴定中心只对血样进行了鉴定。结论为：王甲是王某的亲生父亲。同时查明，原告王某的母亲牟某与王甲自由恋爱多年并同居生活。王甲死亡时，牟某已怀孕。2002 年，泸州市的最低生活保障标准是每月 130 元，教育费年约需 444 元。原告王某的法定代理人牟某代为诉称：在此次交通事故中，原告之父王甲被挂靠在被告泸州市汽车二队的被告杨某驾驶的汽车轧死。交警部门认定：杨某负此次交通事故的主要责任。依照原《民法通则》第 119 条，原《继承法》第 28 条的规定，原告必要的生活费、教育费，应当由杨某赔偿，泸州市汽车二队应当承担连带赔偿责任。由于杨某的反对，此项赔偿在原交通肇事一案的刑事附带民事判决中未解决。请求判令：（1）被告给原告支付生活费、教育费 18458 元；（2）被告给原告支付精神抚慰金 10000 元；（3）本案诉讼费由被告负担。

被告杨某辩称：王甲死时未婚，没有配偶，何来子女。原《民法通则》第 9 条规定："公民从出生时起到死亡时止，具有民事权利能力，依法享有民事权利，承担民事义务。"原告即便算王甲的遗腹子，王甲死亡时其尚未出生，不是具有民事权利能力的、能够行使请求权的民事主体。原《继承法》第 28 条规定："遗产分割时，应当保留胎儿的继承份额。胎儿出生时是死体的，保留的份额按照法定继承办理。"本案是交通肇事损害赔偿，不是继承案件，赔偿金不等于遗产，保留胎儿份额的规定不能在本案适用。原《民法通则》第 119 条规定："侵害公民身体造成伤害的，应当赔偿医疗费、因误工减少的收入、残废者生活补助费等费用；造成死亡的，并应当支付丧葬费、死者生前扶养的人必要的生活费等费用。"在交通肇事一案中，王甲生前扶养人的经济赔偿问题已经附带解决。原告不是王甲生前抚养的人，不能依照这条规定来请求赔偿，其诉讼请求应当驳回。

法院判决

人民法院经审理认为，本案证据证明，原告王某与被害人王甲之间存在着父子血缘关系，是王甲应当抚养的人。由于被告杨某的加害行为，致王某出生前王甲死亡，使王某不能接受其父王甲的抚养。本应由王甲负担的王某生活费、教育费等必要费用的 1/2，理应由杨某赔偿。生活费按泸州市 2002 年最低生活保障每月 130 元标准，教育费按每年 444 元标准，计算至王某 18 周岁时止。《民法通则》第一百三十一条规定："受害人对于损害的发生也有过错的，可以减轻侵害人的民事责任。"考虑到在交通事故中，王甲也有一定过错，故可以减轻杨某 10% 的赔偿责任。被告泸州市汽车二队是杨某车辆的挂靠单位，在杨某不能给付赔偿金的情况下，应当承担垫付责任。原告王某一方请求被告给付精神抚慰金，这一请求不符合《最高人民法院关于确定民事侵权精神损害赔偿责任若干问题的解释》中的规定，不予支持。据此，判决：一、被告杨某一次性给付原告王某生活费 12636 元、教育费 3600 元，共计 16236 元，其余损失 1804 元，由王某自行负担；二、被告泸州市汽车二队对上列赔偿款承担垫付责任；三、驳回原告王某的其他诉讼请求。

专家点评

民法典总则编第 16 条为新增条文，其立法目的为对胎儿利益加以保护。就本案而言，在原告王某出生之前，被告杨某驾驶小货车将同向行走的原告之父，亦即原告王某的法定抚养人之一王甲撞倒，致使其死亡，原告出生后，即享有对被告杨某请求抚养损害赔偿的请求权，并可以向被告杨某行使。而人民法院的判决则体现出了对本案原告王某所享有的抚养损害赔偿请求权的保护，因此与民法典总则编第 16 条保护胎儿利益的立法目的是一致的。

第十七条　十八周岁以上的自然人为成年人。不满十八周岁的自然人为未成年人。

【条文释义】

本条是对成年人和未成年人年龄界限的规定。

我国民法对自然人的年龄界分采用两分法，即成年人和未成年人。界分的标准是 18 周岁，18 周岁以上的自然人是成年人，不满 18 周岁的自然人是未成年人。这种标准与自然人能否辨认自己民事行为的法律后果相一致。在年龄上，能够辨认自己行为后果的，规定为 18 周岁以上，不满 18 周岁的未成年人，对自己行为的法律后果缺少必要的辨认能力，因此才以 18 周岁作为标准，确定成年人和未成年人的界限。

民法区分自然人为成年人和未成年人的意义是，成年人能够辨认自己行为的法律后果，因此具有完全民事行为能力，对自己的行为承担全部法律后果；未成年人不能或者不能完全辨认自己行为的后果，不具有民事行为能力，或者民事行为能力受到限制，因而其实施民事法律行为需要其法定代理人代理。

【案例评注】

张甲诉张乙抚养费纠纷案①

基本案情

原告张甲系被告张乙与案外人孙某的女儿。张乙与孙某于2001年9月20日协议离婚。离婚协议约定，张甲由母亲孙某抚养，张乙每季度支付抚养费900元。2008年经长春市宽城区人民法院调解，张乙每季度支付张甲抚养费1800元。2007年2月张乙再婚，2009年生育一子张某某。原告张甲于2014年考入位于上海市的华东师范大学通信工程系学习，每年学费5500元、住宿费2200元、教材费1000元。原告张甲诉称：被告与原告母亲孙某于2010年离婚，原告一直由其母亲扶养。2014年原告考入华东师范大学，每年费用至少3万元。被告于2014年7月，2015年1月、7月共给付原告抚育费15000元，后不再支付。原告还有两年半毕业，共需要75000元，因此被告应负担原告的抚育费用共计37500元。被告张乙辩称：答辩人已足额支付离婚到今15年的抚养费。离婚协议明确约定，支付抚养费到原告18周岁止。原《婚姻法》第二十一条规定，未成年的或者不能独立生活的子女，有要求父母给付抚养费的权利。本案被告已满18周岁，在高校进修学业，既非未成年人，也不是不能独立生活的人，不应继续支付抚养费。

法院判决

人民法院经审理认为，《婚姻法》第二十一条第二款规定："父母不履行抚养义务时，未成年的或不能独立生活的子女，有要求父母付给抚养费的权利。"关于未成年人，《民法通则》第十一条规定，18周岁以上的公民是成年人。本案原告张甲为1996年7月生人，已满20周岁，系成年人。关于不能独立生活的子女，根据《最高人民法院关于适用〈中华人民共和国婚姻法〉若干问题的解释（一）》第二十条的规定，是指尚在校接受高中及其以下学历教育，或者丧失或未完全丧失劳动能力等非因主观原因而无法维持正常生活的成年子女。本案原告张甲系普通高等学校在读学生，亦无丧失或未完全丧失劳动能力等情形，因此其向被告主张抚育费，没有法律依据，不予支持。原告应当正视自己已经成年，父母已经离婚，父亲已经再婚且又生育儿子的现实。原告在上海市就读大学，又系女

① 审理法院：吉林省长春市绿园区人民法院，案号：（2016）吉0106民初1696号。

生，花费较多，负担较重。但可以通过申请国家助学贷款、勤工俭学解决一部分费用，努力学习获得奖学金解决一部分费用，在保障学业的前提下还可以通过家教等社会实践解决一部分费用。被告张乙作为原告父亲，虽然在法律上已无抚养义务，但根据中国当下的社会现实，也负有在道德上资助原告学业的义务。综上，依照《婚姻法》第二十一条之规定，判决驳回原告张甲的诉讼请求。

专家点评

年满18周岁的自然人一般已经具有相当的社会经验和知识，能够独立生活和就业，因此将18周岁作为自然人已经成年的标志是合理的，而当自然人年满18周岁时，其所享有的权利和承担的义务也会在一定程度上有所改变，如本案所涉及的抚养费支付请求权。在本案中，原告张甲已经年满20周岁，不存在不能独立生活的特殊情形，根据法律规定，已经不属于需要父母给付抚养费的对象，对于其就读学业所需的支出，亦可以通过申请各类奖助学金、勤工俭学、参与实习等途径获得。在被告张乙已足额支付从离婚到原告年满18周岁的抚养费的情况下，原告要求被告继续支付抚养费的诉讼请求没有法律上的正当性，不应获得支持。

第十八条 成年人为完全民事行为能力人，可以独立实施民事法律行为。

十六周岁以上的未成年人，以自己的劳动收入为主要生活来源的，视为完全民事行为能力人。

【条文释义】

本条是对成年人为完全民事行为能力人的规定。

民事行为能力，是民事主体以其行为参与民事法律关系，取得民事权利，履行民事义务和承担民事责任的资格。

自然人具有民事权利能力，就有资格享受权利、负担义务。基于法律规定而享有权利和负担义务，只要具备法律规定的要件，权利人即与他人发生权利义务关系。基于人的行为而取得权利、负担义务，则不仅要具有民事权利能力，而且还必须具备民事行为能力，才能通过自己的行为与他人发生权利义务关系。

民事行为能力制度的功能，是通过全部或部分否定这些欠缺民事行为能力的人所实施的民事法律行为效力的方式，使他们免受其行为引起的约束。

成年人能够完全辨认自己行为的法律后果，因此具有完全民事行为能力，是完全民事行为能力人，能够以自己的意志独立实施民事法律行为，为自己取得民事权利、负担民事义务，对自己实施的行为承担完全的法律后果。

16周岁以上的未成年人，以自己的劳动收入为主要生活来源的，视为完全民事行为能力人。这是民事行为能力缓和的表现，是与《劳动法》第15条关于劳动能力自16周岁起的规定相一致。年满16周岁的未成年人，只要不欠缺辨认自己行为的能力，一是具有一定的劳动收入，即依靠自己的劳动获得了一定的收入；二是劳动收入构成其主要生活来源，也就是其劳动收入能够维持其生活，即视为完全民事行为能力人。其法律意义，是对年满16周岁的未成年人，在符合法律规定的条件下，将其视为完全民事行为能力人，可以实施民事法律行为，取得民事权利，负担民事义务，独立承担民事法律后果。

【案例评注】

陈某诉王某买卖合同纠纷案[①]

基本案情

2014年8月27日，被告王某向原告陈某出具欠条一份并签字捺印，该欠条载明"今王某欠陈某电瓶货款986835.45元（大写人民币：玖拾捌万陆仟捌佰叁拾伍元肆角伍分）。欠款人：王某（质保金+货款）"。2013年9月至2015年6月期间，被告在浙江广厦建设职业技术学院就读。现原告以被告系付款义务人为由要求其支付货款，被告则以原、被告之间无买卖关系为由拒绝支付，遂成诉。原告诉称：被告向原告购买电瓶，截至2014年8月7日，被告共结欠原告货款986835.45元。后经原告多次催讨，被告至今未付。故请求判决被告立即支付给原告货款986835.45元，并支付自起诉之日起至实际付款日止的同期银行贷款利息；本案的诉讼费用由被告承担。被告辩称：欠条上的签名是被告所签，手印亦系被告所捺，欠条事后并无修改。但原、被告之间无实际交易往来，涉案欠款实际应该是被告王某的父亲王甲的欠款，被告在欠条出具时仍是一名学生。欠条是由原告打印完毕，是一个格式合同，对欠条记载的内容不予认可，且是被告在原告强迫之下所签，并非是被告真实意思表示，请驳回原告的诉讼请求。

---

① 审理法院：浙江省绍兴市柯桥区人民法院，案号：（2016）浙0603民初10670号。

法院判决

人民法院经审理认为，债务应当清偿。债是按照合同约定或者依照法律的规定，在当事人之间产生的特定的权利和义务关系。享受权利的人是债权人，负有义务的人是债务人。债权人有权要求债务人按照合同的约定或依照法律的规定履行义务。18 周岁以上的公民是成年人，具有完全民事行为能力，可以独立进行民事活动，是完全民事行为能力人。被告在出具欠条时已经成年，系完全民事行为能力人。被告向原告出具欠条确认债务并自愿将涉案债务转移到自身，属于债的转移，未违反法律法规，合法有效。作为债权人有权要求债务人按照约定清偿债务。被告未清偿债务的行为，已经侵害了原告的合法权益，原告要求被告清偿债务的诉请，法院予以支持。格式条款是当事人为了重复使用而预先拟定，并在订立合同时未与对方协商的条款。格式合同是全部由格式条款组成的合同，只有部分是以格式条款的形式反映出来的，则为普通合同中的格式条款，故被告所辩称的该欠条为格式合同，人民法院不予支持。至于被告所称，欠条系原告强迫下所签亦无证据证明，法院难以支持。依照《民法通则》第八十四条、第一百零一条，《民事诉讼法》第六十四条第一款之规定，判决被告王某支付给原告陈某欠款人民币 986835. 45 元并支付该款自 2016 年 10 月 28 日起至实际款清之日止依照中国人民银行同期同档次贷款利率计算的利息损失。

专家点评

具有完全民事行为能力的成年人可以独立实施民事法律行为，这种独立性表现为其实施的民事法律行为只要不存在其他瑕疵，即产生相应的法律效力。就本案而言，被告在出具欠条时已经年满 18 周岁，系具备完全民事行为能力的成年人，其学生身份并不会对其所具有的完全民事行为能力产生影响。尽管被告声称该欠条是在原告强迫之下所签的，并非其真实的意思表示，因而在效力上具有瑕疵，但在被告没有充分举证证明的情况下，无法构成否定欠条效力的充分理由。因此，被告负有按照欠条记载的内容向原告支付欠款的义务，如果被告不按期履行该义务，原告有权通过诉讼的方式请求人民法院强制其履行，从而保证自身债权的实现。

第十九条 八周岁以上的未成年人为限制民事行为能力人，实施民事法律行为由其法定代理人代理或者经其法定代理人同意、追认；但是，可以独立实施纯获利益的民事法律行为或者与其年龄、智力相适应的民事法律行为。

【条文释义】

本条是对8周岁以上的未成年人为限制民事行为能力人的规定。

限制民事行为能力，是指自然人因年龄的原因，或者辨认自己行为的原因，不具有完全民事行为能力，只能在法律限定的范围内，进行有效的法律行为，并取得权利、承担义务的民事行为能力状态。8周岁以上不满18周岁的未成年人，是因年龄原因而不具有完全民事行为能力的限制民事行为能力人。

限制民事行为能力的未成年人具有受限制的民事行为能力，可以实施与其年龄、智力、健康状况相适应的法律行为，其他民事活动的实施应由他们的法定代理人代为进行，或者征得他们的法定代理人的同意或者追认。限制民事行为能力的未成年人实施民事法律行为，经过其法定代理人代理，或者征得其法定代理人同意或者追认，才能发生法律效力。

限制民事行为能力的未成年人可以独立实施的民事法律行为是：1. 纯获利益的民事法律行为。纯获利益是指单纯取得权利、免除义务，即限制民事行为能力人获得利益时，不因其法律行为而在法律上负有任何义务。这样的行为，限制民事行为能力的未成年人可以独立实施。2. 与限制民事行为能力人的年龄、智力相适应的民事法律行为。限制民事行为能力人可以实施与其年龄、智力相适应的民事法律行为。遵循“必需品规则”，与未成年人的生活条件和与其在出售和交付时的实际需要相适应的物品，应依其经济能力、身份、地位、职业等各种情况为标准来判断。法定代理人事先为其子女确定目的范围，允许子女在该范围内处分财产，是对未成年子女的事先授权，该子女在该授权范围内实施的处分行为有效，也属于与限制民事行为能力人的年龄、智力相适应的民事法律行为。

【案例评注】

郑某诉许某民间借贷纠纷案[①]

基本案情

2016年9月25日，被告许某向原告郑某借款60000元，并出具借条一份。

① 审理法院：浙江省慈溪市人民法院，案号：（2017）浙0282民初479号。

双方对借款期限及利息均未作书面约定。该款经原告催讨，被告至今未还。另查明，被告出生于1999年1月10日，借款时未满18周岁。原告郑某以被告许某未归还借款为由，诉请判令：1. 被告即时归还借款60000元，并支付自起诉之日起至款项清偿日止、以借款本金60000元为基数、按中国银行同期贷款基准利率计算的利息；2. 本案诉讼费由被告承担。庭审中，原告变更第一项诉讼请求为：确认原、被告之间的借款合同无效，被告即时返还原告人民币60000元。被告许某未作答辩。

法院判决

人民法院审理认为，被告向原告借款时未满18周岁，系限制民事行为能力人，其向原告借款60000元属于与其年龄、智力不相适应的民事活动，原告也未提供证据证明被告向其借款已经被告的法定代理人追认，故双方之间的借款合同无效，被告应返还原告人民币60000元。故原告变更后的诉讼请求符合法律规定，法院予以支持。被告经法院合法传唤，无正当理由拒不到庭，法院依法缺席判决。据此，依照《民法通则》第十一条、第十二条，《合同法》第五十八条，《民事诉讼法》第一百四十四条之规定，判决原告郑某与被告许某之间的借款合同无效；被告许某于本判决生效之日起5日内返还原告郑某人民币60000元。如果未按本判决指定的期间履行给付金钱义务，应当依照《民事诉讼法》第二百五十三条及相关司法解释之规定，加倍支付迟延履行期间的债务利息（加倍部分债务利息＝债务人尚未清偿的生效法律文书确定的除一般债务利息之外的金钱债务×日万分之一点七五×迟延履行期间）。

专家点评

限制民事行为能力人独立实施的民事行为并不当然无效，其实施的纯获利益的民事法律行为和与其年龄、智力相适应的民事法律行为是有效的。因此在司法实践中，人民法院需要判断其实施的民事法律行为是否属于纯获利益的民事法律行为或者与其年龄、智力相适应的民事法律行为，进而判断其实施的民事法律行为的效力。就本案而言，被告所实施的借款行为显然并非接受奖励、赠与、报酬等纯获利益的民事法律行为，那么则需要判断该行为是否与其年龄、智力相适应。在没有其他证据的情况下，对于借款时17岁的被告而言，借款60000元的行为并不属于其日常生活所必需的行为以及在法定代理人确定的目的范围内对自己财产的处分行为（本案中是指使自己的消极财产增加）等一般被认为是与其年龄、智力相适应的民事法律行为，进而该行为的效力也就难以在法律上获得承认。

第二十条 不满八周岁的未成年人为无民事行为能力人，由其法定代理人代理实施民事法律行为。

【条文释义】

本条是对不满 8 周岁的未成年人为无民事行为能力人的规定。

无民事行为能力，是指自然人完全不具有独立进行有效法律行为，取得民事权利和承担义务的民事行为能力状态。原《民法通则》规定不满 10 周岁的自然人为无民事行为人，剥夺了一些未成年人参与民事活动的能力和机会。根据有些人大代表的意见，根据我国实际情况，本条规定未满 8 周岁的未成年人，年龄尚小，处于生长发育的最初阶段，虽然其中有些也有一定的辨识能力，但不能理性地从事民事活动，如果法律准许其实施民事行为，既容易使他们蒙受损害，也不利于交易安全，因而规定为无民事行为能力人，不能自己独立实施民事法律行为，应由他们的法定代理人代理进行。

【案例评注】

雷某、闫某诉现代女子医院姓名权纠纷案[①]

基本案情

原告雷某母亲孙某某离异后，于 2010 年 8 月 11 日与陈甲登记结婚，此后雷某、孙某某、陈甲共同生活。2014 年 12 月 24 日雷某与闫某登记结婚，婚后亦与孙某某、陈甲夫妇共同生活。2015 年 7 月 13 日闫某入现代女子医院分娩，2015 年 7 月 14 日生育一女婴，经雷某、闫某、孙某某、陈甲共同商议后，决定给该女婴取名为陈乙。闫某出院时，要求现代女子医院出具出生医学证明，该医院称，该院业务人员参加衡阳市卫生局培训会议时会议规定，新生儿只能随父母姓。原告方提出要求时，医院当面致电耒阳市卫生局并一同到该局咨询，得到答复皆为按培训会议要求办理。因此，现代女子医院至今未予办理出生医学证明。双方由此酿成纠纷，原告遂诉至法院。

---

① 审理法院：湖南省耒阳市人民法院，案号：（2015）耒民一初字第 430 号。

法院判决

人民法院经审理认为，公民享有姓名权，有权决定、使用和依照规定改变自己的姓名。不满10周岁的未成年人是无民事行为能力人，由他的法定代理人代理民事活动。无民事行为能力人的监护人是他的法定代理人。未成年人的父母是未成年人的监护人。子女出生时尚无民事行为能力，父母确定子女的姓氏是父母行使姓名权的体现。子女成年后，可以通过姓名变更手续，由随父姓改为随母姓或由随母姓改为随父姓，或由其他姓氏改为随父姓或随母姓。本案中，二原告虽均不姓陈，但其决定给婚生小孩取名陈乙，其行为并不违反我国现行法律规定，亦不违公序良俗，因此，对原告在本案中提出的诉讼请求予以支持。被告以卫生行政主管部门有新生儿只能随父姓或随母姓的规定为由，拒不出具医学证明的理由不成立，法院不予采纳。综上所述，依照《民法通则》第十二条第二款、第十四条、第十八条第二款、第九十九条，《婚姻法》第二十二条之规定，判决被告现代女子医院在本判决生效后即时为原告雷某、闫某的婚生小孩陈乙出具出生医学证明。

专家点评

决定自己的姓名是民事主体行使姓名权的方式之一。就本案而言，原告所生的孩子作为具有民事权利能力的民事主体，享有姓名权这一人格权，有权决定、使用和依照规定改变自己的姓名，但由于其为新生儿，为无民事行为能力人，故需要由法定代理人代为行使姓名权。本案的原告作为其父母，具有法定代理人的身份，有权决定其姓名，这是行使法律赋予无民事行为能力人的法定代理人的代理权的体现，具有法律上的正当性。

第二十一条　不能辨认自己行为的成年人为无民事行为能力人，由其法定代理人代理实施民事法律行为。

八周岁以上的未成年人不能辨认自己行为的，适用前款规定。

【条文释义】

本条是对成年人及8周岁以上的未成年人无民事行为能力的规定。

原《民法通则》规定，只有完全不能辨认自己行为的精神病患者为无民事行为能力人，不完全正确。除了精神病患者之外，还有植物人、老年痴呆症患者等成年人也没有民事行为能力。根据实际情况，民法典采取了新的成年人无民事行为能力的标准，即不能辨认自己行为。已满18周岁的成年人，只要是不能辨认自己的行为的，就是无民事行为能力人，而不再区分是因何原因而不能辨认自己的行为。

8周岁以上的未成年人原本是限制民事行为能力人，如果8周岁以上的未成年人也不能辨认自己的行为，与不能辨认自己行为的成年人一样，也是无民事行为能力人。

无民事行为能力的成年人或者8周岁以上不能辨认自己行为的未成年人，在实施民事法律行为时，都须由其法定代理人代理，不得自己独立实施，否则为无效。

【案例评注】

郭某诉夏某甲离婚纠纷案①

基本案情

郭某与夏某甲于1989年经亲戚介绍相识，于1990年办理结婚仪式，于1993年3月13日婚生一女，取名夏某乙，于2010年3月25日在肥东县民政局补领结婚证。婚后双方感情尚好。自2009年起，夏某甲出现精神异常，常自言自语，好发火，2012年5月出现疑心重、健忘，多次就诊被诊断为精神分裂症，后病情多次反复加重，曾多次住院治疗，但病情没有好转，肥东县第三人民医院分别于2013年11月25日、2014年3月17日、2015年5月29日出具的出院记录中均记载夏某甲自知力丧失。郭某于2011年出现视力模糊，被诊断为颅内占位性病变（鞍结节）：移行性脑膜瘤；左眼白内障。郭某于2011年8月23日在首都医科大学附属北京天坛医院行全麻下冠切左额开颅肿瘤切除术，术后视力下降情况未能好转。因双方的陆续患病，影响了夫妻生活质量，故郭某以夫妻感情破裂为由诉至法院，请求判决离婚。郭某诉称：郭某与夏某甲经人介绍相识，并于1990年按当地风俗举行结婚仪式，于2010年3月25日补领结婚证。双方于1993年生育女儿夏某乙，现年23岁，现在湖南大学就读研究生。双方婚后感情尚可，但夏某甲自2009年起精神出现异常，郭某到处为其求医问药，一直对其精心照料，却一直不见好转。2011年，郭某双眼视力下降，多次到医院就诊，最终被诊断为脑膜

① 审理法院：安徽省合肥市庐阳区人民法院，案号：(2016) 皖0103民初859号。

瘤，并在首都医科大学附属北京天坛医院行冠切左额开颅肿瘤切除术。手术后，刚开始一段时间，郭某的眼睛视力有所恢复，但随着时间推移，郭某的视力已近乎失明，对生活已造成严重影响，生活自理能力明显下降。郭某自己生活起居已需要亲朋好友予以关照，还要照顾夏某甲，郭某心力交瘁，难以承受，且因夏某甲长期患病双方分居已达6年之久，夫妻感情确已破裂。现郭某诉至法院，请求判令双方离婚。夏某甲在庭审中辩称：郭某诉状中的陈述属实，同意离婚。郭某和夏某甲均有稳定的工资收入，基本生活可以保障。

法院判决

人民法院经审理认为，郭某与夏某甲虽然系自主婚姻，婚后感情尚好，但因夏某甲患精神分裂症多年，严重影响了夫妻感情，又因郭某也患病导致双眼视力下降，生活难以自理，更无法承受照顾夏某甲的责任，故郭某和夏某甲已经难以维持基本的夫妻生活。考虑到双方均有稳定收入可以维持基本生活，夏某甲现被安排在合肥市花冲老年公寓，可以得到较好的照顾，故郭某现诉讼请求离婚，法院予以准许。据此，依照《婚姻法》第三十二条，《民法通则》第十三条第一款、第十七条第一款第（三）项之规定，判决如下：准予原告郭某与被告夏某甲离婚。

专家点评

能否辨认自己的行为是对自然人的民事行为能力作出判断的另一标准，对于不具备辨认自己行为能力的自然人，需要法定代理人代理其进行民事法律行为。就本案而言，被告夏某甲被诊断为患有精神分裂症，且根据肥东县第三人民医院分别于2013年11月25日、2014年3月17日、2015年5月29日出具的出院记录，可以认定夏某甲已经因为患病丧失了心智，进而也就丧失了识别能力和判断能力，为了对其利益加以保护，需要由其法定代理人代理进行民事活动。本案中，夏某甲23岁的女儿符合担任其法定代理人的条件，因此代理其实施一系列与离婚诉讼有关的民事法律行为具有法律上的正当性。

第二十二条 不能完全辨认自己行为的成年人为限制民事行为能力人，实施民事法律行为由其法定代理人代理或者经其法定代理人同意、追认；但是，可以独立实施纯获利益的民事法律行为或者与其智力、精神健康状况相适应的民事法律行为。

【条文释义】

本条是对成年人限制民事行为能力的规定。

限制民事行为能力的成年人，是因其不能完全辨认自己行为的原因而不具有完全民事行为能力，只能在法律限定的范围内实施有效的民事法律行为，取得权利、承担义务能力的成年人。

年满18周岁，但不能完全辨认自己行为的成年人，尽管已经成年，由于只具有受限制的民事行为能力，因而只能实施与其智力和健康状况相适应的法律行为，其他民事法律行为的实施则应由他们的法定代理人代理进行，或者征得他们的法定代理人的同意、追认。

限制民事行为能力的成年人可以实施纯获利益的民事法律行为。纯获利益民事法律行为因未苛以限制民事行为能力的成年人以法律上的义务，故限制民事行为能力的成年人可以独立实施。那些无偿的借用、借贷等，虽然限制民事行为能力人能够从中获得权利和利益，但还负有返还义务，因而不属于纯获利益的民事法律行为。

限制民事行为能力人可以实施与其智力、精神健康状况相适应的民事法律行为。例如，一些日常生活所必需的交易行为，限制民事行为能力人完全可以实施。否则，不仅会限制他们的行为自由，还会给其生活造成不便。

【案例评注】

傅甲诉傅乙、傅丙财产损害赔偿纠纷案[①]

基本案情

原告傅甲起诉称，被告傅乙、傅丙未经原告同意擅自将原告名下房屋出售，且出售款项至今未交予原告。请求判令：一、被告傅乙赔偿原告损失850000元；二、被告傅乙赔偿原告精神损失费20000元；三、被告傅丙归还不当得利50000元。

---

① 审理法院：浙江省宁波市江东区人民法院，案号：（2015）甬东民初字第2210号。

法院判决

人民法院经审理认为，民事行为能力是民事主体独立地以自己的行为为自己或他人取得民事权利和承担民事义务的能力，原告独立行使诉权，在起诉时其必须具备完全民事行为能力，而本案中，法院结合宁波市康宁医院的住院病历及走访社区了解的情况，原告不具备完全的认识和判断能力。依照《民事诉讼法》第一百一十九条第（一）项、第一百五十四条第一款第（三）项及《民法通则》第十三条的规定，裁定驳回原告傅甲的起诉。

专家点评

对于不能完全辨认自己行为的成年人，需要判断其实施的民事法律行为是否为纯获利益的民事法律行为或者与其智力、精神健康状况相适应的民事法律行为。具体到本案来看，人民法院结合宁波市康宁医院的住院病历及走访社区了解的情况，认定原告为不具备完全的认识和判断能力的不能完全辨认自己行为的限制民事行为能力人，而其实施的起诉行为一方面不属于接受奖励、赠与、报酬等纯获利益的行为，另一方面由于起诉行为系由一系列行为组成，具有一定的复杂性，不属于与限制民事行为能力人的智力、精神健康状况相适应的民事法律行为，因而不能由原告独立实施，而需要由其法定代理人代理或经其法定代理人同意、追认。基于此，人民法院作出驳回起诉的裁定，这一裁定有利于保护原告的利益，与相关规范的立法目的是一致的。

第二十三条 无民事行为能力人、限制民事行为能力人的监护人是其法定代理人。

【条文释义】

本条是对无民事行为能力人和限制民事行为能力人的法定代理人的规定。

对无民事行为能力人或者限制民事行为能力人应当设置监护人。无民事行为能力人或者限制民事行为能力人与他们的监护人形成监护法律关系。在监护法律关系中，与监护人相对应的无民事行为能力人和限制民事行为能力人是被监护人，包括不满 8 周岁的无民事行为能力和 8 周岁以上不满 18 周岁的限制民事行为能力人，不能辨认自己行为的无民事行为能力的成年人和不能完全辨认自己行为的限制民事行为能力的成年人。

无民事行为能力人和限制民事行为能力人设置的监护人的范围是：1. 无民事行为能力或者限制民事行为能力的未成年人，首先是他们的父母基于亲权而作为其监护人；如果他们的父母不能履行监护职责，或者已经去世，或者被剥夺了亲权，则应当按照本编规定的监护顺序，确定监护人。2. 无民事行为能力或者限制民事行为能力的成年人，根据法定的监护顺序，或者根据意定监护协议等，决定他们的监护人。

无民事行为能力人不能独立实施民事法律行为，限制民事行为能力人只能实施与他们的年龄、智力和精神健康状况相适应的民事法律行为。不能独立实施的民事法律行为，都需要由他们的法定代理人代理实施。无民事行为能力人、限制民事行为能力人的监护人，就是他们的法定代理人，由他们代理无民事行为能力人、限制民事行为能力人依法实施民事法律行为。

【案例评注】

邓某诉某房地产公司、邓甲确认合同效力纠纷案①

基本案情

2008 年 10 月 31 日，邓甲与赵某协议离婚，并约定婚生子邓某由邓甲抚养，邓甲负责承担一切费用，直至邓某能独立生活为止。2013 年 8 月 29 日，邓甲作为邓某的法定代理人与某房地产公司签订了《重庆市商品房买卖合同》，2013 年 10 月 12 日，该合同办理了登记备案。之后，邓甲作为邓某监护人身份向某房地产公司申请：因个人原因，与开发商协议退房，办理预售登记注销事宜。某房地产公司收到申请后，表示同意退房。2014 年 4 月 3 日，邓甲作为邓某监护人身份与某房地产公司签订了《退房协议》。同日，邓甲作为邓某的监护人身份与某房地产公司一起办理商品房买卖合同的注销登记手续。2014 年 4 月 9 日，黄某与某房地产公司签订了《重庆市商品房买卖合同》。2015 年 3 月 17 日，赵某向法院提起变更抚养关系之诉。该案经法院主持，双方达成如下调解协议：赵某与邓甲的婚生子邓某从 2015 年 3 月 23 日起变更为由赵某抚养；邓甲自 2015 年 4 月起每月支付邓某抚养费 1000 元。原告邓某一审诉称：2014 年 4 月 3 日，邓甲与某房地产公司在未经赵某同意的情况下擅自签订了退房协议，并于同日办理了预购商品

① 审理法院：一审法院为重庆市北碚区人民法院，案号：（2015）碚法民初字第 08043 号；二审法院为重庆市第一中级人民法院，案号：（2016）渝 01 民终 3301 号。

房买卖合同注销登记。同日，某房地产公司与黄某又签订了该套房屋的买卖合同。某房地产公司及黄某的上述行为侵害了邓某的合法权益，故请求法院判决：1. 确认2014年4月3日邓甲以邓某的名义与某房地产公司签订的《退房协议》无效；2. 本案的诉讼费用由某房地产公司和黄某共同负担。

法院判决

一审法院经审理认为，本案中，邓某在与某房地产公司签订《商品房买卖合同》及《退房协议》时尚未满10周岁，属于无民事行为能力人，应由其法定代理人代理其从事民事活动。而邓甲与赵某于2008年10月31日签订的离婚协议约定邓某由邓甲抚养。因此，邓甲作为邓某的监护人，也是其法定代理人，有权代为签订商品房买卖合同，故邓甲以邓某法定代理人身份与某房地产公司签订的《商品房买卖合同》是合法有效的，双方应按照合同约定各自履行自己的义务。《合同法》第九十三条第一款规定："当事人协商一致，可以解除合同。"邓甲以邓某监护人身份与某房地产公司签订的《退房协议》实际上是双方协商一致，解除商品房买卖合同。因邓某未满10周岁，邓甲作为其监护人有权代其签订《退房协议》，且亦无证据显示邓甲、某房地产公司及黄某存在恶意串通的事实。综上，邓某要求确认2014年4月3日邓甲以其名义与某房地产公司签订的《退房协议》无效的请求，无法律依据，法院不予支持。据此，依照《民法通则》第十二条第二款、第十四条、第十六条第一款、第七十条，《合同法》第九十三条第一款，《民事诉讼法》第六十四条、第一百四十二条、第一百四十四条的规定，判决驳回原告邓某的诉讼请求。

二审法院经审理认为，因邓某在与某房地产公司签订《商品房买卖合同》及《退房协议》时尚未满10周岁，属于无民事行为能力人，故应由其法定代理人代理其从事民事活动。邓甲作为邓某的监护人，亦是其法定代理人，故邓甲有权代理邓某与某房地产公司签订《商品房买卖合同》及《退房协议》。本案中，第一，邓甲作为邓某法定代理人签订退房协议的行为并不会直接侵害邓某的合法权益；第二，在邓甲代理邓某签订退房协议后，某房地产公司是否退还购房款以及如何退还购房款，属于退房协议的履行问题，与退房协议本身是否有效无关；第三，虽然退房协议上载明的退房理由与事实有出入，但尚不足以证明某房地产公司对此存有恶意；第四，市场经济环境下，商品价格在一定时期内出现波动属正常现象，邓某并未举证证明黄某在邓甲签订退房协议后，以明显不合理低价购买涉案房屋；第五，即使邓甲作为邓某的监护人与某房地产公司签订退房协议的行为，最终损害了邓某的利益，亦应由邓甲对邓某承担赔偿责任，《民法通则》规定监护人除为被监护人的利益外，不得处理被监护人的财产，不应属于效力性强制性规定，否则，不利于保护善意第三人的利益及市场交易安全。综上，邓某的上诉理由不成立，对于其上诉请求，法院不予支持。原判认定事实清楚，适用法律正确，法院予以维持。据此，依照《民事诉讼法》第一百七十条第一款第（一）项之规定，判决驳回上诉，维持原判。

专家点评

本案中，原告邓某不具备能够独立签订《商品房买卖合同》及《退房协议》的民事行为能力，需要由其法定代理人代理其实施前述民事法律行为，在法定代理人的代理行为没有影响民事法律行为效力的瑕疵的情况下，法定代理人所代理的民事法律行为应当是有效的。在签订《商品房买卖合同》及《退房协议》时，被告邓甲作为原告邓某的监护人，具有作为邓某法定代理人的资格，有权代理邓某实施签订《商品房买卖合同》及《退房协议》的民事法律行为，不需要经过赵某的同意，且在没有证据显示邓甲、某房地产公司及黄某存在恶意串通的事实的情况下，亦无法以此为由否定《退房协议》的效力。因此，邓某要求确认《退房协议》无效的诉讼请求缺乏法律上的依据，不应得到支持。

第二十四条 不能辨认或者不能完全辨认自己行为的成年人，其利害关系人或者有关组织，可以向人民法院申请认定该成年人为无民事行为能力人或者限制民事行为能力人。

被人民法院认定为无民事行为能力人或者限制民事行为能力人的，经本人、利害关系人或者有关组织申请，人民法院可以根据其智力、精神健康恢复的状况，认定该成年人恢复为限制民事行为能力人或者完全民事行为能力人。

本条规定的有关组织包括：居民委员会、村民委员会、学校、医疗机构、妇女联合会、残疾人联合会、依法设立的老年人组织、民政部门等。

【条文释义】

本条是对认定或者恢复民事行为能力的规定。

申请认定成年人为无民事行为能力人或者限制民事行为能力人的主体，是其利害关系人及有关组织，可以向人民法院申请该认定。应具备的要件是：1. 被认定人不能辨认或者不能完全辨认自己的行为。2. 须由利害关系人或者有关组织申请。3. 须经人民法院认定。法院审查属实的，作出认定为无民事行为能力人或者限制民事行为能力人的裁判，并指定监护人。

对无民事行为能力人或者限制民事行为能力人民事行为能力恢复的认定，请求的主体是本人、利害关系人或者有关组织。其要件是：1. 被人民法院认定为无民事行为能力人或者限制民事行为能力人的成年人，已经恢复或者部分恢复了民事行为能力；2. 经本人、利害关系人或者有关组织的申请；3. 人民法院根据其智力、精神健康恢复的状况，可以认定该成年人恢复为限制民事行为能力人或者完全民事行为能力人。

能够请求宣告或者恢复民事行为能力人的有关组织，为居民委员会、村民委员会、学校、医疗机构、妇女联合会、残疾人联合会、依法设立的老年人组织、民政部门等。其中依法设立的老年人组织，是指依照《老年人权益保障法》的规定设立的老年人组织，而不是乡、村等自愿设立的老年人协会等组织。

【案例评注】

叶甲要求宣告叶乙为无民事行为能力人案①

基本案情

叶乙于1985年开始出现精神病，表现自言自语、话少、无故外出游走、言行紊乱等。1991年7月病情加重。经宁波市某医院司法鉴定所出具司法鉴定书确认，叶乙思维贫乏、感情淡漠、行为孤僻、意志明显减退，并残留幻听、被害妄想，符合精神分裂症的诊断标准，不能正确理解和辨认自己的行为，应当认定为无民事行为能力。申请人叶甲认为，被申请人所在街道有残疾调查，并不时发放低保补贴及物品等，但被申请人在某医院治疗，无法自行领取。且被申请人叶乙之父母及兄长叶丙已去世，无其他兄弟姊妹，未婚无子女，叶甲作为其姑姑一直照顾其生活，故向法院申请确认叶乙无民事行为能力，并由申请人叶甲作为其监护人。

① 审理法院：浙江省宁波市海曙区人民法院，案号：（2016）浙0203民特852号。

法院判决

人民法院经审理认为，通过审查申请人提供的证据及走访被申请人所在社区居民委员会，叶乙目前患有精神分裂症，不能正确理解和辨认自己的行为，可以认定为无民事行为能力人，故叶甲申请宣告叶乙为无民事行为能力人，理由正当，法院予以支持。申请人叶甲系其关系较近的其他亲属，在叶乙之父叶丁去世后一直承担叶乙的照顾工作，社区居委会就叶乙的问题一直是与叶甲进行联系，也同意由叶甲作为其监护人。依照《民法通则》第十三条第一款、第十七条第一款、第十九条第一款，《最高人民法院关于贯彻执行〈中华人民共和国民法通则〉若干问题的意见（试行）》第五条，《民事诉讼法》第一百八十九条第二款之规定，判决宣告叶乙为无民事行为能力人，指定叶甲为叶乙的监护人。

专家点评

本案中，叶乙患有精神分裂症，不具备能够正确理解和辨认自己的行为的能力，符合被认定为无民事行为能力人的标准。申请人叶甲作为叶乙的姑姑，系其关系较近的其他亲属，在叶乙之父叶丁去世后一直承担叶乙的照顾工作，社区居委会就叶乙的问题一直是与叶甲进行联系，也同意由叶甲作为其监护人。因此，叶甲属于法律规定的“利害关系人”，具有向人民法院申请宣告叶乙为无民事行为能力人的资格，人民法院根据其申请以及叶乙的精神健康状况，宣告叶乙为无民事行为能力人并指定叶甲担任叶乙监护人的判决是符合法律规定的。

第二十五条　自然人以户籍登记或者其他有效身份登记记载的居所为住所；经常居所与住所不一致的，经常居所视为住所。

【条文释义】

本条是对自然人的住所和经常居所的规定。

住所，是指自然人长期居住生活的地点，是自然人参与的各种法律关系发生的中心地域。认定住所的要件是：1. 久住的意思，即长期居住的意思，依客观事实（如户籍登记、居住情形、家属概况及是否在当地工作等事实）认定该主观的意思。2. 居住的事实，即在事实上住于该地的事实。认定住所采客观主义立场，并不特别要求考察当事人是否具有久住的意思，因而规定以户籍登记或者其他有效身份登记记载的居所为自然人的住所。户籍登记，是公安机关按照国家户籍管理法律、法规，对公民的身份信息进行登记记载的制度。其他有效身份登记，主要包括居住证、外国人的有效居留证件的登记。这些身份登记记载的居所就是住所。

住所的法律意义是：1. 确定自然人的民事主体状态，如宣告失踪或者宣告死亡，以自然人离开住所地下落不明为前提条件。2. 决定债务的清偿地。在没有其他标志确定债务履行地时，可以用债务人的住所地作为标志，确定债务清偿地。3. 决定婚姻登记等身份事项的管辖地点。4. 在涉外民事关系中确定法律适用的准据法。5. 决定诉讼管辖法院和司法文书送达地。

经常居所，也简称为居所，是指自然人为了某种目的而临时居住，并无久住意思的处所。住所与经常居所的区别，在于有无久住的意思，与居住时间的长短无关，例如在监狱服刑，具有长期居住的事实，但无久住的意思，不能认为设定住所于该地，仅能认其系设定居所而已。

经常居所的法律意义是，当经常居所与住所不一致时，以经常居所视为住所。

【案例评注】

叶某诉周某等民间借贷纠纷案①

基本案情

本案原告叶某与被告周某、某公司签订了《借款合同》，其第 10 条载明："本合同履行中如有争议，可由各方协商解决，协商不成，由原告方所在地有管辖权的人民法院管辖。"原告叶某提交了由福州市鼓楼区洪山镇福屿社区居民委员会及福州市公安局洪山派出所加盖公章出具的《证明》，证实原告叶某的经常居住地为福建省福州市鼓楼区洪山镇黎明村福二工业村实达公寓×座×单元，属福州市中级人民法院辖区。一审法院依法将本案移送福建省福州市中级人民法院受理。被告周某提出应将本案移送福建省厦门市中级人民法院审理的管辖权异议，该管辖权异议被一审法院驳回。

法院判决

一审法院经审理认为，根据《民事诉讼法》第三十四条规定："合同或者其

① 审理法院：一审法院为福建省泉州市中级人民法院，案号：（2015）泉民初字第 964 号；二审法院为福建省高级人民法院，案号：（2015）闽民终字第 1678 号。

他财产权益纠纷的当事人可以书面协议选择被告住所地、合同履行地、合同签订地、原告住所地、标的物所在地等与争议有实际联系的地点的人民法院管辖，但不得违反本法对级别管辖和专属管辖的规定”，本案原告叶某与被告周某、某公司系书面协议选择原告方所在地人民法院管辖，该约定系当事人的真实意思表示，内容未违反有关法律法规的强制性规定，应认定合法有效。根据原告叶某提交的由福州市鼓楼区洪山镇福屿社区居民委员会及福州市公安局洪山派出所加盖公章出具的《证明》证实原告叶某的经常居住地为福建省福州市鼓楼区洪山镇黎明村福二工业村实达公寓×座×单元，属福州市中级人民法院辖区，故本案应由福州市中级人民法院管辖。根据《民事诉讼法》第三十六条规定，人民法院发现受理的案件不属于本院管辖的，应当移送有管辖权的人民法院，受移送的人民法院应当受理。受移送的人民法院认为受移送的案件依照规定不属于本院管辖的，应当报请上级人民法院指定管辖，不得再自行移送。法院依法将本案移送福建省福州市中级人民法院受理。被告周某提出应将本案移送福建省厦门市中级人民法院审理的管辖权异议，理由不能成立，法院依法予以驳回。据此，依照《民事诉讼法》第三十六条、第一百二十七条之规定，裁定本案移送福建省福州市中级人民法院受理。

周某不服一审裁定，向二审法院提出上诉称，上诉人的户籍地虽然在福建省南安市，但其长期居住于厦门市湖里区，故上诉人的经常居住地为厦门市湖里区。根据《民事诉讼法》第二十三条，《最高人民法院关于适用〈中华人民共和国担保法〉若干问题的解释》第一百二十九条的规定，本案应根据主合同确定案件的管辖，即本案应由厦门市中级人民法院管辖，福州市中级人民法院对本案不具有管辖权。请求撤销一审裁定，将本案移送厦门市中级人民法院审理。

二审法院经审理认为，根据原审原告叶某起诉的诉讼请求、所述的事实理由及起诉时提供的证据材料，本案系民间借贷纠纷。原审原告的起诉包含了借款的主合同和担保的从合同两个法律关系。讼争《借款合同》第十条约定，“本合同履行中如有争议，可由各方协商解决，协商不成，由原告方所在地有管辖权的人民法院管辖”。讼争《借款合同》的当事人一致选定原告住所地人民法院管辖，意思表示真实、明确，符合《民事诉讼法》第三十四条的规定，应属有效，根据《最高人民法院关于适用〈中华人民共和国担保法〉若干问题的解释》第一百二十九条关于应当依照主合同确定管辖的规定，该协议管辖条款应作为本案确定管辖的依据。《民法通则》第十五条规定，公民以他的户籍所在地的居住地为住所，经常居住地与住所不一致的，经常居住地视为住所，故讼争《借款合同》中约定的“原告方所在地”应为叶某的经常居住地福州市鼓楼区，根据协议管辖条款的约定，结合本案的诉讼标的额，本案应由福州市中级人民法院管辖。上诉人关于本案应由其经常居住地人民法院管辖的上诉理由，与协议管辖优先于法定管辖适用的管辖确定原则不符，不能成立；对其上诉请求，法院不予支持。综上，原审裁定将本案移送福州市中级人民法院处理正确，应予维持。依照《民事诉讼法》第一百七十条第一款第（一）项、第一百七十一条之规定，裁定驳回上诉，维持原裁定。

专家点评

在确定当事人的住所时，经常居所相较于登记的居所具有一定优先性。本案中，原告和被告在《借款合同》中通过管辖条款约定争议由原告方所在地（住所地）有管辖权的人民法院管辖。根据原告提交的证据，能够证明原告叶某的经常居所为福建省福州市鼓楼区洪山镇黎明村福二工业村实达公寓×座×单元，故应当以该经常居所作为原告的住所地，并以此来确认管辖法院。

第二节 监 护

第二十六条 父母对未成年子女负有抚养、教育和保护的义务。

成年子女对父母负有赡养、扶助和保护的义务。

【条文释义】

本条是对父母与子女之间权利义务的规定。

本条规定父母、子女的权利义务关系，第一款规定的是父母与未成年子女之间的亲权法律关系；第二款规定的是父母与成年子女之间的亲属权法律关系。

亲权，是指父母对未成年子女在人身和财产方面的抚养、教育和保护的权利与义务。亲权是身份权，其主要方面是义务。父母对于未成年子女负有的义务，包括身上照护义务和财产照护义务。

子女一经成年即脱离父母亲权的保护，父母、子女间不再享有亲权，父母与成年子女之间的身份法律关系转化为亲属权法律关系。亲属权是指除配偶、未成年子女与父母以外的其他近亲属相互之间的基本身份权，表明这些亲属之间互为亲属的身份利益为其专属享有和支配，其他任何人均不得侵犯的义务。本条第二款规定的亲属权法律关系，就是父母与成年子女之间的亲属权法律关系，特别强调的是成年子女对父母的义务即赡养、扶助和保护义务。这是父母与成年子女之间亲属权法律关系的主要内容，成年子女必须承担这样的义务。

民法典在“监护”一节的本条规定亲权和亲属权，意在确认亲权是监护权的产生基础，也是我国民法典将亲权界定为监护权的基本理由。

【案例评注】

黄乙诉黄甲抚育费案[①]

基本案情

原告黄乙法定代理人卢某于2002年3月7日与被告黄甲办理婚姻登记手续。2002年7月26日，原告法定代理人卢某剖腹产生育女孩黄乙，现随原告法定代理人共同生活，系寿宁县朵朵托儿所学员。原告黄乙及法定代理人卢某与被告黄甲共同生活至2004年4月，此后，双方（指原告法定代理人卢某与被告黄甲）因夫妻感情不和，原告法定代理人卢某与被告黄甲分居生活，分居后，原告母女租住在寿宁县鳌阳镇解放街迎春巷×号。另外，原告法定代理人于2002年4月在寿宁县丝绸厂下岗，并一次性领取了11000元的失业金。目前，原告法定代理人每月可领取失业金220元。原告法定代理人卢某要求被告黄甲支付从2002年8月至2004年12月生活期间子女抚养费每月200元及今后原告未成年前的抚养费每月300元。认为被告嫌弃原告法定代理人生的是女孩，其医疗卡也被拿回去，不留给女孩看病。双方共同生活期间，被告都未支付过女儿的抚养费，家庭支出都是靠原告法定代理人以前的积蓄。2004年4月，双方分居生活以后，被告仅付过生活费计350元。原告法定代理人与被告夫妻感情已经破裂。被告认为原告法定代理人陈述不属实，被告并没有嫌弃女儿，2004年4月双方分居生活后，被告的朋友和学校领导都有去叫原告法定代理人回来，但原告法定代理人不肯回家。医疗卡拿回来时，原告法定代理人并没有说留给女孩看病取药。被告的工资因欠债被法院扣留部分后，剩余工资都是原告法定代理人领取，双方分居生活后，被告为了能和好还有付钱给原告法定代理人700元。现被告与原告法定代理人的夫妻感情已破裂。法院认为，原告法定代理人卢某与被告黄甲在2004年4月分居生活以后，被告陈述有支付抚养费700元，但未能提供相关证据证实，应以原告法定

---

① 审理法院：一审法院为福建省宁德市寿宁县人民法院，案号：（2005）寿民初字第16号；二审法院为福建省宁德市中级人民法院，案号：（2005）宁民终字第128号。

代理人承认的350元予以认定。至于原告法定代理人和被告陈述的其他事实，因双方均未能提供相应证据证明，法院不予确认。

法院判决

一审法院经审理认为，原告的法定代理人卢某与被告黄甲结婚时均达法定婚龄，并办理了婚姻登记手续，其婚姻关系合法有效，应受法律保护。鉴于原告法定代理人卢某与被告黄甲于2004年4月分居生活的事实存在。同时，双方分居后，原告随法定代理人卢某共同生活，被告亦无异议。由于被告系清源中学的教师，有固定的工资收入，而原告的法定代理人系下岗职工，仅靠领取220元的失业金无法维持母女两人的生活。《未成年人保护法》（1991年）第八条规定："父母或者其他监护人应当依法履行对未成年人的监护职责和抚养义务，不得虐待、遗弃未成年人；不得歧视女性未成年人或者有残疾的未成年人；禁止溺婴、弃婴。"因此，被告对子女应负有抚养的义务。此外，参照《最高人民法院关于人民法院审理离婚案件处理子女抚养问题的若干具体意见》第七条规定："子女抚育费的数额，可根据子女的实际需要、父母双方的负担能力和当地的实际生活水平确定。有固定收入的，抚育费一般可按其月总收入的百分之二十至三十的比例给付……"双方于2004年4月分居后，被告仅付抚养费350元明显偏低，考虑本地的实际生活水平，被告应从2004年5月起至2004年12月止一次性支付原告抚养费每月200元，计1600元（应扣除被告已支付的350元）；从2005年1月起，被告应每月支付原告抚养费260元，从而保障原告的正常生活。至于今后，如果原告的法定代理人卢某与被告黄甲解除婚姻关系，其子女抚养及抚养费问题可自行协商或由人民法院另行判决。对于原告要求被告从2002年8月至2004年12月止每月支付抚养费200元，因原告及法定代理人在2004年4月前仍与被告共同生活，其主张抚养费从2002年8月开始计算的理由依据不足，应不予支持。依照《婚姻法》第二十一条和《未成年人保护法》第八条之规定，判决被告黄甲一次性给付原告黄乙前期子女抚养费1250元。从2005年1月开始，在被告黄甲与原告法定代理人卢某的夫妻关系存续期间，被告黄甲应于每月20日前给付原告黄乙子女抚养费260元。

二审法院经审理认为，被上诉人黄乙是上诉人黄甲与被上诉人母亲卢某的婚生女儿，在上诉人与卢某分居期间，双方仍然对被上诉人黄乙负有抚育义务。因双方分居时被上诉人黄乙年龄尚小，随母亲卢某共同生活，卢某系下岗职工每月仅220元失业金，显然难以维持母女生活所需。作为一名教师、有固定工资收入的上诉人应当支付给被上诉人相应的抚育费。原审法院依据《未成年人保护法》

（1991 年）第八条，《婚姻法》第二十一条及参照《最高人民法院关于人民法院审理离婚案件处理子女抚养问题的若干具体意见》第七条之规定，并结合当地实际生活水平，判决由上诉人从双方分居之日起补偿给付被上诉人抚养费，并从 2005 年 1 月起按月支付被上诉人抚养费是正确的。原审法院对本案事实的认定和适用法律并无不当，应予维持。上诉人的上诉无理，其上诉请求不予支持。依照《民事诉讼法》第一百五十三条第一款第（一）项的规定，判决驳回黄甲的上诉，维持原判。

专家点评

本案中，被告黄甲作为原告黄乙的父亲，对未成年的原告黄乙负有抚养、教育和保护的义务。自 2002 年 7 月原告出生至 2004 年 4 月，原告及法定代理人卢某与被告黄甲共同生活，可以认为在此期间被告对原告履行了相应的抚养、教育和保护义务。但是 2004 年 4 月之后，被告与原告的法定代理人卢某开始分居生活，其有必要通过支付抚养费的方式继续履行对原告的抚养、教育和保护义务，且抚养费的金额应能够起到保障原告生活的作用。基于此，人民法院判决被告补充支付从 2004 年 5 月起至 2004 年 12 月止这一期间原告的抚养费，并从 2005 年 1 月起按月支付原告的抚养费是具有法律上的正当性的。

第二十七条 父母是未成年子女的监护人。

未成年人的父母已经死亡或者没有监护能力的，由下列有监护能力的人按顺序担任监护人：

（一）祖父母、外祖父母；

（二）兄、姐；

（三）其他愿意担任监护人的个人或者组织，但是须经未成年人住所地的居民委员会、村民委员会或者民政部门同意。

【条文释义】

本条是对未成年人的监护人及监护顺序的规定。

未满 18 周岁的未成年人都需要依法进行监护，在监护法律关系中都是被监护人。

法定监护是由法律直接规定谁为监护人。法定监护应依照法律规定的监护顺序，以顺序在先者为监护人，在前一顺序的法定监护人缺位时，依次由后一顺序的法定监护人担任。

未成年人的法定监护顺序是：1. 未成年人的父母是未成年人的监护人，这是未成年人的亲权人作为未成年人的监护人。2. 未成年人的父母已经死亡或者没有监护能力（其实也包括父母被剥夺亲权）的，由下列有监护能力的人按顺序担任监护人：（1）祖父母、外祖父母；（2）兄、姐；（3）其他愿意担任监护人的个人或者组织，但是须经未成年人住所地的居民委员会、村民委员会或者民政部门同意。其中第三顺序的监护人是自愿监护人，即“其他愿意担任监护人的个人或者组织，但是须经未成年人住所地的居民委员会、村民委员会或者民政部门同意”。自愿监护人的范围比较宽，自愿担任监护人的个人或者组织均可；自愿监护人的条件比较严格，须经未成年人住所地的居委会、村委会或者民政部门的同意。

【案例评注】

邹某某诉许某甲、许某乙、胡某乙监护权纠纷案[①]

基本案情

2012 年 1 月 16 日，原告邹某某与许某丙经人介绍相识，后确立恋爱关系并开始同居。2013 年 12 月 10 日双方生育一男孩取名许某丁。2014 年 1 月 16 日，邹某某与许某丙在通城县城往北港镇的道路发生交通事故，许某丙当场死亡，邹某某受伤构成十级伤残，许某丁在邹某某住院期间由被告许某甲（许某丁的伯父）、许某乙（许某丁的祖父）、胡某乙（许某丁的祖母）抚养。邹某某出院后许某丁仍然是许某甲在抚养照顾。2014 年 6 月，邹某某起诉要求判决三被告将许某丁交由其抚养成年，许某丁的抚养费在许某丙的遗产中由三被告支付。

法院判决

一审法院经审理认为，未成年人的父母是未成年人的法定监护人，依法享有对未成年人的监护权，邹某某作为许某丁的母亲，依法享有对其监护权利，任何人不得无故侵犯其监护权。许某甲、许某乙、胡某乙作为许某丁的伯父、祖父

---

① 审理法院：一审法院为湖北省咸宁市通城县人民法院，案号：（2014）鄂通城民初字第 00686 号；二审法院为湖北省咸宁市中级人民法院，案号：（2015）鄂咸宁中民终字第 139 号。

母，在许某丁的亲生母亲健在的前提下，不具有小孩许某丁的监护资格，三被告拒绝送还许某丁的行为严重侵犯了邹某某的监护权；三被告主张邹某某有侵害许某丁合法权益的情形，但未提供足够证据予以证实，法院不予采信。邹某某主张许某丁的抚养费在许某丙的遗产中由三被告支付属于遗产继承问题，属另一法律关系，邹某某可另行起诉。为了维护社会的和谐稳定，有利于小孩的健康成长，依照《民法通则》第十六条，《侵权责任法》第二条、第十五条之规定，判决原告邹某某享有小孩许某丁的监护权，被告许某甲、许某乙、胡某乙将许某丁送还原告监护。

判决书送达后，许某甲、许某乙、胡某乙不服，提起上诉。

二审法院经审理认为，监护是指民法上规定对无民事行为能力人和限制民事行为能力人的人身权益和财产权益进行监督保护的法律制度。监护人依法履行监护的权利，受法律保护。《民法通则》第十六条规定，未成年人的父母是未成年人的监护人。未成年人的父母已经死亡或者没有监护能力的，由下列人员中有监护能力的人担任监护人：（一）祖父母、外祖父母；（二）兄、姐；（三）关系密切的其他亲属、朋友愿意承担监护责任，经未成年人的父、母的所在单位或者未成年人住所地的居民委员会、村民委员会同意的。对担任监护人有争议的，由未成年人的父、母的所在单位或者未成年人住所地的居民委员会、村民委员会在近亲属中指定。对指定不服提起诉讼的，由人民法院裁决。没有第一款、第二款规定的监护人的，由未成年人的父、母的所在单位或者未成年人住所地的居民委员会、村民委员会或者民政部门担任监护人。本案中，邹某某是未成年人许某丁的生母，依据上述法律规定，邹某某是其未成年儿子许某丁的法定监护人。因此，邹某某在其受伤康复后，要求履行其法定监护职责符合法律规定，应予以支持。上诉人许某甲、许某乙、胡某乙不得行使有损害邹某某依法履行法定监护职责的行为。上诉人许某甲、许某乙、胡某乙认为邹某某有损害许某丁合法权益的行为，主张许某丁的监护权，但诉讼中不能提供合法有效证据证明，其上诉请求无事实和法律依据，法院不予支持。一审判决认定事实清楚，适用法律正确，实体处理并无不当。依照《民事诉讼法》第一百七十条第一款第（一）项之规定，判决驳回上诉，维持原判。

专家点评

未成年人的父母是未成年人的第一顺序法定监护人，一般不能对其监护资格加以剥夺或限制。就本案而言，原告邹某某是许某丁的亲生母亲，在其没有死亡或者丧失监护能力的情况下，其应当优先于许某丁的伯父、祖父母，即被告许某甲、许某乙、胡某乙担任许某丁的监护人。虽然被告许某甲、许某乙、胡某乙提出邹某某有损害许某丁合法权益的行为，但其并未举证证明，因而不能构成人民法院撤销邹某某监护资格的充分理由。所以，邹某某要求被告许某甲、许某乙、胡某乙将邹某某送还其监护的诉讼请求应得到人民法院支持。

第二十八条 无民事行为能力或者限制民事行为能力的成年人，由下列有监护能力的人按顺序担任监护人：

（一）配偶；

（二）父母、子女；

（三）其他近亲属；

（四）其他愿意担任监护人的个人或者组织，但是须经被监护人住所地的居民委员会、村民委员会或者民政部门同意。

【条文释义】

本条是对无民事行为能力或者限制民事行为能力的成年人设置监护人的规定。

无民事行为能力和限制民事行为能力的成年人被设立监护人后，为被监护人。在无民事行为能力或者限制民事行为能力的成年人中，丧失或者部分丧失民事行为能力的老年人更需要监护制度予以保护。如老年痴呆症作为一种智力上的障碍，直接影响其辨认能力，甚至会使其辨认能力完全消失，须设置监护人予以保护。

对丧失或者部分丧失民事行为能力的成年人的监护人范围和监护顺序是：1. 配偶；2. 父母、子女；3. 其他近亲属；4. 其他愿意担任监护人的个人或者组织，但是须经被监护人住所地的居民委员会、村民委员会或者民政部门同意。依照法定监护方式设定监护人，按上述法定顺序，由顺序在先的监护人自动担任，监护人设定之后，即发生监护法律关系。

本条第 4 项规定的“其他愿意担任监护人的个人或者组织”，是自愿监护人。自愿监护人也叫作无因监护人，是指不负有法定监护义务的人自愿监护，并经有关组织同意的监护人。自愿监护人与法定监护人的最大区别，在于是否有法律规定的监护义务。自愿监护人应以有关组织同意为必要，非经同意不能作为监护人。作为无民事行为能力或者限制民事行为能力的成年人的自愿监护人的资格是：1. 须被监护人不存在法定监护人和意定监护人；2. 须自愿监护人出于自愿；3. 须经被监护人住所地的居民委员会、村民委员会或者民政部门同意。

【案例评注】

范某甲、范某乙诉李某监护权纠纷案[①]

基本案情

被告李某与范某丙为夫妻，范某甲、范某乙系其婚生子女。范某丙自2006年起因病瘫痪在床，由被告李某照顾至今。2015年6月29日经中国医科大学附属第四医院诊断范某丙患有：脑梗死、脑出血后遗症［脑萎缩、痴呆（严重认知障碍）、完全性失语、四肢瘫、二便失禁、吞咽困难、交流障碍、生活完全不能自理］，经被告李某与范某丙所在社区证明范某丙现实健康状况不佳，一直由被告李某护理照顾范某丙，该社区依法指定李某为范某丙的监护人。原告范某甲、原告范某乙诉称，二原告是范某丙与被告李某的婚生子女，由于范某丙本人患有老年痴呆，无民事行为能力，为了更好地维护范某丙的权利，二原告现请求人民法院确认范某丙为无民事行为能力人，并确认被告李某为范某丙监护人。被告李某辩称，本人与范某丙系夫妻，二原告系本人与范某丙的婚生子女，范某丙因病多年，无民事行为能力，本人请求人民法院在确认范某丙为无民事行为能力人同时确认本人为范某丙监护人。

法院判决

人民法院经审理认为，结合社区证明、医院诊断证明书、范某丙健康状况不佳，足以证明范某丙现为无民事行为能力人。根据原、被告双方陈述及户口簿、李某职工登记表、社区证明能够认定范某丙与被告李某的夫妻关系及在范某丙身患脑梗死、脑出血后遗症丧失民事行为能力期间一直由被告李某护理照顾，并经社区指定李某为范某丙的监护人，经法院审查李某具有完全民事行为能力，符合作为范某丙监护人的条件，法院依法尊重原、被告意见，确认被告李某为范某丙的监护人。依照《民法通则》第十七条的规定，判决由被告李某作为无民事行为能力人范某丙的监护人。

---

① 审理法院：辽宁省沈阳市沈河区人民法院，案号：（2015）沈河民一初字第1187号。

专家点评

本案中，范某丙因患脑梗死、脑出血后遗症而丧失了辨认自身行为的能力，属于无民事行为能力人，需要具有监护资格和监护能力的人担任其监护人。李某作为范某丙的配偶，具有监护资格和相应的监护能力，且根据法律规定，其在担任范某丙的监护人时具有相对于其他人的优先性。因此，人民法院确认范某丙为无民事行为能力人，并指定范某丙的配偶李某作为其监护人的判决是于法有据的。

第二十九条 被监护人的父母担任监护人的，可以通过遗嘱指定监护人。

【条文释义】

本条是对遗嘱指定监护人的规定。

遗嘱监护人，是指未成年人的父母在担任监护人时，通过遗嘱为未成年子女指定的监护人。

父母通过遗嘱指定的监护人，应当具备以下资格：1. 遗嘱人须是亲权人。非亲权人不得以遗嘱指定监护人。即使是亲权人，如果亲权丧失或者被剥夺的，也不能通过遗嘱指定监护人。2. 遗嘱人须是后死的亲权人。先死的亲权人由于尚有亲权人在世，因此无权指定监护人。如果亲权人共同遗嘱指定监护人，后死的亲权人没有改变遗嘱的意思，应当认为是后死亲权人的遗嘱。亲权人共同遗嘱指定监护人，并且是同时死亡的，如在同一事件中死亡推定为同时死亡，遗嘱有效。3. 遗嘱须符合法律要求，违反遗嘱法律要求的遗嘱无效，不发生遗嘱委任监护人的效力。

指定监护人的遗嘱符合法律要求，承认其指定的监护人的效力。遗嘱有效的要求包括遗嘱的内容、程序、形式均须合法、有效，应依遗嘱的一般规定判断。遗嘱符合上述三项条件要求的，为有效遗嘱监护，遗嘱指定的监护人在遗嘱生效之时即为监护人，取得监护权，发生监护法律关系。

这种设定监护人的方式主要适用于对未成年人的监护，即由未成年人后死的父或母以遗嘱指定特定的未成年人的监护人。对于成年被监护人，如果监护人是其父母的，该父母也可以用遗嘱指定监护人。

【案例评注】

刘某乙与刘某戊、刘某甲、刘某丙、刘某丁监护权纠纷案①

基本案情

申请人与被申请人共兄妹六人，刘某宝排行老五，于1982年入伍，后因精神分裂症于1984年退伍，经检查被评定为四级残疾军人，其退役后享有国家补贴。退役后刘某宝一直随父母一起生活，1994年父亲去世，2006年母亲生病后将刘某宝送往洛阳进行住院治疗，到2009年母亲去世时将刘某宝接回，按照母亲遗嘱与申请人刘某乙共同生活一直至今。母亲遗嘱声明，将刘某宝的房产归申请人所有，但申请人应保证刘某宝有房住，并由申请人照顾刘某宝的生活，刘某宝的生活费从其存款中支出，刘某宝的存款由刘某丙和刘某戊保管。在申请人照顾刘某宝生活期间，刘某宝的存款一直由刘某戊一人保管，且存折开户名为刘某戊，兄妹对此均有异议。申请人认为自己实际承担了刘某宝的监护责任，理应由其保管刘某宝的财产，2010年3月6日，经封庄村村民委员会指定由申请人和被申请人刘某戊、刘某甲、刘某丙、刘某丁共同为刘某宝的监护人，但对监护责任未明确分工。申请人认为该指定不利于监护责任的行使，对指定不服申请撤销。

法院判决

人民法院经审理认为，既无配偶又无子女的精神病人，其父母已经死亡的，应当在其兄弟姐妹中为其指定监护人。本案中，刘某宝即属于该种情况，兄弟之间因对其监护权的行使发生纠纷，博爱县苏家作乡封庄村村委会指定刘某宝的五兄妹为刘某宝的共同监护人，具体由谁负责仍未明确，实际纠纷并未解决。在指定的监护人中，被申请人对被监护人虽然也有照顾，但只是系走亲戚似的来往，刘某宝长期以来的日常生活均是由申请人照顾，所以申请人实际承担了监护的义务。刘某以被监护人的补助款是其具体操办争取到的为由，一直独自保管并将拨款账户设到自己的名下，在保管期间不能按照其他监护人的要求做到账目清晰公开，在有条件更改的情况下，不愿接受监督，不予将拨款账户改到被监护人名下，没有做到对被监护人财产的认真管理，损害了被监护人的财产利益。此种状况下由于监护责任的不集中，在监护人中间极易且已产生对刘某宝生活照顾义务

---

① 审理法院：河南省焦作市博爱县人民法院，案号：（2011）博民特字第1号。

的互相推诿，不利于刘某宝的情绪稳定甚至会对其造成刺激，不利于全面保证刘某宝的权利。为保证被监护人能有一个稳定而有利的生活环境，鉴于刘某宝长期随申请人生活，申请人亦有能力对其进行照顾，刘某宝亦表示愿意继续随申请人生活，法院认为应由申请人担任其监护人更为适宜。综上，根据《民法通则》第十七条，《最高人民法院关于贯彻执行〈中华人民共和国民法通则〉若干问题的意见（试行）》第十一条之规定，判决如下：一、撤销博爱县苏家作乡封庄村村委会指定刘某戊、刘某甲、刘某乙、刘某丙、刘某丁为刘某宝的共同监护人的指定；二、指定刘某乙为刘某宝的监护人。

专家点评

父母通过遗嘱选定的监护人须满足以下几个条件：遗嘱人须是亲权人、遗嘱人须是后死的亲权人、遗嘱的实质要件和形式要件须符合法律要求。就本案而言，第一，为刘某宝指定监护人的遗嘱人是刘某宝的母亲，是刘某宝的亲权人，且没有证据证明刘某宝的母亲丧失或被剥夺了亲权；第二，刘某宝的父亲于1994年去世，母亲于2009年去世，母亲作为后死的亲权人，具有通过遗嘱指定监护人的资格；第三，没有证据证明本案中刘某宝的母亲所立遗嘱在形式要件、实质要件上存在违反法律规定的情形。因此，刘某宝的母亲指定申请人刘某乙为刘某宝的监护人的遗嘱是有效的，发生遗嘱委任监护人的效力。村委会指定被申请人与刘某乙共同担任刘某宝的监护人违背了刘某宝母亲遗嘱中指定监护人的意愿，人民法院判决撤销该指定，由刘某乙单独担任刘某宝的监护人是正当的。

第三十条　依法具有监护资格的人之间可以协议确定监护人。协议确定监护人应当尊重被监护人的真实意愿。

【条文释义】

本条是对协议监护的规定。

具有监护人资格的人对于确定谁作为被监护人的监护人，可以协商确定，这种由具有监护资格的人协商确定的监护人的监护，就是协议监护。

监护是法定职责，具有强行性特点，核心在于保护被监护人，原本不宜委托。我国司法实践从对被监护人的教育和照顾的必要性出发，有条件地承认监护委托，通过协商确定具有监护人资格的人谁作被监护人的监护人，实际上就是一种监护委托。本条确认这种具有监护资格的人通过协商委托其中一人作为监护人的协议，具有法律上的效力。

协议设立监护人应当有协议文书，将协议签订的具体内容表述清楚、明确，具有监护人资格的人应当在监护协议书上签字、盖章或者按指印。

确立协议监护人，应当充分尊重被监护人的真实意愿，要求是：1. 被监护人为限制民事行为能力人，具有一定的辨认自己行为能力的，应当征求被监护人的意见，究竟愿意由谁作为自己的监护人，不得违背被监护人的意见，硬性协议被监护人不愿意接受的监护人。2. 被监护人为无民事行为能力人的，应当根据被监护人的实际利益，确定由能够尊重被监护人的真实意愿的人担任监护人。

【案例评注】

常某诉孙某等监护权纠纷案[①]

基本案情

孙某系孙甲之兄弟，常某与孙甲原系夫妻关系，二人于2006年11月23日生育一女常甲，2008年1月8日双方经北京市怀柔区人民法院调解协议离婚，确定婚生女常甲随孙甲共同生活。2012年6月11日，孙甲与李某登记结婚，2013年10月5日，孙甲去世。2013年10月6日，常某、孙某、李某三人签订一份关于常甲监护问题的协议，协议第一条约定："甲方（常某）、乙方（李某）一致同意由丙方（孙某）作为常甲的监护人，由丙方抚养常甲，并保护常甲的身体健康，照顾其生活，管理和保护其财产，代理其进行民事活动，对其进行管理和教育。"后常某反悔，2013年10月，常某持上述诉讼请求及理由诉至一审法院，一审法院在审理过程中，经向常甲询问，常甲表示其希望跟随孙某一家共同生活。

法院判决

一审法院认为，监护权是监护人对被监护人的人身、财产和其他合法权益依法实行的监督和保护的一项法定权利，监护人承担着对未成年人照顾、看护、教育和抚养等主要义务。关于监护权，有监护资格的人之间协议确定监护人的，应当由协议确定的监护人对被监护人承担监护责任。本案常某、孙某、李某以协议的方式确定由孙某作为常甲之监护人，该协议并不违反法律相关规定，故常某要求确认该协议无效、确定常某对常甲具有监护权，并要求常甲随常某共同生活并

---

① 审理法院：北京市第三中级人民法院，案号：（2014）三中民终字第01724号。

由常某保护和管理常甲之财产的诉讼请求没有法律依据，法院不予支持。综上所述，依据《民法通则》第十六条，《最高人民法院关于贯彻执行〈中华人民共和国民法通则〉若干问题的意见（试行）》第十五条之规定，判决：驳回常某的诉讼请求。

判决书送达后，常某不服，提起上诉。

二审法院认为，有监护资格的人之间协议确定监护人的，应当由协议确定的监护人对被监护人承担监护责任。根据查明的事实，孙某作为常甲的舅父，属于法律规定的关系密切的其他亲属，其具有监护资格。而三方以协议的方式确定由孙某作为常甲之监护人，并不违反法律相关规定，该协议合法有效，三方均应按协议履行。现常某的上诉请求和理由，没有事实和法律依据，不予采纳。综上，一审法院判决处理结果并无不当，应予以维持。

专家点评

监护人可以由具有监护资格的人之间协议确定，且应尊重被监护人的个人意愿。就本案来看，常某与被监护人常甲的舅舅孙某、继父李某签订了关于常甲监护问题的协议。首先，协议各方均为被监护人有资格的监护人，具有签订该协议的主体资格。其次，该协议为协议各方意愿的真实体现，体现了各方对常甲监护权安排的真实意愿，从而最大限度地保护了各方当事人的利益。最后，法院查明常甲希望跟随孙某一家共同生活，该协议也符合被监护人的意愿。因此，该协议真实有效且不违反法律的强制性规定，具有法律效力，若无法定的特殊情形，协议各方应遵守协议。

第三十一条 对监护人的确定有争议的，由被监护人住所地的居民委员会、村民委员会或者民政部门指定监护人，有关当事人对指定不服的，可以向人民法院申请指定监护人；有关当事人也可以直接向人民法院申请指定监护人。

居民委员会、村民委员会、民政部门或者人民法院应当尊重被监护人的真实意愿，按照最有利于被监护人的原则在依法具有监护资格的人中指定监护人。

依据本条第一款规定指定监护人前，被监护人的人身权利、财产权利以及其他合法权益处于无人保护状态的，由被监护人住所地的居民委员会、村民委员会、法律规定的有关组织或者民政部门担任临时监护人。

监护人被指定后，不得擅自变更；擅自变更的，不免除被指定的监护人的责任。

【条文释义】

本条是对指定监护人的条件和程序的规定。

发生指定监护人的条件，是对担任监护人有争议。没有这个条件，不发生指定监护的问题。具有指定监护人资格的机构，是被监护人住所地的居民委员会、村民委员会或者民政部门。他们有权指定有监护资格的人担任监护人。由居民委员会或者村民委员会以及民政部门指定的监护人，就是指定监护人。当有关当事人对上述机构指定监护人不服，规定了司法救济程序，即有关当事人可以向人民法院提出申请；有关当事人也可以直接向人民法院提出申请，由人民法院指定。人民法院通过裁判指定的监护人，也是指定监护人。

无论是居民委员会、村民委员会、民政部门还是人民法院，指定监护人须遵守的要求是：1. 应当尊重被监护人的真实意愿，凡是被监护人能够表达自己真实意愿的，都应当予以尊重；2. 按照最有利于被监护人的原则，选择被监护人；3. 在具有监护资格的人中指定监护人，而不是在其他人中指定监护人。

居民委员会、村民委员会、民政部门以及人民法院在依照上述规定指定监护人之前，如果被监护人的人身、财产权利及其他合法权益处于无人保护状态的，应当采取临时监护措施，由被监护人住所地的居民委员会、村民委员会、法律规定的有关组织或者民政部门担任临时监护人，担负起对被监护人的监护职责，避免被监护人由于监护人的缺位而使其合法权益受到侵害。

监护人被指定后，任何人都不得擅自变更。如果对指定监护人擅自进行变更的，没有直接规定变更无效，而且并不免除被指定的监护人的监护责任，被指定的监护人仍须承担监护责任。

【案例评注】

瞿甲与瞿乙监护权纠纷案[①]

基本案情

被监护人李某，某建设工程公司退养人员。李某的父母与丈夫已去世。李某育有三子一女，分别为长子瞿乙、次子瞿甲、三子瞿某增（2015年7月30日去世）、长女瞿某英。李某的户籍所在地为北京市门头沟区×号。李某于2015年9月11日至今，居住在北京市大兴区庞各庄镇×室。北京市门头沟区人民法院（2016）京0109民特16号判决于2016年9月20日宣告李某为无民事行为能力人。2016年9月21日，幸福村村委指定瞿乙为李某的监护人。御园小区为回迁小区，暂未成立居委会，相关事务仍由幸福村村委会处理。庭审中，瞿甲并未提供证据证明瞿乙损害了李某的权利或给李某造成财产损害，不合适做李某的监护人。

法院判决

《民法通则》第十七条规定，无民事行为能力或者限制民事行为能力的精神病人，由下列人员担任监护人：配偶；父母；成年子女；其他近亲属；关系密切的其他亲属、朋友愿意承担监护责任，经精神病人的所在单位或者住所地的居民委员会、村民委员会同意的。对担任监护人有争议的，由精神病人的所在单位或者住所地的居民委员会、村民委员会在近亲属中指定。对指定不服提起诉讼的，由人民法院裁决。经常居住地与户籍所在地不一致时，则将经常居住地视为住所地。经常居住地是指公民离开住所地至起诉时连续居住1年以上的地方。本案中瞿乙作为李某的子女，具有成为李某的监护人的资格。李某自2015年9月11日至今，在御园小区居住已达到1年以上，×室为李某的经常居住地。幸福村村委会具有指定李某监护的资格。故幸福村村委会指定瞿乙为李某的监护人并无不当。本案中，瞿甲并未举证证明瞿乙作为监护人不履行对李某的监护义务或给李某造成财产损失，故对瞿甲变更监护人的请求不予支持。

---

① 审理法院：北京市门头沟区人民法院，案号：（2016）京0109民特22号。

专家点评

除了法定监护，民法典总则编第31条还规定了指定监护的监护方式。指定监护是指适格的监护人对担任监护人有争议时，由有关单位或组织指定监护人的监护设定方式。从本案来看，监护人的指定符合下列构成要件：第一，瞿乙是李某的子女，是法律规定范围内的近亲属。第二，御园小区为回迁小区，暂未成立居委会，相关事务仍由幸福村村委会处理，因此幸福村村委会有权作出指定监护的决定。第三，指定监护时，瞿甲和瞿乙同作为同一顺序有监护资格的人，村委会在认定相关事实的基础上，如瞿甲之前并未尽心照顾李某，指定瞿乙作为监护人。因此，幸福村村委会作出的指定监护决定并无不妥。庭审中，瞿甲并未提供证据证明瞿乙损害了李某的权利或给李某造成财产损害，不适合做李某的监护人，法院自也无法支持申请人的申请。

第三十二条 没有依法具有监护资格的人的，监护人由民政部门担任，也可以由具备履行监护职责条件的被监护人住所地的居民委员会、村民委员会担任。

【条文释义】

本条是对公职监护人的规定。

没有依法具有监护资格的人，由民政部门担任，或者被监护人住所地的居民委员会、村民委员会担任的监护人，是公职监护人。

设定公职监护人，须被监护人没有依法具有监护资格的人，包括法定监护人、意定监护人和自愿监护人。上述民政部门或者居民委员会、村民委员会对被监护人作出监护意思表示的，即为公职监护人。

政府的民政主管部门在监护制度中具有两项重要职责：一是对无民事行为能力人和限制民事行为能力人的监护进行监督，监督无民事行为能力或者限制民事行为能力的监护人依法履行监护职责；二是在无民事行为能力人或者限制民事行为能力人的监护人缺位时，自己可以作为其监护人，履行监护职责。江苏省徐州市铜山区人民法院审理的申请人徐州市铜山区民政局与被申请人邵某某、王某某申请撤销监护人资格一案，王某某离婚后遗弃其女邵某。邵某某在抚育邵某期间，对其进行性侵，后被判处徒刑羁押，邵某被他人照顾，申请人请求法院判决撤销其父的监护资格，由自己作为邵某的监护人。法院判决支持了徐州市铜山区民政局的诉讼请求，指定民政局为邵某的监护人，履行监护职责。这个判决具有典型意义。

【案例评注】

张甲诉迎北村村委会撤销监护人资格纠纷案①

基本案情

2010年11月4日张乙与徐甲登记结婚。婚后，于2013年11月12日生育一子，取名张某某。近年来，因对张某某的抚育产生矛盾，致夫妻关系不睦，张乙起诉要求离婚。镇江经济开发区人民法院于2014年7月28日作出（2014）镇经民初字第0744号民事判决书，判决准予张乙与徐甲离婚，张某某由张乙抚养。张乙于2014年8月12日向住所地村民委员会即被申请人迎北村村委会提出另行指定张某某监护人的申请。被申请人迎北村村委会作出了"关于指定张某某监护人决定书"，指定申请人张甲为张某某的监护人。另查明：张乙是视力一级残疾人，无固定的生活收入来源。张乙目前与母亲张丙一起生活，张丙也是视力一级残疾人。申请人张甲系张乙的妹妹，也是视力一级残疾人，其于2011年2月14日结婚，其丈夫身体并无残疾，两人婚后于2011年5月28日生育一子。徐甲是智力二级残疾人，不能完全辨认自身的行为，现与父母一同居住在扬中市三茅镇良种繁育场。徐甲的父亲李某现年52岁，母亲徐乙，现年53岁，均因身体健康原因，无劳动能力，也无固定的生活收入来源。申请人张甲诉称：被申请人迎北村村委会于2014年8月14日指定其担任张某某的监护人，但其是视力一级残疾人，无固定的生活收入来源，被申请人迎北村村委会的指定不妥。故请求法院依法撤销被申请人迎北村村委会指定本人担任张某某监护人的指定。被申请人迎北村村委会称：张某某父母于2014年7月28日经法院判决离婚。法院判决由父亲张乙抚养张某某，张乙于2014年8月12日向本村委会提出申请，请求另行指定张某某的监护人，经调查，张乙是视力一级残疾人，无力抚养张某某。申请人张甲是张某某的姑姑，其虽然也是视力残疾人，但其丈夫为健全人，其家庭有一定能力抚养张某某，被申请人据此指定张甲担任张某某的监护人是否妥当，请求法院依法裁决。

① 审理法院：江苏省镇江市经济开发区人民法院，案号：（2014）镇经民特字第0002号。

法院判决

人民法院经审理认为，父母是未成年人的法定监护人，但在其没有监护能力时，可由法律规定的其他有监护能力的人担任监护人。本案中，张某某的父亲张乙是视力一级残疾人，无固定工作和生活收入来源；张某某的母亲徐甲是智力二级残疾人，不能完全辨认自身的行为，两人自己生活尚缺乏保障，要照顾仅 9 个月的张某某的确存在重大困难，因此，可以认定两人均缺乏担任张某某监护人的能力。张某某的祖母张丙和外祖父母李某、徐乙，是法律规定的应当担任张某某监护人的“近亲属”，但也均因身体和经济原因，不具有担任张某某监护人的能力。申请人张甲作为张某某的姑姑，是张某某关系较密切的亲属，其担任张某某的监护人，应以自愿为前提。现张甲在被迎北村村委会指定为监护人后向法院提出撤销监护人指定的申请，表明其不愿意担任张某某的监护人。且张甲自身是视力一级残疾，其丈夫虽然并无残疾，但两人现有一个 3 岁的儿子需要抚养，同时两人还需负担照顾母亲张丙及哥哥张乙的责任，再由其担任张某某的监护人抚养照顾张某某，并不妥当，也不利于张某某的健康成长。因此张甲要求撤销其监护人资格的申请符合法律规定，应予支持。根据《最高人民法院关于贯彻执行〈中华人民共和国民法通则〉若干问题的意见（试行）》第十九条的规定，判决撤销原指定监护人的，可以同时另行指定监护人。本案中，如将张某某的监护职责强行安排给其父母或亲属，亦不利于其健康成长。在此情况下，根据《民法通则》的规定，应当由张某某的父、母的所在单位或者未成年人住所地的居民委员会、村民委员会或者民政部门担任监护人。由于张某某的父母均无业，没有工作单位，只能由张某某住所地的村民委员会或民政部门担任监护人。但张某某作为一个刚满 9 个月的婴儿，既需要专门的场所来安置，也需要专门的人员来照顾，更需要一大笔经费来保障其成年之前的教育、医疗以及日常生活，若由张某某住所地的迎北村村委会担任其监护人并不能够使其得到妥善安置。而张某某住所地的镇江市民政局承担着接收孤儿、弃婴和城市生活无着的流浪乞讨人员的救助等社会职能，其下属的镇江市儿童福利院，承担社会孤残弃婴的养、治、教、康等职能，确定镇江市民政局担任张某某的监护人，由镇江市儿童福利院代为抚养，可以为张某某的生活和健康提供良好的环境，更加有利于张某某的成长。据此，镇江经济开发区人民法院依照《民法通则》第十六条，《最高人民法院关于贯彻执行〈中华人民共和国民法通则〉若干问题的意见（试行）》第十条、第十一条、第十二条、第十四条、第十七条、第十九条以及《民事诉讼法》第一百七十八条、第一百八十条之规定，于 2014 年 8 月 22 日作出（2014）镇经民特字第 0002

号民事判决：一、撤销被申请人迎北村村委会关于指定申请人张甲为张某某监护人的指定；二、指定镇江市民政局为张某某的监护人。

专家点评

在没有适格的自然人能够担任监护人时，监护人由民政部门或是具备履行监护职责条件的被监护人住所地的居民委员会、村民委员会担任，从而防止出现未成年人、无民事行为能力或者限制民事行为能力的成年人无人监护的现象。本案中，包括申请人张甲在内的几位与张某某具有亲属关系的自然人都不具备相应的监护能力，为了对张某某的利益加以保护，保证张某某的健康成长，有必要撤销被申请人镇江市姚桥镇迎北村村民委员会关于指定申请人张甲为张某某监护人的指定，改由张某某住所地的民政部门作为监护执行机关承担起对张某某的监护职责。法院的判决实现了保护被监护人利益的立法目的。

第三十三条 具有完全民事行为能力的成年人，可以与其近亲属、其他愿意担任监护人的个人或者组织事先协商，以书面形式确定自己的监护人，在自己丧失或者部分丧失民事行为能力时，由该监护人履行监护职责。

【条文释义】

本条是对成年人意定监护的规定。

具备完全民事行为能力的成年人，可以在近亲属或者其他与自己关系密切、愿意承担监护责任的个人、组织中进行协商，通过签订监护协议，合意确定自己的监护人。当签订了意定监护协议的成年人在丧失或者部分丧失民事行为能力时，意定监护人依照监护协议，依法承担监护责任，对被监护人实施监护。在成年人监护制度改革中诞生的意定监护制度，具有普遍的保护完全丧失或者部分丧失民事行为能力的成年人的重大意义。

成年人设定任意监护人，应当在本人具有完全民事行为能力时，依自己的意思选任监护人，并且与其订立意定监护协议，将有关自己的监护事务全部或者部分授予意定监护人，在本人丧失或者部分丧失民事行为能力的事实发生后发生效力，产生监护关系。

意定监护人应当具有完全民事行为能力，可以是法定监护人，也可以是法定监护人之外的其他人，即近亲属或者其他与自己关系密切、愿意承担监护责任的个人或者有关组织。

通过意定监护协议设定成年人的监护人，具体办法是：1. 成年人通过监护协议，约定自己丧失或者部分丧失民事行为能力时，由意定监护人进行监护。2. 意定监护的设置是通过协商确定意定监护人，本人与选定的监护人进行协商，达成合意后，通过签订监护协议，确定意定监护法律关系。3. 关于意定监护人的资格，凡是“近亲属或者其他与自己关系密切、愿意承担监护责任的个人或者有关组织”，均可被选定为意定监护人。4. 监护协议应当经过公证。意定监护对于被监护人的权利保护意义重大，我国没有规定监护的登记程序，可以借鉴公证方法，确认意定监护协议须经公证方为有效，有利于保护被监护人的权益。

【案例评注】

李某甲诉李某乙等赡养费纠纷案①

基本案情

原告李某甲与妻子共育有四名子女，长子李某乙、次子李某丙、长女李某丁、次女李某戊。原告妻子于2001年病故。另查，原告李某甲于1939年4月8日出生，现年76周岁，近年来原告年事已高，患有脑出血后遗症，原告起诉时，被告李某乙、李某丁、李某戊给予生活的照顾。原告无经济来源、无存款。原告诉称：原告今年已经77岁了，并且患有脑出血后遗症多年，需要有人照顾，本人无经济来源。在子女赡养方面，以前每年就是长子李某乙、长女李某丁、次女李某戊管我，侍奉和赡养我。小儿子李某丙一直不管我，今年因赡养费问题与子女未能达成一致意见，故诉至法院。我提供两个解决赡养的方案：一是子女平均出钱，谁侍奉我，钱给谁；二是谁赡养我，将我的三间砖平房给谁。请法院查明事实，解决我的赡养问题。庭审中原告提出，如哪名子女赡养老人并照顾老人的日常生活，可以不用给付赡养费。被告李某乙在法律规定的答辩期限内未向法院提交答辩状，庭审中辩称：我同意把我父亲接到我家中，伺候他一直到老，至于每月给付的赡养费我听从法院判决。被告李某丙在法律规定的答辩期限内未向法院提交答辩状，庭审中辩称：我不同意原告的诉讼请求，我不同意给付赡养费，如果要给付的话，原告得把我结婚时的旧房子差价款3500元给我。被告李某丁在法

① 审理法院：辽宁省鞍山市千山区人民法院，案号：（2015）鞍千民千初字第01614号。

律规定的答辩期限内未向法院提交答辩状，庭审中辩称：我没有意见，我同意赡养原告，也同意给付赡养费，我怎么照顾都行。被告李某戊在法律规定的答辩期限内未向法院提交答辩状，庭审中辩称：我同意原告的诉求，我同意继续照顾原告。

法院判决

人民法院经审理认为，子女对父母有赡养扶助的义务。根据《婚姻法》第二十一条之规定“父母对子女有抚养教育的义务；子女对父母有赡养扶助的义务……子女不履行赡养义务时，无劳动能力的或生活困难的父母，有要求子女给付赡养费的权利”。故对原告李某甲要求被告李某乙、李某丙、李某丁、李某戊给付赡养费的诉讼请求法院予以支持。关于被告李某乙主张将原告李某甲接到自己家中赡养，同意给付原告赡养费一节，依照《老年人权益保障法》第十三条之规定，老年人养老以居家为基础，家庭成员应当尊重、关心和照料老年人；第十四条之规定，赡养人应当履行对老年人经济上供养、生活上照料和精神上慰藉的义务，照顾老年人的特殊需要；第二十六条第一款之规定，具备完全民事行为能力的老年人，可以在近亲属或者其他与自己关系密切、愿意承担监护责任的个人、组织中协商确定自己的监护人……原告李某甲在庭审中及在庭后提交的情况说明中表示，原告愿意与被告李某乙共同生活，因日常生活由被告李某乙照顾，被告已表示同意，原告主张被告李某乙不用给付赡养费，故法院支持原告此项诉讼请求。关于原告李某甲要求被告李某丙、李某丁、李某戊每人每月给付400元赡养费一节，因原告李某甲平时自己居住在千山区甘泉镇杨相村的房屋生活，原告年老体弱，并患有脑出血后遗症多年，每月需服用药物维持其健康状况，原告无任何经济来源，故法院参照辽宁省2015年道路交通事故损害赔偿标准：农村居民年人均可支配收入11191元，被告李某丙、李某丁、李某戊每人每月给付原告赡养费400元为宜，日常生活起居由被告李某乙照顾为妥。关于被告李某丙主张如果原告将当年的旧房差价款给付自己后，其同意给付原告赡养费一节，子女赡养老人是法律明确规定的义务，是不附加任何条件的义务，故被告李某丙应当在日常生活中在经济上尽到责任、生活中给予照顾、精神上给予安慰，应当尽到对其自己的生父赡养的义务及责任，故法院对于被告李某丙的此项抗辩理由不予支持。依照《婚姻法》第二十一条，《老年人权益保障法》第十一条、第十三条、第十四条、第十五条、第十九条、第二十六条第一款的规定，判决如下：一、原告李某甲于本判决发生法律效力之日起，随被告李某乙共同生活，由被告李某乙负责原告日常生活的照顾事宜，至原告去世时止；二、被告李某丙、李某丁、李某戊每月15日前给付原告李某甲赡养费400元，至原告去世时止。

专家点评

民法典总则编第33条规定了具有完全民事行为能力的成年人设定意定监护的方式，这与《老年人权益保障法》第26条第1款规定的内容在一定程度上是一致的。本案中，原告李某甲在庭审中及在庭后提交的情况说明中表示，其愿意与被告李某乙共同生活，因日常生活均由被告李某乙照顾，被告李某乙也表示同意。基于此，虽然原告李某甲和被告李某乙没有订立严格意义上的书面协议来确定由被告李某乙担任其监护人，但李某甲在庭审中已经表达了由李某乙担任监护人的意愿，李某乙也已经同意，因此可以表明二者在设定监护人上已通过协商达成一致，且原告李某甲在庭后还提交了情况说明，该情况说明可以在一定意义上弥补书面协议缺失的不足，综上，法院应当对此意定监护的设立予以认可。

第三十四条　监护人的职责是代理被监护人实施民事法律行为，保护被监护人的人身权利、财产权利以及其他合法权益等。

监护人依法履行监护职责产生的权利，受法律保护。

监护人不履行监护职责或者侵害被监护人合法权益的，应当承担法律责任。

因发生突发事件等紧急情况，监护人暂时无法履行监护职责，被监护人的生活处于无人照料状态的，被监护人住所地的居民委员会、村民委员会或者民政部门应当为被监护人安排必要的临时生活照料措施。

【条文释义】

《民法典》总则编第34条规定："监护人的职责是代理被监护人实施民事法律行为，保护被监护人的人身权利、财产权利以及其他合法权益等。""监护人依法履行监护职责产生的权利，受法律保护。""监护人不履行监护职责或者侵害被监护人合法权益的，应当 承担法律责任。""因发生突发事件等紧急情况，监护人暂时无法履行监护职责，被监护人的生活处于无人照料状态的，被监护人住所地的居民委员会、村民委员会或者民政部门应当为被监护人安排必要的临时生活照料措施。"与原《民法通则》第18条规定相比较，本条增加规定的新规则是，因突发事件监护人暂时无法履行监护职责有关组织对被监护人负有临时生活照料义务。

监护权，是指监护人享有的对于未成年人、丧失或者部分丧失民事行为能力的成年人的人身权益、财产权益加以监督、保护的准身份权。监护权的中心内容是义务，这种义务被称为监护职责。我国监护权的中心内容就是监护职责。

监护权的监护职责是：（1）身上监护权。对未成年人的监护，是身上照护权，也有管教权的内容。对成年人的监护，内容大体一致，略有区别，不具有管教权的内容。具体包括居住所指定权、交还请求权、身上事项同意权、扶养义务、监督教育义务和护养医疗义务。（2）财产监护权。监护人应全面保护被监护人的财产权益。具体内容是：财产管理权、使用权和处分权，以及禁止受让财产义务。（3）民事法律行为和民事诉讼行为的代理权。首先是代理民事法律行为，以被监护人的名义进行民事活动，为被监护人取得和行使权利，设定和履行义务。其次是代理民事诉讼行为。对于被监护人发生的诉讼活动，监护人亦为法定代理人，享有诉讼代理权，代理被监护人参加诉讼，行使诉讼权利、承担诉讼义务。

监护人应当承担两种民事责任：（1）监护人不履行监护职责，造成被监护人的人身损害或者财产损害的，应当承担相应的民事责任。（2）监护人侵害被监护人的合法权益，是滥用监护权，造成被监护人人身损害或者财产损害的，应当承担赔偿责任。

本条规定的新规则的内容是，因突发事件等紧急情形，监护人暂时无法履行监护职责的，有关组织对被监护人负有临时生活照料义务。这是根据新冠肺炎防控工作的实际情况和总结的经验确定的新规则，其要点是：

（1）有关组织临时照料义务的适用条件是：第一，因发生突发事件等紧急情况，例如，发生新冠肺炎的大规模传染，原来的非典感染，以及其他类似突发事件等紧急情况；第二，无民事行为能力人或者限制民事行为能力人的监护人对被监护人暂时无法履行监护职责，例如新冠肺炎防控期间对武汉采取的特殊措施，使分离的监护人对其未成年子女不能履行监护职责；第三，由于监护人无法履行监护职责，因而使被监护人的生活处于无人照料状态，无法正常生活，陷入窘迫甚至危难。具备这三个要件，即应适用本条第四款规定的临时生活照料措施义务的规定。

（2）负有对被监护人临时生活照料措施义务的组织，是被监护人住所地的居民委员会、村民委员会或者民政部门。居民委员会和村民委员会是地方自治组织，是特别法人，对本区的居民、村民负有职责。民政部门是政府的主管部门，不仅是监护的监督机关，也是负有监护义务的监护部门。当出现上述突发事件等紧急情况时，这些组织就负有对陷入困境甚至危难的被监护人承担安排必要的临时生活照料措施的义务。这是法定义务，是必须履行的。

（3）该义务的具体内容是为被监护人安排必要的临时生活照料措施。例如，为被监护人设置专人进行生活照料，或者将被监护人集中起来进行生活照料等，使临时脱离监护的被监护人能够正常生活，防止出现意外。

【案例评注】

王某与刘某甲监护权纠纷案[①]

基本案情

刘某甲、王某婚姻存续期间生育了女儿刘某丁，后因双方夫妻感情破裂，刘某甲向原审法院提起离婚诉讼，经原审法院主持调解，双方达成调解协议，调解协议约定：双方自愿离婚，婚生女儿刘某丁的抚养权归王某所有，刘某甲每月支付600元抚养费给王某，直至刘某丁满18周岁等。王某现尚未再婚，刘某甲已再婚并与现任妻子生育一小孩。离婚后，女儿刘某丁一直跟随王某居住至今，现在增城市荔江小学就读。刘某丁是增城市荔城街光明村耕寮经济合作社的社员。2013年因该合作社的土地涉及增城市挂绿湖水利工程征收，刘某丁作为该合作社社员根据增城市人民政府关于挂绿湖土地征收的相关补偿标准和规定，应得征地补偿款为人民币44万元，该款现暂由广州市增城市荔城街光明村耕寮经济合作社保管。对于该情况，广州市增城市荔城街光明村耕寮经济合作社于2014年7月18日出具《关于刘某丁征地补偿款暂未支付的情况说明》予以证实。后王某以刘某甲为被告向人民法院提起诉讼，要求广州市增城市荔城街光明村耕寮经济合作社向其发放该笔征地补偿款。王某诉称，虽然其与刘某甲签订了由广州市增城市荔城街光明村耕寮经济合作社代管刘某丁个人征地补偿款直至18周岁的协议，但是该协议是由于双方存在巨大争议且无法调和才签订的，是广州市增城市荔城街光明村耕寮经济合作社拒绝向王某发放该笔征地补偿款，刘某甲也多次阻挠的结果。刘某甲辩称，若将该笔征地补偿款由王某代领代管，没有任何监督，实质上剥夺了他作为刘某丁的法定监护人对女儿财产的监管权。其与王某签订了由广州

① 审理法院：一审法院为广东省增城市人民法院，案号：（2015）穗增法少民初字第30号；二审法院为广东省广州市中级人民法院，案号：（2015）穗中法少民终字第159号。

市增城市荔城街光明村耕寮经济合作社代管刘某丁个人征地补偿款直至18周岁的协议，该协议是经双方充分协商达成的一致意见，双方均应遵守。

法院判决

一审法院经审理认为，刘某丁是刘某甲、王某的婚生女儿，根据法律规定，双方均是女儿刘某丁的法定监护人，均有管理和保护王某财产的监护职责和权利，且受法律保护。刘某丁在挂绿湖水利工程土地征收过程中得到的征地补偿款44万元现虽暂由广州市增城市荔城街光明村耕寮经济合作社保管，但广州市增城市荔城街光明村耕寮经济合作社确认该款项属于刘某丁个人所有财产；而刘某甲虽然是刘某丁的父亲，但是双方在离婚时约定女儿刘某丁由王某抚养，且离婚后女儿刘某丁也一直跟随王某生活至今，王某是刘某丁的直接携带抚养人；故由王某代为领取和管理该征地补偿款44万元，更有利于保障刘某丁的合法权益。至于刘某甲辩称要求共同管理女儿刘某丁的财产，理据不足，不予支持。据此，依照《民法通则》第十六条第一款，第十八条第一款、第二款，《最高人民法院关于贯彻执行〈中华人民共和国民法通则〉若干问题的意见（试行)》第十条的规定，判决：确认王某有权代女儿刘某丁领取和管理挂绿湖水利工程征地补偿款44万元。一审受理费50元，由刘某甲负担。

一审宣判后，原审被告刘某甲不服，提起上诉。

二审法院经审理认为，双方当事人的争议主要围绕两个方面：一是王某作为女儿刘某丁的直接携带抚养人，是否适合代理刘某丁领取和管理涉案征地补偿款的问题。未成年的婚生女儿刘某丁在王某与刘某甲离婚后，系由王某直接携带抚养，由王某直接照顾刘某丁的生活，这是刘某甲与王某共同确认的事实。由此可见，王某与刘某丁在生活上的联系相比刘某甲，无论是情理上还是法理上，关系更为密切，其对刘某丁的监护应比刘某甲更为直接，影响力更大，在本案中刘某甲并没有提供任何证据证明王某有损害刘某丁各项合法权益的情形，故原审法院认定由直接携带抚养人王某代为领取和管理刘某丁涉案征地补偿款，更有利于保障刘某丁合法权益，具有合理且合法的依据，法院应予支持。二是刘某丁所得征地补偿款是否仍应由广州市增城市荔城街光明村耕寮经济合作社保管直至18周岁的问题。广州市增城市荔城街光明村耕寮经济合作社并非刘某丁的合法监护人，在刘某丁具有合法监护人，且依法应由监护人管理和保护被监护人财产的情况下，仍由广州市增城市荔城街光明村耕寮经济合作社保管该笔款项明显缺乏法律依据，且该笔款项现由私人代表合作社保管，如何有效保障刘某丁的合法权益，广州市增城市荔城街光明村耕寮经济合作社不但没有权限也不具备实施的可能性和合法性，故上诉人刘某甲上诉请求继续由广州市增城市荔城街光明村耕寮经济合作社保管刘某丁涉案征地补偿款缺乏法律依据，也不利于保护刘某丁的合法财产，法院不予支持。根据《民法通则》第十八条的规定，上诉人刘某甲作为刘某丁的监护人，仍然可对王某受托履行监护职责予以监督，可在王某出现损害刘某丁合法财产利益时，依法采取相应的救济途径。综上所述，审查原审判决事实清楚，适用法律正确，应予维持，上诉人刘某甲请求撤销原判，改判驳回王某请求的意见缺乏依据，法院不予支持。依照《民事诉讼法》第一百七十条第一款第（一）项的规定，判决驳回上诉，维持原判。

专家点评

本案中，刘某甲和王某作为刘某丁的法定监护人，有职责管理和保护被监护人刘某丁的财产，且刘某甲和王某依法履行监护职责而产生的权利，均受法律保护。刘某丁得到的征地补偿款 44 万元属于其个人财产，应由其监护人管理和保护，广州市增城市荔城街光明村耕寮经济合作社不具有相应的保管资格，王某请求该经济合作社将征地补偿款交给其保管的诉讼请求在法律上具有正当性，应该得到支持。关于刘某甲认为若将该笔征地补偿款由王某代领代管，实质上剥夺了他对刘某丁财产的监管权的意见，由于王某与刘某丁的联系更为密切，由其保管该补偿款更有利于保护刘某丁的利益，因而具有合理性；另外，刘某甲仍有权对王某保管补偿款的行为进行监督，这种监督权也属于履行监护职责而产生的权利，法院的判决体现出了对该项权利的保护，符合保护监护权的立法精神。

第三十五条 监护人应当按照最有利于被监护人的原则履行监护职责。监护人除为维护被监护人利益外，不得处分被监护人的财产。

未成年人的监护人履行监护职责，在作出与被监护人利益有关的决定时，应当根据被监护人的年龄和智力状况，尊重被监护人的真实意愿。

成年人的监护人履行监护职责，应当最大程度地尊重被监护人的真实意愿，保障并协助被监护人实施与其智力、精神健康状况相适应的民事法律行为。对被监护人有能力独立处理的事务，监护人不得干涉。

【条文释义】

本条是对行使监护权和履行监护职责要求的规定。

监护人行使监护权的基本要求是：1. 按照最有利于被监护人的原则履行监护职责。除了为维护被监护人的利益外，不得处分被监护人的财产。2. 尊重被监护人的真实意愿，对未成年人的监护人和成年人的监护人履行监护职责分别作不同的要求。

未成年人的监护人履行监护职责，无论是对被监护人的人身权益进行监护，还是对其财产权益的监护，以及代理被监护人实施民事法律行为或者民事诉讼行为，在作出与被监护人上述权益有关的决定时，应当根据被监护人的年龄和智力状况，尊重被监护人的真实意愿。如果被监护的未成年人已经能够表达自己的真实意愿，并且不违反对未成年人保护的意旨的，应当按照被监护人的真实意愿处理监护事宜。

成年被监护人的监护人在履行监护职责的要求是：1. 凡是成年被监护人能够表达自己真实意愿的，应当依照其真实意愿处理监护事宜；成年被监护人不能正确表达自己的真实意愿的，也应当根据其利益推定其真实意愿，最大限度地按照其真实意愿处理监护事宜。2. 保障并协助被监护人独立实施与其智力、精神健康状况相适应的民事法律行为，监护人应当对该成年被监护人实施这类民事法律行为予以保障，并且协助完成。3. 根据成年被监护人的智力和精神健康状况，对其有能力独立处理的事务，应当让成年被监护人独立实施该民事法律行为，处理自己的事务，监护人不得干涉。

【案例评注】

胡甲与被上诉人胡乙、朱某、胡丙、俞某、胡某、沈某确认合同无效纠纷案[①]

基本案情

胡丙与胡甲系父子关系。2005 年 5 月 29 日，胡乙与平湖市城市改造指挥部

① 审理法院：一审法院为浙江省平湖市人民法院，案号：（2016）浙 0482 民初 1263 号；二审法院为浙江省嘉兴市中级人民法院，案号：（2016）浙 04 民终 1531 号。

签订《平湖市城市规划控制区农房拆迁安置补偿协议》一份，约定被拆迁房屋坐落在平湖市当湖街道大胜村15组，建筑面积451.36平方米；被拆迁方可享受公寓房安置标准建筑面积人员为胡乙、朱某、胡丙、胡某、胡甲、俞某、沈某，面积为320平方米；原住房合法有效建筑面积271.15平方米。上述协议签订后，胡乙等7人共获得四套安置房。2010年3月29日，本案各方当事人签订了《家庭房产分户协议书》一份，约定上述四套安置房中，第一套安置房的所有权归胡丙、俞某所有，第二、三、四套安置房的所有权归胡乙、朱某二人所有。胡乙、朱某、胡丙、俞某、胡某在该协议书下签名，胡丙、胡某分别作为胡甲及沈某的法定代理人在该协议书下签名。上述《家庭房产分户协议书》于2010年3月29日经平湖市公证处公证。后胡甲以胡丙代为签字的《家庭房产分户协议书》损害了其利益为由，请求人民法院确认《家庭房产分户协议书》无效。

法院判决

一审法院经审理认为，本案中，坐落在平湖市当湖街道大胜村15组的房屋经拆迁后安置有四套房屋，本案当事人均为可享受公寓房安置标准建筑面积人员，故四套安置房屋应为本案当事人的共有财产。本案的争议焦点为由胡丙代理胡甲签字的《家庭房产分户协议书》是否有效。其一，《家庭房产分户协议书》签订时，胡甲14周岁，尚未成年，胡丙作为胡甲的监护人有权代胡甲履行民事法律行为，但不得损害胡甲的利益。而综观《家庭房产分户协议书》所约定的内容，确实损害了胡甲的利益，胡丙作为胡甲的监护人在其上签字的行为显然违反了《民法通则》第十八条的规定。其二，胡丙的行为违反了《民法通则》第十八条的规定，涉案《家庭房产分户协议书》是否因此而归于无效。根据《合同法》的规定，“违反法律和行政法规的强制性规定”属于合同无效的情形，上述“强制性规定”是指效力性强制性规定。而《民法通则》第十八条属于管理型强制性规定，以禁止其行为为目的，作用在于对违反者加以制裁，但不否认其行为私法上的效力。故胡丙的行为虽违反了《民法通则》第十八条的规定，也并不因此导致涉案《家庭房产分户协议书》的无效。同时，胡甲也未提供证据证明本案存在致使涉案《家庭房产分户协议书》无效的其他情形。其三，在判断合同是否因禁止性规定而无效时，一个重要的参考因素是为了达到禁止性规定所追求的目的，是否有必要使合同无效。胡丙的行为损害了胡甲的利益，但《家庭房产分户协议书》本身并不损害国家利益、社会利益或者第三人利益。从保护社会秩序、尊重风俗习惯的角度出发，如果单纯地通过对一方当事人作出处罚，即可实现该规定的目的，那么就没有必要非得让合同归于无效。本案中，胡甲的利益因胡丙行为遭受的损害，完全可以通过向胡丙追责来进行救济。据此，依照《民法通则》第十八条，《合同法》第五十二条，《最高人民法院关于适用〈中华人民共和国合同法〉若干问题的解释（二）》第十四条及《民事诉讼法》第一百四十四条之规定，判决驳回胡甲的诉讼请求。

二审法院经审理认为，《民法通则》第十四条第一款属于法律的强制性规定，但根据该条第二款的规定，可以认定该条第一款规定的立法目的在于督促监护人依法履行监护职责，而不在于否定监护人对外签订的民事合同的效力，违反该条第一款的规定会导致被监护人权益而非社会公共利益受损，被监护人的损失可以通过损失赔偿和撤销监护人资格进行救济。因此，该条第一款的规定应认定为管理性的强制性规定，而非效力性的强制性规定。本案中，胡甲对安置房屋享有财产权益，胡丙以监护人的身份代理胡甲放弃上述财产权益虽损害了胡甲的权益，但如上所述，胡丙的行为违反的仅是管理性的强制性规定，并不导致案涉《家庭房产分户协议书》无效。因此，胡甲的上诉请求不能成立，应予驳回。一审法院认定事实清楚，适用法律正确，应予维持。依照《民事诉讼法》第一百七十条第一款第（一）项判决如下：驳回上诉，维持原判。

专家点评

保护被监护人的人身、财产权利及其他合法权益是监护人应当履行的监护职责，且监护人在履行监护职责时应当秉持最有利于被监护人的原则。具体到本案而言，胡丙作为胡甲的父亲，系胡甲的监护人，其有权代理胡甲实施民事法律行为，即胡丙有权代胡甲签订《家庭房产分户协议书》。但其代理行为须秉持最有利于被监护人胡甲的原则，保护胡甲的人身、财产权利及其他合法权益。而根据《家庭房产分户协议书》所约定的内容，胡丙在没有正当理由的情况下，代胡甲作出了放弃前述财产权益的意思表示，损害了胡甲的利益，其行为显然与保护被监护人利益的立法精神不符，应当承担相应的法律责任。

第三十六条 监护人有下列情形之一的，人民法院根据有关个人或者组织的申请，撤销其监护人资格，安排必要的临时监护措施，并按照最有利于被监护人的原则依法指定监护人：

（一）实施严重损害被监护人身心健康的行为；

（二）怠于履行监护职责，或者无法履行监护职责且拒绝将监护职责部分或者全部委托给他人，导致被监护人处于危困状态；

（三）实施严重侵害被监护人合法权益的其他行为。

本条规定的有关个人、组织包括：其他依法具有监护资格的人，居民委员会、村民委员会、学校、医疗机构、妇女联合会、残疾人联合会、未成年人保护组织、依法设立的老年人组织、民政部门等。

前款规定的个人和民政部门以外的组织未及时向人民法院申请撤销监护人资格的，民政部门应当向人民法院申请。

【条文释义】

本条是对撤销监护人资格的条件及程序的规定。

撤销监护人资格的条件：1. 实施严重损害被监护人身心健康行为的，如对未成年子女实施性侵行为，虐待被监护人的行为；2. 怠于履行监护职责，或者无法履行监护职责且拒绝将监护职责部分或者全部委托给他人，导致被监护人处于危困状态的，例如不履行人身照护或者财产照护职责，或者自己不能履行监护职责又不将监护职责委托他人，均须导致被监护人处于危困状态；3. 有严重侵害被监护人合法权益的其他行为的，例如转卖、侵吞被监护人的财产等。

撤销监护人资格的程序，应当由有关个人或组织向人民法院提出撤销监护人资格的申请，人民法院认为符合上述条款规定的条件的，作出撤销监护人的裁判，同时要先安排好临时监护措施，并根据最有利于被监护人的原则指定新的监护人。监护人的资格被撤销以后，应当按法定监护顺序继任或指定监护人。新的监护人产生以后，监护法律关系的变更即完成。在撤销了监护人的资格，并指定新的监护人之前，须指定临时监护人对被监护人进行监护，避免出现被监护人的权益无法受到保护的情况。临时监护人是被监护人住所地的居民委员会、村民委员会、法律规定的有关组织或者民政部门。民政部门作为国家主管监护职责的机关，有权向人民法院提出申请。

监督监护人履行监护职责的个人和组织是监护监督人，包括负有监护职责的个人和监护监督机关。有监护监督资格的个人，就是其他有监护资格的人。监护监督机关，是指负责对监护人的监护活动进行监督，以确保被监护人利益的机关，包括居民委员会、村民委员会、学校、医疗卫生机构、妇女联合会、残疾人联合会、未成年人保护组织、依法设立的老年人组织、民政部门等。

【案例评注】

湘潭市雨湖区响水乡响水村村民委员会与刘某某、沈某某申请撤销监护人资格案①

基本案情

被申请人刘某某、沈某某是被监护人某乙的外祖父母。原本由母亲某甲抚养某乙，但某甲于2016年7月病亡，因被申请人刘某某、沈某某年事已高，及近亲属坚决拒绝抚养的情况，为保护少年儿童的合法权益，申请人提出要求撤销刘某某、沈某某监护人的资格，由申请人湘潭市雨湖区响水乡响水村村民委员会担任监护人。另查明，某乙无其他法定监护人。申请人湘潭市雨湖区响水乡响水村村民委员会称：未成年人某乙户籍登记的是被申请人家庭成员，与被申请人的关系是其外孙女。被申请人的女儿某甲，即某乙的母亲于2016年7月病亡。2016年8月16日上午某乙被湘潭市九华经开区民政部门从长沙市救助站接收至被申请人家。两名被申请人年事已高，都是83岁的老人，且两老人疾病缠身，是领取民政部门五保户救济金对象，救济金是两老人的基本生活来源。某乙迁入被申请人家庭后，被申请人勉强同意某乙在其家暂住一晚，第二天就召开了近亲属参加的全体家庭成员会议，商量结果是被申请人及其近亲属都拒绝照顾抚养某乙，导致某乙居无定所。经村委会、乡人民政府、九华经开区民政部门多次上门宣传法律政策，被申请人及其近亲属坚决推脱，仍对某乙不管不问。对此，由于被申请人自身身体情况、经济能力较差，客观上履行不了对未成年人某乙的监护责任和抚养义务。故请求人民法院撤销被申请人刘某某、沈某某的监护人资格，由申请人湘潭市雨湖区响水乡响水村村民委员会担任监护人。被申请人刘某某、沈某某称：我们年事已高，身体欠佳不能自理，已没有抚养某乙的能力，且家庭条件不好，我们都是领取民政部门五保户救济金的对象，由政府抚养某乙会比我们好些，对申请人提出的申请没有意见。

法院判决

人民法院经审理认为，监护是对无民事行为能力或限制民事行为能力人实施

---

① 审理法院：湖南省湘潭市雨湖区人民法院，案号：（2016）湘0302民特23号。

保护的一项法律制度。监护人的监护职责包括：保护被监护人的身体健康，照顾被监护人的生活，管理和保护被监护人的财产，代理被监护人进行民事活动，对被监护人进行管理和教育。在被监护人合法权利受到侵害或者与他人发生争议时代理其进行诉讼。其监护能力应根据监护人的身体健康状况，经济条件，以及与被监护人在生活上的联系状况等因素确定。刘某某、沈某某已年满83岁，身体状况欠佳、精力有限，自身都为农村五保户供养人员，不便于履行监护职责。且某乙无其他法定监护人。为保护少年儿童身心健康，申请人湘潭市雨湖区响水乡响水村村民委员会更加便于履行监护职责，且指定申请人湘潭市雨湖区响水乡响水村村民委员会为被监护人的监护人更为适当。故对申请人湘潭市雨湖区响水乡响水村村民委员会请求指定其为监护人的申请法院予以支持。依照《民法通则》第十八条，《最高人民法院关于贯彻执行〈中华人民共和国民法通则〉若干问题的意见（试行)》第十一条规定，判决如下：一、撤销刘某某、沈某某为某乙的监护人的资格。二、指定湘潭市雨湖区响水乡响水村村民委员会为某乙的监护人。

专家点评

本案中，被申请人刘某某、沈某某作为某乙的监护人，在某乙迁入被申请人的家庭后，被申请人勉强同意某乙在其家暂住一晚，第二天就召开了近亲属参加的全体家庭成员会议，商量的结果是被申请人及其近亲属都拒绝照顾抚养某乙，导致某乙居无定所。经村委会、乡人民政府、九华经开区民政部门多次上门宣传法律政策，被申请人及其近亲属坚决推脱，仍对某乙不管不问。被申请人怠于履行监护职责的行为已经导致被监护人处于危困状态，属于能够根据有关个人和组织的申请，被撤销监护人资格，并由人民法院依法指定新监护人的情形。申请人湘潭市雨湖区响水乡响水村村民委员会作为被监护人住所地的居民委员会，有权向人民法院申请撤销刘某某、沈某某的监护人资格，并具备担任某乙监护人的资格，人民法院指定其为某乙监护人的判决符合最有利于被监护人的原则，能够为某乙提供良好的成长环境。

第三十七条 依法负担被监护人抚养费、赡养费、扶养费的父母、子女、配偶等，被人民法院撤销监护人资格后，应当继续履行负担的义务。

【条文释义】

本条是对监护人被撤销监护资格后仍存在身份权义务的规定。

监护人的监护权与近亲属之间的身份权是不同的。监护人资格被撤销后，如果监护人是被监护人的近亲属，只是撤销了其监护人的身份，而没有撤销其近亲属的身份，该被撤销监护资格的人与原来的被监护人之间的身份关系仍然存在，基于该身份关系产生的权利和义务都仍然继续保持，并不发生变化。因此，被撤销监护资格的父母、子女、配偶等，在其监护人的资格被撤销后，近亲属之间的身份权利义务并没有发生变化，因而应当依照亲权、亲属权和配偶权的要求，继续负担被监护人的抚养费、赡养费、扶养费。

【案例评注】

赵某甲、胥某申请撤销田某甲监护人资格案[①]

基本案情

被申请人田某甲系被监护人田某乙的父亲，申请人赵某甲、胥某系被监护人田某乙的外祖父母。被监护人田某乙于2004年7月25日出生，自出生后一直在申请人处居住生活。2013年3月2日，被监护人田某乙的母亲赵某乙因病去世，被申请人田某甲便于2013年6月将被监护人田某乙接回家中生活，因被申请人疏于对被监护人田某乙抚育及保护，被监护人田某乙便自2013年12月起随申请人赵某甲、胥某一起生活，此后被监护人田某乙的教育费、医疗费及其他抚养费用一直由申请人负责交纳。申请人赵某甲、胥某诉称，两申请人系夫妻关系，赵某乙系两申请人的婚生女，被监护人田某乙是赵某乙和被申请人田某甲的婚生子，赵某乙因病不幸于2013年3月2日去世。赵某乙与田某甲同居后，因工作原因一直在申请人家吃饭，田某乙出生后也一直由申请人看管照顾，接送其上学放学。赵某乙去世后的2013年5月底，被申请人田某甲将田某乙从申请人处接回家一起生活。但是田某甲经常不在家，对被监护人田某乙疏于照管。2013年10月1日，田某乙因脚发痒抓挠，导致脚踝发炎红肿，但被申请人却不予治疗。根据田某乙学校老师反映，田某乙因无人照顾其洗澡换衣，导致全身散发出浓重的臭味，班

---

① 审理法院：四川省南充市顺庆区人民法院，案号：（2015）顺庆民特字第15号。

上的同学都不愿意挨着其坐。老师便找到申请人希望对田某乙予以照顾，据田某乙说，田某甲多次叫其跟着申请人，2013 年 12 月中旬，被申请人到申请人家中，声称自己一直有病，无力照顾田某乙，要求申请人看管照顾田某乙，要不然就只有让他去流浪。申请人实在不忍心田某乙受罪，也为了让田某乙有一个健康快乐的生活和学习环境，便于 2013 年 12 月中旬一直将田某乙留在身边照顾其衣食起居，虽然被申请人作为田某乙的监护人，但却没有做到监管和保护田某乙的基本义务，田某乙多次生病不予医治，也不照顾田某乙的起居生活和学习，自从田某乙与申请人生活后，被申请人未支付田某乙的生活费和学费。为使田某乙有一个健康、良好的生活环境，以保障其健康成长，故诉至法院请求：1. 请求人民法院依法撤销被申请人田某甲对田某乙的监护资格，并指定申请人担任田某乙的监护人；2. 本案的诉讼费由被申请人田某甲承担。被申请人田某甲辩称，申请人陈述的不是事实，生活费被申请人每个月都给了，田某乙是申请人强行从被申请人处带走，虽然被申请人本人没有照顾田某乙，但有请专人照顾，我不同意撤销我的监护权，不同意变更监护人。

法院判决

人民法院经审理认为，父母作为未成年人的监护人，应当履行监护职责，保护被监护人的人身、财产及其他合法权益，监护人不履行监护或侵害被监护人合法权益的，应当承担责任。在本案中被申请人作为被监护人的父亲，怠于履行监护职责，疏于照顾被监护人，致使被监护人自 2013 年 12 月起长期随申请人生活，由申请人实际承担抚养、照顾等监护义务，被申请人在此期间长期未履行监护职责。根据《民法通则》第十八条第三款“监护人不履行监护职责或者侵害被监护人的合法权益的，应当承担责任；给被监护人造成财产损失的，应当赔偿损失。人民法院可以根据有关人员或者有关单位的申请，撤销监护人的资格”的规定，对申请人撤销被申请人监护人资格的诉请法院依法予以支持。被监护人长期随申请人共同生活，由申请人照料生活起居，双方在生活上的联系较为紧密，被监护人也同意由申请人担任其监护人，愿意随其外祖父母共同生活，为了不改变其生活习惯，有利于被监护人健康成长，法院指定申请人赵某甲、胥某作为被监护人田某乙的监护人。同时，法院特别提示申请人与被申请人，申请人作为田某乙的监护人应切实履行监护职责，保护被监护人的人身、财产及其他合法权益，如不履行监护职责或者侵害被监护人的合法权益的，应承担法律责任。被申请人作为被监护人的父亲，根据《最高人民法院、最高人民检察院、公安部、民政部关于依法处理监护人侵害未成年人权益行为若干问题的意见》第三十八条、第四十二条的规定，可自监护人资格被撤销之日起3个月至1年内，书面向人民法院申请恢复监护人资格，但应当提交相关证据，在被撤销监护人资格后应当继续负担未成年人的抚养费用。综上，依照《民法通则》第十八条，《最高人民法院关于适用〈中华人民共和国民事诉讼法〉的解释》第九十条以及《民事诉讼法》第一百四十二条之规定，判决如下：撤销被申请人田某甲的监护人资格，变更被监护人田某乙的监护人为申请人赵某甲、胥某。本判决为终审判决。

专家点评

就本案而言，田某甲作为被监护人田某乙的父亲，由于怠于履行监护职责而被人民法院撤销监护人资格。但其作为被监护人的父亲，依法应对被监护人负担抚养费，这一义务在人民法院撤销田某甲的监护人资格后仍应当被继续履行。本案中，人民法院的判决符合《民法总则》第37条的立法精神，保护了被监护人田某乙的合法权益。

第三十八条 被监护人的父母或者子女被人民法院撤销监护人资格后，除对被监护人实施故意犯罪的外，确有悔改表现的，经其申请，人民法院可以在尊重被监护人真实意愿的前提下，视情况恢复其监护人资格，人民法院指定的监护人与被监护人的监护关系同时终止。

【条文释义】

本条是对父母或子女被撤销监护资格后予以恢复的规定。

监护人的资格被撤销后，可以依据法律规定的条件予以恢复。监护人恢复监护资格的要件是：1. 被撤销监护资格的行为不属于对被监护人实施的故意犯罪行为。如果监护人是因为其对被监护人实施故意犯罪行为，例如故意侵害被监护人的人身、财产构成犯罪的，不得恢复其监护人资格。2. 确有悔改表现的情形。主观上有悔改的表示，客观上也有悔改的行为，认定为确有悔改表现。3. 被撤销监护资格的监护人自己申请恢复自己的监护人资格，未经申请者，不得恢复其监护资格。4. 尊重被监护人真实意愿，被监护人愿意接受被撤销监护资格的监护人继续作为自己的监护人的，才可以恢复监护人的资格。

符合上述要件要求的，法院可以判决被撤销监护资格的人恢复监护资格。

【案例评注】

申请人杨某某与被申请人王某某申请撤销监护人资格案[①]

基本案情

申请人杨某某与被申请人王某某于1999年12月16日生育一子，取名王某某2，于2001年2月16日生育一女取名王某某1，双方于2011年11月15日办理结婚登记手续。被申请人于2012年在贵州家中、于2013年3月2日在台州路桥出租房中奸淫女儿王某某1，案经审理，本院于2013年8月8日作出（2013）台路刑初字第724号刑事判决，被申请人王某某犯强奸罪，判处有期徒刑六年六个月。被申请人现在湖南省津市监狱服刑。上述事实，有申请人提交的身份证、户籍证明、结婚证、户口簿、本院（2013）台路刑初字第724号刑事判决书、台州书路桥区人民检察院台路检民（行）支（2015）3310040001号支持起诉书及双方当事人的陈述等所证实。

法院判决

监护人应当履行监护职责，保护被监护人的人身、财产及其他合法权益。监护人不履行监护职责或侵害被监护人的合法权益的，其他有监护资格的人员或者有关单位可以申请撤销、变更监护人。被申请人王某某作为王某某1的监护人，未尽监护职责，对其进行性侵害，严重危害了被监护人的身心健康，现申请人杨某某要求撤销被申请人的监护人资格，且被申请人亦认可该申请，本院依法予以支持。依照《民法通则》第十八条，《未成年人保护法》第十条、第五十三条，《最高人民法院、最高人民检察院、公安部、民政部关于依法处理监护人侵害未成年人权益行为若干问题的意见》第一条、第二十七条、第三十一条、第三十五条之规定，判决撤销被申请人王某某对王某某1的监护人资格。本判决为终审判决。

专家点评

本案中，由于被申请人王某某对被监护人王某某1实施了奸淫行为，严重损害了被监护人的身心健康，在杨某某向人民法院申请撤销王某某监护人资格的情

---

① 审理法院：浙江省台州市路桥区人民法院，案号：（2015）台路民特字第2号。

况下，人民法院应当撤销被申请人王某某的监护人资格。同时，因为王某某对王某某1实施了故意犯罪，所以即使此后王某某有悔改情形，并向人民法院提出恢复监护人资格的申请，人民法院也不能恢复其监护人资格。

第三十九条 有下列情形之一的，监护关系终止：

（一）被监护人取得或者恢复完全民事行为能力；

（二）监护人丧失监护能力；

（三）被监护人或者监护人死亡；

（四）人民法院认定监护关系终止的其他情形。

监护关系终止后，被监护人仍然需要监护的，应当依法另行确定监护人。

【条文释义】

本条是对监护关系消灭及原因的规定。

监护法律关系的消灭，是因某些法定原因的存在而使监护关系永远地消灭。

监护关系消灭的具体原因是：1. 被监护人取得或者恢复完全民事行为能力。未成年人已经满18周岁，即取得了完全的民事行为能力，监护关系自然消灭。被监护的成年人恢复完全民事行为能力的，同样如此。2. 监护人丧失监护能力。监护人丧失监护能力，不能继续担任监护人，是因监护人的原因而消灭监护关系。3. 被监护人或者监护人死亡。无论是被监护人还是监护人死亡，都会引起监护关系的消灭。4. 人民法院认定监护关系终止的其他情形。例如，被监护的未成年人被生父母认领或者被他人收养。

监护法律关系消灭，发生的法律后果是：1. 被监护人脱离监护，即为完全民事行为能力人，可以独立行使民事权利，独立承担民事义务，人身、财产权益均由自己维护，民事行为的实施亦独立为之。2. 在财产上，监护关系的消灭引起财产的清算和归还。

在监护法律关系相对消灭，即监护关系终止后，被监护人仍然需要监护的，实际上是监护关系的变更，应当依照法律规定另行确定监护人。

【案例评注】

周甲等诉周乙等变更扶养关系纠纷案[①]

基本案情

原告周甲与周戊及被告周乙、周丙、周丁系五兄弟姐妹关系。因周戊高度痴呆，在父母去世后的1996年3月12日，原、被告为周戊扶养之事达成协议：(一)周戊的生活料理及供养由周甲夫妇负责。周戊的生病费用及以后百年费用都由周甲夫妇负责支付。为了生活料理方便，周戊寄住在周甲家。到重病临终时送回方山下居住。(二)周戊的财产：1. 土地征用费2600元属周甲所有。由她安排周戊的一切费用。2. 东边木结构的二层楼房壹间等周戊住过世后属周乙所有。3. 周戊的自留地及地上的橘树属周乙所有。(三)各兄弟姐妹出于对周戊的同情和援助每年姐妹自愿拿出1000元，周乙拿出500元给周戊生活补助。交周甲负责安排。(四)以前有关周戊的一切契约协议作废，均以此协议为准。原告蔡某某、被告周乙及妻汪某某、被告周丙、周丁在协议上签名，方山下村民委员会在协议上盖章。当日原告蔡某某收到周戊的2600元。后原、被告按上述协议履行。至2012年6月，两原告停止扶养周戊。去年8月31日，周戊被送到养老院。案经村委会调解未果。2013年5月29日，周乙、汪某某以两原告不履行供养协议为由向法院提起诉讼，要求两原告返还垫付的生活费、养老院费用（仍在审理中）。同年7月18日两原告诉至法院。原告周甲起诉称：原、被告父母在世时，为高度痴呆的周戊的生活问题召集子女协商，三女儿意见将其送养老院扶养，财产也给养老院，但被告周乙不同意。后来协商将其五保，由村里扶养，财产给村里，被告周乙又不同意。1994年下半年，原、被告父母去世，周戊连饭都吃不上，村干部出于同情带周戊吃饭店。一年后，村老人协会会长童某某建议由周甲扶养为妥，把存在周丙处的2600元也给周甲。因当时周甲同周乙关系好一点，周丙、周丁同周乙关系比较紧张。基于当时无奈的情况，在村干部的劝说下，原告才同意扶养周戊。自1996年3月扶养至今已有17年，按黄岩最低保障生活费每月260元计，共有53040元。两原告已付出很多，现在两原告患甲亢、高血压、糖尿病，长期服药，家庭没有经济收入，根本没有能力扶养周戊。而实际上家中祖传三间老屋、7个人的自留地都是被告周乙独得。还利用周戊的人口数审批新建了三间

---

① 审理法院：浙江省台州市黄岩区人民法院，案号：(2013)台黄民初字第1111号。

房屋（按规定被告只能建二间），被告周乙完全有能力扶养周戊。现要求法院变更周戊的供养协议，由被告周乙扶养。被告周乙答辩称：原告与被告于1996年3月12日签订的关于周戊的供养协议，系双方自愿、真实意思表示，不存在诉状所陈述的情况。两原告称自己患病长期服药，要求变更供养关系。根据法律规定，只有丧失了民事行为能力的人，才丧失了监护能力，监护关系终止。虽然两原告提供了自己的病历，但不足以证明两原告丧失了监护能力。原告不按供养协议履行义务，要求变更供养关系，其用意是只享有好处，其变更的目标也不正当。综上，原告的请求理由不符合法定的变更情形，请法院驳回原告的诉讼请求。被告周丙答辩称：只要兄弟周戊有饭吃就可以了。我认为各人承担一点。被告周丁答辩称：我的意见是每人承担三个月的供养费用，我愿意承担四分之一的义务。

法院判决

人民法院经审理认为，原、被告之间签订的《关于周戊扶养协议》，实际上包含两个方面：一是周戊因无民事行为能力，在有监护资格的人之间协议约定由周甲作为周戊的监护人；二是将周戊所有土地征用款2600元交给周甲夫妻，由周甲夫妻负责周戊的一切费用至其亡故止。《最高人民法院关于贯彻执行〈中华人民共和国民法通则〉若干问题的意见（试行）》第十五条规定：有监护资格的人之间协议确定监护人的，应当由协议确定的监护人对被监护人承担监护责任。民事法律行为从成立之日起具有法律约束力，行为人非依法律规定或者取得对方同意，不得擅自变更或者解除。该供养协议签订后，两原告收取了2600元，并供养周戊至去年6月。现两原告称自己长期患病，没有经济收入要求变更供养关系，由被告周乙供养。首先，原、被告签订扶养协议是各方当事人的真实意思表示，不违反法律规定，是民事法律行为，原告非依法律规定或取得对方同意不能擅自变更。其次，目前两原告虽然患病，但这些病不足以使两原告丧失监护能力，况且目前周戊已被送至养老院。至于扶养费用，两原告达成供养协议时已收取了2600元，至今已有17年，原告现称该费用不足以扶养，可以依法要求各被告适当增加周戊的供养费用。但原告提出变更扶养关系，要求由被告周乙扶养，与法不符，法院不予支持。依照《民法通则》第五十五条、第五十七条和《最高人民法院关于贯彻执行〈中华人民共和国民法通则〉若干问题的意见（试行）》第十一条、第十五条之规定，判决如下：驳回原告周甲、蔡某某的诉讼请求。

专家点评

所谓监护人丧失监护能力，就是监护人出现了消极资格，不能有效履行监护职责，保护被监护人的权益，因而不再具有担任监护人的资格，一般而言，监护人丧失民事行为能力才会导致监护人监护能力的丧失。本案中，虽然原告周甲患有高血压、糖尿病、结节性甲状腺肿，原告蔡某某患有甲状腺结节，但是这些并不足以使两原告丧失民事行为能力，相应地也就不会导致原告丧失监护能力。基于此，在监护人周甲、蔡某某未丧失监护能力且不具备其他终止监护关系的情形时，其提出变更监护人为周乙的诉讼请求不具有正当性，不应获得法院的支持。

第三节 宣告失踪和宣告死亡

第四十条 自然人下落不明满二年的，利害关系人可以向人民法院申请宣告该自然人为失踪人。

【条文释义】

本条是对自然人宣告失踪条件的规定。

宣告失踪是指自然人离开自己的住所下落不明达到法定期限，经过利害关系人申请，人民法院依照法定程序宣告其为失踪人的制度。规定宣告失踪的目的，是通过人民法院确认自然人失踪的事实，结束失踪人财产无人管理及其应履行的义务不能得到及时履行的非正常状态，以保护失踪人和利害关系人的利益，维护社会经济秩序的稳定。

宣告失踪应当具备的条件是：1. 须自然人下落不明满两年。下落不明，是指自然人离开自己最后的住所或经常居所后没有音讯，并且这种状况为持续、不间断。只有从自然人音讯消失起开始计算，持续地、不间断地经过两年时间，才可以申请宣告失踪。2. 须由利害关系人向人民法院提出申请。利害关系人的范围界定较宽，包括被申请宣告失踪人的配偶、父母、子女、兄弟姐妹、祖父母、外祖父母、孙子女、外孙子女，以及其他与被申请人有民事权利义务关系的人。其他与被申请人有民事权利义务关系的人，主要是指失踪人的合伙人、债权人等，因为宣告失踪的目的主要是了结债权债务关系，将合伙人和债权人作为利害关系人应属当然。宣告失踪的申请可由这些利害关系人中的一人提出或数人同时提出，没有先后顺序的区别。3. 须由法院根据法定程序宣告。法院在收到宣告失踪的申请以后，应当依据《民事诉讼法》规定的特别程序，发出寻找失踪人的公告。公告期满以后，仍没有该自然人的音讯时，人民法院才能宣告该自然人为失踪人。

【案例评注】

朱某英申请宣告朱某珍失踪案[①]

基本案情

申请人朱某英诉称：朱某英与朱某珍系胞姐弟关系，双方父母早亡。2000年朱某珍在江苏省杭州市打工时认识一女性，双方未领取结婚证并同居生活。2002年12月21日，双方生育一女，取名朱某，现就读于庐江县同春中学八年级。2006年8月，朱某珍将女儿托付给朱某英抚养，此后，朱某珍一直未回，多方寻找无下落，至今已有8年之久。现申请人民法院宣告朱某珍为失踪人。

经查，朱某珍系申请人朱某英之弟。朱某珍于2000年在江苏省杭州市打工时与一外省籍女子同居生活，2002年12月21日，双方生育一女，取名朱某，现就读于庐江县同春中学八年级。2006年8月，朱某珍外出打工，至今未归，经多方寻找，仍下落不明。法院根据《民事诉讼法》第185条第一款的规定，于2015年6月13日在《法制日报》上发出寻找朱某珍的公告。法定公告期间为三个月，现已届满，朱某珍仍下落不明。

法院判决

法院认为，朱某珍自2006年8月外出至今未归，经多方寻找无下落，且在法院发出寻人公告3个月期满后，朱某珍仍下落不明。现申请人朱某英申请宣告朱某珍失踪，符合法律规定。据此，依照《民法通则》第二十条第一款，《民事诉讼法》第一百八十五条之规定，判决宣告朱某珍为失踪人。

专家点评

此案涉及民法典总则编第40条的规定，沿袭了原《民法通则》第20条第1款的规定。本案中，朱某珍自2006年8月将女儿托付给朱某英抚养后，外出一直未归，经寻找后仍然无下落，法院发出寻人公告3个月期满后，朱某珍仍下落不明。民法典总则编第40条规定，自然人下落不明满2年的，利害关系人可以向人民法院申请宣告该自然人为失踪人。截至2015年，朱某珍下落不明已经超过8年，满足下落不明大于或等于2年的条件，据此，其胞姐依照相关规定，向人民

---

① 审理法院：安徽省庐江县人民法院，案号：庐江民特字第00010号。

法院申请宣告朱某珍为失踪人，完全符合法律的规定。

第四十一条 自然人下落不明的时间自其失去音讯之日起计算。战争期间下落不明的，下落不明的时间自战争结束之日或者有关机关确定的下落不明之日起计算。

【条文释义】

本条是对自然人下落不明时间起算的规定。

宣告自然人失踪，最重要的条件就是达到法定的下落不明的时间要求。具体计算下落不明起算的时间，应当从其失去音讯之日起计算，也是最后获得该自然人音讯之日起开始计算。例如，在飞机失事事件中，飞机失事的时间其实就是计算下落不明的起算时间。

在战争期间下落不明的，则从战争结束之日或者有关机关确定的下落不明之日起，计算下落不明的时间。

【案例评注】

张某某要求宣告公民失踪案[①]

基本案情

申请人张某某称，林某系其丈夫，2012 年 1 月 12 日，林某突然失去音讯，经过多方寻找，仍无法找到，林某哥哥林甲于 2012 年 1 月 17 日向福州市金山派出所报案。之后，虽然林某亲属四处寻找，却始终没有得到关于林某的任何消息。至今，林某下落不明已经四年多。经审理查明：2012 年 1 月 12 日，林某突然失去音讯，经过多方寻找，仍无法找到，林某哥哥林甲于 2012 年 1 月 17 日向福州市金山派出所报案。之后，虽然林某亲属四处寻找，却始终没有得到关于林某下落的任何消息。申请人张某某申请宣告林某失踪后，法院于 2016 年 8 月 5 日在《人民法院报》发出寻找林某公告。法定公告期限为 3 个月，现已届满，林某仍然下落不明。

① 审理法院：福建省福州市鼓楼区人民法院，案号：(2016) 闽 0102 民特 33 号。

法院判决

法院认为，林某下落不明已满4年，虽经当地派出所报案仍然没有下落，法院在《人民法院报》发出寻找林某公告。现已超过法定公告期限3个月，林某仍然下落不明，为此，申请人作为林某的配偶申请林某失踪，并指定其为林某的财产代管人符合法律规定，法院予以准许。依照《民事诉讼法》第一百八十五条，《最高人民法院关于适用〈中华人民共和国民事诉讼法〉的解释》第三百四十三条规定，判决如下：宣告林某失踪；指定张某某为失踪人林某的财产代管人。本判决为终审判决。

专家点评

此案涉及民法典总则编第41条的规定，继承了原《民法通则》第20条第2款的规定，同时对《民通意见》第28条进行了修改。本案中，林某于2012年1月12日突然失去音讯，经过亲属和公安机关的多方寻找，仍然无法找到林某。民法典总则编第41条规定，自然人下落不明的时间，从其失去音讯之日起计算，因此林某下落不明的时间，应当从2012年1月12日起计算，截止到2016年8月5日，已经超过4年，符合本法第40条规定的宣告失踪的条件。之后法院发出寻人公告，3个月期满后，林某仍下落不明。据此，其配偶张某某依照相关规定，向人民法院申请宣告林某为失踪人，符合法律规定，法院应当判决宣告林某为失踪人。

第四十二条 失踪人的财产由其配偶、成年子女、父母或者其他愿意担任财产代管人的人代管。

代管有争议，没有前款规定的人，或者前款规定的人无代管能力的，由人民法院指定的人代管。

【条文释义】

本条是对自然人被宣告失踪后的财产代管人的规定。

在自然人被宣告为失踪人以后，由于其民事主体资格仍然存在，所以不产生婚姻关系解除和继承开始的后果，只在财产关系上发生财产代管关系，为失踪人的财产设定代管人。

法院判决宣告自然人失踪的，应当同时指定失踪人的财产代管人。能够作为财产代管人的人，除了其配偶、成年子女、父母之外，还包括其他愿意担任财产代管人的人，无论是失踪人的兄弟姐妹、祖父母、外祖父母、孙子女、外孙子女以及其他朋友等，只要愿意担任财产代管人的，都可以请求担任财产代管人，法院应当从上述人员中为失踪人指定财产代管人。失踪人是无民事行为能力人或者限制民事行为能力人的，由其监护人作为财产代管人为妥。

在以下情况下，由人民法院指定失踪人的财产代管人：1. 由谁担任财产代管人发生争议；2. 失踪人没有配偶、父母、子女或者其他愿意担任财产代管人的人；3. 失踪人的配偶、父母、子女或者其他愿意担任财产代管人的人无代管财产能力。出现上述情况之一，人民法院应该根据实际情况确定失踪人的财产代管人。

【案例评注】

李某刚诉李某返还原物纠纷案①

基本案情

李某刚与李某之父李甲系兄弟关系。李某之母丁某与李甲已于 1994 年 10 月经原审法院判决离婚，并确认李某随丁某共同生活，李甲自 1997 年 1 月起按月给付女儿抚育费人民币 80 元等。1999 年 9 月 10 日，由案外人某公司作为拆迁人，李某刚作为被拆迁人，双方签订了一份《房屋拆迁安置协议》，约定提供四套公房，合计建筑面积为 235 平方米等。在相关《住房调配单》上载明，系争房屋系公房，租赁户名为李甲，配房人口为 1 人；502 室系公房，租赁户名为李某刚，家庭主要成员为李乙，配房人口为 2 人。嗣后，相关单位核发了系争房屋的《租用居住公房凭证》，其租赁户名登记为李甲。2003 年 7 月 14 日，李某刚与李某之母丁某签订了一份《关于李甲承担李某抚育费的协议》，约定因李甲目前去向不明，而系争房屋由其承租且无同住人，现该房由李某刚代为管理，李某刚将该房出租收取租金，并代李甲从租金中按月给付李某抚育费 200 元，支付期限自 2003 年 7 月起至李某 18 周岁止。嗣后，李某刚即将系争房屋出租，并按约代李甲向李某支付了抚育费，还支付了系争房屋的租金以及保洁、保安等费用，且系争房屋的《租用居住公房凭证》和房门钥匙亦由李某刚保管。

① 审理法院：上海市第一中级人民法院，案号：（2014）沪一中民二（民）终字第 1305 号。

2011 年 8 月 1 日，李某向公安机关报案称李甲于 1994 年离家出走，至今未有消息。2013 年 8 月，李某向法院申请宣告李甲失踪。法院于 2013 年 11 月 21 日作出（2013）浦民一（民）特字第 126 号民事判决，宣告李甲为失踪人，并指定李某为失踪人李甲的财产代管人。上述判决已发生法律效力。嗣后，因李某要求李某刚移交系争房屋的《租用居住公房凭证》和房门钥匙遭拒，故而致讼，李某起诉要求李某刚搬出系争房屋，并归还该房屋的房屋租赁凭证和钥匙。

法院判决

一审法院认为，本案中，相关生效民事判决已宣告李甲为失踪人，并指定李某为失踪人李甲的财产代管人，李某据此得以代为管理李甲名下的财产，并可以排除他人对代管所造成的妨害。在李某依法成为李甲的财产代管人之前，李某刚系按照其与李某之母丁某签订的相关协议代为管理由李甲承租的系争房屋，并负责保管系争房屋的《租用居住公房凭证》和房门钥匙。而李某作为李甲之女，在其已经成年并经生效判决指定为李甲的财产代管人之后，李某刚理应将其保管的系争房屋《租用居住公房凭证》和房门钥匙交付李某，以利于李某履行代管职责。故一审法院依照作出判决：李某刚于判决生效之日起 10 日内将上海市浦东新区东陆路 × 弄 × 号 202 室公房的《租用居住公房凭证》和房门钥匙交付李某。一审判决后，李某刚不服，向上海市第一中级人民法院提起上诉称：系争房屋为其昌栈大街 × 弄 × 号房屋动迁安置所得，自 1999 年至今一直由上诉人管理，上诉人对系争房屋中的 50.33 平方米具有合法权益，系争房屋之租用公房凭证的登记内容未能真实反映系争房屋的使用权益。请求二审法院撤销原判，依法改判驳回被上诉人的原审诉请。被上诉人李某辩称，其昌栈大街 × 弄 × 号房屋动迁时，被上诉人父亲系独立户口，户口本上还有被上诉人及母亲的名字，动迁时每户人家均获得一套安置房。从住房调配单来看，系争房屋的配房人口只有被上诉人父亲一人，而上诉人及其儿子则分配到 502 室。上诉人于 2003 年与被上诉人母亲签订协议时亦已明确系争房屋系由被上诉人父亲承租，故上诉人的上诉理由不能成立。请求驳回上诉，维持原判。

二审法院认为，系争房屋系由李某父亲李甲租赁，故系争房屋之《租用居住公房凭证》和房门钥匙系李甲之个人财产。上诉人作为李甲之兄弟，系在李甲失踪期间经与被上诉人母亲协商而代李甲管理系争房屋并保管系争房屋之《租用居住公房凭证》和房门钥匙，现李甲之女儿即本案被上诉人李某已经成年，且生效判决已指定其为李甲之财产代管人，故被上诉人要求上诉人归还系争房屋的《租用居住公房凭证》和房门钥匙，依法有据。据此，判决驳回上诉，维持原判。

专家点评

此案涉及民法典总则编第42条的规定，本条继承了原《民法通则》第21条第1款之规定。本案中，李甲于1994年离家出走，法院于2013年11月21日依法判决宣告李甲为失踪人。《民法总则》第42条规定，失踪人的财产由其配偶、成年子女、父母或者其他愿意担任财产代管人的人代管，本案中李某作为李甲之女，有权作为李甲的财产代管人，法院判决也指定了李某为失踪人李甲的财产代管人。而财产代管人李某有权代为管理李甲名下的财产，并可以排除他人对代管所造成的妨害。本案系争房屋系李甲之个人财产，李某作为财产代管人，自然有权要求李某刚归还系争房屋的《租用居住公房凭证》和房门钥匙，法院应当判决李某刚将系争房屋的《租用居住公房凭证》和房门钥匙交付李某。

第四十三条 财产代管人应当妥善管理失踪人的财产，维护其财产权益。

失踪人所欠税款、债务和应付的其他费用，由财产代管人从失踪人的财产中支付。

财产代管人因故意或者重大过失造成失踪人财产损失的，应当承担赔偿责任。

【条文释义】

本条是对财产代管人职责和责任的规定。

财产代管人兼具财产保管人和指定代理人的性质。财产代管人是代管财产的保管人，应当以善良管理人的注意管理失踪人的财产。财产代管人是失踪人的指定代理人，在法律以及法院授权的范围内，有权代理失踪人从事一定的民事活动，包括代理失踪人履行债务和受领他人的履行，以维护失踪人的财产权益。

财产代管人对失踪人所欠税款、债务和应付的其他费用等的广义债务，都应当由失踪人的财产负担清偿义务。

由于为失踪人代管财产行为是无偿行为，因而仅在代管人因自己的故意或重大过失造成失踪人财产损害时，才承担赔偿责任，而无须对因一般过失造成的损害承担损害赔偿责任。

【案例评注】

李某璐诉于某、某公司确认合同无效纠纷案[①]

基本案情

原告李某璐诉称：1996年9月16日其母刘某玉以全款价格购买了镜厂建的楼房×门×室，面积93.58平方米。1999年3月25日其父、母在农安县人民法院以（1998）吉农民初字第2037号办理了离婚手续，该民事调解书确定婚生子李某、婚生女李某璐由其父李某祥抚养。第三项确定家庭财产及承包建筑工程的设备、各种材料等归被告于某所有。其父李某祥于2001年7月9日出走，至今未归，经李某璐申请农安县人民法院于2013年5月9日以（2013）吉农民特字第3号民事判决书宣告李某祥为失踪人；同时指定李某璐、刘某玉为失踪人李某祥的财产代管人。

某公司于2012年9月与于某签订了房屋拆迁产权调换协议后，将李某璐代管的房屋拆占，建怡庭美苑二期工程。某公司与没有所有权的于某签订了房屋拆迁产权调换协议，将镜厂综合楼×门×室对于某进行了调换补偿。原告认为被告的行为侵害了自身的合法权益，故诉至法院，要求法院依法判决两被告签订的《房屋拆迁产权调换协议》无效，同时请求法院判令于某占有使用的原告父亲李某祥所有的房屋由李某璐代管。

某公司辩称：2012年9月13日与于某签订房屋拆迁产权调换协议，虽然于某没有拿出产权证和房屋买卖票据，但确实是于某的房屋，我们依据李某祥给高某（系于某的丈夫）出具的以楼抵欠款的票据，确定于某系该拆迁房屋的房主。

于某原审辩称：李某祥曾欠于某10000余元。1997年春天，李某祥与其签订了用房抵账协议。协议约定，1997年6月15日还款，如还不上，愿用楼抵款。之后又借款25600元，拿的时候说和饭费一起给，李某祥共计欠30000余元。抵账协议约定的1997年6月15日后，李某祥因未能还款，将房钥匙交给我方，同时约定过几天双方办理房屋变更手续，因房屋没有房证，变更手续迟迟没有办理。2001年以后，于某便联系不上李某祥，后来得知其离家出走。2012年9月13日，案涉房屋涉及拆迁，于某凭借邻居的证明、抵账协议等与某公司签订了房屋产权调换协议。

---

① 审理法院：吉林省长春市中级人民法院，案号：（2016）吉01民终2329号。

法院判决

一审法院认为：李某璐的第一项诉讼请求，于某虽然持有以房抵债的协议，但并不能因此确认其对房屋拥有所有权，所以于某将没有处分权的房屋与某公司签订的产权调换协议，属于效力待定。原权利人李某祥对此协议的效力未作表示，所以李某璐主张两被告之间签订的协议无效，既无事实根据也无法律依据，故对李某璐的诉讼请求应予驳回。李某璐第二项诉讼请求，因（2013）吉农民特字第3号生效的民事判决书中已判决指定李某璐为李某祥财产代管人，对此诉讼请求不应再作判决，属重复起诉，应予以驳回。

宣判后，李某璐不服，向吉林省长春市中级人民法院提起上诉，上诉理由为：1. 李某祥对于案涉房屋具有完全所有权。2. 于某持有的并不是以房抵债协议，而是抵押担保协议。依据《担保法》第四十条、第四十一条、第四十二条的规定，该抵押担保因未经产权部门办理抵押登记而无效。在债务未受清偿时，如还不上愿用楼抵款也是无效的。原审将无效的抵押担保协议认定为以房抵债协议是错误的。某公司在征收李某祥房屋时没有征求李某祥意见，仅凭于某持有的无效的抵押担保协议就将房屋调换给了于某，是错误的，也是无效的。而位于怡庭美苑二期1402号、702号房屋是用案涉房屋调换的，产权应属于李某祥。

二审法院认为：原审法院于2013年以（2013）吉农民特字第3号民事判决书，宣告李某祥为失踪人，指定李某璐为李某祥财产代管人。依据《民法通则》第二十一条第二款“失踪人所欠税款、债务和应付的其他费用，由代管人从失踪人的财产中支付”的规定，李某璐成为李某祥的财产代管人后，可对李某祥的财产代为行使管理职责，内容主要包括从失踪人财产中作必要支付。

另依据民法理论，财产代管人亦可向失踪人的债务人主张到期债权，但该债权应明确。本案中，李某祥与于某以房抵债的民事法律行为发生于1998年，至2013年李某璐成为财产代管人时，该民事法律行为早已发生且履行完毕，李某祥本人事后亦未对此行为提出异议。现李某璐无法判断李某祥在失踪前实施的行为是否符合其本意，以及是否损害了其个人财产权益。因此李某璐以财产管理人身份对李某祥已实施完毕的民事法律行为提出实质异议并不适当，如李某璐有权对李某祥失踪前完成的所有民事法律行为均可提出实质异议，将使这些民事法律关系处于不稳定状态，并不符合财产代管人的立法宗旨。故李某璐以财产代管人身份对李某祥已处分完毕的财产主张权利，主体并不适格，应裁定驳回李某璐的起诉。原审对本案进行实体判决并不适当，应予纠正。

综上，原判决认定事实清楚，但适用法律不当，应予改判。裁定驳回上诉人李某璐的起诉。本裁定为终审裁定。

专家点评

此案涉及民法典总则编第 43 条的规定，本条继承了原《民法通则》第 21 条第二款的规定，同时新增了两个条款。本案中，法院于 2013 年以（2013）吉农民特字第 3 号民事判决书，宣告李某祥为失踪人，指定李某璐为李某祥财产代管人。依据原《民法通则》第 21 条“失踪人所欠税款、债务和应付的其他费用，由代管人从失踪人的财产中支付”的规定，李某璐成为李某祥的财产代管人后，可对李某祥的财产代为行使管理职责，内容主要包括从失踪人财产中作必要支付。

第四十四条　财产代管人不履行代管职责、侵害失踪人财产权益或者丧失代管能力的，失踪人的利害关系人可以向人民法院申请变更财产代管人。

财产代管人有正当理由的，可以向人民法院申请变更财产代管人。

人民法院变更财产代管人的，变更后的财产代管人有权请求原财产代管人及时移交有关财产并报告财产代管情况。

【条文释义】

本条是对财产代管人变更的规定。

失踪人的利害关系人可以申请变更财产代管人，变更的法定事由是：1. 代管人不履行代管职责，即代管人疏于履行职责；2. 侵害失踪人财产权益，即滥用代管职权；3. 代管人丧失代管能力，不能履行代管职责。符合上述财产代管人变更事由的，失踪人的利害关系人可以向人民法院申请变更财产代管人。符合变更事由要求的，人民法院判决变更财产代管人。

财产代管人也可以自己申请变更财产代管人，其法定的事由是：财产代管人有正当理由的，可以向人民法院申请变更财产代管人。申请变更理由正当的，人民法院判决变更财产代管人。

由人民法院裁判变更财产代管人的，应当对失踪人的财产在代管期间的情况进行清算，列出财产的清单以及在代管期间发生的变化，并且向新的财产代管人进行移交。新的财产代管人有权要求原财产代管人及时移交有关财产，并报告财产代管情况。原代管人是义务人，负有移交财产和报告财产代管情况的义务，即对被代管的财产作出清算报告，按照报告的内容，移交代管财产。

【案例评注】

孟某某诉陈某某申请为失踪人财产指定、变更代管人纠纷案[1]

基本案情

原告孟某某诉称：1999年9月原告的同胞兄弟孟某生离家出走，经多方查找至今杳无音信。被告于2014年向渝北区人民法院申请宣告孟某生失踪，重庆市渝北区人民法院于2014年11月26日作出（2014）渝北法民初字第00043号民事判决书，宣告孟某生为失踪人，指定陈某某为失踪人的财产代管人。该判决生效后，被告不履行财产代管人的管理职责，随意处分失踪人的财产，导致失踪人的财产无法追回，造成失踪人巨大的财产损失。基于以上事实，请求撤销被告的财产代管人资格，变更原告为失踪人孟某生的财产代管人。

被告陈某某辩称：1. 被告没有不履行财产代管人的管理职责，更未随意处分失踪人的财产，反而是原告无故领取了失踪人因户籍所在地开发所分配的集体资产及地上构附着物、综合定额补偿差资金11747元，原告非法占有了失踪人的财产，怎么能说是被告没有履行好代管职责。2. 被告是依据（2014）渝北法民初字第00043号民事判决书取得失踪人财产代管资格，被告在代管期间没有不履行代管职责，也没有利用代管之便侵犯失踪人财产权益。

经审理查明：2014年11月26日，渝北区人民法院作出（2014）渝北法民初字第00043号民事判决书，判决宣告孟某生为失踪人，同时指定陈某某为孟某生的财产代管人。原告系失踪人孟某生的同胞哥哥，被告系失踪人孟某生同母异父的弟弟。

2012年12月27日，依据重庆（渝北）台商工业园管理委员会发放回兴街道白鹤村10社旧房屋补差费用表（2008）46号文件，失踪人孟某生旧房补偿费共计15072.90元。2012年12月28日，重庆（渝北）台商工业园管理委员会发放回兴街道白鹤村10社地上构附着物、综合定额补偿补差资金表（现金发放），失踪人孟某生应得补偿款11747元，由原告签字代领。

---

[1] 审理法院：重庆市渝北区人民法院，案号：（2015）渝北法民初字第11702号。

另查明，属于失踪人孟某生所有的回兴街道白鹤村 10 社旧房屋补偿费 15072.90 元目前仍未发放。

法院判决

法院认为，人民法院判决指定失踪人财产代管人后，代管人认为无力履行代管职责或者利害关系人认为失踪人的财产代管人不履行代管职责，损害失踪人的财产利益的，可以申请人民法院变更代管人。在本案中，原告系失踪人孟某生的同胞哥哥，在庭审过程中原告主张被告不履行代管职责，损害失踪人的财产利益，但是原告未举示任何证据证明被告有不履行代管职责，损害失踪人的财产利益之行为，且失踪人孟某生旧房补偿费共计 15072.90 元重庆（渝北）台商工业园管理委员会亦还未发放，被告无法履行代管职责，亦无法损害失踪人之财产利益。因此原告请求撤销被告的财产代管人资格，变更原告为失踪人孟某生的财产代管人的诉讼请求法院不予支持。

综上所述，根据《民事诉讼法》第六十四条之规定，判决如下：驳回原告孟某某的诉讼请求。

专家点评

此案涉及民法典总则编第 44 条的规定，本条沿袭了《最高人民法院关于贯彻执行〈中华人民共和国继承法〉若干问题的意见（试行）》第 35 条之规定。民法典总则编第 44 条规定，财产代管人不履行代管职责、侵害失踪人财产权益或者丧失代管能力的，失踪人的利害关系人可以向人民法院申请变更财产代管人。在本案中，孟某某主张陈某某不履行代管职责，但是却未举示任何证据证明被告有不履行代管职责，以及有损害失踪人的财产利益之行为。且代管人事实上也还没有开始履行代管职责，亦无法损害失踪人之财产利益。因此孟某某根据相关规定请求撤销被告的财产代管人资格，并申请变更自己为失踪人的财产代管人的诉讼请求，法院应当不予支持。

第四十五条 失踪人重新出现，经本人或者利害关系人申请，人民法院应当撤销失踪宣告。

失踪人重新出现，有权请求财产代管人及时移交有关财产并报告财产代管情况。

【条文释义】

本条是对失踪人重新出现撤销失踪宣告的规定。

被宣告失踪的人重新出现，包括确知其下落的，应当撤销对失踪人的失踪宣告。被宣告失踪的本人或者利害关系人应当向人民法院申请，人民法院应当依据法定程序，撤销对失踪人的失踪宣告。

失踪宣告一经撤销，财产代管人与失踪人的财产代管关系随之终止。被撤销失踪宣告的自然人的权利是：1. 要求财产代管人及时移交有关财产；2. 报告财产代管情况。代管人负有满足其权利的义务：1. 将其代管的财产及时移交给被撤销失踪宣告的人；2. 并向被撤销失踪宣告的人报告在其代管期间对财产管理和处置的情况。只要代管人非出于恶意，其在代管期间支付的各种合理费用，失踪人不得要求代管人返还。

【案例评注】

易某生要求撤销对易某后的失踪宣告案[①]

基本案情

申请人易某生系被宣告失踪人易某后胞兄。申请人易某生要求撤销对易某后的失踪宣告一案，经查，易某后的儿子肖某源于2013年9月25日向法院申请宣告其父亲易某后失踪，法院于2014年1月15日作出（2013）双民特字第7号民事判决，宣告易某后失踪。现易某后已重新出现。

法院判决

法院认为，被宣告失踪的易某后已重新出现，其胞兄易某生向法院申请撤销对易某后的失踪宣告的请求符合法律规定。依照《民法通则》第二十二条，《民事诉讼法》第一百八十六条之规定，判决撤销法院宣告易某后失踪的（2013）双民特字第7号民事判决。

---

① 审理法院：湖南省邵阳市双清区人民法院，案号：（2015）双民特字第4号。

专家点评

此案涉及民法典总则编第45条的规定，本条在原《民法通则》第22条的基础上新增了一款规定。民法典总则编第45条规定，失踪人重新出现，经本人或者利害关系人申请，人民法院应当撤销失踪宣告。在易某生要求撤销宣告失踪及指定财产代管人案中，系被宣告失踪人本人向人民法院申请撤销对自己的失踪宣告，而在易某生要求撤销对易某后的失踪宣告案中，系被宣告失踪人易某后的利害关系人易某生向法院申请撤销对失踪人的失踪宣告。只要是失踪人重新出现，无论是失踪人本人向人民法院申请，或者其利害关系人向人民法院申请，人民法院都应当撤销对失踪人的失踪宣告，失踪人重新出现后，也有权要求财产代管人及时移交有关财产并报告财产代管情况。

第四十六条　自然人有下列情形之一的，利害关系人可以向人民法院申请宣告该自然人死亡：

（一）下落不明满四年；

（二）因意外事件，下落不明满二年。

因意外事件下落不明，经有关机关证明该自然人不可能生存的，申请宣告死亡不受二年时间的限制。

【条文释义】

本条是对自然人宣告死亡的规定。

宣告死亡，是指自然人下落不明达到法定期限，经利害关系人申请，人民法院经过法定程序，在法律上推定失踪人死亡的民事主体制度。规定宣告死亡制度，能够消除自然人长期下落不明造成财产关系和人身关系的不稳定状态，及时了结下落不明的人与他人之间的财产关系和人身关系，维护正常的社会秩序。

宣告死亡应当具备的条件是：1. 自然人下落不明须达到法定期限。下落不明是指生死不明，即自然人离开其原来之住所或居所生死不明。如果知道某人还仍然生存，只是没有和家人联系或者不知道其确切地址，不能认为是下落不明。法定期间：（1）一般的下落不明为满4年；（2）因意外事件下落不明的为满2年，但是因意外事件下落不明，经有关机关证明该自然人不可能生存的，申请宣告死亡不受2年时间的限制。2. 须由利害关系人向法院提出申请。宣告死亡的利害关系人的范围与宣告失踪的利害关系人的范围相同。宣告死亡的利害关系人没有顺序的要求。3. 须由人民法院依法定程序作出宣告。法院受理死亡宣告申请后，依照《民事诉讼法》规定的特别程序进行审理，发出寻找下落不明人的公告，在公告期届满没有其音讯的，人民法院才能作出死亡宣告的判决。

【案例评注】

高某雨、徐某某申请宣告高某根死亡案[①]

基本案情

申请人高某雨、徐某某称，失踪人高某根系申请人高某雨、徐某某的儿子。2004年8月，高某根在湖北省竹山县潘口乡潘口砖厂打工时，随刚到砖厂打工的一个贵州人从竹山外出打工，此后就与申请人失去联系至今。高某根随贵州人从竹山外出后与申请人失去联系达11年之久，申请人均属残障人，生活无着落，靠亲友照顾生活，难以为继。申请人申请五保和国家照顾，因户口本显示有儿子高某根而不符合条件。为了解决申请人今后的生活困难问题，特申请依法宣告高某根死亡。

申请人高某雨、徐某某申请宣告高某根死亡后，法院2015年12月12日在《法制日报》第7版发出寻找高某根的公告。法定公告期间为1年，现已届满，高某根仍下落不明。

法院判决

法院认为，公民下落不明满4年的，利害关系人可以向人民法院申请宣告其死亡。高某根自2004年8月离家后，下落不明长达10余年，经法院公告查找仍下落不明，且长期在公安信息网上无活动轨迹显示，符合宣告死亡条件。综上，依照《民法通则》第二十三条第一款第（一）项和《民事诉讼法》第一百八十五条的规定，判决如下：宣告高某根死亡。本判决为终审判决。

专家点评

此案涉及民法典总则编第46条的规定，本条系在原《民法通则》第23条的基础上进行了修改。民法典总则编第46条规定，下落不明满4年的；或者因意外

---

① 审理法院：湖北省竹山县人民法院，案号：(2015) 鄂竹山民特字第3号。

事件，下落不明满 2 年的；或者因意外事件下落不明，经有关机关证明该自然人不可能生存的，利害关系人可以向人民法院申请宣告该自然人死亡。在本案中，高某根于 2004 年 8 月后一直失去联系，经过其家属和有关机关的多次寻找，仍然没有发现行踪。高某根下落不明的时间已经接近 12 年，符合民法典总则编第 46 条规定的下落不明需要满 4 年的要件，申请人高某雨、徐某某作为高某根的利害关系人，向法院申请高某根死亡，因此本案符合民法典总则编第 46 条规定的宣告自然人死亡的构成要件。

第四十七条 对同一自然人，有的利害关系人申请宣告死亡，有的利害关系人申请宣告失踪，符合本法规定的宣告死亡条件的，人民法院应当宣告死亡。

【条文释义】

本条是对宣告失踪和宣告死亡顺序的规定。

对一个下落不明的自然人，既符合宣告失踪的条件，也符合宣告死亡的条件，有的利害关系人申请宣告死亡，有的利害关系人申请宣告其失踪的，形成请求宣告死亡和宣告失踪的冲突。对此，本条规定的规则是，宣告死亡优先。这是因为，符合宣告死亡条件的必然符合宣告失踪的条件要求，既然如此，宣告死亡的法律后果同时也能够达到宣告失踪的后果要求，因而按照利害关系人宣告死亡的申请宣告该自然人死亡，尽管不符合宣告失踪申请人的意图，但是由于都能够达到所要求的目的，因此，宣告死亡是最好的选择。构成申请宣告死亡和宣告失踪冲突的，人民法院应当宣告死亡。

【案例评注】

朱某国、朱某起申请宣告朱某忠死亡案[①]

基本案情

申请人朱某国、朱某起诉称：被申请宣告死亡人朱某忠原系滴道区立井社区

① 审理法院：黑龙江省鸡西市滴道区人民法院，案号：（2014）滴民特字第 00001 号。

居民，因其患有精神疾病，由两申请人及其姐姐于2009年将其送到鸡西市立新矿增寿园老年公寓托管。2010年3月15日下午，朱某忠在立新矿增寿园老年公寓走失，至今已满4年杳无音信。申请人朱某国、朱某起与朱某忠系兄弟关系，根据法律规定特向法院申请请求宣告朱某忠死亡。

经审理查明：被申请人朱某忠未婚、无子女，父亲朱某祥于2006年7月22日去世，母亲刘某兰于2009年6月30日去世。朱某祥、刘某兰生前共生育5名子女，分别为朱某云、朱某国、朱某起、朱某忠、朱某全。2010年3月15日，朱某忠于鸡西市鸡冠区立新矿增寿园老年公寓走失，至今未归。经朱某国、朱某起等家属及公安机关多方寻找仍无下落，至今已满4年。朱某忠下落不明满4年后，其哥哥朱某国、朱某起向法院提出申请，申请宣告朱某忠死亡，其姐姐朱某云不同意申请宣告朱某忠死亡，其弟弟朱某全患有疾病不能表达意志。申请人朱某国、朱某起向法院申请宣告朱某忠死亡后，法院依据《民事诉讼法》第185条第一款之规定，于2014年10月15日在《人民法院报》发出寻找朱某忠公告，法定公告期为1年，现已届满，朱某忠仍然下落不明。上述事实有朱某忠的常住人口登记卡（户口）、滴道区矿里街道办事处出具的介绍信、户口注销证明、增寿园老年公寓出具的证明、寻人启事、鸡西市鸡冠区红星派出所出具的证明、鸡西市滴道区河北派出所出具的证明及申请人陈述在卷佐证，法院予以确认。

法院判决

法院认为，朱某忠自2010年3月15日在鸡西市立新矿增寿园老年公寓走失后，至今未归。经多方寻找仍无下落，至今已满4年。朱某忠下落不明满4年后，利害关系人朱某国、朱某起申请宣告其死亡，利害关系人朱某云不同意申请宣告其死亡。根据法律规定，朱某国、朱某起、朱某云作为同一顺序的利害关系人，其三人有的申请宣告死亡，有的不同意宣告死亡，则应当宣告朱某忠死亡，故申请人朱某国、朱某起请求宣告朱某忠死亡的诉讼请求符合法律规定。依据《民法通则》第二十三条第一款第（一）项，《最高人民法院关于贯彻执行〈中华人民共和国民法通则〉若干问题的意见（试行）》第二十九条，《民事诉讼法》第一百八十五条之规定，判决如下：宣告朱某忠死亡。本判决为终审判决。

专家点评

此案涉及民法典总则编第47条的规定，本条继承了《最高人民法院关于贯彻执行〈中华人民共和国民法通则〉若干问题的意见》第29条的规定。在本案中，被申请人朱某忠2010年3月15日下午在立新矿增寿园老年公寓走失后，经过家属和有关机关的多方寻找，仍然杳无音信。截至2014年10月15日，朱某忠下落不明已经满4年，既符合申请宣告失踪的要件，也符合申请宣告死亡的要件。申请人朱某国、朱某起根据法律规定向法院申请请求宣告朱某忠死亡，而同一顺序的利害关系人朱某云不同意申请宣告朱某忠死亡，根据民法典总则编第47条规定，对同一自然人，有的利害关系人申请宣告死亡，有的利害关系人申请宣告失踪，符合本法规定的宣告死亡条件的，人民法院应当宣告死亡。此案中，法院应当宣告朱某忠死亡，故法院应当判决支持申请人朱某国、朱某起的诉讼请求，依法宣告朱某忠死亡。

第四十八条 被宣告死亡的人，人民法院宣告死亡的判决作出之日视为其死亡的日期；因意外事件下落不明宣告死亡的，意外事件发生之日视为其死亡的日期。

【条文释义】

本条是对确定自然人被宣告死亡日期的规定。

确定被宣告死亡的自然人的死亡日期的方法是：1. 人民法院在判决中确定宣告死亡的日期，即判决书确定了被宣告死亡人的死亡日期的，该日期就视为其死亡的日期；2. 法院判决没有确定死亡日期，判决作出之日视为其死亡的日期；3. 因意外事件下落不明宣告死亡的，应当以意外事件发生之日视为其死亡的日期。

自然人被宣告死亡后，发生与自然死亡相同的法律后果，被宣告死亡的自然人在法律上被认定为已经死亡，其财产关系和人身关系都发生变动。具体后果是：1. 财产继承关系开始；2. 婚姻关系终止，原配偶可以再婚。

【案例评注】

梁某英与广东省佛山市石湾镇街道湾华村民委员会等财产损害赔偿纠纷案①

基本案情

原告梁某英诉称：原告是梁某某的妹妹。梁某某是佛山市澜石镇湾华管理区

① 审理法院：广东省佛山市禅城区人民法院，案号：（2016）粤0604民初3508号。

湾二村民，享有村集体股份分红的权利。梁某某于1999年4月13日离家出走后去向不明，家属通过各种方式寻找，至今下落不明。其父梁某林与母何某玲已于梁某某失踪前去世，其兄梁某革、梁某才，弟梁某成已于梁某某失踪前去世，其妹梁某娥、梁某元已于梁某某失踪前去世，梁某某生前没有结婚，没有配偶和子女。原告是梁某某现存唯一亲属。法院于2016年2月22日作出（2015）佛城法民一特字第4号民事判决书，宣告梁某某死亡。原告拿到判决后，持法院上述判决多次到被告处要求继承梁某某村股份分红。被告以法院只是宣告梁某某死亡，并未确认原告是梁某某的遗产继承人为由，拒绝给付。原告是梁某某遗产的唯一继承人，有权继承梁某某遗产。故请求：一、依法确认原告享有梁某某遗产继承权；二、支付梁某某失踪期间的分红100000元；三、本案诉讼费用由被告承担。庭审中，原告明确其第一项诉请要求确认的梁某某遗产具体是指湾华股份合作（联）社资产股份证的股份分红，第二项诉讼请求为向原告支付梁某某2010～2015年的分红122700元。被告未作答辩。

经审理查明：被继承人梁某某是原佛山市石湾区澜石镇湾华股份合作联社股东，合计享有三股。梁某某同时亦是被告湾华股份社股东。梁某某2010～2015年的股份分红款为18900元、19800元、19800元、20400元、21900元、21900元，以上合计122700元。

另查明，法院于2016年2月22日作出（2015）佛城法民一特字第4号民事判决书，宣告梁某某死亡，上述判决书于2016年2月25日生效。同时根据《湾华股份经济联合社章程》第15条，股份可以继承，做法参照原《继承法》执行。

法院判决

法院认为，原告诉请确认其享有湾华股份合作（联）社资产股份证的股份分红，依据充足，应当予以支持。理由如下：1. 根据《继承法》第二条的规定，继承从被继承人死亡时开始。根据《最高人民法院关于贯彻执行〈中华人民共和国继承法〉若干问题的意见》第一条的规定，继承从被继承人生理死亡或被宣告死亡时开始。失踪人被宣告死亡的，以法院判决中确定的失踪人的死亡日期，为继承开始的时间。而根据《最高人民法院关于贯彻执行〈中华人民共和国民法通则〉若干问题的意见（试行）》第三十六条的规定，被宣告死亡的人，判决宣告之日为其死亡的日期。法院作出的（2015）佛城法民一特字第4号民事判决书宣告被继承人梁某某死亡，上述判决书于2016年2月25日生效。因此，结合上述规定，梁某某遗产的继承开始时间系2016年2月25日。2. 根据《继承法》第十条的规定，结合原告提交的证据，梁某某的父母、祖父母、外祖父母、兄弟姐妹

(除原告外）均已于梁某某失踪前去世，梁某某没有结婚和子女。因此原告系梁某某遗产的唯一继承人。3. 根据原告、被告提交的证据可知，上述股份分红属于梁某某的遗产。关于原告要求两被告支付梁某某 2010 ~ 2015 年的分红 122700 元，由于被告湾梁股份社未提供证据予以反驳且确认上述股份分红的数额，故被告湾华股份社应向原告支付上述 2010 ~ 2015 年的分红 122700 元。至于原告要求湾华村委会支付上述股份分红，则缺乏依据，法院不予支持。至于本案受理费，鉴于原告并未向被告湾华股份社提供其拥有继承权的证明文书，以致被告湾华股份社无法确认其继承权，因此湾华股份社并无过错，故法院确定本案受理费应由原告承担。

综上，判决如下：确认湾华股份合作（联）社资产股份证内所载股份的分红均属于被继承人梁某某的遗产，原告梁某英占有上述股份分红的全部继承权；被告向原告梁某英支付梁某某名下 2010 ~ 2015 年的分红 122700 元；驳回原告梁某英的其他诉讼请求。

专家点评

此案涉及民法典总则编第 48 条的规定，本条与《最高人民法院关于贯彻执行〈中华人民共和国民法通则〉若干问题的意见（试行）》第 36 条第一款的规定一脉相承，但在措辞上进行了修改。本案中一个重要的争议点在于原告梁某英可以继承的股份分红应当从何时开始计算的问题，而要确定原告开始继承分红的时间，就需要先确定梁某某死亡的日期。在本案中，法院于 2016 年 2 月 22 日作出民事判决，宣告梁某某死亡，该判决书于 2016 年 2 月 25 日生效。民法典总则编第 48 条规定，被宣告死亡的人，人民法院宣告死亡的判决作出之日视为其死亡的日期；因此在本案中，2 月 22 日应当视为梁某某的死亡日期。根据原《继承法》和相关司法解释的规定，继承从被继承人生理死亡或被宣告死亡时开始。因此原告梁某英拿到判决后，持判决要求继承梁某某村股份分红的请求合法有据，法院应当确认梁某英享有梁某某生前所有的股份及股份分红的全部继承权。

第四十九条　自然人被宣告死亡但是并未死亡的，不影响该自然人在被宣告死亡期间实施的民事法律行为的效力。

【条文释义】

本条是对宣告自然人死亡判决空间法律效力的规定。

宣告死亡判决发生被宣告的自然人死亡的法律后果，这种效力是相对的空间效力，即自然人尽管被宣告死亡，但这只是一种推定，有可能还在异地生存。坚持相对的空间效力，就承认该自然人在异地实施的民事法律行为的效力。

宣告死亡的目的并不是要绝对地消灭或剥夺被宣告死亡人的主体资格，而在于结束以被宣告死亡人原住所地为中心的民事法律关系，因此，被宣告死亡人的民事权利能力消灭，并不是全部的在事实上的丧失，而仅仅是在法律上的死亡推定，并非已经丧失民事权利能力。被宣告死亡的人在其存活地的民事权利能力并不终止，仍可依法从事各种民事活动。自然人并未死亡但被宣告死亡的，不影响该自然人在被宣告死亡后实施的民事法律行为的效力，就意味着被宣告死亡的自然人可能并未死亡，只是在法律上被宣告死亡；如果在其被宣告死亡但并未死亡的期间，其实施的民事法律行为照样发生法律效力。

【案例评注】

张某与张某民撤销宣告张某民死亡申请案[①]

基本案情

申请人张某称，被申请人张某民于2014年1月6日回到家中，故申请撤销法院宣告张某民死亡的（2012）昆民一特字第0014号民事判决。

被申请人称1995年纺机厂将其福利待遇取消，后又被人骗了30000元，其与申请人张某吵嘴打架后出走，1995年至2007年其在上海，2007年2月回过一次昆山，2007年7月又离开昆山去了北京，因经济条件不好，没有联系过家里人。在北京期间其朋友帮其查询户口发现其在昆山没有户口，故其回来到法院解决。

经审理查明：申请人张某与被申请人张某民系父子关系。法院于2013年7月2日作出（2012）昆民一特字第0014号民事判决，宣告张某民死亡。2014年1月8日昆山市公安局长江派出所出具证明1份，载明"2014年1月6日上午，一自称张某民的男子前来我所办理居民身份证。经了解张某民因离家多年未归，且无任何音讯，其儿子张某于2012年5月至昆山市人民法院申请宣告死亡，昆山市人民法院于2013年7月2日判决宣告张某民死亡。长江派出所已于2013年7月11日将其户籍信息注销。经苏州市人口信息管理系统核对照片，询问张某、夏某核实情况，现证实该男子是张某民本人"。庭审中证人夏某到庭作证，其称与张

---

① 审理法院：江苏省昆山市人民法院，案号：（2014）昆民特字第0001号。

某民为连襟关系，张某是其老婆李某某的侄子，并指认到庭的被申请人是张某民。

法院判决

法院认为，根据公安机关出具的证明及证人夏某的指认，可以证实本案的被申请人张某民与（2012）昆民一特字第 0014 号民事判决中的被申请人张某民系同一人。现张某民重新出现，故利害关系人有权申请撤销对被申请人张某民的死亡宣告。据此，依照《民法通则》第二十四条，《民事诉讼法》第一百八十六条之规定，判决如下：撤销宣告张某民死亡的（2012）昆民一特字第 0014 号民事判决。本判决为终审判决。

专家点评

此案涉及民法典总则编第 49 条的规定，本条沿袭了原《民法通则》第 24 条第二款及相关司法解释的规定。本案中，法院于 2013 年 7 月 2 日作出民事判决，宣告张某民死亡，张某民所在地的长江派出所已于 2013 年 7 月 11 日将其户籍信息注销。然而事实上，张某民只是离开昆山去了北京，因经济条件不好，没有联系过家里人。民法典总则编第 49 条规定，自然人被宣告死亡但是并未死亡的，不影响该自然人在被宣告死亡期间实施的民事法律行为的效力。因此，虽然张某民在 2013 年 7 月 2 日被宣告死亡，但事实上张某民没有死亡，其在北京期间实施的例如购买日常用品、租赁房屋等民事法律行为只要没有其他的效力瑕疵就仍然应当认定为是有效的民事法律行为。

第五十条 被宣告死亡的人重新出现，经本人或者利害关系人申请，人民法院应当撤销死亡宣告。

【条文释义】

本条是对撤销死亡宣告的规定。

被宣告死亡的人重新出现或者确知他没有死亡，经本人或者利害关系人申请，人民法院应当撤销对他的死亡宣告。

死亡宣告撤销的要件是：1. 须被宣告死亡人仍然生存，重新出现。2. 须由本人或利害关系人提出申请。撤销宣告死亡的利害关系人范围，与申请宣告死亡的利害关系人的范围是一样的，没有顺序的限制。3. 须由人民法院作出撤销死亡的宣告。

在上述死亡宣告撤销的三个要件中，第一个要件是实体性要件，即被宣告死亡的人重新出现；后两个要件是程序性要件。

【案例评注】

冯某某申请撤销宣告公民死亡案①

基本案情

申请人冯某某申请撤销宣告公民死亡一案，法院于2016年3月14日受理后，依法适用特别程序，公开开庭进行了审理。申请人、被申请人到庭参加诉讼，本案现已审理终结。

申请人冯某某称，申请人确于1998年2月离家外出，因长期未与家人联系，经家人申请，法院曾先后宣告其为失踪人与死亡人。现申请人已从外地回来，宣告其失踪与死亡的条件消失，故向法院提出申请，要求撤销宣告其死亡的判决。

法院判决

经审理查明，申请人与被申请人系父子关系，被申请人之母管某娣与冯某某原系夫妻关系。2002年2月8日，因冯某某下落不明，法院以（2001）静民初字第3628号民事判决书缺席判决双方离婚，双方所生之子冯某纬随管某娣共同生活，后冯某纬更名为管某。又因自1998年2月底起，冯某某因家庭不和及生意失败，遂离家外出，人口普查中也未得知其音讯，2003年12月，经冯某纬申请，法院以（2003）静民一（民）特字第6号民事判决书宣告冯某某为失踪人。2005年12月，冯某纬再次向法院提出申请，要求宣告冯某某死亡，法院于2007年1月以（2006）静民一（民）特字第1号民事判决书宣告冯某某死亡。现申请人从外地返沪，并办理了身份登记的相关手续，故要求撤销宣告死亡的判决。

上述事实，有居民身份证照片采集单、户籍资料等证据为证，法院予以确认。

法院认为，申请人现返沪，与家人取得联系，并办理了身份登记的相关手续，符合撤销宣告死亡的法定要件。据此，依照《民法通则》第二十四条、《民事诉讼法》第一百八十六条之规定，判决如下：撤销（2006）静民一（民）特字

① 审理法院：上海市静安区人民法院，案号：（2016）沪0106民特24号。

第1号宣告申请人冯某某死亡的民事判决书。本判决为终审判决。

专家点评

此案涉及民法典总则编第50条的规定，本条继承了原《民法通则》第24条第1款的规定。民法典总则编第50条规定，被宣告死亡的人重新出现，经本人或者利害关系人申请，人民法院应当撤销死亡宣告。在本案中，系被宣告死亡人冯某某本人向人民法院申请撤销对自己的死亡宣告，而在一些其他案件中，是利害关系人申请要求撤销对被宣告死亡的死亡宣告。只要是被宣告死亡的人重新出现，不管是被宣告死亡人本人向人民法院申请撤销死亡宣告，还是其利害关系人向人民法院申请撤销死亡宣告，人民法院都应当撤销对失踪人的失踪宣告。被宣告死亡人被撤销死亡宣告后，也会发生其他一系列的法律效果。

第五十一条 被宣告死亡的人的婚姻关系，自死亡宣告之日起消除。死亡宣告被撤销的，婚姻关系自撤销死亡宣告之日起自行恢复。但是，其配偶再婚或者向婚姻登记机关书面声明不愿意恢复的除外。

【条文释义】

本条是对宣告死亡和撤销死亡宣告当事人婚姻关系效果的规定。

自然人被宣告死亡之后，发生死亡的后果，其对婚姻关系的法律效果是：婚姻关系消除，其配偶可以另行结婚。

死亡宣告被撤销后，对当事人婚姻关系发生的法律效果是：1. 被宣告死亡的自然人的配偶没有再婚的，死亡宣告被撤销后，原来的婚姻关系可以自行恢复，仍与原配偶为夫妻关系，不必进行结婚登记；2. 其配偶向婚姻登记机关声明不愿意与被宣告死亡的配偶恢复婚姻关系的，则不能自行恢复夫妻关系；3. 被宣告死亡的自然人的配偶已经再婚，即使再婚后又离婚或再婚后新配偶已经死亡的，也不得因为撤销死亡宣告而自动恢复原来的婚姻关系。

【案例评注】

谷某某诉王某某离婚纠纷案①

基本案情

法院在审理原告谷某某诉被告王某某离婚纠纷一案中，经查，原告谷某某早年曾下落不明，被告王某某向天津市河西区人民法院申请宣告原告谷某某死亡，天津市河西区人民法院于1994年11月28日作出（1994）西民初字第978号民事判决书，宣告下落不明人谷某某死亡。被告王某某于1995年2月14日登记再婚。后原告谷某某重新出现，天津市河西区人民法院于2015年4月22日作出（2015）西民特字第26号民事判决书，撤销对谷某某的死亡宣告。

法院判决

法院认为，被宣告死亡的人与配偶的婚姻关系，自死亡宣告之日起消除。死亡宣告被人民法院撤销，如果其配偶尚未再婚的，夫妻关系从撤销死亡宣告之日起自行恢复；如果其配偶再婚后又离婚或者再婚后配偶又死亡的，则不得认定夫妻关系自行恢复。本案中，被告王某某已于原告谷某某被宣告死亡后再婚，原、被告间已不存在婚姻关系，故原告谷某某的离婚诉请法院不予支持。根据《最高人民法院关于贯彻执行〈中华人民共和国民法通则〉若干问题的意见（试行）》第三十七条之规定，裁定如下：驳回原告谷某某的诉讼请求。

专家点评

此案涉及民法典总则编第51条的规定，本条与《最高人民法院关于贯彻执行〈中华人民共和国民法通则〉若干问题的意见》第37条的规定一脉相承。本案中，天津市河西区人民法院于1994年11月28日作出民事判决，宣告谷某某死亡，而谷某某的原配偶王某某于1995年2月14日登记再婚。虽然之后谷某某重新出现，法院也于2015年4月22日作出民事判决，撤销对谷某某的死亡宣告。但民法典总则编第51条规定，被宣告死亡的人的婚姻关系，自死亡宣告之日起消除。死亡宣告被撤销的，婚姻关系自撤销死亡宣告之日起自行恢复，但是其配偶再婚或者向婚姻登记机关书面声明不愿意恢复的除外。本案中王某某已于原告谷

---

① 审理法院：天津市南开区人民法院，案号：（2015）南民初字第4214号。

某某被宣告死亡后再婚，故谷某某和王某某的婚姻关系无法自行恢复，而没有婚姻关系自然没有离婚可言，故谷某某与王某某的离婚诉请法院应当不予支持。

第五十二条 被宣告死亡的人在被宣告死亡期间，其子女被他人依法收养的，在死亡宣告被撤销后，不得以未经本人同意为由主张收养行为无效。

【条文释义】

本条是对宣告死亡被撤销后亲子关系效果的规定。

被撤销死亡宣告的自然人有子女的，即使其在被宣告死亡后，父母子女的亲子关系并不会因此而消灭，仍然保持亲子关系。如果在被宣告死亡期间，被宣告死亡人的子女被他人依法收养的，则消灭了亲子关系。被宣告死亡人的死亡宣告被撤销后，该收养关系仍然有效，被撤销死亡宣告的人不得主张因自己的死亡宣告已经被撤销，而使该收养关系未经其同意而无效，应当继续保持收养关系。

如果被撤销死亡宣告的人主张解除收养关系的，应当经过协商，通过合意解除收养关系。未达成解除收养关系合意的，不能解除收养关系。

【案例评注】

被宣告死亡后归来，如何面对妻离子散①

基本案情

2002年张某远与李某结婚，育有一子张某，之后两人感情一直不和。2004年6月5日，张某远不辞而别，从此音讯全无。时间一年一年地过去，李某自己带着孩子，日子过得十分艰难。无奈之下，李某2008年8月向其所在地法院申请宣告张某远死亡。2009年8月23日法院判决宣告张某远死亡。2009年11月，李某将儿子张某送给了邻县的赵氏夫妇收养，卖掉了与张某远婚后共同购置的房屋，并将张某远婚前购置的一辆白色昌河车送给了自己的堂弟，之后与本村的王某结

① 案例来源：参见《被宣告死亡后归来，如何面对妻离子散》，载《检察日报》2010年12月4日第3版，本文略有删改。

婚，过起了新的生活。

没想到的是，2010 年 6 月，外出多年的张某远突然回到家乡，一进村就被村民告知，自己已经被宣告死亡，家里也已经一无所有。张某远找到妻子，称她改嫁别人自己没有异议，但孩子和自己的财产应当还给自己。对此，李某认为，张某远数年没有音讯已被宣告死亡，孩子在赵家生活得很好，收养关系合法有效，房产已卖，车辆也送给他人，不能说要回就要回。

法院判决

河南省郑州市金水区人民法院认为：第一，李某再嫁的事实不可更改，但张某远可以再婚。《最高人民法院关于贯彻执行〈中华人民共和国民法通则〉若干问题的意见（试行）》第三十七条规定："被宣告死亡的人与配偶的婚姻关系，自死亡宣告之日起消灭。死亡宣告被人民法院撤销，如果其配偶尚未再婚的，夫妻关系从撤销死亡宣告之日起自行恢复；如果其配偶再婚后又离婚或者再婚后配偶又死亡的，则不得认定夫妻关系自行恢复。"本案中，李某已经再婚，因此，即使张某远的死亡宣告被法院撤销，也不得认定夫妻关系自行恢复。但是张某远可以不经离婚程序直接再次组建家庭。

第二，张某远可以与赵氏夫妇协商解除收养关系。《最高人民法院关于贯彻执行〈中华人民共和国民法通则〉若干问题的意见（试行）》第三十八条规定："被宣告死亡的人在被宣告死亡期间，其子女被他人依法收养，被宣告死亡的人在死亡宣告被撤销后，仅以未经本人同意而主张收养关系无效的，一般不应准许，但收养人和被收养人同意的除外。"因此，张某远如果以自己不知情为由，要求解除赵某夫妇对张强的收养关系或认定收养关系无效，没有法律依据。但他可以在征求赵某夫妇以及张强的同意后，解除该收养协议。

专家点评

此案涉及民法典总则编第 52 条的规定，本条与《最高人民法院关于贯彻执行〈中华人民共和国民法通则〉若干问题的意见（试行）》第 38 条的规定相一致。根据相关法律规定，被宣告死亡人重新出现后，会发生如下法律效果：

第一，其配偶可以再婚，与被宣告死亡人之间的婚姻关系不复存在。民法典总则编第 51 条规定：被宣告死亡的人的婚姻关系，自死亡宣告之日起消灭。死亡宣告被撤销的，婚姻关系自撤销死亡宣告之日起自行恢复，但是其配偶再婚或者向婚姻登记机关书面声明不愿意恢复的除外。从这一规定可以看出，法律承认宣告死亡后配偶的再婚行为。死亡宣告被法院撤销后，被宣告死亡人的配偶尚未再婚的，夫妻关系自行恢复，而配偶再婚的，则不得认定夫妻关系自行恢复。

第二，收养关系可协商解除。民法典总则编第52条规定：被宣告死亡的人在被宣告死亡期间，其子女被他人依法收养的，在死亡宣告被撤销后，不得以未经本人同意为由主张收养行为无效。这一规定说明，被宣告死亡人不得单方主旨收养关系无效，但是可以与收养人及被收养的子女协商一致后解除收养协议。

第五十三条 被撤销死亡宣告的人有权请求依照本法第六编取得其财产的民事主体返还财产；无法返还的，应当给予适当补偿。

利害关系人隐瞒真实情况，致使他人被宣告死亡而取得其财产的，除应当返还财产外，还应当对由此造成的损失承担赔偿责任。

【条文释义】

本条是对撤销死亡宣告后财产关系效果的规定。

本条第1款规定的是被撤销宣告死亡的人享有财产返还请求权，对依照本法第六编取得其财产的民事主体有权请求返还财产，包括依法定继承取得、遗嘱继承取得和受遗赠取得的财产。因其他原因取得财产，也都应当向被撤销死亡宣告的人返还财产。

返还财产以返还原物为原则，如果原物不存在，应当予以适当补偿。确定应补偿的数额，主要考虑返还义务人所取得的财产的价值、返还能力等。

利害关系人隐瞒真实情况，致使他人被宣告死亡而取得其财产的，实际上是恶意利用宣告死亡的方法非法取得被宣告死亡人的财产，构成侵权行为，应当承担侵权责任。故当宣告死亡被撤销后，该利害关系人除了应当返还原物外，还应当对由此造成的损失承担赔偿责任，赔偿的原则是全部赔偿，对所造成的损害全部予以赔偿。

【案例评注】

周某某与全某某、庞某某物权保护纠纷案[①]

基本案情

原告周某某诉称，2005年7月12日唐山市路北区人民法院判决宣告周某某

① 审理法院：河北省唐山市路北区人民法院，案号：（2015）北民初字第927号。

死亡。2014 年 10 月 16 日唐山市路北区人民法院判决撤销宣告周某某死亡的（2004）北民初字第 1 号民事判决。其间，张某媛将其享有的唐山市路北区龙泉北楼 301 楼×门××室房屋产权的 50% 份额于 2008 年 4 月 25 日赠与被告与其妻庞某某，并办理了赠与合同公证。同日，被告全某某又以原告因病去世为由，继承了原告拥有的唐山市路北区龙泉北楼 301 楼×门××室房屋产权的 50% 份额，并办了（2008）唐南证民字第 1233 号继承公证。后被告进行了房屋所有权转移登记申请，现已取得该宗房产的所有权。

原告认为，被告未经原告同意，捏造原告因病死亡的事实，以继承的方式将原告的合法财产占为已有的行为侵犯了原告的合法财产权。故请求法院依法确认被告继承原告坐落在唐山市路北区龙泉北楼 301 楼×门××室 50% 房屋产权的行为无效；确认坐落在唐山市路北区龙泉北楼 301 楼××室产权的 50% 份额归原告所有。

被告全某某、庞某某辩称，涉案房屋是按照国家出台的旧公房出售政策购买的房屋，其中张某媛折算工龄是 14.75 年，周某某折算工龄是 6 年，剩余的购房款全部都是由全某某、庞某某夫妇支付。该房产依法应由张某媛占 8.85%、周某某占 3.6%、全某某和庞某某共占 87.55%，三方（四人）按份共有。

法院判决

经审理查明，1962 年 7 月 20 日原告周某某与第三人张某媛结婚，1968 年周某某与张某媛离婚。1969 年张某媛与全某轩再婚，婚后生育一子全某某。1979 年张某媛与全某轩离婚。1979 年周某某与张某媛复婚，婚后未生育子女。1984 年，大洪桥同明里简易房整栋拆迁按居住人口周某某、张某媛、周甲、周乙、全某某分配至龙泉北楼 301 楼×门××室居住。1993 年，原告周某某离家出走，2000 年按旧公房出售政策，在使用张某媛 14.75 年工龄和周某某 6 年工龄后由全某某、庞某某支付剩余购房款购买了唐山市路北区龙泉北楼 301 楼×门××室房屋产权，全某某、庞某某、张某媛在该房屋内居住至今。2004 年其女周甲向法院申请宣告周某某死亡。2005 年 7 月 12 日唐山市路北区人民法院作出（2004）北民初字第 1 号民事判决书，宣告周某某死亡。2014 年 11 月 27 日周某某来院申请，要求撤销宣告死亡。唐山市路北区人民法院以（2014）北民特字第 12 号民事判决书，撤销法院宣告周某某死亡的（2004）北民初字第 1 号民事判决。另查明，2008 年 4 月 25 日，被告全某某与周某某、张某媛的婚生女周甲、周乙在唐山市路南公证处就继承周某某对唐山市路北区龙泉北里 301 楼×门××室享有的 50% 的产权一事办理公证，周甲、周乙放弃继承，上述财产由全某某继承；同时张某媛亦办理公证将其享有的唐山市路北区龙泉北楼 301 楼×门××室房屋产权的 50% 份额赠与全某某与庞某某夫妻，现该房屋所有权转移登记于二被告名下。

法院认为，公民的合法的民事权益受法律保护。被撤销死亡宣告的人有权请求返还财产或给予适当补偿。本案原告在被其近亲属宣告死亡期间，二被告基于继承赠与方式取得唐山市路北区龙泉北楼301楼×门××室房产的所有权，现原告出现并已撤销宣告死亡判决书，要求确认二被告继承其坐落在唐山市路北区龙泉北楼301楼×门××室房屋50%产权的行为无效的诉讼请求，应当予以支持，对原告主张要求确认唐山市路北区龙泉北楼301楼×门××室产权50%份额归原告所有与本案为不同法律关系，同时诉讼主体亦不相同，对此，本案不予处理。依照《民法通则》第五条、第二十五条之规定，判决如下：被告全某某、庞某某继承原告周某某在唐山市路北区龙泉北楼301楼×门××室房屋中的占份额行为无效。法院认为，公民的合法的民事权益受法律保护。被撤销死亡宣告的人有权请求返还财产或给予适当补偿。本案原告在被其近亲属宣告死亡期间，二被告基于继承、赠与方式取得唐山市路北区龙泉北楼301楼×门××室房产的所有权，现原告出现并已撤销宣告死亡判决书，现原告要求确认二被告继承其坐落在唐山市路北区龙泉北楼301楼×门××室房屋50%产权的行为无效的诉讼请求，应当予以支持，对原告主张要求确认唐山市路北区龙泉北楼301楼×门××室产权50%份额归原告所有与本案为不同法律关系，同时诉讼主体亦不相同，对此，本案不予处理。依照《民法通则》第五条、第二十五条之规定，判决如下：被告全某某、庞某某继承原告周某某在唐山市路北区龙泉北楼301楼×门××室房屋中的占份额行为无效。

专家点评

此案涉及民法典总则编第53条的规定，本条在原《民法通则》第25条和《最高人民法院关于贯彻执行〈中华人民共和国民法通则〉若干问题的意见》第39条的基础上进行了修改。

本案中，2005年7月12日唐山市路北区人民法院作出民事判决，宣告周某某死亡。2014年11月27日周某某本人申请，要求撤销宣告死亡。民法典总则编第53条规定，被撤销死亡宣告的人有权请求依照本法继承编取得其财产的民事主体返还财产。无法返还的，应当给予适当补偿。周某某的死亡宣告被撤销后，其自然有权依照法律规定请求返还财产或者要求给予适当补偿。本案二被告全某某、庞某某基于周某某被宣告死亡的事实，才通过继承方式取得唐山市路北区龙泉北楼301楼×门××室房产的所有权，而周某某的死亡宣告被撤销后，这种继承应当归属于无效，故周某某要求确认二被告继承其坐落在唐山市路北区龙泉北楼301楼×门××室房屋50%产权的行为无效的诉讼请求，法院应当予以支持。

第四节 个体工商户和农村承包经营户

第五十四条 自然人从事工商业经营，经依法登记，为个体工商户。个体工商户可以起字号。

【条文释义】

本条是对个体工商户的规定。

个体工商户是指在法律允许的范围内，依法经核准登记，从事工商经营活动的自然人或者家庭。单个自然人申请个体经营，应当是16周岁以上有劳动能力的自然人。家庭申请个体经营，作为户主的个人应该有经营能力，其他家庭成员不一定都有经营能力。

个体工商户应当依法进行核准登记。无论是自然人个体还是家庭，凡是要进行个体经营的，都须依法向工商行政管理部门提出申请，并且经过工商管理部门的核准登记，颁发个人经营的营业执照，取得个体工商户的经营资格。

个体工商户应当在法律允许的范围内从事工商业经营活动，包括手工业、加工业、零售行业以及修理业、服务业等。对此，应当在工商部门核准的经营范围内进行经营活动。

个体工商户可以起字号，对其字号享有名称权，其他任何人不得侵犯。在经营活动中，没有起字号的个体工商户，应当以工商行政管理部门登记的经营者的姓名作为经营者的名义，这种经营者使用的姓名实际上已经与自然人本身的姓名有所区别了，具有字号的含义。

【案例评注】

黄某诉刘某债权人撤销权纠纷案[①]

基本案情

原告黄某因与被告刘某发生债权人撤销权纠纷，向四川省广汉市人民法院提

① 案例来源：《最高人民法院公报》2013年第1期（总第195期）。

起诉讼。

被告刘某系个体工商户，为广汉市某胶合板加工厂业主。原告黄某在该胶合板加工厂上班，2009年7月17日15时10分，原告在工作时受伤，到广汉市骨科医院和广汉市人民医院救治，广汉市某胶合板加工厂垫付了医药费。2009年8月3日，广汉市某胶合板加工厂向德阳市劳动和社会保障局申请对原告所受伤进行工伤认定。2009年8月4日，原告出院。同日，原告与广汉市某胶合板加工厂就工伤事故赔偿达成协议，协议书未加盖被告公章，由广汉市某胶合板加工厂生产厂长刘某明代表厂方签字。协议签订当日，原告收到了厂方支付的一次性伤残补助金、一次性伤残就业补助金和医疗补助金、一次性护理费4000元，并出具收条一份。2009年8月21日，德阳市劳动和社会保障局受理了被告的工伤认定申请，于同年10月10日作出了工伤认定，2010年2月9日，经德阳市劳动能力鉴定委员会鉴定，黄某为十级伤残。2010年5月11日，黄某申请广汉市劳动争议仲裁委员会仲裁赔偿协议无效，2010年5月11日，广汉市劳动争议仲裁委员会作出不予受理的决定，并向黄某送达不予受理通知书。

法院判决

广汉市人民法院一审认为：本案原告黄某要求撤销赔偿协议，并不涉及工伤赔偿的实体处理，案由应为撤销权纠纷而非劳动争议纠纷。广汉市某胶合板厂系个体工商户，业主为刘某，被告主体应为刘某本人而非广汉市某胶合板厂。原告在广汉市某胶合板厂上班期间受伤，因此而引起的相关责任应当由被告承担。在广汉市某胶合板厂向德阳市劳动和社会保障局申请了工伤认定后，原告与广汉市某胶合板厂就赔偿问题达成协议，虽然协议未加盖广汉市某胶合板厂的公章，但有经广汉市某胶合板厂认可的代表刘某明签字，刘某明的签字行为系职务行为，协议中的权利义务由广汉市某胶合板厂承担。该协议内容不违反国家法律规定，自双方签字时依法成立并生效。

二审法院认为：首先，关于本案案由及被告主体问题。民事案件案由应当依据当事人主张的民事法律关系的性质来确定。当事人在一审中请求撤销双方就工伤损害达成的赔偿协议，但其请求不涉及工伤赔偿的实体处理，故本案案由属合同纠纷项下的债权人撤销权纠纷。《最高人民法院关于审理劳动争议案件适用法律若干问题的解释（二）》第九条规定："劳动者与起有字号的个体工商户产生的劳动争议诉讼，人民法院应当以营业执照上登记的字号为当事人，但应同时注明该字号业主的自然情况。"《最高人民法院关于贯彻执行〈中华人民共和国民法通则〉若干问题的意见（试行）》第四十一条规定："起字号的个体工商户，在民事诉讼中，应以营业执照登记的户主（业主）为诉讼当事人，在诉讼文书中注明系某字号的户主。”本案双方当事人就工伤损害达成的赔偿协议具有一般合同的属性，故广汉市人民法院将本案按照一般民事诉讼处理，以业主刘某为当事人，并无不妥，亦无损当事人的合法权益。

其次，关于赔偿协议的效力问题。《最高人民法院关于审理劳动争议案件适用法律若干问题的解释（三）》第十条规定：“劳动者与用人单位就解除或者终止劳动合同办理相关手续、支付工资报酬、加班费、经济补偿或者赔偿金等达成的协议，不违反法律、行政法规的强制性规定，且不存在欺诈、胁迫或者乘人之危情形的，应当认定有效。前款协议存在重大误解或者显失公平情形，当事人请求撤销的，人民法院应予支持。”所谓显失公平，是指双方当事人的权利义务明显不对等，使一方遭受重大不利。其构成要件为：双方当事人的权利义务明显不对等；这种不对等违反公平原则，超过了法律允许的限度；不属于因欺诈、胁迫、乘人之危、恶意串通损害他人利益等原因导致的显失公平。本案中上诉人黄某伤残等级为十级，其应获得的一次性伤残补助金为7个月本人工资，一次性工伤医疗补助金和一次性伤残就业补助金（为10个月统筹地区上年度平均工资）。被上诉人刘某支付给上诉人的各项赔偿费用合计6927.92元（含医疗费），显著低于上诉人应取得的工伤保险待遇。另外，一般的合同关系仅涉及双方当事人的财产权纠纷，而本案中，双方就工伤损害达成的赔偿协议虽具有一般合同的属性，但本案的处理并非针对简单的债权债务关系，而是涉及劳动者的生存权益。故综合考虑以上因素，法院认为，双方签订的赔偿协议导致双方权利义务不对等，使黄某遭受重大利益损失，构成显失公平。

据此，德阳市中级人民法院判决：撤销广汉市人民法院（2010）广汉民初字第920号民事判决，撤销上诉人黄某与被上诉人刘某为业主的广汉市某胶合板加工厂签订的赔偿协议。

专家点评

民法典总则编第54条规定，自然人从事工商业经营，经依法登记，为个体工商户。个体工商户可以起字号。本案中，个体工商户雇工属于个人劳务的范畴，发生工伤损害的由个人工商户按照原《侵权责任法》《劳动法》等有关法律法规的规定承担相应的责任。起字号的个体工商户，在民事诉讼中，应以营业执照登记的户主（业主）为诉讼当事人，在诉讼文书中注明系某字号的户主。

第五十五条　农村集体经济组织的成员，依法取得农村土地承包经营权，从事家庭承包经营的，为农村承包经营户。

【条文释义】

本条是对农村承包经营户的规定。

农村承包经营户是指在法律允许的范围内，按照农村土地承包经营合同的约定，利用农村集体土地从事种植业以及副业生产经营的农村集体经济组织的成员或者家庭。

农村承包经营户是农村集体经济组织的成员，依照法律规定与集体经济组织签订农村土地承包经营合同，利用农村集体土地进行农副业生产，就成为农村承包经营户。在我国农村，承包农村土地基本上是以户的形式进行，只有单身的农民才以个人名义承包土地。

土地承包经营合同应当约定承包的生产项目，交付使用的生产资料的数量和承包日期，交纳集体的公积金、公益金、管理费，承包户有使用水利等公共设施的权利，以及双方各自的权利和义务和违约责任。

农村承包经营户的经营范围是利用集体土地，从事土地承包合同约定的农业或者副业生产。随着我国农村经济的发展，农村承包经营户也可以行使“三权分置”中的土地经营权，利用承包的农村集体土地进行商业化开发，进行商业活动，进一步开发土地的利用价值，把承包的农村集体土地作为生产资料，扩大经营范围，在农村经营中取得更好的效益。

【案例评注】

李某祥诉李某梅继承权纠纷案[①]

基本案情

被告李某梅与原告李某祥系姐弟关系。农村土地实行第一轮家庭承包经营时，原、被告及其父李圣某、母周桂某共同生活。当时，李圣某家庭取得了6.68亩土地的承包经营权。此后李某梅、李某祥相继结婚并各自组建家庭。至1995年农村土地实行第二轮家庭承包经营时，当地农村集体经济组织对李圣某家庭原有

① 案例来源：《最高人民法院公报》2009年第12期（总第158期）。

6.68 亩土地的承包经营权进行了重新划分，李某祥家庭取得了 1.8 亩土地的承包经营权，李某梅家庭取得了 3.34 亩土地的承包经营权，李圣某家庭取得了 1.54 亩土地的承包经营权，三个家庭均取得了相应的承包经营权证书。1998 年 2 月，李圣某将其承包的 1.54 亩土地流转给本村村民芮某宁经营，流转协议由李某梅代签。2004 年 11 月 3 日和 2005 年 4 月 4 日，李圣某、周桂某夫妇相继去世。此后，李圣某家庭原承包的 1.54 亩土地的流转收益被李某梅占有。原告请求判令其对 1.54 亩土地的收益享有继承权，并判令被告向原告交付该部分土地。本案的争议焦点是：家庭承包方式的农村土地承包经营权其权属性质为何，是否可以继承。

法院判决

南京市江宁区人民法院一审认为：根据《农村土地承包法》第三条第二款的规定，农村土地承包采取农村集体经济组织内部的家庭承包方式，不宜采取家庭承包方式的荒山、荒沟、荒丘、荒滩等农村土地，可以采取招标、拍卖、公开协商等方式承包。因此，我国的农村土地承包经营权分为家庭承包和以其他方式承包两种类型。以家庭承包方式实行农村土地承包经营，主要目的在于为农村集体经济组织的每一位成员提供基本的生活保障。根据《农村土地承包法》第十五条的规定，家庭承包方式的农村土地承包经营权，其承包方是本集体经济组织的农户，其本质特征是以本集体经济组织内部的农户家庭为单位实行农村土地承包经营。因此，这种形式的农村土地承包经营权只能属于农户家庭，而不可能属于某一个家庭成员。根据《继承法》第三条的规定，遗产是公民死亡时遗留的个人合法财产。农村土地承包经营权不属于个人财产，故不发生继承问题。

家庭承包中的林地承包和针对“四荒”地的以其他方式的承包，由于土地性质特殊，投资周期长，见效慢，收益期间长，为维护承包合同的长期稳定性，保护承包方的利益，维护社会稳定，根据《农村土地承包法》第三十一条第二款、第五十条的规定，林地承包的承包人死亡，其继承人可以在承包期内继续承包。以其他方式承包的承包人死亡，在承包期内，其继承人也可以继续承包。但是，继承人继续承包并不等同于继承法所规定的继承。而对于除林地外的家庭承包，法律未授予继承人可以继续承包的权利。当承包农地的农户家庭中的一人或几人死亡，承包经营仍然是以户为单位，承包地仍由该农户的其他家庭成员继续承包经营；当承包经营农户家庭的成员全部死亡，由于承包经营权的取得是以集体成员权为基础，该土地承包经营权归于消灭，农地应收归农村集体经济组织另行分配，不能由该农户家庭成员的继承人继续承包经营。否则，对集体经济组织其他成员的权益造成损害，对农地的社会保障功能产生消极影响。

本案中，讼争土地的承包经营权属于李圣某家庭，系家庭承包方式的承包，且讼争土地并非林地，因此，李圣某夫妇死亡后，讼争土地应收归当地农村集体经济组织另行分配，不能由李圣某夫妇的继承人继续承包，更不能将讼争农地的承包权作为李圣某夫妇的遗产处理。

李圣某、周桂某夫妇虽系原告李某祥和被告李某梅的父母，但李某祥、李某梅均已在婚后组成了各自的家庭。农村土地实行第二轮家庭承包经营时，李圣某家庭、李某祥家庭、李某梅家庭均各自取得了土地承包经营权及相应的土地承包经营权证书，至此，李某祥、李某梅已不属于李圣某土地承包户的成员，而是各自独立的三个土地承包户。李圣某夫妇均已去世，该承包户已无继续承包人，李圣某夫妇去世后遗留的 1. 54 亩土地的承包经营权应由该土地的发包人予以收回。根据《民事诉讼法》第五十六条第二款的规定，对当事人双方的诉讼标的，第三人虽然没有独立请求权，但案件处理结果同其有法律上的利害关系，可以申请参加诉讼，或者由人民法院通知其参加诉讼。在本案的审理过程中，法院通知发包方参加诉讼，并向发包方释明相关的权利义务，但发包方明确表示不参加诉讼，根据不告不理的原则，在本案中，法院对于讼争土地的承包经营权的权属问题不作处理。李某祥、李某梅虽系李圣某夫妇的子女，但各自的家庭均已取得了相应的土地承包经营权，故李某祥、李某梅均不具备其父母去世后遗留土地承包经营权继续承包的法定条件。故对李某祥要求李某梅返还讼争土地的诉讼请求予以驳回。

专家点评

根据原《民法通则》第 27 条、《农村土地承包法》第 15 条的规定，农村土地家庭承包的，承包方是本集体经济组织的农户，其本质特征是以本集体经济组织内部的农户家庭为单位实行农村土地承包经营。家庭承包方式的农村土地承包经营权属于农户家庭，而不属于某一个家庭成员。根据原《继承法》第三条的规定，遗产是公民死亡时遗留的个人合法财产。农村土地承包经营权不属于个人财产，故不发生继承问题。除林地外的家庭承包，当承包农地的农户家庭中的一人或几人死亡，承包经营仍然是以户为单位，承包地仍由该农户的其他家庭成员继续承包经营；当承包经营农户家庭的成员全部死亡，由于承包经营权的取得是以集体成员权为基础，该土地承包经营权归于消灭，不能由该农户家庭成员的继承人继续承包经营，更不能作为该农户家庭成员的遗产处理。

第五十六条　个体工商户的债务，个人经营的，以个人财产承担；家庭经营的，以家庭财产承担；无法区分的，以家庭财产承担。

农村承包经营户的债务，以从事农村土地承包经营的农户财产承担；事实上由农户部分成员经营的，以该部分成员的财产承担。

【条文释义】

本条是对个体工商户和农村承包经营户债务承担的规定。

个体工商户和农村承包经营户在经营中所负债务，与法人、非法人组织及自然人负担的债务的规则有所不同。

个体工商户在经营中所负债务的清偿原则是：1. 个体工商户是以个人进行经营的，其所负债务就是个人债务，应当以个人财产承担。以个人财产对债务承担无限责任，与夫妻共同财产和家庭共同财产没有关系。2. 以家庭为单位进行经营的，无论是其收益还是负债，都是家庭共有财产，对在个体经营中负担的债务，应当以家庭的全部财产承担无限责任。3. 个体工商户在经营中无法区分是个人经营还是家庭经营的，认定为家庭经营，以家庭财产承担。

农村承包经营户对所负债务的清偿规则是：1. 农村承包经营户的债务，以从事农村土地承包经营的农户财产承担，负无限清偿责任。2. 农村承包经营户的经营活动尽管是以户的方式承包，但事实上是由农户的部分成员经营，证明确实属实的，以该部分成员的财产承担无限清偿责任，该“户”其他没有进行共同经营活动的成员对此债务不承担责任。

【案例评注】

藤县藤州城市信用合作社诉麦某晚等借贷合同案[①]

基本案情

1997 年 11 月 4 日，原告藤县藤州城市信用合作社与杨某健签订借款合同一份，约定由原告借款 45 万元给杨某健作购船营运用，月利率 9.36‰，期限为 1 年。同日，双方还签订抵押合同一份，约定杨某健以其自有的太平（六）29 号钢质铁船一艘、藤县太平（五）08 号钢质铁船一艘作上述借款抵押，并经藤县港航

① 审理法院：广西壮族自治区梧州市中级人民法院，案号：（2001）梧经初字第 92 号。

监督所对藤县太平（五）08号船进行了抵押登记。上述合同签订后，原告依约将45万元贷款支付给杨某健，杨某健得款后未依约还款。原告于2000年6月21日向杨某健发出催收借款通知书。但杨某健除归还本金8000元，利息27500元外，至今尚欠原告贷款本金442000元，利息154948.84元（暂计至2001年9月9日止）。

麦某晚与杨某健是夫妻关系，婚生子女有杨某英、杨某某、杨某勇、杨某思、杨某、杨某铭。杨某健于2001年8月16日病故。继承人麦某晚、杨某英、杨某某、杨某勇、杨某思、杨某、杨某铭对杨某健的遗产表示放弃继承。

原告起诉请求法院判令以杨某健的抵押物清偿贷款本金442000元，利息154948.84元（暂计至2001年9月9日止），不足部分由被告麦某晚、杨某英、杨某某、杨某勇、杨某思、杨某、杨某铭承担，并由被告承担本案有关诉讼费。

法院判决

梧州市中级人民法院认为：本案涉及的借款合同、抵押合同是双方的真实意思表示，符合法律规定，是有效合同。杨某健不按期归还借款本息，显属违约，应承担违约责任。原告主张对抵押物享有优先受偿权合理、合法。原告主张本案七被告对处理抵押物清偿本案债务后的不足部分承担偿还责任证据不足，不能成立。根据《民法通则》第二十九条、第八十四条，《继承法》第二十五条、第三十三条第二款之规定，判决确认杨某健欠原告藤县藤州城市信用合作社借款本金442000元，利息154948.84元，由被告麦某晚以清理杨某健的尚有财产偿还给原告藤县藤州城市信用合作社。原告藤县藤州城市信用合作社对杨某健自有的藤县太平（五）08号钢质铁船享有优先受偿权。驳回原告藤县藤州城市信用合作社主张由被告麦某晚、杨某英、杨某某、杨某勇、杨某思、杨某、杨某铭对处理抵押物清偿本案债务的不足部分承担偿还责任。

专家点评

民法典民法总则第57条第一款规定，个体工商户的债务，个人经营的，以个人财产承担；家庭经营的，以家庭财产承担；无法区分的，以家庭财产承担。这与本案所依据的原《民法通则》第29条相似，即对于个体工商户的债务，区分个人经营和家庭经营。个人经营的，以个人财产承担；家庭经营的，以家庭财产承担；无法区分的，以家庭财产承担。本案中杨某建向原告借贷用于购船营运，没有证据表明杨某建以家庭经营的方式开展经营业务，应当认定为个人经营，因此杨某建对于原告的欠款应当以其个人的财产予以清偿，在其病故后即应以其个人遗产进行清偿，被告作为杨某建的家庭成员对于涉案债务没有连带清偿的义务。

第三章 法 人

第一节 一般规定

第五十七条 法人是具有民事权利能力和民事行为能力，依法独立享有民事权利和承担民事义务的组织。

【条文释义】

本条是对法人概念的规定。

法人，是指法律规定具有民事权利能力和民事行为能力，能够独立享有民事权利和承担民事义务的组织。法人的特征是：1. 法人是具有独立名义的社会组织体，具有民事权利能力和民事行为能力。2. 法人具有独立的财产。3. 法人具有独立的意思，能够依自己的意思行使民事权利、承担民事义务。4. 法人独立承担责任。

法人的本质，是法人何以能够与自然人同样具有民事权利能力，成为享有权利、负担义务的民事主体。我国民法学通说采用法人实在说，在立法上也是以法人实在说作为理论基础的。

民法典以法人成立目的的不同为标准，将法人分为营利法人、非营利法人和特别法人。

【案例评注】

王某容与宜章县梅田镇人民政府确认劳动关系纠纷案①

基本案情

宜章县梅田镇敬老院系宜章县梅田镇人民政府举办，并于2011年12月6日

① 审理法院：湖南省郴州市中级人民法院，案号：（2015）郴民一终字第822号。

经国家事业单位登记管理局核准登记成立的事业单位法人，有效期限为2011年12月6日至2013年12月31日。期满后，该单位未注销。业务范围包括为农村五保户对象和城市“三无”人员提供集中养老服务，负责供应对象的衣、食、住、医、葬等。经费来源于财政补助。薛某艺生前与王某容系夫妻关系。薛某艺于2005年10月被宜章县梅田镇人民政府安排在宜章县梅田镇敬老院工作并担任副院长的职务，工资由宜章县梅田镇民政办公室造册在民政经费中单独列支并代为发放。工作期间，薛某艺与宜章县梅田镇人民政府未签订劳动合同。2014年8月22日凌晨4时30分，薛某艺因心脏病突发在宜章县梅田镇敬老院的值班办公室死亡。薛某艺的妻子王某容遂诉至法院，请求确认薛某艺与宜章县梅田镇人民政府自2004年11月起至2014年8月22日之间存在劳动关系。

法院判决

湖南省宜章县人民法院认为：本案的争议焦点为薛某艺与宜章县梅田镇人民政府之间是否存在劳动关系。《民法通则》第三十六条规定：“法人是具有民事权利能力和民事行为能力，依法独立享有民事权利和承担民事义务的组织。”《劳动合同法》第三十四条规定：“用人单位发生合并或者分立等情况，原劳动合同继续有效，劳动合同由承继其权利和义务的用人单位继续履行。”《劳动合同法实施条例》第十条规定：“劳动者非因本人原因从原用人单位被安排到新用人单位工作的，劳动者在原用人单位的工作年限合并计算为新用人单位的工作年限……”从以上法律规定可知，劳动者与用人单位之间的权利和义务应当由分立后的最终用人单位继承，劳动关系是劳动者与用人单位之间形成的人身和管理的权利义务关系，也应当由最终的用人单位继承。本案中，宜章县梅田镇敬老院在2011年12月6日登记成立事业单位法人后，已具备了独立承担民事责任的法人资格，其业务范围也与登记注册前的一致，未曾发生变更。虽然宜章县梅田镇敬老院的法人证书到期后未经年检，但根据《事业单位登记管理暂行条例实施细则》（中央编办发［2014］4号）第五十九条“事业单位的法人证书废止但未经注销登记的，其法人的责任和义务存续”的规定，宜章县梅田镇敬老院仍然具备独立承担民事责任的资格。薛某艺虽于2005年10月被宜章县梅田镇人民政府安排在宜章县梅田镇敬老院担任副院长职务，但其自工作之日起一直在该敬老院工作，工作内容只限定于为农村五保户提供集中养老服务，负责供应对象的衣、食、住、医、葬等，而从未参与过宜章县人民政府具有行政性质的事务管理工作；且薛某艺的工资也是在民政经费中单独列支，由宜章县梅田镇人民政府代为发放。因此，薛某艺自2005年10月起与用人单位之间的权利和义务应当全部由具备法人资格后的宜章县梅田镇敬老院继承。故王某容请求确认薛某艺与宜章县梅田镇人民政府从2004年11月起至2014年8月22日止的劳动关系没有事实和法律依据，不予支持。

王某容不服一审判决，向郴州市中级人民法院提起上诉，请求依法撤销原审判决，改判确认薛某艺与宜章县梅田镇人民政府自2005年11月至2014年8月22日期间存在劳动关系。

郴州市中级人民法院认为：二审的争议焦点是薛某艺与宜章县梅田镇人民政府自2005年11月至2014年8月22日期间是否存在劳动关系。宜章县梅田镇敬老院系宜章县梅田镇人民政府举办。2005年10月，薛某艺被宜章县梅田镇人民政府安排在宜章县梅田镇敬老院担任副院长职务，后一直在该敬老院工作。《劳动合同法》第七条规定："用人单位自用工之日起即与劳动者建立劳动关系……"自2005年10月薛某艺被宜章县梅田镇人民政府安排在宜章县梅田镇敬老院担任副院长职务之日起，薛某艺即与梅田镇人民政府建立了劳动关系。《民法通则》第三十六条规定："法人是具有民事权利能力和民事行为能力，依法独立享有民事权利和承担民事义务的组织。"2011年12月6日，宜章县梅田镇敬老院依法登记为事业单位法人，取得独立承担民事责任的法人资格，成为独立的法人主体，符合《劳动合同法》第二条规定的用人单位的条件。故自2011年12月6日起，宜章县梅田镇人民政府与薛某艺之间不再存在劳动关系。王某容上诉请求确认薛某艺与宜章县梅田镇人民政府从2005年11月起至2014年8月22日止存在劳动关系，对其中2005年11月起至2011年12月5日止薛某艺与宜章县梅田镇人民政府之间存在劳动关系的上诉请求，法院予以支持。

综上，原审判决认定事实清楚，适用法律正确，但处理不当，法院依法予以改判如下：一、撤销湖南省宜章县人民法院（2014）宜民一初字第736号民事判决；二、确认上诉人王某容的丈夫薛某艺生前自2005年11月至2011年12月5日期间与被上诉人宜章县梅田镇人民政府存在劳动关系；三、驳回上诉人王某容的其他诉讼请求。

专家点评

民法典总则编第57条与原《民法通则》第36条规定相同："法人是具有民事权利能力和民事行为能力，依法独立享有民事权利和承担民事义务的组织。"2011年12月6日，宜章县梅田镇敬老院依法登记为事业单位法人，取得独立承担民事责任的法人资格，成为独立的法人主体，符合《劳动合同法》第2条规定的用人单位的条件。故自2011年12月6日起，宜章县梅田镇人民政府与薛某艺之间不再存在劳动关系。

第五十八条　法人应当依法成立。

法人应当有自己的名称、组织机构、住所、财产或者经费。法人成立的具体条件和程序，依照法律、行政法规的规定。

设立法人，法律、行政法规规定须经有关机关批准的，依照其规定。

【条文释义】

本条是对法人成立及成立条件的规定。

法人成立，是指法人开始取得民事主体资格，享有民事权利能力。法人的成立，表现为营利法人、非营利法人以及特别法人开始具有法人的人格，成为民事权利主体的始期。

法人的成立与法人的设立是不同的概念。设立是行为，成立是结果；设立尚未成立，成立必须经过设立。

法人成立的条件是：1. 须有设立行为。法人必须经过设立人的设立行为，才可能成立。2. 须符合设立的要求：（1）法人要有自己的名称，确定自己法人人格的文字标识；（2）要有能够进行经营活动的组织机构；（3）必须有自己固定的住所；（4）须有必要的财产或者经费，能够进行必要的经营活动和承担民事责任。3. 须有法律依据或经主管机关的批准。中国的法人设立不采取自由设立主义，凡是成立法人，均须依据相关的法律，以法律作为成立的依据。4. 须经登记。法人的设立，原则上均须经过登记方能取得法人资格。机关法人成立不须登记。事业单位法人和社会团体法人，除法律规定不需要登记的外，也要办理登记。成立法人，须完成以上条件才能够取得法人资格。

【案例评注】

丙公司诉甲公司债权纠纷案[①]

基本案情

1995年6月17日，甲公司与万盛支行桃子营业所签订借款合同约定：甲公司向万盛支行桃子营业所借款41万元，借款期限自1995年6月17日至1996年3月12日。之后，甲公司又先后分3次向万盛支行桃子营业所借款420万元。自1995年6月17日至1996年12月27日，万盛支行桃子营业所一共向甲公司发放贷款461万元。截至2000年5月23日，甲公司向万盛支行桃子营业所归还借款49.5万元及部分利息，尚欠411.5万元及其利息797553.22元，合计4912553.22元。

之后，万盛支行将该债权剥离给乙公司，并向甲公司送达债权转移确认通知书。乙公司于2001年12月25日、2003年12月19日分别在《重庆日报》刊登债权催收公告，要求甲公司向乙公司履行还款义务。2005年1月28日，乙公司将上述债权以40万元价款转让给某运输公司。2005年2月23日，乙公司在《重庆日报》上刊登了债权转让公告，要求甲公司向某运输公司履行还款义务。2005年4月27日，某运输公司就上述借款中的41万元及利息向重庆市万盛区人民法院提起诉讼，要求判令被告甲公司偿还借款。

甲公司系万盛支行所属工会委员会（该会系金融工会下属的基层工会，未按有关规定报有关部门审查、领取工会法人执照）开办的经济实体，并报经工商行政管理部门批准，进行了企业法人注册登记。据工商档案记载，该公司的注册资金来源为：工会会员集资10万元，每年按高于银行同期储蓄利率20%计付利息，集资期限为3年，到期全部归还本金；万盛支行有偿拨付固定资产5万元。该公司成立时，8名工作人员除1名退休职工外均系万盛支行正式职工，历届公司经理均由万盛支行正式职工兼任。甲公司的经营场所——重庆市万盛区万新路××号房屋由万盛支行拨付给甲公司使用，并未办理产权过户手续。

2000年3月7日，重庆市第一中级人民法院以（1999）渝一中经终字第2272

---

① 审理法院：一审法院为重庆市万盛区人民法院，案号：（2005）万民初字第360号；二审法院为重庆市第一中级人民法院，案号：（2006）渝一中民终字第116号；再审法院为重庆市第五中级人民法院，案号：（2008）渝五中民再终字第53号。

号民事判决书确认，甲公司不具有法人资格，不能对外承担民事责任。2000 年 7 月 19 日，甲公司因未办理 1999 年年检被重庆市工商行政管理局吊销法人营业执照，并责成主管部门按法律规定成立清算组织清理债权债务。

法院判决

重庆市万盛区人民法院一审认为：甲公司向万盛支行桃子营业所借款 461 万元属实，现某运输公司只起诉其中一笔借款 41 万元及其利息，该合同系双方当事人真实意思表示，双方签订的借款合同合法有效。万盛支行将借款 41 万元及其利息剥离给乙公司，乙公司又将该债权及利息转让与某运输公司，其行为符合法律规定，应受法律保护。甲公司应承担偿还借款及利息的责任。但甲公司已经（1999）渝一中经终字第 2272 号民事判决书确认为万盛支行直接投资开办的不具法人资格的公司，并在 2000 年 7 月 19 日被重庆市工商行政管理局吊销营业执照后，主管部门即开办单位万盛支行未按法律规定进行清算，甲公司又无独立财产对外承担民事责任。因此，判决：一、万盛支行偿还某运输公司借款 41 万元及利息 174008. 1 元，计 584008. 1 元；二、驳回某运输公司的其他诉讼请求。

重庆市第一中级人民法院二审认为：万盛支行应当承担本案还本付息的民事责任。理由是：被上诉人某运输公司通过拍卖合法取得了对甲公司借款本金 41 万元及利息的债权，甲公司应当向某运输公司承担还本付息的民事责任；甲公司于 2000 年 7 月 19 日因未办理年检被重庆市工商行政管理局吊销了法人营业执照；万盛支行关于该支行工会委员会具备社团法人资格，甲公司由该工会开办与其无关，其不应承担还本付息责任的上诉理由不能成立。原判认定事实清楚，证据确实充分，适用法律正确。

重庆市第五中级人民法院再审认为：甲公司虽以万盛支行所属工会委员会名义开办，但其无独立财产、组织机构和经营场所，且与万盛支行之间在人员、资产、财物等方面存在混同，应认定甲公司系万盛支行直接投资开办的不具有法人资格的公司。万盛支行与甲公司签订借款合同，将款借给甲公司，实际是万盛支行将借款借给了其自办的公司，属《合同法》规定的债权债务归于一人，双方所签合同的权利义务终止的情形。万盛支行将其自办公司的债权作为不良债权转让给乙公司的行为，不属于财政部、中国人民银行、中国农业银行、中国长城资产管理公司规定的剥离不良贷款的范围，因此双方的债权转让行为应当确认无效。现某运输公司起诉要求主张的债权系乙公司授让取得，其要求万盛支行偿还理由不能成立，原一、二审判决认定事实不清，适用法律错误，应当予以纠正。判决撤销一审、二审判决；驳回某运输公司的诉讼请求。

专家点评

原《民法通则》第 37 条规定，法人应当依法成立，有必要的财产或者经费，有自己的名称、组织机构和场所，能够独立承担民事责任。本案根据该条规定确认公司财产和经营场所由创办人所有，公司经理由创办人任命、公司员工均系创办人正式员工的经济实体时，与创办人构成债权债务混同。法人作为自然人以外的另一民事主体，其法律特征主要在于其系依法设立的组织体。原《民法通则》第 37 条以及民法典总则编第 57 条，均规定了法人作为组织体的基本特征。法人需要有必要的财产或者经费，是说法人作为民事主体，必须有自己独立的财产。该财产不仅独立于其他法人和自然人，也独立于创立人和该法人内的所有成员的财产。法人拥有独立的财产是法人人格独立的物质基础，也是法人独立进行民事活动的必要前提，法人以自己拥有的独立财产承担民事责任，而不是以法人创始人、法人成员或其他组织的财产来承担。本案甲公司虽然进行过企业法人注册登记，但公司的注册资金来源为工会会员集资筹集，且 3 年内还本付息；固定资产为创办人万盛支行有偿拨付；公司成立时的员工几乎均系万盛支行正式职工，且历届公司领导均由创办人正式职工兼任；公司的经营场所也由创办人拨付给使用。更重要的是该公司已被法院确认不具有法人资格，不能对外承担民事责任，并责令进入清算程序。分析这些案件事实可以认为，甲公司既不是财团法人，又不是社团法人，除了创办人万盛支行的债权债务没有自己的债权债务，完全符合民法典合同法编所规定的混同——即债权债务同属一人，合同权利义务终止的情形。

第五十九条　法人的民事权利能力和民事行为能力，从法人成立时产生，到法人终止时消灭。

【条文释义】

本条是对法人的民事权利能力和民事行为能力的规定。

法人的民事权利能力，是指法人作为民事主体，享受民事权利并承担民事义务的资格。法人作为民事权利主体，与自然人一样，具有民事权利能力，但是二者有所不同：1. 民事权利能力的范围不同。法人不享有与自然人人身不可分离的权利，如生命权、健康权、身体权、姓名权、肖像权、隐私权，以及配偶权、亲权、亲属权、继承权等。2. 民事权利能力的开始与终止的时间不同。法人的民事权利能力始于法人成立，终于法人消灭，即法人的民事权利能力从其成立时产生。法人的民事权利能力在法人的存续期间与法人不可分离。法人的民事权利能力从其终止时消灭。自然人的民事权利能力始于出生，终于死亡。3. 民事权利能力的限制不同。法人民事权利能力限制在法律或者行政命令的范围之内，并且受到设立人的意志的约束，设立人在设立法人时确立的目的范围直接决定了法人的权利能力范围。自然人的民事权利能力未受到限制。

法人的民事行为能力，是指法人作为民事主体，以自己的行为享受民事权利并承担民事义务的资格。法人的民事行为能力从法人成立时产生，到法人终止时消灭。法人的民事行为能力的特点是：1. 法人的民事行为能力与其民事权利能力取得和消灭的时间相一致。2. 法人的民事行为能力与民事权利能力的范围相一致。3. 法人的意志取决于团体的意志。

【案例评注】

金某新与某运输公司合同纠纷案①

基本案情

2012 年 6 月 3 日，被告某运输公司的车辆新 H－×××号、新 H－××号挂车在阜康市境内发生交通事故，随后由原告金某新施救车将事故车辆拖送至阜康市龙腾汽车钣金喷漆修理部进行修理，被告欠施救费 10500 元未支付，经原告多次催要未果。原告向法院提起诉讼，要求被告立即向原告支付车辆施救费 10500 元及利息 819 元并承担本案的诉讼费、邮寄费。

法院判决

原告系个体工商户，是阜康市安泰汽车救援中心的业主。2012 年 6 月 3 日，原告是在其经营范围内对新 H－×××号主车及新 H－××号挂车进行的施救，根据法律规定，其经营的字号为阜康市安泰汽车救援中心应作为原告提起诉讼，故金某新作为原告起诉主体错误。另查明，2015 年 5 月 11 日，被告某运输公司已被富蕴县工商行政管理局注销登记，故原告将某运输公司列为被告主体错误。综上，根据《民法通则》第三十六条第二款，《最高人民法院关于适用〈中华人民共和国民事诉讼法〉的解释》第五十九条、第二百零八条第三款之规定，裁定

① 审理法院：新疆维吾尔自治区富蕴县人民法院，案号：（2015）富民初字第 782 号。

驳回原告金某新的起诉。原告金某新的受理费不予交纳。

专家点评

本案所依据的是原《民法通则》第36条第2款，法人的民事权利能力和民事行为能力，从法人成立时产生，到法人终止时消灭。这与民法典总则编第59条规定相同。本案中，被告某运输公司已被富蕴县工商行政管理局注销登记，因而被告的法人主体地位终止，相应的其民事权利能力和民事行为能力也随之消灭，不具备担任被告的主体地位和民事行为能力，原告将某运输公司列为被告主体错误。被告的法人地位终止之后，应当依法进行清算，以清算财产为限对原告进行债务清偿。

第六十条　法人以其全部财产独立承担民事责任。

【条文释义】

本条是对法人承担民事责任的规定。

法人以其全部财产独立承担民事责任，即承担有限责任。无论法人应当承担多少责任，最终都以其全部财产来承担，不承担无限责任。

法人以其全部财产独立承担民事责任，这就是法人的民事责任能力。民事责任能力，是指民事主体据以独立承担民事责任的法律地位或法律资格，也叫作侵权行为能力。我国民法采取法人实在说，承认法人的民事责任能力。法人作为一个实在的组织体，对其法定代表人及成员在执行职务中的行为造成他人的损害，承担民事责任，即代表责任或者替代责任。法人代表责任的根据在于：法人的法定代表人是法人的机关成员，是法人的组成部分，他在代表法人从事经营活动时，其职权是由章程以及法律加以确定的，其活动的内容和范围主要是由法人规定的，其活动的目的是实现法人的职能。既然机关成员的经营活动就是法人的行为，他们在合法的职权范围内从事经营活动，所产生的权利和义务理所当然地应由法人承担。因此，法人的机关成员在经营活动中实施的行为造成他人损害，民事责任由法人承担。

【案例评注】

某公司申请执行《环球纪事》杂志社合同纠纷案①

基本案情

某公司与《环球纪事》杂志社、某翻译公司联合办刊合同纠纷一案，执行法院作出的（2006）西民初字第2881号民事判决及北京市第一中级人民法院作出的（2007）一中民终字第4467号民事判决已发生法律效力。生效判决判令：一、《环球纪事》杂志社于判决生效起10日内返还某公司1799600元；二、《环球纪事》杂志社于判决生效起10日内返还某公司车牌号为粤BA94××型号为500SEL的奔驰轿车一辆；三、某翻译公司于判决生效之日起6个月内对《环球纪事》杂志社的财产、债权债务进行清理，以清算《环球纪事》杂志社所得财产清偿某公司的上述债务。某公司于2007年8月10日向执行法院法院申请执行生效判决第一、二项内容，执行法院立案执行后，《环球纪事》杂志社无财产可供执行。

某翻译公司系《环球纪事》杂志社的出资单位和组建单位。《环球纪事》杂志社于2003年9月6日被工商行政管理部门吊销营业执照，某翻译公司未对《环球纪事》杂志社的财产、债权债务进行清理。2008年9月1日，某翻译公司向中华人民共和国新闻出版总署请求变更《环球纪事》杂志刊名为《东方壹周》。2008年11月6日，新闻出版总署向某翻译公司作出《关于同意〈环球纪事〉更名的批复》，同意《环球纪事》更名为《东方壹周》。现《东方壹周》的出版单位为《东方壹周》周刊社，主办单位为某翻译公司。《东方壹周》周刊社系某翻译公司下属部门，不具备法人资格。2010年9月16日，执行法院依据新闻出版总署的上述批复，作出（2010）西执异字第64号执行裁定，变更《东方壹周》为某公司申请执行《环球纪事》杂志社一案的被执行人，《东方壹周》应在裁定生效之日起10日内向某公司清偿债务。2014年8月12日，执行法院又作出（2010）西执异字第64－1号执行裁定，认为《东方壹周》只是某翻译公司出版的刊物名称，不具备变更为被执行人的主体资格，故裁定撤销（2010）西执异字第64号执行裁定。某公司要求追加某翻译公司为执行人。

① 审理法院：一审法院为北京市西城区人民法院，案号：（2013）西执异字第4120号；二审法院为北京市第二中级人民法院，案号：（2014）二中执复字第00761号。

法院判决

法院认为，虽然新闻出版总署向某翻译公司作出的《关于同意〈环球纪事〉更名的批复》同意《环球纪事》更名为《东方壹周》，但根据北京市新闻出版局颁发的出版许可证，《环球纪事》杂志和《东方壹周》杂志的主办单位虽均为某翻译公司，但前者的出版单位为《环球纪事》杂志社，而后者的出版单位为《东方壹周》周刊社，两者的出版刊号亦不相同。《出版管理条例》第二十一条规定，出版单位不得向任何单位或者个人出售或者以其他形式转让本单位的名称、书号、刊号或者版号、版面，并不得出租本单位的名称、刊号。《期刊出版管理规定》第三十三条亦明确规定，一个国内统一连续出版物号只能对应出版一种期刊，不得用同一国内统一连续出版物号出版不同版本的期刊。故根据现有证据及上述规定，不能认定《东方壹周》杂志是《环球纪事》杂志的延续，亦不能认定《东方壹周》杂志是属于《环球纪事》杂志社的刊物。某公司关于某翻译公司无偿接受《环球纪事》杂志社财产的主张缺乏事实及法律依据，法院不予支持。

综上所述，某公司关于追加某翻译公司为被执行人的请求，不符合法律规定，执行法院裁定驳回其请求并无不当，应予维持。

专家点评

民法典总则编第60条规定，法人以其全部财产独立承担民事责任。法人是法律拟制的民事主体，具有民事权利能力与民事行为能力，法人作为独立地民事主体以其全部财产独立的承担民事责任，其独立性表现在以登记的法人为单位承担责任，责任范围为该独立法人的全部财产。当法人一旦登记设立，成为独立的民事主体，法人财产也独立于其设立人或者股东，法人民事责任的承担仅以独立法人的独立财产为限，不溯及其设立人或者股东。本案中，根据相关法律规定，在确认《东方壹周》不属于《环球纪事》杂志社的刊物的基础上，《环球纪事》杂志社是完全独立于《东方壹周》及某翻译公司的法人主体，独立承担民事责任。

第六十一条 依照法律或者法人章程的规定，代表法人从事民事活动的负责人，为法人的法定代表人。

法定代表人以法人名义从事的民事活动，其法律后果由法人承受。

法人章程或者法人权力机构对法定代表人代表权的限制，不得对抗善意相对人。

【条文释义】

本条是对法人的法定代表人及权限范围的规定。

法人的法定代表人是法人机关。法人机关是指存在于法人组织体内部的、担当法人行为和责任的机构。法人机关可以分为三类：1. 意思形成机关即权力机关；2. 意思表示机关即执行机关；3. 法人的监督机关。法人的活动要有一个代表人，代表法人进行意思表示，通过代表人的行为代表法人的行为，通过代表人的行为参加民事活动。

法人的法定代表人是指依照法律或法人的组织章程的规定，代表法人行使职权的负责人。法定代表人的特征是：1. 法定代表人是由法人的章程所确定的自然人。2. 法人的法定代表人有权代表法人从事民事活动。3. 法人的法定代表人是法人的主要负责人。在民事诉讼中，应由法定代表人代表法人在法院起诉和应诉。

法定代表人以法人名义从事的民事活动，都是法人的民事活动。法人通常都是通过法定代表人来表达自己的意思，从事民事活动的。因而，法定代表人以法人名义从事的民事活动，就是法人的民事活动，其后果都由法人承受。

法人的章程或者权力机构对法定代表人的代表权范围的限制，对于法定代表人有完全的效力，即法定代表人不得超出其法人章程或者权力机构对其的限制。如果法定代表人代表法人进行的民事活动超出了法人章程或者法人权力机构对法定代表人代表权的限制范围，法人可以追究其责任。

法人的章程或者权力机构对法定代表人的代表权范围的限制，对于第三人不具有完全的效力。只要进行民事活动的相对人是善意的，对其超出职权范围不知情且无过失，法人就不能以超越职权为由对抗该善意相对人；如果相对人知情，则可以主张该民事法律行为无效或者撤销。对此，应当对照民法典合同编第 296 条规定条件和要求，确定法定代表人超越权限订立的合同的效力。

【案例评注】

甲公司与乙公司商标权转让合同纠纷上诉案[①]

基本案情

原告乙公司成立于2007年4月26日，2010年10月8日，该公司的法定代表人由陈某铃变更为林某玲，陈某铃与林某玲系夫妻关系。2005年5月11日至2006年8月14日，陈某铃是该公司的法定代表人。2006年8月14日，该公司的法定代表人变更为陈某国，陈某铃同时不再作为该公司的股东，其所持有的公司股份转让给陈某国。2010年5月7日，甲公司召开股东会决议，同意由陈某国将其持有的公司股份转让给林传某、陈香某；林某珠将其持有的公司股份转让给陈香某和陈惠某。2010年6月4日，陈某国与林传某、陈香某，林某珠与陈香某、陈惠某签订了股权转让协议。2010年6月8日，经工商登记变更，该公司的股东由陈某国、林某珠变更为林传某、陈香某、陈惠某，法定代表人亦由陈某国变更为林传某。

2007年3月30日，陈某铃为乙公司经营的目的，在取得甲公司法定代表人陈某国同意，但未取得甲公司另一股东林某珠同意的情况下，借用了甲公司的名义并委托某商标事务代理公司申请文字商标，注册类别分别为第1、9、17类。2009年12月28日，商标局核准了三类注册商标，且注册人均为甲公司。2010年3月10日，甲公司的法定代表人陈某国以甲公司的名义与原告乙公司签订了三份《商标转让协议书》，约定：甲公司同意自愿将已向商标局申请核准注册的上述三个注册商标转让给乙公司。同日，陈某国以甲公司的名义与乙公司签订《商标转让补充协议书》，就三份《商标转让协议书》补充如下条款：鉴于转让的三个商标其实际申请人、商标设计人、申请费用出资人、商标的实际使用人为乙公司(经办人为乙公司的法定代表人陈某铃)，系乙公司挂靠在甲公司名下申请的，出于公平、公正、诚实信用原则，双方同意就上述三个商标的转让，甲公司不再向乙公司收取任何费用。甲公司的法定代表人陈某国与乙公司签订转让协议未取得另一股东林某珠的同意。

2010年10月14日，商标局向乙公司发出《转让申请补正通知书》，就该三

① 审理法院：一审法院为福州市中级人民法院，案号：(2010)榕民初字第577号；二审法院为福建省高级人民法院，案号：(2011)闽民终字第641号。

项商标转让事宜告知："现有转让人来函向我局反映，称转让申请并非转让人的真实意愿，请提供转让人的经年检有效的营业执照副本（复印件）和转让人同意转让的公证声明或经公证的转让协议，并说明有关情况。"乙公司受让讼争商标未果，遂以甲公司为被告向法院提起诉讼。被告否定讼争商标转让协议的效力的主要理由是陈某国在签订转让协议时未得股东会决议，也没有取得另一股东林某珠的同意，所签订的协议不是被告的真实意思表示。

法院判决

《民法通则》第四十三条规定："企业法人对它的法定代表人或其他工作人员的经营活动，承担民事责任。"本案涉及的《商标转让协议书》及《转让申请/注册商标申请书》是由时任甲公司的法人代表陈某国代表甲公司与乙公司签订的，协议书与申请书上均加盖了甲公司的印章。按照法律规定，陈某国作为甲公司的法人代表，其以公司的名义对外签订协议的行为应视为公司意思的体现。协议书及申请书体现了协议双方的真实意思表示，内容也不违反法律、法规的强制性规定，应确认该协议书及申请书具有法律效力，由此产生的相关法律责任应由甲公司承担。即使陈某国对外签署转让协议的行为未经过股东会决议或者超出公司章程授予的权力范围，也不能因此否定法定代表人以公司名义对外签署协议的法律效力。另外，陈某国当时持有甲公司55%的股权，即使就商标转让一事召开股东会进行表决，陈某国的意见也会因为代表股东会的多数意见而得到执行。如果甲公司或其他股东认为陈某国的行为侵犯了公司或者其他股东的利益，也属于另外的法律关系，可以另行提起诉讼进行主张。综合以上事实，应确认甲公司与乙公司签订的《商标转让协议书》及《转让申请/注册商标申请书》合法有效，甲公司应当按照协议书及申请书约定的事项，协助将本案讼争的第5982993号、第5982994号、第5982995号注册商标变更到乙公司名下。

专家点评

本案依据原《民法通则》第43条所做出的判决反映了企业法人对它的法定代表人或其他工作人员的经营活动承担民事责任的法律规定，这与民法典总则编第61条规定相同。法定代表人以企业的名义在对外签订协议时，系代表企业作出意思表示，其所作出的意思表示一经达到相对人并为相对人所接受，即产生法律上的约束力，其法律后果应由企业法人承受。公司的股东会系公司的最高权力机关，有权决定公司的重大经营事项，公司的董事会或执行董事系公司的常设机关，亦有权作出公司的经营决策，两者均为公司的意思形成机构。股东会通常用于决定公司的重大经营事项，而董事会或执行董事通常用于执行股东会的决议，并有权制定具体的投资经营计划。法定代表人如果违背公司股东会或董事会决议，或者超越公司章程授予的权力范围擅自做出经营决策，损害公司的利益，公司或其他股东有权追究法定代表人的法律责任，但此种追究行为不能导致对法定代表人以公司名义做出的对外行为效力的否定。本案讼争的《商标转让合同》及《转让/申请注册商标申请书》系甲公司的执行董事兼法定代表人陈某国以甲公司的名义与原告乙公司签订的，其签章的真实性甲公司亦予以认可，陈某国作为公司的执行董事，本身就具备形成公司意思的资格，在签订上述协议时虽然未取得其余股东的同意，也未形成股东会决议，但其代表甲公司签订的对外协议应视为公司意思的体现，在没有导致合同无效的其他事由情形下，应当认定其所签订的协议是真实有效的。至于陈某国是否滥用了其执行董事的事务决定权和法定代表人的代表权，系甲公司或甲公司的股东与陈某国的内部纠纷，可由甲公司或甲公司的股东另案对陈某国提起诉讼解决。

第六十二条 法定代表人因执行职务造成他人损害的，由法人承担民事责任。

法人承担民事责任后，依照法律或者法人章程的规定，可以向有过错的法定代表人追偿。

【条文释义】

本条是对法定代表人执行职务致害他人责任的规定。

法定代表人因执行职务造成他人损害由法人承担民事责任，包含在民法典侵权责任编第967条第1款规定的“用人单位的责任”之中。法人为法定代表人因执行职务造成损害承担侵权责任的构成要件是：1. 须有加害他人的侵权行为。2. 须因法人的法定代表人及其他工作人员的执行职务行为造成损害。3. 须因执行职务的行为所发生。执行职务的行为，一是执行职务本身的行为或者职务活动本身，二是与职务行为相关联的行为。法人承担的责任形态是替代责任，即其法定代表人或者其他工作人员执行职务行为造成他人的损害，由法人承担责任。

法定代表人因执行职务造成他人损害的责任承担规则是：1. 法定代表人因执行职务造成他人的损害，由法人承担赔偿责任。2. 法人承担了赔偿责任以后，如果法定代表人在执行职务中，造成他人损害是有过错的，法人可以向法定代表人要求追偿。

【案例评注】

甲宾馆诉乙宾馆房屋租赁合同纠纷案①

基本案情

乙宾馆、甲宾馆均系从事住宿等经营的有限责任公司。2011 年 12 月 30 日，乙宾馆、甲宾馆签订《房屋租赁合同》。双方约定，甲宾馆将其位于北京市朝阳区×里×巷×号楼出租给乙宾馆用以写字楼办公使用，乙宾馆依约支付押金，后甲宾馆以该《房屋租赁合同》为之前的法定代表人私自签订等原因要求解除合同，双方无法达成一致诉至法院。

法院判决

法院判决认为：关于甲宾馆上诉要求解除《房屋租赁合同》一节，甲宾馆提出解除合同的理由是其原法定代表人私自与乙宾馆签订《房屋租赁合同》，未履行国有资产处置审批程序，以及该份《房屋租赁合同》严重显失公平等。对此上述理由，法院认为，其一，甲宾馆原法定代表人执行职务时所签订的合同，其法律后果应由甲宾馆承担；其二，甲宾馆内部的审批程序不能影响其行为的对外效力；其三，“显失公平”并不属于《房屋租赁合同》约定的合同解除条件，亦非合同解除的法定事由。故甲宾馆要求解除《房屋租赁合同》的上诉请求，缺乏合同与法律依据，法院不予支持。

专家点评

法定代表人对外执行职务的行为后果由法人承担，公司内部对于法定代表人权限范围的限制不影响法定代表人对外履行职务行为的有效性。法定代表人擅自超越职权给法人造成损害的，法人可以向法定代表人追偿，但是不影响法人与第三人的权利义务关系，法人与法定代表人的追偿问题，和法人向行为相对方承担义务的问题分别独立成诉。

---

① 审理法院：一审法院为北京市朝阳区人民法院，案号：（2014）朝阳初字第 42772 号；二审法院为北京市第三中级人民法院，案号：（2015）三中民终字第 02048 号。

第六十三条 法人以其主要办事机构所在地为住所。依法需要办理法人登记的，应当将主要办事机构所在地登记为住所。

【条文释义】

本条是对法人住所的规定。

法人的住所，是指法人主要办事机构及与他人发生法律关系的中心地域。法人的住所在法律上的重要意义是：1. 决定登记管辖；2. 决定债务履行地；3. 决定诉讼管辖；4. 决定法律文书的送达地点；5. 决定涉外民事法律关系的准据法。

确定法人住所的基本规则是，法人以其主要办事机构所在地为住所。如果法人仅有一个办事机构，无所谓主要、次要之分，该办事机构的所在地就是法人的住所。如果法人有两个以上的办事机构，应当区分主要办事机构，该主要办事机构之外的办事机构为次要办事机构，而主要办事机构的所在地就是该法人的住所。

【案例评注】

甲公司与乙公司商品房销售合同纠纷上诉案①

基本案情

被上诉人乙公司诉上诉人甲公司商品房销售合同纠纷一案，贵州省遵义市中级人民法院受理后，甲公司在答辩期间提出管辖权异议。上诉人甲公司上诉称：根据原《民法通则》第39条、《公司法》第10条的规定，法人以其主要办事机构所在地为住所，以及《最高人民法院关于适用〈中华人民共和国民事诉讼法〉若干问题的意见》第4条该文件已失效。对应《最高人民法院关于适用〈中华人民共和国民事诉讼法〉的解释》第3条的规定，法人的住所地是指法人的主要营业地或者主要办事机构所在地。现上诉人建设工程完工后的主要营业地在重庆市渝北区，请求将本案移送至重庆市渝北区人民法院审理。

---

① 审理法院：一审法院为贵州省遵义市中级人民法院，案号：（2016）黔03民初171号；二审法院为贵州省高级人民法院，案号：（2016）黔民辖终48号。

法院判决

被上诉人基于与上诉人签订的《商品房买卖合同》起诉上诉人，故本案属于商品房销售合同纠纷。虽然双方在该合同第 19 条约定，发生争议协商不成的，“依法向人民法院起诉”，但未约定具体的管辖法院，属于约定不明确，不符合《民事诉讼法》第三十四条关于协议管辖的规定，本案应当根据《民事诉讼法》第二十三条的规定确定管辖。《民事诉讼法》第二十三条规定：“因合同纠纷提起的诉讼，由被告住所地或者合同履行地人民法院管辖”，上诉人甲公司的工商登记地址为遵义市红花岗区南舟路×号；同时根据《最高人民法院关于适用〈中华人民共和国民事诉讼法〉的解释》第三条“公民的住所地是指公民的户籍所在地，法人或者其他组织的住所地是指法人或者其他组织的主要办事机构所在地。法人或者其他组织的主要办事机构所在地不能确定的，法人或者其他组织的注册地或者登记地为住所地”的规定；本案诉讼标的额已达到我省中级人民法院管辖第一审民商事案件的标准，故贵州省遵义市中级人民法院对本案依法享有管辖权。上诉人甲公司提供的遵义市工商行政管理局出具的甲公司工商登记信息，并不能证明其主要办事机构所在地为重庆市渝北区，故其上诉理由缺乏相应的事实依据。

综上，上诉人甲公司的上诉理由不能成立，法院不予支持。

专家点评

法人的住所为主要办事机构所在地，在民事诉讼中法人的住所地往往涉及管辖权问题，正如本案所示，甲公司提出公司的主要办事机构所在地为重庆，那么其需要提供公司主要办事机构的名称地址、登记注册信息、主要营业证明等证据，其提供的遵义市工商行政管理局出具的工商登记信息，不足以证明其主要办事机构在重庆，因此遵义市中级人民法院有权管辖。

第六十四条 法人存续期间登记事项发生变化的，应当依法向登记机关申请变更登记。

【条文释义】

本条是对法人变更登记的规定。

法人登记，是行政主管机关对法人成立、变更、终止的法律事实进行登记，以为公示的制度。法人登记的意义是：1. 私法上的意义，在于对法人成立、变更、终止的法律事实进行公示，使世人周知，以使他人了解法人变动的事实，因而法人成立、变更、终止的法律事实仅仅存在尚不足以发生相应的法律效果，只有经过登记后，才能发生法律效力；2. 具有公法上的管理职能，政府主管部门对法人的成立、变更、终止的情况进行管理。

法人的变更登记，是法人在进行了设立登记之后，其实际情况与登记的事项不一致，发生变更的，应当进行的登记。变更登记的机关与该法人设立登记的机关相同，即由法人进行设立登记的机关负责变更登记。

变更登记的义务人是法人的法定代表人。变更登记的事项包括：法人合并与分立，以及法定代表人、住所、注册资本、名称、经营范围、增减分支机构等事项的变动。法人在存续期间，凡是上述事项发生变动的，都应当经过变更登记。

【案例评注】

某集团公司与某控股公司、某材料公司等合并纠纷案①

基本案情

1997年3月5日，某集团公司与某材料公司签订《兼并协议》，同年3月12日，某控股公司（原名天津市某总公司，于2000年7月变更为现名称）向天津市经济委员会上报关于某材料公司被某集团公司兼并的请示。同年4月28日，天津市调整工业办公室以津调办（1997）62号批复致函某控股公司，同意某集团公司（国有）以接收某材料公司（国有）资产、债权、债务及全部职工为有偿条件，从下文之日起，对某材料公司实施兼并，并按国发（97）10号文件有关精神，办理有关银行贷款停免息政策事宜。同年5月12日，某控股公司以管一（1997）33号文向某材料公司主管上级精细化工分公司转发了上述批复。

1997年6月9日，某集团公司与某控股公司签订《移交协议书》，就某集团公司全面接收某控股公司所属某材料公司资产、债权、债务和人员达成共识，上述协议签订后，某集团公司对某材料公司实施了兼并，某材料公司于同年7月，在天津市工商局办理了企业法人变更登记，变更理由是原企业被某集团公司兼并，并在国家国有资产管理局办理了企业国有资产变动产权登记。

---

① 审理法院：一审法院为北京市高级人民法院，案号：（2004）高民初字第26号；二审法院为最高人民法院，案号：（2005）民二终字第38号。

1997 年 7 月 28 日，某集团公司向某材料公司拨款人民币 1000 万元。

另查明，中行天津分行、工行河西支行作为某材料公司的债权人，在天津市人民政府有关部门的协调下，为落实《兼并协议》中的优惠政策，与某材料公司重新签订了《借款合同》。1997 年 11 月 6 日，某集团公司向工行河西支行出具《最高额保证合同》，承诺对某材料公司的借款承担连带保证责任。同年 11 月 7 日，某集团公司向中行天津分行出具《不可撤销还款担保函》，承诺对某材料公司的借款承担连带保证责任。

1998 年 3 月 10 日，工行河西支行与工行广厦支行签订《债权债务关系转移协议书》，将工行河西支行对某材料公司的债权转让给工行广厦支行。

2000 年 5 月 31 日，中行天津分行与东方公司天津办事处签订《债权转让协议》，将中行天津分行对某材料公司的债权转让给东方公司天津办事处。

2003 年 12 月 12 日，某集团公司向北京市高级人民法院提起诉讼，请求：(1) 依法确认某集团公司与某材料公司签订的《兼并协议》未生效，并判令解除该协议；(2) 判令解除某集团公司与某控股公司签订的《移交协议书》；(3) 判令某材料公司返还某集团公司拨款人民币 1000 万元；(4) 判令某控股公司对前款请求承担连带返还责任；(5) 判令解除某集团公司因《兼并协议》而对第三人承担的人民币 10089 万元、美元 249.6996 万元（折合人民币 2072.5066 万元）的保证担保责任；(6) 判令某材料公司、某控股公司承担本案全部诉讼费用。

法院判决

北京市高级人民法院经审理认为，某集团公司与某材料公司签订的《兼并协议》是双方真实意思的表示，内容不违反法律规定，且该协议已经天津市调整工业办公室批复同意，应依法确认有效。《兼并协议》签订后，双方办理了移交手续，某材料公司在天津市工商局也办理了企业法人变更登记，并在国家国有资产管理局办理了企业国有资产变动产权登记。某集团公司也向某材料公司进行了资金投入。上述履行合同的事实证明某集团公司已经对某材料公司实施了兼并，《兼并协议》已经履行完毕。某集团公司以其未能享受国家有关国企兼并的优惠政策，认为《兼并协议》未生效的理由不能成立。因为享受该优惠政策，作为某集团公司的预期利益，并非某控股公司、某材料公司对某集团公司所能负担的债务，亦不是某控股公司、某材料公司应履行的合同义务。某集团公司应另行通过行政途径解决。综上，某集团公司的各项诉讼理由均不能成立。

最高人民法院二审认为，本案当事人之间争议的焦点是：某集团公司与某材料公司签订的《兼并协议》是否生效的问题、如果生效其是否应当解除的问题以及解除后某集团公司因兼并行为而对工行广厦支行、东方公司天津办事处所承担的担保责任是否应当免除的问题。

关于《兼并协议》是否应当解除的问题。某集团公司与某材料公司签订《兼并协议》后，又与某控股公司签订了《移交协议书》，办理了移交手续，某材料公司亦办理了企业法人变更登记和企业国有资产变动产权登记。上述事实表明，《兼并协议》已经实际履行。但是，由于某材料公司的主要债权人投行天津分行并未就兼并事宜与某集团公司达成一致意见，并且向天津市人民政府明确表示，不同意某集团公司与某材料公司之间的《兼并协议》，即不承认《兼并协议》约定的内容，致使《兼并协议》中有关投行天津分行贷款本息的处置等约定未能得到实际履行。此后，某集团公司在对某材料公司进行企业制度改革时，就企业管理、组织人事调整等方面与某材料公司产生矛盾，发生冲突，某集团公司也因此失去对某材料公司的实际控制。根据本案查明的事实，作为兼并方某集团公司与被兼并方某材料公司均强烈要求解除《兼并协议》，实际上双方继续履行《兼并协议》已不可能。如果继续维持双方之间的兼并关系，必将使企业陷入运行上的僵局，特别是某材料公司不能正常经营，企业将丧失所应享受的地方政策，职工的生活没有保障，维持此种状况既有违兼并双方当事人的意愿，亦与司法审判所应追求的法律效果与社会效果相悖。故应尊重某集团公司与某材料公司双方意愿，解除其兼并关系。

专家点评

法人在存续期间登记事项发生变化的应当进行变更登记，一经登记即具备公示效力。这与现行民法典总则编第64条规定一致。本案中，某控股公司所属的某材料公司与某集团公司签订《兼并协议》后办理了企业变更登记，该变更登记一经登记即发生法定的公示力，结合某集团公司为某材料公司注资等其他情节，应当认定某集团公司与某材料公司的《兼并协议》业已履行完毕，二者完成兼并。之后虽然因某材料公司债权人与某集团公司的相关争议，及某集团公司实际上丧失了对某材料公司的实际控制等原因，最高人民法院在尊重双方意愿的前提下解除二者的兼并关系，但是不影响对于某材料公司进行变更登记即完成兼并的事实认定。

第六十五条 法人的实际情况与登记的事项不一致的，不得对抗善意相对人。

【条文释义】

本条是对法人的实际情况与登记的事项不一致的规定。

由于不同的原因，法人的实际情况可能与在法人登记机关的登记事项不相一致。当法人及其法定代表人在与他人从事民事活动中出现这种情况，将会影响民事法律行为的效果。当法人及其法定代表人在与他人从事民事活动中，其实际情况与该法人在登记机关登记的事项不一致，当该民事行为对该法人不利益的时候，该法人可能会以法人的实际情况与登记的事项不一致，而主张该民事活动不发生法律效力，以保障该法人的利益。在这种情况下，与该法人进行民事活动的相对人，一方面，可以认可该法人的主张，认为该民事活动没有效力；另一方面，相对人知道或者应当知道该法人的实际情况与登记的事项不一致，也可以认可该民事活动无效，或者直接承受该民事活动无效的后果。但是，当法人以其实际情况与登记的事项不一致而主张该民事活动无效时，如果与其进行民事活动的相对人对该法人的实际情况与登记的事项不一致并不知情，且为无过失即为善意的，该法人不得以实际情况与登记的事项不一致为由对抗该善意相对人，不得否认已经实施的民事活动的效力，应当承受所从事的民事活动的后果。

适用本条规定，应当结合民法典物权编第 297 条规定相衔接，不得仅以超越经营范围确认合同无效。

【案例评注】

沈某芬等诉某五金公司公司解散纠纷案①

基本案情

原告沈某芬、叶某伟是被告某五金公司的实际出资人，案外人刘某兰、潘某超是被告的名义股东。为确认原告系被告实际出资人的资格，原告诉至法院。广东省深圳市宝安区人民法院（2011）深宝法民四初字第 121 号、深圳市中级人民法院（2014）深中法涉外终字第 19 号民事判决（已于 2015 年 1 月 19 日生效）确认了原告系被告实际出资人的资格。原告在 2006 年 7 月 6 日以案外人刘某兰、潘某超为股东注册设立了被告某五金公司。2008 年底、2009 年初开始，原告与作

① 审理法院：广东省深圳市前海合作区人民法院，案号：（2015）深前法涉外民初字第 73 号。

为名义股东的案外人刘某兰、潘某超矛盾渐起且日益激化，终至原告失去对公司的支配权。为保护自身权益，原告以某五金公司、刘某兰、潘某超为被告或第三人，以财产权属纠纷、股权纠纷、股权确认纠纷等案由多次提起诉讼，案号为（2009）深宝法民一初字第2698号（撤诉）、（2010）深宝法民二初字第2948号（撤诉）、（2011）深宝法民四初字第121号（一审判决）、（2014）深中法涉外终字第19号（二审判决）。（2011）深宝法民四初字第121号案件的一审、二审，对被告某五金公司、刘某兰均为公告送达。被告某五金公司已于2010年1月停止经营，某五金公司的公章、财务章等仍在刘某兰、潘某超控制中。原告与被告某五金公司名义股东刘某兰、潘某超有关公司权益的矛盾已经不可调和，被告某五金公司的继续存续将严重侵害作为实际出资人的原告的权益。原告认为，被告某五金公司已经符合解散的条件。原告现诉请广东省深圳市前海合作区人民法院判令解散某五金公司。

法院判决

广东省深圳市前海合作区人民法院经审理认为：根据《公司法》第一百八十一条规定和《最高人民法院关于适用〈中华人民共和国公司法〉若干问题的规定（二）》第一条规定，原告作为被告某五金公司的实际出资人，又称隐名股东，是没有登记在公司股东名册上的股东，故原告不能提起公司解散之诉。原告的起诉不适格，应予以驳回。

专家点评

民法典总则编第65条规定，法人的实际情况与登记的事项不一致的，不得对抗善意相对人。通常情况下，股东隐名的目的是出于规避法律或者其他原因而借用他人名义设立公司或者以他人名义出资，这里的他人即是相对应的显名股东。关于隐名股东的法律地位，其与显名股东之间、与公司外部债权人之间关系问题，最高人民法院于2014年2月20日颁布的《最高人民法院关于适用〈中华人民共和国公司法〉若干问题的规定（三）》确立的处理原则是“双重标准，内外有别”。显名股东和隐名股东之间的投资权益纠纷，属于内部纠纷，依照契约自由、意思自治的原则来处理。因为显名股东和隐名股东之间的约定与一般民事合同本质上是一致的，因此只要是不涉及外部第三人利益，处理两者之间的权利义务就应当遵照一般契约原则，按照双方真实意思表示来认定。如果涉及公司以外的第三人，则要遵循商事外观主义原则，尊重公司登记制度的公示效力。市场交易纷繁复杂，时间和效率是决定经济效益的关键因素，便利迅捷的交易方式是商业主体追求效益的必要条件，要求交易双方在交易前耗费大量时间精力去详尽调查对方的真实情况是不现实的，而且作为公司以外的第三方不可能如公司股东一般详细掌握公司的情况，如让善意第三方承担过于严格的甄别责任，则必然增加其交易成本，降低其交易积极性，交易不积极，资源不流动，则不利于社会财富的积累。在这种涉及公司外部的纠纷中，必须侧重保护外部第三人对登记内容乃至登记制度的信赖，故而也必须侧重保护基于这种信赖而发生的经济往来，因此工商登记在册的显名股东方是适格主体，而隐名股东是不适格的。

第六十六条 登记机关应当依法及时公示法人登记的有关信息。

【条文释义】

本条是对登记机关及时公示法人登记信息义务的规定。

法人的登记机关是法人登记的主管机关，代表国家对法人行使法人登记的管理职责。法人登记机关对法人登记，既是其行政管理权利，也是其行政管理义务。其中重要义务之一，是按照法人登记的公示要求，对法人登记的信息及时进行公布。

对登记机关履行登记公示义务的具体要求是：1. 公示应当及时，只要法人进行了相关的登记，就应该及时向社会公布，将法人的相关信息予以公示。2. 公示的法人登记信息的内容，应当包括法人登记的主要事项，包括法人的成立、法人合并与分立，以及法定代表人、住所、注册资本、名称、经营范围、增减分支机构等事项。

本条没有规定法人登记机关违反上述登记义务应当承担的责任。对此，应该按照《国家赔偿法》以及其他法律的有关规定，如果没有及时公示法人登记事项，给法人造成损失，且存在过失的，应当承担国家赔偿责任。

【案例评注】

张某与某公司、庆阳市工商行政管理局因工商行政管理登记案①

基本案情

2006年3月30日，某公司在庆阳市工商行政管理局登记注册成立。该公司在经营期间其法定代表人、公司股东及股权出资比例、经营范围曾多次变更并在庆阳市工商行政管理局登记备案。2011年9月24日，公司股东张某将其股权765万元全部转让给张某飞，并于2011年10月13日在庆阳市工商行政管理局登记备案。2014年5月，张某未征得某公司法人宁某某及股东张某某、张某飞、宁某甲同意，伪造虚假的授权委托书、某公司章程、某公司股东会决议、股东会决议书、某公司股权转让协议及公司公章，并持法定代表人宁某某及宁某甲的身份证复印件、企业法人营业执照（副本）复印件向庆阳市工商行政管理局申请将原股东张某某830万元、张某飞765万元、宁某甲704万元、宁某某1万元变更为张某1595万元、宁某甲704万元、宁某某1万元。2014年5月30日庆阳市工商行政管理局对张某的股东变更申请审查后，准予变更登记。2014年6月23日，某公司在庆阳市工商行政管理局官网发现公司股东的变更情况后，请求庆阳市工商行政管理局撤销其所作的股东变更登记，遭拒绝后遂提起行政诉讼。

法院判决

原审法院审理认为，根据《行政许可法》第三十四条“行政机关应当对申请人提交的申请材料进行审查。申请人提交的申请材料齐全、符合法定形式，行政机关能够当场作出决定的，应当当场作出书面的行政许可决定。根据法定条件和程序，需要对申请材料的实质内容进行核实的，行政机关应当指派两名以上工作人员进行核查”和《公司登记管理条例》第二十七条及市工商行政管理局提交的公司变更登记告知单的规定，申请股东变更登记，应当提交法定代表人签署的修改后的公司章程或公司章程修正案、公司营业执照副本。张某申请股东变更时未向工商行政管理局提交上述申请材料，虽然提交了企业法人营业执照副本复印

---

① 审理法院：一审法院为甘肃省庆阳市镇原县人民法院，案号：（2014）镇行初字第3号；二审法院为甘肃省庆阳地区中级人民法院，案号：（2014）庆中行终字第17号。

件，但不符合公司变更登记告知单要求提交原件的规定。故庆阳市工商行政管理局在张某提供伪造申请材料且部分要件不全的情况下，既未要求申请人补正，亦未向某公司进行核实，便准予变更登记。综上，庆阳市工商行政管理局未尽到谨慎审查义务，其审查股东变更申请所依据的主要证据不足，缺乏客观真实性，依法应予撤销。张某提出本案提起行政诉讼的主体应该是股东，而不是某公司的主张，根据《最高人民法院关于执行〈中华人民共和国行政诉讼法〉若干问题的解释》第十三条第（四）项的规定，庆阳市工商行政管理局股东变更登记行政行为的撤销或者变更与四公司有法律上的利害关系，故诉讼主体资格成立，张某的主张依法不予支持。判决：撤销庆阳市工商行政管理局 2014 年 5 月 30 日对某公司股东所作的变更登记。案件受理费 50 元，由庆阳市工商行政管理局负担。

二审法院认为，本案争议的焦点问题是：1. 某公司是否具备原告诉讼主体资格；2. 庆阳市工商行政管理局的变更登记行为是否尽到审慎审查义务，原审判决撤销是否正确。

关于庆阳市工商行政管理局的变更登记行为是否尽到审慎审查义务，原审判决撤销是否正确。上诉人认为，依据国发［2014］7 号国务院《关于印发注册资本登记制度改革方案的通知》精神，工商管理部门针对公司登记环节中的申请材料实行形式审查，不对申请人提供材料的真实性负责。因此，股东及股东出资比例的变更登记属于商事登记，引发的纠纷属于民事纠纷。合议庭评议认为，针对股东及股东出资比例变更登记的内容不具有实质意义上的行政预决效力，而是仅仅起到一种外在公示的作用，登记的性质决定了行政登记机关有限的形式审查职责，但不能否定其有尽到审慎审查的义务。针对有限责任公司的工商登记，工商登记机关对备案材料和当事人提交的材料的差异是有审查义务的，公司章程、法定代表人签名、自然人股东的签名等都是在工商机关备案的，对于当事人提供的法定代表人的签名与备案的法定代表人的签名存在明显差异的，只要比对备案签名通过肉眼即可发现虚假，应该属于形式审查的义务范畴。形式审查只是不需要对当事人提供的材料的真实性进行调查取证，工商机关仍然对当事人提供的材料和工商机关备案的材料反映出的真实性、合法性负有审查义务。本案张某提交的股东及股东出资变更登记材料虽然符合法定形式，但是法定代表人签名、股东签名等与备案不一致的情况下，不能证明工商登记机关尽到了审慎审查义务。而且经过庭审也查明，张某自认在申请工商变更登记时提交了虚假材料，工商部门依据当事人提交的不真实的公司变更登记材料，作出核准变更登记的行为属主要证据不足。原审判决依据《行政诉讼法》第五十四条第（二）项第一目的规定，判决撤销并无不当。上诉人的上诉理由不能成立，法院不予支持。

专家点评

民法典总则编第 66 条规定，登记机关应当依法及时公示法人登记的有关信息。这意味着登记机关依法就法人登记事项进行登记和公示，在进行登记时依照行政法律、法规确立的规则实施登记并及时公示，未尽到法定审查义务导致登记错误的，法律规定的相关利害关系人可以提起行政诉讼，登记机关就法人登记事宜造成损害的，依照行政法律、法规及《国家赔偿法》的规定承担责任。

第六十七条 法人合并的，其权利和义务由合并后的法人享有和承担。

法人分立的，其权利和义务由分立后的法人享有连带债权，承担连带债务，但是债权人和债务人另有约定的除外。

【条文释义】

本条是对法人变更及规则的规定。

法人的变更，是指法人的合并和法人的分立，是法人的主体发生变化。

法人合并，是指两个或两个以上的法人合而为一，归并成为一个法人的行为。分为两种类型：1. 新设合并，也叫创设合并，是指两个或两个以上的法人合并成一个新的法人，被合并的原法人全部归于消灭的法人合并形式，原来被合并的法人所有的权利和义务都由新的法人承受。2. 吸收合并，也叫存续合并，是指一个或多个法人归入到一个现存的法人之中，被合并的法人主体资格消灭，存续的法人主体资格仍然存在，权利义务由合并后存续的法人享有和承担。

法人分立，是指一个法人分成两个或两个以上的新法人的行为。分为两种类型：1. 新设分立，也叫创设分立，是指将原来一个法人分割成两个或者两个以上的新的法人，原法人资格消灭，分立后的新法人成立。2. 派生分立，也叫存续分立，是指将原来法人分出一部分，成立一个新的法人，原法人资格仍然存在，分立的法人成为新法人。新设分立，要将原来法人的财产所有权和债权债务分割成两个部分或者多个部分，就分割后的财产成立数个新的法人。派生分立，仅仅是在仍然存续的法人中，将财产所有权和债权债务分出一部分，归分立后的新法人所有。法人分立的，其权利义务都由分立后的法人享有连带债权，承担连带债务，只有债权人和债务人另有约定的，才不适用这一规则，按照约定处理。

【案例评注】

某公司沈阳办事处诉锦州桃园粮库金融借款合同纠纷案①

基本案情

1998年11月，在中国人民银行锦州市中心支行主持下对桃园粮库所欠农发行锦州分行营业部贷款30119万元及交通银行贷款370万元进行了分割。由从桃园粮库分立出来的国粮储备库承担19699万元贷款，桃园粮库承担15笔共计10790万元贷款，并明确工商银行古塔支行为桃园粮库10790万元贷款的债权人，该支行没有异议。2005年7月15日中国工商银行辽宁省分行与某公司沈阳办事处签订了债权转让协议，将桃园粮库欠其10790万元贷款本金及相应利息转让给乙公司沈阳办事处。

南山粮库是锦州市粮食局于2000年3月投资200万元成立的企业，桃园粮库与南山粮库法定代表人均为金某。2005年12月20日根据辽宁省政府（2005）15号、锦州市政府（2005）57号和锦州市粮食局（2005）49号文件精神，锦州市太和区政府将桃园粮库无偿取得的位于凌西街宣仁里×号18457.8平方米的国有土地使用权又无偿划拨给了南山粮库，并办理了国有土地使用证。

乙公司沈阳办事处因多次向桃园粮库催收债务，其仍不偿还，遂诉至法院，请求：(1) 桃园粮库偿还借款本金10790万元、利息13325.97万元（截至2009年7月20日），债权总额24115.97万元；国粮储备库对上述借款本息承担连带责任；南山粮库对上述借款本息在接收桃园粮库的财产范围内承担连带责任。(2) 被告承担全部诉讼费用。

法院判决

一审法院认为，关于国粮储备库应否承担责任问题。鉴于1998年桃园粮库与国粮储备库分立时，依据国务院（1998）15号文件精神，在中国人民银行锦州中心支行主持下，对所欠农发行锦州营业部全部30119万元贷款进行了分割，本案原告起诉的10790万元是两企业分立后桃园粮库所应承担债务，原债权人工商银行古塔支行并没有提出异议，且该行为系国家政策性行政行为，因此，国粮储备

---

① 审理法院：一审法院为辽宁省高级人民法院，案号：(2009) 辽民二初字第36号；二审法院为最高人民法院，案号：(2010) 民二终字第71号。

库关于不承担责任的理由充分，该院应予支持。

最高人民法院认为，本案二审争议焦点有二：一是国粮储备库是否应对本案所涉债务承担连带责任；二是法院应否受理对南山粮库的起诉以及南山粮库是否应在接收桃园粮库的财产范围内承担连带责任。

关于国粮储备库是否应对本案所涉债务承担连带责任。国粮储备库系从桃园粮库分立的企业。《民法通则》第四十四条第二款规定："企业法人分立、合并，它的权利和义务由变更后的法人享有和承担。"《合同法》第九十条规定："……当事人订立合同后分立的，除债权人和债务人另有约定的以外，由分立的法人或者其他组织对合同的权利和义务享有连带债权，承担连带债务。"由上述规定可见，在企业分立的情形下，如果对分立前企业债务的承担主体债权人与债务人有约定的，应从其约定，无约定的，应由分立后的企业承担连带责任。本案中，1998 年 11 月，根据国发［1998］15 号国务院《关于进一步深化粮食流通体制改革的规定》的要求，在人民银行锦州市中心支行主持下对桃园粮库所欠农发行锦州分行营业部贷款 30119 万元及交通银行贷款 370 万元进行了分割，桃园粮库承担其中 10790 万元贷款的清偿义务，即本案所涉的债务，并明确工商银行锦州古塔支行为桃园粮库 10790 万元贷款的债权人。债权人工商银行锦州古塔支行对该决定并无异议，应认定其认可该债务的承担主体是桃园粮库而非国粮储备库。

专家点评

民法典总则编第 67 条规定，法人合并的，其权利和义务由合并后的法人享有和承担。法人分立的，其权利和义务由分立后的法人享有连带债权，承担连带债务，但是债权人和债务人另有约定的除外。本案中国粮储备库是桃源粮库分立的企业，法人分立后，在人民银行锦州市中心支行主持下对桃园粮库所欠农发行锦州分行营业部贷款 30119 万元及交通银行贷款 370 万元进行了分割，桃园粮库承担其中 10790 万元贷款的清偿义务，且各方当事人对于债务的分割均没有异议，此种情形即可认定为债权人和债务人就债务进行了明确约定，因此，分立后的国粮储备库不对本案所涉债务负连带赔偿责任。

第六十八条 有下列原因之一并依法完成清算、注销登记的，法人终止：

（一）法人解散；

（二）法人被宣告破产；

（三）法律规定的其他原因。

法人终止，法律、行政法规规定须经有关机关批准的，依照其规定。

【条文释义】

本条是对法人终止的规定。

法人的终止也叫法人的消灭，是指法人丧失民事主体资格，不再具有民事权利能力与民事行为能力。法人终止后，其民事权利能力和民事行为能力消灭，民事主体资格丧失，终止后的法人不能再以法人的名义对外从事民事活动。

法人终止的原因是：1. 法人解散。法人解散是法人终止的主要原因，依照民法典总则编第69条规定确定。2. 法人被宣告破产，法人应当终止。3. 法律规定的其他原因，在法人存续期间，当出现了法律规定的法人消灭的其他原因时，法人终止。

法人终止的程序是：1. 有法定终止的原因；2. 须依法完成清算程序；3. 进行了注销登记程序。4. 法律、行政法规规定须经有关机关批准的，须经过有关机关批准后，法人资格才能够终止。

【案例评注】

某集团与甲公司、乙公司土地使用权转让合同纠纷案[①]

基本案情

1993年3月3日，某集团与甲公司签订《土地合作开发协议书》约定，双方合作开发乡镇企业城范围内土地150亩；甲公司按每亩20.5万元标准交付合作开发费用，共计3075万元；协议签订后两个工作日内，甲公司支付某集团土地合作开发费500万元作为定金，同时将原有的土地蓝线图正本和某集团与广西壮族自治区北海市乡镇企业城招商中心（以下简称招商中心）签订的土地合作开发协议

① 审理法院：一审法院为广西壮族自治区高级人民法院，案号：（2005）桂民一初字第3号；二审法院为最高人民法院，案号：（2005）民一终字第104号。

交给甲公司保管；某集团原则上在收到定金后，从招商中心办理好以甲公司为该150亩土地占有人的蓝线图和转换合同，办理的手续费由某集团负担；甲公司在签约后10日内再付1000万元，其余的1575万元在1993年5月1日前付足；某集团办理蓝线图及转换合同，最迟不能超过13日（自合同签订之日起），逾期某集团赔偿给甲公司100万元，同时本合同有效执行；甲公司付清全款，某集团根据甲公司要求同意向甲公司转让土地使用权，甲公司提供办理红线图及土地使用权证所需的立项等全部文件，某集团负责为其办理红线图及土地使用权证；协议自签字盖章，交纳定金之日起正式生效。同日，双方又签订《补充协议》约定，某集团与招商中心合作开发该150亩土地，尚欠合作开发费50%即600万元。在1993年5月1日甲公司支付全款前，某集团欠交土地合作开发费的损失由其自行承担，如果招商中心提高土地价格，加价部分由某集团承担；如果收回土地，某集团应在损失发生时将所收的款项全部退还给甲公司，并在5日内赔偿500万元；如甲公司未能在1993年5月1日前付足款给某集团，甲公司则赔偿500万元。同日，某集团将土地示意图正本交付给甲公司。甲公司法定代表人刁某出具了收条。

合同签订后，甲公司分别于1993年3月4日、3月13日及4月30日支付500万元、1000万元、1000万元给某集团，某集团开具了收款收据。但某集团未依约办理蓝线图及转换合同，也未为甲公司办理土地使用权证。某集团至今未取得讼争土地的土地使用权，也未对讼争土地进行开发利用。双方当事人均当庭确认甲公司在诉讼前一直未向某集团主张过权利。

一审法院另查明，甲公司系由乙公司申办成立，其性质为全民所有制企业法人，主管部门为乙公司。由于甲公司未按规定申报工商年检，2003年11月26日，广西壮族自治区北海市工商行政管理局作出行政处罚决定书，决定吊销甲公司的营业执照，但至今尚未成立清算组进行清算。

一审法院还查明，2000年1月26日，广西壮族自治区北海市中级人民法院就丙公司与甲公司及丁公司土地使用权转让合同纠纷一案作出（1999）北民初字第66号民事判决，认定甲公司转让给丙公司的150亩土地是根据1993年3月3日其与某集团签订的《土地合作开发协议书》受让而来。但甲公司与丁公司未取得该幅土地的使用权即与丙公司签订土地使用权转让协议，在一审期间也未补办土地使用权手续，因此，该土地使用权转让合同无效。遂判决甲公司返还其从丙公司取得的土地款2820万元及该款利息。该判决已为生效判决。

法院判决

最高人民法院审理认为，本案二审双方当事人争议焦点有二：一是乙公司是否具备原告的主体资格；二是甲公司的起诉是否超过诉讼时效期间。

就关于乙公司是否具备原告的主体资格。经查，甲公司是由乙公司申办成立的。由于甲公司未按规定申报工商年检，2003 年 11 月 26 日，广西壮族自治区北海市工商行政管理局作出行政处罚决定书，决定吊销甲公司的营业执照，但至今尚未成立清算组进行清算。根据《民法通则》第三十六条规定：“法人是具有民事权利能力和民事行为能力，依法独立享有民事权利和承担民事义务的组织。法人的民事权利能力和民事行为能力，从法人成立时产生，到法人终止时消灭。”《公司登记管理条例》第三十八条对应《公司登记管理条例》（2016 年修订）第四十四条规定：“经公司登记机关核准注销登记，公司终止。”甲公司虽然系由乙公司申请开办，但被依法吊销了营业执照之后并没有进行清算，也没有办理公司的注销登记，因此甲公司仍然享有民事诉讼的权利能力和行为能力，即有权以自己的名义参加民事诉讼。乙公司作为甲公司的开办单位，虽然有权利和义务对甲公司的债权债务进行清理，但在甲公司尚未注销时，其开办单位作为当事人共同参加诉讼，没有法律依据。乙公司不是甲公司与某集团所签合同的缔约人，其与某集团之间没有直接的民事法律关系。因此，一审法院认定乙公司为本案适格原告，于法无据。某集团关于乙公司不具备本案原告的诉讼主体资格的上诉请求，应予支持。

专家点评

原《民法通则》第 36 条规定：“……法人的民事权利能力和民事行为能力，从法人成立时产生，到法人终止时消灭。”《公司登记管理条例》第 44 条规定：“经公司登记机关核准注销登记，公司终止。”这与民法典总则编第 68 条规定一致。因此，法人被依法吊销营业执照后没有进行清算，也没有办理注销登记的，不属于法人终止，依法仍享有民事诉讼的权利能力和行为能力。此类法人与他人产生合同纠纷的，应当以自己的名义参加民事诉讼。其开办单位因不是合同当事人，不具备诉讼主体资格。

第六十九条 有下列情形之一的，法人解散：

（一）法人章程规定的存续期间届满或者法人章程规定的其他解散事由出现；

（二）法人的权力机构决议解散；

（三）因法人合并或者分立需要解散；

（四）法人依法被吊销营业执照、登记证书，被责令关闭或者被撤销；

（五）法律规定的其他情形。

【条文释义】

本条是对法人解散具体原因的规定。

法人出现应当解散的情形是：1. 法人章程规定的存续期间届满或者法人章程规定的其他解散事由出现：法人章程规定了法人存续期间的，在存续期间届满时应当解散；法人章程规定法人解散事由的，解散事由出现后应当解散。2. 法人的权力机构决议解散：法人的权力机构作出解散的决议，是因法人成员的共同意志而解散。3. 因法人合并或者分立需要解散：新设合并的原法人资格消灭，都需解散；吸收合并的被吸收法人也需要解散。新设分立的，原法人资格消灭需要解散；派生分立没有需要解散的法人。4. 法人依法被吊销营业执照、登记证书，责令关闭或者被撤销：这些事由都消灭了法人资格，都要解散法人。5. 法律规定的其他情形：如成立特定的法人是为完成特定的目的，当目的实现后，该法人没有必要继续存在；如果法人的目的已经确定无法实现，法人也应当解散。

【案例评注】

林某清诉某公司、戴某明公司解散纠纷案[①]

基本案情

某公司成立于2002年1月，林某清与戴某明系该公司股东，各占50%的股份，戴某明任公司法定代表人及执行董事，林某清任公司总经理兼公司监事。某公司章程明确规定：股东会的决议须经代表二分之一以上表决权的股东通过，但对公司增加或减少注册资本、合并、解散、变更公司形式、修改公司章程作出决议时，必须经代表三分之二以上表决权的股东通过。股东会会议由股东按照出资比例行使表决权。2006年起，林某清与戴某明两人之间的矛盾逐渐显现。同年5

① 审理法院：一审法院为江苏省苏州市中级人民法院，案号：（2006）苏中民二初字第0277号；二审法院为江苏省高级人民法院，案号：（2010）苏商终字第0043号。

月9日，林某清提议并通知召开股东会，由于戴某明认为林某清没有召集会议的权利，会议未能召开。同年6月6日、8月8日、9月16日、10月10日、10月17日，林某清委托律师向某公司和戴某明发函称，因股东权益受到严重侵害，林某清作为享有公司股东会二分之一表决权的股东，已按公司章程规定的程序表决并通过了解散某公司的决议，要求戴某明提供某公司的财务账册等资料，并对某公司进行清算。同年6月17日、9月7日、10月13日，戴某明回函称，林某清作出的股东会决议没有合法依据，戴某明不同意解散公司，并要求林某清交出公司财务资料。同年11月15日、25日，林某清再次向某公司和戴某明发函，要求某公司和戴某明提供公司财务账册等供其查阅、分配公司收入、解散公司。另查明，某公司章程载明监事行使下列权利：①检查公司财务；②对执行董事、经理执行公司职务时违反法律、法规或者公司章程的行为进行监督；③当董事和经理的行为损害公司的利益时，要求董事和经理予以纠正；④提议召开临时股东会。从2006年6月1日至今，某公司未召开过股东会。服装城管委会调解委员会于2009年12月15日、16日两次组织双方进行调解，但均未成功。

原告林某清诉称：某公司经营管理发生严重困难，陷入公司僵局且无法通过其他方法解决，其权益遭受重大损害，请求解散某公司。

被告某公司及戴某明辩称：某公司及其下属分公司运营状态良好，不符合公司解散的条件，戴某明与林某清的矛盾有其他解决途径，不应通过司法程序强制解散公司。

法院判决

江苏省苏州市中级人民法院认为：首先，某公司的经营管理已发生严重困难。根据《公司法》第一百八十三条和《最高人民法院关于适用〈中华人民共和国公司法〉若干问题的规定（二）》第一条的规定，判断公司的经营管理是否出现严重困难，应当从公司的股东会、董事会或执行董事及监事会或监事的运行现状进行综合分析。“公司经营管理发生严重困难”的侧重点在于公司管理方面存有严重内部障碍，如股东会机制失灵、无法就公司的经营管理进行决策等，不应片面理解为公司资金缺乏、严重亏损等经营性困难。本案中，某公司仅有戴某明与林某清两名股东，两人各占50%的股份，某公司章程规定“股东会的决议须经代表二分之一以上表决权的股东通过”，且各方当事人一致认可该“二分之一以上”不包括本数。因此，只要两名股东的意见存有分歧、互不配合，就无法形成有效表决，显然影响公司的运营。某公司已持续4年未召开股东会，无法形成有效股东会决议，也就无法通过股东会决议的方式管理公司，股东会机制已经失灵。执行董事戴某明作为互有矛盾的两名股东之一，其管理公司的行为，已无法贯彻股东会的决议。林某清作为公司监事不能正常行使监事职权，无法发挥监督作用。由于某公司的内部机制已无法正常运行、无法对公司的经营作出决策，即使尚未处于亏损状况，也不能改变该公司的经营管理已发生严重困难的事实。其次，由于某公司的内部运营机制早已失灵，林某清的股东权、监事权长期处于无法行使的状态，其投资某公司的目的无法实现，利益受到重大损失，且某公司的僵局通过其他途径长期无法解决。《最高人民法院关于适用〈中华人民共和国公司法〉若干问题的规定（二）》第五条明确规定了“当事人不能协商一致使公司存续的，人民法院应当及时判决”。本案中，林某清在提起公司解散诉讼之前，已通过其他途径试图化解与戴某明之间的矛盾，服装城管委会也曾组织双方当事人调解，但双方仍不能达成一致意见。两审法院也基于慎用司法手段强制解散公司的考虑，积极进行调解，但均未成功。此外，林某清持有某公司50%的股份，也符合《公司法》关于提起公司解散诉讼的股东须持有公司10%以上股份的条件。综上所述，某公司已符合公司法及《最高人民法院关于适用〈中华人民共和国公司法〉若干问题的规定（二）》所规定的股东提起解散公司之诉的条件。二审法院从充分保护股东合法权益，合理规范公司治理结构，促进市场经济健康有序发展的角度出发，依法作出了上述判决。

专家点评

依照公司法的相关规定，公司的经营管理发生严重困难属于公司解散的事由之一，这与民法典总则编第69条规定一致。公司经营管理是否出现严重困难的认定不局限于公司是否缺乏资金或长期亏损，更重要的是公司法人的治理结构是否正常运转，若长期出现公司僵局无法形成有效决议，使股东们的合法权益得不到保障，经由符合法律规定条件的股东起诉，人民法院可以依司法职权解散公司。

第七十条 法人解散的，除合并或者分立的情形外，清算义务人应当及时组成清算组进行清算。

法人的董事、理事等执行机构或者决策机构的成员为清算义务人。法律、行政法规另有规定的，依照其规定。

清算义务人未及时履行清算义务，造成损害的，应当承担民事责任；主管机关或者利害关系人可以申请人民法院指定有关人员组成清算组进行清算。

【条文释义】

本条是对法人解散进行清算的规定。

清算，是指法人在终止前，应当对其财产进行清理，对债权债务关系进行了结的行为。法人的清算有两种形式：1. 依破产程序进行的清算。2. 非依破产程序进行的清算。

清算中的主体是：1. 清算法人，是指在清算期间的只具有部分民事权利能力的法人，即清算期间，法人存续，但是不得从事与清算无关的活动。2. 清算组织，也叫作清算人，是指在法人清算中专门从事清算活动的人，如清算委员会、清算小组等。3. 清算义务人，包括法人的董事、理事等执行机构成员。如果法律另有规定的，凡是符合法律规定的人，也是清算义务人。

法人在清算期间，其人格并不消灭，清算组织就是法人在清算期间的意思机关和执行机构，由清算组织代表法人行使职权。清算组织的职权是：对内清理财产，处理法人的有关事务；对外代表法人了结债权债务，在法院起诉和应诉。

清算义务人在清算中未及时履行清算义务的后果是：1. 要承担法律后果，即应当承担民事责任，即未及时履行清算义务给清算法人所造成的损害，应当承担赔偿责任；2. 启动救济程序，即主管机关或者利害关系人可以申请人民法院指定有关人员组成清算组进行清算。其利害关系人，是与清算法人有权利义务关系的民事主体，例如清算法人的债权人。主管机关和利害关系人都可以请求人民法院指定有关人员组成清算组，对清算法人的财产进行清算。

【案例评注】

甲公司诉蒋某、王某等买卖合同纠纷案①

基本案情

2007 年 6 月 28 日，甲公司与乙公司建立钢材买卖合同关系。甲公司履行了 7095006.6 元的供货义务，乙公司已付货款 5699778 元，尚欠货款 1395228.6 元。另，房某福、蒋某和王某为乙公司的股东，所占股份分别为 40%、30%、30%。

---

① 审理法院：一审法院为上海市松口区人民法院，案号：（2009）松民二（商）初字第 1052 号；二审法院为上海市第一中级人民法院，案号：（2010）沪一中民四（商）终字第 1302 号。

乙公司因未进行年检，2008年12月25日被工商部门吊销营业执照，至今股东未组织清算。现乙公司无办公经营地，账册及财产均下落不明。乙公司在其他案件中因无财产可供执行被中止执行。原告甲公司请求判令乙公司偿还甲公司货款1395228.6元及违约金，房某福、蒋某和王某对乙公司的债务承担连带清偿责任。被告蒋某、王某辩称：(1) 两人从未参与过乙公司的经营管理；(2) 乙公司实际由大股东房某福控制，两人无法对其进行清算；(3) 乙公司由于经营不善，在被吊销营业执照前已背负了大量债务，资不抵债，并非由于蒋某、王某怠于履行清算义务而导致乙公司财产灭失；(4) 蒋某、王某也曾委托律师对乙公司进行清算，但由于乙公司财物多次被债权人哄抢，导致无法清算，因此蒋某、王某不存在怠于履行清算义务的情况。故请求驳回甲公司对蒋某、王某的诉讼请求。

法院判决

上海市松江区人民法院于2009年12月8日作出（2009）松民二（商）初字第1052号民事判决：一，乙公司偿付甲公司货款1395228.6元及相应的违约金；二，房某福、蒋某和王某对乙公司的上述债务承担连带清偿责任。宣判后，蒋某、王某提出上诉。上海市第一中级人民法院于2010年9月1日作出（2010）沪一中民四（商）终字第1302号民事判决：驳回上诉，维持原判。法院生效裁判认为：甲公司按约供货后，乙公司未能按约付清货款，应当承担相应的付款责任及违约责任。房某福、蒋某和王某作为乙公司的股东，应在乙公司被吊销营业执照后及时组织清算。因房某福、蒋某和王某怠于履行清算义务，导致乙公司的主要财产、账册等均已灭失，无法进行清算，房某福、蒋某和王某怠于履行清算义务的行为，违反了《公司法》及其司法解释的相关规定，应当对乙公司的债务承担连带清偿责任。乙公司作为有限责任公司，其全体股东在法律上应一体成为公司的清算义务人。《公司法》及其相关司法解释并未规定蒋某、王某所辩称的例外条款，因此无论蒋某、王某在乙公司中所占的股份为多少，是否实际参与了公司的经营管理，两人在乙公司被吊销营业执照后，都有义务在法定期限内依法对乙公司进行清算。关于蒋某、王某辩称乙公司在被吊销营业执照前已背负大量债务，即使其怠于履行清算义务，也与乙公司财产灭失之间没有关联性。根据查明的事实，乙公司在其他案件中因无财产可供执行被中止执行的情况，只能证明人民法院在执行中未查找到乙公司的财产，不能证明乙公司的财产在被吊销营业执照前已全部灭失。乙公司的三名股东怠于履行清算义务与乙公司的财产、账册灭失之间具有因果联系，蒋某、王某的该项抗辩理由不成立。蒋某、王某委托律师进行清算的委托代理合同及律师的证明，仅能证明蒋某、王某欲对乙公司进行清算，但事实上对乙公司的清算并未进行。据此，不能认定蒋某、王某依法履行了清算义务，故对蒋某、王某的该项抗辩理由不予采纳。

专家点评

法人解散的，清算义务人应当及时组成清算组进行清算。法人的董事、理事等执行机构成员为清算义务人。但是，法人章程另有规定的除外。清算义务人未及时履行清算义务的，应当承担民事责任。

第七十一条 法人的清算程序和清算组职权，依照有关法律的规定；没有规定的，参照适用公司法律的有关规定。

【条文释义】

本条是对法人清算程序和清算组职权的规定。

清算程序，是指在法人解散的清算过程中，按照有关法律、法规的规定，应该经过的具体步骤。清算是一个按照法律设置的严格程序进行的过程：1. 法人解散事由出现之日起15 日内要成立清算组，清算组正式成立后，法人开始进入实质性清算程序。2. 公告债权人，并进行债权人登记，清理公司财产，编制资产负债表和财产清单。3. 制定清算方案，在经过相关部门组织确认后，可按照方案来分配财产。4. 清算结束后，清算组应当制作清算报告和清算期间收支报表及各种财务账簿，在股东会（股东大会）或者人民法院确认后，报送登记机关申请注销公司登记，并进行公告。

依照清算程序的目的，清算人的职责是：1. 了结现务，将法人于解散前已经着手而未完成的事务予以了结；2. 收取债权，清算人应将属于法人的债权一一收取，对于尚未到期的债权，或者条件未成就的债权，应当予以转让或者变价处理；3. 清偿债务，清算人对法人所负债务应当予以清偿，对于未到期债务，应当抛弃期限利益，提前清偿；4. 移交剩余财产，清算人负责移交于有权获得此财产的人；5. 代表法人参加民事诉讼。

法人的清算程序和清算组职权，除了按照法律的上述规定之外，如果没有具体规定，可以参照适用公司法律的有关规定。

【案例评注】

某证券公司与北京某公司、上海甲公司、上海乙公司、深圳某公司合并破产清算案①

基本案情

申请人某证券公司清算组于2008年7月5日以被申请人某证券公司资不抵债，不能清偿到期债务为由，向福州中院申请宣告某证券公司破产还债，并申请将上海甲公司、上海乙公司、北京某公司、深圳某公司纳入某证券公司破产清算程序，合并清算。

被申请人某证券公司因严重违法违规经营，中国证监会于2004年10月16日委托某资产管理公司对其托管经营。2005年7月8日，中国证监会取消了某证券公司的证券业务许可资格，责令关闭，并委托某资产管理公司成立清算组对其进行行政清算。某证券公司进入破产清算程序后，经过清查审计。截至2008年7月18日，某证券公司已资不抵债，账面净资产为-6999849258.09元。被申请人上海甲公司、上海乙公司、北京某公司、深圳某公司（以下简称四家关联公司）均是某证券公司为逃避监管，借用他人名义设立的重要关联公司，其注册资本来源于某证券公司，经营场所与某证券公司的分支机构相同。某证券公司违反法律和法规的规定，通过四家关联公司在账外进行委托理财、国债回购及投资、融资等活动。四家关联公司名下的资产主要为根据某证券公司的安排开展证券自营业务形成的股票，公司的基本负债系因与某证券公司资金往来而形成。四家关联公司与某证券公司在资产和管理上严重混同，公司治理结构不完善，是某证券公司从事违法违规经营活动的工具。具体表现在：1. 股东出资虚假，实为某证券公司投资。2. 机构、人员混同。3. 营业混同。4. 资产混同。5. 负债混同。经清查审计，截至2008年7月18日，四家关联公司在账面上均资不抵债，其中，上海甲公司的净资产为-1268700065.02元；上海乙公司的净资产为-1298328984.99元；北京某公司的净资产为-270467489.25元；深圳某公司的净资产为-94889084.94元。

① 案例来源：《最高人民法院公报》2013年第11期（总第205期）。

法院判决

福州中院审理认为，四家关联公司虽然为形式上的独立法人，但根据以上事实分析，四家关联公司实际上是某证券公司开展违规经营活动的工具，不具备独立的法人人格，不具备分别进行破产清算的法律基础。理由有二：其一，法人之独立首先在于意思之独立，能独立自主地为意思表示，开展民事活动。然而，北京某公司和深圳某公司分别与某证券公司北京管理总部和深圳中兴路营业部的人员发生混同；上海甲公司和上海乙公司虽然有独立的工作人员，但公司的实际控制权掌握在某证券公司上海管理总部，因此，四家关联公司对外的行为受制于某证券公司，不具有独立作出意思表示的能力。其二，法人之独立关键在于法人财产之独立，法人可以其独立支配的财产承担民事责任。而四家关联公司全部的经营活动是配合某证券公司违规开展证券业务，此外并无其他的独立经营活动，公司无经营收益。四家关联公司的资产的唯一来源是股东出资，均实际来源于某证券公司，并且出资所形成的公司资产也均由某证券公司实际控制使用。因此，四家关联公司没有可以独立支配的财产，不具有独立承担民事责任的物质基础。

综上所述，福州中院认为，某证券公司因违法违规经营，扰乱证券市场秩序，造成巨额亏损，损害投资者的合法权益，其资产明显不足以清偿到期债务，应当宣告破产，依法清算偿债。四家关联公司由某证券公司出资设立，与某证券公司在管理上和资产上严重混同，无独立的公司法人人格，是某证券公司逃避监管，违法违规开展账外经营的工具，应当与某证券公司一并破产，合并清算。依照《企业破产法》第二条第一款的规定，于 2008 年 10 月 28 日裁定如下：一、宣告某证券公司破产；二、宣告上海甲公司、上海乙公司、北京某公司、深圳某公司与某证券公司合并破产。

专家点评

关联公司资产混同、管理混同、经营混同以致无法个别清算的，可将数个关联公司作为一个企业整体合并清算。人民法院对清算工作的职责定位为监督和指导，监督是全面的监督，指导是宏观的指导，不介入具体清算事务以保持中立裁判地位。从破产衍生诉讼中破产企业方实际缺位、管理人与诉讼对方不对称掌握证据和事实的实际情况出发，不简单适用当事人主义审判方式，而是适时适度强化职权主义审判方式的应用。

第七十二条 清算期间法人存续，但是不得从事与清算无关的活动。

法人清算后的剩余财产，按照法人章程的规定或者法人权力机构的决议处理。法律另有规定的，依照其规定。

清算结束并完成法人注销登记时，法人终止；依法不需要办理法人登记的，清算结束时，法人终止。

【条文释义】

本条是对清算法人的资格、清算剩余财产及法人终止的规定。

法人在清算期间有部分民事权利能力。1. 清算期间的法人是具有部分民事权利能力的民事主体，其民事主体资格仍然存在，只是民事权利能力受到限制，民事行为能力也受到限制。2. 享有部分民事权利能力的清算中的法人，由于其主体资格还存在，因而还能享有部分民事权利，负担民事义务。3. 由于其民事主体资格即将消灭，仅需要对法人的财产关系进行清理，尽管其人格利益关系也还存在，但当其财产一旦清理完毕并予以注销以后，其人格关系和财产关系就完全消灭。

清算中的法人具有的部分民事权利能力的内容，是在清算期间，法人仍然存续，但是不得从事与清算无关的活动，即清算中的法人的民事权利能力受到限制的范围，是可以实施与清算有关的民事活动。如公司法人清算的主要内容是：1. 清理公司财产、分别编制资产负债表和财产清单；2. 通知、公告债权人；3. 处理与清算有关的公司未了结的业务；4. 清缴所欠税款以及清算过程中产生的税款；5. 清理债权债务；6. 处理公司清偿债务后的剩余财产；7. 代表公司参与民事诉讼活动。清算中的法人对上述活动享有民事权利并负担民事义务，对超出该范围的内容，不再享有民事权利和负担民事义务。

法人清算终结，是指清算人完成了清算职责。清算终结后，如果清算法人还有剩余财产，对于剩余财产的处理，按照法人章程的规定或者根据法人权力机构的决议，决定对剩余财产进行分配，或者做其他处理。如果法律有规定的，就按照法律的规定处理。

清算终结之后，由清算人向登记机关办理注销登记并予以公告。完成注销登记和公告之后，法人即告消灭。如果该法人依法不需要办理注销登记的，在其清算终结时，该法人终止。

【案例评注】

农行东升支行与碧碧溪学校借款担保合同纠纷执行案[①]

基本案情

农行东升支行与碧碧溪学校、某咨询公司借款担保合同纠纷执行一案，依据吉林省吉林市中级人民法院（以下简称吉林中院）（2006）吉中民二初字第101号民事判决，被告碧碧溪学校应偿还原告农行东升支行两笔借款本金合计676万元，支付借款利息合计87398.82元；如被告碧碧溪学校对其中一笔借款本金588万元及相关利息逾期未偿付，则以最高额抵押合同项下之抵押物，即被告某咨询公司所有的办公用房变价所得价款，由农行东升支行优先受偿。

碧碧溪学校向吉林中院提出异议称，其是从事教育行业的社会公益事业组织，所查封的房屋及土地使用权为正在使用中的教育用地和教育用房，法院采取查封乃至进一步执行措施，必将严重影响碧碧溪学校的正常教育工作，影响在校学生的学习。故向法院申请解除对上述土地使用权及房屋的查封，或暂缓采取进一步执行措施。请求依法撤销（2014）吉中执恢字第20号执行裁定，解除查封。

农行东升支行请求撤销吉林高院（2014）吉执复字第29号执行裁定。其主要理由为：第一，裁定书中认定的事实及适用法律错误。虽然碧碧溪学校在借款时办理的抵押被法院认定为无效，但不应影响农行东升支行依法要求碧碧溪学校以名下房产和土地清偿所欠债务的权利。碧碧溪学校名下财产不属于《最高人民法院关于人民法院民事执行中查封、扣押、冻结财产的规定》第五条列明的人民法院不得查封、冻结、扣押的财产。第二，碧碧溪学校系由陈凤出资兴建的民办非企业法人，其营业期限已经超期，营业资质也已经多年没有年检。2010年至今该校已没有学生，教学楼已经被法院依法拍卖，教师办公楼也已经废弃，学校操场已变成驾校的练车场。现有房屋、土地虽为教育用地和教育设施，但处于闲置状态。该校已经名存实亡，不应被认定为公益事业单位。第三，本案不良资产已经剥离至财政部，希望切实保障国有资产安全。

---

① 审理法院：一审法院为吉林省吉林市中级人民法院，案号：（2014）吉中执恢字第20号；二审法院为吉林省高级人民法院，案号：（2014）吉执复字第29号；再审法院为最高人民法院，案号：（2015）执申字第55号。

法院判决

法院认为，根据申诉人申诉及被申诉人答辩，本案争议的焦点为碧碧溪学校的主体资格问题以及碧碧溪学校的教育用地和教育设施能否获得执行豁免问题。

首先，关于碧碧溪学校的主体资格问题。在本案恢复执行之前，碧碧溪学校被吉林市民政局公告撤销民办非企业（法人）单位登记。根据《民办非企业单位登记管理暂行条例》第二十七条“未经登记，擅自以民办非企业单位名义进行活动的，或者被撤销登记的民办非企业单位继续以民办非企业单位名义进行活动的，由登记管理机关予以取缔，没收非法财产；构成犯罪的，依法追究刑事责任；尚不构成犯罪的，依法给予治安管理处罚”之规定，碧碧溪学校本不能继续以碧碧溪学校名义进行活动，但碧碧溪学校尚未办理注销登记，根据《民办非企业单位登记管理暂行条例》第十六条第二款“民办非企业单位在办理注销登记前，应当在业务主管单位和其他有关机关的指导下，成立清算组织，完成清算工作。清算期间，民办非企业单位不得开展清算以外的活动”之规定，碧碧溪学校被撤销登记之后，办理注销登记之前，其法人资格依然存在，但权利能力与行为能力受到限制，只能开展清算范围之内的活动。碧碧溪学校作为被执行人参与执行程序，应为债权债务清理工作的一部分。而碧碧溪学校尚未按照法律规定成立清算组织，不允许碧碧溪学校以单位名义参与执行程序，则无法进行相应的债权债务清理工作。参照《最高人民法院关于适用〈中华人民共和国公司法〉若干问题的规定（二）》第十条关于“公司依法清算结束并办理注销登记前，有关公司的民事诉讼，应当以公司的名义进行。公司成立清算组的，由清算组负责人代表公司参加诉讼；尚未成立清算组的，由原法定代表人代表公司参加诉讼”之规定，碧碧溪学校在注销登记之前，能够以单位名义参与执行程序，进行债权债务清理工作。本案中，碧碧溪学校以单位名义从事活动，必须严格限定在参与执行程序的必要活动中，不得从事清理既有债权债务关系之外的活动。碧碧溪学校为民办学校，根据《民办教育促进法》第三条第一款之规定，“民办教育事业属于公益性事业，是社会主义教育事业的组成部分”。因此，农行东升支行有关碧碧溪学校法人资格已不存在，其也不再是公益事业单位的主张没有事实与法律依据，法院不予支持。

专家点评

民法典总则编第72条第1款即规定：“清算期间法人存续，但是不得从事与清算无关的活动。”法人清算结束，注销登记之后法人资格始终止，未注销登记的法人的主体资格依然存在，诉讼时是适格一方当事人。法人在进行清算时，民事行为能力受到限制，只能从事与清算有关的债权债务工作。本案中，碧碧溪学校被吉林市民政局公告撤销民办非企业（法人）单位登记，碧碧溪学校不能继续以民办学校名义进行活动，应进入清算阶段，但发生本案诉争时，碧碧溪学校尚未办理注销登记，其法人资格依然存在，碧碧溪学校作为被执行人参与执行程序，应为债权债务清理工作的一部分，但是其行为必须严格限定在参与执行程序的必要活动中，不得从事清理既有债权债务关系之外的活动。

第七十三条　法人被宣告破产的，依法进行破产清算并完成法人注销登记时，法人终止。

【条文释义】

本条是对破产法人终止的规定。

法人在其全部资产不足以清偿到期债务的情况下，经法人的法定代表人、主管部门或者法人的债权人等提出申请，由人民法院宣告法人破产。法人被宣告破产后，应当进行破产清算，由清算组依照破产清算程序，进行破产清算，清算组负责对破产法人的财产、债权和债务进行清理，并变卖法人的财产清偿债务。对于破产法人，应仅以其资产清偿其债务。

破产法人完成破产清算后，应当进行法人注销登记，经过破产法人的注销登记后，法人资格终止。

【案例评注】

甲公司等与乙公司债务纠纷上诉案[①]

基本案情

自1994年开始，乙公司与甲厂开始发生灯具钢化玻璃承揽业务往来。2005年7月28日，甲厂被吊销营业执照，但其法定代表人柯某仍然以甲厂名义与乙公司开展承揽业务。乙公司在不知情的情况下继续承接业务并向甲厂开具发票，直

---

① 审理法院：一审法院为浙江省湖州市中级人民法院，案号：（2011）湖长商初字第234号；二审法院为浙江省高级人民法院，案号：（2011）浙湖商终字第377号。

至2006年10月，甲公司告知乙公司其名称变更，“从本月起用新的抬头（即甲公司）开具发票”（此前二者并无业务往来）。因此，2006年11月23日开始，乙公司即以甲公司为抬头开具发票。从1994年1月至2010年2月5日，乙公司与甲厂及甲公司业务总款项尚有419807.63元未收回，但其中以甲公司名义开具的发票全部结清。柯某、甲公司应诉时方披露该公司与甲厂并非同一主体。甲公司于2002年10月31日成立，股东为柯某（法定代表人、控股80%）和柯某本，成立后经甲厂同意，名称变更登记为甲公司。甲公司与甲厂注册地均为东莞常平镇，开户行相同。在与乙公司发生业务往来时，法定代表人、业务经办人、收货人、电话、传真号码、业务类型、交易方式均相同。

原告乙公司向法院起诉称：其与甲公司从1994年发生业务至今，后者结欠其货款未清，催讨未果，遂起诉甲公司。起诉后方知甲厂和甲公司并非同一法人，甲厂已于2005年7月28日被吊销。因吊销后其法定代表人柯某仍以甲厂的名义与其发生业务，根据法律规定，企业经营人员在企业终止后仍以企业名义经营的，债务由实际经营人员承担，遂申请追加柯某为共同被告。请求法院判决甲公司与柯某共同清偿尚欠乙公司的货款。

被告甲公司辩称：其与甲厂是两个独立的法人主体，且与乙公司的交易全部付清，甲厂的债务与甲公司无关。

被告柯某辩称：其为甲厂的法定代表人，甲厂被吊销营业执照后，其仍是以甲厂名义与乙公司发生业务往来，并非以其个人名义经营。企业被吊销营业执照并不等于企业终止，该企业仍具备法人主体资格，乙公司要求柯某承担责任没有法律依据。

法院判决

浙江省长兴县人民法院经审理认为，《最高人民法院关于适用〈中华人民共和国民事诉讼法〉若干问题的意见》文件已于2015年废止。对应《最高人民法院关于适用〈中华人民共和国民事诉讼法〉的解释》第六十二条。第四十九条规定：“法人或者其他组织应登记而未登记即以法人或其他组织名义进行民事活动，或者他人冒用法人、其他组织名义进行民事活动的，或者法人或者其他组织依法终止后仍以其名义进行民事活动的，以直接责任人为当事人。”企业法人被吊销营业执照属于企业法人终止之情形，企业终止后，企业法人主体资格虽存在，但不得从事经营。因此认定柯某是承揽合同的当事人，是直接责任人。同时，乙公司一直以为甲公司是甲厂的延续，乙公司要求甲公司应支付尚欠的货款是一种合理的期待，况且其发出的产品，在甲厂、甲公司及前者被吊销后柯某以该厂名义经营期间已发生了混同，对此，柯某及甲公司均未披露真实信息，故均应承担责任。据此，一审法院判决柯某、甲公司共同支付乙公司货款419807.63元。

浙江省湖州市中级人民法院经审理认为，企业法人及其经营者应当遵守民事基本法律和公司法相关规定，依法经营，诚信履职。柯某作为独立法人的法定代表人，在明知甲厂被吊销营业执照，已丧失合法经营资格的情况下，仍继续以其名义经营，且在明知甲厂与乙公司货款未清的情况下，不仅不披露其信息，反而利用人事、机构、业务与甲厂混同的甲公司承继其业务，继续与乙公司交易，损害债权人利益，最终导致乙公司无法及时回收货款。柯某滥用法人独立地位和股东有限责任，不诚信经营，规避法律，在此过程中，甲公司完全听从控股股东柯某的安排，丧失独立意志，应与柯某共同承担清偿责任。一审判决认为企业法人被吊销营业执照即属于法人终止虽有不妥，但实体判决并无不当。二审法院据此判决驳回上诉，维持原判。

专家点评

民法典民法总则第73条规定，法人被宣告破产的，依法进行破产清算并完成法人注销登记时，法人终止。但是本案中，甲厂被吊销数年，但并未被注销登记，仅作为法律意义上的主体存在，而甲公司亦是独立法人，柯某为上述二法人之法定代表人，法院考虑到诉讼经济、诚信及正义理念，运用法人人格否认理论，结合诚实信用原则和禁止权利滥用原则，否定甲公司的法人独立资格，将其与操控其规避法律的控股股东兼法定代表人柯某视同一体，共同承担清偿责任，避免债权人利益受损。由此，明知企业法人被吊销营业执照，实际经营人员不披露该信息，仍以该法人名义经营，导致不知情交易相对人利益损失的，应承担个人责任。法定代表人操纵公司混同经营，滥用法人独立人格与股东有限责任，损害交易相对人利益，应承担个人责任。股东通过对公司的控制而实施不正当影响，使公司丧失独立意志，成为股东牟利之工具，由此导致公司法人独立地位无从体现的，则公司应与操控其之股东视同一体，共同承担相应的责任。

第七十四条 法人可以依法设立分支机构。法律、行政法规规定分支机构应当登记的，依照其规定。

分支机构以自己的名义从事民事活动，产生的民事责任由法人承担；也可以先以该分支机构管理的财产承担，不足以承担的，由法人承担。

【条文释义】

本条是对法人设立分支机构及清偿债务的规定。

法人的分支机构，是指企业法人投资设立的、有固定经营场所、以自己名义直接对外从事经营活动的、不具有法人资格，其民事责任由其隶属企业法人承担的经济组织。包括企业法人或公司的分厂、分公司、营业部、分理处、储蓄所等机构。

法人设立分支机构，可以根据自己的实际需要确定。只有在法律、行政法规规定，分支机构应当办理登记的时候，设立的分支机构才需要按照规定办理登记。

法人的分支机构是法人的组成部分，其产生的责任，本应由法人承担有限责任，由于法人的分支机构单独登记，又有一定的财产，具有一定的责任能力，因而法人的分支机构自己也能承担一定的责任。故法人的分支机构承担责任的规则是：1. 法人直接承担责任：法人的分支机构以自己的名义从事民事活动，产生的民事责任由法人承担。2. 分支机构先承担责任、法人承担补充责任：先由该分支机构管理的财产承担，不足以承担的，由法人承担。这种补充责任是不真正连带责任的一种变形形态。3. 两种责任承担方式的选择权由相对人享有。相对人可以根据自己的利益，选择法人承担民事责任；或者选择法人的分支机构承担民事责任，法人承担补充责任。

【案例评注】

某公司与某集团公司陕西分公司
买卖合同纠纷管辖权异议纠纷上诉案[①]

基本案情

2005 年 1 月 1 日，某公司（乙方）与某集团公司陕西分公司（甲方）签订夏进乳品的经销合同书，约定甲方授权乙方为某乳业系列产品在西安、咸阳地区唯一经销商，并约定甲方负责将乙方所需货物发往乙方指定地点，提供某乳业系列产品的各种有效证件等，而乙方则在完成甲方规定的不同销售任务后，从甲方

---

① 审理法院：一审法院为陕西省西安市雁塔区人民法院，案号：（2006）雁民二初字第 84 号；二审法院为陕西省西安市中级人民法院，案号：（2006）西立民终字第 161 号；再审法院为最高人民法院，案号：（2007）民立他字第 11 号。

处取得比例不等的返利。同时，该协议第 5 条第 4 款明确约定："本合同履行中如发生纠纷，双方应友好协商，协调未果，可在甲方所在地人民法院诉讼解决。"双方在该协议上均签字盖章。

后双方在履行协议过程中就货款问题发生争议，2006 年 6 月 21 日，某集团公司以刘某和某公司为被告向宁夏吴忠市中级人民法院提起诉讼，请求法院判令两被告支付拖欠的货款共计 2914220.75 元。起诉状副本送达刘某及某公司后，两被告提出管辖权异议申请。2006 年 7 月 21 日，宁夏吴忠市中级人民法院作出裁定，驳回了刘某及某公司管辖权异议的申请。刘某及益康乐公司不服该裁定，向宁夏回族自治区高级人民法院提起上诉。

而在此期间，某公司则以某集团公司陕西分公司为被告，于 2006 年 6 月 29 日向西安市雁塔区人民法院提起诉讼。该公司诉称：其公司已按规定完成了 1500 万元的销售任务，但某集团公司陕西分公司拒绝与其进行结算，至 2005 年底，某集团公司陕西分公司拖欠其返利 75000 元，拖欠供货计款额 105280 元，拖欠配货 9682 元，拖欠代垫运费及保险费 18856.09 元，共计 208818.09 元。因某集团公司陕西分公司拒不支付，故依据双方约定的管辖条款提起诉讼。

某集团公司陕西分公司收到起诉状副本后，即向西安市雁塔区人民法院提出管辖权异议申请。其异议称：设立其分公司的法人某集团公司已于 2006 年 6 月 21 日将某公司以及刘某以合同纠纷诉至宁夏吴忠市中级人民法院，且该院已经受理，而雁塔区人民法院在宁夏吴忠市中级人民法院已先行立案的情况下又受理本案，显然有误，并认为某集团公司陕西分公司不能作为独立承担民事责任的主体参与诉讼，请求将本案移送宁夏吴忠市中级人民法院管辖。西安市雁塔区人民法院经审查后，裁定驳回了某集团公司陕西分公司的申请。某集团公司陕西分公司不服该裁定，向西安市中级人民法院提起上诉。

法院判决

由于吴忠市中级人民法院先行受理了双方的纠纷，该院对管辖权异议则裁定在先。吴忠市中级人民法院的裁定认为：双方所约定之管辖条款有效，虽然签订合同一方是某集团公司西安分公司（现已更名为陕西分公司），但由于西安分公司不具备法人资格，其签订合同的行为是受某集团公司授权进行的民事行为，在实施该行为过程中，西安分公司仅仅是总公司驻西安市的一个具备经营资格的营业场所，不具备法人主体资格，故合同中有关管辖约定的甲方是指具备法人主体资格的某集团公司，该公司住所地在宁夏吴忠市，该院对该案享有管辖权。

由于本案受理在后，西安市雁塔区人民法院在作出管辖权异议裁定时，对该案与吴忠一案是这样表述的：吴忠市中级人民法院受理的是某集团公司与刘某的经济纠纷，而本案是某公司与某集团公司陕西分公司的经销合同纠纷，两案当事人并不相同，不属于《最高人民法院关于适用〈中华人民共和国民事诉讼法〉若干问题的意见》（该文件已于2015年废止）。对应《最高人民法院关于适用〈中华人民共和国民事诉讼法〉的解释》第三十六条、第三十三条规定的情形。而且某集团公司陕西分公司的住所地为西安市小寨东路×号，属于雁塔区法院的辖区，雁塔区法院对该案享有管辖权。基于以上理由，该院裁定驳回了某集团公司陕西分公司的管辖权异议。

对于雁塔区人民法院的驳回理由，某集团公司陕西分公司不服，提起上诉。其上诉称：本案被告某集团公司陕西分公司系某集团公司对外没有独立法人资格的分支机构，不能作为独立承担民事责任的主体参加诉讼。且宁夏吴忠市中级人民法院受理的是某集团公司诉刘某和某公司两个独立的诉讼主体的案件，并非只诉刘某一人，故西安市雁塔区法院以其受理的经销合同案件的当事人与吴忠市中级人民法院受理的经济纠纷案件当事人并不相同为理由，裁定驳回其管辖权异议是不合法的，也不符合本案上诉人诉两个诉讼主体的事实。其分公司请求撤销原审裁定，驳回某公司的起诉。而与此同时，吴忠市中级人民法院对雁塔区人民法院的裁定也向西安市中级人民法院提出意见，认为对双方当事人的纠纷其已先行受理，雁塔区人民法院对该案没有管辖权，该院裁定不当。

鉴于本案的实际情况，西安市中级人民法院请示省法院与宁夏回族自治区高级人民法院协商处理，未果。该案遂报请最高人民法院给予指定。

最高人民法院经审查，认为：一、陕西省西安市雁塔区人民法院受理的某公司与某集团公司陕西分公司经销合同纠纷一案，与宁夏回族自治区吴忠市中级人民法院受理的某集团公司诉某公司、刘某买卖合同纠纷一案，系双方当事人基于同一法律事实、同一法律关系，以不同诉讼请求，分别向两地人民法院起诉形成的管辖权争议案件，依法应当合并审理。二、某集团公司陕西分公司是某集团公司依法成立并领取营业执照的分支机构，依法具备签订合同的主体资格，依据《最高人民法院关于适用〈中华人民共和国民事诉讼法〉若干问题的意见》（该文件已于2015年废止）。对应《最高人民法院关于适用〈中华人民共和国民事诉讼法〉的解释》第五十二条、第四十条第五款的规定，具备诉讼主体资格，可以作为案件当事人。三、双方当事人签订的某乳业系列产品经销合同书约定："本合同履行中如发生纠纷，双方应友好协商，协商未果，可在甲方所在地人民法院诉讼解决。"因合同甲方某集团公司陕西分公司营业地是在陕西省西安市雁塔区，陕西省西安市雁塔区人民法院依据该合同约定，对本案享有管辖权。四、指定陕西省西安市雁塔区人民法院对上述两案合并行使管辖权。

依据最高人民法院的指定函，西安市中级人民法院对本案作出裁定：驳回上诉，维持原裁定。

专家点评

本案中，针对某集团公司陕西分公司具备签订合同的主体资格，即在一定经营范围内能独立为意思表示，是否可以成为案件的当事人和承担相应责任，两地法院的认识不一致，呈现出对于法人分支机构的法律适用问题。吴忠市中级人民法院认为，某集团公司陕西分公司只是法人分支机构，不具备法人资格，所以其分公司签订合同的行为是一种被授权民事行为，法律后果应由法人机构承担。西安市雁塔区法院在裁定中则是以分支机构的住所地确定了案件管辖权，虽未明确指出分支机构的法律地位，但不仅将法人分支机构列为当事人，而且以其住所地为管辖地，说明该院认可法人分支机构具备签订合同的主体资格，并能够成为案件的当事人及承担责任。根据民法典总则编第74条，分支机构可以以自己的名义从事民事活动，法人的分支机构具备民事权利能力和民事行为能力，即可以在核准登记的经营范围内从事经营活动，应当认可法人分支机构签订合同的主体资格。本案中，从该分公司的营业执照所规定的经营范围看，包括乳及乳制品的销售。而涉案合同正是该分支机构与某公司签订经销乳及乳制品的合同。所以，某集团公司陕西分公司不仅是合法的分支机构，而且依法具备了签订合同的主体资格，且所签合同内容并未超出其民事行为能力的范围。

第七十五条 设立人为设立法人从事的民事活动，其法律后果由法人承受；法人未成立的，其法律后果由设立人承受，设立人为二人以上的，享有连带债权，承担连带债务。

设立人为设立法人以自己的名义从事民事活动产生的民事责任，第三人有权选择请求法人或者设立人承担。

【条文释义】

本条是对设立中的法人部分民事权利能力及责任承担的规定。

设立中的法人不同于筹备前的法人。筹备前的法人，是指发起人开始筹备设立某个法人组织，但还没有成立筹备机构，从事实际的设立行为。设立中的法人须成立了筹备机构，实际地从事设立法人的行为。

由于设立中的法人在从事设立行为中要从事某些民事法律行为，发生一定的债权债务关系，故设立中的法人是具有部分民事权利能力的特殊团体。其受到的限制是：1. 其民事权利能力的范围仅限于从事必要的设立行为；2. 应当以将来法人成立为条件而享有相应的民事权利能力。

设立中的法人由于已经具有独立的行为机构、独立的财产和相对独立的责任能力，具有一定的民事权利能力，但因其并未通过登记获得公示，为保护债权人利益，其责任不能完全独立。其责任承担的规则是：1. 设立人为设立法人从事的民事活动，其法律后果在法人成立后由法人承受。法人设立完成，具有了完全民事权利能力，当然在设立中从事的民事活动后果均由该法人承受。2. 设立中法人的设立行为没有成功，法人未成立的，其在设立法人过程中从事的民事活动的法律后果，应当由设立人承受。设立人如果为二人以上，所有的设立人应当承担连带责任。3. 上述规则存在缺陷，即有一定组织形式的设立中法人，通常有筹备组，有相对独立的财产，能够承担民事责任的，具有自己承担民事责任的能力，完全可以用设立中法人的名义承担民事活动的法律后果，设立中的法人的成员对于设立中的法人的债务承担无限责任。

在法人设立中，设立人为设立法人而以自己的名义从事民事活动，不是以设立中的法人的名义从事民事活动，因而产生的民事责任，对第三人发生效力。第三人是针对设立人和法人之外的当事人，即设立人为设立法人而从事民事活动的对方当事人。其效力是，第三人享有选择权，既可以请求法人承担该民事活动的后果，也可以请求法人的设立人承担该民事活动的后果，该第三人可以根据自己的利益，选择哪一个请求权行使。

【案例评注】

琴墨书院培训中心与徐某军装饰装修合同纠纷上诉案①

基本案情

2013 年 7 月 2 日，徐某军与胡某签订了琴墨书院紫琅路店装饰装修工程合同书，合同签订后，徐某军组织人员在紫琅路 × 号博森大厦一楼的琴墨书院紫琅店

① 审理法院：一审法院为江苏省南通市崇川区人民法院，案号：（2014）崇民初字第 1624 号；二审法院为江苏省南通市中级人民法院，案号：（2015）通中民终字第 01504 号。

进行了施工并交付使用。琴墨书院培训中心于 2014 年 1 月 28 日经南通市崇川区民政局核准登记为民办非企业法人单位。琴墨书院培训中心董事会成员有：胡某等六人，孟某兵为法定代表人。孟某兵同时还是某公司的法定代表人。徐某军同时还为琴墨书院桃坞路店进行了施工。2013 年 7 月 5 日至 2014 年 1 月 15 日，孟某兵通过其个人账户向徐某军个人账户转账支付 12 笔共 646693 元。经胡某确认，其中 2013 年 7 月 5 日的 17500 元、2013 年 8 月 1 日的 5 万元、2013 年 8 月 8 日的 37500 元、2013 年 9 月 3 日的 105000 元，共计 21 万元为琴墨书院紫琅路店工程的付款。2013 年 9 月 3 日的 25000 元、2013 年 9 月 30 日的 125000 元、2013 年 10 月 23 日的 15 万元，共计 30 万元为琴墨书院桃坞路店工程的付款。2013 年 7 月 14 日的 2 万元、2013 年 8 月 19 日的 20790 元、2013 年 9 月 27 日的 42611 元、2013 年 12 月 11 日的 27402 元，共计 110803 元为合同外增项部分付款。对于 2014 年 1 月 15 日的 25890 元，徐某军在（2014）崇民初字第 0889 号案件的庭审中同意作为琴墨书院桃坞路店工程合同内的付款。

法院判决

一审法院认为，关于琴墨书院培训中心的主体资格问题。在签订案涉琴墨书院紫琅路店装饰装修工程合同时，琴墨书院培训中心尚未成立，胡某在装饰装修工程施工合同上签字，但胡某系后成立的琴墨书院培训中心的董事，琴墨书院培训中心在法院（2014）崇民初字第 0889 号案件的审理过程中对上述施工合同予以追认。因此，琴墨书院培训中心作为被告主体适格。琴墨书院培训中心辩称与徐某军不存在合同关系的理由，法院不予采纳。至于琴墨书院培训中心辩称合同主体应为孟某兵、胡某、魏某、钱某飞四个合伙人，因琴墨书院培训中心与该四合伙人之间的关系暂不能确定，法院无法确定四合伙人属于本案的合同主体。此外，四人合伙与琴墨书院培训中心的关系属于内部法律关系，并不影响琴墨书院培训中心与徐某军的外部法律关系。琴墨书院培训中心的该辩解主张，法院不予采纳。关于合同效力及琴墨书院培训中心应付工程款的问题。案涉工程系单位装饰装修工程，承包方应具备相应的施工资质。徐某军不具有建筑装饰施工企业资质，其签订的装饰装修工程合同无效。鉴于琴墨书院培训中心已实际使用装饰装修工程并对外经营，应推定工程验收合格。法院参照合同约定确定合同范围内工程的价款为 35 万元，某公司合同内已付款 21 万元，尚欠 14 万元。关于徐某军提出的工程款利息问题。因合同无效，合同约定的工程款的支付期限不再具有拘束力，徐某军的该主张，法院无法支持。综上所述，徐某军与琴墨书院培训中心的装饰装修工程合同无效，琴墨书院培训中心应参照合同约定支付工程款。

二审法院认为，发起人以设立中的法人名义对外签订合同，法人成立后，合同相对人请求法人承担合同责任的，人民法院应予支持。虽然胡某与徐某军签订的装修合同时间在琴墨书院培训中心成立之前，但从合同履行来看，胡某作为董事以设立中的琴墨书院名义对外签订的装修合同，孟某兵作为琴墨书院培训中心的法定代表人支付装修款，均系为琴墨书院培训中心设立而进行的必要准备和支出。对于设立过程中发生的费用和债务，理应由成立后的琴墨书院培训中心承担。而且，琴墨书院培训中心在（2014）崇民初字第0899号案件的审理过程中，对于上述施工合同予以了追认；孟某兵的委托代理人也即本案一审中琴墨书院的委托代理人在（2014）崇民初字第1221号案件中也明确案涉工程所在场地内的资产属于琴墨书院培训中心。故琴墨书院培训中心称其与徐某军不存在合同关系的上诉主张不能成立，法院不予支持。本案中胡某签订的装修合同、对账单等证据，经过当事人质证和法院认证，与其他证据相互印证，相关事实经法院审查认定，并无追加胡某参与诉讼之必要。至于琴墨书院培训中心主张合同主体应为孟某兵、胡某、魏某、钱某飞四个合伙人，相关法律责任应由合伙人承担的上诉理由，法院认为，这属于内部法律关系，不影响琴墨书院培训中心对外向徐某军承担责任，琴墨书院培训中心与孟某兵、胡某、魏某、钱某飞之间如有纠纷可另行解决。

专家点评

民法典总则编第75条第1款规定，设立人为设立法人从事的民事活动，其法律后果由法人承受；法人未成立的，其法律后果由设立人承受，设立人为二人以上的，享有连带债权，承担连带债务。设立人为设立法人从事的民事活动，其法律后果在法人成立后由法人承受；法人未成立的，其法律后果由设立人承受。胡某作为董事以设立中的琴墨书院名义对外签订的装修合同，孟某兵作为琴墨书院培训中心的法定代表人支付装修款，均系为琴墨书院培训中心设立而进行的必要准备和支出。对于设立过程中发生的费用和债务，理应由成立后的琴墨书院培训中心承担。

第二节　营利法人

第七十六条　以取得利润并分配给股东等出资人为目的成立的法人，为营利法人。

营利法人包括有限责任公司、股份有限公司和其他企业法人等。

【条文释义】

本条是对营利法人概念的规定。

营利法人是指依法设立，以取得利润并分配给其股东等出资人为目的的法人。营利法人是法人中的典型类型。营利法人的法律特征是：1. 营利法人具有人格性，具有法律上的人格；2. 营利法人是个人结合的社团，是社团法人，具有人合性，具有鲜明的团体性特征；3. 营利法人的设立目的是取得利润并分配给其股东，其原则就是股东至上，实现利益最大化，具有营利性。

营利法人的外延包括有限责任公司、股份有限公司和其他企业法人等：1. 有限责任公司的股东，以其认缴的出资额为限对公司承担责任。2. 股份有限公司的股东以其认购的股份为限对公司承担责任，与有限责任公司的主要区别是，承担有限责任的财产范围不同。3. 其他企业法人，则是有限责任公司和股份有限公司以外的其他以营利作为设立目的的企业法人，如无限责任公司、两合公司，性质都属于企业法人，也属于营利法人。

【案例评注】

某集团公司、某重工公司等民间借贷纠纷案①

基本案情

2013年6月，夏某平与某公司、某集团、某重工公司、某饭店、中医院签订《债务转让协议》一份，约定某公司对夏某平所有欠款中的本金1000万元转让给某集团履行，某重工公司、某饭店、中医院自愿共同对本协议项下某集团的付款责任承担连带责任担保。同月，夏某平又与某公司、某集团、某重工公司、某饭店、中医院签订《债务转让协议》一份，约定某公司对夏某平的所有欠款中的本金700万元转让给某集团履行，某重工公司、某饭店、中医院自愿共同对本协议项下某集团的付款责任承担连带责任担保。协议签订后，某集团陆续向夏某平归

① 审理法院：江苏省江阴市人民法院，案号：（2015）澄民初字第00991号。

还了借款1300万元整，但没有按协议约定的时间支付，构成违约，利息应按月息2.0%执行。至起诉时，某集团支付了利息170.80万元。2014年12月8日、12月11日，夏某平分别与某集团、某重工公司、某饭店、中医院、张某鹏（已身故）签订了两份《借款协议书》，约定某集团分别向夏某平借款人民币1500万元，借款期限均为90天，每月利息均为45万元。2015年3月9日，上述两份借款协议书合并为总金额3000万元的借款协议书，借款期限至2015年6月9日止。以上3000万元借款，某集团支付了450万元利息。2015年2月12日，夏某平与某集团、某重工公司、某饭店、中医院、张某鹏签订《借款协议书》，约定某集团向夏某平借款1000万元，借至2015年5月12日止，每月利息35万元，并于2015年5月9日签订了《延期还款协议书》，约定上述借款延期到2015年6月11日。该1000万元借款，某集团只支付了105万元的利息。上述《借款协议书》中均约定，某重工公司、某饭店、中医院、张某鹏自愿共同对某集团还款责任承担连带责任担保；某集团的还款责任包括但不限于归还本金利息、因实现债权而支出的诉讼费、律师费及其他应当承担的违约责任；因张某鹏已身故，故未将其列为被告。某集团未归还借款本金，亦拖欠部分借款利息，已经构成违约，原告夏某平请求法院依法判令：1. 某集团向夏某平归还借款本金4400万元及利息286.20万元（利息暂算至2015年7月30日，要求按本金4400万元，月利率2.0%计算至款项全部归还日止）；2. 某重工公司、某饭店、中医院在本金4400万及利息范围内向夏某平承担连带还款责任。

被告中医院辩称：中医院是以公益为目的的事业单位，其对外担保无效。

法院判决

针对本案中中医院的性质问题，法院认为其不属于以公益为目的的事业单位法人，理由如下：

1. 根据国务院《事业单位登记管理暂行条例》第二条规定，事业单位是由国家机关举办或者其他组织利用国有资产举办的，故事业单位的资产应为国有资产。而中医院在2004年就有甲公司、某采石公司（后变更为某集团）投入资产、资金，2005年经盱眙县人民政府同意，进行模拟改制，盱眙县卫生局以中医院的净资产和土地评估值有效资产作为出资，甲公司、某采石公司以投入的资产、资金作为出资，三方合作办院，并对各自所占的出资比例进行了约定，至2006年9月6日，盱眙县卫生局持有中医院25.08%的出资比例，甲公司持有中医院32.11%的出资比例，某采石公司持有中医院42.81%的出资比例。后上述改革延续至2015年盱眙县人民政府发文正式成立乙公司。乙公司成立时的股东及出资比例与2005年模拟改革中的投资人及出资比例相同。这就证明，中医院于2005年改制，国有资产只占25.08%，其余为非国有资产。

2.2004年9月2日合作协议约定收支相抵后的节余部分在提足各项基金后按投资比例结算，中医院亦认可其将一定比例的收益权与民营资本进行了分享，虽然中医院登记的经营性质为非营利性，但中医院实际已具备营利特性。

3.2011年国务院办公厅《关于事业单位分类的意见》中规定，从事公益服务的事业单位包括“承担高等教育、非营利医疗等公益服务”单位，从上述表述中也可以看出，国务院办公厅仅将非营利医疗公益服务单位归入公益服务的事业单位。故营利与否与公益性质是密切相关的，中医院实际具有营利性质，故其并不属于上述分类中的公益服务的事业单位。

综上，虽然中医院具有医院特有的公益性，但并不具有非营利性，其财产构成也不是事业单位法人规定的国有资产，故中医院不属于《担保法》第九条规定的以公益为目的的事业单位，中医院可以作为保证人，保证合同有效。故对中医院提出的其系以公益为目的的事业单位法人，担保无效的抗辩，法院不予采信。

专家点评

根据民法典总则编第76条、第87条的规定，营利法人与非营利法人的判断标准基于是否取得利润以及是否向股东、出资人及会员等分配利润，二者的区分与法人的是否经营公益性事业无关，法人虽从事公益性事业，但只要取得并向股东或成员分配利润即为营利法人而非非营利法人。本案中，中医院从事的是具有公众服务性质的医疗事业，但是改制之后，大量社会资本投入其中并参与利润分配，中医院的性质不再是非营利的事业单位法人而是营利法人。

第七十七条 营利法人经依法登记成立。

【条文释义】

本条是对营利法人依法登记的规定。

营利法人成立的必要条件是依法登记。经依法登记成立的营利法人才能取得法人资格。

营利法人成立，是指发起和设立营利法人经过一系列筹建行为而取得法人资格的结果。成立营利法人，首先必须具有民法典总则编第五十八条第二款规定的法人成立条件，即有自己的名称、组织机构、住所、财产或者经费。其次必须符合营利法人设立的程序要求，特别是须依照法律规定进行登记。设立有限责任公司须向工商行政管理部门申请设立登记，法律、法规规定须经有关部门审批的，采取行政许可主义，经批准后设立。设立股份有限公司，须经过国务院授权的部门或者省级人民政府批准，采行政许可主义。其他企业法人的设立，首先须经主管部门或者有关审批机关批准，然后才向登记机关申请登记，采行政许可主义。

公司设立登记的性质有成立要件主义（依法必须登记的法人，非经登记不得成立）和对抗要件主义（是指团体已经成立，即使未经登记，也具有法人的权利能力）。我国采取成立要件主义，即营利法人经依法登记成立，登记是法人成立的要件，非经登记不取得法人资格。

【案例评注】

某公司不服上海市人力资源和社会保障局责令补缴外来从业人员综合保险费案①

基本案情

原告某公司系依法登记成立的有限责任公司。2008年8月26日，被告市人保局接到举报，反映原告存在未为其使用的外来从业人员缴纳综合保险费等情况。同年9月17日、9月25日、10月7日，被告向原告分别发出《调查询问书》，对原告实施劳动保障监察。其间，原告向被告提供了《全厂人员名单》《出勤考核表》《员工出勤记录表》《工资发放表》等材料。2008年11月5日，被告予以立案。被告经调查后发现，2005年3月至2008年10月期间，原告未按规定缴纳95名员工的外来从业人员综合保险费，遂于2008年11月6日向原告送达了《责令改正通知书》，要求原告于2008年11月16日前补缴所欠缴的外来从业人员综合保险费。2008年11月19日，被告致函嘉定区外来从业人员管理部门，要求核定原告应补缴综合保险费的金额。同年12月10日，嘉定区外来从业人员管理部门出具了《委托协办函回执》并附《外劳缴费人员明细》，认定原告未缴纳72名外来从业人员在2005年3月至2008年10月期间的综合保险费，合计金额为人民币85759.90元。因原告未实施整改，被告即于2009年1月6日作出沪人社监（2008）理字第2221号行政处理决定，认定某公司于2005年3月至2008年

① 审理法院：上海市第二中级人民法院，案号：（2009）沪二中行终字第231号。

10月期间未按规定缴纳72名外来从业人员的综合保险费，违反了《上海市外来从业人员综合保险暂行办法》第5条、第8条的规定，依据《上海市外来从业人员综合保险暂行办法》第十九条第二款的规定，对某公司作出自收到本处理决定书之日起15日内补缴王某英等72名外来从业人员2005年3月至2008年10月期间的综合保险费，共计人民币85759.90元的行政处理决定；逾期不缴纳的，除补缴欠款数额外，从欠缴之日起，按日加收千分之二的滞纳金；拒不履行本行政处理决定的，依据《劳动保障监察条例》第30条第1款第（3）项规定，处2000元以上20000元以下罚款。庭审中，原告对被告认定王某英等72名外来从业人员于2005年3月至2008年10月期间在原告处务工，以及工作期间均未缴纳综合保险费的事实没有异议，法院对该事实的真实性依法予以确认。

法院判决

本案一审的争议焦点是：涉案72名外来从业人员中的部分人员是否属于其他公司的劳务派遣人员；原告某公司和案外人关于为这部分外来从业人员缴纳综合保险费的约定可否免除原告的缴费义务。

关于部分外来从业人员是否属于原告某公司员工的争议。原告主张部分外来从业人员系案外人黄甲公司依据双方协议向原告派遣，不属于原告的员工，并出示了原告与黄甲公司之间的协议。首先，从协议内容来看，双方约定由黄甲公司在一年的期限内派遣部分劳动者至原告单位工作，该部分劳动者应享有与原告单位员工同等的待遇，原告单位定期结算该部分劳动者的工资。表面上这份协议符合《劳动合同法》规定的劳务派遣协议应当具备的内容，对被派遣劳动者社会保险费用的缴纳也作出了约定，但经合议庭调查核实，该份协议存在主体不适格的问题。根据《劳动合同法》第五十七条的规定："劳务派遣单位应当依照公司法的有关规定设立，注册资本不得少于五十万元。"据此，劳务派遣单位应当是依法登记设立的公司，具备一定的经济实力，且能够独立承担法律责任。而黄甲公司既未经工商登记注册成立，在社保系统中也没有登记开户，没有为任何劳动者缴纳过社会保险费用的记录；原告虽主张查验过黄甲公司的工商营业执照，但未能在庭审中提供，也没有其他证据能够证明黄甲公司系具有向其合法派遣劳务人员的经营资质的用人单位。故本案中黄甲公司不是合法成立的公司，并不具备合法的劳务派遣资质。此外，劳务派遣单位还应当与被派遣劳动者订立两年以上的劳动合同，向其支付基本的劳动报酬，而本案中涉案的35名外来人员并没有与黄甲公司签订劳动合同，实际上也不在黄甲公司处工作，而是一直在原告公司从事原告的生产任务，故本案中原告所主张的劳务派遣关系并不能成立。

专家点评

根据民法典总则编第77条的规定，营利法人经依法登记成立。本案中从事劳务派遣业务的单位应当依法登记设立。用人单位与未经工商注册登记、不具备劳务派遣经营资质的公司签订用工协议，与派遣人员形成事实劳动关系，应由用人单位依法为其缴纳综合保险费；用人单位与不具备缴费资格的主体的协议约定，不能免除其法定缴费义务。

第七十八条 依法设立的营利法人，由登记机关发给营利法人营业执照。营业执照签发日期为营利法人的成立日期。

【条文释义】

本条是对营利法人营业执照的规定。

营业执照，是在我国的法人制度中，法人经依法登记成立后，由法人登记机关发给法人的资格证明。营业执照作为营利法人登记活动的产物之一，在我国民商事领域具有重要地位。营业执照既能够证明法人的资格和地位，又是建立法人信用的主要方式。一般而言企业法人在营业执照核准的范围内从事经营活动才受法律保护，使营业执照的颁发被赋予了双重功能，即法人资格的取得和营业资格的取得。例外是《最高人民法院关于适用〈中华人民共和国合同法〉若干问题的解释（一）》第十条规定的情形，即只要不违反国家限制经营、特许经营以及法律、行政法规禁止经营规定，当事人超越经营范围订立合同，法院不能因此径直认定合同无效。如此规定，是基于维护交易稳定、促进交易效率等因素的考虑。

具体的内容是：1. 营业执照由法人登记机关发给经过设立登记的营利法人。营利法人经过设立登记，即依法成立，由负责登记的工商行政管理部门颁发营业执照。2. 营业执照具有双重属性，既是营利法人资格的证明，也是营利法人经营能力的证明。当与营利法人进行交易活动时，审查营利法人的资格和营业能力，主要检查该营利法人的营业执照，因而营业执照在法人进行交易活动中具有重要的地位。3. 营业执照是营利法人成立时间的证明，营利法人以营业执照签发的日期为营利法人成立的日期。

【案例评注】

甲公司诉乙公司委托合同纠纷抗诉案[①]

基本案情

2007年4月9日，甲公司与乙公司签订《委托代理协议》《委托代理协议补充协议》《委托代理协议补充协议之二》。主要内容为："甲方（乙公司）就旅顺新城区二号地段（2006）-03号建设用地……委托乙方（甲公司）办理开发贷款，经双方友好协商达成以下协议，1. 甲方委托乙方的授信额度为人民币1.4亿元至1.6亿元，最终额度以银行审批为准，利率按银行规定执行。2. 委托代理期限。自甲方所提供的材料齐备之日起至银行放款日止。3. 委托代理费用及支付方式。双方约定委托代理费用为授信额度的百分之三……付款方式双方另行协商。4. 责任。甲方对所提供材料的真实性、合法性负责，乙方保证贷款及时办理，出现问题及时与甲方沟通。5. 合同的解除。贷款期间，如非乙方及银行原因，甲方中途撤销贷款，所支付给乙方的委托代理定金不返还，合同解除，如因乙方及银行原因无法继续办理贷款，则乙方向甲方全额退还委托代理定金，合同解除。"

2009年3月23日，甲公司在工商行政管理局注册的私营企业经营范围是房屋租售代理；房地产信息咨询；投资咨询。2007年11月6日，乙公司与工行星海支行签订《借款合同》，借款金额1.2亿元。2007年11月20日至2009年7月6日，工行星海支行分6次向乙公司发放贷款总金额为1.2亿元。乙公司于2008年4月7日、8月19日分两次支付甲公司委托代理费20万元。

工行星海支行于2009年11月2日出具《证明》，内容为："乙公司为其银行贷款客户，2007年该客户向我行申请住房开发贷款1.2亿元，我行严格按照银行贷款业务审批程序上报贷款资料，该笔贷款在审批和发放过程中，我行未与任何中介机构接触，也未签订任何贷款代理协议，特此证明。"工行星海支行又于2010年7月29日出具《证明》，内容为："乙公司为其银行贷款客户，2007年该客户向我行申请住房开发贷款1.2亿元，我行根据总行、市分行的相关要求，要

---

① 审理法院：一审法院为辽宁省大连市西岗区人民法院，案号：（2009）西民初字第2188号；二审法院为辽宁省大连市中级人民法院，案号：（2009）大民三终字第1352号；再审法院为辽宁省高级人民法院，案号：（2010）辽审二民提字第157号；提审法院为最高人民法院，案号：（2013）民抗字第18号。

求企业提供相关备审资料。随后，该客户刘某一、戴某、于某军向我行提交了申请贷款所需的材料，并带领我行审查人员对项目进行了现场勘察。之后我行严格按照银行贷款业务审批程序组织上报贷款资料，该笔贷款经上级行审批通过后，我行与贷款客户签订了借款合同和抵押合同，并办理了抵押登记手续后，发放了贷款。该笔贷款在审批和发放过程中，我行未与其他任何中介机构和个人接触，也未签订任何贷款代理协议，特此证明。”

2010年8月3日，某企业管理顾问公司出具《证明》，内容为：“乙公司于2007年3月委托我单位出具《可行性研究分析报告》报告书一份。由我单位张某同志负责。报告书并与付款后交予使用，特此证明。”2007年3月15日，某企业管理顾问公司开具《收据》，收取乙公司人民币2万元，收取事由，可行性研究分析报告。

2007年9月19日，工行大连市分行信贷政策委员会会议纪要（30次）记载，审议贷款事项结果，乙公司授信未通过。2007年10月24日，工行大连市分行信贷政策委员会会议纪要（33次）记载，审议贷款事项结果，乙公司授信通过。

2009年7月28日，甲公司因与乙公司的委托合同纠纷诉至法院。

法院判决

一审、二审法院经审理认为：乙公司与甲公司签订的是委托办理贷款业务，因办理贷款业务是金融机构的特许权利，且从甲公司营业执照的经营范围看，其并没有此项业务范围，双方签订的协议及补充协议扰乱了正常的金融秩序，属于以合法形式掩盖非法目的。根据《合同法》第五十二条之规定，应认定为无效协议，甲公司依照无效协议要求乙公司给付代理费的诉讼请求没有事实及法律依据，不应支持。

最高人民法院认为终审判决认定甲公司接受乙公司的委托代其申请贷款的行为需要特许经营及申领资质没有法律依据。《最高人民法院关于适用〈中华人民共和国合同法〉若干问题的解释（一）》第十条规定：“当事人超越经营范围订立合同，人民法院不因此认定合同无效。但违反国家限制经营、特许经营以及法律、行政法规禁止经营规定的除外。”开办国家限制经营、特许经营以及法律、行政法规禁止经营的业务应当经过行政机关的行政许可，而甲公司作为非金融类私营企业开展的代办贷款业务并非设定行政许可的项目。现未有法律、行政法规规定代办贷款行为属特许经营，需办理行政许可并获得资质。代办贷款业务也并非《国务院对确需保留的行政审批项目设定行政许可的决定》中列明的根据法律、行政法规以外的规范性文件予以保留并设定行政许可500项事项和《中国人民银行办公厅关于发布行政许可事项目录的通知》中列明的人民银行以法律、行政法规为依据设定的10个行政许可事项以及《中国银行业监督管理委员会关于银监会行政许可项目有关事项的通知》中列明的保留51项行政许可项目之中。根据《房地产经纪管理办法》第十七条规定："房地产经纪机构提供代办贷款、代办房地产登记等其他服务的，应当向委托人说明服务内容、收费标准等情况，经委托人同意后，另行签订合同。"这一部门规章的规定也说明，房地产经纪机构可以提供代办贷款业务。因此，甲公司在本案中的居间代理行为没有违反国家限制经营、特许经营以及法律、行政法规禁止经营的规定，不应适用《商业银行法》的规定。

专家点评

民法典总则编第78条规定，依法设立的营利法人，由登记机关发给营利法人营业执照。营业执照签发日期为营利法人的成立日期。由此，法人的营业执照既是营利法人资格的证明，也是营利法人经营能力的证明，因而营业执照在法人进行交易活动中具有重要的地位。实践中出现相当多的法人超越营业执照记载的经营范围开展营业活动的案例，针对此种民事行为的效力，不应简单粗暴地认定其无效，在法律没有禁止性规定的情况下，从维护交易稳定，保护交易相对人的角度出发，一般认定为有效。

第七十九条　设立营利法人应当依法制定法人章程。

【条文释义】

本条是对营利法人章程的规定。

营利法人的章程，是指营利法人的成员就该法人的活动范围、组织机构以及内部成员之间的权利义务等问题所订立的书面文件。营利法人的章程，既是营利法人成立的必备要件，也是营利法人治理的重要依据，还是营利法人的自治性规则。

营利法人的章程调整的是法人成员与法人之间的关系，参与章程行为的当事人的意思表示并不指向其他成员，而是指向法人的意思形成机构，不仅拘束同意该行为的当事人，对于没有表示同意，但事后加入的当事人也具有法律的拘束力。

营利法人章程的内容包括：1. 绝对必要记载事项，是法律规定在章程中必须具备的内容，这些内容不予以记载，该章程无效，登记机关将不予登记。绝对必要记载事项的内容包括法人的名称、宗旨、业务范围、住所、资本总额、所有制形式、人员等。2. 任意记载事项，不是由法律明文规定不可缺少的事项，既可以规定，也可以不规定在章程中。不适当的任意记载事项规定在章程中，将会对营利法人今后的发展形成障碍。

对于营利法人章程的制定有不同的要求。法律要求有限责任公司的章程由股东共同制定。法律对股份有限公司章程的制定，如果采用发起设立的方式，只要发起人制定章程即可；如果采取募集设立方式，则须由发起人制定章程，并提请创立大会通过。

【案例评注】

某公司诉陈某林行使股东撤销权致其公司财产损失要求赔偿被驳回案①

基本案情

被告陈某林系原告江苏某公司的股东，持有1%的股权。原告诉称：为取得银行贷款，原告于2012年2月24日召开股东会并形成股东会决议，延长公司营业期限至2028年12月31日。召开股东会前，原告按照公司章程规定通知了被告陈某林会议的时间、地点，但被告陈某林拒绝参加会议，发函要求取消股东会，并向淮安市清河区人民法院提起诉讼，以股东会召集程序违反公司章程规定以及决议内容违反公司章程为由，请求撤销股东会决议。但因陈某林的撤销诉讼，原告未能完成2012年2月24日股东会决议的工商变更登记，为偿还银行贷款不得不通过其他途径借款，并支付银行罚息，为此造成原告额外损失151.02万元。现诉至法院，请求判决被告陈某林赔偿原告损失151.02万元。

法院查明，2012年3月7日，陈某林向一审法院提起诉讼，以某公司召开股东会程序违反了公司章程的规定，作出的决议违反了公司法以及未向陈某林送达股东会决议侵犯了其股东知情权为由，请求撤销某公司于2012年2月24日作出的延长公司经营期限等决议。该案经淮安市中级人民法院终审，于2012年7月

① 审理法院：一审法院为江苏省淮安市清河区人民法院，案号：（2012）河商初字第0233号；二审法院为江苏省淮安市中级人民法院，案号：（2012）淮中民终字第1445号。

18 日作出（2012）淮中商终字第 0131 号民事判决，判决驳回陈某林的诉讼请求。

另查明，某公司所欠建设银行淮安健康支行两笔贷款分别于 2012 年 2 月 16 日、5 月 16 日到期，所欠江苏银行淮安清河支行四笔贷款分别于 2012 年 5 月 7 日、5 月 9 日、5 月 18 日、5 月 31 日到期。

法院判决

淮安市清河区人民法院一审认为：股东会或者股东大会、董事会的会议召集程序、表决方式违反法律、行政法规或者公司章程，或者决议内容违反公司章程的，股东可以自决议作出之日起 60 日内，请求人民法院撤销。本案中，陈某林作为某公司的股东，其依据法律规定提起诉讼，请求撤销某公司股东会关于延长公司经营期限等决议，符合法律规定。

某公司主张其损失为向案外人朱某宇等人借款支付的利息与银行贷款利息之间的差额 1289297. 99 元以及逾期偿还银行贷款的罚息 414239. 83 元。对此，原审法院认为，某公司所欠银行合计六笔债务均在公司经营期限内到期，某公司理应在借款期限届满时承担偿还本息的义务，现因某公司逾期还款所产生的罚息，与陈某林的诉讼行为之间亦不具因果关系。某公司即使通过向案外人朱某宇等人借款的方式偿还所欠银行贷款，亦系某公司为履行其还款义务时采取的筹资方式，与陈某林诉讼行为之间并无必然因果关系。建设银行淮安健康支行审查贷款发放条件时，某公司的经营期限将于 2012 年 12 月 31 日到期，故某公司的贷款支用暂时未获得同意，由此亦不必然导致某公司向案外人朱某宇等人借款筹资用于偿还银行贷款。

综上，某公司在未能取得建设银行淮安健康支行贷款的情形下，即使存在通过向案外人朱某宇等人借款筹资以偿还所欠债务本息的事实，与陈某林提起诉讼要求撤销股东会关于延长公司经营期限等决议的行为之间并无必然因果关系。原告某公司请求判决被告陈某林赔偿其损失 151. 02 万元的诉讼请求无事实和法律依据，法院不予支持，故判决驳回原告某公司的诉讼请求。

一审判决后，某公司向江苏省淮安市中级人民法院提起上诉，二审维持原判。

专家点评

公司依法制定的公司章程对于公司的重大事项具有约束力，股东认为股东会在召集程序、表决方式方面违反法律、行政法规或者公司章程，或者决议内容违反公司章程的，可以依照《公司法》第 22 条规定，自决议作出之日起 60 日内，请求人民法院撤销。公司认为股东撤销权诉讼导致公司财产受损并要求股东赔偿的，必须证明股东行使撤销权达到滥用的程度，且其公司财产损失与股东行使撤销权之间具有因果关系，否则人民法院对其主张不予支持。

第八十条 营利法人应当设权力机构。

权力机构行使修改法人章程，选举或者更换执行机构、监督机构成员，以及法人章程规定的其他职权。

【条文释义】

本条是对营利法人权力机构及职权的规定。

营利法人的权力机构，也叫营利法人的意思机关，是营利法人形成法人意思的机关。营利法人的权力机构是营利法人的最高权力机关，是对法人内部作出意思表示的机关。权力机关并不对外进行意思表示，对外的意思表示是由执行机构进行的。

营利法人权力机构的组成形式，是股东会或者股东大会。营利法人作为社团，由相应的社员组成。营利法人的社员为“股东”，原则上所有的成员都参与对社团事务的决定，股东必须参加按照章程召开的大会，以多数决的方式对社团的事务作出决定。

营利法人权力机构的职权范围是：1. 修改法人章程。法人章程在成立时通过并且生效。对法人章程的修改，是法人的重大事项，必须经过法人的权力机构作出决议。2. 选举或者更换执行机构、监督机构成员。法人成立时设置执行机构和监督机构，成员由权力机构选举。法人成立后更换执行机构和监督机构的成员，由权力机构作出决定。3. 法人章程规定的其他职权。法人章程规定了的法人权力机构的职权，就是权力机构的职权。

【案例评注】

黄某忠诉陈某庆等股东资格确认案①

基本案情

本案涉及的当事人：原告：黄某忠，被告一：陈某庆，被告二：陈某，被告

① 审理法院：上海市第二中级人民法院，案号：（2013）沪二中民四（商）终字第188号。

三：张某，被告四：顾某平，被告五：甲公司，被告六：王某英，被告七：乙公司。

2004年4月21日，原告黄某忠与被告陈某庆、陈某、张某、顾某平、王某英共同设立了丙公司，注册资本为400万元，其中：张某出资120万元，持股30%；黄某忠、顾某平各出资80万元，各持股20%；陈某、陈某庆、王某英各出资40万元，各持股10%。2006年10月20日，苏州市太仓工商行政管理局根据丙公司的申请，将丙公司登记的注册资本由400万元变更登记为1500万元，同时将股东及持股比例变更登记为：张某出资120万元，持股8.00%；黄某忠、顾某平各出资80万元，各持股5.33%；陈某、陈某庆、王某英各出资40万元，各持股2.67%；甲公司出资1100万元，持股73.33%。申请上述变更登记的主要依据为落款日期均为2006年10月16日的《丙公司章程》《丙公司股东会决议》。其中章程内容的主要变更为：丙公司的注册资本由原来的400万元增加至1500万元；增加甲公司为股东等等。股东会决议载明的主要内容为：同意修改后的公司章程；增加公司注册资本，由原来的400万元增加到1500万元，甲公司增加投资1100万元，等等。

一审审理中，被告甲公司等出示了落款日期为2006年9月26日的《甲公司股东大会决议》及落款日期为2006年9月28日的《丙公司章程》，分别载明"2006年9月26日在甲公司会议室召开全体股东大会。经全体股东讨论同意以现金人民币1100万元入股丙公司""2006年9月28日在丙公司筹备处会议室召开了全体股东会议，全体股东均表示同意甲公司入股"。

庭审中，由于原告黄某忠及被告王某英均否认上述公司章程和股东会决议的真实性，为此，被告甲公司提出申请，要求对2006年9月26日的甲公司的股东大会决议及2006年9月28日丙公司的股东会决议上"黄某忠"的字迹是否系黄某忠的笔迹进行鉴定。经鉴定，鉴定意见为，上述两份决议上"黄某忠"的签名字迹与对比样本上的"黄某忠"签名字迹不是同一人书写形成。

另查明，根据丙公司章程的规定，公司增加注册资本，应由公司股东会作出决议，并经代表三分之二以上表决权的股东通过。被告甲公司用于所谓增资丙公司的1100万元，于2006年10月18日完成验资后，就以"借款"的形式归还给甲公司。

法院判决

上海市第二中级人民法院二审认为：丙公司系被上诉人黄某忠与一审被告陈某庆、陈某、张某、顾某平、王某英共同出资设立，设立时原告依法持有丙公司

20%股权。在黄某忠没有对其股权作出处分的前提下，除非丙公司进行了合法的增资，否则原告的持股比例不应当降低。丙公司的章程明确约定公司增资应由股东会作出决议。现经过笔迹鉴定，丙公司和甲公司的股东会决议上均非黄某忠本人签名，不能依据书面的股东会决议来认定黄某忠知道增资的情况。出资买地与公司增资之间不具有必然的关联性。因此，在没有证据证明黄某忠明知且在股东会上签名同意丙公司增资至1500万元的情况下，对丙公司设立时的股东内部而言，该增资行为无效，且对于黄某忠没有法律约束力，不应以工商变更登记后的1500万元注册资本金额来降低黄某忠在丙公司的持股比例，而仍旧应当依照20%的股权比例在股东内部进行股权分配。原审适用法律正确，审判程序合法，判决黄某忠自设立后至股权转让前持有丙公司20%的股权并无不当。

专家点评

民法典总则编第80条规定，营利法人应当设权力机构。权力机构行使修改法人章程，选举或者更换执行机构、监督机构成员，以及法人章程规定的其他职权。股东会是法人的最高权力机关，履行公司章程，按照公司章程的规定表决公司的重大事项，如变更公司的股权构成，决定增资等。本案中，未经公司有效的股东会决议通过，他人虚假向公司增资以“稀释”公司原有股东股份，该行为损害原有股东的合法权益，即使该出资行为已被工商行政机关备案登记，仍应认定为无效，公司原有股东股权比例应保持不变。

第八十一条 营利法人应当设执行机构。

执行机构行使召集权力机构会议，决定法人的经营计划和投资方案，决定法人内部管理机构的设置，以及法人章程规定的其他职权。

执行机构为董事会或者执行董事的，董事长、执行董事或者经理按照法人章程的规定担任法定代表人；未设董事会或者执行董事的，法人章程规定的主要负责人为其执行机构和法定代表人。

【条文释义】

本条是对营利法人执行机构及职权的规定。

营利法人的执行机构，是对法人的权力机构所形成的意志具体进行贯彻执行的机构。营利法人的执行机构是营利法人的办事机构，只有法定代表人或者法定代表人授权的代表，才能对外代表法人为意思表示，并非由执行机构直接对外作意思表示。

营利法人执行机构的职权是：1. 执行机构召集权力机构会议。按照法人章程的规定，执行机构确定权力机构会议的召开时间、召开地点、参加会议的人员、会议讨论的议题等。权力机构会议作出决议后，执行机构要贯彻落实。2. 决定法人的经营计划和投资方案。法人的经营计划和投资方案应当符合法人的设立宗旨和目的，不得违背权力机构的意志。法人的经营计划和投资方案决定后，执行机构还要贯彻落实。3. 决定法人内部管理机构的设置，确定和聘任具体的管理人员，以使法人开展正常的经营活动。4. 行使章程规定的其他职权。

采用董事会或者执行董事制的营利法人，董事会和执行董事是执行机构。董事会由股东大会选举产生，向股东大会负责，董事长、执行董事或者经理为营利法人的法定代表人，有权对外代表该法人。营利法人未设董事会或者执行董事的，法人章程规定的主要负责人既是其执行机构，又是其法定代表人。

【案例评注】

某公司与李某军董事会决议纠纷上诉案[①]

基本案情

被上诉人（原审原告）李某军系上诉人某公司股东，并担任总经理职务。某公司为有限责任公司，其股权结构为：葛某乐持股40%、李某军持股46%、王某胜持股14%。三人共同组成董事会，由葛某乐担任董事长，其余二人为公司董事。公司章程规定："董事会行使包括聘任或者解聘公司经理等权利；董事会须由三分之二以上的董事出席方为有效；董事会对所议事项作出的决定应由占全体股东三分之二以上的董事表决通过方为有效。"2009年7月18日，经董事长葛某乐电话召集，某公司召开董事会，会议经葛某乐、王某胜表决同意通过了"鉴于总经理李某军不经董事会同意私自动用公司资金在二级市场炒股，造成巨大损失，现免去其总经理职务，即日生效"的决议。决议由葛某乐、王某胜及监事签名，李某军未在决议上签名。2009年7月27日，李某军以该决议依据的事实错

① 审理法院：一审法院为上海市黄浦区人民法院，案号：（2009）黄民二（商）初字第4569号；二审法院为上海市第二中级人民法院，案号：（2010）沪二中民四（商）终字第436号。

误，在召集程序、表决方式及决议内容等方面均违反了公司法的规定，应予撤销为由，向一审法院提起诉讼，要求撤销上述董事会决议。

法院判决

一审法院经审理认为，董事会决议撤销诉讼旨在恢复董事会意思形成的公正性及合法性，在注重维护主张撤销权人合法利益的同时兼顾公司法律关系的稳定。虽然本案董事会决议在召集、表决程序上与公司法及公司章程并无相悖之处，但董事会形成的罢免原告总经理职务决议所依据的“未经董事会同意私自动用公司资金在二级市场炒股造成损失”的事实存在重大偏差。原告在案外人某证券公司进行800万元股票买卖，包括账户开立、资金投入及股票交易等系列行为，均系经被告董事长葛某乐同意后委托李某军代表某公司具体实施。因此，在该失实基础上形成的罢免总经理决议，缺乏事实及法律依据，其决议结果失当。从维护主张撤销权人的合法利益，董事会决议形成的公正、合法性角度出发，判决对该董事会决议予以撤销。

一审判决后，某公司不服，提起上诉称，根据《公司法》第二十二条，董事会决议撤销之诉仅需审查召集程序、表决方式、内容是否违反法律、行政法规和章程规定，在一审判决已对此作出肯定性判决的情况下，该董事会决议应认定为合法有效。

二审法院经审理认为：聘任和解聘总经理是公司董事会的法定职权，只要董事会决议在程序上不违反《公司法》和公司章程的规定，内容上不违反公司章程的规定，法院对解聘事由是否属实不予审查和认定，其对董事会的决议效力亦不构成影响。本案中“李某军不经董事会同意私自动用公司资金在二级市场炒股，造成巨大损失”这一理由仅是对董事会为何解聘李某军总经理职务作出的有因陈述，该陈述本身不违反公司章程，也不具有执行力。本案适用《公司法》第二十二条予以审查，认定系争董事会决议在召集程序、表决方式上均无任何瑕疵，不符合应予撤销的要件，遂对本案予以改判，对李某军原审诉请不予支持。

专家点评

民法典总则编第81条规定，营利法人应当设执行机构。执行机构行使召集权力机构会议，决定法人的经营计划和投资方案，决定法人内部管理机构的设置，以及法人章程规定的其他职权。执行机构为董事会或者执行董事的，董事长、执行董事或者经理按照法人章程的规定担任法定代表人；未设董事会或者执行董事的，法人章程规定的主要负责人为其执行机构和法定代表人。本案中，董事会是公司的执行机构，遵守公司章程，履行股东会决议，制定公司经营计划和投资方案，对于董事会决议效力的司法审查应遵循公司自治的原则，将审查范围严格限定在《公司法》第22条的规定事项之内。对于公司高管因董事会决议不当罢免其职务而寻求诉讼救济的，法院应根据不同的请求权基础，区别不同的法律关系，正确适用不同的法律规定作出相应裁判。同时具有劳动者身份的公司高管，享有劳动法上的权利义务，但对解除高管职务这一行为的法律适用审查上应对经理和其他高管加以区分，解除经理职务审查应适用公司法相关规定，解除经理之外高管职务的审查应适用劳动合同法相关规定。

第八十二条 营利法人设监事会或者监事等监督机构的，监督机构依法行使检查法人财务，监督执行机构成员、高级管理人员执行法人职务的行为，以及法人章程规定的其他职权。

【条文释义】

本条是对营利法人监督机构及职权的规定。

营利法人的监督机构，是对营利法人的执行机构进行的业务活动进行专门监督的机构。营利法人的监督机构是监事或者监事会，也是营利法人的法定必备常设机构。监事会应当包括股东代表和适当比例的公司职工代表，具体比例由法人章程规定。为了保证监事会的独立性，法人的董事、高级管理人员不得兼任监事。监事会与董事会为独立并行的营利法人的机关，共同向股东会负责，监事会行使监督权不受董事会的影响和干涉。

监事会的主要功能是对公司的经营者的活动进行监督检查，防止其滥用权力，以保障公司、股东及公司债权人的合法权益，职权是：1. 监督机构依法检查法人的财务，有权对法人的有关财务的所有内容进行检查，进行监督。2. 对执行机构成员及高级管理人员执行法人职务的行为进行监督。董事和经理的行为损害公司利益时，要求董事和经理予以纠正。3. 行使章程规定的其他职权。

【案例评注】

金某福诉某公司监事检查权继续履行纠纷案①

基本案情

2005年3月，原告金某福与杨某良共同投资成立被告某公司，注册资本为人民币50万元，其中原告投入24.5万元，占注册资本的49%，杨某良投入25.5万元，占注册资本的51%。2005年2月25日，同创公司召开首次股东会，选举杨某良为公司的执行董事，金某福为公司的监事。

2010年8月，原告向被告发出书面通知，要求查阅、复制某公司2006年至2010年的财务账簿及会计报告，遭到被告拒绝。原告于2010年9月14日向法院提起诉讼，要求行使股东知情权。经法院和扬州市中级人民法院审理，判决支持原告的诉讼请求。判决生效后，金某福向法院申请强制执行。法院于2012年3月21日、22日召集当事人及代理人按照（2010）江商初字第0394号民事判决书判决的内容进行查阅，并经金某福同意作执结处理。由于原告认为被告账目记载混乱、伪造虚假凭证、虚构支出、减少收入等，使公司经营出现异常，故诉至法院，要求判令被告将公司自成立以来至诉讼时止所有财务会计报告、会计账簿及原始凭证交原告检查，并承担某会计师事务所调查费用2万元。

另查明，根据被告向工商部门提供的经营情况记载，某公司2008年全年销售收入657.99万元，净利润1.89万元；2009年全年销售收入1239.40万元，净利润26.11万元；2010年全年销售758.30万元，净利润14.49万元；2011年全年销售收入1100.63万元，亏损11.67万元。

又查明，2012年4月16日，原告与某会计师事务所签订《委托审计调查协议》，委托其对被告的经营情况进行审计，费用为2万元。

法院判决

本案的争议焦点是原告在行使股东知情权后，是否有权以监事身份检查被告公司自成立以来至诉讼时止所有财务会计报告及会计账簿和原始凭证，并由被告承担某会计师事务所调查费2万元。

① 审理法院：一是法院为江苏省扬州市江都区人民法院，案号：（2012）扬江商初字第0210号；二审法院为江苏省扬州市中级人民法院，案号：（2013）扬商终字第0009号。

扬州市江都区人民法院一审认为，《公司法》第五十五条对应《公司法》（2013 年修正）第五十四条第二款规定：“监事会、不设监事会的公司监事发现公司经营情况异常可以进行调查；必要时，可以聘请会计师事务所等协助其工作，费用由公司承担。”本案中，原告作为被告公司监事根据被告提供给工商部门的经营情况，发现公司在销售收入增长的情况下，利润却出现亏损，有理由认为公司出现经营情况异常，要求进行调查，符合法律规定；尽管依据公司章程，原告的监事任务于 2008 年 2 月 25 日已经届满，但在公司股东大会选举出新的监事之前其仍然有权行使对公司的调查权。由于原告金某福在被告公司既是股东又是监事，鉴于其双重身份，对其在股东知情权纠纷一案中已查阅的会计账册、原始凭证、财务会计报告，从有利于公司正常运转出发，被告无需再次提供。原告虽然与某会计师事务所签订《委托审计调查协议》，但委托事项尚未进行，费用尚未实际发生，待发生后，原告可根据相关法律规定另行主张。故在本案中，不予支持。

扬州市中级人民法院二审认为，上诉人金某福有权查阅被上诉人某公司财务会计报告、会计账簿及原始凭证，但是在双方股东知情权纠纷中已提供查阅的资料没有必要再次提供查阅。某公司首次股东会决议和工商登记资料明确载明了金某福为公司监事，因此金某福具有某公司的监事身份，依据《公司法》第五十四条第（一）项对应《公司法》（2013 年修正）第五十三条第（一）项。规定，其享有监事检查权。上诉人金某福作为被上诉人某公司监事，根据某公司提供给工商部门的经营情况，发现公司在销售收入增长的情况下出现亏损，有理由认为公司出现经营情况异常，其根据《公司法》第五十五条第二款的规定要求进行调查以落实其监事检查权有法律依据。但是，在金某福与某公司的股东知情权纠纷一案中，金某福已经于 2012 年 3 月 21 日、22 日，在法院主持下并聘请专业会计师按照（2010）江商初字第 0394 号民事判决书确定的内容对某公司会计账册、原始凭证、财务会计报告进行了查阅，并同意作执结处理，其行使股东知情权目的已经达到。从公司法立法目的来看，之所以完善决策、执行、监督互相分离的公司内部治理结构，就是为了通过各种权利的制约与平衡，实现公司运营的高效、规范，从而保护包括公司自身在内的相关主体的合法权益，并且根据《公司法》第一百四十八条第一款对应《公司法》（2013 年修正）第一百四十七条第二款的规定，监事所负勤勉义务要求其职权的行使应当谨慎并符合维护公司利益的原则。因此，上诉人金某福同时作为被上诉人某公司的股东和监事，在行使股东知情权后，短时间内要求行使监事检查权，虽在法律上可予保障，但是，基于平衡保护公司各方主体合法权益的考虑，为减少公司不必要的运营成本、维护公司正常的经营秩序，对上诉人金某福在股东知情权纠纷一案中已查阅的会计账册、原始凭证、财务会计报告，被上诉人某公司无需再次提供查阅。

专家点评

民法典总则编第82条规定，营利法人设监事会或者监事等监督机构的，监督机构依法行使检查法人财务，监督执行机构成员、高级管理人员执行法人职务的行为，以及法人章程规定的其他职权。本案中，法院根据《公司法》的规定“监事会、不设监事会的公司监事发现公司经营情况异常可以进行调查”进行裁判。依据公司章程监事虽然任期届满，但在公司股东大会选举出新的监事之前，如发现公司经营异常，为保护公司正常运转和股东合法权益，其仍然有权行使对公司的监事检查权。

第八十三条 营利法人的出资人不得滥用出资人权利损害法人或者其他出资人的利益；滥用出资人权利造成法人或者其他出资人损失的，应当依法承担民事责任。

营利法人的出资人不得滥用法人独立地位和出资人有限责任损害法人债权人的利益；滥用法人独立地位和出资人有限责任，逃避债务，严重损害法人债权人的利益的，应当对法人债务承担连带责任。

【条文释义】

本条是对滥用出资人权利和法人人格否认的规定。

滥用出资人权利，是指营利法人的出资人为自己的利益或者第三人谋取利益，利用自己作为出资人的权利，损害法人或者其他出资人利益的行为。构成滥用出资人权利的要件是：1. 行为的主体是营利法人的出资人；2. 营利法人的出资人实施了不正当利用自己出资人权利的行为；3. 出资人滥用自己权利的目的，是为自己的利益或者为第三人谋取利益，是故意所为；4. 出资人滥用自己权利的行为，给法人或者其他出资人造成损失的，滥用权利的行为与损害后果之间具有引起与被引起的因果关系。滥用出资人权利的法律后果是依法承担损害赔偿责任。损害赔偿请求权人，是因此受到损害的法人或者其他出资人。

法人人格否认，是指法人虽为独立的民事主体，承担独立于其成员的责任，但当出现有悖于法人存在目的及独立责任的情形时，如果在坚持形式上的独立人格与独立责任将有悖于公平时，在具体个案中视法人的独立人格于不顾，直接将法人的责任归结为法人成员的责任。法人人格否认的构成要件是：1. 法人人格否认的行为人是营利法人的出资人；2. 法人人格否认的行为，是营利法人的出资人滥用法人独立地位和出资人有限责任而逃避债务；3. 营利法人的出资人滥用其权利逃避债务的目的，是为自己或者其他第三人谋取利益；4. 出资人滥用法人独立地位和出资人有限责任的行为，损害了法人债权人的利益，滥用行为与损害后果之间具有因果关系，法人债权人是实际损害的受害人，其损害的程度应当达到严重的程度。构成法人人格否认，应当承担损害赔偿责任，请求权人是受到严重损害的法人债权人。责任主体是滥用权利地位的出资人和法人，共同对受到损害的法人债权人承担连带责任。

【案例评注】

侯某国诉郝某印、刘某玲等股东损害公司债权人利益责任纠纷案①

基本案情

2011年4月9日，第三人某公司作为借款方和原告侯某国作为贷款方签订借款合同一份。合同约定由第三人某公司向原告侯某国借款510万元，合同约定了借款用途、借款利率、合同争议由菏泽市仲裁委员会仲裁等条款。原告侯某国通过网上银行、现金存款的方式将510万元存入被告郝某印的个人银行账户。2011年4月10日至7月8日，第三人某公司向原告侯某国出具收款收据9张，金额共计510万元。原告诉称，第三人某公司法定代表人郝某印却要求原告侯某国把510万元借款汇到其个人账户，不计入公司账户，被告郝某印再以其个人名义借出。被告刘某玲作为持股49%的股东，对第三人某公司借款510万元的事情了如指掌。后因第三人某公司未能偿还上述借款，原告侯某国向菏泽仲裁委员会提起仲裁，请求第三人某公司支付其借款本金510万元、利息、手续费并承担违约责任。菏泽仲裁委员会经审理，裁决如下：(1) 第三人某公司支付原告侯某国本金510万元，并自2011年10月起按中国人民银行同类贷款利率的四倍支付相应利

---

① 审理法院：山东省菏泽市中级人民法院，案号：(2013) 荷商初字第29号。

息；（2）担保人刘某在借款本金500万元的范围内承担偿还本息的连带责任；（3）驳回原告侯某国的其他仲裁请求。法院向菏泽市开发区地方税务局和菏泽市开发区国家税务局调取了第三人某公司的纳税情况。经查询，该公司仅在2011年9月2日向菏泽市开发区地方税务局纳税500元和30元，分别为营业账簿税（按资本）500元和营业账簿税（按件纳税）30元。

法院判决

山东省菏泽市中级人民法院于2014年5月26日作出（2013）菏商初字第29号民事判决：一、被告郝某印对菏泽仲裁委员会作出的（2011）菏仲裁字第186号仲裁裁决书裁决的第三人某公司支付给原告侯某国的510万元借款及相应利息承担连带清偿责任，于本判决生效之日起10日内付清；二、驳回原告侯某国的其他诉讼请求。宣判后，各方当事人均未提出上诉，判决已发生法律效力。

法院生效判决认为：该案案由为股东损害公司债权人利益责任纠纷，争议焦点为被告郝某印和被告刘某玲是否滥用公司法人独立地位和股东有限责任，严重损害原告侯某国的利益。《公司法》第三条第一款规定，公司是企业法人，有独立的法人财产，享有法人财产权。公司以其全部财产对公司的债务承担责任。公司具有独立的法人人格，能够对公司债务独立承担责任，股东无需对公司的债务承担责任。原告侯某国于本案中诉请被告郝某印和被告刘某玲对公司债务承担连带清偿责任的实质是否认第三人某公司的法人人格。《公司法》第二十条第三款规定："公司股东滥用公司法人独立地位和股东有限责任，逃避债务，严重损害公司债权人利益的，应当对公司债务承担连带责任。"据此，公司股东只有实施了滥用公司法人人格的行为，严重损害公司债权人利益，才能否认公司的法人人格，由公司股东直接承担公司债务，此时股东人格和公司人格是混同难以区分的。公司有独立的法人财产，享有法人财产权，故股东个人财产与公司财产是否混同是判断二者之间人格是否混同的重要标准之一。另外，公司人格否认的效力仅限于提起否认公司人格的债权人所依存的特定法律关系中，而不是对公司独立人格全面、永久的否认，仅是对特定具体法律关系中已经丧失独立人格特定的公司状态的一种确认。故，本案应当确认是否在案涉510万元的借款中存在被告郝某印和被告刘某玲的财产和第三人某公司财产存在人格上的混同。本案中，第三人某公司存在以下情形：

第一，从第三人某公司财务管理方面看，原告侯某国将510万元借款出借给第三人某公司，将借款直接汇入被告郝某印的个人账户，出现了公司账目和股东账目混同，使常人无法区分公司与股东存在着各自独立的账户。

第二，原告侯某国主张根据被告郝某印的要求，其将510万元应当汇入第三人某公司的账户的借款汇入了被告郝某印的个人账户，而被告郝某印又对该笔款项进行了支配。原告侯某国就被告郝某印与第三人某公司的账目混同提供了初步证据，被告郝某印作为第三人某公司的法定代表人和股东，作为该公司的直接管理者，没有在法院指定期限内向法院提交第三人某公司的账簿和会计凭证等财务资料，进一步反驳原告侯某国所举的初步证据，故应当承担举证不能的不利后果。

第三，经查询，该公司仅在2011年9月2日纳税500元和30元，分别为营业账簿税（按资本）500元和营业账簿税（按件纳税）30元。说明自该公司设立后，该公司没有因经营而缴纳营业税，间接说明该公司没有进行经营活动。

第四，从第三人某公司人员管理方面看，被告郝某印未提交任何证据证明第三人某公司在经营过程中受到监事、董事会等管理或者监督。

以上事实可以证明，第三人某公司的账目和股东被告郝某印的个人账目存在混同，根据《公司法》第二十条第三款的规定，被告郝某印的行为损害了公司债权人侯某国的利益，应当对原告侯某国的510万元债务承担连带清偿责任。

关于被告刘某玲是否构成抽逃出资，滥用公司法人人格的问题。如前所述，公司人格在个案中否认，并不影响公司在其他法律关系中的独立人格。同时，其所追究责任主体，也限于在事实上滥用公司法人人格，实际参加公司经营管理的股东，而不是涉及公司所有股东。所以，原告侯某国应当就被告刘某玲参与抽逃出资，滥用公司法人人格的事实进行举证。原告侯某国称刘某芳作为被告刘某玲的妹妹参与第三人某公司的运作，但没有提供证据证明刘某芳系被告刘某玲妹妹及参与经营的证据。同时，即便刘某芳系被告刘某玲的亲属，系第三人某公司的工作人员，也不能证明被告刘某玲参与了案涉510万元借款行为。原告侯某国没有提交证据证明被告刘某玲直接参与第三人某公司向原告侯某国借款510万元的事实，无法证明被告刘某玲从510万元借款中获取了不当利益。同时，原告侯某国没有证据证明被告刘某玲除了工商登记中第三人某公司股东这一身份之外，在第三人某公司中从事其他职务。原告侯某国称第三人某公司的注册资金100万元被抽逃，但是没有提供任何证据。根据《最高人民法院关于民事诉讼证据的若干规定》第二条规定，当事人对自己提出的诉讼请求所依据的事实或者反驳对方诉讼请求所依据的事实有责任提供证据加以证明。没有证据或者证据不足以证明当事人的事实主张的，由负有举证责任的当事人承担不利后果。故，本案不能认定被告刘某玲滥用公司法人人格。所以，原告侯某国称被告刘某玲滥用公司法人人格，利用法人人格逃避债务的主张没有事实根据和法律依据，其该部分诉讼请求法院不予支持。

专家点评

公司人格否认的效力仅限于提起否认公司人格的债权人所依存的特定法律关系中，仅是对特定具体法律关系中已经丧失独立人格特定的公司状态的一种确认，而不是对公司独立人格全面、永久的否认。公司人格在个案中否认，并不影响公司在其他法律关系中的独立人格。同时，其所追究的责任主体，也限于在事实上滥用公司法人人格，实际参加公司经营管理的股东，而不是涉及公司所有股东。

第八十四条 营利法人的控股出资人、实际控制人、董事、监事、高级管理人员不得利用其关联关系损害法人的利益；利用关联关系造成法人损失的，应当承担赔偿责任。

【条文释义】

本条是对利用关联交易损害法人利益的规则。

关联交易，是指营利法人控股出资人、实际控制人、董事、监事、高级管理人员利用与其直接或者间接控制的企业之间的关系，以及可能导致法人利益发生转移的其他关系，而进行的交易。关联交易的关键在于交易的当事人具有关联关系，即在营利法人之间，如果一方控制、共同控制另一方，或者对另一方施加重大影响，以及两方或两方以上同受一方控制、共同控制或重大影响的，构成关联方。在关联方相互之间进行的交易就是关联交易。

正当的关联交易，法律并不禁止。但是，营利法人的控股出资人、实际控制人、董事、监事、高级管理人员利用这种关联关系，进行关联交易，损害法人的利益，造成法人损害的，构成利用关联交易的行为。构成利用关联关系损害法人利益责任应具备的要件是：1. 行为的主体是营利法人的控股出资人、实际控制人、董事、监事、高级管理人员；2. 上述行为人与自己有关联关系的营利法人进行交易行为，即利用双方之间的关联关系，进行关联交易；3. 上述行为人实施关联交易的后果损害了法人的利益，造成了法人的财产损失，具有因果关系。

构成利用关联关系损害法人利益的，应当承担赔偿责任。损害赔偿请求权人是因关联交易受到损害的法人，法人可以向实施关联交易的法人的控股出资人、实际控制人、董事、监事、高级管理人员请求承担损害赔偿责任。

【案例评注】

王某玉与杜某仓公司关联交易损害责任纠纷案[①]

基本案情

2007年7月12日，被告杜某仓等人出资注册成立了甲公司，其中杜某仓占该公司出资的15%。2017年5月之前，杜某仓担任甲公司的执行董事及法定代表人。该公司的经营范围为：销售及技术咨询，工程机械及零配件。

2007年12月25日，原告王某玉等人出资注册成立了乙公司，王某玉系为该公司股东及法定代表人，占该公司出资的25%。该公司的经营范围为：工程机械及配件、建筑设备、机电产品的销售及售后服务；汽车（不含小轿车）及相关配件销售，工程机械租赁。

2013年1月5日，原告王某玉与被告杜某仓及丙公司共同出资设立了第三人丁公司，其中被告杜某仓占丁公司出资的40%，并同时担任该公司董事长及法定代表人职务，原告王某玉占丁公司出资的30%，丙公司占丁公司出资的30%。

2014年12月30日，甲公司及第三人丁公司共同向丙公司出具《付款说明书》一份，主要内容为："丙公司：兹有甲公司（委托方）委托丁公司（受托方）代为向贵公司支付货款，根据该委托，受托方于2014年12月17日向贵公司支付了人民币4000000元，该笔款项中的1600000元用于清偿委托方欠贵公司的货款。委托方承诺：由于上述委托付款方式所引起的一切风险由委托方承担。受托方承诺：上述委托付款方式真实有效，受托方与贵公司之间的债权债务不因此而发生任何改变。特此说明！委托方（盖章）：甲公司，受托方（盖章）：丁公司2014年12月30日。"即丁公司向丙公司支付的货款4000000元中包含其依据该《付款说明书》的委托事项代甲公司支付丙公司的货款1600000元。2017年3月13日，被告杜某仓代表甲公司、原告王某玉代表乙公司及丙公司共同签署了《甲公司、乙公司投入丁公司资产及未付款项确认单》。原告认为，被告杜某仓在未经第三人丁公司董事会与股东决议批准的情况下，代表丁公司通过《付款说明书》代其控制的甲公司向丙公司支付了货款已构成关联交易，被告利益输送之目标明确、路径清晰，应当承担赔偿责任。

---

① 审理法院：新郑市人民法院，案号：（2019）豫0184民初5682号。

法院判决

本院认为：《公司法》第二十一条规定：公司的控股股东、实际控制人、董事、监事、高级管理人员不得利用其关联关系损害公司利益。违反前款规定，给公司造成损失的，应当承担赔偿责任。《公司法》第一百四十八条规定：董事、监事、高级管理人员应当遵守法律、行政法规和公司章程，对公司负有忠实义务和勤勉义务。《公司法》第二百一十七条第（四）项规定：关联关系，是指公司控股股东、实际控制人、董事、监事、高级管理人员与其直接或者间接控制的企业之间的关系，以及可能导致公司利益转移的其他关系。《民法总则》第八十四条规定：营利法人的控股出资人、实际控制人、董事、监事、高级管理人员不得利用其关联关系损害法人的利益。利用关联关系给法人造成损失的，应当承担赔偿责任。《民事诉讼法》第六十四条规定：当事人对自己提出的主张，有责任提供证据。本案中，被告杜某仓作为第三人丁公司的控股股东和实际控制人，依法应当遵守法律、行政法规和公司章程，对丁公司负有忠实义务和勤勉义务。2017年3月13日，被告杜某仓代表甲公司、原告王某玉代表乙公司与丙公司三方共同签署的《甲公司、乙公司投入丁公司资产及未付款项确认单》，已经确认了2014年12月30日由第三人丁公司代甲公司支付丙公司的货款1600000元承兑的事实，并经过了原告王某玉的签字予以认可。因此，第三人丁公司代甲公司向丙公司支付货款应是该公司的正常经营行为，原告在确认单上签字表明其当时对此是明知并同意的，该行为并没有给第三人丁公司造成损失，亦没有给原告王某玉造成实际的损失。原告向本院提交的证据不足以证明第三人丁公司代甲公司支付丙公司1600000元承兑的行为构成了关联交易，且该行为给第三人造成了损失。因此，原告的诉讼请求没有事实及法律依据，本院依法不予支持。

专家点评

民法典总则编第84条规定，营利法人的控股出资人、实际控制人、董事、监事、高级管理人员不得利用其关联关系损害法人的利益；利用关联关系造成法人损失的，应当承担赔偿责任。但是本案中，原告对被告的行为明知且同意，同时，被告的行为亦未给原告造成实际的损失，所以不构成关联交易损害法人的情形，法院对原告王某玉的诉请不予支持。

第八十五条　营利法人的权力机构、执行机构作出决议的会议召集程序、表决方式违反法律、行政法规、法人章程，或者决议内容违反法人章程的，营利法人的出资人可以请求人民法院撤销该决议。但是，营利法人依据该决议与善意相对人形成的民事法律关系不受影响。

【条文释义】

本条是对营利法人决议瑕疵的规定。

营利法人的权力机构或者执行机构作出的决议在内容上或者程序上存在瑕疵，构成营利法人的决议瑕疵，应当适用法律规定的有关行为瑕疵的规则，对其予以纠正。营利法人决议瑕疵分为：1. 程序瑕疵，会议召集程序瑕疵（如通知存在瑕疵，会议目的事项之外的决议等），会议方法瑕疵（如无表决权，股东或者表决权受限制的股东出席会议并参加表决，没有满足法定人数，要求或者计算方法违法等）。2. 实体瑕疵，决议内容违反章程，营利法人章程本为股东的团体合意，权力机构、执行机构的决议违反章程的规定。

对法人决议瑕疵的救济方法是：1. 营利法人的出资人享有撤销权，可以请求人民法院对有瑕疵的会议决议予以撤销，会议决议一经撤销，就不再对法人具有拘束力。2. 如果营利法人依据该具有瑕疵的决议，已经与相对人形成了民事法律关系，只有相对人为善意即相对人对法人的决议瑕疵不知情且无过失的，该民事法律关系的效力不受影响；否则，因瑕疵的决议而实施的民事法律行为建立的民事法律关系，法人的出资人可以请求撤销。

【案例评注】

林某森与某公司公司决议效力确认纠纷上诉案①

基本案情

2001 年 1 月 11 日，甲公司与某集团公司、某房地产开发公司开设了乙公司，其中甲公司出资 1420 万元，占注册资本 71%，某集团公司出资 560 万元，占注册资本 28%，某房地产开发公司出资 20 万元，占注册资本 1%。

① 审理法院：一审法院为广东省广州市荔湾区人民法院，案号：（2014）穗荔法民二初字第 984 号；二审法院为广东省广州市中级人民法院，案号：（2013）穗中法民二终字第 1400 号。

2003年5月30日，某集团公司、某房地产开发公司与林某森、甲公司、曾某坚签署《乙公司股东会决议》，所作出决议经公司股东表决权100%通过，同意某集团公司将其持有的乙公司28%股权转让给林某森，同意某房地产开发公司将其持有的乙公司1%股权转让给第三人曾某坚。同日，甲公司与某集团公司、某房地产开发公司签署《乙公司章程修正案》，决定对公司章程作出相应修改：股东变更为林某森和甲公司、曾某坚；股东出资额及出资比例变更为甲公司出资1420万元，占股份71%，林某森出资560万元，占股份28%，曾某坚出资20万元，占股份1%。同日，某房地产开发公司和第三人曾某坚签订股东转让出资合同书，约定某房地产开发公司将其持有的乙公司股份全部转让给曾某坚，还约定曾某坚承认修改后的公司章程等内容；某集团公司和林某森签订股东转让出资合同书，约定某集团公司将其持有的乙公司股份全部转让给林某森，还约定林某森承认修改后的公司章程等内容。某集团公司、某房地产开发公司与甲公司均在上述两份股东转让出资合同书上签章确认。之后，各方办理了工商登记变更手续，乙公司的股东变更为林某森和甲公司、曾某坚。

2006年6月10日，林某森和曾某坚向甲公司共同出具确认书，林某森和曾某坚签名确认名义上持有乙公司股权的29%，其中曾某坚持有1%股权，林某森持有28%股权，实际上两人所持有的股权和权益全部属于甲公司，两人只是名义上的股东。两人同意尽快办理将股权转回给甲公司的工商变更登记手续。

2006年6月13日，甲公司与林某森签订股东转让出资合同书（该合同业经广州市工商行政管理局备案），约定：林某森将其持有的乙公司股份全部转让给甲公司；2006年6月13日前，甲公司需将转让金额560万元全部付给林某森等内容。

其后，乙公司向工商管理部门提交2006年6月13日《股东会决议》。该《股东会决议》上写有“林某森”的签名，载明所作出决议经公司股东表决权100%通过，同意林某森将其持有的乙公司28%股权转让给甲公司等内容，申请将乙公司的股东由甲公司、林某森、曾某坚变更为甲公司（持股100%）。工商管理部门予以核准。

林某森认为其没有参加2006年6月13日的乙公司股东会会议，也没有在2006年6月13日《股东会决议》上签名，该《股东会决议》无效，故向一审法院提起本案诉讼，请求判令确认2006年6月13日《股东会决议》无效。本案在一审法院审理过程中，经林某森申请，各方当事人同意，经有资质的司法鉴定所作出鉴定意见认为：2006年6月13日《股东会决议》股东（签名、盖章）处“林某森”签名字迹与林某森本人书写的字迹不是同一人所写。

法院判决

广东省广州市荔湾区人民法院于2013年7月31日作出（2012）穗荔法民二初字第984号民事判决：2006年6月13日形成的《股东会决议》无效。宣判后，乙公司和甲公司均不服一审判决，提起上诉。

广东省广州市中级人民法院经审理认为，本案为公司决议效力确认纠纷。林某森提起本案诉讼，要求确认效力的《股东会决议》的其中一项事项为：同意林某森将占乙公司注册资本28%共人民币560万元的出资转让给甲公司。该《股东会决议》上“林某森”的签名已经有资质的鉴定机构鉴定并非为林某森本人签名。由于决议的内容主要是涉及林某森所持有的乙公司的股权转让给其他股东的事宜，即涉及林某森个人的实体权益，因此，未经其本人同意，该涉及林某森所持有的股权转让的决议应对林某森本人不发生法律效力。但根据2006年6月10日林某森和曾某坚向甲公司共同出具确认书以及2006年6月13日甲公司与林某森签订的股东转让出资合同书，林某森确认其名义上持有乙公司28%的股权，并同意将其持有的乙公司的股份办理转回给甲公司的工商变更登记手续。该确认书以及股东转让出资合同书与《股东会决议》的内容一致，林某森已明确表示其同意将其所持有的乙公司28%的注册资本转给甲公司，故该股东会决议并没有侵害林某森的实体权益。况且，根据乙公司的章程，股东会由股东按照出资比例行使表决权，因此，本案《股东会决议》是否生效应当由股东按照出资比例行使表决权后，按照表决的结果决定决议事项。一审法院以林某森没有在该《股东会决议》上签名，该《股东会决议》不是林某森的真实意思表示为由确认该《股东会决议》无效的理据不充分，林某森认为本案《股东会决议》无效的理由不能成立，二审法院予以驳回。

专家点评

股东会会议由股东按照出资比例行使表决权，但是，公司章程另有规定的除外。股东会决议没有侵犯股东的实体权益，也没有违反法律、行政法规、公司章程的规定，该决议即使有瑕疵，仍为有效决议。法院不宜径直判令此类股东会决议无效，否则有悖合同意思自治原则。这与民法典总则编第85条所规定的“营利法人的权力机构、执行机构作出决议的会议召集程序、表决方式违反法律、行政法规、法人章程，或者决议内容违反法人章程的，营利法人的出资人可以请求人民法院撤销该决议，但是，营利法人依据该决议与善意相对人形成的民事法律关系不受影响”的规定具有内涵上的一致性。

第八十六条 营利法人从事经营活动，应当遵守商业道德，维护交易安全，接受政府和社会的监督，承担社会责任。

【条文释义】

本条是对营利法人经营活动准则的规定。

营利法人经营活动准则包括的内容是：1. 遵守商业道德。商业道德是指公认的道德规范在具体商业活动中的应用，为一定的社会经济和文化所决定，而且也反作用于一定的社会经济，对商业活动具有重要的指导意义，主要表现为为人民服务，向人民负责，文明经商，礼貌待客，遵纪守法，货真价实，买卖公平，诚实无欺。2. 维护交易安全。营利法人在交易中必须诚实信用，须做到平等互利，严格遵守强行法的规定，因而保障和维护正常的交易秩序，促进交易的有序、顺利进行，以减少和消除交易活动中的不安全因素，确保交易行为的法律效用和法律后果的可预见性。3. 接受政府和社会的监督：接受政府的监督，政府有权对营利法人进行监督，对营利法人出现的违法活动依法进行纠正；接受社会的监督，包括各种社会团体对企业的监督，更多的是接受消费者的监督。4. 承担社会责任。营利法人在创造利润、对出资人和员工承担法律责任的同时，还要承担对消费者、社会和环境的责任，要求营利法人超越把利润作为唯一目标的传统理念，强调在生产过程中对人的价值的关注，以及对环境、对消费者、对社会的贡献。

【案例评注】

某公司等与北京市怀柔区长哨营满族乡大地村村民委员会合同纠纷上诉案①

基本案情

怀柔区长哨营满族乡大地村北的大地北沟水库是由原长哨营公社于1976年组织各村摊派义务工修建，修建的目的是保证农田灌溉和人畜饮水，属于村集体自

① 审理法院：一审法院为北京市怀柔区人民法院，案号：（2016）京0116民初2897号；二审法院为北京市第三中级人民法院，案号：（2016）京03民终13173号。

建小型水库。2007 年 3 月，杨树湾村将该水库、水面及山场出租给大地愉家公司进行经营。因当年干旱，因为灌溉用水问题，大地村村民与某公司产生了争议，后者拒不放水，大地村村民集体上访。2007 年 7 月 27 日，北京市怀柔区长哨营满族乡大地村村民委员会（以下简称大地村委会）与某公司、杨树湾村委会达成“关于杨树湾村所属大地北沟水库的使用协议”，该协议内容为：“鉴于甲方（杨树湾村委会）于 2007 年 4 月 16 日将所属水库及周边地域租赁给丙方（某公司）经营用于鲟鱼养殖和旅游开发，合同更在履行中涉及大地村民人畜饮水及大庙村以上至水库坝下土地灌溉问题产生矛盾，经怀柔区社会矛盾调处中心调解并经三方一致同意达成如下协议：一、土地灌溉问题，三方一致同意确定水位线为坝头库底至水面 13 米以上可以保证以上所说土地的灌溉（如遇特殊情况需由乡政府协商解决），灌溉的条件是在保证节约用水的条件下使用管灌，并且每年浇灌次数为两次，浇地时需三方同意并各派一名代表监管。二、浇地管道的安装由大地村委会负责，并于 2007 年 10 月 1 日前安装完成。三、如遇特殊年景，甲方（杨树湾村委会）、丙方（某公司）必须保证大地村村民的人、畜饮水，以及需要泄洪时按照上级指示进行。四、达成协议后甲、乙双方必须保证丙方道路的畅通。五、该协议一式四份，甲乙丙三方及长哨营乡政府各执一份。六、本协议三方签字后生效。”协议签订后，北京市长哨营乡政府为大地村委会安装了输水管道。另外，2007 年 8 月 3 日，经北京市怀柔区矛盾调处中心调解，某公司支付大地村委会没放水土地损失补偿款 23000 元。该补偿款共发放给 18 名村民，合计亩数 50.03 亩。

再查明，北京市长哨营满族乡 2007 年 4 ~7 月累计降水为 216.3 毫米。2015 年 4 ~7 月累计降水为 199.4 毫米。2015 年 5 ~7 月，北京地区降水较少，需要用此水库水源的大地村、三岔口等村土地干旱，并影响到村的人畜饮水问题。但某公司以不符合放水条件为由拒不放水，导致双方发生纠纷。该纠纷经数次协调，因放水的方式、时间和数量问题无法达成一致，故起诉至法庭，要求某公司、杨树湾村委会放水并赔偿经济损失。

法院判决

二审法院认为，大地村委会与某公司、杨树湾村委会签订的《关于杨树湾村所属大地北沟水库的使用协议》系三方真实意思表示，并不违反法律法规的强制性规定，应属合法有效。协议签订后，大地村委会、某公司、杨树湾村委会应当按照协议的性质、目的全面履行各自的义务。根据查明的事实，大地村委会以节约用水为目的的输水管道已经安装完毕并可以使用，某公司并未举证证明其已实际放水；杨树湾村委会称当时水位未及合同约定的13米以上故无放水之义务，而根据大地村委会提供的调解证明，其时水位已及19米。某公司、杨树湾村委会虽对该调解证明的内容予以否认，但并未提供相反的证据予以反驳，故对某公司、杨树湾村委会的相关上诉理由，法院不予采纳。据此，法院依法认定某公司未按约履行放水之义务。

需要说明的是，在现代市场经济时期，法治已成为现代社会治理和公民生活的基本准则，各方当事人均应遵守并强化契约精神，秉持公平、透明、可操作性原则，明确、合理地安排各自的权利义务关系，避免今后类似纠纷的发生。此外，现时期，企业社会责任日益深入人心并已内化为企业持续、长远、健康发展的关键因素，《公司法》第五条、《合伙企业法》第七条亦彰显了企业社会责任的重要性。故而，法院提示某公司在合法经营的同时，应努力平衡协调好营利性和社会责任之间的辩证关系，以此来增强自身的长久竞争力。

专家点评

民法典总则编第86条规定，营利法人从事经营活动，应当遵守商业道德，维护交易安全，接受政府和社会的监督，承担社会责任。此案中，二审法院在判决书中作出了企业应当承担社会责任的相关提示，值得关注。因涉案水库具有与村民灌溉息息相关的特殊性，在遵守市场公平竞争，不妨害企业经济利益的前提下，应当遵守三方约定的灌溉协议，保证村民的用水权，这不仅是合同自治的要求与体现，也是企业应当承担的社会责任。

第三节 非营利法人

第八十七条 为公益目的或者其他非营利目的成立，不向出资人、设立人或者会员分配所取得利润的法人，为非营利法人。

非营利法人包括事业单位、社会团体、基金会、社会服务机构等。

【条文释义】

本条是对非营利法人概念的规定。

非营利法人是指为公益目的或者其他非营利目的成立，不取得利润或者不向其出资人、设立人或者会员分配利润的，具有民事权利能力和民事行为能力的法人。非营利法人的法律特征是：1. 非营利法人具有法人资格，而不同于非法人组织。2. 非营利法人的设立目的具有非营利性。3. 非营利法人财产权结构具有独特性。4. 非营利法人兼具公与私的双重属性。

非营利法人包括：1. 事业单位法人；2. 社会团体法人；3. 捐助法人，包括基金会、社会服务机构，以及宗教捐助法人等。

【案例评注】

莫某博与朱某英等剩余财产争议纠纷上诉案[①]

基本案情

本案涉及的当事人：原告：莫某博。被告：朱某英等4人（系周某华的法定继承人）、张某清、刘某达、廖某宏。第三人：某公司。

1995年4月，刘某达、莫某博、周某华、廖某宏、张某清、卢某昭、能某珍7人共同集资创立武汉国际商务学校。1998年10月，武汉国际商务学校在试办三年以后，被正式批准设立民办武汉国际商务学校。2001年4月26日，武汉国际商务学校的民办非企业单位登记申请表中“开办资金来源”栏填写为“开办时有刘某达、廖某宏办学所收取的学费人民币20万元和由刘某达等7人集资10万元共计30万元开始起步”，“举办者情况”栏填写为“刘某达、周某华、廖某宏、张某清、莫某博、卢贤昭”。该校于1995年10月28日向莫某博出具一张收据，载明收莫某博集资款15000元。2001年10月30日，莫某博收回集资款15000元。2002年4月，张某清等10人组建了某公司，莫某博未参与组建。2005年5月，某公司股东变更为廖某宏、刘某达、张某清、周某华4人。

2003年，刘某达、周某华、张某清、廖某宏4人开始着手创办中南财经政法大学武汉学院。2003年4月20日，武汉国际商务学校董事会召开会议并形成会议纪要。周某华、张某清、刘某达、廖某宏4人参加了会议，会议决定撤销武汉国际商务学校，经中南财经政法大学、武汉某公司联合申办中南财经政法大学武汉学院；武汉某公司决定以其下属武汉国际商务学校现有土地、校舍、设备等校

---

① 案件来源：一审法院为湖北省武汉市洪山区人民法院，案号：（2009）洪民三初字第577号；二审法院为湖北省武汉市中级人民法院，案号：（2011）武民商终字第01164号。

产参与申报；与会4名董事一致表决，同意向湖北省教育厅、省计委申请撤销武汉国际商务学校，并向省民政厅申请办理注销手续；武汉国际商务学校债权债务以及在分校中的一切权利、义务均由武汉某公司全权承担。2003年5月20日，周某华代表武汉国际商务学校、刘某达代表武汉某公司双方签订协议书，约定：由武汉某公司接管武汉国际商务学校现有全部财产，武汉国际商务学校的债权债务全部转让给武汉某公司；武汉某公司与中南财经政法大学联合创办“中南财经政法大学武汉学院”，武汉某公司独立对外承担责任。2003年7月1日，湖北省教育厅、省计委批复同意撤销武汉国际商务学校，明确学校的债权债务由武汉某公司承担。2004年2月16日，武汉某公司向湖北省民政厅申请注销武汉国际商务学校。2004年2月29日，会计师事务所作出审计报告，资产负债表显示：武汉国际商务学校净资产（经营结余）25749745.29元。

莫某博诉称：周某华、张某清、刘某达、廖某宏4人（以下简称周某华等4人）注销学校时侵犯其合法权益，对武汉国际商务学校的经营结余应按照当初投资比例即七分之一进行分配，请求法院判令被告共同支付其相应款项人民币3678535元。

法院判决

湖北省武汉市洪山区人民法院一审经审理认为，原武汉国际商务学校为教育类民办非企业单位，为从事非营利性社会服务活动的社会组织，该校章程中没有规定出资人要求取得合理回报的内容，据《民办教育促进法实施条例》第四十九条第（一）项的规定，民办学校章程中未规定出资人要求取得合理回报，出资人不得擅自取得回报，否则要承担法律责任。另莫某博对其集资款已经收回，莫某博对其主张的投资比例为七分之一举证不充分。故莫某博要求按照投资比例对原武汉国际商务学校注销时的经营结余进行分配的诉请，缺乏事实和法律依据，因此判决驳回了原告莫某博的诉讼请求。

宣判后，莫某博不服一审判决，提起上诉。

湖北省武汉市中级人民法院二审经审理认为：第一，关于莫某博的学校举办者身份问题。莫某博作为举办者，其身份在学校章程以及申办资料中已有明确，而这些资料在教育行政主管部门及民政部门已经备案，具有对外公示的效力，因此莫某博举办者身份应当得到确认。被上诉人认为莫某博非学校举办者的抗辩理由不能成立。第二，关于周某华等4人是否构成侵权。武汉国际商务学校剩余财产被全部转让给某公司，再由某公司投资与中南财经政法大学联合举办武汉学院，教育行政部门未处置上述资产。周某华等4人作为某公司股东，通过公司支配和控制了上述财产。上述行为本质上是对财产进行了分配，根据以上事实判断，武汉国际商务学校应属于营利性质。周某华等 4 人未经莫某博同意，擅自将学校注销，并且注销时未依法对资产进行清算，其行为违反了章程及法律规定，构成侵权。根据审计报告确认，武汉国际商务学校的经营结余为 25749745. 29 元，按七分之一计算，莫某博的实际损失应确定为 3678535 元，应由周某华等 4 人共同承担。

专家点评

民法典总则编第 87 条规定，为公益目的或者其他非营利目的成立，不向出资人、设立人或者会员分配所取得利润的法人，为非营利法人。非营利法人包括事业单位、社会团体、基金会、社会服务机构等。本案的关键在于，如何认定案涉民办学校是否具有营利性特征，从而判断其剩余财产是否应在出资人之间进行分配。该案一审与二审对于民办学校剩余财产分配的裁判结果南辕北辙，其根源在于对民办学校的性质认识不同。事实上，民办学校既可以表现为非营利性，也可以表现为营利性，两者皆可从事具有公益色彩的教育事业。营利性民办学校和非营利性民办学校具有不同的法律特征。在处理民办学校剩余财产争议时，应明确界定民办学校是否具有营利性特征，从而判断其剩余财产是否应在出资人之间进行分配。现行民法典总则编明确规定了营利法人与非营利法人的类型划分，可以为此类案件的司法适用提供统一的裁判尺度。

第八十八条 具备法人条件，为适应经济社会发展需要，提供公益服务设立的事业单位，经依法登记成立，取得事业单位法人资格；依法不需要办理法人登记的，从成立之日起，具有事业单位法人资格。

【条文释义】

本条是对事业单位法人的规定。

事业单位法人，是指为适应经济社会发展需要，提供公益服务设立的，由设立人出资，从事非营利性的社会服务活动的非营利法人。例如从事新闻、出版、广播、电视、电影、教育、文艺等事业的法人。

事业单位法人的特征是：1. 设立的目的具有公益性，是完全为了适应经济社会发展需要，实现公益目的而设立的事业单位法人；2. 事业单位法人的设立人，通常是国家机关或者其他组织，通常是用国有资产出资；3. 从事的活动通常是教育、科技、文化、卫生等公共事业，活动的方式是进行社会服务；4. 性质属于非营利法人，事业单位法人符合法人条件，不具有私益性，不取得利润，也不向其设立人分配利润。我国事业单位法人的独特性在于，其任务是要完成政府所希望的，而又不必由政府直接解决的公共或行政事宜；事业单位法人具有公共性，既是由政府出资成立，但又不是政府行政机关的公共机构，既要完成政府的希望，还不能成为政府部门的附属而沦为政府权力随意延伸的工具。

事业单位法人的成立，须经县级以上人民政府及其有关主管部门（以下统称审批机关）批准，并且应当依照《事业单位登记管理暂行条例》的规定登记或者备案。法律规定具备法人条件、自批准设立之日起即取得法人资格的事业单位，或者法律、其他行政法规规定具备法人条件，经有关主管部门依法审核或者登记，已经取得相应的执业许可证书的事业单位，不再办理事业单位法人登记，由有关主管部门按照分级登记管理的规定向登记管理机关备案。

【案例评注】

王某凤与巴彦县西集镇政府、马某斌民间借贷纠纷案[①]

基本案情

2014年3月15日，被告畜牧服务站负责人马某斌以单位名义在原告王某凤处借款10000元，约定月利率1%。后经原告王某凤多次索要，被告一直未予偿还。现原告王某凤诉至法院，要求被告畜牧服务站承担还款责任，西集镇政府、马某斌对上述借款本息承担连带清偿责任。

法院判决

法院认为，本案争议的焦点包括：一是被告畜牧服务站是否依法终止，该笔借款责任主体如何认定以及被告西集镇政府、马某斌应否承担连带清偿责任。关于被告畜牧服务站是否依法终止、责任主体如何认定问题。依据《民法总则》第八十八条“具备法人条件，为适应经济社会发展需要，提供公益服务设立的事业单位，经依法登记成立，取得事业单位法人资格……”及参照《事业单位登记管

① 审理法院：巴彦县人民法院，案号：（2019）黑0126民初295号。

理暂行条例》第十三条“事业单位被撤销、解散的，应当向登记机关办理注销登记或者注销备案”的规定，本案中，被告畜牧服务站经巴彦县机构编制委员会核准后下发事业单位证书，并依法进行了登记，取得黑龙江省事业单位证书，虽被告畜牧服务站负责人马某斌称服务站已经解体，但因未经登记机关办理注销登记或者注销备案，结合巴彦县人民政府常务会议纪要对乡镇畜牧兽医综合服务“仍属事业单位，实行企业化管理，经济上自收自支”的意见，本案被告畜牧服务站事业单位法人资格存续，应独立承担民事责任。故被告畜牧服务站应对原告王某凤的借款本息承担给付义务。

专家点评

民法典总则编第88条规定，具备法人条件，为适应经济社会发展需要，提供公益服务设立的事业单位，经依法登记成立，取得事业单位法人资格；依法不需要办理法人登记的，从成立之日起，具有事业单位法人资格。本案中，被告畜牧服务站经巴彦县机构编制委员会核准后下发事业单位证书，并依法进行了登记，取得黑龙江省事业单位证书，即具备事业单位法人资格，应当具有独立承担民事责任的资格，对原告王某凤的借款本息应当承担还款义务。

第八十九条　事业单位法人设理事会的，除法律另有规定外，理事会为其决策机构。事业单位法人的法定代表人依照法律、行政法规或者法人章程的规定产生。

【条文释义】

本条是对事业单位法人治理结构的规定。

事业单位法人是以公益为目的而设立的事业单位法人。其治理结构的特点是：1. 事业单位法人的决策机构，原则上是理事会。事业单位法人可以设立理事会，该理事会是该事业单位法人的决策机构，对事业单位法人的重大事项做出决策。2. 事业单位法人也要设立法定代表人，由该法定代表人代表事业单位法人行使管理职权，对外代表该法人。事业单位法人须有章程，其法定代表人应该按照法人章程的规定产生。3. 如果法律对事业单位法人的组织机构、法定代表人另有规定的，应当依照其规定，设立事业单位法人的组织机构，确定其法定代表人。

事业单位的设立目的实现，或者政府有关部门批准或者决定撤销，或者其权力机构作出解散的决议，事业单位法人资格终止。事业单位法人终止后，其剩余财产，应该按照民法典总则编第95条的规定处理，不得向其设立人分配剩余财产，仍应用于公益目的，或者转给宗旨相同或者相近的事业单位法人。

【案例评注】

原告某公司与被告龙某东、第三人中南电子职业学校合同纠纷案[①]

基本案情

2007年6月30日，中南电子职工学校（代表签字：谭某廉）与中南电子职业学校（代表签字：王某辉）签订《协议书》，约定：中南电子职业学校是中南电子职工学校参股的一所股份形式办学的学校，中南电子职工学校提供部分教室、校舍、食堂等建筑物供中南电子职业学校办学之用，中南电子职工学校每年从中南电子职业学校的办学收入中提取其使用的固定资产折旧费24.7万元，如国家物价调整，按相应比例调整折旧费额（开始四年不变），调整额=［（湖南省每年公布的零售物价指数涨跌幅度+湖南省每年公布的消费物价涨跌幅度）/2］×上年度实际支付数，从第5年开始计算。协议有效期为：2007年7月1日至2017年6月30日，本协议生效日期为2007年7月1日。

上述协议签订后，中南电子职工学校（代表签字：谭某廉）又与中南电子职业学校（代表签字：龙某东）签订《协议书》，约定：中南电子职业学校是中南电子职工学校参股的一所股份形式办学的学校，中南电子职工学校提供部分教室、校舍、食堂等建筑物供中南电子职业学校办学之用，中南电子职工学校每年从中南电子职业学校的办学收入中提取其使用的固定资产折旧费24.7万元，如国家物价调整，按相应比例调整折旧费额（开始四年不变），调整额=［（湖南省每年公布的零售物价指数涨跌幅度+湖南省每年公布的消费物价涨跌幅度）/2］×上年度实际支付数，从第5年开始计算。协议有效期为：2007年7月1日至2017年6月30日，本协议生效日期为2007年7月1日。

2008年1月10日，中南电子职工学校（甲方，法人代表签字：谭某廉）与中南电子职业学校（乙方，法人代表签字：龙某东）签订《补充协议》，约定：协议期限在原协议10年基础上增加10年，即从2007年7月1日至2027年6月

---

① 审理法院：怀化市鹤城区人民法院，案号：（2017）湘1202民初2054号。

30日，折旧费计算方式依《协议书》；当事人任何一方违反《协议书》及现补充协议应赔偿对方损失，如甲方提前解除协议及补充协议，甲方应按未履行年限，按乙方应收甲方折旧费双倍赔偿乙方损失，反之，如乙方提前解除协议，乙方应按协议以及补充协议下的承租期限内双倍的租金数赔偿甲方损失。

现原告某公司认为中南电子职工学校与中南电子职业学校签订的《协议书》《补充协议》未经主管部门批准，且两份协议签订主体是更名前与更名后，实为一个主体，签约主体资格不符，是无效协议，同时，龙某东及其合伙人承包经营占用职业中专的校产直至2017年6月30日，应给付占用校产的使用费49.4万元，原告为维护自身的合法权益，故诉至法院。

法院判决

法院认为，案涉《协议书》和《补充协议》是否有效的前提即签订主体是否适格是认定本案的前提。经查明，中南电子职业学校全体股东制定并于第一次股东会表决通过《中南电子职业学校章程》，2009年11月18日，经龙某东申请，经中国会计学会电子分会同意，怀化市事业单位登记管理局向中南电子职业学校颁发事业单位法人证书（有效期自2010年3月22日至2014年3月22日），法定代表人龙某东。中南电子职工学校系1983年7月28日中华人民共和国电子工业部以（83）电教字1834号文件批准创办，1998年1月16日设立登记，学校性质属事业单位，由中国会计学会电子分会主管，单位负责人谭某廉，后进行登记办证，法人代表：谭某廉，办证日期：2007年6月25日，作废日期2011年6月25日。上述证据表明，中南电子职工学校与中南电子职业学校成立时间不同，有各自的法人代表、组织机构代码证和事业单位法人证书，是两个不同的主体……故原告所称因签订主体系同一主体，《协议书》《补充协议》是无效协议的理由，本院不予认可。

专家点评

民法典总则编第89条规定，事业单位法人设理事会的，除法律另有规定外，理事会为其决策机构。事业单位法人的法定代表人依照法律、行政法规或者法人章程的规定产生。本案中，中南电子职业学校全体股东制定并于第一次股东会表决通过《中南电子职业学校章程》，并通过章程确定其法定代表人为龙某东，符合本条对于事业单位法定代表人产生方式的规定。

第九十条 具备法人条件，基于会员共同意愿，为公益目的或者会员共同利益等非营利目的设立的社会团体，经依法登记成立，取得社会团体法人资格；依法不需要办理法人登记的，从成立之日起，具有社会团体法人资格。

【条文释义】

本条是对社会团体法人的规定。

社会团体法人是指基于会员的共同意愿，为实现公益目的或者会员共同利益等非营利目的设立的非营利法人。其特征是：1. 设立的目的具有公益性或者团体性，是为了实现公益目的或者会员的共同利益而设立的事业单位法人；2. 社会团体法人的设立是基于会员的共同意愿，经过发起人发起，会员集资形成法人的财产；3. 从事的活动比较广泛，既有公益性活动，也有基于会员共同利益进行的活动；4. 性质属于非营利法人，须符合法人条件，不得进行商业经营活动，不得获取经营利益。

申请成立社会团体应当经其业务主管单位审查同意，由发起人向登记管理机关申请筹备。成立社会团体应当具备的条件是：1. 有 50 个以上的个人会员或者 30 个以上的单位会员，个人会员、单位会员混合组成的，会员总数不得少于 50 个；2. 有规范的名称和相应的组织机构；3. 有固定的住所；4. 有与其业务活动相适应的专职工作人员；5. 有合法的资产和经费来源，全国性的社会团体有 10 万元以上活动资金，地方性的社会团体和跨行政区域的社会团体有 3 万元以上活动资金；6. 有独立承担民事责任的能力。

符合上述条件要求，法律规定需要办理登记的，办理完登记手续后，或者法律规定不需要办理法人登记的，则成立之日起，即具有社会团体法人资格，成为民事主体，享有民事权利能力和民事行为能力。

【案例评注】

嘉鱼县美术家协会、嘉鱼县文学艺术界联合会一般人格权纠纷案[①]

基本案情

周某阳在嘉鱼县民政局申请登记“嘉鱼县美术家协会”社团组织并领取了《社会团体法人登记证书》。吴某放加入嘉鱼美协后以“嘉鱼美协”的名称办理私事且造成影响，故嘉鱼县民政局注销了嘉鱼美协的社团登记。后周某阳向嘉鱼县民政局申请重新组建嘉鱼美协并获批。嘉鱼美协为筹备新一届协会会员代表大会，嘉鱼文联对嘉鱼美协的组织活动加以干涉，经嘉鱼县有关部门协调，将嘉鱼美协主管部门变更为嘉鱼县文体广电新闻出版局。嘉鱼文联任命吴某放为“嘉鱼美协”主席。吴某放私刻“嘉鱼美协”公章并领取财政经费、从事社团活动、办理相关业务等。嘉鱼美协以嘉鱼文联侵犯了其名誉权为由提起诉讼。法院认为，本案争点之一为案涉嘉鱼县美术家协会是否具有法人资格以及是否享有相应权利。法院认为，嘉鱼县美术家协会在民政部门依法登记并核发了《社会团体法人登记证书》，依法取得社会团体法人资格，嘉鱼美协具备适格的民事主体资格，其依法享有名称、名誉、荣誉权等权利并受法律保护。

法院判决

法院认为，嘉鱼县美术家协会在民政部门依法登记并核发了《社会团体法人登记证书》，依法取得社会团体法人资格，嘉鱼美协具备适格的民事主体资格，其依法享有名称、名誉、荣誉权等权利并受法律保护。

专家点评

民法典总则编第90条规定，具备法人条件，基于会员共同意愿，为公益目的或者会员共同利益等非营利目的设立的社会团体，经依法登记成立，取得社会团体法人资格；依法不需要办理法人登记的，从成立之日起，具有社会团体法人资格。本案中，嘉鱼县美术家协会这一社会团体组织已经过民政部门依法登记并核

---

① 审理法院：咸宁市中级人民法院，案号：（2018）鄂12民终1456号。

发《社会团体法人登记证书》，依法取得社会团体法人资格，故其有独立的法人资格，享有相应的法人权利。嘉鱼文联的行为损害了嘉鱼县美术家协会的合法权益，应当承担相应的民事责任。

第九十一条 设立社会团体法人应当依法制定法人章程。

社会团体法人应当设会员大会或者会员代表大会等权力机构。

社会团体法人应当设理事会等执行机构。理事长或者会长等负责人按照法人章程的规定担任法定代表人。

【条文释义】

本条是对社会团体法人治理结构的规定。

社会团体法人的治理结构要比事业单位法人的治理结构复杂，比营利法人的治理结构简单。社会团体法人要设置的机构是：1. 设立社会团体法人的章程。在成立之前，应当先制定章程草案，在成立的会员大会或者会员代表大会上通过，成为该社会团体法人的组织行动纲领。2. 设置权力机构。我国的社会团体法人的权力机构分为两种：(1) 会员较少的设会员大会；(2) 会员较多的，推举会员代表，成立会员代表大会。3. 设立执行机构。执行机构是理事会，理事由会员大会或者会员代表大会选举产生，成立理事会，代表社会团体法人，执行会员大会或者会员代表大会的决议，按照章程组织社会团体的工作，进行日常管理。4. 设立法定代表人。依照法人章程的规定，该社会团体的理事长或者会长担任法定代表人，对外代表该社会团体法人。

【案例评注】

林某强诉义乌市建德商会等民间借贷纠纷案①

基本案情

上诉人（原审被告）：林某强；被上诉人（原审原告）：义乌市建德商会；原

① 审理法院：一审法院为浙江省义乌市人民法院，案号：（2015）金义商初字第5752号；二审法院为浙江省金华市中级人民法院，案号：（2015）浙金商终字第2587号。

审被告：郑某来、谢某定。

2015 年 1 月 28 日，郑某来向义乌市建德商会借款人民币 70 万元。为此，义乌市建德商会与郑某来签订借款合同一份，约定借款期限自 2015 年 1 月 28 日起至 7 月 28 日止；利息自借款之日起，在借款期内按月利率 1.5% 计付，按月结算，不按期还款付息的，每日还应按欠款金额的万分之八加收违约金；逾期还款的，由借款人承担出借人实现债权的费用；借款本金由原借款人林某强直接转入郑某来账户内。林某强、谢某定自愿为该借款提供连带责任担保，并在借款合同上签名予以确认。该借款郑某来仅支付了 2015 年 1 月 28 日至 2 月 27 日的利息，剩余借款本息未予偿还。为此，林某强、郑某来、谢某定于 2015 年 8 月 10 日向义乌市建德商会出具还款承诺书一份，承诺郑某来于 2015 年 8 月 25 日前支付义乌市建德商会人民币 20 万元；自 2015 年 9 月起，于每月 25 日前支付义乌市建德商会 7 万元，直至本息、违约金、赔偿金等付清之日止。然而林某强、郑某来、谢某定并未按照还款承诺书的内容履行还款义务。为此，义乌市建德商会于 2015 年 9 月 2 日诉至一审法院并支出律师代理费人民币 29100 元。

义乌市建德商会于 2015 年 9 月 2 日向一审法院起诉，请求判令：1. 郑某来立即归还义乌市建德商会借款本金 70 万元并支付利息（自 2015 年 2 月 27 日起按月利率 1.5% 计付至实际履行完毕之日止）及违约金（自 2015 年 3 月 27 日起以 70 万元为基数按每日万分之八计付至实际履行完毕之日止）；2. 郑某来支付义乌市建德商会为实现债权支出的律师代理费 29100 元；3. 林某强、谢某定对上述债务承担连带保证责任。

法院判决

浙江省义乌市人民法院一审判决：一、郑某来于判决生效后 10 日内归还义乌市建德商会借款人民币 70 万元并支付利息、违约金。二、义乌市建德商会为实现本案债权支出的律师代理费人民币 29100 元，由郑某来于判决生效后 10 日内支付给义乌市建德商会。三、林某强、谢某定对上述债务承担连带清偿责任。

林某强不服浙江省义乌市人民法院一审法院上述民事判决，向法院提起上诉称：1. 本案所涉借款系社团经费，义乌市建德商会未经法定程序与郑某来签订借款合同并出借商会经费系无效行为。义乌市建德商会依法登记设立，是以促进义乌、建德两地经贸合作为宗旨的联合性非营利性社会团体组织。其主要经费来源为会费、捐赠、资助等。按照义乌市建德商会的章程第 5 章第 11 条规定：本会经费必须用于本章程规定的业务范围和事业发展，不得在会员中分配。本案中，义乌市建德商会将其部分经费出借给郑某来，该经费的使用并不在其章程规定的业务范围内。因此，义乌市建德商会出借资金的行为违反了其章程规定，义乌市建德商会利用出借会费赚取高额利息收益的行为违反了社会团体法人性质的要求。2. 义乌市建德商会负责人将收取的商会经费用于民间借贷，损害了大多数商会会员的利益。义乌市建德商会将收取的会费用于民间借贷，该行为从未经过会员大会或理事会的讨论，更没有形成有效决议作为行使依据，该做法违反了商会设立的宗旨，损害了大多数商会会员的利益。3. 因本案所涉借款合同系主合同，主合同无效，担保合同无效，作为担保人的林某强无需承担担保责任。义乌市建德商会将会费私自出借，违反了商会章程对经费的使用规定，也违反了《社会团体登记管理条例》之规定，损害了商会会员的集体利益。根据《合同法》第五十二条的规定，该借款合同损害了集体利益，应属无效合同。

义乌市建德商会在二审中答辩称：1. 林某强和谢某定是义乌市建德商会的常务副会长，郑某来是监事会的监事长。2. 本案的借款原先是出借给林某强，时间是 2014 年 5 月 28 日，借款金额为 100 万元，由郑某来和谢某定提供担保。由于林某强和郑某来关系较好，后来就把这笔款借给郑某来使用，并由林某强和谢某定提供担保。该借款是经过副会长会议和理事会会议决议通过的。借款给林某强、郑某来，主要是为了解决会员的资金困难以及利息可以用于商会支出的考虑。借款都是经过讨论决定的。3. 义乌市建德商会将款项出借给商会会员使用，没有超出登记的业务范围，商会登记的其中一个业务范围就是组织会员开展协作服务。借款给会员，也符合商会章程第 7 条第 4 款规定的为会员排忧解难。而且收入的利息并没有在会员中分配，而是用于正常开支。4. 商会借款给会员也没有违反社会《团体登记管理条例》，且即使违反了该条例，借款合同也是有效的。因为根据《合同法》第五十二条的规定，违反法律行政法规的效力性强制规定，合同才无效。《社会团体登记管理条例》是管理条例，并非效力性强制性规定。商会的借款都是公开的，也并不存在以合法形式掩盖非法目的。

二审法院认为：义乌市建德商会与郑某来、林某强、谢苏定签订的借款合同系各方当事人真实意思表示，内容不违反国家法律法规禁止性强制性规定，应认定合法有效。林某强以义乌市建德商会借款给商会会员郑某来赚取利息违反了商会的章程及商会的设立宗旨为由主张借款合同和担保合同无效，依据不足，法院不予采信。至于林某强主张怀疑义乌市建德商会的相关负责人有挪用商会资金的嫌疑，要求将本案移送公安机关处理，因其未能提供相应证据予以证明，不予采信。

专家点评

社会团体法人应当订立法人章程，社会团体法人的会员符合章程的行为，其内容不违反国家法律法规禁止性强制性规定，应认定合法有效。本案中义乌市建德商会系依法成立的社会团体法人，涉案借款经过副会长会议和理事会会议决议通过，且商会将款项出借给商会会员没有超出登记的业务范围，没有违反国家相关的法律法规，应当认定其效力。

第九十二条 具备法人条件，为公益目的以捐助财产设立的基金会、社会服务机构等，经依法登记成立，取得捐助法人资格。

依法设立的宗教活动场所，具备法人条件的，可以申请法人登记，取得捐助法人资格。法律、行政法规对宗教活动场所有规定的，依照其规定。

【条文释义】

本条是对捐助法人及宗教捐助法人的规定。

捐助法人，是指由自然人或者法人、非法人组织为实现公益目的，自愿捐助一定资金为基础而成立，以对捐助资金进行专门管理为目的的非营利法人。捐助法人的特点是：1. 捐助法人是财产集合体，是以财产的集合为基础成立的法人，为财团法人；2. 捐助法人没有成员或者会员，不存在通常的社会团体法人由会员大会组成的权力机构，只设立理事会和监事会；3. 捐助法人具有非营利性，活动宗旨是通过资金资助进行科学研究、文化教育、社会福利和其他公益事业的发展，不具有营利性，为公益法人。

捐助法人的类型是：1. 基金会，是利用自然人、法人或者非法人组织捐赠的财产，以从事公益事业为目的，按照基金会管理条例成立的非营利法人；2. 社会服务机构，是由社会公益性资金或政府财政拨款举办的以公益为目的，运用专业技能在某些专业领域提供社会服务的机构。3. 宗教捐助法人。

宗教捐助法人也是捐助法人，由于具有特殊性，本条第二款专门规定宗教捐助法人。

依法设立的宗教活动场所，具有法人条件的，可以申请法人登记，取得捐助法人资格。故宗教捐助法人是依法设立，具有法人条件的宗教活动场所，经过登记成立的捐助法人。其特点是：1. 是依法设立的宗教活动场所，包括寺院、道观、教会等；2. 应当具备法人条件，有自己的名称、组织机构、住所、财产和经费；3. 依照宗教活动场所自己的意愿，可以申请登记成立捐助法人，也可以不申请登记成立捐助法人，愿意登记为宗教捐助法人的须经过登记，登记后取得宗教捐助法人资格，成为民事主体，享有民事权利能力和民事行为能力，能够自己承担民事责任。

【案例评注】

甲公司、乙公司建设工程施工合同纠纷案①

基本案情

2014年6月，乙公司、甲公司就天津市宝坻区大觉禅寺前广场园林绿化工程项目签订《天津市宝坻区大觉禅寺前广场园林绿化工程施工合同》。合同约定，乙公司承建上述项目。2014年底，甲公司为控制成本及其他原因，告知乙公司不再进行施工。甲公司、乙公司对已完成的工程量据实进行核实、结算、竣工验收后，甲公司给付部分工程款，尚欠工程款4342405.59元。现大觉禅寺绿化工程早已过保修期，乙公司多次索要工程款，甲公司拖延怠付。乙公司索要未果，故诉至本院。甲公司辩称，涉案绿化工程建设单位为天津市宝坻区大觉禅寺（以下简称大觉禅寺），甲公司仅是基于工程开发专业能力和经验代管代建大觉禅寺，据此，工程款付款责任主体是大觉禅寺，而不是甲公司。

法院判决

针对本案争点之一即涉案绿化工程付款责任主体问题，结合大觉禅寺民事主体资格、大觉禅寺设计开发实际操作、实际给付大觉禅寺工程款操作、大觉禅寺工程款收支等情况，法院认定大觉禅寺工程建设单位为甲公司，而非大觉禅寺。《民法总则》第九十二条第二款规定："依法设立的宗教活动场所，具备法人条件的，可以申请法人登记，取得捐助法人资格。法律、行政法规对宗教活动场所有规定的，依照其规定。"《最高人民法院关于适用〈中华人民共和国民事诉讼法〉的解释》第六十二条第一项规定："下列情形，以行为人为当事人：（一）法人或者其他组织应登记而未登记，行为人即以该法人或者其他组织名义进行民事活动的……"根据上述规定，宗教活动场所经向社会团体登记管理部门登记，才取得民事主体资格，享有相应民事权利，履行民事义务。并且，宗教活动场所登记设立法人前，需具有进行宗教活动的具体场所，办理宗教活动场所登记，筹建管理

---

① 审理法院：天津市第一中级人民法院，案号：（2019）津01民终2714号。

组织。行为人以未登记的法人或其他组织名义进行民事活动，应作为当事人承担民事义务。本案中，大觉禅寺工程尚处于建设之中，并未竣工验收，不具备宗教活动场所登记条件，更不具备法人登记条件，实际亦未在登记机关办理法人登记，据此大觉禅寺不具备独立民事主体资格，不能独立行使民事权利、承担民事义务。甲公司全程参与规划报建，选定勘查、设计、施工、监理单位，工程节点控制管理，竣工验收，工程结算，保修终结等建设流程，是大觉禅寺建设管理行为人，实际履行涉案绿化工程施工合同，应为合同相对方，负有付款义务。

专家点评

民法典总则编第92条第二款规定："依法设立的宗教活动场所，具备法人条件的，可以申请法人登记，取得捐助法人资格。法律、行政法规对宗教活动场所有规定的，依照其规定。"这表明宗教活动场所具备法人条件的前提是依法进行法人登记、取得捐助法人资格。本案中，大觉禅寺工程尚处于建设之中，并未竣工验收，不具备宗教活动场所登记条件，更不具备法人登记条件，结合实际情况其亦未在登记机关办理法人登记，所以其不具备独立民事主体资格，自然不应当承担付款义务。

第九十三条 设立捐助法人应当依法制定法人章程。

捐助法人应当设理事会、民主管理组织等决策机构，并设执行机构。理事长等负责人按照法人章程的规定担任法定代表人。

捐助法人应当设监事会等监督机构。

【条文释义】

本条是对捐助法人章程及治理结构的规定。

捐助法人应当制定章程，规定捐助法人的设立宗旨和活动范围等。捐助法人的章程应当经过理事会等捐助法人的决策机构通过生效。

捐助法人的治理结构包括：1. 决策机构。理事会是捐助法人的决策机构和议事机构，依照捐助法人章程的规定产生，决定捐助法人的重大决策和重要事项。2. 执行机构。由捐助法人的章程规定，设置捐助法人的执行机构，执行决策机构的决定，管理捐助法人的日常事务。3. 监督机构。监督机构一般为监事会，若章程规定监督机构另有名称的，按照捐助法人的章程设置监督机构。监督机构分为监督决策机构和执行机构，依照国家法律的规定和捐助法人章程的规定，处理捐助法人的事务，对于违反国家法律规定和捐助法人章程的行为，有权提出纠正的意见。4. 法定代表人。捐助法人有理事会的，由理事长作为捐助法人的法定代表人，章程另有规定的依照其规定。

【案例评注】

北京市丰台区西山老年公寓等与申某军等请求变更公司登记纠纷上诉案①

基本案情

本案涉及的当事人：上诉人（原审被告）北京市丰台区西山老年公寓，上诉人（原审被告）韩某霞，上诉人（原审第三人）杨某军，被上诉人（原审原告）申某军，被上诉人（原审原告）刘某，被上诉人（原审原告）迟某明，被上诉人（原审原告）冯某存，被上诉人（原审原告）李某。

西山老年公寓于2008年11月28日经丰台区民政局批准登记成立，性质民办非企业单位（法人），法定代表人韩某霞，开办资金100万元（出资人韩某霞），业务范围养老、敬老、康复医疗。

因出资产生纠纷，申某军等五人起诉西山老年公寓出资人权益确认纠纷一案，一审法院于2012年5月21日判决：一、申某军、刘某、迟某明、冯某存、李某为北京市丰台区西山老年公寓的出资人，申某军、刘某、迟某明、李某每人出资142857.14元，冯某存出资142857.15元，五人每人占总出资的14.285%。二、驳回申某军、刘某、迟某明、冯某存、李某其他诉讼请求。西山老年公寓不服提起上诉，北京市第二中级人民法院于2012年11月19日判决：驳回上诉，维持原判。之后，西山老年公寓不服北京市第二中级人民法院判决向北京市高级人民法院申请再审，北京市高级人民法院于2015年3月3日裁定：驳回西山老年公寓的再审申请。

申某军等五人于2013年4月11日给韩某霞、杨某军发出会议通知，内容为：依据2012年11月19日北京市第二中级人民法院民事判决书、民办非企业单位（法人）章程、西山老年公寓（法人）章程修改第三章组织管理制度规定，经西

---

① 案例来源：一审法院为北京市丰台区人民法院，案号：（2014）丰民（商）初字第18180号；二审法院为北京市第二中级人民法院，案号：（2016）京02民终3812号。

山老年公寓五位出资人（理事、监事）申某军等提议，西山老年公寓出资人（理事、监事）会议定于2013年4月25日上午10时在河北省廊坊市大厂回族自治县夏垫镇夏垫村19号召开，会议主要内容：1. 按单位（法人）章程程序第10条规定，理事、监事任期届满，换届推举理事、监事；2. 按单位（法人）章程程序第13条规定，选举单位理事长、副理事长；3. 研究决定单位公章、财务管理问题。

2013年4月25日，会议如期在规定地点举行，申某军等五人出席，韩某霞、杨某军缺席。会议以五票通过了西山老年公寓理事会决议：一、申某军、迟某明、刘某、冯某存、韩某霞被推选为西山老年公寓理事会成员；李某、杨某军被推选为西山老年公寓监事会成员。二、选举迟某明为西山老年公寓理事长，申某军、冯某存为副理事长……一审庭审中，西山老年公寓、韩某霞和杨某军共同提交2013年8月20日表决通过的西山老年公寓法人章程一份，证明西山老年公寓在2013年8月20日召开职工代表大会，重新选举的理事会成员为韩某霞、杨某军、安某新、乔某海、夏某宜，监事为郝某、丁某龙，现理事会及监事成员已经变更，并且通过新的法人章程，该章程已经丰台区民政局审查合格并备案。申某军等五人对该章程真实性不予认可，并在2015年9月23日前往丰台区民政局调取的西山老年公寓档案，其中备案章程仍然是表决日期为2008年10月23日的西山老年公寓法人章程。

法院判决

法院认为，就本案来看，各方当事人的争议焦点有五个：一是本案纠纷是否属于人民法院民事诉讼受理范围；二是申某军等五人提起本案诉讼的第一项诉讼请求是否违反“一事不再理”原则；三是西山老年公寓章程中记载的出资人、举办者是否应由韩某霞一人修改为韩某霞、杨某军、冯某存、迟某明、申某军、刘某、李某；四是西山老年公寓2013年8月职工代表大会选举产生第二届理事会理事和监事是否已发生法律效力；五是2013年4月25日召开的理事会会议是否符合西山老年公寓2008年10月23日法人章程。

关于争议焦点四，西山老年公寓2013年8月职工代表大会选举产生第二届理事会理事和监事是否已发生法律效力。法院认为，本案二审期间，西山老年公寓、韩某霞、杨某军向法院提交了从丰台区民政局调取的西山老年公寓关于理事会换届的备案材料，西山老年公寓、韩某霞、杨某军主张，西山老年公寓在2013年和2014年经丰台区民政局年度检查，结论皆为合格，故应视为丰台区民政局审查同意了西山老年公寓选举产生的第二届理事会理事和监事。对此，法院认为，西山老年公寓2008年10月23日法人章程明确记载了理事为韩某霞、申某军、冯某存、杨某军、迟某明，监事为刘某、李某。在西山老年公寓2013年8月职工代表大会选举产生的第二届理事会理事和监事中，除了韩某霞、杨某军继续担任理事外，原担任理事的申某军、冯某存、迟某明均不再担任理事，原担任监事的刘某、李某也不再担任监事。故西山老年公寓2013年8月职工代表大会选举产生的第二届理事会理事和监事是对西山老年公寓2008年10月23日法人章程进行了修改。根据《民办非企业单位登记管理暂行条例》第十五条之规定，民办非企业单位修改章程，应当自业务主管单位审查同意之日起30日内，报登记管理机关核准。本案中，虽然西山老年公寓向其业务主管单位丰台区民政局提交了备案材料，但西山老年公寓、韩某霞、杨某军并未向法院提交丰台区民政局对章程修改审查同意的证据，也没有提交丰台区民政局对章程修改予以核准的证据。西山老年公寓在2013年和2014年经丰台区民政局年度检查结论为合格，不足以证明丰台区民政局审查同意和核准西山老年公寓因选举产生第二届理事会理事和监事而对章程进行的修改。现有证据不足以证明西山老年公寓2013年8月职工代表大会选举产生第二届理事会理事和监事已发生法律效力，韩某霞、申某军、冯某存、杨某军、迟某明仍然是西山老年公寓的合法理事。因此，西山老年公寓、韩某霞、杨某军提出西山老年公寓2013年8月职工代表大会选举产生第二届理事会理事和监事并对章程进行相应修改已经过丰台区民政局审查同意并核准，迟某明已不是西山老年公寓理事的上诉主张不能成立，法院不予支持。

关于争议焦点五，2013年4月25日召开的理事会会议是否符合西山老年公寓2008年10月23日法人章程。法院认为，根据西山老年公寓2008年10月23日法人章程第十二条规定："理事会每年召开两次会议。有下列情形之一，应当召开理事会会议：（一）理事长认为必要时；（二）1/3以上理事联名提议时。"第15条规定："召开理事会会议，应于会议召开10日前将会议的时间、地点、内容等一并通知全体理事。"第16条规定："理事会会议应由1/2以上的理事出席方可举行。"西山老年公寓于2013年4月25日召开的理事会会议，由3/5以上理事联名提议，提前10日通知了全体理事，且3/5以上的理事出席，虽然此次会议的会议通知中载明是召开出资人（理事、监事）会议，且西山老年公寓监事刘某、李某也参加了此次会议，但不能以此认定2013年4月25日召开的理事会会议违反了西山老年公寓章程。一审法院判决认定西山老年公寓于2013年4月25日召开的理事会会议符合章程规定，并无不当。西山老年公寓2013年4月25日理事会会议推选的理事、监事，不符合西山老年公寓2008年10月23日法人章程第十条、第二十一条之规定，申某军等五人要求变更理事、监事的诉讼请求，一审法院判决不予支持，并无不当。西山老年公寓2013年4月25日召开的理事会会议选举迟某明为理事长，申某军、冯某存为副理事长，符合西山老年公寓 2008 年 10 月 23 日法人章程第十三条之规定。虽然西山老年公寓民办非企业单位登记证书和 2008 年 10 月 23 日法人章程中均未记载韩某霞是理事长，且理事长由谁担任并非民办非企业单位法定登记事项，申某军等五人要求变更西山老年公寓理事长的诉讼请求，是要求修改西山老年公寓 2008 年 10 月 23 日法人章程中关于理事长的记载，一审法院判决予以支持，并无不当。申某军等五人要求将西山老年公寓法定代表人变更为迟某明，缺乏事实和法律依据，一审法院判决不予支持，亦无不当。因此，西山老年公寓、韩某霞、杨某军提出申某军等五人 2013 年 4 月 25 日召开的理事会会议不符合西山老年公寓 2008 年 10 月 23 日法人章程，该次会议选举产生的理事会理事长应属无效的上诉主张不能成立，法院不予支持。

综上，西山老年公寓、韩某霞、杨某军的上诉主张均不能成立，法院均不予支持。

专家点评

本案中，西山老年公寓属于非营利的民办非企业单位，非营利的民办非企业单位即为原《民法总则》以及《慈善法》中的社会服务机构，作为非营利法人应当按照法律规定制定法人章程，规定理事会、监事会等法人机构，按照法人章程约定的要求召开相关会议，遵循法人章程进行重大事项的表决，因此一审法院根据法人章程的规定判决认定西山老年公寓于 2013 年 4 月 25 日召开的理事会会议符合章程规定。

第九十四条 捐助人有权向捐助法人查询捐助财产的使用、管理情况，并提出意见和建议，捐助法人应当及时、如实答复。

捐助法人的决策机构、执行机构或者法定代表人作出决定的程序违反法律、行政法规、法人章程，或者决定内容违反法人章程的，捐助人等利害关系人或者主管机关可以请求人民法院撤销该决定。但是，捐助法人依据该决定与善意相对人形成的民事法律关系不受影响。

【条文释义】

本条是对捐助法人的捐助人享有权利的规定。

设置捐助法人的财产，由捐助人提供，因而捐助人尽管不从捐助法人的活动中获得利益，但是对于捐助法人享有部分权利。捐助人对捐助法人享有的权利是：1. 查询捐助财产使用、管理情况。捐助法人对此负有义务，应当及时、如实答复。2. 对捐助法人使用和管理捐助财产有权提出意见和建议，便于改进工作，使捐助财产发挥更好的公益效益。3. 对于捐助法人错误的决定有权向法院主张撤销。捐助法人的决策机构、执行机构或者其法定代表人作出的决定违反捐助了法人章程的规定，不符合捐助人捐助财产设置捐助法人的意愿，捐助人享有向人民法院请求予以撤销的权利，查证属实的，人民法院应当予以撤销。与捐助法人有关的利害关系人或者捐助法人的主管机关，对此也享有撤销权，可以请求人民法院予以撤销。

如果捐助人、利害关系人或者主管机关请求撤销捐助法人违反法人章程的决定得到人民法院的支持，捐助法人的该决定可以撤销，但是捐助法人依据该决定与善意相对人形成的民事法律关系不受影响，不能因为捐助法人的该决定被撤销，而主张捐助法人与善意相对人形成的民事法律关系宣告无效或者被撤销。相对人知道或者应当知道捐助法人的决定违反法人章程，该捐助法人与该相对人形成的民事法律关系应当归于无效。

【案例评注】

傅某生与傅某华等名誉权纠纷案①

基本案情

本案涉及的当事人：原告：傅某生。被告：李某林、傅某华、项某森、傅某华、黄某。

2015 年 7 月 22 日，因连城县遭受重大水灾，包括项某森、傅某华、黄某在内的泉州连城同乡会爱心人士自愿捐款捐物，以解部分受灾且生活极其困难乡亲燃眉之急，捐助原则为遇难且穷困家庭，房屋全毁且穷困家庭，受灾综合困难家庭，捐助标准为 50 户，每户 3000 元加一箱牛奶，剩余的 1 万余元作为机动，帮助确实需要捐助的对象。泉州连城同乡会共派出了项某森、傅某华、黄某等九人回连城确定受捐助对象，经项某森等人向村干部了解及入户调查，初步确定了 50 户受捐助户的名单。原告的名字在“捐助对象最终确定名单”第二页内，涉及原

---

① 审理法院：福建省连城县人民法院，案号：（2016）闽 0825 民初 380 号。

告的内容为："内坎村：傅某生，受灾情：房屋倒塌住村里戏台。"确定受捐户名单后，连城同乡会回乡人员在向受捐户发放善款过程中，发现有比原告更困难的受灾户项某招，连城同乡会回乡人员便将原本要发放给原告的善款发放给项某招。在此过程中，有人将初定的"捐助对象最终确定名单"在微信上发布。原告因未受到捐助，向省委巡视组信访称，其儿子同学捐给其的3000元和一箱牛奶被朋兴村书记傅某华转送他人，傅某华属勾结伙同贪污救灾款物。2016年2月4日，朋口镇人民政府以朋信复字（2016）8号文对原告作出答复，答复意见书认为原告的信访事项不实。

上述事实有原告提供的捐助对象最终确定名单，朋信复字（2016）8号文，爱心款捐助明细表，原告、被告李某林、傅某华在法庭上的陈述为证，法院予以确认。

法院判决

2015年7月22日，连城县遭受重大水灾，泉州连城同乡会爱心人士出于对家乡及家乡乡亲的感情，自愿捐款捐物，以解部分受灾乡亲燃眉之急，这是一种美德，同时也是政府和社会各界予以鼓励的行为。捐助人在捐款时定下的捐助原则为遇难且穷困家庭，房屋全毁且穷困家庭，受灾综合困难家庭。原告经初选被定为捐助对象，但在发放善款过程中，发现有比原告更困难的受灾户，泉州连城同乡会负责确定受捐助对象、发放捐助款的人员调整了捐助对象，使捐助款的使用更加合理，更符合全体捐助人的意愿，这是正当的。法律意义上的侵犯名誉权，是指以书面、口头等形式宣扬他人的隐私，或者捏造事实公然丑化他人人格，以及用侮辱、诽谤等方式损害他人名誉，造成一定影响的。在本案中被告未侵犯原告名誉权，原告要求五被告连带赔偿其名誉损失5000元的诉讼请求没有事实和法律依据，法院不予支持。依照《民法通则》第一百二十条、《民事诉讼法》第一百四十四条之规定：驳回原告傅某生要求被告李某林、傅某华、项某森、傅某华、黄某连带赔偿名誉损失5000元的诉讼请求。

专家点评

民法典总则编第94条第一款规定，捐助人有权向捐助法人查询捐助财产的使用、管理情况，并提出意见和建议，捐助法人应当及时、如实答复。尽管本案中的情形为一般社会捐助，不涉及捐助法人的问题，但是很好地体现了捐助人应当享有的知情权，对于捐助财产的使用可以提出意见和建议，同时，当捐助财产的使用不符合捐助人的捐助意愿时，捐助人有权向法院起诉撤销捐助财产，这也是鼓励捐助义举，保护捐助人合法权利，促进社会公益事业良性发展的应有之义。

第九十五条 为公益目的成立的非营利法人终止时，不得向出资人、设立人或者会员分配剩余财产。剩余财产应当按照法人章程的规定或者权力机构的决议用于公益目的；无法按照法人章程的规定或者权力机构的决议处理的，由主管机关主持转给宗旨相同或者相近的法人，并向社会公告。

【条文释义】

本条是对非营利法人终止的规定。

由于为公益目的成立的非营利法人的财产权结构的特殊性，以及其本身的非营利性，非营利法人在终止时，须遵守的特别规则是：1. 不得向其出资人或者设立人分配剩余财产。如果进行分配，就违背了设立法人的公益目的，也违背了出资人或者设立人设立法人的初衷。2. 其剩余财产应当按照章程的规定或者权力机构的决议用于公益目的。法人章程对其剩余财产的处置有规定的，依照其规定处置；法人章程对其剩余财产的处置没有规定的，由该法人的权力机构对如何处置其剩余财产作出决议，按照决议的要求处置其剩余财产。3. 其剩余财产不能按照法人章程规定或者权力机构的决议处理的，转给宗旨相同或者相近的以公益为目的的法人。由该非营利法人的主管机关主持协调，将其转给与终止的非营利法人宗旨相同的或者相近的以公益为目的的法人，由该受让剩余财产的非营利法人取得所有权，并向社会公告。

对其他不具有公益目的而是以其他非营利目的成立的非营利法人，在终止时的剩余财产处理，不受上述法律规定的限制。

【案例评注】

刘某民与赵某华离婚纠纷再审案①

基本案情

原审上诉人刘某民，原审被上诉人赵某华。抗诉机关：最高人民检察院。

刘某民与赵某华于1986年初相识，1987年1月登记结婚（双方均系再婚），婚生一子。婚后夫妻感情尚好，后因家庭、工作等琐事双方口角打架，致使分居生活。1995年9月赵某华起诉，要求与刘某民离婚。双方在共同生活期间于1993年12月共建私立学校一所，学校名称为："嵩山少林寺武术专业沈阳分校"，法定代表人刘某民。1995年7月20日又办一执照名为沈阳市气功健身实体，实体名称为"嵩山少林寺武术专业沈阳分校"，实体负责人系赵某华。私立学校有房产5栋、汽车2台、金风牌21寸彩色电视机40台、友谊牌双桶洗衣机4台、电暖气25台、铁床480张、桌椅350套、锅炉3台。上述资产经辽宁三公资产评估事务所评估，房产评估值为1701259元整。其他实物评估值为233725元。现刘某民、赵某华均同意离婚，婚生子由赵某华抚养，但双方对私立学校的共同财产分割问题有争议，未能达成协议。

法院判决

一审法院认为：关于私立学校的财产问题，因该学校系夫妻在共同生活期间共同投资创建的，应认定为夫妻共同财产。关于私立学校的财产如何分割问题，经查实学校的工作人员及赵某华、刘某民工作的实际能力，并考虑到将来办学有益的实际情况，私立学校的共同财产判归赵某华所有为宜，赵某华给付刘某民财产折价款。关于私立学校的经费在刘某民处有20万元，此款应由赵某华保管。判决宣判后，刘某民不服，以其是学校法人，学校应由其管理经营和原审对财产判决不公等为由，向法院提出上诉。

二审法院认为：关于双方争议的私立学校应由谁管理、经营问题，应以有利于教育事业的发展作出适当判决，原审根据本案的实际情况，将该校判由赵某华

---

① 审理法院：一审法院为辽宁省沈阳市中级人民法院，案号：（1995）沈民初字第95号；二审法院为辽宁省高级人民法院，案号：（1996）辽民终字第14号；再审法院为辽宁省高级人民法院，案号：（2001）辽审民抗再终字第24号。

经营管理是合适的。对双方婚姻关系存续期间的共同财产的分割问题，原审根据评估结论作出判决是正确的，关于原判决第七项中在刘某民处有20万元学校的经费问题，鉴于私立学校的性质和双方当事人的意见，亦可作为共同财产分割，原判决全部返还给赵某华不妥，应予改判。

最高人民检察院提出抗诉的主要意见为：

1. 终审判决将私立学校的财产认定为夫妻共同财产，属认定事实错误。嵩山少林寺武术专业沈阳分校属沈阳市社会力量办学办公室批准的社会力量办学机构，该学校的财产由两部分构成：一是学校创建初期刘某民和赵某华夫妻投入到学校的二人的共同财产；二是办学积累的财产。根据国家教育委员会的规定，办学积累的财产应归国家所有，不能归举办者个人所有，判决对此不加以区分，将学校的全部财产认定为夫妻共同财产，认定事实错误。

2. 终审判决适用法律错误。根据国家教委教成（1996）7号文件的规定，沈阳市嵩山少林寺武术专业沈阳分校属于社会力量办学的私立学校，学校的全部资产不属于创办者私人所有，终审判决以夫妻共同财产进行分割，适用法律错误。

再审法院认为：关于刘某民处有20万元学校的经费问题，原审作为共同财产分割不当，应由刘某民交付给赵某华保管为学校的费用。关于双方共同财产应依法予以分割，但原审以私立学校系夫妻在共同生活期间投资创建的，将办学积累全部认定为刘某民、赵某华二人的共同财产进行分割没有法律依据，检察机关的抗诉理由成立。

刘某民、赵某华共同投资办学，应共同享有办学积累中属于夫妻的财产权益。二人离婚，已丧失了共同办学的条件，对其共同享有的财产权益应予分割，根据现在学校已由赵某华单独管理的情况，由赵某华对刘某民因丧失财产权益以及由此丧失的期待利益予以补偿。

专家点评

本案判决时我国立法中尚未出现营利法人与非营利法人的区分，该案也集中反映出了司法实务中对此问题因缺乏明文立法规定而出现的裁判混乱的情形。本案中，一审、二审的裁判中直接将涉案私立学校的财产认定为夫妻共同财产，根本没有讨论私立学校的性质。最高人民检察院的抗诉意见纠正了这一点，其实际上是认为涉案私立学校为非营利性法人，因而办学积累的财产应归国家所有，但对于投资设立时的原始资金归属为何并没有涉及。再审表明支持最高人民检察院的抗诉意见，认为应当讨论涉案私立学校的性质问题，但即使将私立学校的性质界定为非营利，但最终的裁判结果依然将非营利性质的私立学校财产确定为夫妻共有财产。如果依照现行民法典民法总则第95条的规定，在确定涉案私立学校为非营利性质的基础上，学校的创始资产以及积累的财产都归国家所有，而非本案当事人所有，不属于夫妻分割财产的范围，应当由主管机关主持转给宗旨相同或者相近的以公益为目的的法人，并向社会公告。

第四节 特别法人

第九十六条 本节规定的机关法人、农村集体经济组织法人、城镇农村的合作经济组织法人、基层群众性自治组织法人，为特别法人。

【条文释义】

本条是对特别法人概念的规定。

特别法人是在民法典之前没有用过的概念，本条对特别法人概念的界定没有下具体定义，是从特别法人的范围作的规定。

特别法人，是指我国现实生活中存在的，既不属于营利法人，也不属于非营利法人，具有民事权利能力和民事行为能力，依法独立享有民事权利和承担民事义务的组织。其特点是：1. 特别法人既不属于营利法人，也不属于非营利法人。特别法人是为公益目的或者其他非营利目的而成立的，但又不具有出资人和设立人，而是依据国家法律或者政府的命令而设立的法人。2. 特别法人具有法人的组织形式。特别法人有自己的名称，有组织机构、住所，也有一定的财产或者经费，也有其法定代表人，并且依照法律的规定而设立，具备法人的所有组织形式，是一个具有法人资格的组织体。3. 特别法人具有民事权利能力和民事行为能力，能够以自己的财产或者经费承担民事责任。4. 特别法人的外延具有法定性，只有法律规定的机关法人、农村集体经济组织法人、合作经济组织法人、基层群众性自治组织法人，才属于特别法人。

【案例评注】

劳某某与某公司、中共防城港市直属机关工作委员会合同纠纷案[①]

基本案情

本案涉及当事人：申请复议人（申请执行人、异议人）：劳某某；被执行人：某公司，法定代表人：何某某；被执行人：中共防城港市直属机关工作委员会，法定代表人：丁某；第三人：防城港市人民政府，法定代表人：何某某。

南宁铁路运输中级人民法院（以下简称执行法院）在执行劳某某与某公司、中共防城港市直属机关工作委员会（以下简称机关工委）联营合同纠纷一案中，在2015年5月6日作出（2005）柳铁中执字第15号、第17-11号执行裁定，驳回劳某某提出追加防城港市人民政府为本案被执行人及查封防城港市人民政府财产的请求。劳某某不服该裁定，于2015年6月1日向执行法院提出书面异议，称被执行人机关工委具有独立机关法人资格的事实发生在（1999）桂经终字第176号、第178号民事判决生效后，而本案诉讼开始至终审判决作出时，机关工委没有单独的组织编制，没有独立经费，属于防城港市委下设的工作机构，要求依法追加防城港市人民政府为被执行人，纠正（2005）柳铁中执字第15号、第17-11号执行裁定。执行法院审查后认为，本案被执行人机关工委有单独的编制，有单独的组织机构代码，有国家财政预算拨付的独立经费，应属于法律规定的机关法人，依法独立享有民事权利和承担民事义务，且被执行人机关工委与防城港市人民政府之间不存在隶属关系，劳某某申请追加防城港市人民政府为被执行人并查封防城港市人民政府的财产没有事实和法律依据。2015年6月16日，执行法院作出（2015）宁铁中执异字第1号执行裁定，驳回申请执行人劳某某的异议。劳某某不服上述裁定向广西壮族自治区高级人民法院申请复议，请求：1. 撤销执行法院作出的（2015）宁铁中执异字第1号执行裁定；2. 追加防城港市人民政府为被执行人。理由同异议时一样。

法院判决

广西壮族自治区高级人民法院认为，首先，被执行人机关工委自1993年成立

① 审理法院：一审法院为广西壮族自治区南宁市铁路运输中级人民法院，案号：（2015）宁铁中执异字第1号；二审法院为广西壮族自治区高级人民法院，案号：（2015）桂执复字第29号。

就有单独的编制，主管部门为中共防城港市委员会，经费由防城港市人大会议审查批准后并由防城港市财政全额拨付，有独立经费，以上事实有防城港市财政局出具的《关于市直属机关工委经费保障方式的证明》、1995 年机关工委机构编制证、1993 年 12 月 3 日由防城港市机构编制委员会作出的《关于防城港市级党政群机构设置和编制名额的通知》等证据予以证明。因此，根据《民法通则》第五十条之规定，机关工委属于机关法人，依法独立享有民事权利和承担民事义务。机关工委提交的 2011 年 8 月 18 日机关单位机构编制证和 2013 年组织机构代码证都是根据国家法规及政策对机关单位管理不断规范化之后办理的，申请执行人劳某某据此认为机关工委是在本案生效判决进入执行程序之后才具有机关法人资格的主张没有事实依据，法院不予支持。其次，被执行人机关工委和防城港市人民政府是两个独立的机关法人，不存在隶属关系，不适用《最高人民法院关于适用〈中华人民共和国民事诉讼法〉的解释》第四百七十三条的规定，劳某某申请追加防城港市人民政府作为被执行人没有事实和法律依据。故裁定驳回复议申请。

专家点评

本案中，法院按照原《民法通则》第 50 条“有独立经费的机关从成立之日起，具有法人资格”认定机关工委属于机关法人，其形式尽管是政府及其有关部门，完全是依照公法组成的机构，但是它在进行民事活动时，具有民事权利能力，也有民事行为能力，并且能够用自己的经费承担民事责任，即其依法独立享有民事权利和承担民事义务。现在，民法典总则编第 96 条规定：“本节规定的机关法人、农村集体经济组织法人、城镇农村的合作经济组织法人、基层群众性自治组织法人，为特别法人。”如此规定，更明确了上述法人的性质与地位。

第九十七条 有独立经费的机关和承担行政职能的法定机构从成立之日起，具有机关法人资格，可以从事为履行职能所需要的民事活动。

【条文释义】

本条是对机关法人及成立的规定。

机关法人是指依照法律和行政命令组建，享有公权力，有独立的经费，以从事国家管理活动为主的各级国家机关。这种机关从成立之日起，即具有法人资格。其基本特征是：1. 代表国家行使公权力；2. 机关法人的独立经费来自中央或者地方财政拨款；3. 只能在因行使职权所必需时参与民事活动，如购买办公用品、租赁房屋、购买交通工具与房屋等。

机关法人分为两类：1. 有独立经费的国家机关；2. 有独立经费的承担行政职能的法定机构。前者包括上述国家权力机关法人、国家行政机关法人等；后者包括根据法律、法规授权和中央有关政策规定，授权其行使行政职权的事业单位、非行政主体和无法律法规授权而承担行政职能的事业单位。

上述机关法人都须有独立经费，能够在从事为履行职能所需要的民事活动中，以其独立的经费承担民事责任。独立经费，应是指独立的预算单位而言。

机关法人作为民事主体，只有在其从事为履行职能所需要的民事活动时，才有意义。这是因为机关法人的主要职能是行使公权力，而不是进行民事活动。只有为了行使其公权力所需要才进行的民事活动，机关法人作为民事主体，其法人资格才有意义。

【案例评注】

某公司与吴川市人民政府办公室等许可执行纠纷上诉案①

基本案情

本案涉及当事人：上诉人（原审原告）：某公司，法定代表人：盘某某，董事长；被上诉人（原审被告）：吴川市人民政府办公室（以下简称市府办），法定代表人：吴某某，主任；被上诉人（原审被告）：吴川市人民政府，法定代表人：江某，市长。

湛江市中级人民法院在执行原审原告与吴川市政府拖欠工程款纠纷一案过程中，于2009年5月19日作出（2000）湛中法执字第18号恢1号民事裁定：冻结市府办在中国农业银行吴川支行账户上的289673.79元存款。市府办提出执行异议，认为其不是本案的被执行人，其具备独立的法人资格，属于有独立编制财政预算部门，其资金与吴川市政府的其他资金无牵连，法院冻结其资金是错误的。2009年9月29日，湛江市中级人民法院作出（2009）湛中法执外异字第22号执行裁定：中止对市府办在中国农业银行吴川市支行账户上的500万元存款的执行。某公司认为市府办作为吴川市政府的内设机构，没有独立的民事权利能力和行为能力，没有独立的财产，不能独立对外承担民事责任。市府办管理的财产实质上

① 审理法院：广东省高级人民法院（2010），案号：粤高法民一终字第103号。

是吴川市政府的财产。因此，要求人民法院撤销（2009）湛中法执外异字第22号执行裁定，许可执行市府办在中国农业银行吴川市支行账户上的289673.79元存款。市府办于原审答辩称：一、市府办不是某公司诉吴川市政府拖欠工程款纠纷案的被执行人，某公司要求执行其财产没有法律依据。二、市府办是具有独立法人资格的行政机关，具有独立的经费、独立编制财政预算，市府办的财政预算仅保障其开展工作的日常运作，与吴川市政府的其他资金无牵连，况且湛江市中级人民法院（2006）法中法执字第18号恢1号民事裁定书冻结的289673.79元已按财政预算的用途使用完毕，请求驳回某公司的诉讼请求。吴川市政府于原审答辩称：市府办的答辩意见是正确的。

法院判决

一审认为：市府办是具有独立经费的机关，根据《民法通则》第五十条："有独立经费的机关从成立之日起，具有法人资格。"市府办是依法成立具有独立法人资格的行政机关，其经费纳入财政预算。一审法院（2009）湛中法执外异字第22号执行裁定书认为：市府办是吴川市政府所属的工作部门，依法领取了组织机构代码证，享有独立的机关法人资格。市府办属于独立编制财政预算的部门，其财政预算保障其开展工作的日常动作。故某公司请求许可执行市府办的财产依据不足。此外，冻结期届满后，市府办已按预算资金用途支取该笔款项，某公司请求许可执行的该存款已不存在。据此，原审法院作出的（2009）湛中法执外异字第22号执行裁定书并无不当，某公司诉讼请求撤销原审法院（2009）湛中法执外异字第22号执行裁定书并许可其执行市府办在中国农业银行吴川市支行账户上的289673.79元存款无事实和法律依据，依照《民事诉讼法》第六十四条，《民法通则》第五十条、第三十六条的规定，原审法院于2010年3月29日作出（2010）湛中法民一初字第23号驳回某公司诉讼请求的民事判决。某公司不服原审判决并上诉。二审法院审理后认为，原审判决认定事实清楚，适用法律正确，依法应予维持，某公司的上诉缺乏事实与法律依据，应予驳回。

专家点评

本案争议焦点之一是案涉市府办是否具有独立法人资格。市府办系属于市政府的工作部门，即指市政府办公室，是市政府领导下的负责政府与其各职能部门和其他相关机构联络的事务性综合部门，市政府办公室一般下设九个职能科和市打击走私工作领导小组办公室，其主要职能有：（1）协助市政府领导审核或组织起草以市政府、市政府办公室名义发布的各类文电，处理上级来文来电。（2）负责市政府会议的准备和会务工作，协助市政府领导组织会议决定事项的实施。(3) 承办市政府各部门、市政府派出机构和各市区人民政府请示市政府的事项，提出审核处理意见，报市政府领导审批。(4) 根据市政府领导的指示或办理文件的需要，组织协调市政府有关部门的相关工作，对有争议的问题提出处理意见，报市政府领导决定。(5) 负责市政府值班工作和市政府领导政务活动的组织安排、市政府重大活动的组织筹备工作，负责或参与有关重大接待活动的组织协调工作，承办市长公开电话的有关事宜。(6) 协助市政府领导组织处理需由市政府直接处理的突发事件和重大安全事故。(7) 根据市政府领导的意见，组织起草有关文稿。(8) 负责收集、整理、分析、报送重要信息；根据市政府领导的要求，组织有关调查研究工作，及时反映情况，提出建议。(9) 督促检查市政府文件、会议决定事项和市政府领导批示的贯彻落实情况，并及时向市政府领导报告。(10) 负责组织协调、督促检查人大代表建议、政协委员提案的办理工作。(11) 负责行政事务工作，为市政府领导服务。(12) 负责全市政府系统办公自动化建设和应用工作。(13) 负责市打击走私工作领导小组的日常工作。(14) 负责全市口岸管理、政府法制、民族宗教事务工作。(15) 办理市政府领导交办的其他事项。由此可见，市府办是有独立经费的机关和承担行政职能的法定机构，故本案一二审法院均以“有独立经费的机关从成立之日起，具有法人资格”作为裁判依据，认定市政办是具有独立法人资格的行政机关。这与现行民法典总则编第97条的规定相一致。

第九十八条 机关法人被撤销的，法人终止，其民事权利和义务由继任的机关法人享有和承担；没有继任的机关法人的，由作出撤销决定的机关法人享有和承担。

【条文释义】

本条是对机关法人终止及责任承担的规定。

机关法人的终止事由，是该机关被撤销。机关法人一经被撤销，其法人资格就终止，不再具有民事权利能力和民事行为能力。

机关法人因被撤销而终止后，关于其民事责任的承担规则是：1. 机关法人终止后，其在从事为履行机关法人职能所需要的民事活动中发生的民事责任，由于自己的法人资格已经终止，无法承担，因而由继续履行其职能的机关法人予以承担。2. 机关法人终止后，如果没有继续履行其职责的机关法人，被终止资格的机关法人从事为履行职责所需要的民事活动应当承担的民事责任，就由撤销该机关法人的机关法人承担。

【案例评注】

安阳市北关区彰北街道办事处与侯某一企业资产有偿转让合同纠纷案[①]

基本案情

本案涉及当事人：申请再审人（一审被告、二审上诉人、原再审申请人）：安阳市北关区彰北街道办事处（以下简称彰北办事处），法定代表人：赵某某，该办事处主任；被申请人（一审原告、二审上诉人、原再审被申请人）：侯某一。

北郊乡政府对所属的集体企业总公司进行整体改制，以该公司的部分土地使用权、房屋使用权等资产实行公开竞标有偿转让。经过竞标，确定竞标人侯某一为购买人。2000 年 12 月 24 日，双方签订了该公司企业有偿转让合同。北郊乡政府与侯某一对总公司的资产移交期间，另一竞买人张某某于 2000 年 12 月 25 日以确认总公司竞买行为效力纠纷为由，对北郊乡政府提起诉讼，并向法院提出对总公司的全部资产申请保全。法院于当日作出诉讼保全裁定，并于同年 12 月 29 日向北郊乡政府送达，裁定北郊乡政府不得向任何第三方移交总公司的资产。北郊乡政府与侯某一之间的移交总公司资产工作暂停。2001 年 2 月 23 日，法院对确认总公司竞买行为效力纠纷案件调解结案。后北郊乡政府与侯某一恢复正常移交资产工作。在此期间双方发生合同纠纷，诉请安阳市中级人民法院，一审法院依法作出相应判决，侯某一与北郊乡政府均不服一审判决并提起上诉。2003 年 3 月 11 日，在本案二审审理中，北郊乡政府被撤销，二审裁定中止本案诉讼。2003 年 10 月 15 日，侯某一向河南省高级人民法院提出变更当事人申请，在申请中，侯某一称 2003 年 4 月安阳市区划调整已经结束，北郊乡政府所管辖的自然村，划归北关区彰北办事处管辖。因此，请求变更彰北办事处为本案当事人参加诉讼。2004 年 4 月 20 日，二审法院变更本案当事人北郊乡政府为彰北办事处，并于 2004 年 4 月 20 日作出（2002）豫法民一初字第 535 号参加诉讼通知书，通知其参加诉讼。二审审理期间，安阳市人民政府于 2003 年 1 月 26 日发布安政（2003）

---

① 审理法院：一审法院为河南省安阳市中级人民法院；二审法院为河南省高级人民法院，案号：（2002）豫法民一终字第 535 号。

4号《安阳市人民政府关于调整安阳市市辖区和安阳县行政区划的通知》，撤销北郊乡政府，北郊乡政府管辖的15个村调整为由北关区政府管辖。2003年4月10日，安阳市民政局发布安民（2003）31号《安阳市民政局关于北关区增设、调整街道办事处的批复》，增设彰北等4个街道办事处，前述15个村由彰北办事处管辖。彰北办事处在二审庭审中，对（2002）豫法民一初字第535号参加诉讼通知书提出异议，认为：二审法院将其列为被上诉人没有法律依据，具体理由为：其与侯某一、北郊乡政府无任何法律上的权利义务关系。2003年省政府及安阳市政府下发的调整行政区划的文件均未对撤销后的北郊乡的债权债务的处理作出安排，也未成立清算组织清算。法律没有对机关法人撤销后的民事权利义务作出具体规定，应由成立北郊乡政府的原安阳市郊区政府或作出撤销北郊乡政府的上级机关承担法律后果。对于河南省高级人民法院委托一审法院所作追记，其不予承认。

法院判决

河南省高级人民法院认为，虽然省政府及安阳市政府均未对撤销后的北郊乡政府的债权债务处理作出安排，也未成立清算组织清算，且目前我国法律对于机关法人撤销后的民事权利义务也没有具体规定，但不能以此作为法院拒绝裁判的理由。根据本案的实际情况，本着公平的原则，并结合河南省高级人民法院委托一审法院的追记，可以直接依据本案事实确定由彰北办事处作为北郊乡政府的权利义务继受人解决本案纠纷。其主要理由为，虽然安阳市的行政区划进行了调整，但侯某一购买的北郊乡政府所属的总公司仍在彰北办事处的辖区范围，依侯某一的陈述，彰北办事处已占有了北郊乡政府的财产，包括其办公地点；其购买的企业档案、社会统筹等都由彰北办事处管辖，彰北办事处已实际享有北郊乡政府的权利，对此陈述，彰北办事处未提出反证予以否认。根据权利义务相对等的原则，应认定彰北办事处为北郊乡政府的权利义务继受人，直接作为当事人参加诉讼。

专家点评

本案可谓是机关法人撤销后的民事责任承担问题的典型案例，诚如本案中法院认为，原《民法通则》对机关法人撤销后的民事责任承担主体并无规制，但法院不可因为法律无明文规定而拒绝裁判，故法院运用法理逻辑，援用原《合同法》第90条关于“当事人订立合同后分立的，除债权人和债务人另有约定的以外，由分立的法人或者其他组织对合同的权利和义务享有连带债权，承担连带债务”之规定，认为既然北郊乡政府撤销后，其相应区划分别并入彰北办事处及其他办事处，彰北办事处就应对北郊乡政府的债务承担连带责任。而民法典总则编第98条解决了无直接法条可依循的现状，明确规定机关法人被撤销的，法人终止，其民事权利和义务由继任的机关法人享有和承担；没有继任的机关法人的，由作出撤销决定的机关法人享有和承担。这样既明确规定了机关法人被撤销后的责任承担主体，且顺位是由继续履行职能的机关法人承担，倘若没有继续履行职能的机关法人的，则由撤销该机关法人的机关法人承担，这亦印证了本案的处理结果。

第九十九条 农村集体经济组织依法取得法人资格。

法律、行政法规对农村集体经济组织有规定的，依照其规定。

【条文释义】

本条是对农村集体经济组织法人的规定。

对于农村集体经济组织，我国《土地管理法》《土地承包法》《物权法》《村民委员会组织法》等法律、法规都作了规定，并没有对这个概念作出解释。民法典总则编确认农村集体经济组织具有法人资格。

农村集体经济组织法人，是指在自然乡村范围内，农民将其各自所有的生产资料投入集体所有，集体组织农业生产经营，集体劳动或者个人承包，按劳分配，具有民事权利能力和民事行为能力的特别法人。

我国的农村集体经济组织法人，经历了长时间的演变。现有的农村集体经济组织形式多样，有村经济合作社、村股份经济合作社、自然村经济实体等。这些农村集体经济组织都具有法人资格，具有民事权利能力和民事行为能力，以自己的财产承担民事责任。

【案例评注】

禤某某诉佛山市三水区乐平镇人民政府行政处理案[①]

基本案情

原告禤某某原为佛山市三水区西南街道××居民，属于城镇居民。2011年3

① 审理法院：广东省佛山市三水区人民法院，案号：(2012) 佛三法行初字第29号。

月3日，原告将户口迁入康乐村中×巷×号，未向第三人康乐股份社出资购股。2011年7月31日，康乐村对本村的征地款分配方案进行表决，应到会人数为238人，实到会人数为197人，表决结果为113人同意该分配方案，即股权的界定和配置根据第三人章程第18条规定，征地款分配按签订合同当日在册户口有股份分配的人数平均分配。第三人以原告属于城市回迁人员、未按照第三人《章程》的规定购买股权为由，未给予原告分配上述征地补偿款。原告于2011年11月7日向被告佛山市三水区乐平镇人民政府（以下简称乐平镇政府）提交《行政处理申请书》，请求被告责令第三人向原告补发2011年的征地补偿款51273元。被告于2012年2月24日作出《决定书》，决定对原告的申请事项不予支持。另查明，第三人于2007年6月20日经股东代表大会第二次会议表决并通过了《章程》，于2009年8月21日修正了《章程》中与《中共佛山市三水区委佛山市三水区人民政府关于落实农村出嫁女及其子女合法权益的意见》相抵触的条款。现行《章程》第9条规定："股份社的股权实行一定时期内固化稳定，固化期为3年……固化期满后，新增加符合股东条件的村民（新生婴儿及正常娶入者除外）必须按照股值及购股份额以现金向股份社购买相应股权才能成为股东，才可参加本社的股份分配……"第13条规定："……（三）符合条件的回迁人员，在固化期内必须用现金购股方可成为股东……"第20条规定："……征地款分配原则上按股份社当年股东实有人数平均发放。"

原告认为，本案被征土地是属于康乐村的集体土地，并非第三人的财产，原告在征地合同签订前早已迁回康乐村，作为村集体成员理应享有村集体土地被征收而产生的财产分配权利。这是属于原告固有的法定权利，任何人及组织都无权剥夺，被告以原告未购买第三人股份为由作出的行政处理决定，刻意回避了村集体土地与村民之间权利义务不可分割的法律关系，混淆了村民小组与村股份合作经济社的关系，严重侵害了原告的合法财产权益。被告乐平镇政府认为，原告的诉讼主张无事实和法律依据，依法不能成立。请求法院依法驳回原告的诉讼请求，维持被告依法作出的《决定书》。第三人康乐股份社未发表陈述意见，也未向法院提供证据。

法院判决

广东省佛山市三水区人民法院认为，本案的争议焦点在于原告是否享有获得征地补偿款分配的权利，而该权利又以原告是否具有第三人成员资格为基础。根据《广东省农村集体经济组织管理规定》的有关规定，第三人作为依法成立的农村集体经济组织，有权依法制定本组织的章程，并在章程中对本集体经济组织成员的资格及其权利、义务作出规定。第三人的《章程》经股东代表大会表决通过，制定程序合法。《广东省农村集体经济组织管理规定》第十五条第三款规定："实行以家庭承包经营为基础、统分结合的双层经营体制时起，户口迁入、迁出集体经济组织所在地的公民，按照组织章程规定，经社委会或者理事会审查和成员大会表决确定其成员资格，法律、法规、规章和县级以上人民政府另有规定的，从其规定。"三委发［1997］15号《中共三水市委三水市人民政府关于全面推行以土地为中心的农村股份合作制的决定》第五条第（三）项第四目规定："迁入人员属于非转农的，在自愿的前提下，经理事会批准，可用现金购买相应档次的股权额，参加下年度的股红分配"。《章程》第十三条第（三）项"符合条件的回迁人员在固化期内必须用现金购股方可成为股东"的规定符合上述规章、规范性文件的规定，也并未与宪法、法律、法规和国家的政策相抵触。因此，基于原告属于非转农、城市回迁人员这一情况，原告就必须用现金购股后才具有第三人的成员资格。原告未按规定进行现金购股，依法不能主张征地款分配。被告根据上述事实和理由作出的《决定书》并无不当。关于第三人是否具有主体资格的问题。《证明书》是农村集体经济组织的身份证明，而不是其成立的前提条件。因此，只要第三人的成立符合法律法规的规定即可，不能由于第三人没有办理《证明书》而否认其主体资格的存在。故法院对原告提出的第三人不具有主体资格的主张不予支持。关于第三人是否具有分配征地补偿款权利的问题。根据《章程》第六条和第七条的规定，第三人具有经济管理职能，具有依法独立进行经济活动的自主权；而第三人当时又是以康乐村集体所有的现有土地全部折价入股组建而成的。因此，第三人当然具有分配被征收土地的补偿款的权利，这也是其履行经济管理职能的表现之一。故法院对原告提出的第三人不具有分配征地补偿款权利的主张不予支持，判决驳回原告禤某某的诉讼请求。

专家点评

目前没有法律具体规定农村集体经济组织的法律形态，这还是一个空白。农村集体经济组织是农村集体资产经营管理的主体，依法代表农民集体行使农村集体资产所有权，承担经营管理事务，明确其民事主体地位有利于其从事民事活动，有利于完善农村集体经济的实现形式和运行机制，增强农村集体经济发展活力。本案也体现了本条第二款的规定"法律、行政法规对农村集体经济组织有规定的，依照其规定"，法院即依据《广东省农村集体经济组织管理规定》认定依法成立的农村集体经济组织的性质、地位，并据此作出裁判。本案体现了民法典总则编第99条第二款的规定，即"法律、行政法规对农村集体经济组织有规定的，依照其规定”。

第一百条 城镇农村的合作经济组织依法取得法人资格。

法律、行政法规对城镇农村的合作经济组织有规定的，依照其规定。

【条文释义】

本条是对城镇农村合作经济组织法人的规定。

合作经济组织法人，是指城市居民或者农民等小生产者，为了维护和改善各自的生产及生活条件，在自愿互助和平等互利的基础上，遵守合作社的法律和规章制度，联合从事特定经济活动所组成的具有企业性质的特别法人。合作经济组织依法成立后，符合法律要求的，就具有法人资格，具有民事权利能力和民事行为能力，依法承担民事责任。

城镇农村的合作经济组织法人，其实就是合作社法人。合作社是指依据平等原则，在互助的基础上，自筹资金，共同经营，共同劳动，并共同分享收益的法人。当前，合作社具有越来越普及的趋势。

合作社法人的特点是：1. 是社员自愿联合的组织体。合作社成员基于自己的利益，自愿联合，结成共同的经济体，是私益法人。2. 主要目的是社员之间的互帮互助、互惠互利。设立目的既不是营利，也不是公益，是为社员谋求经济利益和改善生活。3. 合作社成员的经济利益机制和分配方式特殊，采取按劳分配、按交易额分配，或者在按劳分配、按交易额分配的基础上，结合一定比例的按资分配。4. 合作社的经营须共同经营民主管理，不得将任何社员排除在合作事业经营之外，管理实行民主制，每一社员享有的投票权完全平等。5. 合作社有相应的法人机关。最高权力机构是社员大会或者代表大会，执行机构可以是理事会，也可以是董事会。

对城镇农村的合作经济组织，其他法律有特别规定的，应当依照其规定办理。

【案例评注】

杨某某与佛山市禅城区祖庙街道办事处行政决定纠纷案①

基本案情

原告（上诉人）杨某某原属于第三人佛山市禅城区祖庙街道东升鲤鱼沙股份合作经济社处农业户，1989年5月16日因征地“农转非”，迁出第三人处农业户口，并于1988年12月10日收取了10000元安置费。2014年8月，杨某某认为其应具有第三人的股东资格，向被告（被上诉人）佛山市禅城区祖庙街道办事处（以下简称祖庙街道办）提出申请，要求祖庙街道办作出行政处理决定责令第三人确认其股东资格，并向其发放相应的股份分配和福利待遇等。祖庙街道办于2014年12月10日作出（2014）禅祖办行决第199号《行政处理决定书》，对申请不予支持。杨某某不服，向佛山市禅城区人民政府申请复议，复议机关作出《行政复议决定书》，决定维持了祖庙街道办的行政处理决定。杨某某仍不服，提起行政诉讼，一审后杨某某不服判决，提起上诉。

法院判决

广东省佛山市中级人民法院认为，本案二审争议焦点为上诉人是否具备原审第三人的农村集体经济组织股东资格。《广东省农村社区合作经济组织暂行规定》本地方法规已被《广东省农村集体经济组织管理规定》废止。其第十七条规定“凡户籍在当地社区范围内，年满十六周岁的农民，承认社章并承担相应义务者，经社委会同意，均可以成为户籍所在地经济合作社（或经济联合社）的社员。户口迁出者，除社章另有规定外，其社员资格随之取消；其权利、义务在办理终止承包合同、清理债权债务等有关手续后，亦同时终止。”可见，《广东省农村社区合作经济组织暂行规定》对农村合作经济组织成员资格采取“户籍+义务”的认定模式，对“户口迁出者”的成员资格尊重社章规定。因此，上诉人是否具备鲤鱼沙经济社股东资格，应根据法律和经济社章程来综合判定。本案中，上诉人因征地“农转非”于1989年5月16日将户口迁出东升村，并收取了安置费。一般来说，农村集体经济组织成员户口迁出或者户籍改为“非农业”之后，即不再承

---

① 案例来源：一审法院为广东省佛山市禅城区人民法院，案号：（2015）佛城法行初字第82号；二审法院为广东省佛山市中级人民法院，案号：（2015）佛中法行终字第314号。

担农村集体经济组织成员的相关义务，除农村集体经济组织章程另有规定外，其即不再具备农村集体经济组织成员资格。本案原审第三人于1991年开始实行股份制改革，并先后制定了“1991年章程”和“1994年章程”，分别于1992年1月1日和1995年1月1日起实施。“1991年章程”第六条规定股权分配，针对六种情形作出规定。该条第（一）项规定：“股权分配，按现行的工分级分配制度作为依据……”即对股份制改革时参加按工分分配的原审第三人的成员配给股份。现已查明，上诉人没有按工分参加原审第三人1991年的分配，故上诉人不符合该项规定。该条第（二）项规定：凡12月31日年满16周岁以上的村民，即成为股东，下年度才享有股份分红的权利。上诉人在鲤鱼沙经济社进行股份制改革之前已将户口迁出，按一般理解，上诉人不再是鲤鱼沙经济社的“村民”。并且，“1991年章程”没有进一步明确规定“村民”的范围，因此，对具备鲤鱼沙经济社成员资格的“村民”范围，仍然应根据《广东省农村社区合作经济组织暂行规定》确定的“户籍+义务”标准来确定。户口迁出和户口性质由“农业”转变为“非农业”的成员，因其不再承担农村集体经济组织成员的义务，也就不属于具备鲤鱼沙经济社成员资格的“村民”范围。因此，上诉人也不符合该第（二）项规定的情形。该条第（五）项规定“属征地带人，户口迁出城镇的股东，若没有给予安置费的，则可享受同等股东50%的股权……”该条是对股份制改革后，将来股东“征地带人、户口迁出城镇”情形的安排，并不适用股份制改革前“征地带人、户口迁出城镇”的情形。综上，按照“1991年章程”规定，上诉人不具备鲤鱼沙经济社股东资格。“1994年章程”第四条第一款规定：“股东资格：从1994年11月30日晚上十二时止的本村人口，（包括在部队当义务兵的军人，在读大、中专学生和九二年以后由办事处同意经济社安排视同农业人口分配的农转非迁出户的村民），截止以后不作增减。”上诉人属于该规定中“农转非迁出户的村民”，但是，上诉人没有提供“办事处同意经济社安排”的证据。因此，上诉人不符合“1994年章程”规定的股东资格。综上所述，上诉人不具备获得鲤鱼沙经济社股东资格的事实基础和法律依据，祖庙街道办对上诉人的申请事项不予支持的处理决定正确，法院予以确认。上诉人认为章程没有限制非农业户口成为经济社配股对象的上诉理由不能成立，法院不予支持。上诉人提出原审第三人制定的两份章程违反物权法的规定。经查，《物权法》第五十九条第一款规定：“农民集体所有的不动产和动产，属于本集体成员集体所有。”农民集体财产所有权的主体是农民集体，而不是该集体的成员，是农民集体拥有其财产所有权，而不是集体内农民共同共有集体财产。上诉人关于章程违反物权法第五十九条规定的理由不能成立，法院不予采纳。上诉人提出一审法院适用已失效的《广东省农村社区合作经济组织暂行规定》属于适用法律错误。经查……上诉人认为一审法院适用法律错误的理由不能成立，法院不予采纳……综上所述，虽然被上诉人没有查明第三人鲤鱼沙经济社于1991年开始实施股份制改革的事实，但是，对本案其他基本事实的认定清楚，结合“1991年章程”和“1994年章程”的内容，被上诉人作出“对申请人的申请事项不予支持”的决定适当。原审判决认定基本事实清楚，适用法律正确，程序合法，依法予以维持。故判决驳回上诉，维持原判。

专家点评

民法典总则编第100条第二款规定，法律、行政法规对城镇农村的合作经济组织有规定的，依照其规定。本案中，广东省佛山市中级人民法院认为，《广东省农村社区合作经济组织暂行规定》对农村合作经济组织成员资格采取“户籍+义务”的认定模式，对“户口迁出者”的成员资格尊重社章规定，故作出上诉人是否具备鲤鱼沙经济社股东资格，应根据法律和经济社章程来综合判定的推断，即符合本条“法律、行政法规对城镇农村的合作经济组织有规定的，依照其规定”，并由此进行裁判。

第一百零一条 居民委员会、村民委员会具有基层群众性自治组织法人资格，可以从事为履行职能所需要的民事活动。

未设立村集体经济组织的，村民委员会可以依法代行村集体经济组织的职能。

【条文释义】

本条是对居民委员会法人和村民委员会法人的规定。

1982年《宪法》规定，城市和农村按照居民居住地区设立居民委员会或者村民委员会。长期以来，法律没有认可其具有法人资格。通常认为，居民委员会受街道办事处的领导，村民委员会接受乡镇政府的领导。但实际上，居民委员会和村民委员会都是独立的实体，是群众性的自治组织，并不是街道办事处和乡镇政府的下属机构。为了进一步强化居民委员会和村民委员会的法律地位，确认居民委员会和村民委员会具有法人资格，为特别法人。

居民委员会和村民委员会具备法人的条件。确认居民委员会和村民委员会为特别法人，具有民事权利能力和民事行为能力，能够承担民事责任，就使居民委员会和村民委员会成为民事主体，能够根据自己履行职责的需要，从事民事活动，设立民事法律关系，享有民事权利，负担民事义务，并且以自己的财产和经费承担民事责任。

农村的村民委员会实际上还具有对村民的某些行政管理职能，对组织农业生产，服务村民生活，也都具有重要的职责。在一个村，如果没有设立集体经济组织，村民委员会可以依法代行村集体经济组织的职能，对村集体的财产享有并行使所有权，组织农业生产，安排农业活动，为村民生活创造物质条件。

【案例评注】

甲公司诉乙公司、枣园居委会租赁合同纠纷案[①]

基本案情

2008年7月9日，被告枣园居委会与被告乙公司签订《合同书》，后双方于2008年11月18日签订《补充协议书》，约定枣园居委会提供土地，乙公司提供资金，双方共同兴建位于太原市长风东街半山一号的房屋。2011年9月9日，枣园居委会向原告甲公司出具《承诺函》，同意乙公司与甲公司签订《房屋租赁合同》，并承诺对乙公司在《租赁合同》项下的全部责任和义务承担连带责任。2011年10月17日，被告丙公司和乙公司共同向甲公司出具《委托、担保确认函》，确认：乙公司同意委托丙公司与甲公司签订《房屋租赁合同》，将乙公司、丙公司、枣园居委会共同开发建设经营的位于太原市长风东街半山一号的房屋出租给甲公司。同时，丙公司与乙公司同意对与甲公司签订的《房屋租赁合同》项下出租人的全部合同义务承担连带担保责任。基于枣园居委会、丙公司、乙公司对甲公司的共同承诺和共同建房经营的事实，2011年11月20日，甲公司与丙公司、乙公司分别签订《房屋租赁合同》《补充协议》及相关附件，约定甲公司租赁位于太原市长风东街半山一号的共计18000平方米的商业房屋，用于经营商业超市及仓储使用。上述合同、协议及附件等文件签订后，甲公司按约于2011年11月8日足额支付丙公司4000万元定金。《房屋租赁合同》约定，丙公司违反本合同的约定，在宽限期届满（2014年7月31日）后仍未交付房屋的，甲公司有权单方解除合同，丙公司应双倍返还甲公司支付的定金8000万元，但时至今日，虽经甲公司向丙公司、乙公司和枣园居委会多次催促，涉案房屋仍未交付。据

① 审理法院：山西省太原市中级人民法院，案号：（2014）并民初字第583号。

此，甲公司请求法院判令：1. 丙公司双倍返还甲公司定金8000万元；2. 乙公司、枣园居委会对上述债务承担连带还款责任；3. 丙公司、乙公司、枣园居委会承担全部诉讼费用。

丙公司辩称，1. 本案诉争的租赁房屋（在建房屋）所占用地系太原市城镇规划用地，该在建房屋至今未能取得建设工程规划许可证，因此房屋租赁合同应属无效合同。房屋租赁合同无效，补充协议中的定金条款也应无效。2. 定金的数额明显超过了租赁合同标的额的20%，超过部分应认定为预付租金。3. 造成丙公司未能向甲公司按期交房是不可抗力（政府行为）所致，丙公司不应承担责任。因此，甲公司要求双倍返还定金8000万元无事实和法律依据。乙公司同意丙公司的第一、二、三项答辩意见，另外乙公司辩称，本案所涉租赁合同无效，主合同无效，担保合同当然无效，乙公司作为租赁合同的担保人不应承担担保责任。枣园居委会未到庭参加诉讼，亦未向法院提交书面答辩状。

法院判决

山西省太原市中级人民法院经查明后认为，本案中，涉案太原市长风东街半山一号的在建房屋至今未取得建设工程规划许可证或者经主管部门批准建设，故涉案《房屋租赁合同》及其《补充协议》无效。丙公司应当返还甲公司依合同交付的4000万元，并支付占用该资金期间的利息。关于乙公司是否应当承担连带还款责任的问题，依据乙公司的承诺，乙公司应当与丙公司对上述债权承担连带还款责任。关于枣园居委会是否应当对上述债权承担连带还款责任的问题，本案中，枣园居委会虽承诺在租赁房屋所有权证登记至乙公司名下之前，对乙公司在《房屋租赁合同》项下的全部责任和义务承担连带保证责任，但因《房屋租赁合同》无效，该合同约定的责任义务无效，枣园居委会对《房屋租赁合同》项下的责任义务承担连带保证责任的承诺无效，而且居民委员会属于基层群众自治组织，其任务是办理本居住区居民的公共事务，不具有担保主体资格，其提供的担保一般无效，故甲公司要求枣园居委会对上述债权承担连带还款责任的主张无事实和法律依据，法院不予支持。故判决：一、被告丙公司于本判决生效之日起十日内返还原告甲公司人民币4000万元并支付利息（利息自2011年11月9日起至实际还款之日止按中国人民银行同期贷款利率计算）；二、被告乙公司对上述债权承担连带还款责任；三、驳回原告甲公司的其他诉讼请求。

专家点评

民法典总则编第101条规定，居民委员会、村民委员会具有基层群众性自治组织法人资格，可以从事为履行职能所需要的民事活动。未设立村集体经济组织的，村民委员会可以依法代行村集体经济组织的职能。本案中，居民委员会提供担保无效一是因为主合同无效导致从合同无效，二是因居民委员会系属基层群众性自治组织，其任务是办理本居住区居民的公共事务，从事为履行职能所需要的民事活动，而本案中的担保作用明显已经超越其职能范畴，故法院认定其不具有担保主体资格。所以本案从反面对民法典总则编的规定进行了诠释，即居民委员会能够从事的民事活动应当是为了履行其自身职能所需，而不能超越这一职能范畴。

第四章 非法人组织

第一百零二条 非法人组织是不具有法人资格，但是能够依法以自己的名义从事民事活动的组织。

非法人组织包括个人独资企业、合伙企业、不具有法人资格的专业服务机构等。

【条文释义】

本条是对非法人组织概念的规定。

我国以前的民法中没有非法人组织的概念，而使用了“其他组织”的概念。民法典采纳了“非法人组织”概念，并将其界定为“非法人组织是不具有法人资格，但是能够依法以自己的名义从事民事活动的组织”。

非法人组织的特征是：1. 非法人组织是不同于自然人和法人的社会组织；2. 非法人组织有自己的名称，以自己的名义进行民事活动，是不具备法人资格的社会组织；3. 非法人组织具有相应的民事权利能力和民事行为能力；4. 非法人组织有自己特定的民事活动目的，如进行经营活动，发展教育、科学、宗教以及慈善事业。

非法人组织包括：1. 个人独资企业，是指依照法律规定在中国境内设立，由一个自然人投资，财产为投资人个人所有，投资人以其个人财产对企业债务承担无限责任的经营实体。2. 合伙企业，包括普通合伙企业和有限合伙企业，普通合伙企业是指由普通合伙人组成，合伙人对合伙企业债务承担无限连带责任的组织；有限合伙企业是指由普通合伙人和有限合伙人组成的合伙企业。3. 不具有法人资格的专业服务机构，是特殊的普通合伙企业，是指以专门知识和专门技能为客户提供有偿服务为目的，并依法承担责任的普通合伙企业，主要是指律师事务所、会计师事务所等提供专业服务的企业。4. 其他非法人组织，如依法登记领取我国营业执照的中外合作经营企业、外资企业以及经依法登记领取营业执照的乡镇企业、街道企业，符合民法典总则编关于非法人组织条件的要求的企业。

【案例评注】

俞某某诉杭州萧山楼塔镇岩上村经济联合社房屋租赁合同纠纷案①

基本案情

2000年2月28日，原告杭州市萧山市楼塔镇岩上村经济合作社（以下简称岩上村经合社）与萧山市俞氏纸制品厂（以下简称俞氏纸制品厂）签订房屋租赁协议，约定：将村集体所有的学校经营场地及房屋租赁给俞氏纸制品厂使用，租赁期自2000年1月1日至2009年12月31日，年租金7000元，每年租金于年初一次性上交；租赁期内出租方不得擅自收回房屋，如违约需赔偿违约金20000元；如承租方违反协议，需赔出租方违约金20000元。出租方有权终止协议，收回房屋。2001年度起，俞氏纸制品厂未参加年检，2003年8月15日，俞氏纸制品厂被注销。2004年，岩上村经合社所在村部分村民因故擅自将厂房内存放的纸张搬出，后经村里协调而搬回，被告俞某某据此以造成其损失为由，自2005年起拒付租金。另查明，俞某某系萧山市俞氏纸制品厂投资人。原审法院根据原《合同法》第60条、第93条第二款、第114条第一款、第226条之规定，判决：一、岩上村经合社与俞氏纸制品厂2000年2月28日签订的房屋租赁协议，于判决生效之日解除；二、俞某某于判决生效后10日内将岩上村经合社出租的房屋、场地返还岩上村经合社；三、俞某某于本判决生效后10日内支付给岩上村经合社房屋租金、违约金。上诉人俞某某不服原审法院上述民事判决，提出上诉称：一、一审认定事实不清：1. 关于租赁物的权利瑕疵……2. 俞氏纸制品厂于2001年起不参与工商年检，当然是法定解散的标志……二、原审适用法律不当。原审适用《合同法》第60条、第93条、第114条第一款、第226条规定是不当的，应适用《合同法》第228条、《个人独资企业法》第28条之规定。被上诉人岩上村经合社答辩称：俞某某的上诉事实与理由于情无理，于法无据……二、俞某某在一审中的主体问题，并无错误。俞氏纸制品厂系个人独资企业，根据《个人独资企业法》第二条、第31条规定，俞某某在其个人独资企业2003年8月15日被注销后，当由其本人依法对企业债务承担无限的责任……综上，一审认定事实清楚，

① 审理法院：浙江省杭州市中级人民法院，案号：（2008）杭民二终字第1373号。

适用法律正确，请求二审法院查明事实后驳回上诉。

法院判决

杭州市中级人民法院二审认为，俞某某对原审判决解除租赁关系并无异议。俞某某开办的俞氏纸制品厂自 2001 年度起因不参加年检被吊销营业执照，2003 年 8 月 15 日被注销，该企业虽系因吊销而注销营业执照，但俞某某并未提供俞氏纸制品厂注销后对债权债务进行清算的证据，也未将房屋归还给出租人，在法院审理期间，其也自认已将房屋转租给他人。根据独资企业投资者对企业债务负无限责任的规定，俞某某应当对租赁期间的租赁费承担清偿责任……原审法院认定事实清楚，审判程序合法，判决支持岩上村经合社的诉讼请求正确。故判决驳回上诉，维持原判。

专家点评

《个人独资企业法》第 2 条规定，个人独资企业是指依照本法规定在中国境内设立，由一个自然人投资，财产为投资人个人所有，投资人以其个人财产对企业债务承担无限责任的经营实体。根据民法典总则编第 102 条的规定，即“非法人组织是不具有法人资格，但是能够依法以自己的名义从事民事活动的组织。非法人组织包括个人独资企业、合伙企业、不具有法人资格的专业服务机构等”。个人独资企业系属于非法人组织，不具有法人资格，但是能够依法以自己的名义从事民事活动的组织。本案中，俞某某作为个人独资企业的投资者，应当对企业债务承担无限责任。

第一百零三条　非法人组织应当依照法律的规定登记。

设立非法人组织，法律、行政法规规定须经有关机关批准的，依照其规定。

【条文释义】

本条是对非法人组织设立登记的规定。

非法人组织必须依照法律规定进行登记。非法人组织的设立程序是：1. 非法人组织设立应当依照法律的规定进行登记。按照个人独资企业、合伙企业、不具有法人资格的专业服务机构等的设立登记程序进行登记，取得了非法人组织的经营资格，同时也取得了民事主体地位。2. 对某一类非法人组织的设立，法律或者行政法规规定须经过有关机关批准才能设立的，则应当按照该法律或者行政法规的规定报批。经批准后取得非法人组织的资格，成为民事主体。例如律师事务所、会计师事务所等不具有法人资格的专业服务机构，按照法律规定应当经过批准，只有经过政府有关机关的批准，才能取得非法人组织的资格，成为民事主体。

【案例评注】

厦门市鼓浪屿房屋管理所与某公司房屋租赁合同纠纷案①

基本案情

被告某公司向原告厦门市鼓浪屿房屋管理所（以下简称鼓浪屿房管所）承租位于厦门市市场路×号×层房屋，双方签订《厦门市直管非住宅房屋租赁协议》，合同到期后，双方未再签订合同。根据鼓浪屿申遗规划、管理和保护等要求，原告于2015年4月24日向被告送达《非住宅公房收回通知书》，告知被告不再续租，并要求被告于2015年6月30日前将房屋清理腾空并退回给原告。2015年7月6日，原告委托律师向被告出具律师函，告知解除合同收回房屋，但被告至今仍拒不返还房屋。另，合同解除后，被告自行向原告银行账户缴纳的相应费用可以抵作房屋占用费。现请求判令：1. 确认原、被告之间关于厦门市市场路×号×层的房屋租赁合同已于2015年7月9日解除，被告将该房屋完整返还给原告，将屋内物品清空，人员迁出；2. 被告向原告支付房屋占用费（自2016年2月1日起计至实际腾退房屋之日止，按每月52817.4元计算）。被告某公司辩称，鼓浪屿房管所系机关非法人单位，并不具民事主体资格，其并非本案适格原告；鼓浪屿房管所无权以自己名义解除讼争合同，故其以自己名义通知被告解除合同不具备法律效力；双方合同到期后，原告以调查表方式向被告发出续租邀约，被告已按要求提交相关材料，故双方续租成立，被告在续租后投入巨资拆除旧店面，按照原告要求重新进行装修，现原告要求解除租赁关系，对被告显失公平；原告向被告发出解除通知之后，被告仍按照原有的租金标准向原告支付讼争房屋租金，原告收到租金后也未予以返还或者拒绝，该事实行为证明双方承租关系持续至今；如原告强行解除租赁关系，应赔偿被告的相应损失。综上，原告无权解除讼争租赁关系，其诉求应予以驳回。

---

① 审理法院：福建省厦门市思明区人民法院，案号：（2015）思民初字第11802号。

法院判决

福建省厦门市思明区人民法院认为，鼓浪屿房管所虽不具法人资格，但其属依法登记的非法人组织，具有民事主体资格，可以参加民事法律关系，享有民事权利和承担民事义务。故，鼓浪屿房管所与某公司签订的讼争《厦门市直管非住宅房屋租赁协议》系双方当事人的真实意思表示，内容合法，为有效合同，双方当事人均应严格遵守履行……

故判决：一、确认原告厦门市鼓浪屿房屋管理所与被告某公司之间就厦门市市场路×号×层的房屋租赁关系于2015年7月9日解除；被告某公司于本判决生效之日起三日内将厦门市市场路6号1层房屋腾空退还给原告厦门市鼓浪屿房屋管理所。二、被告某公司于本判决生效之日起三日内向原告支付房屋占用费若干。

专家点评

民法典总则编第103条规定，非法人组织应当依照法律的规定登记。设立非法人组织，法律、行政法规规定须经有关机关批准的，依照其规定。本案中，鼓浪屿房管所不具法人资格，但其依法登记即属于非法人组织，具有民事主体资格，可以参加民事法律关系，享有民事权利和承担民事义务。故，鼓浪屿房管所与某公司签订的讼争《厦门市直管非住宅房屋租赁协议》系双方当事人的真实意思表示，内容合法，应当评价为有效合同，双方当事人均应严格遵守履行。

第一百零四条　非法人组织的财产不足以清偿债务的，其出资人或者设立人承担无限责任。法律另有规定的，依照其规定。

【条文释义】

本条是对非法人组织承担无限责任的规定。

非法人组织承担的责任是无限连带责任，与法人承担有限责任不同，是非法人组织与法人的根本性区别之一。无限责任是投资人或者设立人在非法人组织的债务超过了非法人组织拥有的财产时，出资人或者设立人不仅应接受出资损失的事实，以非法人组织的财产清偿债务，还应当以自己的全部其他财产对非法人组织的债务承担责任。

承担非法人组织债务的主体是出资人或者设立人。对非法人组织的债务，所有的出资人或者设立人都承担无限责任。出资人或者设立人为二人以上的，对非法人组织的债务承担无限连带责任。

非法人组织承担债务的财产范围包括两部分：1. 非法人组织自己的财产，即出资人或者设立人对非法人组织出资的财产。2. 出资人或者设立人自己个人的财产，由于要承担无限责任，因而自己的财产也是承担非法人组织债务的财产。

如果其他法律对非法人组织的债务承担责任另有规定的，应当依照其特别规定确定非法人组织承担民事责任的方法。例如《合伙企业法》第二条第三款规定有限合伙的有限合伙人承担有限责任。这就是法律对非法人组织债务承担责任的“另有规定”，因而不适用无限责任的规定。

【案例评注】

陈某某诉周某等加工合同纠纷案①

基本案情

从2012年开始，原告陈某某就与被告周某建立加工合同关系，为被告提供线切割加工服务。2013年8月20日，被告周某与陈某某、潘某、叶某某签订一份《合作协议》，约定合伙经营五金锁具制造、销售。2013年11月8日，被告某五金厂注册成立，企业类型为个人独资企业，名义投资人为周某。2014年3月5日，被告与陈某某、潘某、叶某某签订一份《公司股权转让协议》，约定被告将其在某五金厂所占的25%份额转让给陈某某、潘某、叶某某。2014年3月17日，某五金厂的名义投资人变更。从2012年开始至2014年1月12日止，原告陈某某一直与上述不同主体存在切割加工业务关系。现原告陈某某起诉，要求二被告向原告支付加工费及赔偿利息损失。

法院判决

浙江省瑞安市人民法院认为，本案的争议焦点在于案涉债务的责任承担主体问题：一是被告某五金厂是否应当承担偿还责任问题。法院认为，被告某五金厂系个人独资企业，个人独资企业其性质属于非法人组织，虽然不具有法人资格，但具有独立的经营实体地位，享有相应的权利能力和行为能力，能够以自己的名义进行法律行为。因此，被告某五金厂虽然发生了投资人的变更，但该投资人变

① 审理法院：浙江省瑞安市人民法院，案号：（2016）浙0381民初7312号。

更属于企业经营存续期间的变更，企业并未解散，不属于新企业的产生、原企业的消灭，被告某五金厂在法律上的人格仍然延续，对投资人变更前的债务仍然承担清偿责任。二是被告周某是否应当承担偿还责任。如前所述，个人独资企业并不具有法人资格，不能独立承担责任，根据《个人独资企业法》第三十一条的规定，个人独资企业财产不足以清偿债务的，投资人应当以其个人的其他财产予以清偿。因此，被告周某作为某五金厂的原投资人，应当对某五金厂投资人变更前产生的债务承担补充清偿责任。被告周某不得以投资人变更及退出企业经营为由，对外抗辩债权人。故，法院判定被告某五金厂对案涉加工费负有清偿责任，被告周某对该债务承担补充责任。两被告在原告向其催讨时未及时足额履行支付义务，造成原告的经济损失，应承担赔偿责任。

专家点评

民法典总则编专章规定非法人组织，是立法对传统民法主体制度的突破，为现实社会之所需。非法人组织与自然人、法人并列为民事主体之一，其具有相应的民事权利能力与民事行为能力，但不具有法人资格。民法典总则编列举了个人独资企业、合伙企业、不具有法人资格的专业服务机构。诚如本案中某五金厂系个人独资企业，系属于非法人组织之一种，其可以自己的名义享受民事权利和负担民事义务，也可以自己的名义进行必要的民事活动，但非法人组织不具有完全民事责任能力，其成员或设立人对非法人组织的债务承担无限责任。故本案中，某五金厂系个人独资企业，能够以自己的名义从事法律行为，但是不能够独立承担责任，当其财产不足以清偿债务时，由投资人承担补充清偿责任。

第一百零五条　非法人组织可以确定一人或者数人代表该组织从事民事活动。

【条文释义】

本条是对非法人组织代表人的规定。

非法人组织可以设定代表人，代表该非法人组织。非法人组织的代表人，是由非法人组织的出资人或者设立人推举产生的对外代表非法人组织的利益，对内组织经营管理的出资人或者设立人。例如独资企业本来就是出资人个人负责，自己就是负责人，因而才规定为“可以”设定代表人。

确定非法人组织的代表人，如果有数个出资人或者设立人，应当由数个出资人或者设立人全体来推举代表人。非法人组织的代表人可以是一人，也可以是数人，遵从非法人组织的设立人和出资人的意愿。如果不推举代表人，则其全体出资人或者设立人为代表人。

非法人组织的代表人与非法人组织事务执行人不同。非法人组织的代表人也可能是非法人组织的事务执行人，即使如此，身份也有区别，非法人组织的代表人对外代表非法人组织，对内组织经营活动；而非法人组织的事务执行人仅对非法人组织的个别经营事务具体负责。

【案例评注】

马某某诉辛某某侵权责任纠纷案[①]

基本案情

1996年9月原告马某某在安龙县龙山四门洞开办了龙山镇四门洞煤矿1号井，取得了采矿许可证。1997年4月王某某在安龙县龙山镇四门洞村开办了安龙县龙山雄鹰煤矿，取得了采矿许可证、煤炭生产许可证、营业执照。1999年9月马某某开办的四门洞煤矿1号井因布局不合理、无投资能力、无基本安全设备、不服从管理、一长三员无证上岗等原因被“安龙县关井压产领导小组办公室”关闭，并被安龙县国土资源局吊销了采矿许可证。后王某某为了安全生产许可证验收以马某某开办的龙山县四门洞煤矿1号井作为风井，与其开办的安龙县龙山雄鹰煤矿作为主井形成一个完整的安全生产系统，以接受管理部门的检查验收。两人签订《联合办矿协议书》，约定：龙山雄鹰煤矿和龙山四门洞煤矿1号井联合后称为雄鹰煤矿，为股金入股办矿，该协议报安龙县煤炭管理局存档备案，又签订了《安龙县龙山雄鹰煤矿合作协议书》以及《协议书》，约定事宜若干：……若一方违约，另一方有权终止本协议和原上交给安龙县煤炭管理局存档备案的《联合办矿协议书》。上述协议签订后，双方独自对各自的煤井进行了生产和经营。此后，安龙县国土局对马某某作出立即停止无证采矿行为并罚款，而雄鹰煤矿在办理了采矿许可证、煤炭生产安全许可证，均载明该煤矿为私营合作企业。王某某与熊某某签订了《合股开办安龙县雄鹰煤矿的协议书》，同年安龙县工商局检查雄鹰煤矿以“当事人未经核准登记办理工商营业执照，以合伙方式在龙山

---

① 审理法院：一审法院为贵州省贵阳市南明区人民法院，案号：（2013）南民初字第1571号；二审法院为贵州省贵阳市中级人民法院，案号：（2014）筑民一终字第1342号。

镇四门洞村从事煤炭开采和经营活动”为由作出安工商行处字（2005）24号处罚决定书对当事人王某某处以罚款。同日王某某委托马某某向贵州省工商行政管理局申请办理注册登记，全体合伙人为两人，所附合伙协议为原被告所签订的《合伙协议书》。贵州省工商行政管理局颁发了合伙企业营业执照，执照上载明：企业名称为安龙县龙山雄鹰煤矿，执行合伙企业事务的合伙人为王某某。2005年下半年马某某开办的四门洞煤矿1号井被安龙县政府组织人员又一次炸封，为此马某某与王某某之间产生纠纷。2007年6月马某某向贵州省黔西南州中级人民法院提起诉讼，要求王某某支付2006年5月至2007年5月期间的雄鹰煤矿的利润150万元，法院判决认定双方合伙关系成立，支持了诉讼请求，该判决宣判后，王某某上诉至贵州省高级人民法院，经法院调解，明确王某某支付马某某50万元，马某某放弃其余诉讼请求。2007年4月，被告辛某某与王某某、熊某某签订《兼并协议书》及补充条款，由辛某某出资整体兼并雄鹰煤矿一采区的所有资产和资源，由王某某负责解决其采区内部的股东关系，此后辛某某与原安龙县龙山聚盈煤矿矿主协商，达成并签订了聚盈煤矿的整合协议，上述整合完成后，安龙县煤炭工业管理局于以安煤字［2007］9号文件批复同意雄鹰煤矿将原法定代表人王某某变更为辛某某，将企业名称变更为龙山炜烽煤矿，贵州省国土资源厅向炜烽煤矿颁发了《采矿许可证》，辛某某持《安龙县龙山雄鹰煤矿、龙山聚盈煤矿整合协议书》《安龙县龙山聚盈煤矿投资转让协议书》《安龙县龙山雄鹰煤矿投资转让协议书》在贵州省工商行政管理局办理了工商登记，工商局核准安龙县龙山雄鹰煤矿企业名称变更为安龙县龙山炜烽煤矿，企业性质为辛某某投资的个人独资企业，并颁发了《个人独资企业营业执照》。2008年马某某以其系雄鹰煤矿合伙人为由，诉至贵州省黔西南州中级人民法院，要求确认其在炜烽煤矿中享有50%的股权，后马某某撤回起诉。随后，马某某向贵州省工商行政管理局提出申请，要求撤销安龙县龙山炜烽煤矿的工商登记，省工商局经调查听证后认定：安龙县龙山炜烽煤矿登记的个人独资企业确实存在伪造他人虚假身份证明和伪造他人签名取得登记的违法行为，该局于2010年3月作出《行政处罚决定书》，责令煤矿投资人改正违法行为，处以罚款2000元。该决定书作出后，马某某于2012年12月向原审法院提出行政诉讼和行政赔偿诉讼案件，以贵州省工商行政管理局为被告，辛某某为第三人，要求确认工商局针对安龙县龙山雄鹰煤矿变更为安龙县龙山炜烽煤矿之登记行为违法并撤销该登记行为，要求工商局及第三人赔偿经济损失33885000元。原审法院审理后，作出（2013）南行初字第1号和第7号行政裁定书，认定马某某就安龙县龙山雄鹰煤矿提起行政诉讼系因人民政府煤炭资源整合引发的行政纠纷，该类案件不属于人民法院行政诉讼的受案范围，故裁定驳回该两个行政案件的诉讼。

2013年4月22日，原告以被告的行为导致原告遭受巨大的经济损失，对原告构成侵权为由，诉至法院请求判令被告赔偿经济损失。一审法院驳回原告马某某的诉讼请求，故上诉人马某某不服，提出上诉。

法院判决

贵州省贵阳市中级人民法院认为，根据《合伙企业法》第二十六条第二款之规定："按照合伙协议的约定或者经全体合伙人决定，可以委托一个或者数个合伙人对外代表合伙企业，执行合伙事务。"该法第二十七条同时规定："依照本法第二十六条第二款规定委托一个或者数个合伙人执行合伙事务的，其他合伙人不再执行合伙事务。不执行合伙事务的合伙人有权监督执行事务合伙人执行合伙事务的情况。"本案中，上诉人马某某与王某某二人合伙开办安龙县龙山雄鹰煤矿，在贵州省工商行政管理局颁发的合伙企业营业执照上，明确载明合伙企业事务执行人为王某某，故王某某依法有权对外代表合伙企业签订协议处分合伙企业的相关事宜，上诉人马某某不是合伙事务的执行人，依法不能执行合伙事务，但对合伙事务的执行具有监督的权利。王某某在执行合伙企业事务的过程中，代表合伙企业与辛某某签订兼并协议，将合伙企业的资产整体转让给辛某某。王某某作为经依法登记的合伙事务执行人，其对外行为的法律效力当然及于全体合伙人……综上，二审法院驳回上诉，维持原判。

专家点评

民法典总则编第105条规定非法人组织可以确定一人或者数人代表该组织从事民事活动，合伙企业属于非法人组织之一种，故应当适用。本案还体现了民法典总则编与《合伙企业法》的衔接——法院根据《合伙企业法》第26条第二款"按照合伙协议的约定或者经全体合伙人决定，可以委托一个或者数个合伙人对外代表合伙企业，执行合伙事务"以及该法第27条"依照本法第二十六条第二款规定委托一个或者数个合伙人执行合伙事务的，其他合伙人不再执行合伙事务。不执行合伙事务的合伙人有权监督执行事务合伙人执行合伙事务的情况"的规定，认为既然安龙县龙山雄鹰煤矿这一合伙企业事务执行人为王某某，所以王某某依法有权对外代表合伙企业签订协议处分合伙企业的相关事宜，其在执行合伙企业事务的过程中，代表合伙企业与他人签订兼并协议等对外行为的法律效力及于全体合伙人。

第一百零六条　有下列情形之一的，非法人组织解散：

（一）章程规定的存续期间届满或者章程规定的其他解散事由出现；

（二）出资人或者设立人决定解散；

（三）法律规定的其他情形。

【条文释义】

本条是对非法人组织解散的规定。

非法人组织解散是非法人组织的终止，是根据法律的规定终结设立非法人组织的协议，经过解散和清算等程序，最终注销非法人组织。如果是合伙企业，其解散就是散伙。

非法人组织解散的事由是：1. 章程规定的存续期间届满或者章程规定的其他解散事由出现。非法人组织章程规定的存续期间届满，出资人或者设立人决定不再经营，非法人组织可以解散。非法人组织章程规定的其他解散事由出现的，非法人组织可以解散。2. 出资人或者设立人决定解散，在非法人组织存续期间内，只要全体出资人或者设立人决定终止非法人组织，就可以解散非法人组织。3. 法律规定的其他情形，法律或者行政法规规定了非法人组织解散的其他事由，当该事由出现后，非法人组织依照这些法律或者行政法规的规定予以解散，例如非法人组织被兼并或者被宣告破产，也导致非法人组织解散。

【案例评注】

甲公司与黄印煤矿、秦某某合同纠纷案[①]

基本案情

本案涉及当事人：上诉人（原审被告）：重庆市渝北区黄印煤矿。被上诉人（原审原告）：甲公司。原审被告：秦某某，又名覃某某；乙公司。

甲公司、黄印煤矿、乙公司系业务往来单位。2009 年 11 月 26 日，甲公司与乙公司签订《煤炭买卖合同》；2010 年 1 月 8 日，甲公司（甲方）与黄印煤矿

① 审理法院：湖北省高级人民法院，案号：（2016）鄂民终 195 号。

(乙方)签订《合作协议书》;2010年1月10日,黄印煤矿(甲方)、甲公司(乙方)、乙公司(丙方)签订《煤炭销售协议》;2010年12月15日,甲公司(甲方)与乙公司(乙方)签订《冬储煤协议》;2011年10月20日,甲公司与乙公司签订煤炭购销合同。2013年4月25日,黄印煤矿(甲方)、甲公司(乙方)、乙公司(丙方)签订《煤炭购销三方框架协议》。2009年12月11日至2011年10月21日期间,甲公司向乙公司和黄印煤矿支付款项计3265万元。甲公司收增值税发票105张,票面显示煤炭数量为22622.46吨,总金额11530557.97元。2013年8月23日,甲公司(甲方)、黄印煤矿(乙方)、乙公司(丙方)签订《煤炭预付款清收及偿还协议》,协议约定:一、乙方、丙方对2013年1月15日甲方在《科目汇总表》上载明的煤炭预付款数额共同确认……并且乙方、丙方认可该预付款数额为共同债务,互负连带清偿责任。二、乙方、丙方承诺在自本协议签订之日起至2013年10月31日止采用上列偿还方式,清结所欠甲方的煤炭预付款。本协议生效后,乙方、丙方不再以任何理由在任何语境下对本协议约定的共同债务予以质疑否认……协议由甲公司加盖合同专用章,黄印煤矿加盖行政章,秦某某本人署名,乙公司加盖了合同专用章。协议附件为甲公司科目汇总表,科目汇总表加盖了黄印煤矿行政章和乙公司合同专用章,科目汇总表显示:截至2013年7月31日,乙公司欠款为7328882.38元,黄印煤矿欠款为14205955.6元,合计21534837.98元。黄印煤矿、乙公司未履行还款义务。黄印煤矿系秦某某个人独资企业,根据渝北府发[2013]43号文规定,黄印煤矿于2013年9月6日被当地政府关闭。甲公司一审时诉称协议约定的还款期限已过,但两公司并未履行还款义务,给甲公司造成重大损失。此外,根据《个人独资企业法》的相关规定,黄印煤矿作为秦某某投资的个人独资企业,其投资人秦某某对债务清偿亦应承担无限责任。

法院判决

一审法院依照《合同法》第八条、第一百零七条、第一百一十四条第二款、第一百九十六条、第二百零七条,《个人独资企业法》第二条、第二十六条第(四)项、第二十八条以及《民事诉讼法》第一百四十二条之规定,判决:一、重庆市渝北区黄印煤矿、秦某某、乙公司于本判决生效之日起10日内向甲公司偿还欠款;二、重庆市渝北区黄印煤矿、秦某某、乙公司于本判决生效之日起10日内向甲公司支付利息;三、重庆市渝北区黄印煤矿、秦某某、乙公司于本判决生效之日起10日内向甲公司支付违约金。黄印煤矿不服原审法院上述判决,提起上诉,请求撤销原判,依法改判或发回重审。

湖北省高级人民法院二审认为：甲公司通过与黄印煤矿、乙公司签订《合作协议书》《煤炭销售协议》《冬储煤协议》《煤炭购销合同》《煤炭购销三方框架协议》等系列协议，在甲公司与黄印煤矿、乙公司之间形成买卖合同关系，甲公司为买受人，黄印煤矿、乙公司为出卖人。甲公司为履行合同约定，于2009年12月11日至2011年10月21日期间，共向黄印煤矿、乙公司支付3265万元。2013年8月23日，甲公司与黄印煤矿、乙公司签订《煤炭预付款清收及偿还协议》，三方共同确认，乙公司对甲公司的应付款为7328882.38元，黄印煤矿对甲公司的应付款为14205955.6元，合计21534837.98元为黄印煤炭、乙公司的共同债务，并约定了偿还方式、偿还期限及逾期付款的违约责任。故《煤炭预付款清收及偿还协议》是甲公司、黄印煤矿、乙公司对前期三方买卖合同履行的结算协议，黄印煤矿在协议上加盖印章并由该个人独资企业的投资人秦某某签名，乙公司在协议上加盖合同专用章，均不违反法律规定。盖章及签名行为表明协议是各方当事人的真实意思表示，《煤炭预付款清收及偿还协议》不存在《合同法》第五十二条规定的法定无效情形，为有效合同，黄印煤矿关于协议未对三方合作期间的财务进行核对和清算的上诉理由与协议内容相悖，其关于合同无效的上诉理由不能成立，黄印煤矿、乙公司均应依约履行义务……综上，黄印煤矿的上诉请求及理由均不能成立，故驳回上诉，维持原判。

专家点评

我国《个人独资企业法》第26条规定："个人独资企业有下列情形之一时，应当解散：(一) 投资人决定解散；(二) 投资人死亡或者被宣告死亡，无继承人或者继承人决定放弃继承；(三) 被依法吊销营业执照；(四) 法律、行政法规规定的其他情形。"本案中，黄印煤矿系个人独资企业，秦某某系黄印煤矿的投资人，黄印煤矿被政府关闭，符合上述法条第（4）项"法律、行政法规规定的其他情形"；而根据民法典总则编第102条第二款的规定，即个人独资企业属于非法人组织之一种，所以当出现民法典总则编第106条的情形，即"（一）章程规定的存续期间届满或者章程规定的其他解散事由出现；（二）出资人或者设立人决定解散；（三）法律规定的其他情形"之一时，非法人组织解散。如此，民法典总则编的该条规定与《个人独资企业法》相衔接。

第一百零七条　非法人组织解散的，应当依法进行清算。

【条文释义】

本条是对非法人组织解散进行清算的规定。

非法人组织解散后，应当依法进行清算，以终结非法人组织现存的各种法律关系，依法清理非法人组织的债权债务。本条对于非法人组织解散以后的清算并没有规定具体规则，应当依照民法典总则编第108条关于“非法人组织除适用本章规定外，参照适用本编第三章第一节的有关规定”的规定，参照第70~73条的规定进行，包括成立清算组、清算程序、清算组的职权、清算期间非法人组织的存续，以及清算后的财产和注销登记等。

【案例评注】

郭某某诉张某某合伙协议纠纷案①

基本案情

原告郭某某与被告张某某系合伙人。原、被告共同承包他人转包的棋盘井街千川惠泽酒店装修工程，并于2012年7月签订《单项施工合同》，原、被告在乙方（施工责任方）处共同签字确认。被告张某某于2013年2月4日向原告郭某某出具欠条一份，内容为：今欠工人垫付13646元和材料款18109元，共计31755元。被告张某某于同日向原告郭某某出具欠条一份，内容为：今欠大老虎材料款3438元；被告于2013年10月8日在同一欠条上备注：2013年10月8日付2000元。原告与被告就返还垫付款发生纠纷。

法院判决

内蒙古自治区乌海市海勃湾区人民法院认为，合伙是由二人（包括自然人和法人）以上根据共同协议而组成的营利性非法人组织，合伙人共同出资、共同经营、共享收益、共担风险，并对合伙组织承担连带无限责任。原、被告系合伙关系，本案原告依据被告向其出具的两张垫付工人工资、材料款的欠条，要求被告支付款项实为合伙一方在合伙未经清算的情况下请求退回出资的法律纠纷。原告

① 审理法院：一审法院为内蒙古自治区乌海市海勃湾区人民法院，案号：（2013）乌勃民一初字第01919号；二审法院为内蒙古自治区乌海市中级人民法院，案号：（2014）乌中民一终字第186号。

诉称其与被告达成口头退伙协议，但被告予以否认，原告不能进一步提供其他有效证据予以佐证，法院对其已经退伙的事实不能认定。合伙解散必须依法进行清算，只有进行清算，才能根据清算结果，以处理合伙财产所得价款清偿债务后仍有剩余财产的，合伙人有权请求返还出资。未经合伙清算，不能确定盈利或亏损或平本的情况，合伙人不能直接诉请返还出资，原告的诉讼请求无法律依据和事实依据，故法院对其诉讼请求不予支持。原告可待合伙清算结束后再行诉讼。

原告郭某某不服原审判决，认为2012年8月底，上诉人与被上诉人合同承包了棋盘井街千川惠泽酒店的装修工程。之后，上诉人支付了工人工资13646元，材料款21547元。同年12月底，工程基本完工，被上诉人将承建方支付的工程款全部据为己有。2013年2月4日，双方进行清算，并一致同意承建方支付的工程款全部归被上诉人所有，该工程的所有支出也由被上诉人承担，被上诉人同意返还上诉人支付的工人工资和材料款，因被上诉人暂时无钱支付上诉人，所以出具欠条两张。欠条即是双方结算后的凭证，一审判决未予认定。2013年10月8日被上诉人向上诉人还款2000元，并在欠条上予以标注。原审判决未考虑上述事实，以合伙未清算为由驳回上诉人在一审中的诉讼请求明显不当，故以被告张某某为被上诉人，提起上诉。

内蒙古自治区乌海市中级人民法院二审认为上诉人与被上诉人是基于承建千川惠泽酒店工程而建立了合伙关系，该合伙关系仅有两个合伙人。上诉人如果退伙，合伙关系即消灭，合伙终止。因此，上诉人退伙应与被上诉人进行清算。未经合伙清算，无法确定在合伙期间是否盈利、亏损或平本，更无法确定各合伙人的出资清偿合伙债务后仍有剩余。据此，上诉人要求退伙并退还出资无事实和法律依据。原审判决认定事实清楚，适用法律正确。故判决驳回上诉，维持原判。

专家点评

本案中，法院根据原《民法通则》第30条、第35条即“个人合伙是指两个以上公民按照协议，各自提供资金、实物、技术等，合伙经营、共同劳动”“合伙的债务，由合伙人按照出资比例或者协议的约定，以各自的财产承担清偿责任。合伙人对合伙的债务承担连带责任，法律另有规定的除外。偿还合伙债务超过自己应当承担数额的合伙人，有权向其他合伙人追偿”之规定，认为合伙解散只有在清算后，方能确定在合伙期间是否盈利、亏损或平本，也才能确定各合伙人的出资在清偿合伙债务后是否仍有剩余，否则径直要求退伙并退还出资是缺少事实和法律依据的。根据民法典总则编第107条的规定，非法人组织解散的，应当依法进行清算，这为今后相似案例提供了更为直接的法律依据。

第一百零八条 非法人组织除适用本章规定外，参照适用本编第三章第一节的有关规定。

【条文释义】

本条是对非法人组织具体规则法律准用的规定。

民法典对非法人组织的规定比较简明，具体规则不足，故本条规定了非法人组织具体规则的法律准用条款。

对于非法人组织的具体规则准用内容，包括：非法人组织的民事权利能力和民事行为能力；非法人组织的成立；非法人组织代表人的职责和责任；非法人组织的住所；非法人组织的登记；非法人组织解散的清算；非法人组织解散的后果；非法人组织在设立和清算期间的民事权利能力和民事行为能力，等等。这些规则，在非法人组织设立和运行以及解散中都应参照适用。

非法人组织并非是一种特定的组织形式，而是由不同的组织形式构成的一种民事主体类型。民法典总则编第 102 条第 2 款列举的个人独资企业、合伙企业、不具有法人资格的专业服务机构以及其他组织等，都有专门的法律和行政法规进行规范。因此，非法人组织除了适用民法典总则编第四章关于非法人组织的规定之外，可以参照总则编第三章第一节关于法人的一般规定，也要适用不同的非法人组织类型的专门的法律、行政法规的规定。

【案例评注】

陈某某诉某公司、某分公司买卖合同纠纷案①

基本案情

原告陈某某系经营电工电料、五金批发销售的个体工商户。自 2015 年 1 月起，被告分公司向原告购买电工电料、五金产品。2016 年 4 月 17 日，原告和被告天城宜昌分公司对账后确认被告某分公司 2015 年度欠原告货款 69742 元。2016 年 4 月 25 日，原告和被告某分公司对账后确认被告某分公司 2016 年度欠原告货

① 审理法院：湖北省兴山县人民法院，案号：（2016）鄂 0526 民初 452 号。

款22525元。被告某分公司共计欠原告货款92267元。原告多次向其催要，但被告某分公司以种种理由拖延。原告认为其合法债权应当得到保护，被告某分公司应当支付欠款。被告某公司作为被告某分公司的总公司，应对其分公司即被告某分公司的债务负有连带清偿责任。现请求：判令二被告连带偿还原告欠款92267元，并自2016年4月25日起始，至全部欠款还清之日截止，按照金融机构贷款利率连带支付逾期付款利息，并由二被告负担保全费。

被告某分公司辩称，对原告起诉的事实、欠款过程、欠款金额及原告主张的利息均无异议。但认为原告请求被告某分公司和被告某公司承担连带清偿责任无法律依据。因为被告某分公司虽然有诉讼主体资格，但不具备承担法律责任的主体资格。被告某分公司与被告某公司系上下级关系，某分公司系法人组织的分支机构，不是独立法人，没有财产，没有承担债务的能力，故不具备承担本案原告债务的义务，被告某分公司不能够与被告某公司承担连带清偿责任。请求法院依法判决。

法院判决

湖北省兴山县人民法院认为，当事人应当按照约定全面履行自己的义务。本案中，自2015年1月起，被告某分公司向原告购买电工电料、五金产品，并于2016年4月17日和4月25日双方对账确认了被告某分公司尚未给付原告的货款金额。据此，原告与被告某分公司之间形成了事实存在的买卖合同。该合同系双方当事人的真实意思表示，不违反法律法规强制性规定，为有效合同，双方均应按合同约定履行各自的义务。原告依约履行了为其提供货物的义务，被告某分公司就应当依约履行其支付相应款项的义务。关于应支付的欠款，被告某分公司对其应支付给原告92267元无异议，法院对此予以确认。对应承担的利息，原告主张自2016年4月25日起始，至二被告全部欠款还清之日截止，按照金融机构贷款利率支付逾期付款利息的主张，被告某分公司表示予以认可，法院对此予以确认。关于债务清偿责任，原告主张被告某公司作为被告某分公司的总公司，应对其分公司即某分公司的债务负有连带清偿责任，法院认为，被告某分公司系被告某公司设立的分公司，其作为其他组织，可以依据《民事诉讼法》第四十八条“公民、法人和其他组织可以作为民事诉讼的当事人”和《最高人民法院关于适用〈中华人民共和国民事诉讼法〉的解释》第五十二条第（五）项“民事诉讼法第四十八条规定的其他组织是指合法成立、有一定的组织机构和财产，但又不具备法人资格的组织，包括：（五）依法设立并领取营业执照的法人的分支机构”之规定，作为本案的当事人参加本案的诉讼。同时，其他组织也即非法人组织，虽然能够以自己名义从事民事活动，具有一定民事权利能力和民事行为能力，但因其仅能在其支配、使用的财产或经费范围内承担民事责任，故其承担的民事责任是相对独立的民事责任，当其财产或经费不足以清偿债务时，应由设立人承担补充清偿责任，也即最终的全部民事责任则是由设立人来承担。因此，作为设立某分公司的被告某公司应当在被告某分公司不能足额清偿涉案债务时，承担对涉案债务的补充清偿责任。故判决：一、被告某分公司于本判决生效后10日内一次性支付给原告陈某某欠款人民币92267元，并按照金融机构贷款利率支付自2016年4月25日起至欠款付清之日的利息。二、被告某公司在被告某分公司不能足额清偿上述条款确定的债务时，承担对上述条款确定的债务的补充清偿责任。三、驳回原告陈某某的其他诉讼请求。

专家点评

民法典总则编第108条规定："非法人组织除适用本章规定外，参照适用本编第三章第一节的有关规定。"本案中，被告某分公司系被告某公司设立的分公司，其作为非法人组织，依照民法典总则编第3章第1节"法人"的相关规定，其能够以自己名义从事民事活动，具有一定民事权利能力和民事行为能力，但因其仅能在其支配、使用的财产或经费范围内承担民事责任，故其承担的民事责任是相对独立的民事责任，当其财产或经费不足以清偿债务时，应由设立人承担补充清偿责任，也即最终的全部民事责任则是由设立人来承担，法院据此作出相应判决。

第五章 民事权利

第一百零九条 自然人的人身自由、人格尊严受法律保护。

【条文释义】

本条是对自然人的人格尊严和人身自由权的规定。

本条至第 111 条规定的都是人格权。人格权是指民事主体专属享有，以人格利益为客体，为维护民事主体独立人格所必备的固有民事权利。

本条规定的“人格尊严”是一般人格权。由于民法典人格权编第 990 条也规定了一般人格权。这里只对一般人格权作概括性解释。

一般人格权的性质是抽象人格权。与民法典总则编第 130 条规定的自我决定权和第 993 条规定的公开权一道，构成抽象人格权的体系。一般人格权更为抽象和具有概括性，不同于各项具体人格权，而是个人的基本权利。一般人格权属于抽象人格权，不是一种主观权利，不具有独立的权利地位，主要是一种权能性的权利，但具有一定的独立性。

一般人格权的范围极其广泛，在内容上不可能列举穷尽，因而需要采用高度概括的方式，阐释一般人格权的具体内容。一般人格权的内容是人格独立、人格自由和人格尊严。一般人格权的这三项基本内容，是一般人格权客体的三大法益，可以概括一般人格权的所有内容。

一般人格权的功能，是指一般人格权在人格权体系中所发挥的基本作用，包括解释功能、创造功能和补充功能。这些功能分为两种性质，一种是抽象功能，包括解释功能和创造功能，发挥的是一般人格权的母权利和渊源权的作用；另一种是具体功能即补充功能，对具体人格权无法提供保护的其他人格利益提供保护。

人身自由权是指自然人在法律规定的范围内，按照自己的意志和利益进行行动和思维，人身不受约束、控制或妨碍的权利。其客体人身自由，是自由中的一种表现形式，是指人的身体和思维的不受约束、不受控制和不受限制的状态，包括身体自由和思维自由。人格权法研究的自由，是人身自由，而不是一般的自由。人身自由权的内容包括身体自由权和思维自由权。民法典人格权编第791条规定的是身体自由权。

【案例评注】

廖某某与王某某同居关系析产纠纷案①

基本案情

原告王某某与被告廖某某于2010年五六月经媒人马某某介绍认识，后开始同居生活，同居期间未生育子女。2013年2月22日，双方当事人为解除同居关系，自愿达成协议，内容为："一、廖某某付王某某陆万元整（60000），以后与王某某没有任何关系。二、王某某以后不再与廖某某有任何来往。此协议自廖某某付于王某某六万元时生效。2013年3月22日王某某廖某某。证明人：何某马某某。"

王某某一审诉称，2010年9月双方当事人一起同居生活，至今未登记结婚。2013年2月双方因感情不和协议分居，后经多方调解，于2月22日签订协议，约定廖某某支付王某某60000元。协议签订后，廖某某未履行付款承诺，故王某某起诉要求廖某某支付欠款60000元，并承担本案诉讼费用。廖某某一审辩称，该合同是王某某去廖某某家闹事而受胁迫所签，不是廖某某真实意思表示，属于无效民事行为。该协议是附条件合同，协议约定的条件没有成就，故该合同未生效，王某某不能根据此合同要求廖某某支付60000元。

法院判决

江苏省泗洪县人民法院认为，双方当事人为解除同居关系，自愿达成的协议书，系双方意思自治，当事人应当按照约定全面履行自己的义务。根据《民法通则》第四条、第八十四条、第一百零八条之规定，判决：廖某某支付王某某60000元，于判决生效后10日内履行完毕。案件受理费650元（已减半收取），由廖某某负担。判决后，廖某某不服，提起上诉称：1. 从协议内容来看，只有廖某某给付王某某60000元，协议才生效。双方签订的协议是附生效条件合同，条

---

① 审理法院：一审法院为江苏省泗洪县人民法院，案号：（2013）泗金民初字第0229号；二审法院为江苏省宿迁市中级人民法院，案号：（2013）宿中民终字第1052号。

件未成就则协议即未生效，不能作为定案依据。2. 王某某自 2013 年 2 月 18 日起到廖某某住所地以辱骂、威胁、砸门窗等形式威逼廖某某签订协议，协议是廖某某在受胁迫下所签，是可撤销合同。3. 即使协议是廖某某自愿签订，亦是自愿赠与合同，不存在析产。王某某是好吃懒做之人，在外打工的收入根本不够自己开支，何况其还有 70 多岁的父母，其工资没有交给廖某某。4. 一审法院审理程序违法。一审诉讼中，廖某某提供录音光盘证据一份，审判人员说因没有播放设备不予组织双方质证，让双方当事人庭后自己去听。综上，一审法院认定事实不清，证据不足，程序错误，请求二审法院撤销原判，依法改判或发回重审。王某某答辩称：1. 涉案的协议是双方当事人在平等自愿的情况下签订的，原审法院以该协议作为定案依据并无不当。廖某某主张该协议系受胁迫签订，无证据加以证实。该协议有双方当事人找的证明人进行证明，并且证明人也出庭作证。2. 从本案协议的内容和双方当事人意思表示来看，并非以支付 60000 元来作为生效的条件，而是以双方当事人解除同居关系为生效条件，该协议符合双方当事人意思表示，是生效协议。一审法院认定事实清楚，适用法律正确，请求二审法院驳回上诉，维持原判。

江苏省宿迁市中级人民法院认为，根据双方当事人的陈述，双方协议签订时有廖某某的父母在场，且有媒人马某某作为证明人在协议书上签字。协议签订之后，廖某某自称王某某于当天下午 6 点多钟离开，但协议签订当天，廖某某并未就其主张的受胁迫的情况向公安机关报警，而是在协议签订三天后王某某索款过程中才向公安机关报警。故法院认为，虽然签订协议前后双方当事人存在纠纷，但廖某某在诉讼中提供的证据不足以证实其与王某某签订协议时系在受胁迫情形下签订。公民的人身自由受法律保护。双方签订的协议中约定以廖某某给付 60000 元作为解除同居关系的前提条件，不符合法律规定，廖某某随时有权要求解除同居关系，故双方协议中关于附条件解除同居关系的约定无效。关于双方协议中廖某某给付王某某 60000 元的约定……故法院认为，双方协议约定的付款事项是对双方同居期间取得财产的处理，应为有效约定，廖某某应当按照协议约定履行付款义务。而廖某某提出的一审法院程序瑕疵，不足以影响案件的正确判决，对其要求案件发回重审的诉讼主张，法院不予支持。故二审法院驳回上诉，维持一审判决。

专家点评

本案中，双方所签订协议中既涉及人身亦涉及财产问题，法院的裁判明确指出，公民的人身自由受法律保护，双方签订的协议中约定以廖某某给付 60000 元作为解除同居关系的前提条件，不符合法律规定，廖某某随时有权要求解除同居关系，故双方协议中关于附条件解除同居关系的约定无效。但是，对于双方协议约定的付款事项是对双方同居期间取得财产的处理，应为有效约定，廖某某应当按照协议约定履行付款义务。裁判区分了案涉协议对于人身自由与对债权债务的不同效力，但是囿于原《民法通则》并没有明确提出人身自由之保护，故裁判只能以法理加以填补；现在，民法典总则编第 109 条明确指出应当保护自然人的人身自由、人格尊严，这一概括性的条款为类似案件提供了直接法条依据，亦体现了民法典总则编的人本思想。

第一百一十条 自然人享有生命权、身体权、健康权、姓名权、肖像权、名誉权、荣誉权、隐私权、婚姻自主权等权利。

法人、非法人组织享有名称权、名誉权和荣誉权。

【条文释义】

本条是对自然人和法人、非法人组织享有具体人格权的规定。

自然人享有的具体人格权是：1. 生命权，是指自然人维持其生命存在，以保证其生命安全利益为基本内容的具体人格权。民法典人格权编第 1002 条规定的是生命权及其内容。2. 身体权，是自然人维护其身体完全并支配其肢体、器官和其他组织的具体人格权。民法典人格权编第 1003 条规定的是身体权及其内容。3. 健康权，是指自然人以自己的机体生理机能正常运作和功能完善发挥，以维持人体生命活动的利益为内容的具体人格权。民法典人格权编第 1004 条规定的是健康权及其内容。4. 姓名权，是指自然人决定、使用和依照规定改变自己姓名，并维护其姓名利益的具体人格权。民法典人格权编第 1012 条规定的是姓名权及其内容。5. 名称权，是指法人和非法人组织依法享有的，决定、使用、改变自己的名称，依照法律规定转让名称，并排除他人非法干涉、盗用或冒用的具体人格权。具体内容规定在民法典人格权编第 1013 条。6. 肖像权，是自然人对在自己的肖像上所体现的精神利益和财产利益为内容所享有的具体人格权。肖像权及其内容规定在民法典人格权编第 1018 条。7. 名誉权，是指自然人和法人、非法人组织就其自身属性和价值所获得的社会评价，享有的保有和维护的具体人格权。名誉权及其具体内容规定在民法典人格权编第 1024 条。8. 荣誉权，是指自然人、法人和非法人组织对其获得的荣誉及其利益所享有的保持、支配的具体人格权。民法典人格权编第 1031 条规定的是荣誉权及其内容。9. 隐私权，是自然人享有的对其个人与公共利益无关的私人信息、私人活动和私人空间等私生活安宁利益自主进行支配和控制，不受他人侵扰的具体人格权。隐私权及其具体内容规定在民法典人格权编第1032条。10. 婚姻自主权，是自然人按照法律规定，自己做主决定其婚姻的缔结和解除，不受其他任何人强迫或干涉的具体人格权。民法典人格权编没有规定婚姻自主权，具体内容规定在婚姻家庭编第1042条。

法人、非法人组织享有名称权（民法典人格权编第1013条）、名誉权（民法典人格权编第1024条）、荣誉权（民法典人格权编第1031条）等具体人格权。

【案例评注】

某公司诉西北工商报社、省医疗公司侵害法人名誉权纠纷案[①]

基本案情

1987年11月间，被告西北工商报社（以下简称工商报）派记者赵某某前往被告省医疗公司采访。该公司经理许某某向赵某某介绍了西北电管局职工医院从原告某公司购买的200多万元医疗器械设备，其中许多大型设备存在质量问题，某公司还以高出国家牌价的价格销售商品等问题，赵某某根据上述采访内容，写出《应加强对医疗器械产销监督的管理》的新闻稿，经工商报编辑部审核后，刊登于1988年3月18日的工商报上。该文见报后，某公司向工商报反映上述报道失实。工商报向省医疗公司反映了这一情况。省医疗公司就此问题致函工商报编辑部，函称："文发表后反映较好，文中所提的一些主要论点都是……国家所规定的一致政策和法规。具体内容也是基本属实的，至于个别文字上有出入，不属实质性问题。我们欢迎贵报今后多发表这方面的文章……"由于该报道在工商报上的发表，有的用户不再向某公司订货，有的用户终止了同某公司的购销合同，使某公司遭受了一定的经济损失。另查，西北电管局职工医院从原告处所购的大型医疗器械设备，均经过专业技术人员验收，符合产品质量标准，亦未发现原告有高出国家牌价出售商品的问题。

某公司诉称，上述报道见报后，不仅损害了本公司名誉，而且给本公司造成经济损失30万元。请求恢复名誉，赔偿损失。被告西北工商报社辩称：工商报的报道是针对整个社会、整个行业存在的问题，不是指某个单位；文章材料来源，系陕西省医疗器械公司提供，本报无侵权的故意。文章所用材料未予核实，愿登

---

① 案例参见：《最高人民法院公报》1990年第2期（总第22期）。

报给原告恢复名誉，但不同意赔偿损失。被告陕西省医疗器械公司辩称：本公司给报社提供的材料，是根据他人反映的情况。本公司并未让记者公开报道。报道见报前也未征求本公司的意见，故不承担侵权责任。

法院判决

陕西省西安市莲湖区人民法院认为：原告系独立的法人单位，按照国家规定的产品质量、产品价格经营医疗器械设备，其行为是合法的。被告省医疗公司和工商报对他人反映的情况，不经核查，竟在报纸上指名批评原告高出国家牌价销售产品，且销售的许多大型医疗器械质量不合格，依照《民法通则》第一百二十条第一款、第二款的规定，二被告的行为侵害了法人的名誉权。原告请求恢复名誉、清除影响、赔礼道歉，并要求赔偿损失，是合理的，应予支持。原告的名誉权受到侵害，经济上受到损失，依照《民法通则》第一百零六条第一款的规定，二被告应当对自己的过错所引起的这一结果承担民事责任。

宣判后，被告省医疗公司以原审判决由一方赔偿经济损失不公为由，向西安市中级人民法院提出上诉。西安市中级人民法院二审认为：原审被告工商报对记者赵某某撰写的批评稿件，未经核实便在报纸上点名批评被上诉人某公司，致使报道内容失实，给某公司名誉造成损害，其行为侵犯了某公司的名誉权，应当承担民事责任。上诉人省医疗公司对他人反映的情况，未经核实，随意提供给报社；特别是文章见报后，明知某公司有不同意见，还向报社致函追认所反映的情况基本属实，亦属侵权行为。原审判决省医疗公司一方承担赔偿责任不妥，上诉人的上诉理由应予采纳。故二审法院作出如下判决：一、维持原审判决的第一项；二、撤销原审判决的第二项；三、本判决生效后的 1 个月内，由省医疗公司赔偿某公司 15000 元，工商报社赔偿某公司 5000 元。

专家点评

名誉权是指自然人和法人、非法人组织就其自身属性和价值所获得的社会评价，享有的保有和维护的具体人格权。其客体名誉，是指人们对自然人或法人的品德、才能及其他素质的社会综合评价。民法典总则编第 110 条第 1 款是对人身权利的规定，将原《民法通则》第五章第四节所规定的权利进行了规整，明确规定了自然人所享有的人身权利；而第 2 款则是对法人、非法人组织权利项的规定。本案中，工商报未经核实便在报纸上点名批评某公司，且因内容失实而给某公司造成名誉上的损害，使得用户对其产生怀疑与不信任，使其名誉权遭受侵害，故法院认为这样的报道属于侵权行为，侵犯了某公司的名誉权。

第一百一十一条　自然人的个人信息受法律保护。任何组织或者个人需要获取他人个人信息的，应当依法取得并确保信息安全，不得非法收集、使用、加工、传输他人个人信息，不得非法买卖、提供或者公开他人个人信息。

【条文释义】

本条是对自然人享有的个人信息权的规定。

个人信息权，是指自然人依法对其本人的个人资料信息所享有的支配并排除他人侵害的人格权。个人信息权的特征是：1. 个人信息权是具体人格权；2. 个人信息权的客体是个人的资料信息等人格要素；3. 个人信息权的主体是自然人个人；4. 个人信息权的权利要求是以自我决定权作为其权利基础，是排他的自我支配权。

个人信息权的权利内容包括：1. 占有权；2. 决定权；3. 保护权；4. 知情权；5. 更正权；6. 锁定权；7. 被遗忘权。

信息权的义务人应当承担的义务，是本条后段规定的内容：任何组织和个人应当确保依法取得的个人信息安全，不得非法收集、使用、加工、传输他人个人信息，不得非法买卖、提供或者公开他人个人信息。违反这样的义务，应当承担侵权责任。

负有保护自然人个人信息权的特别义务主体，是依法取得个人信息的任何组织和个人。具体包括：依法取得个人信息的网络服务提供者、其他企业事业单位，国家机关及工作人员，以及其他任何组织或者个人。

凡是依法取得自然人个人信息的任何法人和自然人，都是负有确保自然人个人信息安全，防止信息泄露的义务，一旦发生或者可能发生信息泄露时，都必须立即采取补救措施，防止扩大损害，如果未尽此义务，构成不作为的侵权行为。对于上述侵害自然人个人信息权的侵权行为，应当依照原《侵权责任法》的规定，承担侵权责任，保护自然人的个人信息权。

【案例评注】

田某某诉郑州市公安局东风路分局信息公开案①

基本案情

2014 年 10 月 15 日，原告田某某以邮寄方式向被告郑州市公安局东风路分局提交《政府信息公开申请书》，申请被告公开原告本人于 1993 年之后户籍注册、迁移、变更等全部档案材料及所依据的相关法规、政策性文件。邮件载明的原告住址为郑州市金水区小铺村 219 号付 1 号，该地址于 2013 年 12 月因拆迁已不存在，留有的两个联系电话号码，均非原告本人所有。由此，田某某与郑州市公安局东风路分局因信息公开事由产生纠纷，后田某某起诉。

法院判决

一审河南省郑州市金水区人民法院并未支持田某某的诉请，田某某不服一审判决，上诉称：1. 上诉人申请公开的信息属于信息公开的范围，但被上诉人至今未予公开，被上诉人对此不存争议；2. 被上诉人未能向上诉人公开诉请信息的理由不成立，上诉人在《政府信息公开申请书》上所留电话号码始终处于畅通状态，一审法院也通过该电话号码多次与上诉人取得联系，并顺利进行诉讼行为，一审时被上诉人没有举证通过电话、邮寄方式联系上诉人的证据。上诉人向被上诉人多次反映过诉求，均遭拒绝，一审认定“原告未表示在提起本案诉讼前，就申请事项亲自与被告联系过，被告不能与原告取得联系”与事实不符，认定错误，请求撤销一审判决，依法改判。被上诉人郑州市公安局东风路分局答辩称，我局收到田某某信件，对其申请进行审核后，认为申请公开的信息涉及个人隐私，应当由申请人本人或其委托代理人持相关证件和委托手续到我局查询。因田某某在申请书上所述地址于 2013 年 12 月拆迁，电话也没有接通，故无法书面告知原告。一审正确，请求驳回上诉，维持原判。

二审河南省郑州市中级人民法院认为，上诉人田某某要求公开的户籍档案信息，属于重要的个人身份信息，涉及个人隐私，本案的重要意义在于应厘清个人信息保护与政府信息公开的合理边界问题。对于个人身份信息，政府应慎重公

---

① 审理法院：一审法院为河南省郑州市金水区人民法院，案号：（2015）金行初字第 35 号；二审法院为河南省郑州市中级人民法院，案号：（2015）郑行终字第 202 号。

开。《政府信息公开条例》第二十五条第一款规定，公民、法人或者其他组织向行政机关申请提供与其自身相关的税费缴纳、社会保障、医疗卫生等政府信息的，应当出示有效身份证件或者证明文件。申请人要求公开户籍信息，身份审查实属必要，如果政府不加审查就将信息公之于众，容易被滥用，后果不堪设想，若发生冒名或伪造即能轻易获得户籍信息，公民个人信息将无安全可言，容易侵害公民权益，因此公安部门要求到场、提供有效身份证明查询合法合理，有利于保障当事人的隐私权。本案上诉人以邮寄方式要求信息公开，未附任何当事人身份证件，被上诉人未公开户籍信息有合法的理由。被上诉人在收到上诉人信息公开申请后若申请欠缺必要条件，应当告知申请人相关情况，上诉人所提供地址已拆迁，被上诉人基于个人隐私权保护考虑未通过邮寄形式告知，理由正当，被上诉人称已电话联系告知，并未提供有效证据佐证，被上诉人的告知行为存在不当之处，但尚不构成不履行法定职责。被上诉人的告知行为虽有不当，但现有证据及上诉人的起诉状显示，上诉人在邮寄过信息公开申请后，未向被上诉人就申请事项到场联系查询，且在一审诉讼及二审协调期间被上诉人均表示持有效身份证件即可查询相关户籍信息，并向法院提供了其户籍相关信息，上诉人也知晓了相关信息，因此上诉人要求被上诉人履行信息公开职责没有实际意义，已超出信息公开制度所要保护的基本价值即公民知情权范围。综上，上诉人的上诉理由不成立，法院不予支持，一审查明事实基本清楚，结果正确，应予维持。故驳回上诉，维持原判。

专家点评

将个人信息保护纳入民法典总则编中加以规定，无疑是立法的亮点与进步。诚如本案，个人信息公之于众，极易被滥用，后果不堪设想，若通过冒名或伪造即能轻易获得户籍信息，公民个人信息将无安全可言，公民权益将受到侵害，亦不利于个人隐私权的保护，故本案所体现的基本价值取向是保护个人信息，对个人信息的公布与利用应当谨慎且符合法律规定；除此之外，本条规定的积极意义在于将自然人的个人信息作为一种权利进行立法保护，明确对于社会现存的各种形式的非法收集、使用、加工、传输个人信息以及非法买卖、提供以及公开个人信息作出否定性评价，如此立法体现了民法的人本主义且符合现代社会的实践需求。同时，这与《全国人民代表大会常务委员会关于加强网络信息保护的决定》第 4 条的规定相互衔接，即“网络服务提供者和其他企业事业单位应当采取技术措施和其他必要措施，确保信息安全，防止在业务活动中收集的公民个人电子信息泄露、损毁、丢失”，这亦是大数据时代下为数不多的对个人信息保护的法律支持；由于目前的法律、法规对于个人信息保护数量较为匮乏且位阶较低，民法典总则编拟定本条，强调获取或者拥有个人信息者对于个人信息的保护义务。

第一百一十二条 自然人因婚姻家庭关系等产生的人身权利受法律保护。

【条文释义】

本条是对自然人身份权的规定。

身份权，是指自然人基于特定的身份关系产生并由其专属享有，以其体现的身份利益为客体，为维护该种利益所必需的人身权利。换言之，身份权是由亲属身份关系发生的人身权利。其法律特征是：1. 身份权表达的是亲属之间的身份地位；2. 身份权是亲属之间的权利义务关系；3. 身份权的主体有范围的限制；4. 身份权的客体是身份利益；5. 身份权的本质以义务为中心。

身份权的对外关系，表明身份权的绝对性——是绝对性的民事权利，表明享有身份权的权利主体享有这种权利，其他任何人都负有不得侵犯该权利的义务。身份权的对内关系来源于身份权的相对性——由于总是在特定的、相对应的亲属之间享有身份权，因此，身份权的主要内容是对内的权利义务关系。

具体身份权包括配偶权、亲权和亲属权。

配偶是指男女双方因结婚而产生的亲属，即具有合法婚姻关系的夫妻相互间的同一称谓和地位。在婚姻关系存续期间，妻是夫的配偶，夫是妻的配偶，双方互为配偶。配偶权就是配偶之间的身份权，具体内容包括：1. 夫妻姓氏权；2. 住所决定权；3. 同居义务；4. 忠实义务；5. 职业、学习和社会活动自由权；6. 日常事务代理权；7. 相互扶养、扶助权；8. 生育权。

亲权是指父母对未成年子女在人身和财产方面的管教和保护的权利与义务。亲权确定的是父母与未成年子女之间的身份关系，属于亲属法上的身份权。亲权的主要内容是：1. 身上照护权，是父母对未成年子女人身的教养、保护的权利和义务；2. 财产照护权，是父母对未成年子女的财产负有的保护义务。

亲属权也叫作其他亲属权，是指除配偶、未成年子女与父母以外的其他近亲属之间的基本身份权，表明这些亲属之间互为亲属的身份利益为其专属享有和支配，其他任何人均负不得侵犯的义务。主要内容是扶养权，分为抚养权、赡养权和扶养权。

【案例评注】

丁某、乔某某诉徐某人格权纠纷案[①]

基本案情

2015年7月28日，某公司员工丁某某于宿舍不幸去世。原告丁某为死者与前妻的亲生儿子，原告乔某某为死者母亲，被告徐某为死者现任妻子。死者丁某某自参加工作以来，一直在某公司工作，已有34年有余，后被安排到某公司国际事业部深圳LNG项目工作。死者去世后，原告丁某与死者两个弟弟和妹妹赶赴深圳处理死者后事。然而，由于被告徐某拖延，致使原告至今无法拿到相应赔偿。更令原告及死者其他近亲属寒心的是，被告徐某为一己私利，为获取更高额赔偿，挟持死者遗体，拒绝提供死亡证明书原件，并到公安机关威胁工作人员阻止其提供死亡证明书给原告，拒绝火化，使死者去世几个月至今仍然不能入土为安。被告徐某的所作所为违反了作为妻子的基本责任，侵犯了死者的人格利益和死者近亲属的精神利益，也违反了社会公序良俗与社会公德。因此，被告徐某已不适宜代表死者近亲属处分死者遗体。综上，原告依据原《民法通则》和原《民事诉讼法》的相关规定，向贵院提起诉讼，请求法院依法判决：1. 判令被告不具有遗体处分权，并交出死亡证明书予以火化；2. 判决被告支付多次阻挠原告办理丧事的各项损失（包括交通费、住宿费、伙食费等）；3. 被告支付原告精神损失费；4. 请求人民法院判决本案所有诉讼费等费用由被告承担。

法院判决

广东省深圳市宝安区人民法院认为，本案所涉纠纷是身份权纠纷，自然人的身份权是指自然人基于特定的身份而享有的人身权，包括配偶权、亲权、亲属权等。原告丁某是死者之子，其因亲权而自然享有对死者遗体的处分权。原告乔某某是死者的母亲，其同样因亲权而享有对死者的遗体处分权。被告与死者生前是夫妻关系，其因配偶权而享有对被继承人的遗体处分权。二原告与被告均不能排除任一主体成为被继承人独立的继承人和遗体处理人，因此，原告要求判决被告不具有遗体处分权，无法律依据，法院不予支持……关于精神损失，被告因享有特定的配偶身份权，对被继承人享有处理涉及身份权有关的后事的权利，其在处

---

① 审理法院：广东省深圳市宝安区人民法院，案号：（2016）粤0306民初7488号。

理事务期间未恶意损毁被继承人名誉及遗体，原告主张由其赔偿精神损失，无事实与法律依据，法院不予支持，故判决驳回原告丁某、乔某某的全部诉讼请求。

专家点评

自然人的身份权是指自然人基于特定的身份而享有的人身权，包括配偶权、亲权、亲属权等，上述权利是自然人因婚姻、家庭关系等所产生，民法典总则编第 112 条规定，自然人因婚姻家庭关系等产生的人身权利受法律保护。本条即是对身份权的保护。本案中，原告与被告分别为死者的儿子、母亲以及妻子，三人均享有因家庭或婚姻而产生的亲权与配偶权，他们对死者的遗体均有处分权。三人均不能任意剥夺、排除任一主体所享有的身份权以及因为该身份而享有的继承权以及遗体的处分权，故法院并未支持原告剥夺被告遗体处分权的诉求。

第一百一十三条　民事主体的财产权利受法律平等保护。

【条文释义】

本条是对民事主体财产权利平等保护的规定。

本条与民法典总则编第 3 条关于“民事主体的人身权利、财产权利以及其他合法权益受法律保护，任何组织或者个人不得侵犯”的规定相呼应，特别强调法律对财产权利予以平等保护，尤其是针对原《民法通则》第 73 条第 2 款关于“国家财产神圣不可侵犯，禁止任何组织或者个人侵占、哄抢、私分、截留、破坏”的规定。

规定民事主体的财产权利平等保护原则，对保护自然人的私有财产权利具有更重要的意义。故这一条文相当于“私有财产神圣不可侵犯”原则。有了这一原则，就可以更好地保护自然人的私有财产，进而鼓励自然人创造更多的财富，拥有更好的物质生活保障。

财产权利平等保护原则，是指不同的民事主体对其所享有的财产权利，享有平等地位，适用规则平等和法律保护平等的民法原则。其内容是：1. 财产权利的地位一律平等，最主要的含义是强调自然人和其他权利人的财产权利受到平等保护。2. 适用规则平等，对于财产权利的取得、设定、移转和消灭，都适用共同规则，体现法律规则适用的平等性。3. 保护的平等，在财产权利出现争议时，平等保护所有受到侵害的财产权利，不受任何歧视。

财产权利的内容是：1. 物权；2. 债权；3. 知识产权；4. 继承权；5. 股权和

其他投资性权利；6. 其他财产权利与利益。

【案例评注】

闫某某诉某供电公司排除妨害纠纷案[①]

基本案情

原告闫某某系唐山市路北区东窑张庄×号（自建平房）的房屋所有权人，2001 年被告国某供电公司改电表时将两个表箱八块电表悬挂于原告闫某某家外墙上，原告闫某某曾就此事与被告某供电公司多次协商未果。后被告某供电公司将原告闫某某家所使用的电表拆除，停止给原告闫某某提供生活用电，原告闫某某补交电费及违约金至今。

原告闫某某诉称，2001 年被告在改表出户时，在没征得我的同意也没任何说明的情况下任意施工，在我房圈梁上打眼挂线 50 多处，墙上挂两个表箱八块电表。我发现后找到供电站，要求改变不合理施工。站长说研究一下，让我听信儿，第二次说需画图上报，都没结果，第三次交涉，我提出不改变线路，就用有偿服务抵销电费。以后多年历经三任站长，没交电费也没回应，已成事实。2014 年年初，被告更新电表，我又提出改变线路，工作人员说他们只管换表，不管改线。11 月 14 日被告不打招呼也不说明原因摘走电表断我用电，说我欠电费。被告侵权在先，我维权用有偿服务抵销电费，多年已成事实不存在欠费，断电是乱作为。因此请求法院判令某供电公司停止对我私有房屋的侵害，恢复原状，保护我不动产的收益权；返还不合理收费。

被告某供电公司辩称，我公司尊重原告的权利，但是任何权利都不是绝对的，都会受到一定的限制。我国原《物权法》第 88 条规定："不动产权利人因建造、修缮建筑物以及铺设电线、电缆、水管、暖气和燃气管线必须利用相邻土地、建筑物的，该土地、建筑物的权利人应当提供必要的便利。"原告家外墙确实挂有两个电表箱，但这是根据线路走廊确定的最为合理的位置。我公司为居民供电，同样需要合同相对人予以配合，并且我公司在原告外墙悬过电表箱未对原告造成侵害，不构成侵权。我公司也从来没有同意过不收取原告电费。原告所说的不合理费用是我公司收取的正常的电费和违约金。原告的起诉没有法律和事实依据，请求法院依法驳回原告的诉讼请求。

① 审理法院：唐山市路北区人民法院，案号：（2015）北民重字第 126 号。

法院判决

法院认为，公民的私有财产权利应予保护，被告将非原告家的电表箱、电表安装于原告自建平房的外墙，侵害原告的财产权利，故原告起诉要求被告停止侵害、恢复原状的诉讼请求法院予以支持，被告应将除原告家电表之外的其他电表及电表箱从原告自建平房外墙上拆除。公民用电缴纳电费是应尽的义务，原告缴纳的费用均为电费和违约金，不是原告诉称的不合理收费，因此原告要求被告返还不合理收费理据不足，法院不予支持。依据《民法通则》第五条，《物权法》第三十五条、第三十六条、第三十九条之规定，判决：一、被告某供电公司于本判决生效后10日内拆除安装于唐山市路北区东窑张庄×号房屋外墙上的非原告闫某某所有的其他电表及电表箱；二、驳回原告的其他诉讼请求。案件受理费80元，由被告负担。

专家点评

民法典总则编第113条规定，民事主体的财产权利受法律平等保护。本条与民法典总则编第三条所规定的“民事主体的人身权利、财产权利以及其他合法权益受法律保护，任何组织或者个人不得侵犯”相呼应；民法典总则编规定自然人的私有财产权利受法律保护，意指公民的私有财产权利不受侵犯，是对自然人财产权应当得以保护的法律依据。本案中，被告将非原告家的电表箱、电表安装于原告自建平房的外墙，属于侵害原告财产权利的行为，其合法权益依法应当受到法律保护。

第一百一十四条　民事主体依法享有物权。

物权是权利人依法对特定的物享有直接支配和排他的权利，包括所有权、用益物权和担保物权。

【条文释义】

本条是对物权及物权体系的规定。

物权是指民事主体在法律规定的范围内直接支配一定的物，享受利益并排除他人干涉的权利，是人与人之间对于物的归属和利用关系在法律上的体现。

物权的范围是：1. 所有权，是所有人依法按照自己的意志通过对其所有物进行占有、使用、收益、处分等方式，独占性支配其所有物并排斥他人非法干涉的永久性物权。所有权包括单独所有权、共有权、建筑物区分所有权及相邻权。2. 用益物权，是指非所有权人对他人所有之物所享有的占有、使用和收益的他物权。用益物权包括土地承包经营权、建设用地使用权、宅基地使用权、居住权、地役权等。3. 担保物权，是指债权人所享有的为确保债权实现，在债务人或者第三人所有的物或者权利之上所设定的，就债务人的债务不履行时，或者发生当事人约定的实现担保物权的情形时，就担保物的变价优先受偿的他物权，包括：1. 抵押权；2. 质权；3. 留置权；4. 所有权保留；5. 优先权；6. 让与担保。①

【案例评注】

朱某甲、朱某乙、朱某丙与朱某丁排除妨害纠纷案②

基本案情

本案涉及当事人：上诉人（原审原告）：朱某甲；上诉人（原审原告）：朱某乙；上诉人（原审原告）：朱某丙；被上诉人（原审被告）：朱某丁。

原告朱某甲与被告朱某丁原系夫妻，原告朱某乙、朱某丙系原告朱某甲与被告朱某丁的子女。2014 年，原告朱某甲、被告朱某丁经法院判决离婚。2014 年 12 月 16 日，原告朱某甲向该院提起诉讼，要求分割讼争房屋。2015 年 3 月 13 日，该院（2014）台临民初字第 2842 号民事判决书判决：坐落于临海市河头镇前山三村××号［集体土地建设用地使用权证号为河溪集建（93）字经 02397 号］的二间二层楼房，东边间一层靠南小间由原告朱某乙使用，东边间的二层南北二小间由原告朱某甲使用，西边间的一层南边小间及二层北边小间由被告朱某丁使用，西边间的二层南边小间由原告朱某丙使用，原楼梯、卫生间、厨房及猪圈由原、被告共同使用。案经二审审理，（2014）台临民初字第 2842 号民事判决书于 2015 年 8 月发生法律效力。（2014）台临民初字第 2842 号案件判决前，被告因与原告朱某丙产生纠纷，将房屋钥匙更换，三原告至今无法进入涉案房屋。原告朱某甲、朱某丙因生活所需租住临海市钱暄路（即现住处）已有十多年，原告朱某乙在临海市河头镇人民路 33 号（现住处）经营蛋糕店业已多年。

---

① 其中，抵押权、质权和留置权在物权编中规定，所有权保留在合同编规定，优先权在分则各编规定；对让与担保，民法典没有规定，在最高人民法院的司法解释中有规定。

② 审理法院：浙江省台州市中级人民法院，案号：（2016）浙台民终 940 号。

法院判决

原审法院审理认为，物权是权利人依法对特定的物享有直接支配和排他的权利。原、被告原系同一家庭成员，而离婚后家庭共有的房产，即坐落于临海市河头镇前山三村××号的二间二层楼房经法院析产后已在原、被告之间作相应的分割，原、被告对各自使用的部分享有直接支配和排他的权利。现被告更换房屋钥匙，致三原告无法进入，无法直接支配、使用判决归各自使用的房屋，侵害了三原告的物权，显属不当，应立即停止该侵权行为。至于三原告要求被告腾空属原告所有的房屋，该院认为，被告虽将房屋钥匙更换，阻挠三原告进入房屋，但被告在庭审中否认使用判归三原告使用的房屋，且三原告亦未提交证据证明被告朱某丁在实际使用判归三原告使用的房屋，故该院现对三原告要求被告腾空房屋的诉讼请求不予支持。对三原告所主张的房租损失，该院认为，三原告因生活、经营所需租住他处已经多年，该案中三原告并未提交证据证明其因被告的侵权行为而遭受租金损失，故该院对三原告的该项诉讼请求不予支持。综上，依照《物权法》第三十五条，《民事诉讼法》第六十四条之规定，判决：一、被告于本判决发生法律效力之日立即停止阻挠原告进入坐落于临海市河头镇前山三村××号房屋的行为，于本判决发生法律效力之日起5日内将房屋钥匙备份一份交给原告三人；二、驳回原告的其他诉讼请求。宣判后，原告不服，提起上诉，二审法院驳回上诉，维持原判。

专家点评

民法典总则编第114条规定，民事主体依法享有物权。物权是权利人依法对特定的物享有直接支配和排他的权利。本案主要体现的是所有权即所有人依法按照自己的意志通过对其所有物进行占有、使用、收益和处分等方式，独占性支配其所有物并排斥他人非法干涉的永久性物权。本案中，原、被告原系同一家庭成员，房产为家庭共有财产，且在原告朱某甲与被告朱某丁离婚后进行相应的分割，故原、被告对诉争房产的各自部分享有相应物权，即对各自使用的部分享有直接支配和排他的权利。被告更换钥匙的行为系属对他人物权的侵犯，使得他人无法直接使用、支配属于自身部分的房屋。民法典总则编规定民事主体享有物权，是对于“权利”的强调，有一定的进步意义。

第一百一十五条 物包括不动产和动产。法律规定权利作为物权客体的，依照其规定。

【条文释义】

本条是对物及其范围的规定。

物，是指具有实用价值、能够满足人的某种需要，并能为人所控制和支配的物质对象。包括除人体之外，能够为人力所控制并能够满足人类社会生活需要的有形物和自然力。

物具有的法律特征是：1. 物能够为人力所控制；2. 物能够满足人类的某种需要；3. 物须存在于人身之外；4. 物须为独立一体。在民事法律关系中，物作为最重要的民事权利客体的财产利益，代表的是物质财富，体现的是市民社会的基本财产形态。

物的类型包括：1. 不动产，是指依自然性或者法律的规定在空间上占有固定位置，移动后会影响其经济价值的物，包括土地、土地定着物、与土地尚未脱离的土地生成物、因自然或者人力添附于土地并且不能分离的其他物。2. 动产，是指不动产以外的其他能在空间上移动而不会损害其经济价值的物。故不动产以外的其他的物都是动产。在法律上各种可以支配的自然力，也属于动产。货币和有价证券，为特别动产。

区分不动产和动产的意义是：1. 物权类型不同，用益物权限于以不动产为客体，而动产质权、留置权的客体则以动产为限；2. 以法律行为作为物权变动的法定要件不同，动产物权变动一般以交付为要件，而不动产物权变动则以登记为要件；3. 公示方式不同，不动产物权以登记为公示方式，而动产物权以占有为公示方式，通常不要求进行登记。

法律规定的权利作为物权客体的，依照其规定。主要是指著作权、商标权和专利权中的财产权、建设用地使用权、宅基地使用权等，都能够作为担保物权的客体，都属于法律规定能够作为物权客体的权利。

【案例评注】

张某某等与陈某、陈某某相邻通行纠纷案①

基本案情

2013年4月16日，陈某某起诉至广东省信宜市人民法院称：陈某某是位于信宜市东镇××开发小区五层半楼房地产的使用权人及位于信宜市东镇××开发区××小区83平方米土地的所有人。信宜市东镇××开发区的楼房相连共有三栋，以北向南为序第一栋是陈某某的，第二栋是邓某某的，第三栋是张某某使用（原属李某某）。在二三栋楼房首层之间有一大门口是本小区的通道。陈某某在入住上述楼房后，几年以来，与陈某、张某某一直共同使用该小区的公用空地和公用通道。至2012年2月，陈某某在取得合法准建的情况下，在他人名下的建设用地上（现已转卖给陈某某）搭建临时平房，为此引起张某某、陈某不满。二人于2012年2月13日在公用空地上以90度角的形式故意建造围墙封住陈某某新建造的平房门口，陈某某多次向有关职能部门投诉。信宜城监执法大队曾发通知责令二人自行拆除砖墙，但二人拆除部分砖墙后又用钢筋封栏，并于8月3日下午6时许将公用通道大门的铁锁换掉，强行禁止陈某某一家人通行，给陈某某一家人的日常生活造成了极大的不便。陈某某多次向公安机关、综治维稳等部门申请调解，均无果。因二人的不法侵权，造成陈某某几个月无法工作，生活十分困难，精神大受创伤。陈某某一家人分居多处租房、投亲、投宿同学，迫于无奈唯有诉诸法律，以维护自身权益。

法院判决

一审法院认为：陈某某依据信宜市人民法院（2008）信法执字第77号民事裁定书取得房屋所有权和土地使用权，并办理土地使用权变更登记。陈某某及其家人一直从争议的通道出入。按张某某、陈某某、韦某某共同签订的《合地出资建屋协议书》约定，剩余公用空地的权属归张某某、陈某某所有，韦某某可以共用方便人车出入。虽然陈某某的楼房西至自墙迎宾大道，且有两个大门出入，楼房东至自墙空地，且楼房东面有一门出入空地，但陈某某上的土地出入确实不够方便。《物权法》第八十七条规定“不动产权利人对相邻权利人因通行等必须利

① 审理法院：广东省高级人民法院，案号：（2015）粤高法审监民提字第78号。

用其土地的，应当提供必要的便利”。因此，陈某某请求法院依法判决张、陈二人停止侵害，排除妨害，立即开脱××开发区第一小区公共通道大门的铁锁，以保障陈某某的正常通行及请求判决立即拆除建在公共空地上的围墙和铁栏，恢复该处原状的理据充分，应予支持。张某某、陈某不服，上诉至广东省茂名市中级人民法院。二审法院认为张某某、陈某的上诉理据不足，二审不予支持，应予驳回。而陈某、李某某、张某甲、张某某不服广东省茂名市中级人民法院作出的（2013）茂中法民一终字第433号民事判决，向检察机关申诉。

广东省高级人民法院认为，根据抗诉机关的抗诉及双方当事人的意见，本案的争议焦点是：陈某某是否享有从信宜市东镇××开发区第一小区的3.8米通道上通行的权利。首先，本案系相邻关系纠纷，而非通道权属所有权纠纷，相邻关系的客体不是不动产本身。《物权法》第二条第二款规定：“本法所称物，包括不动产和动产。法律规定权利作为物权客体的，依照其规定。”相邻关系即属于法律规定的物权客体。虽然相邻关系以不动产毗邻为条件，但它所指的却是毗邻各方在各自行使财产权利时发生的权利义务关系。本案审查的是陈某某是否符合相邻关系纠纷中可以通行的条件，因此对于抗诉书第一点以及双方当事人提出的3.8米通道所有权问题，法院不予审查……故维持茂名市中级人民法院（2013）茂中法民一终字第433号民事判决。

专家点评

民法典总则编第115条规定，物包括不动产和动产。法律规定权利作为物权客体的，依照其规定。本条与原《物权法》第二条“因物的归属和利用而产生的民事关系，适用本法……本法所称物权，是指权利人依法对特定的物享有直接支配和排他的权利，包括所有权、用益物权和担保物权”一致，本案中相邻关系属于法律规定的物权客体，是指毗邻各方在各自行使财产权利时发生的权利义务关系，故基于其上的纠纷应当属于物权法的调整范围。本案中当事人陈某某应当享有从信宜市东镇××开发区第一小区的3.8米通道上通行的权利，这是民法典总则编与原《物权法》赋予民事主体以及物权人的应有权利。

第一百一十六条　物权的种类和内容，由法律规定。

【条文释义】

本条是对物权法定原则的规定。

物权法定原则是物权法的一项基本原则，也是物权法区别于债法和合同法的重要标志。它又称为物权法定主义，是指物权只能依据法律设定，禁止当事人自由创设物权，也不得变更物权的种类、内容、效力和公示方法。

物权法定原则的内容，包括物权类型强制和物权内容强制。物权类型强制的含义是，物权的种类非经法律规定，当事人不得创设。当事人只能依照法律明确规定的物权类型和条件设立物权，不能超出法律的规定设立法定物权以外的物权类型。物权内容强制（即物权类型固定）的含义是，物权的内容非经法律规定，当事人不得创设。法律对一个具体物权的内容规定是什么就是什么，不得由当事人约定法定物权的具体内容。

本条规定的缺点，是没有规定物权法定之缓和，使我国的物权法定原则过于僵化，缺少必要的灵活性，不能完全适应我国正在变化着的市场经济形势需求。

【案例评注】

紫云农商行诉某公司借款合同纠纷案①

基本案情

2013 年 2 月 6 日原告紫云农商行与被告某公司双方签订《固定资产借款合同》和《抵押合同》，主要约定：被告某公司向原告紫云农商行借款 10000000 元，用于工程款的支付；借款期限从 2013 年 2 月 6 日至 2014 年 2 月 6 日；利率为 8.9‰；逾期利率为在贷款利率基础上加收 50%；提款计划为 2013 年 2 月 6 日 9200000 元，2013 年 3 月 14 日 800000 元；某公司以其坐落在紫云县松山镇格凸大道面积为 5813.32 平方米的在建工程为上述贷款提供抵押，并在紫云苗族布依族自治县住房和城乡建设局办理了抵押登记。合同签订后，原告紫云农商行按约定分两期向被告某公司支付借款 9200000 元和 800000 元；被告某公司已偿还本金 1100000 元及利息 1822859.51 元。2014 年 1 月 28 日，被告某公司因资金周转困难，向原告申请展期半年，展期金额为 8890000 元。为此，原告与被告于 2014 年 1 月 28 日签订《借款展期协议书》，原告紫云农商行同意被告对尚欠借款本金 8890000 元的展期申请，展期日至 2014 年 8 月 6 日，展期期间的贷款利率为 8.9688‰，罚息利率为 13.4532‰。展期日届满至今，被告某公司未偿还借款本金 8890000 元及相应利息，致成诉讼。原告诉称：2013 年 2 月，被告某公司与原

① 审理法院：贵州省安顺市中级人民法院，案号：（2016）黔 04 民初字第 28 号。

告签订借款合同、抵押合同，被告向原告借款 10000000 元，余额 8890000 元，期限一年，后被告申请展期至 2014 年 8 月 6 日。被告未按展期协议中的还款计划执行，请求判决被告偿还借款余额 8890000 元及 2014 年 10 月 14 日起至还清之日的利息；对抵押物享有优先受偿权。被告未答辩也未提交证据。

法院判决

法院认为，被告某公司与原告紫云农商行签订的借款合同、抵押合同和展期协议系双方当事人的真实意思表示，且对抵押物办理了抵押登记，并未违反法律规定，故借款合同、抵押合同和展期协议合法有效，各方当事人均应按约履行。原告紫云农商行已按约定将被告某公司所借款项全部支付，但被告某公司在合同履行期限届满后至今，仅偿还了借款本金 1100000 元及部分利息，余款 8890000 元及相应利息未予支付，违反合同约定，其应当承担偿还借款本金、合同期内利息和逾期利息的违约责任。虽然紫房建松山镇字第 J1300001 号他项权证载明了抵押期限，但是，抵押权属于担保物权，物权法定原则要求当事人不能在《物权法》之外设定物权，也不能以《物权法》之外的方式消灭物权，而我国现行《物权法》并未规定抵押权可以因当事人的约定期间或登记时强制登记的期间而消灭，因此当事人的约定或登记部门的登记存续期间，对抵押权的存续不具有法律约束力，故紫房建松山镇字第 J1300001 号他项权证所记载的抵押期限无效，原告仍然享有对本案所涉抵押物的优先受偿权。综上，原告诉请理由成立，法院予以支持。

专家点评

物权法定是原《物权法》的重要原则之一，也是物权法区别于债法和合同法的重要标志。其是指当事人能且只能依照法律规定设立物权的种类及其内容，物权的取得和变更、物权的效力和公示方法等都应由法律明确规定，而不得由当事人依照自己的意思随意创设或变更。民法典总则编规定物权法定原则，是对该原则的强调，诚如本案中，我国原《物权法》没有规定抵押权可以因当事人的约定期间或登记时强制登记的期间而消灭，故本案中所涉抵押物的优先受偿权仍旧属于原告所享有，并不会因为当事人的约定或登记部门的登记存续期间而对该抵押权的存续产生法律上的效力变化。这即是物权法定原则的功能体现。

第一百一十七条　为了公共利益的需要，依照法律规定的权限和程序征收、征用不动产或者动产的，应当给予公平、合理的补偿。

【条文释义】

本条是对征收、征用应予补偿的规定。

征收是政府为了公共利益的需要，依照法律规定的权限和程序，将集体所有或者个人所有的财产变为国家所有，加以利用的行为。征用是政府为了公共利益的需要，依照法律规定的权限和程序，将集体所有或者个人所有的财产征召与使用的行为。征收、征用的主体都是国家，通常是政府部门以行政命令的方式，从集体和个人取得土地、房屋等财产的所有权或者使用权，集体和个人必须服从。

征收、征用必须符合为了公共利益需要的目的。征收导致集体或者个人所有权的丧失，征用导致集体或者个人的所有权受到限制，都会使权利人的财产权利受到损害。因此，国家的征收或者征用行为，虽然是被许可的行为，是合法的行为，但是都须有为了公共利益的目的。民法典物权法编第41条也规定，限制政府非为公共利益而进行的征收行为，以保护集体和个人的财产权利。

征收、征用必须依照法律规定的权限和程序进行。凡是违反法律规定的权限和程序进行的征收、征用，都是违法行为，都不发生征收、征用的后果。违法的征收、征用给集体或者个人的财产权益造成损害的，应当承担赔偿责任。

征收、征用必须给予权利人公平、合理的补偿。按照公平、合理的补偿标准，就是不能使被征收、征用财产的权利人，因征收、征用而受到损失，补偿应当公平，不能出现不公平的现象；补偿应当合理，即补偿的数额应当合情合理，符合对实际损失能够得到合情合理补足的要求。

【案例评注】

毛某某诉永昌县人民政府房屋征收补偿决定案①

基本案情

2012年1月，甘肃省永昌县人民政府拟定《永昌县北海子景区建设项目国有土地上房屋征收补偿方案》，向社会公众公开征求意见。期满后，作出《关于永

① 案例来源：最高人民法院公布征收拆迁十大案例之七，参见北大法宝 http：//www.pkulaw.cn/Case/，访问时间2017年3月18日。

昌县北海子景区建设项目涉及国有土地上房屋征收的决定》并予以公告。原告毛某某、刘某某、毛某甲（系夫妻、父子关系）共同共有的住宅房屋一处（面积276平方米）、工业用房一处（面积775.8平方米）均在被征收范围内。经房屋征收部门通知，毛某某等人选定评估机构对被征收房屋进行评估。评估报告作出后，毛某某等人以漏评为由申请复核，评估机构复核后重新作出评估报告，并对漏评项目进行了详细说明。同年12月26日，房屋征收部门就补偿事宜与毛某某多次协商无果后，告知其对房屋估价复核结果有异议可依据《国有土地上房屋征收评估办法》，在接到通知之日起10日内向甘肃省金昌市房地产价格评估专家委员会申请鉴定。毛某某在规定的期限内未申请鉴定。2013年1月9日，县政府作出永政征补（2013）第1号《关于国有土地上毛某某房屋征收补偿决定》，对涉案被征收范围内住宅房屋、房屋室内外装饰、工业用房及附属物、停产停业损失等进行补偿，被征收人选择货币补偿，总补偿款合计人民币1842612元。毛某某、刘某某、毛某甲认为补偿不合理，补偿价格过低，向市政府提起行政复议。复议机关经审查维持了县政府作出的征收补偿决定。毛某某、刘某某、毛某甲不服，提起行政诉讼，请求撤销征收补偿决定。

法院判决

甘肃省金昌市中级人民法院审理认为，县政府为公共事业的需要，组织实施县城北海子生态保护与景区规划建设，有权依照《国有土地上房屋征收与补偿条例》的规定，征收原告国有土地上的房屋。因房屋征收部门与被征收人在征收补偿方案确定的签约期限内未达成补偿协议，县政府具有依法按照征收补偿方案作出补偿决定的职权。在征收补偿过程中，评估机构系原告自己选定，该评估机构具有相应资质，复核评估报告对原告提出的漏评项目已作出明确说明。原告对评估复核结果虽有异议，但在规定的期限内并未向金昌市房地产价格评估专家委员会申请鉴定。因此，县政府对因征收行为给原告的住宅房屋及其装饰、工业用房及其附属物、停产停业损失等给予补偿，符合《甘肃省实施〈国有土地上房屋征收与补偿条例〉若干规定》的相关规定。被诉征收补偿决定认定事实清楚，适用法律、法规正确，程序合法。遂判决：驳回原告毛某某、刘某某、毛某甲的诉讼请求。宣判后，各方当事人均未提出上诉。

专家点评

民法典总则编第117条规定，为了公共利益的需要，依照法律规定的权限和程序征收、征用不动产或者动产的，应当给予公平、合理的补偿。规定本条是针对为公共利益需要而征收、征用不动产、动产而应给予补偿的情况，在实践中适用该条多体现的是对民事主体私有财产的尊重。这与原《物权法》相并行，即我国原《物权法》第42条第1款规定："为了公共利益的需要，依照法律规定的权限和程序可以征收集体所有的土地和单位、个人的房屋及其他不动产。"其第三款继续规定："征收单位、个人的房屋及其他不动产，应当依法给予拆迁补偿，维护被征收人的合法权益；征收个人住宅的，还应当保障被征收人的居住条件。"从一定意义上说，这确立了征收补偿这一带有"公法"属性行为的私法基础与私法要求，填补了法律规范与社会事实的缝隙。正如本案中，县政府为公共事业的需要，组织实施县城北海子生态保护与景区规划建设，但这势必会对涉案被征收范围内民事主体使用住宅房屋、房屋室内外装饰、工业用房及附属物等造成影响乃至损失，故应当依照相应的程序，按照评估价格进行公平、合理的补偿。在现代社会，正确处理社会公共利益与私权冲突的过程中，需要构建起公平合理的平衡机制，强化被征收人合法权益的保护，健全被征收人权利救济途径，将公平补偿、正当程序纳入到法律保障体系之中，这样才能更好地处理好城市房屋征收纠纷，促进社会和谐。

第一百一十八条 民事主体依法享有债权。

债权是因合同、侵权行为、无因管理、不当得利以及法律的其他规定，权利人请求特定义务人为或者不为一定行为的权利。

【条文释义】

本条是对债权及债权种类的规定。

债权是按照合同约定或者依照法律的规定，在当事人之间产生的特定的权利和义务关系，也称为债权关系或者债的关系。

在债权关系中，享有权利的人为债权人，负有义务的人为债务人。债权人享有的权利为债权，债务人承担的义务为债务。债权就是在债的关系中，一方（债权人）请求另一方（债务人）为一定行为或者不为一定行为的权利。

债权的法律特征是：1. 债权是相对权，是在特定主体之间发生的民事法律关系；2. 债权的性质是请求权，债权的实现有赖于债务人为一定行为或者不为一定行为，即债权人只能请求债务人为一定行为或者不为一定行为；3. 债权具有期限性，原则上不能永久存在；4. 债权具有相容性，对同一标的物可以成立内容相同的数个债权，其相互之间并不排斥；5. 债权具有平等性，数个债权人对同一债务人，先后发生数个普通债权时，其效力一律平等；6. 债权的客体具有多样性；7. 债权具有任意性。

债权分为合同之债、侵权之债、无因管理之债和不当得利之债。

【案例评注】

张某某诉李某甲、李某乙、许某某、郭某某承揽合同纠纷案①

基本案情

2013年8月5日，被告李某甲、李某乙、许某某、郭某某签订承德市丰宁抽水蓄能电站1号、2号路建桥工程合作协议，项目范围：中国葛洲坝集团建抽水蓄能电站1号、2号路，第一项目建四座桥梁工程。协议约定，李某甲负责与甲方签订合同，人员分配。郭某某负责账目管理，施工现场，材料管理。许某某负责施工现场管理、人员分配、后勤管理、材料管理。李某乙负责资金管理、后勤管理、施工现场管理。李某甲为该项目负责人。该项目施工期间，原告张某某为其加工了模板。2014年11月5日，李某甲以四人名义为原告出具欠条，欠条载明：今欠模板加工费壹拾万元（已付贰万元）、材料费伍万捌仟元（已付贰万元）合计欠人民币壹拾壹万捌仟元整。欠款人：李某甲、李某乙、许某某、郭某某。

原告诉称欠款至今未给付，为此诉至法院请求判令四被告给付材料款及加工费人民币118000元，诉讼费由被告承担。被告李某甲、李某乙辩称，原告所述属实，我们同意偿还欠款。被告许某某辩称：我们四人承包牛圈子葛洲坝工程属实，我在原告处也拉过模板，我个人和原告无任何关系，债务也和我无关。被告郭某某辩称，我没有和原告洽谈过，我也没有为原告出过欠条，谁出的欠条，谁偿还。

法院判决

法院认为，《民法通则》第八十四条第二款规定，债权人有权要求债务人按照合同的约定或者依照法律的规定履行义务。本案原告张某某要求被告李某甲、李某乙、许某某、郭某某给付欠款的请求，有被告李某甲出具的欠据、录音证实，法院对其请求予以支持；本案被告许某某、郭某某提出自己和原告张某某无任何关系，谁出具的欠据谁偿还的理由，法院认为《民法通则》第三十四条第二

① 审理法院：丰宁满族自治县人民法院，案号：（2015）丰民初字第500号。

款规定：合伙人可以推举负责人。合伙负责人和其他人员的经营活动，由全体合伙人承担民事责任。即合伙负责人在执行业务中所产生的法律后果，应由全体合伙人承担民事责任。被告许某某、郭某某未能提供证据证实原告加工的模板用于被告李某甲个人承包的工程，而非合伙工程，况且被告许某某也承认在原告处拉过模板。故此，法院对被告许某某、郭某某的抗辩理由不予采纳。民事活动应遵循等价有偿，诚实信用的原则。据此，依照《民法通则》第三十四条、第三十五条、第八十四条，《民事诉讼法》第六十四条之规定，判决被告李某甲、李某乙、许某某、郭某某在本判决生效后10日内一次性给付原告张某某材料款、加工费合计人民币118000元。四被告互负连带给付责任。案件受理费2660元，由四被告承担。

专家点评

民法典总则编第118条规定，民事主体依法享有债权。债权是因合同、侵权行为、无因管理、不当得利以及法律的其他规定，权利人请求特定义务人为或者不为一定行为的权利。本条规定民事主体依法享有债权，并且列举了债权的发生根据，同时指出债权即是权利人请求特定义务人为或者不为一定行为的权利。本条源自于原《民法通则》第84条“债是按照合同的约定或者依照法律的规定，在当事人之间产生的特定的权利和义务关系。享有权利的人是债权人，负有义务的人是债务人”，即债是债权人与债务人之间的“法锁”。债权人有权要求债务人按照合同的约定或者依照法律的规定履行义务。本案中，被告负有给付欠款与原告的义务，应当按照判定履行该项义务。

第一百一十九条 依法成立的合同，对当事人具有法律约束力。

【条文释义】

本条是对合同之债的规定。

依法成立的合同，对当事人具有法律约束力。法律约束力，就是合同之债的效力。合同成立之后，缔约当事人成为合同之债的债权债务关系当事人，享有权利的一方为债权人，负有债务的一方为债务人，合同约定的内容就是合同之债的债权债务内容，债权人有权请求债务人按照约定履行义务，实现自己的债权，义务人须依照法律规定和合同约定，履行合同义务，保障债权人的债权实现。如果债务人不履行或者不完全履行债务，应当承担违约责任。

关于合同之债的基本规则，民法典专设合同编予以规定。

【案例评注】

应某某诉某公司服务合同纠纷案[①]

基本案情

亿贝（eBay）易趣购物网（以下简称易趣网）为被告某公司经营的交易网站。2004 年 8 月 10 日，原告应某某在阅读并接受易趣网的《用户协议》后注册成为易趣网的用户。《用户协议》约定：易趣网不参与实际交易，如买卖双方发生争议，易趣网免责。2004 年 10 月，原告应某某通过易趣网竞拍由网上用户名为“我想有个家 1”的注册卖家提供的三星牌 YP－520H 型号 MP3 播放器。2004 年 10 月 21 日，原告以“一口价”方式即每台人民币 1 元的价格竞拍该三星牌 YP－520H 型号 MP3 播放器成功，并收到易趣网的成交通知。原告通过易趣网了解到物品提供者系案外人天津卖家张某，同时获悉张某的电话号码、电子邮箱地址。根据原告的陈述，原告经与张某电话联系，约定张某以每台人民币 156 元的价格向原告出售 7 台三星牌 YP－520H 型号 MP3 播放器，履行方式为款到发货，货款汇入张某指定的银行账户。2004 年 10 月 22 日，原告货款汇出后，始终未能按约定收到三星牌 YP－520H 型号 MP3 播放器。2004 年 11 月 3 日，原告向被告发出投诉书，要求被告尽快与张某取得联系，拿出解决问题的可行性方案以及被告对张某作出严厉的处罚，同时建议就张某盗用他人名义进行交易一事上报天津公安机关。

现原告认为，被告作为网络交易的平台，在本案中理应承担相应的法律责任；被告注册协议中的免责条款无效；被告的交易规则存在严重的安全漏洞，被告未尽到“谨慎注意义务”；请求判令被告双倍返还原告已付的货款。被告某公司辩称：被告提供的是网络信息的交流平台，并不参与交易。原告应某某在注册成为被告的用户前，应当仔细阅读了被告的注册协议，并在认可协议内容的情况下注册成为用户。注册协议中的免责条款作为合同的一部分，是双方真实意思的表示，具有法律效力。原告根据被告提供的电话号码与卖家联系后，实际上是以每台 156 元的价格成交的且原告在获悉卖家的银行户名为何某某而非张某时仍将

---

① 案例来源：上海市黄浦区人民法院，案号：（2005）黄民一（民）初字第364号。

货款汇出，由此造成的损失应由原告自行承担。请求判决驳回原告的诉讼请求。

法院判决

上海市黄浦区人民法院认为：依法成立的合同受法律保护，对签订合同的各方当事人都具有约束力。但在本案中，原告应某某与案外人张某发生的买卖合同，与被告某公司无关。首先，被告在本案中的义务，应当是《合同法》所规定的居间人的义务，如应当就有关订立合同的事项向原告如实报告，不得故意隐瞒与订立合同有关的重要事实或者提供虚假情况等。如果违反这些义务，被告理应承担违约责任。本案中，被告并未违反上述义务。其次，原告应某某与案外人张某之间实际存在两个交易合同关系：一是网络交易买卖合同关系。二是原告与张某通过电话方式建立的传统买卖合同关系。原告根据被告提供的张某的联系方式，通过电话联系，约定张某以每台人民币 156 元的价格向原告出售 7 台三星牌 YP－520H 型号 MP3 播放器，并约定了合同履行方式以及付款方式，二人至此另外成立了一个买卖合同关系。该合同关系的订立，并没有按照合同双方分别与被告约定的《用户协议》的相关规定进行，与被告并无直接联系。被告向原告提供张某联系方式是为了促成前一个网络交易合同关系的实际履行，并非为了原告与张某进行其他交易行为。最后，判断被告某公司应否对原告应某某支付货款后未能按约收到所购三星牌 YP－520H 型号 MP3 播放器承担民事责任，应当根据被告是否尽到了相关审核义务、在提供案外人张某个人信息方面是否有过错等为事实依据。根据本案事实，被告在审核张某个人信息方面已尽到了义务，不存在过错，故不应当对原告的损失承担赔偿责任。据此，判决驳回原告应某某的诉讼请求。

专家点评

民法编总则编第 119 条与原《民法通则》第 85 条、原《合同法》第 8 条基本一致，规定“依法成立的合同受法律保护，对签订合同的各方当事人都具有约束力”。该条文从正面规定依法成立的合同所具有的效力及于合同各方当事人，而本案适用本条文，侧面说明只有合同的当事人才能受到该合同的约束，也体现出合同相对性的特点，即合同成立之后，缔约当事人成为合同之债的债权债务关系当事人，享有权利的一方为债权人，负有债务的一方为债务人，合同的约束力及于且仅仅及于合同双方当事人。

第一百二十条 民事权益受到侵害的，被侵权人有权请求侵权人承担侵权责任。

【条文释义】

本条是对侵权之债的规定。

侵权人实施侵权行为，侵害了被侵权人的人身、财产权益，造成侵害的，构成侵权责任。这种侵权责任具有双重属性，一是民事责任属性，二是债的属性。被侵权人享有的侵权请求权，性质属于债权，也属于权利保护请求权。侵权人负有赔偿被侵权人损失的债务。

应当注意的是，原《民法通则》将侵权责任从债权体系中分离出来，民法典将侵权责任仍作为侵权之债，使之回归债法体系，但仍作为独立一编规定。

【案例评注】

杨某某诉张某某其他特殊侵权纠纷案①

基本案情

2013年4月17日，被告张某某驾驶川DH××号小型普通客车沿华兰线从永胜县往华坪县方向行驶。18时10分许，当车辆行驶至华兰线K72+87M处时，原告杨某某驾驶的×××号普通二轮摩托车正在左转弯进入仁和新村岔口。由于被告张某某驾驶机动车行经交叉路口及在前方车辆正在左转弯的情况下超车，致所驾车辆与原告驾驶的摩托车相撞，造成原告受伤，二轮摩托车受损的交通事故。经交警部门现场勘查，作出了被告承担事故的主要责任，原告承担事故的次要责任的道路交通事故认定书。原告受伤后，到永胜县人民医院住院治疗，经诊断为：左锁骨骨折、全身多处皮肤软组织擦挫伤等。

原告诉称，被告作为事故的主要责任方，应对原告的损失承担80%的赔偿责任。为维护其合法权益，请求判令被告赔偿原告医疗费、误工费、护理费、住院伙食补助费、交通费和二轮摩托车修理费。被告未到庭，也未提交答辩意见。

① 审理法院：云南省丽江市永胜县人民法院，案号：（2015）永民初字第93号。

法院判决

法院认为,《侵权责任法》第二条第一款规定,侵害民事权益,应当依照本法承担侵权责任;第三条规定,被侵权人有权请求侵权人承担侵权责任。依据本案查明的案件事实,原、被告的违法行为是导致交通事故发生的原因,双方均有过错,原告承担事故的次要责任,被告承担事故的主要责任。事故致原告受伤,身体健康受损,其合法的民事权益受到侵害,故原告要求被告赔偿损失符合法律规定。侵害他人造成人身损害的,应当赔偿医疗费、护理费、交通费、误工费等合理费用。综上,法院依据《民法通则》第一百一十九条、第一百三十一条,《侵权责任法》第二条、第三条,《民事诉讼法》第一百四十四条,《最高人民法院关于审理人身损害赔偿案件适用法律若干问题的解释》第十九条、第二十条至第二十三条之规定,判决由被告赔偿原告70%的损失。

专家点评

民法典总则编第120条规定,民事权益受到侵害的,被侵权人有权请求侵权人承担侵权责任。这是对侵权的民事责任之规定,与原《侵权责任法》第2条第1款“侵害民事权益,应当依照本法承担侵权责任”、第3条“被侵权人有权请求侵权人承担侵权责任”的规定一致。本案中,原、被告的违法行为导致交通事故的发生,并致使原告受伤即身体健康遭受损害,其合法的民事权益受到侵害,故其有权请求侵权人即被告承担侵权责任,对其所受损害进行赔偿。

第一百二十一条 没有法定的或者约定的义务,为避免他人利益受损失而进行管理的人,有权请求受益人偿还由此支出的必要费用。

【条文释义】

本条是对无因管理之债的规定。

无因管理是指没有法定义务或者约定的义务,为避免他人利益受到损失而进行管理或者服务的行为。管理他人事务的人称为管理人,其事务被他人管理的人称为本人或者受益人。

构成无因管理须具备三个条件:1. 管理人须对他人事务进行管理或者服务;2. 管理人没有法定的或者约定的义务,无因是指管理人对他人事务的管理没有法律上的原因；3. 管理人须为避免他人利益受损失而管理。

无因管理的效力是指无因管理构成后在本人和管理人之间发生债权债务关系。无因管理的管理人本无管理本人事务的义务，但管理人一经管理，就应当管好，这是法律为保护民事主体的合法利益和维护社会秩序的必然要求，也是无因管理成为适法行为的必然结果。

民法典没有规定债法总则，因此，在合同编设置了“准合同”分编，规定了无因管理之债和不当得利之债的规则。

【案例评注】

崇左市旅游局与某船艇制造公司无因管理纠纷案[①]

基本案情

2008 年 9 月 5 日，原告崇左市旅游局与被告某船艇制造公司签订《双层观光接待画舫采购合同》及补充协议，约定原告向被告采购双层观光接待画舫船一艘，即“左江游船”。2009 年 2 月 11 日，被告在广西崇左市码头向原告交付该船。为此，某旅游开发公司于 2009 年 2 月 1 日分别与林某某（船长）、何某（轮机长）、杨某某（水手）签订劳动合同，约定由三人负责看护案涉游船，月工资分别为 1200 元、1000 元、800 元，看护时间自 2009 年 2 月 1 日起至 2010 年 1 月 31 日止，并安排前述三人每天分三个班次看管船舶。2011 年 2 月 5 日，原告分别与上述三人签订补充劳动合同，约定由该三人继续看护案涉游船，月工资按 2009 年 2 月 1 日签订的劳动合同执行，看护时间至原告与被告纠纷解决之日止。之后，因案涉船舶与合同约定、完工图纸及国家相关规范不符，原告将被告诉至法院。2011 年 11 月 30 日，法院作出（2011）海商初字第 2 号民事判决，判令：一、解除原被告签订的双层观光接待画舫采购合同、补充协议及卫生间改造合同；二、被告返还原告购船款；三、被告支付原告公证船检费、看船人员工资；四、被告支付上述款项后 10 日内到原告处自行提走“左江游船”；五、驳回被告对原告的反诉请求；六、驳回原告的其他诉讼请求。被告对前述判决不服提起上诉，广西区高院于 2012 年 7 月 20 日作出（2012）桂民四终字第 12 号民事判决，判令：一、维持北海海事法院（2011）海商初字第 2 号民事判决第一、二、三、五、六项；二、撤销北海海事法院（2011）海商初字第 2 号民事判决第四项；三、原告

① 审理法院：北海海事法院，案号：（2015）海商初字第 86 号。

返还被告“左江游船”船舶，被告于本案判决生效后10日内自行提走，该判决于2012年9月10日生效。2013年9月30日，原告出具《证明》，称：因其向被告购买的“左江游船”存在严重质量问题，经法院判决，由被告向原告退回船款及承担相关费用；日前，被告已向原告退回第一笔船款，原告同意被告提走前述船舶，为此，请求有关部门在该游船到左江山秀水电站往扶绥航行时给予开通船闸，以便船舶通行。据此，被告于同日提走案涉船舶并向原告支付看船人员3个月工资，三人当日下船结束看护案涉船舶工作。

现原告诉称，2008年9月5日，原被告签订《双层观光接待画舫采购合同》及补充协议，约定原告向被告采购双层接待画舫船一艘即“左江游船”。之后，由于被告交付的船舶与合同约定、相关规范不符，并存在重大安全隐患，原告遂向法院提起诉讼。经北海海事法院和广西壮族自治区高级人民法院（以下简称广西区高院）两级法院审理，最终判决解除《双层观光接待画舫采购合同》、被告返还原告购船款、被告支付原告公证船检费、看船人员工资以及被告于判决生效后10日内自行提走该船。判决生效后，被告未主动履行判决内容。经原告申请湖南省沅江市人民法院强制执行，被告直至2013年9月30日才提走案涉船舶。而2011年11月1日至2013年9月30日期间由原告垫付三名看船人员工资共计69000元，被告仅支付3个月工资9000元，其余看船人员工资未付清。原告垫付看船人员工资行为已构成无因管理，故请求法院判令：一、被告向原告支付看船人员工资6万元；二、被告承担诉讼费。被告未到庭参加诉讼，亦未向法庭提交书面答辩意见及证据。

法院判决

法院认为，本案系无因管理纠纷。根据原告的陈述及法院认定的有效证据，法院认为原告的诉求于法有据，予以支持。理由如下：根据《民法通则》第九十三条“没有法定的或者约定的义务，为避免他人利益受损失进行管理或者服务的，有权要求受益人偿付由此而支付的必要费用”之规定，构成无因管理的要件有：一是有为他人管理或服务的行为；二是有为他人谋利益的意思；三是无法定或约定义务。本案中，首先，法院对原告为被告聘用看船人员并支付工资的事实予以认定。其次，《双层观光接待画舫采购合同》已于2010年3月23日解除，该日至2013年9月30日（即被告提走案涉船舶之日）期间，原告对于案涉船舶没有法定或约定的看管义务，但因被告拒绝提船，原告聘用三名人员对该船进行看护管理，避免该船因无人看管而受损，被告实际上确有因原告的前述行为受益，故原告在此期间聘用人员看船并支付工资的行为构成无因管理，被告应当向原告支付此期间的看船人员工资。再次……综上，依据《民法通则》第九十三条、《民事诉讼法》第一百四十五条“被告经传票传唤，无正当理由拒不到庭的，可以缺席判决”之规定，判决被告某船艇制造公司向原告崇左市旅游局支付看船人员工资6万元。

专家点评

民法典总则编第121条规定，没有法定的或者约定的义务，为避免他人利益受损失而进行管理的人，有权请求受益人偿还由此支出的必要费用。本条是对无因管理的规定，与原《民法通则》第93条一致。无因管理是指没有法定的义务或者约定的义务，为避免他人利益受到损失而进行管理或者服务的行为。管理他人事务的人称为管理人，其事务被他人管理的人称为本人或者受益人，无因管理是债的发生根据之一。本案中，合同解除后直至被告提走案涉船舶之日期间，原告对于案涉船舶没有法定或约定的看管义务，但因被告拒绝提船，原告聘用三名人员对该船进行看护管理，避免该船因无人看管而受损，而被告实质上因为原告的看护船只行为而受益，故原告在上述期间聘用人员看护船只且支付工资的行为构成无因管理，应当适用关于无因管理的规定。

第一百二十二条　因他人没有法律根据，取得不当利益，受损失的人有权请求其返还不当利益。

【条文释义】

本条是对不当得利之债的规定。

不当得利是指没有合法根据而通过造成他人损失而取得的不当利益，受损人享有请求得利人返还其不当利益的债权债务关系。当事人之间因不当得利所发生的债权债务关系，称为不当得利之债。获得利益的一方为得利人，受到损失的一方为受损人。不当得利是日常生活中经常发生的现象。

构成不当得利请求权，须具备四个要件：1. 一方获得利益；2. 他方受有损失；3. 取得利益与受有损失之间有因果关系；4. 无合法根据。

不当得利分为两大类：1. 基于法律行为又无法律上的根据而得利；2. 非基于法律行为但也无法律直接根据而取得利益。

不当得利的法律效果是，得利人应当将取得的不当利益返还受损人。得利人返还的利益可以是原物、原物的价款或者其他利益。

【案例评注】

杨某某诉顾某某不当得利纠纷案[①]

基本案情

原告杨某某拥有一处位于南京市六合开发区龙池社区菜场滁河边的房产，该房产于1995年初次建造，原告为了承包鱼塘、养牛、养猪，故在随后的3～5年内不断扩建至八间房屋及一排猪厩，总面积达400平方米左右。2014年10月，该房屋面临拆迁，因考虑到被告顾某某曾做过十几年的社区书记，人脉广，可以使原告在拆迁中的合法权益尽可能得到全面的维护，就委托被告办理房产拆迁的相关事宜。但被告于房产拆迁后，只给了原告一张由六合龙池社区开具给顾某某的160000元支票，后因支取该票据金额需要被告配合提供身份证，被告一方还向原告索要了5000元好处费。由于155000元的拆迁补偿款，严重偏离正常的补偿幅度，且原告听说其他户的同批次相似面积拆迁房产至少可以补偿到460000元，以至事后原告越发感觉事情的蹊跷，即询问被告个中缘由，但被告对于原告的追问采取敷衍进而逃避的态度。据此，原告认为被告非法侵吞了原告的房产拆迁补偿款，遂诉至法院，请求判令被告返还不当得利款。被告顾某某辩称，原告诉被告不当得利，与事实不符。

法院判决

法院认为，不当得利是指没有合法根据，取得不当利益，造成他人损失的，应当将取得的不当利益返还受损失的人。根据双方当事人的诉辩意见，本案的争议焦点为：案涉被拆迁房屋的权利人是谁，被告取得部分拆迁补偿款是否构成不当得利。原告主张房屋全部由其建造，而被告则称房屋虽由原告初建，但仅有小部分属于原告，绝大部分为其后期扩建。对此，法院认为，案涉房屋的权利人应为原告杨某某，被告顾某某取得案涉拆迁补偿款没有合法根据，构成不当得利，应予返还，理由如下：1. 案涉被拆迁房屋系由原告于20世纪90年代初建，被告于2003年将自己的牛脯厂迁至该处，是双方均认可的事实，房屋门口处虽写有“龙池牛脯厂”，但并不能以此认定被告为房屋权利人；2. 2008年12月9日形成的《滁河防洪治理近期工程建设征地农村居民人口、房屋调查表》记载案涉房屋

---

① 审理法院：南京市六合区人民法院，案号：（2015）六民初字第1590号。

的产权人为杨某某，而被告称其因时任社区书记不好在调查表上签字，便让其他人在该调查表的户主签字处代签了原告的名字，不符合常理；3.《房屋搬迁补偿协议书》中，案涉被拆迁房屋虽被认定为顾某某所有，但该认定仅仅是基于其在被拆迁房屋处养牛，社区等相关部门并未进行深入调查了解；4. 案涉被拆迁房屋 200 多平方米，而被告称原告所建房屋仅有十二三平方米，在此情况下，被告若为房屋权利人，却仅仅因为考虑到原告多年养牛的辛苦等原因，即给予原告一半以上的拆迁补偿款 160000 元，亦有悖常理。综上，法院认为，被告关于其为房屋权利人的陈述可信度不高，而原告的陈述更具合理性。在 2008 年形成的原始房屋调查表认定案涉被拆迁房屋权利人为原告的情况下，被告并未能向法院提供充分有效的证据证明其为房屋权利人，故其取得案涉拆迁补偿款没有合法根据，构成不当得利，应予返还。综上所述，依照《民法通则》第九十二条，《民事诉讼法》第三十九条第一款、第一百四十二条之规定，判决被告顾某某于本判决生效之日起 10 日内返还原告杨某某不当得利款 115920 元；驳回原告杨某某的其他诉讼请求。

专家点评

民法典总则编第 122 条规定，因他人没有法律根据，取得不当利益，受损失的人有权请求其返还不当利益。本条是对不当得利制度的规定，与原《民法通则》第 92 条“没有合法根据，取得不当利益，造成他人损失的，应当将取得的不当利益返还受损失的人”规定一致。本案符合不当得利的构成要件：（1）被告获得利益；（2）原告受到损失；（3）获得利益与受损失之间存在因果关系，即被告获得案涉拆迁补偿款这一获利使得原告有所损失；（4）没有合法根据，即被告无证据证明自己为房屋权利人却取得该房屋拆迁补偿款。故，本案应当适用本条进行裁判，判决被告返还不当得利。

第一百二十三条　民事主体依法享有知识产权。

知识产权是权利人依法就下列客体享有的专有的权利：

（一）作品；

（二）发明、实用新型、外观设计；

（三）商标；

（四）地理标志；

（五）商业秘密；

（六）集成电路布图设计；

（七）植物新品种；

（八）法律规定的其他客体。

【条文释义】

本条是对知识产权的概念及客体的规定。

知识产权，也叫智慧财产所有权，是指民事主体基于其创造性智力成果和工商业标记依法产生的专有民事权利的统称。知识产权是一种无形财产权，属于广义的财产权利范畴，其客体是智慧劳动成果或者是知识产品，是一种无形财产，或者是一种没有形体的精神财富，也是创造性的智力劳动所产生的劳动成果。

知识产权的内容包括两大部分：1. 人身权利，也称为精神权利，是指权利同取得智力成果的人身不可分离，是人身关系在法律上的反映，包括作者的署名权、作品的发表权、作品的修改权、维护作品完整权等。2. 财产权利，也称为经济权利，是指智力成果被法律承认以后，权利人可以利用这些智力成果取得报酬或者得到奖励的权利。

主要的知识产权类型是：1. 著作权，是制作者及相关主体区域，各类作品的创作，依法享有的权利；广义的著作权，是指除了狭义著作权以外，还包括表演者、录音录像制品的作者与广播电视局旨在传播作品的过程中，就自己的创造性劳动成果所享有的民事权利。2. 专利权，是发明创造人或其他权利受让人对特定的发明创造，在一定期限内依法享有的独占实施的知识产权。3. 商标权，是指商标主管机关依法授予商标所有人对其注册商标予以国家法律保护的专有知识产权。4. 其他知识产权，例如地理标志权、商业秘密权、原产地名称权、植物新品种权以及集成电路布图设计专有权等。

知识产权的客体是：1. 作品，包括创作的文学、艺术和自然科学、社会科学、工程技术等作品。2. 发明、实用新型、外观设计，发明是指对产品、方法或者其改进所提出的新的技术方案；实用新型是指对产品的形状、构造或者其结合所提出的适于实用的新的技术方法；外观设计是指对产品的形状、图案或者其结合以及色彩与形状、图案的结合所作出的富有美感并适于工业应用的新设计。3. 注册商标，即经商标局核准注册的商标，包括商品商标、服务商标和集体商标、证明商标。4. 地理标志，即原产地标志，是鉴别原产于一成员国领土或该领土的一个地区或一个地点的产品的标志，标志产品的质量、声誉和其他确定的特性，应当主要决定于其原产地。5. 商业秘密，是不为公众所知悉，能为权利人带来经济利益，具有实用性，并经权利人采取保密措施的技术信息和经营信息。6. 集成电路布图设计，涉及对电子元件、器件间互连线模型的建立，所有的器件和互连线都需安置在一块半导体衬底材料之上，从而形成电路。7. 植物新品种，是指经过人工培育的，或者对发现的野生植物加以开发，具有新颖性、特异性、一致性和稳定性并有适当命名的植物品种。8. 法律规定的其他客体，例如民法典总则编第127条规定数据，就是数据专有权的客体。

【案例评注】

某种业公司诉某公司、曹某某植物新品种权权属案①

基本案情

原告某种业公司诉称：玉米新品种“吉祥1号”于2011年1月1日取得植物新品种权，品种权人：武威市农业科学研究所（现已更名为武威市农业科学研究院）、黄某某（现已将品种权转让给武威市农业科学研究院），品种权号：CNA20070293.9。2011年12月16日，原告某种业公司与品种权人武威市农业科学研究院签署协议，品种权人将其拥有的生产、经营权有偿转让给原告某种业公司。2012年1月1日，品种权人向原告出具授权委托书，授权原告对国内他人未经许可擅自生产、经营“吉祥1号”的侵权行为单独以自己名义实施包括举证、调查取证、诉讼和非诉等在内的各种维权活动。2012年8月，原告发现被告某公司在甘州区三闸乡符家堡村生产“吉祥1号”杂交种。原告认为，被告未经品种权人许可，擅自生产、经营“吉祥1号”构成侵权，依法应当承担侵权责任，请求人民法院责令被告立即停止侵权，不得销售生产的“吉祥1号”杂交玉米种子，并赔偿损失。被告某公司未出庭参加诉讼，亦未提交书面答辩意见。开庭前，被告曹某某要求参加本案诉讼，其理由为，被告某公司已将起诉材料给其看过，涉案地点的玉米种子是其借用某公司资质所制。经法庭释明，被告曹某某放弃举证期限，同意准时开庭。原告对此亦无异议，合议庭同意曹某某作为本案共同被告参加庭审。

法院判决

法院认为，关于原告的主体资格是否适格的问题，应当解决两个问题，一是

① 审理法院：甘肃省张掖市中级人民法院，案号：（2012）张中民初字第83号。

涉案繁殖材料“吉祥 1 号”的品种权人名称问题；二是武威市农业科学研究院是否可以授权他人提起维权诉讼。本案中，植物新品种权证书上记载的品种权人之一是“武威市农业科学研究所”，原告出具的证据显示，该所已经行政主管部门批准，正式更名为“武威市农业科学研究院”，但该院并没有在农业部植物新品种保护办公室办理著录事项变更登记，依法变更品种权人名称。对此，法院认为，变更行为属于行政主管部门的公示行为，是否公示变更并不影响当事人依法享有的民事权利，武威市机构编制委员会的文件可以证明武威市农业科学研究院对“吉祥 1 号”享有知识产权；知识产权属于民事权利，行政主管部门对知识产权著录事项的登记、变更、公示等行为仅仅是一种行政管理措施，当事人可以通过民事法律行为依法处分自己享有的知识产权。本案中，品种权人黄某某自愿转让品种权，其行为没有违反法律规定，虽然武威市农业科学研究院与黄某某没有在农业部植物新品种保护办公室办理著录事项变更登记，但并不妨碍黄某某享有的品种权已依法转让的法律事实，武威市农业科学研究院享有本案涉案繁殖材料“吉祥 1 号”的品种权，依法可以转让自己的生产经营权，可以授权他人对未经品种权人许可的侵权行为提起诉讼，本案原告诉讼主体资格适格……依据《民法通则》第一百三十四条第一款（一）、（七）项，《植物新品种保护条例》第六条，《最高人民法院关于审理侵犯植物新品种权纠纷案件具体应用法律问题的若干规定》第一条、第二条、第六条第一款、第三款之规定，判决：一、被告曹某某应立即停止侵权，不得销售生产的“吉祥 1 号”杂交玉米种子。二、被告曹某某赔偿原告某种业公司损失 500000 元，被告某公司对此承担连带赔偿责任。

专家点评

民法典总则编第一百二十三条规定：“民事主体依法享有知识产权。知识产权是权利人依法就下列客体享有的专有的权利：（一）作品；（二）发明、实用新型、外观设计；（三）商标；（四）地理标志；（五）商业秘密；（六）集成电路布图设计；（七）植物新品种；（八）法律规定的其他客体。”本条是对原《民法通则》第 94 条至第 97 条规定的归纳与扩充，明确了民事主体享有知识产权以及列举了典型知识产权客体的类型。本案中，所涉争议变更行为属于行政主管部门的公示行为，是否公示变更并不影响当事人依法享有的民事权利——武威市农业科学研究院对“吉祥 1 号”享有知识产权，而知识产权属于民事权利，行政主管部门对知识产权著录事项的登记、变更、公示等行为仅仅是一种行政管理措施，当事人可以通过民事法律行为依法处分自己享有的知识产权。这从侧面体现了民法典总则编中本条的价值意义。

第一百二十四条 自然人依法享有继承权。

自然人合法的私有财产，可以依法继承。

【条文释义】

本条是对继承权及其客体的规定。

继承权，是指自然人按照被继承人所立的合法有效遗嘱或者法律的直接规定，而享有的继承被继承人遗产的权利。在继承中，遗留财产的死者称为被继承人；死者的财产称为遗产；取得遗产的人称为继承人；继承人继承遗产的权利称为继承权。继承权的特征是：1. 继承权的主体是自然人，而不能是法人、非法人组织或者国家；2. 继承权是自然人依照合法有效的遗嘱或者法律的直接规定而享有的权利，其发生根据有两种，一是法律的直接规定，二是合法有效的遗嘱的指定；3. 继承权的客体是被继承人的财产权利，并不是被继承人的遗产；4. 继承权的性质是财产权，同时具有身份属性，因为继承通常是在特定的亲属之间发生的，因而继承权具有双重属性。

遗产，是自然人死亡时遗留下来的个人合法财产：1. 遗产是自然人死亡时遗留下的财产，不是自然人死亡时留下的遗产不能成为遗产；2. 遗产是自然人的个人财产，不属于个人的财产不能成为遗产；3. 遗产是自然人的合法财产，不是自然人合法取得和合法享有的财产，也不能成为遗产。

遗产的法律特征是：1. 时间上的限定性，被继承人死亡的时间是划定遗产的特定时间界限，在被继承人死亡之前，该自然人具有民事权利能力，其享有财产所有权等各种权利。自然人死亡后，不再有民事权利能力，其财产即转变为遗产。2. 内容上的财产性，遗产只能是自然人死亡时遗留的个人财产，具有财产性。3. 范围上的预定性，遗产必须是自然人死亡时遗留的个人财产，只有在被继承人生前属于被继承人个人所有的财产才能成为遗产。4. 性质上的合法性，自然人死亡时遗留下的财产，只有依法可以由自然人拥有的，并且被继承人有合法取得根据的财产才是遗产。5. 处理上的流转性，遗产是要转由他人承受的被继承人死亡时遗留的遗产，因而必须具有流转性。

对于遗产的范围，民法典继承编第 1122 条改变原《继承法》规定的“列举 + 概括”的做法，采取概括式立法方法，即“遗产是自然人死亡时遗留的个人合法财产，但法律规定或者依其性质不得继承的除外”。

【案例评注】

陈某某诉黄某某继承纠纷案[1]

基本案情

原告陈某某系陈某与其前妻粟某某的婚生独女，1995年9月12日陈某与粟某某协议离婚并办理了离婚手续。2000年，陈某与黄某某结婚，婚后共同居住于重棉三厂福利分配给职工陈某的公有住房，两人在婚姻关系存续期间内未生育子女。该诉争公有住房位于重庆市南岸区弹子石庆新一村××号××号，产权归属于重棉三厂，系重棉三厂分配给职工的福利住房。2002年12月21日，陈某因病去世，重棉三厂将该诉争公有住房承租人变更为被告黄某某，后黄某某一直独自在诉争房屋内居住生活并负担相关的租赁费用。

原告陈某某诉称：原告的父亲陈某与被告黄某某于2000年结婚，婚后共同居住在由重庆第三棉纺织厂福利分配给陈某的公有住房。2002年陈某去世，原、被告双方对该公有住房承租权未进行遗产分割。后该公有住房进行拆迁，拆迁人按规定对居住使用权人进行了拆迁补偿安置。原告认为该公有住房承租权具有经济价值，可占有、使用、收益，应与其他财产一样进行继承，因此原告对该公有房屋承租权及其转化得到的经济利益享有继承和分割的权利。故原告起诉，请求法院确认原告就诉争房屋的拆迁补偿款享有遗产继承权。被告黄某某辩称：被告与陈某于2000年12月26日结婚，婚后一直居住在由重棉三厂福利分配给陈某的公有住房里。2002年12月21日，陈某因病死亡，重棉三厂房管办将该公有住房的承租人变更为被告黄某某，电表、水表、气表、闭路等所有的用户名都变更为被告的名字，被告继续居住在该单位公有住房。直至2009年11月，因诉争的该公有住房拆迁，被告被拆迁安置于重庆市南坪东路二巷×号×栋××号。由于公有住房不属于私有财产，其产权归属重棉三厂，因此公有住房承租权不能作为遗产分割。故被告请求法院依法驳回原告的诉讼请求。

法院判决

法院认为，公民死亡时遗留的个人合法财产应当予以继承，遗产的范围应当包括物和权利。本案中被告黄某某与陈某再婚后，与陈某共同居住在重棉三厂所

---

[1] 审理法院：重庆市南岸区人民法院，案号：（2010）南法民初字第03056号。

有的位于重庆市南岸区弹子石庆新一村×号××号公有住房内。陈某死亡后，被告黄某某以共同居住人的身份取得了诉争房屋承租权，后在诉争房屋拆迁时获得了拆迁安置房的所有权。故本案争议的焦点为公有住房承租权是否可作为遗产继承？公有住房承租权产生于计划经济时期，目的在于使在社会主义公有制下每个人都居有其所，具有公益保障性质。但随着市场经济的快速发展和房产制度的改革，传统意义上的公有住房性质发生了巨大的变化。公有住房的差价交换和公有住房的转租并无明确的法律和政策限制，公有住房承租权人能以公有住房租赁权获得财产利益，使得公有住房租赁权成为财产性质的权利，故应当可以被继承。本案中，陈某死亡后，该公有住房承租权应当以遗产方式进行分割，故在原告未明示放弃继承的情况下，其继承利益依然凝聚在该公有住房承租权上，虽然后来该公有住房进行了拆迁和产权调换，但原告并未丧失对该承租权及其转化的利益的继承权，故原告依然可对拆迁安置房屋即重庆市南岸区南坪东路二巷×号×栋××号房屋进行分割。但由于公有住房租赁权的公益保障性还是第一位的，被告黄某某与原承租权人一直共同居住在该公有住房内，故在分割时应当对被告黄某某予以多分。根据拆迁安置房约定价值、产权调换时的价值以及黄某某补交房屋安置时的差价等情况，判决位于重庆市南岸区南坪东路二巷×号×栋××号的拆迁安置房屋归被告黄某某所有，被告黄某某支付原告陈某某房屋折价款 8 万元。

专家点评

民法典总则编第 124 条规定，自然人依法享有继承权。自然人合法的私有财产，可以依法继承。本条规定自然人合法的私有财产，可以依法继承，自然人在生前将个人财产作出分配、死后个人财产按照其生前意志进行流转，这是保护私有财产的体现。法条规定，公民死亡时遗留的个人合法财产应当予以继承，遗产的范围应当包括物和权利，故本案中陈某死亡后，该公有住房承租权应当以遗产方式进行分割，故在原告未明示放弃继承的情况下，其继承利益依然凝聚在该公有住房承租权上，其可以依法继承该房屋的承租权及其转化的利益。

第一百二十五条　民事主体依法享有股权和其他投资性权利。

【条文释义】

本条是对股权和其他投资性权利的规定。

股权是指股东基于出资行为，在依法设立的公司中取得股东地位或者出资人资格，在公司中享有的以财产收益权为核心，并可以依法参与公司事务的权利。股权是财产权利。

其他投资性权利，是指股权以外的，自然人、法人或者非法人组织作为出资人或者开办人，基于其向非公司性的营利法人或者非法人组织出资而获得的出资人或者开办人的身份，以及基于该身份而享有的经营收益权。这些其他投资性权利也属于民事权利，与股权类似，民法予以保护。

股权的客体，在股份有限公司是股份，在有限责任公司是出资份额。股份代表对公司的部分拥有权，包含三层含义：1. 股份是股份有限公司资本的构成成分；2. 股份代表了股份有限公司股东的权利义务；3. 股份可以通过股票价格的形式表现其价值。股份的特点是：1. 股份具有金额性；2. 股份具有平等性；3. 股份具有不可分性；4. 股份具有可转让性，股东可以将持有的股份依法转让他人。

出资份额，是有限责任公司的股东对该有限责任公司出资的比例。有限责任公司以外的其他营利法人以及非法人组织，对于有限责任公司以及其他营利法人或者非法人组织依据其出资，在该有限责任公司等单位资本构成上所占有的份额。出资份额是有限责任公司等资本的构成成分，也代表了有限责任公司等股东的权利和义务，同时能够通过其份额的比例表现其价值，并且可以依法转让。

【案例评注】

张某某诉武某甲、武某乙股权转让纠纷案[①]

基本案情

原告张某某诉称其与被告武某甲原系夫妻关系，于2012年11月22日，经北京市朝阳区人民法院判决离婚。在离婚诉讼期间，武某甲与其父被告武某乙恶意串通签订股权转让协议，将其名下某公司20%的股权低价转让给武某乙，使得离婚诉讼中，并未对上述股权进行处理。张某某认为上述股权属于夫妻共同财产，武某甲与武某乙的行为严重侵害了其合法权益，故诉至法院，请求：（1）判决武某甲与武某乙于2012年3月31日签订的出资转让协议书无效；（2）本案诉讼费用由武某甲、武某乙承担。

被告辩称：（1）某公司是经集体企业改制后设立的，原集体企业退休、退养人员的福利都由某公司承担，故该公司不是简单的民营企业；（2）武某甲所持股

① 审理法院：北京市朝阳区人民法院，案号：（2013）朝民初字第03916号。

权的价值在不计算设备折旧的情况下为 1.5 万元左右，因为考虑到其与武某乙是父子关系，故支付了 2 万元股权转让款，不存在恶意串通的情形，亦未损害任何人的利益，股权转让协议是有效的。

法院判决

法院认为，本案的争议焦点是武某甲与武某乙签订的出资转让协议书的效力问题。武某甲与张某某原系夫妻关系，某公司 20% 的股权系武某甲与张某某婚姻关系存续期间取得的财产，属于夫妻共同共有，夫妻作为共同共有人，对共有财产享有平等的占有、使用、收益和处分的权利，任何一方不得擅自处分。武某甲将某公司 20% 的股权转让给武某乙时，其与张某某的婚姻关系仍在存续，故武某甲转让股权的行为属于对夫妻共同财产做重要处理，应当取得共同共有人的同意。武某乙系武某甲的父亲，常年与武某甲、张某某共同生活，又系某公司的股东和法定代表人，故武某乙对于武某甲所持有某公司 20% 的股权系夫妻共同财产应当明知。现武某乙、武某甲均未提供证据证明其已提前将股权转让一事征得共同共有人张某某的同意，且事后亦未获得张某某的追认，故武某甲擅自转让股权属于《合同法》第五十一条规定的无权处分行为，侵害了共同共有人张某某的合法权益，武某乙受让武某甲名下某公司 20% 股权的行为亦不构成善意取得。故张某某主张的武某甲与武某乙签订的出资转让协议无效的诉讼请求于法有据，法院予以支持。武某甲、武某乙主张股权转让不存在恶意串通，亦未损害任何人的利益的抗辩意见缺乏法律和事实依据，法院不予采信。

专家点评

股权是指股东基于出资行为，在依法设立的公司中取得股东地位或者出资人资格，在公司中享有的以财产收益权为核心，并可以依法参与公司事务的权利。民法典总则编第 125 条规定，民事主体依法享有股权和其他投资性权利。本案从侧面印证了“民事主体依法享有股权和其他投资性权利”。本案中武某甲与张某某原系夫妻关系，在夫妻关系存续期间，取得某公司 20% 的股权，即依法共同享有股权，并且对共有财产享有平等的占有、使用、收益和处分的权利。

第一百二十六条　民事主体享有法律规定的其他民事权利和利益。

【条文释义】

本条是对其他法律规定民事权利和法益的规定。

民法典在“民事权利”一章无法把所有的民事权利都作出规定，因而规定其他法律规定的民事权利，民事主体也都享有，依法予以保护。例如，无论刑法还是行政法都规定了侵害他人性自主权的违法行为的刑事责任和民事责任，人格权编第1010条规定了对性骚扰行为的规制，因而性自主权是民事权利。总则编也没有规定信用权，人格权编第1029条和第1030条规定了对信用权的保护，因而信用权也是独立的人格权。对于担保物权，物权编没有规定所有权保留和优先权，合同编第642条规定了所有权保留，其他多部法律都规定了优先权，都是担保物权。对让与担保民法典也没有规定，但是最高人民法院的司法解释认可其为担保物权。类似这样其他法律规定的民事权利，都是民事主体享有的民事权利。

法律所保护的利益，就是法益。本条规定的民事主体享有法律规定的利益是狭义的法益。广义的法益泛指一切受法律保护的利益，权利当然也包含在法益之中。民法在保护民事利益时，对于比较成熟的、具有独立性的民事利益的保护，采用设置民事权利的方式予以保护，例如对身体、健康、生命、姓名、肖像、名誉、隐私、人身自由等民事利益，就规定单独的人格权予以保护。对于一些尚不具有独立保护价值的民事利益，当需要予以保护时，法律就规定对其按照法益进行保护。例如，胎儿的人格利益和死者的人格利益，都是由于胎儿和死者只具有部分民事权利能力，而无法设置民事权利，法律又须对其进行保护，因而胎儿的人格利益和死者的人格利益就用法益予以保护。民法的法益的范围是：人格法益，如胎儿的人格利益和死者的人格利益；身份法益，是配偶权、亲权、亲属权等身份权无法包含的其他身份法益；财产法益，是物权、债权等财产权利所不能包含的其他财产利益。

【案例评注】

林某某诉某航空等侵权责任纠纷案[①]

基本案情

原告林某某购买了被告某航空2013年8月6日HO1251航班机票，始发地为

① 审理法院：上海市浦东新区人民法院，案号：（2014）浦民一（民）初字第11891号。

上海虹桥机场，目的地为北京首都机场，机票显示登机时间为20：45分，起飞时间为21：15分，到达目的地时间为22：55分。该航班实际于8月6日22：20分左右起飞，7日凌晨到达北京上空后，该航班广播通知因北京天气原因不能降落，将返回上海虹桥机场。不久，又广播通知北京天气好转将按原计划飞往北京，并通知乘客飞机将在1时左右降落北京机场。8月7日凌晨1时左右，该航班降落在被告天津机场。于是乘客对该航班机组提出异议，机组方广播通知乘客，北京机场由于雷电原因不能降落，现在降落到天津机场。原告再次向航班机组询问起飞时间，机组回复"等通知"。后乘客均在飞机上等待。至凌晨4时左右，被告天津机场摆渡车过来接乘客下机，此时已近凌晨5时，其间，被告某航空未提供食物给乘客。后包括原告在内的大部分乘客自行解决交通工具离开天津机场去北京，剩余27名乘客于8月7日7时入住了由被告某航空提供的宾馆住宿并提供了早餐，并于10时30分由被告某航空安排后，于11时乘坐另一航班飞往北京。

原告林某某诉称，被告某航空作为承运人未能始终全面、及时地将航班备降、延误或者取消以及新的飞行计划等信息向原告等乘客告知和解释，已侵犯了原告知情权；在航班长时间延误后，被告某航空未能提供良好的服务，导致乘客长时间不能出舱、不能正常进食、不能正常休息，侵犯了原告的人身自由权和健康权；原告等乘客未能自主选择食宿、后续行程安排、退票等，已侵犯了原告的选择权。而被告天津机场在航班备降后明显存在管理调配不当、服务不到位等过错，也侵犯了原告的上述权利。综上，两被告的行为已构成共同侵权，理应承担共同侵权责任，故请求法院判令两被告共同向原告赔礼道歉；由被告某航空赔偿原告餐饮费等损失100元（人民币，下同）；由两被告赔偿原告精神损失费1元。

被告某航空辩称，认为本次航班因天气原因延误后，为保障飞行安全，保障乘客人身安全，被告已采取的措施合情合法，已尽最大努力安抚、安置、通知乘客，事后也专门就航班延误向乘客进行说明、致歉、回访，故请求驳回原告的诉讼请求。被告天津滨海国际机场辩称，对原告等乘客因天气原因造成航班延误表示遗憾，但这种遗憾不能带来法理上的责任，不同意原告的诉讼请求。

法院判决

法院认为，本案原告坚持认为两被告侵犯其知情权、人身自由权、健康权、选择权，已构成侵权，属合同法规定的违约责任与侵权责任的竞合，原告经法院释明后坚持选择侵权之诉主张其权利。依《侵权责任法》第二条规定，侵害民事权益，应当依照本法承担侵权责任。本法所称民事权益，包括生命权、健康权、姓名权、名誉权、荣誉权、肖像权、隐私权、婚姻自主权、监护权、所有权、用益物权、担保物权、著作权、专利权、商标专用权、发现权、股权、继承权等人身、财产权益。该条对明确的民事权利予以法律保护，对此之外的民事利益也予以法律保护。通说认为，民事权益包括民事权利和民事利益。权利是指为保护民事主体的某种利益而赋予的法律上的力，它是利益和法律之力的结合。如所有权、生命权、健康权等。民事利益是指那些虽然受到法律保护但未被确定为权利的利益，包括人身法益和财产法益等。现本案首先需解决原告主张的被侵犯的知情权、人身自由权、健康权、选择权究竟是否属于《侵权责任法》所调整的民事权利抑或民事利益，然后才可讨论违约责任与侵权责任是否存在竞合问题。现结合本案事实，对于原告主张的知情权……此系被告某航空按诚实信用原则应当遵循的告知义务，属合同法调整的合同义务的范畴，而非侵权责任法调整的涉及人身权利及人格利益的民事权益。对于原告主张的人身自由权……根本无法与原告所称的限制人身自由权相关联，系原告对人身自由权曲解和扩大解释。对于原告主张的健康权……显然原告系对健康权存在理解上的泛化。对于原告主张的选择权……并未侵犯该航班乘客的选择权。综上所述，法院认为现原告主张的权利不符合侵权责任法所调整的民事权利和民事利益，故本案不存在侵权责任与违约责任的竞合问题，现原告经法院释明后放弃违约之诉，系对自己权利自由处分，而原告坚持选择侵权之诉要求两被告共同承担各项侵权责任的诉讼请求，于法无据，法院均不予支持。根据《侵权责任法》第二条、第六条第一款之规定，判决驳回原告林某某的全部诉讼请求。

专家点评

民法典总则编第 126 条规定，民事主体享有法律规定的其他民事权利和利益。民事权利是指为保护民事主体的某种利益而赋予的法律上的力，它是利益和法律之力的结合；民事利益是指那些虽然受到法律保护但未被确定为权利的利益，包括人身法益和财产法益等。本案中，原告泛化了权利概念，以侵权之诉要求被告承担侵权责任，于法无据，亦是因对民事权利和民事利益的不正确理解所致。

第一百二十七条 法律对数据、网络虚拟财产的保护有规定的，依照其规定。

【条文释义】

本条是对数据和网络虚拟财产是民事权利客体的规定。

数据可以分为原生数据和衍生数据。原生数据是指不依赖于现有数据而产生的数据，衍生数据是指原生数据被记录、存储后，经过算法加工、计算、聚合而成的系统的、可读取、有使用价值的数据，例如购物偏好数据、信用记录数据等。能够建成为知识产权客体的数据是衍生数据。衍生数据的性质属于智力成果，与一般数据不同。在数据市场交易和需要民法规制的数据是衍生数据。以衍生数据为客体建立的权利是数据专有权。数据专有权是一种财产权，性质属于新型的知识产权。数据专有权与传统的知识产权有明显不同，在权利的主体、客体以及保护等方面，都存在明显的差别。数据专有权具备传统知识产权无形性、专有性、可复制性的特点，但不具备传统知识产权的地域性、时间性的特点，因此是新型的权利类型。

网络虚拟财产是指虚拟的网络本身以及存在于网络上的具有财产性的电磁记录，是一种能够用现有的度量标准度量其价值的数字化的新型财产。网络虚拟财产作为一种新兴的财产，具有不同于现有财产类型的特点。网络虚拟财产属于特殊物，具有以下意义：1. 把网络虚拟财产归入特殊物，顺应了物权法的发展趋势。2. 特殊物准确反映出了网络虚拟财产的特性，是对网络虚拟财产的客观界定和准确描述。

对数据和网络虚拟财产的法律保护，是法律对其有保护规定的，依照其规定。这对衍生数据和网络虚拟财产的保护是很明确的，即对衍生数据应当用数据专有权来保护，对网络虚拟财产用物权来保护。

【案例评注】

胡某某诉徐某某合同纠纷案[①]

基本案情

原告胡某某起诉称：原告胡某某系宁波市北仑区小港飞度网络服务部业主。2006 年 5 月，原告将网吧中的 60 台电脑租赁给被告徐某某经营，双方约定每台电脑租金为每天 10 元。在被告租赁经营期间，由原告为被告的雇员及上网人员提供餐食，双方约定餐食费为每天 150 元。同时在此期间，被告向原告购买 60 级魔兽游戏账号（网站服务器位于欧洲）59 个，双方约定每个 60 级游戏账号为 600 元。原告向国外运营商购买游戏 CDKEY 光盘，光盘中系级别为 1 级的游戏账号，

① 审理法院：浙江省慈溪市人民法院，案号：（2008）慈民二初字第 2806 号。

原告向国外运营商购买一个1级游戏账号的价格为400元。2006年7月始，被告对所欠的电脑租金、餐食费及游戏账号购买费以各种借口予以拖欠。2006年10月2日，经原告要求，被告出具欠条两份，分别载明尚欠原告电脑租金及餐食费共计21445元，并承诺两个月内归还；尚欠原告60级魔兽游戏账号购买费35400元，并承诺三个月内以实物或者现金方式归还。在庭审中，原告明确诉讼请求，要求被告以现金方式归还欠款。

法院判决

法院认为，被告受让游戏账号系为了获得该游戏账号项下虚拟人物的装备、技能、虚拟货币等虚拟物品，以满足虚拟人物在虚拟社区空间活动和发展的需要。网络虚拟财产是指具有使用价值和交换价值的网络游戏角色、装备、游戏货币等网络物品。本案所涉的游戏账号，属于网络虚拟财产的范畴。那么网络虚拟财产能否成为民事法律关系的客体，法院认为，一切因素要成为受法律保护的财产，则必须满足以下三个条件：第一，必须具有效用，即能够满足人们的需要；第二，必须具有稀缺性，即不能无限量地存在；第三，必须具有合法性。从法律属性分析，首先，虚拟财产的所有权主体具有特定性和排他性。虚拟财产的原始取得首先是游戏玩家与游戏运营商通过协议而实现的，之后不管虚拟财产的所有权在现实社会中如何流转，虚拟财产的所有者都是特定的。任何人都不能在所有人的意志之外占有、使用、收益和处分，即便是提供特定网络环境的运营商，也不能利用技术和以其他任何方式侵犯玩家对虚拟财产所拥有的所有权。其次，虚拟财产可以交易和转让。虚拟财产是一些可以更改的数据，这些数据可以被交易、转让。交易价格与投入的财力、劳动密切联系。游戏玩家可以直接购买其他玩家的游戏装备，也可以通过练级的办法提高等级，还可以自行从网络游戏中取得。网络游戏虚拟物品的价值也可以被量化。再次，虚拟财产能满足人们的社会需要。对于在网络中创造和积聚虚拟财产的玩家而言，对虚拟财产的拥有如同对现实生活中财物的拥有。从精神的角度上，玩家能实实在在地感知到虚拟物品的存在，当这些物被损坏、丢失、毁灭时，玩家的感受与在现实生活中物被损坏、丢失、毁灭的感受相同强烈。最后，就合法性而言，法律并没有将虚拟财产定性为非法，也没有禁止虚拟财产的交易行为，而在民法上“法不禁止即可为”，由此看来虚拟财产具有合法性。综上，网络虚拟财产同样具有民事法律中财产的法律属性，同样应当受到法律的保护。虽然虚拟装备是无形的且存在于特殊的网络游戏环境中，但并不影响虚拟物品作为无形财产获得法律上的适当评价和救济。根据原告提供的由被告出具的欠条，本案原、被告双方转让的系60级魔兽游戏的账户，60级游戏账户项下的游戏人物已经具备了较高水平的装备、技能。双方通过自行协商，将60级游戏账号的价格确定为600元，结合原告诉称其向国外运营商购买1级游戏账号的价格为每个400元，双方自行协商的转让价格亦属合理。综上，原告要求被告支付游戏账号转让费35400元的诉讼请求，合理合法，法院予以支持。

专家点评

网络虚拟财产是指虚拟的网络本身以及存在于网络上的具有财产性的电磁记录，是一种能够用现有的度量标准度量其价值的数字化的新型财产。认为网络虚拟财产属于特殊物，这样一种新型的物的分类方法，较好地解决了网络虚拟财产的权利客体定位。网络虚拟财产与现实中的物一样具有民事法律中财产的法律属性，同样应当受到法律的保护。本条是对数据以及网络虚拟财产具有民事法律中财产的法律属性之承认，是对其应受法律保护的肯定。本案中，每个60级游戏账号为600元的约定实则是对网络虚拟财产具有财产属性的解释，即网络虚拟财产是指具有使用价值和交换价值的网络游戏角色、装备、游戏货币等网络物品。故法院认定本案所涉的游戏账号，属于网络虚拟财产的范畴，根据民法典总则编本条规定，应当对其予以承认与保护。

第一百二十八条 法律对未成年人、老年人、残疾人、妇女、消费者等的民事权利保护有特别规定的，依照其规定。

【条文释义】

本条是对单行的权利保护法属于民法特别法的规定。

本条与民法典总则编第11条规定相衔接，已经制定的《未成年人保护法》《老年人权益保障法》《残疾人保障法》《妇女权益保障法》《消费者权益保护法》等法律，都是对某一类弱势群体的权利予以特别保护的法律，这些被保护的权利又主要是民事权利，因而它们是民法特别法，是民法体系的组成部分。民法典总则编通过规定民法特别法条款，整合民法普通法和民法特别法的关系，实现民法体系的一体化，而不使民法特别法游离于民法之外，不能适用私法保护方法保护这些弱势群体的民事权利，割裂民法体系。

对民法典以外的其他法律本身就是民法特别法的，在民法特别法的识别上，应当识别在民法特别法的法律中的那些不属于民法特别法的规范。无论是商法中的单行法，还是知识产权法中的单行法，以及《消费者权益保护法》《未成年人保护法》《残疾人保障法》《妇女权益保障法》《消费者权益保护法》等，其主要的法律规范都是民事法律规范。其中包含的非民事法律规范并不是民法特别法，不具有在民法领域中优先适用的效力，而是应当遵循公法的适用方法予以适用。对于它们的识别，应当依照“另有”和“特别”的要件加以衡量，不具有这些要件的，就不是民法特别法，排除其民事法律适用的效力。

【案例评注】

柯某甲诉张甲变更抚养关系案[①]

基本案情

原告柯某甲与被告张甲于2001年9月15日登记结婚，并于2002年8月28日生育大女儿、2005年12月1日生育二儿子、2010年1月23日生育三儿子。2012年10月22日原告柯某甲与被告张甲在茂名市茂南区民政局协议离婚，其中双方约定三个子女全部由被告张甲抚养。原、被告离婚后，由于被告工作繁忙等原因关系，三个子女一直在被告母亲家生活居住。现原告柯某甲因要求变更婚生二儿子的抚养权问题与被告发生纠纷，诉至法院。另查明，原告柯某甲于2010年8月20日在化州市计划生育服务站进行了结扎手术，目前没有再婚，在外地打工，月收入3000元左右。庭审中，原告柯某甲提交二儿子亲笔书写的字条，本人在其中表示愿意跟随原告柯某甲生活。

原告为了保护原告二儿子的合法权益和使儿子有一个健康、安逸的学习、成长环境，根据婚姻法的有关规定，特向法院提起诉讼，诉请法院判决：1. 依法将婚生二儿子的抚养权变更为原告抚养；2. 本案诉讼费用依法由被告承担。被告张甲不作答辩。

法院判决

法院认为，原、被告均有抚养教育子女的权利和义务，对子女抚养的问题，应依据《最高人民法院关于人民法院审理离婚案件处理子女抚养问题的若干具体意见》的原则，从有利于子女身心健康，保障子女的合法权益出发，结合父母各自的抚养能力和抚养条件等具体情况妥善解决。本案中虽然原、被告在离婚时约

---

① 审理法院：茂名市茂南区人民法院，案号：（2014）茂南法民一初字第5号。

定三个婚生子女均由被告抚养，但因被告工作繁忙等原因，不能很好地照顾三个子女的生活学习，这样不利于子女的身心健康。现二儿子亦明确表示愿随母生活，如果让其跟原告在一起生活，作为母亲原告能够很好地照顾儿子的生活学习，并且有利于儿子的身心健康成长，更好地保障儿子的合法权益，且原告现因做绝育手术已丧失生育能力，根据《最高人民法院关于人民法院审理离婚案件处理子女抚养问题的若干具体意见》第三条“对两周岁以上未成年的子女，父方和母方均要求随其生活，一方有下列情形之一的，可优先考虑：（1）已做绝育手术或因其他原因丧失生育能力的……”和《妇女权益保障法》第五十条“离婚时，女方因实施绝育手术或者其他原因丧失生育能力的，处理子女抚养问题，应在有利子女权益的条件下，照顾女方的合理要求”的规定，故现原告要求变更子女的抚养关系，合理合法，法院予以支持。综上，依照《婚姻法》第三十六条、《妇女权益保障法》第四十六条、《最高人民法院关于人民法院审理离婚案件处理子女抚养问题的若干具体意见》第三条第（一）项以及《民事诉讼法》第一百四十四条的规定，判决：原告柯某甲、被告张甲的婚生二儿子变更由原告柯某甲自行抚养。

专家点评

民法典总则编第 128 条规定，法律对未成年人、老年人、残疾人、妇女、消费者等的民事权利保护有特别规定的，依照其规定。本条体现的是对特殊民事主体，即未成年人、老年人、残疾人、妇女、消费者等特别保护，本条指出如果有特别法对上述民事主体有特别规定的，应当适用特别法。本案中，原告因做绝育手术已丧失生育能力，根据《最高人民法院关于人民法院审理离婚案件处理子女抚养问题的若干具体意见》第 3 条“对两周岁以上未成年的子女，父方和母方均要求随其生活，一方有下列情形之一的，可优先考虑：（1）已做绝育手术或因其他原因丧失生育能力的……”和《妇女权益保障法》第 50 条“离婚时，女方因实施绝育手术或者其他原因丧失生育能力的，处理子女抚养问题，应在有利子女权益的条件下，照顾女方的合理要求”的规定，将婚生子判给母亲一方是对妇女这一类较为弱势群体的特别保护，这体现的是民法的人文关怀精神与追求实质公平的理念。

第一百二十九条 民事权利可以依据民事法律行为、事实行为、法律规定的事件或者法律规定的其他方式取得。

【条文释义】

本条是对民事权利取得方式的规定。

民事权利的取得，是指民事主体依据法律赋予，或者依据合法的方式或根据，获得并享有民事权利。通说认为，民事权利的取得方式为两种，一是原始取得，二是继受取得。按照民法典总则编第129条的规定，民事权利取得的具体方式是：

1. 民事法律行为。民事法律行为是取得民事权利的基本方式。例如缔约当事人通过订立合同的行为取得合同债权。

2. 事实行为。事实行为是法律事实的一种，是指行为人实施的不具有设立、变更和消灭民事法律关系的意图，但是依照法律的规定能引起民事法律后果的行为。其特征是：(1) 行为作为法律事实，是一种由事实构成的行为，不包括当事人的意思要素；(2) 因事实行为而引起的法律后果，非出于当事人的意思表示，而是民法的一种强行性规范；(3) 事实行为是一种垫底性的行为，没有当事人的意思表示，法律并不赋予其强制的法律后果，只有在其符合法律要求时才产生法律后果。例如民法典物权编第231条规定："因合法建造、拆除房屋等事实行为，设立或者消灭物权的，自事实行为成就时发生效力。"

3. 事件。事件是指与人的意志无关，能够引起民事法律后果的客观现象。事件与民事主体的意志无关，独立于人的意志之外，是不受人的意志控制的客观事实，它的发生、发展，都依照客观规律发生。事件一经发生，在法律规定的范围内可以引起法律后果，取得民事权利。例如民法典物权编第229条规定的那样："因人民法院、仲裁委员会的法律文书或者人民政府的征收决定等，导致物权设立、变更、转让或者消灭的，自法律文书或者人民政府的征收决定等生效时发生效力。"确认了司法行为、仲裁行为和行政行为的法律属性，在民法上属于事件。

4. 法律规定的其他方式。法律规定的民事权利的其他取得方式，主要是法律直接赋予。法律直接赋予的民事权利只有人格权，因此，人格权是固有权利，而不是基于某种事实而取得的权利。人格权的固有性是人格权与其他民事权利的基本区别之一。

【案例评注】

李某某诉南靖县山城镇桥头村三组侵害集体经济组织成员权益纠纷案[①]

基本案情

原告李某某诉称，原告李某某母亲谢某某系被告南靖县山城镇桥头村三组（以下简称桥头村三组）村民，谢某某与南靖县村民李某1于2009年9月2日生育原告李某某，2010年11月24日，二人办理结婚登记，原告户籍于2010年11月29日登记在母亲谢某某所在村组，取得村民资格，依法享有与其他村民相同的权利，被告在2014年清明节后发放给村小组集体土地发包分红款每人300元、责任田补偿款2880元（2014年至2018年责任田重新调整时人均0.6亩，原告未分得0.6亩责任田，按规定未分得土地的村民可向小组领取每亩每年1200元的补偿款，四年应发2880元）以及2014年东大路拓宽改造征用土地补偿款1000元，以上共计4180元，被告均拒绝向原告发放上述款项。为维护原告的合法权益，现原告起诉至法院，请求法院判令被告桥头村三组支付给原告：1. 2014年清明节后发放给村小组集体土地发包分红款300元；2. 2014年至2018年村小组责任田重新调整原告未分得责任田0.6亩，村小组应发给补偿款2880元；2014年东大路拓宽征用土地补偿款1000元，合计4180元。被告桥头村三组在法定期限内未作答辩，也未提交相关证据材料。

法院判决

法院认为，原告李某某的母亲谢某某系桥头村三组的村民，且原告李某某也实际落户于桥头村三组，因此，原告基于原始取得方式取得桥头村三组的村民资格。虽然原告于2010年11月29日补报户籍，但其作为自然人的民事权利从其出生时即取得，并不因其父母是否违反计划生育政策而受影响，作为被告桥头村三组的集体组织成员，原告李某某依法享有与其他集体组织成员相同的权利。原告李某某享有与其他村民一样公平参加集体收益和集体福利分配的权利，因此，原告李某某起诉请求被告桥头村三组支付2014年清明节后的集体土地发包分红款

---

① 审理法院：福建省漳州市南靖县人民法院，案号：（2015）靖民初字第1157号。

300 元、2014 年至 2018 年责任田的补偿款 2880 元、2014 年东大路拓宽征用土地补偿款 1000 元合计 4180 元的诉讼请求于法有据，予以支持。故判决：一、被告南靖县山城镇桥头村三组应于本判决生效后 10 日内支付给原告李某某 2014 年清明节后的集体土地发包分红款人民币 300 元。二、被告南靖县山城镇桥头村三组应于本判决生效后 10 日内支付给原告李某某 2014 年至 2018 年责任田的补偿款人民币 2880 元。三、被告南靖县山城镇桥头村三组应于本判决生效后 10 日内支付给原告李某某 2014 年东大路拓宽征用土地补偿款人民币 1000 元。

专家点评

民法典总则编第 129 条规定，民事权利可以依据民事法律行为、事实行为、法律规定的事件或者法律规定的其他方式取得。事件与民事主体的意志无关，独立于人的意志之外，是不受人的意志控制的客观事实，它的发生、发展，都依照客观规律。事件一经发生，在法律规定的范围内可以引起法律后果，取得民事权利，而出生就是典型的事件，出生会引起民事权利的变动。本案中，原告即是通过出生这一事件依法取得民事权利，享有与桥头村三组其他集体组织成员相同的权利。

第一百三十条 民事主体按照自己的意愿依法行使民事权利，不受干涉。

【条文释义】

本条是对自我决定权的规定。

民事权利主张，是在民事权利的存在或权利的行使受到妨碍时，权利人对特定人提出的承认其权利的存在，或者排除妨碍保障权利行使的要求。民事权利行使，是指民事权利主体具体实施构成民事权利内容的行为，实现其受法律保护的合法民事利益。民事权利行使就是把这种可能性变为现实性的过程。把民事权利的这种可能性变为现实性的具体行为，就是行使民事权利，将民事权利的内容予以实现。民事权利实现，是民事权利行使的最终目的，是把民事权利的可能性变为最终的现实性，是行使权利的最终结果。在这三个概念中，民事权利行使是核心概念。民事权利行使的要求是完全尊重民事权利主体的意愿，这就是自我决定权。

自我决定权是自然人享有的意志，以发展自己的人格和利益为目的，对于生命、身体、健康、姓名、肖像、名誉、荣誉、隐私等民事权利的行使，有权自行决定，不受他人干涉的抽象人格权。自我决定权作为权利人对自己的具体民事权利进行自我控制与支配，是权利人针对自己的人格发展的要求，做自己权利的主人，决定自己的权利行使，实现自己的人格追求。其特征是：1. 自我决定权是一个体现自我价值、根据自己意愿行使权利的权利。2. 自我决定权具有相对宽泛但却是独立的保护对象，即民事权益。3. 自我决定权不是一个具体的民事权利，而是一个支配民事权利的权利，因此是具有权能性的权利。自我决定权的权利内容，就是权利主体对自己所享有的民事权利和利益，依照自己的意愿进行支配，按照自己的意愿行使，通过支配和行使自己的权利，满足自己的要求，实现自我价值。

【案例评注】

甲公司与乙公司等借款合同纠纷执行异议案①

基本案情

本案涉及当事人：异议人：甲公司（利害关系人）。申请执行人：乙公司。被执行人：蔡某某、彭某某、苏某某、曾某某、苏某、肖某某、刘某某。

2010 年 10 月 10 日，蔡某某、彭某某以需资金购买原材料为由向乙公司借款若干，苏某某、曾某某、苏某为该笔借款的本金、利息、违约金及实现债权的费用等进行担保，借款期限届满后，被告蔡某某、彭某某分文未还，苏某某、曾某某、苏某作为连带责任保证人，亦未承担对此笔借款的违约金、利息及实现债权的费用等，故乙公司诉至法院请求还本付息，法院支持了上述请求。后永兴县人民法院作出（2015）永执字第 36 号民事执行裁定书，裁定被执行人是彭某某、蔡某某，但裁定书冻结的银行账户属甲公司所有，乙公司作为申请人，请求依据该裁定书执行。现利害关系人甲公司提出异议，称：异议人是依法成立的企业法人，与申请执行人之间没有任何法律关系，被执行人蔡某某、彭某某只是异议人的公司职员，异议人在法律上没有对公司职员的债务承担责任的义务，法院冻结异议人的公司账户没有事实依据和法律依据，应当依法撤销冻结异议人银行账户的裁定。而乙公司认为异议人的实际控制人是蔡某某、彭某某，被冻结的账户当中有被执行人蔡某某、彭某某的资金，因此冻结并没有错误，蔡某某、彭某某并

① 审理法院：湖南省郴州市永兴县人民法院，案号：（2015）永执异字第 11 号。

非只属于异议人的代理人，更是异议人的实际控制人。

另查明，甲公司于2009年6月17日在长沙注册成立，彭某某、蔡某某、刘某某系甲公司股东。2011年10月31日，蔡某某将名下股份转让，2012年3月29日，彭某某将名下股份转让。2014年8月4日，股份变更登记过后，甲公司的股东为彭某1、彭某2、刘某某。彭某某、蔡某某将名下股份转让后，一直在甲公司任职。

法院判决

法院认为，依法成立的企业法人具有独立的人格，其可以根据自己的意愿在法律范围内委托他人进行经营活动而不受干涉，法人对委托人在委托事项内的行为承担责任，对超出委托事项的行为不承担责任。民事诉讼中的当事人应当依法为自己的主张提供证据予以证明，否则应当承担举证不力的责任。本案当中，异议人甲公司系依法成立的法人，其在存续当中依法进行股东的转换符合法律规定，申请执行人提出的彭某某、蔡某某转让股份的行为系规避执行而转移财产，在异议人存续期间，彭某某依旧承担着召集股东会议、代理异议人公司登记变更手续、对外订立合同的职责，彭某某依旧是异议人甲公司的实际控制人主张，但无法提供进一步的证据予以证明，法院不予认可。依法订立的合同受法律保护，合同当事人依法受合同的约束。任何第三人无需对未经自己许可而设定的合同义务承担责任。本案当中，借款合同关系发生在申请执行人乙公司与被执行人蔡某某、彭某某之间，在申请执行人无法提供进一步证据证明蔡某某、彭某某是异议人的实际控制人的情形下，异议人不对被执行人蔡某某、彭某某的债务承担责任。故（2015）永执字第36号执行裁定书冻结异议人甲公司在中国银行衡阳分行的账户有误。故裁定撤销法院2015年7月6日作出的（2015）永执字第36号执行裁定书。

专家点评

民法典总则编第130条规定，民事主体按照自己的意愿依法行使民事权利，不受干涉。这是对民事主体享有并行使民事权利的正面规定。本案中，甲公司系依法成立的法人，其具有独立的人格，其在存续当中依法进行股东的转换符合法律规定，实质是根据自己的意愿在法律范围内委托他人进行经营活动，该行为未违反法律法规规定，不应受干涉。

第一百三十一条 民事主体行使权利时，应当履行法律规定的和当事人约定的义务。

【条文释义】

本条是对民事权利与民事义务相一致原则的规定。

民事权利与民事义务相一致原则，是指民事权利和民事义务相辅相成，民事权利与民事义务永远相对应，民事主体在行使民事权利时，必须履行民事义务的民法基本准则。

民事权利与民事义务相一致的主要表现是：1. 就特定的民事权利而言，必然与特定的民事义务相对应。当一个民事主体享有民事权利时，必有其他民事主体对该民事权利负有民事义务。2. 就特定的民事主体而言，当权利人享有民事权利时，必定也负有相应的民事义务。3. 就特定的行使民事权利行为而言，当一个特定的权利人行使自己的民事权利时，这个权利人的义务人必须履行自己相应的民事义务，以保障民事权利主体享有的民事权利的实现。

正因为民事权利与民事义务相一致是民法的基本原则，因此要求民事主体在行使自己权利时，也必须履行法律规定的和当事人约定的义务。要求是：1. 无论是行使自己的绝对权还是相对权，都有合法的根据，都是依照法律在行使自己的权利。2. 民事主体在行使自己权利时，也应当履行民事义务，当然也包括绝对权法律关系的民事义务和相对权法律关系的民事义务。

【案例评注】

张某等诉仇某占有物返还纠纷案[①]

基本案情

原告张某是南京市鼓楼区汽轮七村 06 幢 20× 室房屋的登记所有权人，产权来源为房改购房。被告仇某与其母亲周甲共同居住在本市鼓楼区汽轮七村 08 幢 5 单元 20× 室房屋内，该房屋的登记所有权人为周甲，产权来源亦为房改购房。本市北崮山社区居民委员会、居民代表等人共同成立了南京市鼓楼区汽轮七村管理委员会（以下简称管委会），对汽轮七村小区实际进行管理，该管委会安排周乙对小区停车位等事务进行管理。2014 年 1 月至 12 月管委会聘请安得鑫物业公司开始对本市汽轮七村小区提供物业管理服务。张某、仇某双方共同居住的本市汽

① 审理法院：江苏省南京市中级人民法院，案号：（2015）宁民终字第 4921 号。

轮七村小区之前并未划设车辆停车位。之后在小区空地上逐步划设了停车位（约150个），2014年已不能满足购车业主停车需求，在仇某所居住房屋的08幢5单元门口，紧邻房屋外墙和单元门口处划设了一个车辆停车位，编号为65号，即本案双方诉争的停车位，张某的房屋在该车位所在道路的对面。2010年3月起，张某将其购买的小轿车停放在65号车位上，并缴纳了2014年前该车位有关停车费用。因对安得鑫物业公司提供物业服务持有异议，张某自2014年1月起未缴纳诉争车位的停车费用，但仍将车辆停放在诉争车位。2014年6月仇某购买车辆后，因诉争车位在其房屋门口，而将车辆停放在诉争车位上。2014年7月起仇某向安得鑫物业公司缴纳了65号车位的停车费用，安得鑫物业公司向仇某出具了相应收据。张某认为按照之前多年交费及停车习惯，诉争车位应由张某使用，张某对此有优先承租权，遂与仇某方发生纠纷。2014年8月7日安得鑫物业公司的工作人员另向张某出具了一份情况说明，表示65号车位到10月初还给张某。2014年9月30日张某向安得鑫物业公司缴纳了2014年10月1日至12月31日期间诉争车位停车费用。2014年12月安得鑫物业公司撤出本市汽轮七村小区，不再为该小区提供物业管理服务。2015年1月1日张某向周乙缴纳了2015年的车位使用费。2015年1月5日仇某到管委会安排的收费人员周乙处，要求缴纳诉争车位的停车费，周乙亦向仇某出具了停车费票据，并安排仇某在65号停车位临时停放车辆。因张某、仇某之间的纠纷未能协商处理，张某遂于2014年11月诉至原审法院，请求判令仇某停止占用并返还张某的停车位并赔偿张某车位费。

法院判决

一审法院经审理认为，民事活动应当遵守法律，法律没有规定的，应当遵守善良风俗和习惯。仇某占有诉争车位系合法占有使用，张某要求仇某返还诉争停车位并赔偿车位费300元的诉讼请求，不符合法律规定，原审法院不予支持。一审宣判后，张某不服，提起上诉。

二审法院经审理认为，本案诉争的65号停车位，系汽轮七村小区在仇某专有房屋以外部分空地上划设的，该车位的使用权及管理权应属小区全体业主共同享有，上诉人张某和被上诉人仇某均不能以实际缴纳停车费的事由主张当然取得车位的专有使用权……本案中，汽轮七村小区业主对于占用小区道路或者其他场地用于停放汽车车位的管理和使用问题，既未召开业主大会或成立业主委员会讨论决定，亦未制定相应的管理规约，在此情况下，宜参照小区业已形成的停车习惯处理双方之间车位使用权争议，当然，该车位使用权并非永久性的，应受到一定的限制……综上判决驳回上诉，维持原判。

专家点评

本案中，张某与仇某作为汽轮七村小区的业主，对于诉争车位共同享有使用权及管理权，在该小区已经形成了缴费业主可相对固定地使用地面停车位的使用习惯的情况下，仇某缴纳了车位费用，因而有权使用诉争车位。张某在主张诉争车位使用权时，应当同时履行对仇某的使用权予以尊重、不得侵犯的义务。基于此，张某的诉讼请求不符合民法典总则编第 131 条“民事主体行使权利时，应当履行法律规定的和当事人约定的义务”的规定，违反了民事权利与民事义务相一致这一基本规则，不应得到支持。

第一百三十二条 民事主体不得滥用民事权利损害国家利益、社会公共利益或者他人合法权益。

【条文释义】

本条是对禁止滥用权利原则的规定。

权利人行使权利是自己的自由，但超出必要限度行使权利，就是滥用权利。法律一方面鼓励权利人行使民事权利，获得民事利益；但另一方面禁止权利滥用，为权利的行使划清具体边界，防止因行使权利而损害社会公共利益或者他人的民事权益。

权利滥用是指民事权利主体在外表上虽属于行使权利，但在实际上是背离权利本质或超越权利界限的违法行为。其特征是：1. 权利滥用具有行使权利的表征或与行使权利有关，这是权利滥用的形式特征；2. 权利滥用是违背权利本旨或超越权利正当界限的行为，这是权利滥用的实质特征；3. 权利滥用是一种违法行为，这是权利滥用的法律特征。法律对权利滥用行为予以否认，或者限制其效力的原则，就是禁止权利滥用原则。

民事权利行使尽管是实现自己的权益，但是，也事关义务人的利益，甚至事关国家、社会的利益。因此，民事主体行使民事权利，法律在依法保护的同时，也对民事权利行使进行一定的限制，不能超越边界。这些限制是：1. 宪法限制。2. 民法限制，包括诚实信用原则的限制、公序良俗的限制和禁止权利滥用原则的限制。

禁止权利滥用原则的功能是：1. 指导民事主体行使民事权利的功能，要求民事主体在行使民事权利的时候不能越界；2. 提供评价民事法律行为标准的功能，法官在审查因民事法律行为发生争议时，根据禁止权利滥用原则，评判和解释民事主体行使权利的行为；3. 给法官提供解释和补充法律规定民事权利不足时的尺度。

认定权利滥用的标准，是凡行使民事权利违背其本质或超越其正当界限。这是因为行使权利违背其本质或者超越其正当界限，就是与权利的功能不相容的行为，因而属于权利滥用。

【案例评注】

张某玉等诉尹某丁等健康权纠纷案①

基本案情

原告张某玉、尹某红与被告尹某丁为邻居，2010 年 7 月 13 日，原告张某玉、尹某红夫妇与被告尹某丁夫妇签订相邻协议，该协议第 3 条约定，被告尹某丁在建房屋靠原告张某玉、尹某红房屋一侧第三间只能建一层。被告尹某丁在将第三间房屋建了一层后，违约在该房屋上扎好 2 米以上的钢拢柱，并在第三间房屋的一层上建造了几层砖墙，原告张某玉前去阻拦，被正在组织施工的被告尹某丁的父亲被告尹某移（曾用名尹某怡）致伤，该伤被邵阳市景林司法鉴定所鉴定为头面部及肢体多处软组织挫伤。另查明，被告尹某丁所开设的排水沟，明显高于路面，使原告与被告房屋后山的排水同排水沟盖板上的滴水往原告张某玉房屋墙底冲刷，对原告张某玉房屋的墙基有影响。原告张某玉、尹某红诉请法院判准：1. 责令被告履行原告与被告于 2010 年 7 月 13 日签订的协议；2. 责令被告拆除排水沟；3. 由被告赔偿原告张某玉医药费等损失 3200 元；4. 由被告承担本案诉讼费用。被告尹某丁、尹某移辩称：1. 原、被告签订的协议违法，不应遵守；2. 被告开设排水沟是合法行为；3. 张某玉的伤与尹某丁无关，该伤是紧急避险造成的，被告不应承担责任，请求驳回原告诉请。

法院判决

法院认为，本案有三种法律关系，一是原告张某玉、尹某红与被告尹某丁之间履行相邻协议的法律关系；原告张某玉、尹某红与被告尹某丁夫妇之间在 2010 年 7 月 13 日签订的相邻协议，是在遵守行政许可前提下的民事协议，被许可人可

① 审理法院：洞口县人民法院，案号：（2010）洞民初字第 1093 号。

以在行政许可的范围内处分自己的权利，故该相邻协议合法有效，对原告要求被告履行相邻协议的诉请，法院应当予以支持。二是原告张某玉、尹某红要求被告尹某丁排除妨碍的侵权法律关系；开设排水沟虽是被告尹某丁的合法权利，但权利不能滥用，不得对相邻方造成侵害，被告尹某丁应当对滥用民事权利的行为采取补救措施。三是被告尹某移侵害原告张某玉健康权的法律关系；被告尹某移将行使民事自助行为的原告张某玉致伤，应当对原告张某玉的损失承担主要责任，原告张某玉处理问题的方法欠妥，也应当对自身的损失承担一定责任。故判决：一、责令被告尹某丁履行原告张某玉、尹某红夫妇与被告尹某丁夫妇之间在 2010 年 7 月 13 日签订的相邻协议；二、责令被告尹某丁对开设排水沟行为采取补救措施，直至排水沟表面不高于原告张某玉房屋底层地面为止；三、由被告尹某移赔偿原告张某玉 1500 元损失费，限于本判决生效之日起 10 日内支付给原告张某玉。

专家点评

民法典总则编第 132 条规定，民事主体不得滥用民事权利损害国家利益、社会公共利益或者他人合法权益。本条是对民事主体行使民事权利的限制，即民事主体不得滥用民事权利。民事主体行使权利是自己的自由，但不能超出必要限度，否则就是滥用权利。民法典总则编规定保护权利人行使民事权利、获得民事利益的自由，但亦禁止权利滥用，为权利的行使划清具体的边界，防止因行使权利而损害国家利益、社会公共利益的或者他人的民事权益。本案中，开设排水沟是被告尹某丁的合法权利，但权利不能滥用，不得对相邻方造成侵害，但尹某丁所开设的排水沟，明显高于路面，使原告与被告房屋后山的排水同排水沟盖板上的滴水往原告张某玉房屋墙底冲刷，对原告张某玉房屋的墙基有影响，这明显是对原告权利的侵害，故法院裁定被告尹某丁应当对滥用民事权利的行为采取补救措施。

第六章　民事法律行为

第一节　一般规定

第一百三十三条　民事法律行为是民事主体通过意思表示设立、变更、终止民事法律关系的行为。

【条文释义】

本条是对民事法律行为概念的规定。

在理论上给民事法律行为概念定义，还要在本条规定的基础上有所补充。民事法律行为是指自然人、法人或者非法人组织，通过意思表示设立、变更、终止民事权利和民事义务关系，能够产生当事人预期法律效果的行为。民事法律行为是行为的一种类型，是行为中最主要的形式，是法律事实的最基本形式。

法律事实是民事流转的动力，由于法律事实的出现，民事法律关系才得以产生、变更或消灭，而民事法律关系的产生、变更和消灭，又推动了市民社会的不断发展。民事法律行为作为推动民事流转的基本的、主要的形式，在民法社会中发挥着极为重要的作用，具有重要意义。民事法律行为制度不仅统辖着合同编、继承编、婚姻家庭编等具体设权行为的规则，形成了民法不同于法定主义体系的独特法律调整制度，而且又以完备系统的理论形态，概括了民法中一系列精致的概念和原理，形成了学说中令人瞩目的独立领域。

本条对民事法律行为的定义与原《民法通则》第54条规定相比较，有重大修正：1. 删除了关于合法性的规定，因为第54条把民事法律行为限定为合法行为，混淆了行为的成立与行为的有效，本条一律采用民事法律行为的概念，避免了这样的问题。2. 增加了意思表示要素，采取通过意思表示设立、变更、终止民事权利和民事义务的表述，定义更为精准。3. 弥补了行为人范围的不足，第54条规定行为人的范围是公民和法人，本条把行为人规定为自然人、法人和非法人组织。

【案例评注】

徐某诉林某甲、张某合伙协议纠纷案[①]

基本案情

某砂石厂原系被告林某甲之父林某乙 2007 年 7 月 27 日创办，后林某乙将其转让给被告林某甲，其法定代表人亦变更为被告林某甲。被告林某甲在经营过程中吸纳被告张某为合伙人。被告林某甲和张某在经营期间，因管理不善，砂石场经营已陷入瘫痪状态，遂邀请原告徐某入伙。2014 年 1 月 1 日，原告徐某与被告林某甲、张某签订合伙协议一份，内容为："合伙人甲：林某甲；合伙人乙：徐某；合伙人丙：张某，现有林某甲个人独立出资注册的江陵县某砂石厂（实为林某甲和张某共同所有），因前期管理不善，资金流失，经营陷于瘫痪状态，现经三方多次平等自愿协商，达成如下协议：第一条：合伙宗旨本着有利于三方共同利益的原则，以管理出效益，经营求发展的宗旨，共同经营江陵县某砂石厂，并对股份比例进行划分。第二条：各合伙人所占股份比例分配合伙人甲：林某甲占 50%，合伙人乙：徐某占 30%，合伙人丙：张某占 20%，按每年壹拾万元承包给徐某。第三条：股份划分条件，1. 经营所需资金由徐某负责筹措，作为公司共同借贷。2. 经营过程中的盈利在不影响砂场正常经营的情况下，先偿还前期借贷的 280 万元债务（张某不承担）。3. 在还清前期债务前，徐某不得提出收回资金。4. 前期债务还清后，三方共同到工商部门办理相关变更手续。第四条：合伙期限自 2014 年 1 月 1 日至 2017 年 12 月 31 日（以林某甲和观音寺村签订的合同时间为准）。第五条：盈余分配与债务承担，1. 盈余分配：盈利后先满足前期债务的偿还，全部还清后，以账目为依据，按比例分配。2. 债务承担，自 2014 年 1 月 1 日起新增的债务合伙人按比例承担前期 280 万元的债务，张某不承担。本协议一式三份，三合伙人各执一份，自签订之日起生效。合伙人甲乙丙签名，签订日期：2014 年 1 月 1 日。"合伙协议签订后，原告徐某以现金 13 万元出资，被告林某甲以码头经营权、码头设备和客户信息作为出资。"江陵县某砂石厂"实际由原告徐某和被告林某甲二人经营，原告徐某负责筹措资金和联系货源，被告林某甲负责日常管理。在经营期间，没有进行利润分配。2014 年上半年，被告林某甲、原告徐某及其他工人都是每月领取工资 3000 元，2014 年下半年至 2015 年 4

---

① 审理法院：湖北省荆州市沙市区人民法院，案号：（2016）鄂 1002 民初 810 号。

月，被告林某甲、原告徐某每月领取工资6000元，其中被告林某甲、原告徐某在砂石场各借支30000元。2015年4月底起，合伙人之间产生矛盾，原告徐某多次联系不到被告林某甲，遂于2015年5月3日向被告林某甲之妻发出短信，内容为："致：杨某某，本人徐某于2014年2月1日与你丈夫林某甲、张某经书面协议，三人合伙经营某砂石厂。目前，本人已承担了协议约定280万元债务偿还义务，按照协议约定，现本人申明解除合作关系，同时将依法行使其相应的投资经营款及利益分成的申讨权力。"2015年5月4日，被告林某甲在原告徐某不知晓的情况下将"某砂石厂"变更为"某某砂石厂"。2015年8月10日，原告徐某向法院提起诉讼，要求解除原、被告的合伙关系，依法进行合伙清算，后于2016年3月3日撤回起诉。2015年8月13日，某砂石厂作出关于2014年1月1日协议的处理意见，内容为："一、徐某在合伙经营某砂石厂期间不遵守合伙经营协议规定，单方违反协议。二、徐某在收回自己的投资款后，口头说不搞了，5月3日，通过手机短信，声明终止与林某甲、张某的合作协议。三、徐某在口头和文字信息声明终止合伙协议后，纠集无关人员无理取闹干扰砂石场的正常经营，砸坏公司财产，并无故殴打他人造成轻伤二级。四、综上所述，按照徐某的所为，口头及短信声明和张某申请，经审核后与股东商定作出以下决定：1. 终止2014年1月1日林某甲、张某、徐某三人签订的合作协议，取消徐某的参与经营权；2. 徐某必须承担参与经营期间按协议规定应该承担的一切责任和义务；3. 从即日起，某砂石厂经营中的亏盈均与徐某无关；4. 徐某如不服本决定，在接到处理决定之日起十五日内告诉某砂石厂，如在十五日内无异议，本决定生效。法人签字：法人代理林某甲，股东签字：张某"，并于2015年8月21日10时将该处理意见以特快专递的形式邮寄给原告徐某。原告徐某为此起诉至法院，形成讼争。

法院判决

法院认为，关于原、被告2014年1月1日签订的合伙协议的效力问题，原告徐某与被告林某甲、张某在平等、自愿的基础上，经过充分协商，于2014年1月1日签订合伙协议的民事法律行为是双方当事人的真实意思表示，不违反法律或者社会公共利益，合法有效，对其法律效力，法院予以确认有效。

专家点评

在私法范围内，法律允许个人自由创设法律关系，只要不违反法律的强制性规定和公序良俗，而民事法律行为乃是个人创设法律关系最主要的方式。民事法律行为是以意思表示为要素，依照意思表示内容发生法律效果为目的的行为，相当于当事人为自己制定法律，其中最主要的类型就是合同。因此，在裁判中，法官可以依据当事人是否订立合同以及合同的内容来判断当事人之间的权利义务。本案中原、被告系以合伙协议的方式约定相互之间的权利义务是双方当事人的真实意思表示，不违反法律或者社会公共利益，合法有效。

第一百三十四条 民事法律行为可以基于双方或者多方的意思表示一致成立，也可以基于单方的意思表示成立。

法人、非法人组织依照法律或者章程规定的议事方式和表决程序作出决议的，该决议行为成立。

【条文释义】

本条是对民事法律行为成立的规定。

民事法律行为在符合其成立要件时成立。民事法律行为成立是指民事法律行为在客观上已经存在。不符合民事法律行为成立要件的行为，视为民事法律行为不存在。

民事法律行为的成立要件是：1. 民事法律行为须含有设立、变更或终止民事法律关系的意图。即民事法律行为必须包含追求一定法律效果的意思，没有这种效果意思就不能成立民事法律行为。2. 民事法律行为须内容表达完整。意思表示表达不完整的，不能成立民事法律行为。3. 民事法律行为须将内心意思表达于外部。仅仅存在于内心的意思而未表达于外部的，不能成立民事法律行为。如果在民事法律行为是要物行为和要式行为时，除上述要件外，还必须具备特别要件：要物行为还必须交付实物，要式行为还必须符合法定的形式要求。

按照民事法律行为参加的当事人的数量，民事法律行为可以分为双方民事法律行为、单方民事法律行为和多方民事法律行为。

双方的民事法律行为是两方当事人参加的民事法律行为，买卖、赠与合同是典型的双方民事法律行为。单方民事法律行为是当事人一方的意思表示就构成的民事法律行为，如设置幸运奖、遗嘱等，都是单方民事法律行为。多方民事法律行为是三方以上的当事人参加的民事法律行为，如三方以上的当事人关于设立公司的协议，就是典型的多方民事法律行为。

法人、非法人组织依照法律或者章程规定的议事方式和表决程序作出的决议，属于多方民事法律行为。这种民事法律行为只要是依照法律或者章程规定的议事方式和表决程序做出的，该决议行为就是民事法律行为，有效成立。

【案例评注】

李某乙诉朱某、李某甲悬赏广告酬金纠纷案[①]

基本案情

被告朱某与被告李某甲是朋友关系。李某甲委托朱某代办汽车提货手续。1993年3月30日中午，朱某在天津市和平区电影院看电影，散场时，将装有洛阳市机电公司面值80余万元人民币的汽车提货单及附加费本等物品的一公文包遗忘在座位上。位于后几排看电影的原告李某乙发现后，将公文包捡起，与同去看电影的第三人王某甲（原系李某乙同学）在现场等候良久，未见失主来寻，便将公文包带走，并委托王某乙予以保管。同年4月4日、5日和7日，朱某先后在天津市《今晚报》和《天津日报》上刊登寻包启事，表示要“重谢”和“必有重谢”拾得人。4月12日，李某甲得知失包情况后，在《今晚报》刊登内容相同的寻包启事，声明“一周内有知情送还者酬谢15000元”。当晚，李某乙得知以李某甲名义刊登的寻包启事，即告诉王某甲并委托其与李某甲联系。次日，双方在约定的时间和地点交接钱物。由于在给付酬金问题上，双方发生争执，李某乙遂向法院提起诉讼，要求朱某、李某甲依其许诺支付报酬15000元。朱某、李某甲辩称：寻包启事许诺给付酬金不是其真实意思，且公文包内有李某甲单位及本人的联系线索，李某乙不主动寻找失包人，物归原主，却等待酬金，请求法院驳回李某乙的诉讼请求。王某甲表示，本人仅替李某乙保管公文包，不要求酬金。

法院判决

原审法院认为，李某乙在影院内拾到的内装面值80余万元的汽车提货单、附加费本等物品的公文包，确属被告李某甲所在单位的财物，系被告朱某遗失的。根据包内所装提货单及其他物品线索，均可找到遗失人或财物所属单位。依照《民法通则》第七十九条第二款的规定，李某乙应将拾得的遗失物归还原主。但是，李某乙不主动与失主联系，反而在家等待“寻包启事”中许诺的并非真实意思表示的酬金，依照《民法通则》第五十八条第（三）项的规定，在违背真实意

---

① 案例来源：《最高人民法院公报》1995年第2期（总第42期）。

思的情况下所为的民事行为，应属无效。对李某乙的诉讼请求不予支持。据此，法院于 1994 年 6 月 16 日判决：驳回李某乙的诉讼请求。

李某乙不服一审判决，以原判适用法律不当为由，向天津市中级人民法院提出上诉。天津市中级人民法院审理认为，一审法院认定的事实清楚，但又认为被上诉人朱某、李某甲在“寻包启事”中所称给付报酬的承诺并非真实意思表示，缺乏充分的依据。悬赏广告，系广告人以广告的方法，对完成一定行为的人给付报酬的行为。只要行为人依法完成了所指定的行为，广告人即负有给付报酬的义务。朱某、李某甲先后在天津《今晚报》《天津日报》上刊登的“寻包启事”，即为一种悬赏广告。李某甲还明确表示：“一周内有知情送还者酬谢 15000 元”，系向社会不特定人的要约。上诉人李某乙，即悬赏广告中的行为人，在广告规定的“一周内”完成了广告指定的送还公文包的行为，则是对广告人的有效承诺。从而，在李某乙与朱某、李某甲之间形成了民事法律关系，即债权债务关系。依照《民法通则》第五十七条关于“民事法律行为从成立时起具有法律约束力。行为人非依法律规定或者取得对方同意，不得擅自变更或解除”的规定，朱某、李某甲负有广告中许诺的给付报酬义务。其辩称“寻包启事”许诺给付报酬不是真实意思表示，事后反悔，拒绝给付李某乙酬金 15000 元，有违《民法通则》第四条规定的诚实信用原则，是错误的。李某乙的上诉理由成立，应予支持。一审判决不当，应予纠正。

天津市中级人民法院依照《民事诉讼法》第八十五条的规定，在事实清楚的基础上，分清是非，进行调解，双方当事人于 1994 年 12 月 26 日自愿达成如下协议：朱某、李某甲一次性给付李某乙酬金人民币 8000 元。

专家点评

本案中，朱某在天津市《今晚报》和《天津日报》上刊登寻包启事，表示要“重谢”和“必有重谢”拾得人，李某甲在《今晚报》刊登内容相同的寻包启事，声明“一周内有知情送还者酬谢 15000 元”，在法律上都构成了向社会上不特定的人发出要约的意思表示，要约一经公布便已生效，对发布人形成拘束力。待李某乙按照广告规定的“一周内”时间内完成广告指定的送还公文包的行为后，就构成对广告人的有效承诺，双方意思就送还公文包和给付报酬之间达成意思表示的一致，形成有效的民事法律关系，对双方均有拘束力。二审法院认定朱某、李某甲负有广告中许诺的给付报酬义务，适用法律正确。

第一百三十五条　民事法律行为可以采用书面形式、口头形式或者其他形式；法律、行政法规规定或者当事人约定采用特定形式的，应当采用特定形式。

【条文释义】

本条是对民事法律行为表现形式的规定。

书面形式，是指以书面文字的方式进行的意思表示。分为一般书面形式和特殊书面形式。一般书面形式是指用一般性的文字记载形式进行的意思表示，特殊书面形式是指获得国家机关或者其他职能部门认可的形式进行的意思表示。电子数据、电报信件、传真等，都是特殊的书面形式。书面形式可以促使当事人在深思熟虑后实施法律行为，使权利义务关系明确化，并方便证据保存，主要适用于不能即时清结、数额较大的法律行为。

口头形式，是指以谈话的方式进行的意思表示。当面交谈、电话交谈、托人带口信、当众宣布自己的意思等，都是口头形式。口头形式具有简便、迅速的优点，但发生纠纷时举证较为困难。主要适用于即时清结或者标的数额较小的交易。

特定形式包括以下两种主要情形：1. 推定形式，是指以有目的、有意识的积极行为表示其意思的民事法律行为形式。例如，租期届满后，承租人继续缴纳租金而出租人予以接受的行为，即可推定当事人延长了租赁期限。2. 沉默形式，是指将沉默赋予成立法律行为意义的形式，是指既无语言表示又无行为表示的消极行为，在法律有特别规定的情况下，视为当事人的沉默已经构成了意思表示，因而使法律行为成立。在通常情况下，沉默不能作为意思表示的方式。

法律和行政法规规定或者当事人约定采用特定形式的，应当采用特定形式。

【案例评注】

孙某诉王某、尹某民间借贷纠纷案[①]

基本案情

原告孙某以被告尹某出具的借条及银行和支付宝转账流水及微信聊天记录为

① 审理法院：河南省洛阳市中级人民法院，案号：（2016）豫03民终2433号。

据，要求尹某偿还借款10万元及利息，并要求被告王某承担连带保证责任。借条载明“借条，今借孙某人民币壹拾万元整（￥100000），借款人：尹某（注：之前欠条作废），2015年8月29日”。孙某与王某系同学关系，孙某称王某找自己向其老板尹某融资，承诺月息1.8分，自己先后转款35万元给王某，其间尹某、王某陆续偿还借款本金25万元，现尚欠借款本金10万元及利息未予支付，故依法提起诉讼。王某对孙某出借款项的金额及尹某现拖欠孙某借款10万元的事实不持异议，但认为自己仅系中间人，孙某将款项转入自己的银行账户后，自己已转给了尹某，没有承诺担保及承担还款责任。因尹某未到庭，致调解不能。

法院判决

一审法院认为：孙某向王某银行账户转款的事实，因有转款凭证，予以确认；孙某与尹某之间存在借贷关系的事实，因有尹某出具的借条为证，亦予以确认。虽孙某给王某转款的事实存在，但仅凭银行及支付宝转账凭证和微信聊天记录不能证明孙某和王某之间的借贷关系或担保关系的成立，因孙某的诉状已自认系尹某业务转账融资，即尹某向孙某借款，且尹某最终亦认可拖欠孙某借款，并为此给孙某出具借条一张。虽王某在微信聊天记录中有表述保证还款的言词，但根据《担保法》第十三条：“保证人与债权人应当以书面形式订立保证合同”的规定，不能推定王某保证人身份的成立。综上，一审法院依据《民法通则》第一百零八条，《担保法》第十三条，《民事诉讼法》第一百四十四条的规定，判决：一、尹某于判决生效之日起10日内偿还孙某借款本金10万元及利息（利息按月息1.8%从2015年5月1日计算至本金实际付清之日止）；二、驳回孙某对王某的诉讼请求。

孙某不服一审判决，提起上诉，请求判令王某对尹某的还款义务承担共同或连带偿还责任。二审法院认为，孙某与尹某之间的借款关系有尹某向孙某出具的《借条》为证，事实清楚，可以认定。关于孙某上诉要求王某对尹某的欠款承担共同偿还或连带偿还责任的主张，依据不足，上诉请求不能成立，应予驳回；一审判决认定事实清楚，适用法律正确，应予维持。

专家点评

民法典总则编第135条规定，民事法律行为可以采用书面形式、口头形式或者其他形式；法律、行政法规规定或者当事人约定采用特定形式的，应当采用特定形式。本案中，孙某上诉要求王某对尹某的欠款承担共同偿还或连带偿还责任的主张，关键在于微信聊天记录是否构成书面保证形式。原《担保法》第13条规定“保证人与债权人应当以书面形式订立保证合同”，原审和二审法院认为，孙某上诉认为微信聊天记录属于原《合同法》第11条“书面形式是指合同书、信件和数据电文（包括电报、电传、传真、电子数据交换和电子邮件）等可以有形地表现所载内容的形式”中规定的“电子数据交换”，其主张于法无据，不符合法律规定的保证合同形式要求。理由在于，微信聊天记录属于书面形式中“电子数据交换”的主张扩大了现有法律规定的合同书面形式的范围，微信聊天内容相对于书面合同具有随意性，当事人并不一定意识到其在微信中所述内容会成为其承担保证责任的依据，因此依据微信聊天内容认定保证合同成立不符合保证合同要求采用书面形式的立法本意。

第一百三十六条 民事法律行为自成立时生效，但是法律另有规定或者当事人另有约定的除外。

行为人非依法律规定或者未经对方同意，不得擅自变更或者解除民事法律行为。

【条文释义】

本条是对民事法律行为生效的规定。

民事法律行为的生效，是指民事法律行为因符合法律规定而能够引起民事法律关系的设立、变更或者终止的法律效力。民事法律行为成立之后，须具备生效的要件，才能使民事法律行为发生法律上的效力，发生设立、变更或者消灭民事法律关系的法律后果。

民事法律行为成立和生效的时间，既有相一致的情形，也有不一致的情形。有两种不同的形式：1. 民事法律行为的成立和有效处于同一个时间点，依法成立的民事法律行为，具备法律行为生效要件的，即时生效。2. 民事法律行为的成立和生效并非同一个时间，有三种情形：（1）法律规定民事法律行为须批准、登记生效的，成立后须经过批准、登记程序才能发生法律效力。（2）当事人约定民事法律行为生效条件的，约定的生效条件成就的，才能发生法律效力。（3）附生效条件、附生效期限的民事法律行为，其所附条件成就，或者所附期限到来时，该民事法律行为才能生效，其成立和生效也并非同一时间。

民事法律行为生效后，对行为人产生法律上的拘束力。民事法律行为生效后的法律拘束力是：1. 民事法律行为生效后，行为人必须信守自己的承诺，自觉、全面履行义务，接受民事法律关系的拘束。2. 在民事法律行为生效后，如果对已经生效的民事法律行为需要作出变更和解除的，必须依照法律规定，或者是按照当事人的双方约定，才可以实施，否则就是违约。

【案例评注】

乙公司诉甲公司等借款合同纠纷案①

基本案情

被告甲公司与第三人丙公司于2006年8月28日签订了《借款协议》一份，双方约定被告甲公司向第三人丙公司借款500万元，并约定了借款期限及利息计算方式等。第三人丙公司于2006年8月29日通过交通银行电汇的方式将500万元借款打入被告甲公司账户。在庭审过程中，各方当事人均认可被告甲公司于2006年12月29日向第三人丙公司偿还了借款50万元的事实。被告陈某于2013年1月1日做出《承诺书》一份，该承诺书记载“本人承诺：(1) 代偿甲公司欠丙公司款项476.83万元（本金：450万元，利息：26.83万元，计息时段：2012年4月1日至12月31日）……”因书写错误《承诺书》中将“甲公司”误写为“甲公司”。第三人丙公司于2013年2月20日向被告甲公司、丁公司股东郑某及代偿承诺人即被告陈某发送了《关于催还欠款的函告》一份。在庭审过程中，原告乙公司主张第三人丙公司与被告甲公司于2011年8月8日签订《还款计划书》一份，双方就财产450万元返还日期达成一致意见，被告甲公司庭后以书面形式对该协议予以确认。后第三人丙公司与原告乙公司于2013年5月31日签订《债权转让协议书》一份，将基于《借款协议》和《承诺书》对二被告产生的全部权利以及衍生权利转让给原告。现二被告尚未清偿上述债务。另外，被告甲公司与第三人丙公司签订《抵账协议》一份，该协议约定被告甲公司用其所有的16辆运输车辆折抵第三人丙公司的债权440万元，被告甲公司于2006年8月28日在该协议上签字盖章，第三人丙公司于2006年11月30日在该协议上签字盖章，但该协议并未实际履行。被告甲公司与第三人丙公司均为非金融企业。

法院判决

法院判决如下：一、被告甲公司于本判决生效之日起30日内一次性向原告乙

① 审理法院：吉林省长春市绿园区人民法院，案号：(2013) 绿民二初字第791号。

公司返还财产本金200万元及孳息（自2006年8月29日起至实际给付之日止，按中国人民银行同期贷款利率计算）；二、被告陈某在本案中对被告甲公司返还财产本金200万元及孳息（最高不超过26.83万元）承担连带给付责任；三、驳回原告乙公司的其他诉讼请求。

专家点评

本案中，争议焦点的核心是丙公司与甲公司签订的借款协议、丙公司与乙公司的债权转让行为和陈某的担保或债务承担行为是否有效。依照民法典总则编第136条的规定，除法律另有规定或当事人约定外，民事法律行为自成立时生效，即双方就约定事项达成合意时生效。首先，被告甲公司与第三人丙公司于2006年8月28日签订的《借款协议》无效。根据《最高人民法院关于对企业借贷合同借款方逾期不归还借款的应如何处理问题的批复》本篇法规已被《最高人民法院关于调整司法解释等文件中引用〈中华人民共和国民事诉讼法〉条文序号的决定》调整。“企业借贷合同违反有关金融法规，属无效合同……”的规定，被告甲公司与第三人丙公司均系无贷款经营资质的企业法人，双方之间进行企业间借贷，违反了国家有关金融法规的规定，双方之间的借款合同应确认为无效。其次，根据原《物权法》第39条“所有权人对自己的不动产或者动产，依法享有占有、使用、收益和处分的权利”的规定，所有权人对自己的动产，依法享有处分的权利。虽然被告甲公司与第三人丙公司于2006年8月28日签订的《借款协议》属无效合同，但并不影响第三人丙公司处分自己财产的权利，其与原告乙公司之间的转让财产的行为均系双方真实意思表示，自成立时生效，故第三人丙公司与原告乙公司之间的转让财产的行为有效。最后，被告陈某作为完全民事行为能力人于2013年1月1日做出《承诺书》，明确表示其自愿为被告甲公司向第三人丙公司代偿款项476.83万元（其中本金为450万元，利息为26.83万元），被告陈某的行为性质应属于并存的债务承担，系其真实意思表示，自其成立时生效，故被告陈某的债务承担行为有效。

第二节 意思表示

第一百三十七条 以对话方式作出的意思表示，相对人知道其内容时生效。

以非对话方式作出的意思表示，到达相对人时生效。以非对话方式作出的采用数据电文形式的意思表示，相对人指定特定系统接收数据电文的，该数据电文进入该特定系统时生效；未指定特定系统的，相对人知道或者应当知道该数据电文进入其系统时生效。当事人对采用数据电文形式的意思表示的生效时间另有约定的，按照其约定。

【条文释义】

本条是对意思表示及以意思表示生效时间的规定。

意思表示，是指民事主体向外部表明意欲发生一定的民法上法律效果的意思行为。“意思”，是指建立、变更、终止民事法律关系时的内心意图；“表示”，是将内在的意思以适当的方式向适当的对象表示出来的行为。意思表示在具备了表示行为和效果意思两个要素以后就成立，意思表示成立就是意思表示生效。意思表示生效包括两个方面：1. 表意人在自己作出意思表示并且生效之后，自己要受自己的意思表示的拘束，不得推翻自己的意思表示或者否认自己的意思表示；2. 意思表示生效以后，对对方当事人即表意人的相对人也发生效力，表意人的相对人将产生对意思表示作出相关意思表示的权利，他可以对表意人的意思表示作出承诺，也可以对表意人的意思表示作出修改，提出反要约。

本条对有相对人作出的意思表示生效时间，分为以对话方式作出的意思表示生效和非以对话方式作出的意思表示生效。

对话，可以理解为当面以口头方式表达，地隔千里以电话沟通也属于对话式的意思表示。除此之外，通过互联网、微信的视频、音频作出的意思表示，也属于对话方式。以对话方式作出的意思表示，在相对人了解该意思表示的内容时生效。

以非对话方式作出的意思表示，其生效采取到达主义，即表意人的意思表示在到达相对人时，该意思表示才生效。以非对话方式作出意思表示，并不是说空间的问题，而是表达意思的表示方式。到达主义，是意思表示到达相对人以后发生效力。表意人的意思表示到达相对人能够控制的范围，该意思表示生效。

在以非对话方式作出的意思表示中，以数据电文方式作出的意思表示的生效规则，也采取到达主义，具体情形分为两种：1. 如果相对人已经指定了特定系统接受数据电文的，表意人以非对话方式作出的采取数据电文形式的意思表示，该数据电文进入该特定系统时，意思表示生效。2. 如果双方没有约定接收数据电文的特定系统的，表意人以非对话方式作出的采用数据电文形式的意思表示，相对人知道或者应当知道该数据电文进入其系统时，该意思表示生效。相对人的系统，是指相对人的任何一个接收数据电文的系统接受该项数据电文，都构成到达。除外条款是，当事人对采用数据电文形式的意思表示的生效时间另有约定的，就按照其约定的时间作为该意思表示生效的时间。

【案例评注】

王某、宋某与韦某甲、韦某乙确认合同有效纠纷案①

基本案情

2003年12月12日，被告韦某乙和县民族服装总厂签订《承包租赁合同》，民族服装总厂将位于新靖镇人民街82号厂房大楼全座（占地面积764平方米）租给韦某乙经营汇美超市，合同期限为12年，从2004年2月15日至2016年2月14日。2006年8月24日，双方签订《补充合同》，允许被告韦某乙在租赁期内对该场地有充分的使用权和自主经营权，包括前楼的第三层。2006年6月10日，被告韦某乙委托其弟弟即本案的被告韦某甲和原告王某签订《联营合同书》及《房屋租赁协议书》，实际内容为房屋及铺面租赁合同，约定被告韦某乙将原汇美超市经营场地一楼（面积约690平方米）及二楼宿舍（面积约100平方米）租赁给原告王某使用，年租金为15.5万元，每年9月1日前交清，共租赁6年，先交钱后使用的租赁方式，并收取原告5万元信誉金，合同期至2012年9月1日止。2012年9月1日合同到期后，原告王某以商场存货过多为由要求延期至2013年3月15日，被告韦某甲同意其延期，王某遂于2013年1月13日支付延期部分租金2.75万元。合同即将到期时，被告韦某甲以传真的方式给原告王某发了一份《补充合同》，内容为：1. 联营合同延期至，从2012年9月1日到2016年2月1日止，共41个月；2. 乙方从2012年9月15日起每年要付给甲方一次场地费，共付四次，签订合同之前，乙方要付给甲方248000元作为首次场地费，即2012年9月15日至2013年9月14日止的场地费（共12个月）……后被告韦某甲以手机短信的方式将其银行账号发给原告王某，原告王某分别于2013年6月22日、9月1日两次汇入被告韦某甲开在中国工商银行的账户共计15万元，但原告王某对被告韦某甲发出的要约没有作出承诺的意思表示。后被告韦某甲以重新装修店面

① 审理法院：广西壮族自治区百色市靖西县人民法院，案号：（2013）靖民一初字1515号。

为由要求原告王某搬离租赁场地，原告王某不同意搬离并要求被告韦某甲继续履行合同，双方为此争吵并引发冲突，被告韦某甲于2013年9月13日因故意损害财物被靖西县公安局行政拘留十日。

法院判决

法院认为，原告王某与被告韦某甲于2006年6月10日签订的《联营合同书》及《房屋租赁协议书》系双方真实意思表示，合法有效，应予遵守履行。2012年9月1日合同到期后，原告以商场存货过多为由要求延期至2013年3月15日，被告同意其延期，原告并于2013年1月13日支付延期部分租金2.75万元。延长租赁期限即将届满时，被告韦某甲以传真的方式向原告发出的《补充合同》中载明：合同期限自2012年9月1日到2016年2月1日止及签订合同之前，乙方要付给甲方248000元作为首次（即2012年9月15日至2013年9月14日止）场地费等，根据《合同法》第十六条规定："要约到达受要约人时生效。采用数据电文形式订立合同，收件人指定特定系统接收数据电文的，该数据电文进入该特定系统的时间，视为到达时间；未指定特定系统的，该数据电文进入收件人的任何系统的首次时间，视为到达时间。"但原告收到被告传真的《补充合同》即收到被告的要约后，没有向被告作出承诺通知，也没有根据交易习惯或者要约的要求作出承诺的行为即支付248000元的首次场地费，根据我国《合同法》第二十二条"承诺应以通知的方式作出，但根据交易习惯或者要约表明可以通过行为作出承诺的除外"的规定，应视为原告对被告发出的要约没有作出承诺的意思表示，不产生合同要约承诺双方意思表示的后果。虽然原告分别于2013年6月22日、9月1日两次汇入被告韦某甲开设在中国工商银行的账户共计150000元租金，但该租金数额明显与被告发出的要约中约定原告交付的首次场地费数额不符。因此，原告与被告之间没有达成合同要约承诺双方意思表示即双方没有达成新的协议，签订新的合同。综上，被告向原告发出的要约即《补充合同》无效，故原告请求确认《补充合同》合法有效，并判令被告继续履行合同义务及支付50000元违约金给原告，没有事实和法律依据，法院不予支持。反之，反诉原告韦某乙、韦某甲提出请求判决解除双方2006年6月10日签订一楼铺面租赁的《联营合同书》和二楼《房屋租赁协议书》到期后形成的不定期租赁合同关系，责令反诉被告停止侵占反诉原告经营的一、二楼铺面及房屋，并搬离场地，与事实相符，于法有据，法院予以支持。

专家点评

本案的核心争议是原、被告之间的《补充合同》是否已经生效。依据民法典总则编第137条的规定，以非对话方式作出的意思表示，其生效采取到达主义，即表意人的意思表示在到达相对人的时候，该意思表示才生效。案中被告韦某甲以传真的方式向原告发出的《补充合同》属于要约，在到达原告时虽然已经生效，但《补充合同》在原、被告之间产生拘束力仍需原告承诺的意思表示到达被告，但原告并未向被告作出承诺的意思表示，更不可能存在生效的承诺，故《补充合同》并不能拘束原告，法院的判决合法合理。

第一百三十八条 无相对人的意思表示，表示完成时生效。法律另有规定的，依照其规定。

【条文释义】

本条是对无相对人的意思表示生效的规定。

无相对人的意思表示就是单方民事法律行为的意思表示，例如单方允诺、抛弃、遗嘱等。由于无相对人的意思表示没有意思表示的相对人，不存在表示发出和到达的问题，因此法律规定意思表示完成时，就发生法律效力。意思表示完成，就是意思表示具备了表示行为和效果意思两个要素，即表意人的效果意思通过自己的外部行为作出了表示。

该条文后段规定的“法律另有规定的，依照其规定”，主要是指遗嘱。遗嘱这种意思表示是无相对人的意思表示，遗嘱作出以后并不立即生效，而是在立此遗嘱的人死亡时才生效，因此规定了这一除外条款。

【案例评注】

曾某、唐某乙、唐某戊诉郑某所有权确认纠纷案①

基本案情

2002年，唐某甲与被告郑某相识，后确定恋爱关系。2007年6月29日，唐某甲与被告郑某为乙方，重庆富悦实业集团为甲方，签订了《重庆市商品房买卖合同》一份，约定乙方购买甲方开发建设的“富悦阳光”小区×幢××层×号房

---

① 审理法院：二审法院为重庆市第一中级人民法院，案号：（2014）渝一中法民终字第00746号。

屋，合同价款259328元，首付78328元，尾款由中国建设银行按揭支付。合同签订后，乙方办理了银行抵押按揭，缴纳了房款，完结了契税。唐某甲每月支付按揭费（唐某甲死后由唐某乙继续支付每月按揭款至今）。2007年12月28日，被告郑某出具承诺书一份，载明："我承诺位于渝北区龙溪街道××路×号的富悦阳光×幢××层×号房屋，因首付和今后的按揭款均由唐某甲一个人支付，所以我自愿无条件放弃本人对该房的所有权利。并愿意在唐某甲认为合适的时候无条件地配合唐某甲办理过户、买卖、继承等手续。愿意承担因该房屋在办理过户、买卖、继承手续完善前产生的产权纠纷案败诉的法律后果。"《承诺书》原件由原告曾某持有。2008年7月8日，涉案房屋取得产权证，权利人登记为唐某甲，郑某，产权份额各占50%。2012年8月13日，唐某甲突发死亡，无遗嘱。另查明：唐某与曾某育有儿子唐某甲，女儿唐某丙、唐某丁；唐某甲无配偶，与前妻育有女儿原告唐某乙，唐某戊。唐某于2012年11月16日脑出血死亡，留有遗嘱，自己对争议房屋的权利由孙女唐某乙继承，同时唐某丙、唐某丁也书面向法院表示放弃权利，不参与诉讼。唐某戊在本案诉讼中，同意参加诉讼，法院依法追加其为原告。

法院判决

法院认为，本案涉案的渝北区龙溪街道××路×号的富悦阳光×幢××层×号房屋《重庆市商品房买卖合同》是当事人真实意思表示，未违反法律法规禁止性规定，合法有效。房屋产权登记房屋产权证上权利人虽然登记为唐某甲，郑某两人，产权份额各占50%，但是郑某出具的《承诺书》披露了唐某甲一个人支付了涉案房屋的全部资金的事实，也明确表示愿意放弃该房屋权利，配合办理相关过户、买卖、继承等手续。该承诺是郑某行使个人权利的单方民事法律行为，即抛弃所有权，是其真实意思表示，不违反法律或者社会公共利益，合法有效。《民法通则》第五十七条规定，民事法律行为从成立时起具有法律约束力。行为人非依法律规定或者取得对方同意，不得擅自变更或者解除。被告郑某应当根据诚实信用原则，继续履行承诺。因此，三原告作为唐某甲的法定继承人要求郑某协助将郑某名下50%产权过户登记给三原告的诉讼请求，符合法律规定，法院予以支持。郑某抗辩从出具《承诺书》到唐某甲突发死亡长达近5年，唐某甲从未要求过郑某履行，即唐某甲从未认为"合适"，唐某甲死亡的事实，导致该条件永远不能成就，法院认为"在唐某甲认为合适的时候"并非条件，而是郑某对自己权利的进一步限制和放弃，即任何时候均可要求履行，郑某抗辩理由不能成立。最后，判决如下：被告郑某在本判决生效10日内协助将登记在其名下的位于渝北区龙溪街道××路×号富悦阳光×幢××层×号房屋的50%产权过户登记给原告曾某、唐某乙、唐某戊。

专家点评

本案的核心争议是被告郑某出具的放弃房屋所有权的承诺书是否已经生效。依据民法典总则编第138条的规定，无相对人的意思表示，表示完成时生效。法律另有规定的，依照其规定。易言之，由于无相对人的意思表示即没有意思表示的相对人，因而不存在表示到达的问题，因此法律规定意思表示完成时，就发生法律效力，例如悬赏广告、单方允诺、抛弃、遗嘱等。案中被告所作出的承诺书乃是抛弃所有权的单方意思表示，无需相对人承诺，更无需相对人要求履行，在其作出意思表示时立刻生效，对承诺人发生拘束力。法官认定承诺书已经生效，支持三原告要求郑某协助将郑某名下50%产权过户登记给三原告的诉讼请求合法合理。

第一百三十九条 以公告方式作出的意思表示，公告发布时生效。

【条文释义】

本条是对以公告方式作出意思表示生效时间的规定。

对有相对人，但表意人不知道意思表示的相对人，或者不能知道相对人的下落的，可以依照《民事诉讼法》关于公告送达的规定，以公告的方式作出意思表示。以公告方式作出的意思表示，公告发布时即生效。

【案例评注】

李某诉甲公司、乙公司悬赏广告纠纷案[1]

基本案情

2014年6月3日被告乙公司发布海报及网上公布“尽享足球夜，畅赢百万

[1] 审理法院：吉林省长春市朝阳区人民法院，案号：（2014）朝民初字第2362号。

礼，百万雪花免费派送”有奖竞猜活动，参与方式为：1. 扫描下载海报载有的二维码或访问网址（worldcup. qiniudn. com）；2. 玩游戏闯关成功；3. 有奖100%。奖品设置：雪花勇闯天涯330ml（一听），下载APP即可领奖，猜中任意比赛再有奖，多猜多得。在游戏内猜中世界杯任意一场比赛的胜负平结果即可（全国总量限100万份，送完即止）；积极参与游戏，更有机会赢取超级大奖，10箱金标纯生330ml*24+3999.00元乙公司预付卡。超级大奖规则为：在同一部手机中，猜中从1/8决赛至冠亚军决赛的全部16场比赛中的15场的胜负结果，玩家即可获得超级大奖。领奖方式：一、二、三等奖与下载奖：顾客可前往任意一家参加本次活动的乙公司门店，凭手机中的游戏中奖记录领取，奖品现场发送。超级大奖：顾客可前往任意一家参加本次活动的乙公司门店，凭手机中的中奖记录，由乙公司服务人员登记中奖人姓名、电话、地址，后续雪花啤酒直接寄送给顾客。活动期间：2014年6月5日至7月31日。兑奖有效期：1. 下载奖的兑奖有效期至2014年7月13日；2. 一、二、三等奖和超级大奖兑奖有效期均至2014年7月31日。原告李某于2014年6月22日在甲公司店工作人员的宣传下下载了足球猜猜乐手机软件（安卓），参与该项活动竞猜，后李某以中得超级大奖为由到被告甲公司店领取该活动奖品，被告甲公司店工作人员以奖品发放完毕为由，拒绝兑付奖品，致使原告诉讼到法院。

法院判决

法院认为，悬赏广告是悬赏人以广告方式声明，对完成一定行为的人给予约定报酬的行为，悬赏人与完成一定行为的人形成了权利义务关系。本案中，被告提供有奖竞猜活动的宣传海报明确载明本次有奖竞猜活动发布人为乙公司，应视为乙公司为本次竞猜活动的悬赏人，二被告作为本次有奖竞猜活动宣传单位及领奖单位之一，并非实际悬赏人。故原告与被告之间不存在权利义务关系。法院判决如下：驳回原告李某的诉讼请求。

专家点评

本案核心争议是案中的悬赏广告是否生效和对谁生效。悬赏广告是悬赏人以广告方式声明，对完成一定行为的人给予约定报酬的行为，悬赏人与完成一定行为的人形成了权利义务关系。依据民法典总则编第139条的规定，以公告方式作出的意思表示，自公告发布时生效。悬赏广告作为一种典型的以公告方式作出的意思表示，在乙公司发布悬赏广告之时，相应的意思表示即已生效，原告李某在完成相应的行为之后便与悬赏广告的发布者即乙公司成立法律关系，但是并非与本案被告甲公司发生法律关系，因为悬赏广告的意思表示并非由被告作出。法官在认定悬赏广告意思表示成立的同时，以被告并非实际悬赏人为由驳回原告的诉讼请求，合法合理。

第一百四十条 行为人可以明示或者默示作出意思表示。

沉默只有在有法律规定、当事人约定或者符合当事人之间的交易习惯时，才可以视为意思表示。

【条文释义】

本条是对意思表示方式的规定。

意思表示方式包括明示方式、默示方式和特定沉默方式。

1. 明示方式，是指行为人以语言、文字或者其他直接表意方法，表示内在意思的表意形式。明示具有表意直接、明确的特点，不易产生纠纷，具有广泛的适用性。对于特别需要采用明示方式的法律行为，应当明确规定为明示方式方为有效，默示方式无效。

2. 默示方式，是指行为人以使人推知的方式，间接表示其内在意思的表意形式。行为人以某种表明法律意图的行为间接表示其内在意思的默示，也称为行为默示或者推定行为。例如在收费停车场停放车辆，登乘公共汽车等行为，就是意思实现，是行为默示或者推定行为。

3. 特定沉默方式，是指行为人以不作为或者有特定意义的沉默，间接表示其内在意思的表达形式。只有在法律规定或者当事人有约定或者当事人之间有交易习惯的情况下，才能将特定沉默视为默示。例如双方长期供货、受领、支付价款，没有书面合同和口头约定，只是交易习惯，就是沉默方式的应用。

【案例评注】

某银行诉某电器公司等金融借款合同纠纷案①

基本案情

2010年9月10日，原告某银行与被告某电子公司、被告岑某分别签订了编

① 审理法院：浙江省宁波市中级人民法院，案号：（2014）浙甬商终字第369号。

号为温银9022010年高保字01×××号、01×××号的最高额保证合同，约定某电子公司、岑某自愿为某电器公司在2010年9月10日至2011年10月18日期间发生的余额不超过1100万元的债务本金及利息、罚息等提供连带责任保证担保。2011年10月12日，某银行与岑某、被告某塑模公司分别签署了编号为温银9022011年高保字00×××号、00×××号最高额保证合同，岑某、某塑模公司自愿为被告某电器公司在2010年9月10日至2011年10月18日期间发生的余额不超过550万元的债务本金及利息、罚息等提供连带责任保证担保。2011年10月14日，某银行与某电器公司签署了编号为温银9022011企贷字00×××号借款合同，约定某银行向某电器公司发放贷款500万元，到期日为2012年10月13日，并列明担保合同编号分别为温银9022011年高保字00×××号、00×××号。贷款发放后，某电器公司于2012年8月6日归还了借款本金250万元，某电子公司于2012年6月29日、10月31日、11月30日先后支付了贷款利息31115.3元、53693.71元、21312.59元。截至2013年4月24日，某电器公司尚欠借款本金250万元、利息141509.01元。另查明，某银行为实现本案债权而发生律师费用为95200元。

原告某银行诉称：其与某电子公司、岑某、某塑模公司分别签订了“最高额保证合同”，约定三被告为某电器公司一定时期和最高额度内借款，提供连带责任担保。某电器公司从某银行借款后，不能按期归还部分贷款，故诉请判令被告某电器公司归还原告借款本金250万元，支付利息、罚息和律师费用；岑某、某塑模公司、某电子公司对上述债务承担连带保证责任。

法院判决

法院认为，本案的争议焦点为，某电子公司签订的温银9022010年高保字01×××号最高额保证合同未被选择列入温银9022011企贷字00×××号借款合同所约定的担保合同范围，某电子公司是否应当对温银9022011企贷字00×××号借款合同项下债务承担保证责任。对此，法院经审理认为，某电子公司应当承担保证责任。理由如下：第一，民事权利的放弃必须采取明示的意思表示才能发生法律效力，默示的意思表示只有在法律有明确规定及当事人有特别约定的情况下才能发生法律效力，不宜在无明确约定或者法律无特别规定的情况下，推定当事人对权利进行放弃。具体到本案，某银行与某电器公司签订的温银9022011企贷字00×××号借款合同虽未将某电子公司签订的最高额保证合同列入，但原告未以明示方式放弃某电子公司提供的最高额保证，故某电子公司仍是该诉争借款合同的最高额保证人。第二，本案诉争借款合同签订时间及贷款发放时间均在某电子公司签订的编号温银9022010年高保字01×××号最高额保证合同约定的决算期内（2010年9月10日至2011年10月18日），某银行向某电子公司主张权利并未超过合同约定的保证期间，故某电子公司应依约在其承诺的最高债权限额内为某电器公司对某银行的欠债承担连带保证责任……综上，某电子公司应对某电器公司的上述债务承担连带清偿责任，其承担保证责任后，有权向某电器公司追偿。

专家点评

所谓意思表示，是指向外部表明意欲发生一定私法上法律效果之意思的行为，表示之形式可以为明示或者默示。因为意思表示之成立与否影响当事人的权利义务甚巨，故必须对意思表示成立的判断标准予以规范限制，方能准确地认定当事人的真实意思。明示的情形，自然较为确定，而默示的情形，当事人的真实意思难以认定，为了保障法律主体能够真实地表达自己的意思，所以民法典总则编第140条规定沉默只有在有法律规定、当事人约定或者当事人交易习惯时，才可以视为意思表示。因为沉默在大多数情形不仅表明当事人没有表示行为，更在于没有表示的意愿。本案中原告的默示不属于法律规定、当事人约定或者当事人交易习惯中的任一情形，不能被视作对其保证权利的放弃。

第一百四十一条 行为人可以撤回意思表示。撤回意思表示的通知应当在意思表示到达相对人前或者与意思表示同时到达相对人。

【条文释义】

本条是对意思表示撤回的规定。

意思表示撤回，是指在意思表示人发出意思表示之后，在意思表示生效之前，或者在意思表示到达的同时到达时，宣告收回发出的意思表示，取消其效力的行为。

意思表示撤回权，是缔约当事人的一项重要权利。由于意思表示的撤回发生在意思表示生效之前，受意思表示人还未曾被赋予承诺的资格，一般不会给表意人造成损害。法律允许表意人根据市场的变化、需求等各种经济情势，可以改变发出的意思表示，以保护意思表示人的利益。

撤回意思表示的通知，应当在意思表示到达受意思表示人前或者同时到达受意思表示的相对人的，才可以将意思表示撤回。意思表示撤回的通知不应当迟于受意思表示人收到意思表示的时间，才不至于使受意思表示人的利益受损。以语言对话形式表现的意思表示，由于当事人是在当面进行订约的磋商，意思表示一经发出，受意思表示人即刻收到，对话意思表示本身的性质决定了其是无法撤回的。由他人转达的语言意思表示，应当视为需要通知的形式，是可以撤回的。

意思表示的撤回符合规定的，发生意思表示撤回的效力，视为没有发出意思表示，受意思表示人没有取得承诺资格。意思表示撤回的通知迟于意思表示到达受意思表示人的，不发生意思表示撤回的效力，意思表示仍然有效，受意思表示人取得承诺的资格。

【案例评注】

某银行诉司某信用卡纠纷案①

基本案情

2012 年 2 月 13 日，被告司某填写了原告某银行信用卡申请表，向某银行申请办理信用卡。司某在申请信用卡的过程中，声明在申请表上所有的记载均属实；同意某银行列印于申请表正面的各项责任义务以及背面的《某银行信用卡（个人卡）领用合约》等相关文件；同意申请所勾选某银行信用卡提供的增值服务，并承担相关费用；同意主卡对附属卡持卡人，负有连带清偿责任。司某在某银行信用卡申请表“声明及签名栏”亲笔抄录确认“本人已阅读全部申请材料，充分了解并清楚知晓该信用卡产品的相关信息，愿意遵守领用合约的各项规则”，并在主卡申请人中文亲笔签名处签字确认。司某名下的涉案信用卡于 2012 年 2 月 25 日通过短信的方式激活，发送短信的手机号码为上述信用卡申请表中司某的号码。2013 年 6 月 19 日，因司某向某银行反映并未收到且未使用该信用卡，某银行冻结了该信用卡。在此期间该信用卡一直正常使用和正常还款，并未出现逾期还款的情况，且户主为司某。

法院判决

一审法院判决认定：司某与某银行之间因信用卡申请及使用所形成的法律关系，系双方当事人的真实意思表示，其内容不违反我国现行法律法规的强制性规

① 审理法院：北京市第二中级人民法院，案号：（2016）京 02 民终 3302 号。

定，应属有效的民事合同。司某与某银行作为合同的当事人，均应当自觉履行相应义务。司某自愿以申请人的身份签订某银行信用卡申请表并申请、使用某银行信用卡，即应承担由此产生的法律责任。故对某银行要求司某偿还信用卡欠款的诉讼请求予以支持。

司某不服一审法院上述民事判决，向法院提起上诉。其主要上诉理由是：一审判决认定事实不清。某银行并未向司某送达涉案信用卡，双方之间合同并未实际履行，该合同应属无效的合同。司某在 2012 年 2 月 13 日填写了某银行提供的信用卡申请表，向某银行申请办理信用卡。在提交该申请表后不久司某即拨打客服电话向某银行声明不再办理信用卡了，客服人员答复：你申请使用信用卡的材料还没到，收到材料，就停止办理。此后司某未再询问，直到司某申请贷款时才得知其在某银行办理了一张信用卡，但司某始终未收到任何信用卡，已经撤销办理信用卡的要约。

某银行服从一审法院判决。其针对司某的理由答辩称：一、信用卡申请表由司某本人签字确认，涉案信用卡已经邮寄到司某所留的地址，某银行已经履行了合同约定的全部义务。司某作为信用卡的申请人应当对信用卡的安全承担责任，应当对信用卡申领表上填写的信息承担责任。根据某银行所调取的录音，司某在信用卡申领表上所留信息，在其填表时是真实准确的，某银行将涉案信用卡按照申领表上的信息寄出后，司某一直正常消费和还款，某银行没有理由知道司某所主张的存在他人使用涉案信用卡的情形。

上诉法院查明，司某在二审中主张其曾在信用卡申请表到达某银行前，拨打电话明确告知某银行不再办理涉案信用卡，要求撤回办理信用卡的申请，某银行告知会在收到信用卡申请表后撤回。但某银行对此不予认可，司某未能提交证据予以证明，且其对所拨打电话的时间及所拨打的电话号码亦未能准确陈述，对该事实法院无法核实，故对司某该项主张，法院不予采信，司某未能在申请办理信用卡的要约到达某银行前撤回要约。综上，上诉法院认定，一审判决认定事实清楚，适用法律正确，应予维持。依照《民事诉讼法》第一百七十条第一款第（一）项之规定，判决如下：驳回上诉，维持原判。

专家点评

本案的核心焦点之一是司某撤回要约的表示是否在某银行接收到要约之前到达。当事人订立合同，采用要约、承诺方式，要约到达受要约人时生效。承诺通知到达要约人时生效。承诺生效时合同成立，依法成立的合同，自成立时生效。依据民法典总则编第 141 条的规定，要约可以撤回，撤回要约的通知应当在要约到达受要约人之前或者与要约同时到达受要约人。司某填写并提交信用卡申请表，表示遵守信用卡领用合约的各项规则并签字确认应视为要约。司某在二审中主张其曾在信用卡申请表到达某银行前，拨打电话明确告知某银行不再办理涉案信用卡，要求撤回办理信用卡的申请，某银行告知会在收到信用卡申请表后撤回。但某银行对此不予认可，司某未能提交证据予以证明，且其对所拨打电话的时间及所拨打的电话号码亦未能准确陈述，对该事实法院无法核实，故对司某该项主张，法院不予采信，即司某未能在申请办理信用卡的要约到达某银行前撤回要约，要约依法生效，某银行有权进行承诺，某银行收到信用卡申请表审核予以批准发卡视为做出承诺，信用卡服务协议自承诺到达司某时生效。因司某已经收到涉案信用卡，即某银行的承诺通知到达司某，司某与某银行之间的信用卡合同关系依法成立并生效。且该合同内容并不违反法律规定，双方之间的信用卡合同合法有效。因此法院支持某银行的诉讼要求。

第一百四十二条　有相对人的意思表示的解释，应当按照所使用的词句，结合相关条款、行为的性质和目的、习惯以及诚信原则，确定意思表示的含义。

无相对人的意思表示的解释，不能完全拘泥于所使用的词句，而应当结合相关条款、行为的性质和目的、习惯以及诚信原则，确定行为人的真实意思。

【条文释义】

本条是对意思表示的概念及解释方法的规定。

意思表示的解释，是指在意思表示不清楚、不明确而发生争议的情况下，法院或者仲裁机构对意思表示进行的解释。其特征是：1. 意思表示解释的主体是法院和仲裁机构；2. 意思表示解释的对象是对当时已经表示出来的意思进行解释；3. 意思表示解释的前提，是当事人对意思表示发生争议，影响到法律关系的权利义务的内容，有必要进行解释；4. 意思表示解释是有权解释机构依据一定的规则进行的解释；5. 意思表示解释的主要功能，是法律行为的成立要件是否齐备，以及法律行为的具体法律效果是何种内容。

意思表示解释的方法分为两种：

1. 对有相对人的意思表示的解释，应当按照所使用的词句，结合相关条款、行为的性质和目的、习惯以及诚实信用原则，确定意思表示的含义。这是采取表示主义方法进行解释，因为有相对人的意思表示，是要让相对人接收、理解，并且可能基于该意思表示作出相对应的意思表示，因此，应该以表示主义为其方法，根据表达在外的意思的公开表示，确定意思表示的内容。

2. 对无相对人的意思表示的解释，不能拘泥于所使用的词句，而应当结合相关条款、行为的性质和目的、习惯以及诚实信用原则，确定行为人的真实意思。这是采取意思主义方法进行解释，这是因为，没有相对人的意思表示，并没有接收意思表示的相对人，自己做出的意思表示成立后就发生效力，因此不存在用表示主义解释意思表示的客观要求，因而应当以表意人自己的真实意思作出解释。

【案例评注】

乙公司诉甲公司、钱某等企业借贷纠纷案[①]

基本案情

2012年7月9日，被告甲公司与原告乙公司签订借款合同，约定甲公司向乙公司借款1500万元，借款用途为流动资金周转，借款期限为2012年7月9日起至8月9日止。在借款期限旁手书“其中：1000万借期30天，500万借期12天”字样。双方对借款利率未作约定，但约定还款时按实际天数连本带息一并归还，还约定借款方如逾期不还借款，贷款方有权追回借款，并双倍加收利息。在合同落款处，出借方栏手书“乙公司”字样，借款方栏盖有甲公司公章，并由其法定代表人王某签字。在合同左下角手书“甲公司，某支行，×××051”字样，在合同右下角手书“确保按约还款，钱某”字样。同日，乙公司将1500万元划入借款合同记载的上述甲公司银行账户。2012年8月8日，甲公司向乙公司清偿借款本金500万元。借款到期后，乙公司法定代表人张某一直致电钱某主张还款，并通过被告钱某找唐某文要求还款。2013年9月16日，钱某交给张某5张银行承兑汇票，总额为500500元，2014年8月，乙公司诉至法院称：甲公司与钱某于2012年7月9日共同向乙公司借款1500万元，并于2012年8月8日归还了其中500万元及部分利息，余款至今未还。故要求判令甲公司、钱某归还借款本金1000万元及该款自2012年8月9日起至法院判决之日止的双倍利息。本案争议焦点主要在于：钱某是否系本案借款人或保证人。

---

① 审理法院：江苏省无锡市中级人民法院，案号：（2015）锡商终字第0500号。

法院判决

法院认为，乙公司与甲公司签订的借款合同系双方当事人的真实意思表示，不违反法律、行政法规的禁止性规定，应属合法有效。乙公司按约向甲公司交付了借款，甲公司应当按约及时足额地清偿借款本金。甲公司在收到借款后，没有按照约定的期限清偿借款，属于违约行为，应当按约承担逾期履行的违约责任。判决如下：一、甲公司于判决发生法律效力之日起10日内归还乙公司借款本金9499500元及利息（以1000万元为基数自2012年8月10日起至2013年9月16日止，及以9499500元为基数自2013年9月17日起至判决确定给付之日止，均按中国人民银行同期同档贷款基准利率的二倍计算）；二、钱某对甲公司的上述第一项债务承担连带清偿责任。

专家点评

本案中，当事人在签订借款合同时应当进行充分磋商，明确、合法地表达自身真实意思。钱某在借款合同空白处手书“确保按约还款”字样包含怎样的意思表示是问题的关键。保证是原《担保法》明文规定的一种担保形式。依据民法典总责编第142条规定的意思表示解释一般原理，有相对人的意思表示，法院应根据双方在质证、辩论中体现的双方作出该行为当时的行为模式、客观环境推导当事人在当时的真实意思。按照通常语言习惯，确保即确定保证。钱某在借款合同上手书“确保按约还款”，文义上存在保证的意思。乙公司亦是基于对钱某提供保证的信赖，向甲公司贷款。钱某认为自己书写“确保按约还款”仅有督促还款的意思，该解释与文义不符。钱某亦无其他证据证明其有不同的意思表示。虽然双方未就保证责任的类型、保证期间作具体约定，依据担保法的规定，钱某在借款合同上书写“确保按约还款”的行为应认定为连带责任保证，保证期间为主债务履行期届满之日起6个月。张某在借款到期后一直联系钱某，要求其清偿借款，张某要求钱某履行保证责任未逾保证期间。故乙公司主张钱某承担相应还款责任的诉讼请求，因此法院依法予以支持。

第三节　民事法律行为的效力

第一百四十三条　具备下列条件的民事法律行为有效：

（一）行为人具有相应的民事行为能力；

（二）意思表示真实；

（三）不违反法律、行政法规的强制性规定，不违背公序良俗。

【条文释义】

本条是对民事法律行为生效要件的规定。

民事法律行为的生效，是指法律行为应符合法律规定，而能够引起民事法律关系的设立、变更或者终止的法律效力。民事法律行为成立之后，具备生效的要件才能使民事法律行为发生法律上的效力，发生设立、变更或者消灭民事法律关系的法律后果。

本条规定民事法律行为生效要件为三个，但实际上是四个要件：

1. 行为人具有相应的民事行为能力。民事法律行为以行为人的意思表示为要素，当事人必须具有健全的理智和判断能力，因而必须具有相应的民事行为能力。

2. 意思表示真实。是指当事人的内心意思与外部表示相一致。当事人必须在意思自由、能够辨认自己行为的法律效果的情况下进行意思表示，不存在胁迫、误解等情况。

3. 不违反法律、行政法规的效力性强制规定。不违反法律、行政法规，是不违反效力性强制性的法律和行政法规，违反管理性强制性法律、行政法规的规定，要根据具体情况确定，而不是一律无效。违反法律、行政法规强制性规定的民事法律行为，是指当事人在订约目的，具体内容，以及在形式上都违反法律和行政法规强制性规定的民事法律行为。

4. 不违背公序良俗。民法典总则编第7条也规定了公序良俗原则，要求民事主体从事民事活动，不得违反法律，不得违反公序良俗，故违反法律、违反公序良俗的民事法律行为无效。

【案例评注】

于某诉董某房屋买卖纠纷案[①]

基本案情

1997年12月11日，原告于某与被告董某签订了一份房屋买卖协议，约定：

① 案例来源：《最高人民法院公报》2001年第4期（总第72期）。

坐落在广汉市雒城镇桂花街×幢10－11轴底层的门面营业房一间，是于某私有财产，现由杨某租用；在征求杨某同意后，于某现将此房作价12.2万元卖给董某；房屋买卖中发生的土地使用权出让金，由于某负担；税金及过户费，由董某负担；公证费双方各负担一半；房屋出卖后，原租赁协议继续有效；双方应当遵守协议，如一方违约，应向对方支付违约金5000元。12月11日，双方办理了房屋买卖协议的公证手续。同日，被告董某付给原告于某现金12.2万元，于某出具收条后将房屋交给董某。董某以出租人身份，继续出租该房至今。涉案房屋是1993年9月原告于某从广汉市建设开发总公司购买的商品房。该房屋占用的土地，是划拨取得。广汉市土地管理部门证实，广汉市人民政府允许在办理了土地使用权出让手续后，转让该土地上的房产。在于某和被告董某办理房屋买卖协议的公证时，于某尚未取得该房屋占用土地的使用权证。办理公证手续10日后，于某以自己的名义取得了面积为8.30平方米的划拨土地使用权证。由于双方当事人在签订房屋买卖协议后都搬过家，而且互不通知，以致失去联系，该房屋的产权和土地使用权变更登记手续未能按约定办理。1999年3月2日，董某单方到房屋行政管理部门申请办理房屋产权变更登记手续时，因于某阻止，未能办成。

法院判决

一审法院认为，原告于某与被告董某签订的房屋买卖协议，依法成立。《最高人民法院关于贯彻执行〈中华人民共和国民法通则〉若干问题的意见（试行）》第八十五条规定："财产所有权合法转移后，一方翻悔的，不予支持。财产所有权尚未按原协议转移，一方翻悔并无正当理由，协议又能够履行的，应当继续履行；如果协议不能履行，给对方造成损失的，应当负赔偿责任。"于某在房产所有权未依法转移的情况下，以各种不正当理由表示翻悔，有悖诚实信用的原则，有损交易的安全，不予支持。双方在协议依法成立后，因搬家时不履行相互通知的义务以致失去联系，不能及时按约定办理房地产权属变更登记手续。对此，双方都有过错。董某反诉请求判令于某承担违约责任，亦不予支持。双方当事人应当依照法律的规定，按照协议的约定继续履行。据此，四川省广汉市人民法院判决：一、原告于某与被告董某订立的房屋买卖协议依法成立。二、原告于某于判决生效后30日内，履行房地产转让中卖方应承担的转让登记义务。

于某不服一审判决，仍以原起诉的理由向四川省德阳市中级人民法院提起上诉。上诉法院认为，上诉人于某在一审提起诉讼之前，早已分别办理了涉案房屋的产权证和土地使用权证，成为该房屋的合法产权人。于某以合法产权人的身份与被上诉人董某签订的房屋买卖协议，依法成立。根据"地随房走"的原则，于某在出售自己的房产时以划拨方式取得的土地使用权，在依法补办相应手续后，也是可以转让的，故于某的上诉理由不能成立，应予驳回。原审认定事实清楚，证据充分，适用法律正确，判处恰当，审判程序合法，应予维持，驳回上诉人于某的上诉，维持原判。

专家点评

本案的焦点在于原、被告双方所签订的房屋买卖协议是否有效。协议标的是坐落在广汉市雒城镇桂花街×幢10－11轴底层的门面营业房一间，是原告于某的私有财产。该房屋占用的土地虽然是划拨取得，但当地有批准权的人民政府允许在办理了土地使用权出让手续后，转让该土地上的房产。于某通过与被告董某签订协议转让房屋，签订协议时双方都具有相应的民事行为能力，意思表示真实，协议内容为法律允许买卖的私有财产，且对办理土地出让手续作了约定，不损害国家和社会公共利益，依据民法典总则编第143条，双方所签协议依法成立，对双方当事人具有法律约束力，任何一方未取得对方同意，都不能擅自解除该协议。应当指出，根据区分原则，所谓“房屋的转让应进行变更登记方为有效”一语，是指双方通过签订协议，虽然买卖房产的协议能够成立，但是若不登记，则不发生房产所有权转移的效力，不是指买卖协议本身不能成立。在房屋买卖协议成立后，房产所有权没有转移前，双方当事人依协议建立的债权债务关系依然存在。原告于某以产权没有变更为由主张房屋买卖协议无效，其理由不能成立。

第一百四十四条 无民事行为能力人实施的民事法律行为无效。

【条文释义】

本条规定的是无民事行为能力人实施民事法律行为效力的规定。

无民事行为能力人实施的行为是绝对无效的法律行为，无论是无民事行为能力的未成年人，还是无民事行为能力的成年人，其实施的民事法律行为都自始无效。

原《民法通则》第五十八条第（1）项规定，无民事行为能力人实施的民事法律行为是绝对无效的行为，从行为开始时起就没有法律约束力。原《合同法》规定合同行为的效力时，仅规定了限制民事行为能力人订立的合同的效力状态，没有规定无民事行为能力人订立的合同的效力状态，因而须依照原《民法通则》

第五十八条第（1）项的规定，确认无民事行为能力人订立合同的效力。民法典总则编继续沿用原《民法通则》的规定，确认无民事行为能力人实施的民事法律行为一律无效。

【案例评注】

哈某诉曾某确认合同无效纠纷案①

基本案情

原告哈某与被告曾某于2014年8月22日签订一份《房地产买卖协议》，将原告名下位于昌吉市延安路40区1丘××栋×单元××室，建筑面积58.2平方米的房屋以人民币230000元的价格向被告转让。被告曾某于合同签订之日向原告支付了230000元房款，并由原告哈某向其出具了一份收条。后原、被告在昌吉市房地产管理局办理了房屋过户登记手续，将本案诉争房屋过户到了被告曾某名下，原告的法定代理人哈某甲得知此况后，遂诉至法院，要求确认原、被告于2014年8月22日签订的《房地产买卖协议》无效。另，原告哈某为多重残疾人，精神不正常、视力低下，残疾等级为二级，监护人系乌某（原告父亲）。2015年1月12日经新疆精卫法医精神病司法鉴定所确定为无民事行为能力人。

法院判决

一审法院认为：根据相关法律规定，无民事行为能力人实施的民事行为无效，原告哈某于2015年1月12日经鉴定机构确认为无民事行为能力人，故原告哈某与被告曾某于2014年8月22日签订《房地产买卖协议》的行为，应属无效民事行为，但被告曾某在与原告哈某签订《房屋买卖协议》《房地产买卖契约》时，对于哈某为无民事行为能力人的事实并不知情，从原告持有房产证、身份证、户口本、语言交流尚可，对答切题等行为表现，被告完全有理由相信原告系本案诉争房屋所有权人及完全民事行为能力人。故被告曾某系善意第三人。原、被告双方签订的房屋买卖协议价格合理，不违反法律、行政法规的禁止性规定，被告曾某依约履行了合同义务并办理了房屋过户登记手续。即便原告事后经鉴定部门确定为无民事行为能力人，曾某亦有权取得涉案房屋所有权。故原告主张

① 审理法院：一审法院为新疆维吾尔自治区昌吉市人民法院，案号：（2014）昌民一初字第1412号；二审法院为新疆昌吉回族自治州中级人民法院，案号：（2015）昌中民二终字第522号。

原、被告之间签订的《房屋买卖协议》无效的诉讼请求不能成立。遂依照《民法通则》第五十八条，《合同法》第四十四条，《物权法》第一百零六条之规定，判决驳回原告哈某诉讼请求。

宣判后，上诉人上诉称：一审法院一方面认定上诉人哈某经鉴定机构确认为无民事行为能力人，另一方面却又以被上诉人对上诉人哈某系无民事行为能力人的事实不知情，被上诉人系善意的第三人为由，判令了无民事行为能力的上诉人哈某与被上诉人曾某所签订《房地产买卖协议》《房地产买卖契约》行为有效。该判决明显有法不依，于法有悖。二审法院认为，一审判决认定上诉人哈某与被上诉人签订的《房地产买卖协议》的行为无效，又以被上诉人系善意第三人为由，确认买卖有效，驳回了上诉人的诉讼请求，一审判决前后矛盾，并属适用法律错误。上诉人的上诉请求，符合法律规定，予以支持。综上，原审认定基本事实清楚，但适用法律不当，应予改判，判决如下：一、撤销昌吉市人民法院（2014）昌民一初字第1412号民事判决；二、上诉人哈某与被上诉人曾某于2014年8月22日签订的《房地产买卖协议》无效。

专家点评

本案争议焦点为上诉人哈某与被上诉人曾某签订的《房地产买卖协议》是否有效。依据民法典总则编第144条的规定，无民事行为能力人实施的民事行为无效。无效的民事行为，从行为开始起就没有法律约束力。法律之所以规定无民事行为能力人实施的民事法律行为无效，旨在保护尚无意思判断和表达能力的无民事行为能力人免受外界风险的损害，属于弱者优位原则的体现，无论相对人的主观状态如何，都一概认定无民事行为能力人所实施的民事法律行为无效，给予无民事行为能力人充分的保护。新疆精卫法医精神病司法鉴定所作出的（2014）第799号鉴定意见书鉴定意见为，上诉人哈某无民事行为能力。上诉人作为无民事行为能力人与被上诉人签订房屋买卖协议及过户的行为均无效，故，上诉人哈某与被上诉人曾某于2014年8月22日签订的《房地产买卖协议》无效。

第一百四十五条 限制民事行为能力人实施的纯获利益的民事法律行为或者与其年龄、智力、精神健康状况相适应的民事法律行为有效；实施的其他民事法律行为经法定代理人同意或者追认后有效。

相对人可以催告法定代理人自收到通知之日起三十日内予以追

认。法定代理人未作表示的，视为拒绝追认。民事法律行为被追认前，善意相对人有撤销的权利。撤销应当以通知的方式作出。

【条文释义】

本条是对限制民事行为能力人实施的民事法律行为效力的规定。

限制民事行为能力人实施的两种行为有效：1. 纯获利益的民事法律行为，在民法典总则编第 19 条、第 22 条已经作了规定。2. 与其年龄、智力、精神健康状况相适应的民事法律行为，其中与其年龄相适应，是指限制民事行为的未成年人；与其智力、精神状况相适应，是指限制民事行为能力的成年人。

限制民事行为能力人实施的其他民事法律行为，是效力待定的民事法律行为，是限制民事行为能力人独立实施的依法不能独立实施的民事法律行为，其效力是，法律行为虽已成立，但是否生效尚不确定，只有经过特定当事人的行为，才能确定其生效或者不生效。

限制民事行为能力人实施了依法不能独立实施的法律行为，需要其法定代理人的追认才可能生效。其效力的确定须经由以下途径：

1. 法定代理人的同意权和追认权。经法定代理人同意的限制民事行为能力人实施的民事法律行为，发生法律效力；法定代理人虽然没有同意，但是在行为实施之后予以追认，该民事法律行为同样生效。

2. 相对人的催告权。限制民事行为能力人实施的民事法律行为，其法定代理人没有同意，又没有追认的，相对人可以在三十日内催告法定代理人予以追认。法定代理人未作表示的，视为拒绝追认，该民事法律行为无效。

3. 善意相对人的撤销权。在该民事法律行为被追认前，善意相对人对该行为享有撤销的权利，撤销的方式应以通知的方式作出。撤销权是形成权，只要在该期限内行使，该民事法律行为就被撤销，自始不发生法律效力。

【案例评注】

刘某诉赵某、张某房屋买卖合同纠纷案①

基本案情

被告赵某、张某系夫妻关系，第三人赵小某系二被告之子。原告刘某为精神残疾人，残疾等级为叁级。自2001年陆续在唐山市第五医院、唐钢医院等处治疗。2012年2月29日被唐山市路北区人民法院宣告为限制民事行为能力人，刘某甲担任原告刘某的监护人。2011年5月3日原告刘某在监护人未知情的情况下与第三人赵小某在唐山市路北海角房屋信息服务部（此服务部经营者系被告张某）签订购房协议，将原告所有的路北区78号小区×楼×门××号房产有偿转让给第三人赵小某，转让价格为32.5万元。2011年5月4日原告与二被告签订了房地产转让合同，并办理了诉争房产的过户手续。第三人称诉争房产登记在其父母即二被告名下，是因为以第三人的名义只能进行商业贷款，而以被告赵某名义可以公积金贷款，所以又以二被告名义与原告签订房地产转让合同并过户。二被告向原告支付了定金5000元、交纳所欠取暖费13854.69元、共用部位维修费209.9元、房产过户等费用合计43047.2元，上述费用合计为62111.79元，此费用均包含在房产转让价款之中，其余房款尚未支付。原告主张二被告及第三人利用开办房产中介之机，与有明显患有精神残疾的原告签订购房协议、房地产转让合同将房卖给自己，且未支付原告购房款，显见二被告及第三人具有欺诈行为，具有严重过错，房地产转让合同应属无效。二被告及第三人应当负担房产两次过户所需的全部费用。被告主张的原告收取其定金、收取部分房款43000元，其主张不能成立。原告属精神残疾人，系限制民事行为能力人，收取定金和所谓房款的行为，是不能独立实施的。二被告及第三人在整个交易过程中具有明显欺诈行为，诉争房产的交易价格为32.5万元，房产评估价为35万元，而按市场价来讲，至少应为39万元左右。在房产交易中，不论买方发生的税费，还是卖方发生的税费，均由买方承担，是不争的事实，而原告作为卖方承担了税费，与房产交易实践不符，且其余房款尚未给付。被告对此不予认可，认为原告在房屋买卖期间有认知能力，双方交易价格合理，不存在欺诈，故原、被告间签订的房屋购买协议是真实意思体现，应当依法成立并生效。当事人双方各抒己见，未能协议。

---

① 审理法院：河北省唐山市路北区人民法院，案号：（2013）北民重字第40号。

法院判决

法院认为，原、被告之间签订的房地产转让合同应属无效合同，被告取得的房产应予以返还。对二被告所交纳的取暖费用、共用部分维修费原告应当返还。对于已交付的过户费用，按照公平原则，双方平均负担。判决如下：一、原告刘某与被告赵某、张某签订的唐山市路北区缸窑里×楼×门××号房地产转让合同无效。二、被告赵某、张某将该房屋返还给原告刘某，被告赵某、张某于本判决书生效之日起十日内协助原告刘某办理唐山市路北区缸窑里×楼×门××号房产过户手续。三、原告刘某于本判决书生效之日起十日内返还被告赵某、张某所交纳的取暖费、公共部位维修费和定金合计19064.59元。房产过户费用43047.2元，原告负担21523.6元，二被告负担21523.6元。

专家点评

本案焦点在于原、被告双方签订的房地产转让合同的效力。涉案原告系限制民事行为能力人，在其监护人未知情的情况下与第三人赵小某在唐山市路北海角房屋信息服务部签订购房协议，将原告所有的路北区78号小区×楼×门××号房产有偿转让给第三人赵小某，其后也未得到监护人刘某甲的追认。依照民法典总则编第145条的规定，限制民事行为能力人实施的民事行为，未得到法定代理人追认的为无效民事行为。原告刘某系限制民事行为能力人，交易房产的行为应属与其精神健康状况不相适应，依法不能独立实施的民事活动，在签订购房协议后也未得到其监护人的追认，依法应该认定为无效。

第一百四十六条 行为人与相对人以虚假的意思表示实施的民事法律行为无效。

以虚假的意思表示隐藏的民事法律行为的效力，依照有关法律规定处理。

【条文释义】

本条是对虚假行为和隐藏行为及效力的规定。

虚假行为，是指行为人与相对人通谋而为虚假的意思表示。虚假表示是双方行为，是双方进行串通的行为，是双方当事人的意思表示都不真实，而不是一方当事人的意思表示不真实。虚假行为的特点是双方当事人进行通谋，通常具有不良动机，因而在主观上是共同故意，在意思表示上是双方的不真实。如果仅有一方是非真意表示，而对方为真意表示的合意，或有误解，或者发生错误的，不构成虚假意思表示。虚假行为的法律后果是一律无效，不具有虚伪表示的行为所应当发生的法律效力。

隐藏行为，是指行为人将其真意隐藏在虚假的意思表示中。表意人与相对人之间因碍于情面或者其他原因，所为的意思表示虽非出于真意，却隐藏他项法律行为的真正效果，其实质，就是在通谋虚伪的意思表示中，隐藏着他项法律行为。确定隐藏行为效力的原则是，虚伪行为隐藏其他法律行为者，适用关于该隐藏的法律行为的规定。这就是"依照有关法律规定处理"的含义。具体规则是：虚假的意思表示行为无效，至于其隐藏的真实意思表示行为是否有效，应当依照该行为的法律规定判断。符合该种法律行为的规定的，认定为有效，否则为无效。

【案例评注】

甲公司诉乙公司联合开发房地产纠纷案①

基本案情

1992年10月，原告甲公司通过有偿转让方式取得了苏州市平江区干将路K3地块的使用权，领取了国有土地使用权证，并经苏州市计划委员会批准，在该地块上开发建造干将商城三号楼。该建设项目又经苏州市规划局、建筑工程局批准，取得了建设用地规划许可证、建筑工程规划许可证、建设工程施工许可证，后又领取了商品房预售许可证。1995年10月，被告乙公司与甲公司签订了一份《联合开发干将路K3地块合同》，约定：乙公司拥有该地块的使用权及建筑物的所有权，拥有房地产销售权并获取利润，义务是按约定分期支付房款，联系买主，销售房产。甲公司的权利是按约定收取房款，义务是办妥开发手续，领取销售许可证，建造综合楼（即干将商城三号楼）并于1995年12月15日前交付房屋，确保质量。房款以每建筑平方米4500元统价，建筑面积4934平方米，总房款2220.3万元人民币（最后按竣工后实测面积为准计价收费）。房款支付分五期：1. 乙公司在三证齐全时向甲公司支付200万元及提供价值100万元的建筑钢

① 审理法院：最高人民法院，案号：（1998）民终字第15号。

材；2. 乙公司在1995年11月底再付200万元；3. 1996年4月1日后，乙公司支付1400万元，该款在昆山市开发区城市信用社乙公司账户内划转（详见三方协议）；4. 1996年一季度内给付200万元及提供价值100万元的建筑用钢材，价格另定；5. 余额在甲公司协助办理第三者房产证时付清。双方还约定：合同生效后，乙公司如不按合同约定交付房款，每逾期一天承担应付部分万分之五的违约金，逾期二个月则承担应付部分百分之十的违约金；甲公司如不能按期交房，每逾期一天承担已付房款万分之五的违约金，逾期二个月应承担已付房款百分之十的违约金。1995年10月12日，针对上述联合开发协议中乙公司应付房款的结算等问题，乙公司、甲公司与昆山开发区城市信用社签订了《协议书》，约定：乙公司应于1996年3月31日前汇入600万元至甲公司开立在该信用社的账户内，同时向甲公司交付价值200万元的钢材；房款余额中的1400万元及从1996年4月1日起至付清止的月息18%的利息，可以分期汇入甲公司在该信用社开设的账户，作为甲公司归还该信用社的贷款，由信用社直接扣划；具体安排是：1996年12月20日前支付400万元房款及利息；1997年6月20日支付400万元房款及利息，1997年12月20日支付400万元房款及利息；1998年6月30日支付200万元房款及利息。上述两份协议签订后，乙公司自1995年10月18日至12月5日共向甲公司支付房款250万元，并提供建筑用钢材195. 084吨，双方同意折款555989. 40元。此后，乙公司未再履行上述协议中的付款义务。1996年7月22日，乙公司因资金回笼困难，与甲公司签订一份协议，约定从干将商场三号楼房层划出建筑面积131. 429平方米的商业用房给甲公司，以每平方米9300元的价格折款1222280元，从乙公司应付甲公司的房款中扣除。双方嗣后履行了该协议。另外，乙公司以履行合同为由，拟以K3地块土地使用权作抵押向银行申请贷款，要求甲公司临时变更K3地块土地使用权至乙公司名下，贷款后再回复到甲公司名下，为此，双方于1995年12月20日签订了《关于临时变更干将路K3地块土地使用证的协议》和《国有土地使用权转让合同》，乙公司据此领取了K3地块土地使用权证。1996年4月30日，干将商城三号楼竣工。同年7月25日，甲公司将进入该楼的北侧卷帘门钥匙交付给乙公司。乙公司于1996年12月11日领取了中兴商楼（即干将商城三号楼）房屋所有权证，该证载明房屋面积为4829. 07平方米。随后，乙公司开始以自己的名义对外销售房屋，将一楼部分基本售出。甲公司因为多次向乙公司催讨剩余房款未果，向法院提起诉讼，要求乙公司支付所欠购房款及违约金。

法院判决

法院判决：一、乙公司于判决生效后一个月内给付甲公司购房款17840976

元、违约金1784097.60元；二、甲公司于判决生效后一个月内给付乙公司违约金427826.94元。两相折抵，乙公司应给付甲公司19197247元。

专家点评

本案的焦点是原、被告双方签订的合同的真实意思为何以及效力。根据有关政策和法律规定，联合开发房地产须办理相关手续，而甲公司与乙公司所订立的联合开发合同因不符合有关规定，且双方之间也不存在根据投资比例共享权利共担风险的事实，依据民法典总则编第146条的规定，双方联合开发房地产是虚假的意思表示，应该认定为无效。但是，这并不影响该合同所隐藏的真实意思表示的效力，应该依据合同效力的规则来认定。双方的合同内容和履行的实际情况反映当事人之间实际存在的是商品房预售的法律关系。甲公司是K3地块的合法开发者，其预售商品房符合法律规定，因此，该商品房预售行为合法有效，受法律保护，当事人应依法履行合同约定的内容以及承担相应的纳税义务。

第一百四十七条 基于重大误解实施的民事法律行为，行为人有权请求人民法院或者仲裁机构予以撤销。

【条文释义】

本条是对重大误解及效力的规定。

重大误解，是指一方当事人由于自己的过错，对法律行为的内容等发生误解，由此订立了法律行为，该法律行为所涉及的利益对当事人而言为重大。其特点是：1. 误解是当事人对民事法律行为发生认识上的错误。2. 误解是当事人对民事法律行为内容的认识错误。3. 误解直接影响当事人的权利和义务。

重大误解的构成要件是：1. 须是当事人因为误解做出了意思表示。2. 重大误解的对象须是民事法律行为的内容。3. 误解是由当事人自己的过失造成的。当事人由于重大误解而实施的民事法律行为，其法律后果是相对无效，发生重大误解的一方行为人，有权请求人民法院或者仲裁机构予以撤销。如果行为人不行使撤销权，不请求对该民事法律行为予以撤销，该重大误解的民事法律行为继续有效。

重大误解是民法上的错误的一种类型。民法典没有规定错误，只规定了重大误解，使其他的错误缺少法律适用依据。出现重大误解之外的其他错误，可以比照本条规定予以认定，例如第三人发生的错误，导致一方当事人的利益严重受损。

【案例评注】

徐某诉甲公司合伙协议纠纷案[①]

基本案情

2006年12月27日，原告徐某、被告甲公司签订合作协议一份，约定载明被告于2006年12月24日以3905万元竞拍获得“A、B、C公司3户债权”，主债权金额为9139.60万元，利息3806.99万元，合计12946.59万元。协议同时约定，由原告出资1000万元，占协议股份49%，被告出资3500万元，占协议股份51%；结算分红前按年利率1%提取本金利息，“净利润不管盈亏由双方按股份享受或承担”。原告分别于2006年11月25日、12月29日，2007年1月10日、3月6日出资200万元、200万元、100万元、500万元，合计1000万元；被告分别于2006年12月21日、12月27日、12月28日，2007年3月6日、3月21日出资500万元、100万元、1000万元，1405万元、19.5万元，合计出资3024.5万元。2013年12月25日，江西省高级人民法院立案受理被告甲公司诉乙公司追偿权纠纷一案，并审理查明2006年12月26日，被告通过拍卖方式依法从某资产管理公司南昌办事处受让其对乙公司的债权本金7325.6万元及相应利益。经调解，乙公司应支付给被告甲公司6100万元，应于2015年1月15日前支付3000万元，余款于2015年4月15日前付清，并由该院制作（2013）赣民二初字第35号民事调解书一份。其后，被告于2015年1月12日、4月12日各收款3000万元、3100万元，其中2015年1月12日的3000万元已于当日在被告出资本金中扣除，并经原、被告一致认可。2015年4月21日，原告在债权结算清单上签字，该结算清单载明……甲公司收到乙公司支付债权款人民币6100万元。现根据甲公司与徐某签订的合作协议结算如下：1. 支付某律师事务所律师代理费488万元；2. 支付企业所得税3878830.25元；3. 应支付甲公司利息24442430.00元；4. 本付徐某利息8336388.00元；5. 本金4024.5万元；6. 利润：6100万元－488万元－3878830.25元－24442430.00元－8336388.00元－40245000.00元＝“－20782648.25元”；7. 根据协议甲公司占总股份51%，承担亏损20782648.25 * 51%＝“10599150.61元”，徐某占总股份49%，承担亏损20782648.25 * 49%＝“10183497.64元”；8. 应支付徐某1000万元＋8336388.00－10183497.64元＝

① 审理法院：浙江省绍兴县人民法院，案号：（2015）绍商初字第2105号。

“8152890.36 元”；9. 本结算单一式两份，双方签字盖章后生效并证明双方账已结清，今后无任何经济纠葛。同时，原、被告签订落款时间为 2015 年 4 月 21 日的债权费用结算单一份，对本案诉讼合伙事项中的其他相关费用进行了结算。2015 年 4 月 28 日，原告向被告出具申请书一份，申请将其结算款 8152890.26 元中的 2098513.00 元汇入案外人陈某账户。其后，原告认为被告对计提利息成本的结算错误，主张按照合作协议约定的年息 1% 计提利息，应付被告利息为 2407125.70 元，应付原告利息为 821237.44 元。据此，原告可分的投资结算款为投资本金 1000 万元、利息 821237.44 元、利润 4296225.24 元，合计 15117462.68 元。现原告以被告拒绝重新结算，仅支付结算款 6654377.36 元，余款 8463085.32 元至今未付为由，诉至法院。

法院判决

法院认为，原告徐某诉请该结算款除利息外的计算方法均按债权结算清单记载的结算方式进行计算，最终归结为该结算清单中利息提取的标准为年利率 1% 还是 10%，即关键在于原、被告对于讼争债权结算清单是否可撤销。法官认为，债权结算清单中的利息部分，应按年利率 1% 计算，判决如下：一、撤销原告徐某与被告甲公司于 2015 年 4 月 21 日签订的“江西景德镇三个债权结算清单”中第 2 条、第 3 条、第 4 条、第 6 条、第 7 条、第 8 条；二、被告甲公司应支付给原告徐某结算款 8461125.10 元，款限于本判决生效后 10 日内付清；三、驳回原告徐某的其他诉讼请求。

专家点评

本案争议焦点为落款时间为 2015 年 4 月 21 日的债权结算清单是否存在重大误解，是否属于可撤销范畴。所谓重大误解，是指一方因自己的原因而对合同的内容等发生误解，订立了合同。依据民法典总则编第 147 条的规定，因重大误解订立的合同，一方可以请求法院和仲裁机构予以撤销。《最高人民法院关于贯彻执行〈中华人民共和国民法通则〉若干问题的意见》第 71 条规定：“行为人因对行为性质、对方当事人、标的物的品种、质量、规格和数量等的错误认识，使行为的后果与自己的意思相悖，并造成较大损失的，可以认定为重大误解。”本案中，原告因三个债权结算清单起始段中载明按 1% 标准计算而错误地将其后按 10% 计算的利息误以为按 1% 计算导致了结算合同的订立，属于对标的数量的误解。另外，10% 与 1% 相差达到十倍，若继续履行，原告将遭受较大损失，权利义务显著失衡，构成“重大”。本案法官依法认定涉案债权结算单构成重大误解，允许原告行使撤销权。

第一百四十八条　一方以欺诈手段，使对方在违背真实意思的情况下实施的民事法律行为，受欺诈方有权请求人民法院或者仲裁机构予以撤销。

【条文释义】

本条是对当事人一方欺诈行为及效力的规定。

当事人一方的欺诈，是指民事法律关系的当事人一方故意实施某种欺骗对方的行为，并使对方陷入错误，而与欺诈行为人实施的民事法律行为。

一方欺诈的构成要件是：1. 欺诈的一方须出于故意，或者是以欺诈为手段引诱对方当事人与其订立民事法律行为，或者是订立民事法律行为的行为本身就是欺诈。2. 欺诈行为人在客观上实施了欺诈的行为，包括行为人故意捏造事实，虚构情况，诱使对方当事人上当受骗；以及行为人故意隐瞒真实情况，不将真实情况告知对方当事人，使对方当事人上当受骗，与其订立民事法律行为。3. 受欺诈一方是在违背真实意思的情况下实施民事法律行为。另一方当事人受行为人的欺诈，而使自己陷入错误的认识之中，由此做出错误的意思表示，与行为人订立民事法律行为。

一方欺诈行为的法律后果是，受欺诈方有权请求人民法院或者仲裁机构予以撤销，即可撤销的民事法律行为。对此，受欺诈方享有撤销权，可以行使该撤销权，向人民法院或者仲裁机构请求撤销该意思表示。

【案例评注】

郭某诉某公司买卖合同纠纷案[①]

基本案情

2009 年 10 月 26 日，原告郭某与被告某公司签订《南京市商品房预售合同》，约定：甲方预售给乙方的商品房为南京市玄武区珠江路 688 号 × 幢地下负三层 ×

① 审理法院：江苏省南京市中级人民法院，案号：（2015）宁民终字第 5035 号。

室；该商品房设计用途为办公；房屋总价为191526元。该份合同尾部“甲乙双方的其他约定”中约定：甲、乙双方确认本房屋规划用途为办公用房。此后，郭某付清购房款项。2012年3月29日，郭某取得上述房屋所有权，房屋所有权证上记载房屋规划用途为办公。2015年，南京市公安局消防局向卓越大厦部分业主答复称卓越大厦地下三层使用性质为复式汽车库、办公和设备用房。郭某遂诉至一审法院。原告诉称，2009年，某公司在南京市珠江路688号推出卓越骇客大厦项目，其利用报纸、宣传彩页、售楼人员口头介绍等形式宣传：项目为地上四层、地下三层，共七层贯通的商业中庭设计，地下负三层均为商铺，且地位为商铺活动中心。郭某在听信某公司的宣传后，于2009年10月26日与某公司签订《商品房预售合同》五份，购买了卓越大厦负三层的房屋。房屋交付后，某公司指定的物业公司亦按照商铺的标准收取郭某的物业管理费用。2011年5月，某公司的招商部与郭某及其他负三层签订了《委托招商协议书》，协议书也载明负三层为商铺。2015年初，郭某接物业公司工作人员通知，告知负三层不能作为商铺使用，否则消防部门将予以处罚。2015年3月11日郭某及其他业主向南京市公安局消防局申请对负三层消防验收的信息公开。2015年3月24日南京市公安局消防局答复称卓越骇客大厦于2011年4月15日通过消防验收，地下三层使用性质为复式汽车库、办公及设备用房。郭某认为，某公司明知卓越大厦负三层不能作为商铺使用，却在销售过程中一再虚构事实欺骗业主，构成欺诈，郭某在受到某公司误导及欺诈的情况下签订的合同并非郭某真实意思表示，依据原《合同法》第54条的规定，应予撤销。故诉至法院，请求判令：撤销郭某与某公司签订的《南京市商品房预售合同》；某公司返还郭某购房款192612.45元；按中国人民银行同期贷款利率标准赔偿郭某上述购房款自2009年10月26日至实际返还之日止的利息；赔偿郭某物业费损失947.71元。

法院判决

一审驳回了郭某的诉讼请求，郭某不服一审法院判决，提起了上诉。上诉法院另外查明以下事实：一审审理中，郭某提供了某公司的招商手册，该手册载明：涉案房屋营业面积为地面四层地下三层，负三层经营内容为影音电子产品二手交易，经营模式采用分区引导、商家独立经营的模式等。郭某提供了2009年10月16日《金陵晚报》第46版，其中名为《城中旺铺难求——珠江路挑高6米商铺开盘竟打折?》的报道文章称：卓越·骇客天街是目前珠江路上唯一在售的商铺项目，项目一共七层，地下三层地上四层，共有600多个商铺；等等。一审审理中，郭某申请2007年至2010年在某公司从事销售工作的证人冯某到庭作证，冯某证实，其参与涉案房屋销售，其在销售前经统一培训，负三层以商铺形式出售，对外宣传是商铺。涉案房屋物业管理服务合同中约定，商铺按4.8元/m^2/月的标准收取物业服务费；某公司在2011年5月12日向业主发出《南京卓越名座商品房（地下负三层至地上四层）交付入住通知书》，要求负三层业主按商铺标准，以4.8元/m^2×房屋建筑面积×6个月的计算方式预交半年物业管理费。上诉人提供了其2011年5月交纳物业服务费的收据，证明被上诉人已按照商铺标准向上诉人收取了物业管理费。根据上述收据记载，上诉人于2011年5月15日缴纳半年物业管理费355.39元及半年公摊水电费592.32元，合计947.71元，该物业管理费收取标准与商铺相同。郭某主张，其在一审中主张的损失包括物业费和公摊水电费，因均由物业公司收取，故其总称为物业费。2011年9月16日，因涉案房屋返潮问题，某公司向业主发出《关于负三层返潮的处理的回复》，某公司在该回复中向业主表明了拟采取的解决措施，并表示“经专家论证通过上述措施能够解决潮气大的问题，并将不会影响到商铺的整体开业”。郭某于2015年5月5日向一审法院起诉，请求撤销双方签订的商品房预售合同等。

上诉法院判决，上诉人要求撤销涉案合同、返还购房款的主张符合法律规定，上诉人要求被上诉人某公司支付利息亦应当予以支持，支付利息的时间应当从上诉人主张合同撤销时计算。因涉案房屋实际无法使用，故上诉人交纳的物业服务费及公摊水电费系其损失，被上诉人某公司应当予以赔偿。

专家点评

本案的焦点是原、被告双方签订的《南京市商品房预售合同》是否因郭某被欺诈而导致可撤销。本案中被告的欺诈行为具有持续性，被告不仅在签订合同时就承诺标的房产为商铺，其后又发出《交付入住通知书》，要求原告以商铺标准缴纳物业服务费，并且原告按照相关要求缴纳了物业费。从常理而言，如上诉人明知涉案房屋不是商铺，则其不可能按照物业服务费较高的商铺的标准缴纳物业服务费，可以认定原告系被欺诈而签订的合同。依据民法典总则编第148条，一方以欺诈手段，使对方在违背真实意思的情况下签订的合同，受欺诈方有权请求人民法院或者仲裁机构予以撤销。

第一百四十九条　第三人实施欺诈行为，使一方在违背真实意思的情况下实施的民事法律行为，对方知道或者应当知道该欺诈行为的，受欺诈方有权请求人民法院或者仲裁机构予以撤销。

【条文释义】

本条是对第三人欺诈行为及效力的规定。

第三人欺诈行为，是指民事法律行为当事人以外的第三人，对一方当事人故意实施欺诈行为，致使该方当事人在违背真实意思的情况下，与对方当事人实施的民事法律行为。其构成要件是：1. 实施欺诈行为的欺诈行为人，是民事法律行为双方当事人之外的第三人，而不是民事法律行为的当事人。2. 第三人实施欺诈行为是对民事法律行为当事人的一方进行，而不是对民事法律行为当事人的双方进行欺诈。3. 受欺诈的一方当事人由于受第三人的欺诈，在违背真实意思的情况下，与对方当事人实施了民事法律行为。4. 尽管第三人不是对受欺诈人的对方当事人实施的欺诈行为，但是对方当事人在与受欺诈一方当事人实施民事法律行为时，可能知道或者应当知道第三人的欺诈行为，但是也可能不知道这种欺诈行为。

第三人欺诈行为的法律效力是，因第三人欺诈行为而实施的民事法律行为，对方当事人知道或者应当知道该欺诈行为的，构成可撤销的民事法律行为，受欺诈一方当事人享有撤销权，有权请求人民法院或者仲裁机构对该民事法律行为予以撤销。

【案例评注】

徐某、刘某诉某银行金融借款合同纠纷案[①]

基本案情

2013 年 5 月 31 日，原告徐某、刘某、第三人卢某及案外人那某、潘某等与被告某银行签订《联保体授信合同》一份，约定：那某、潘某、卢某、徐某 4 人为联保体各成员，任一联保体成员及其在本合同中指定的控制企业均对联保体整体授信额度与期限内的非本人融资提供最高额连带责任保证。银行给予本合同联保体所有授信提用人的整体授信额度为人民币 800 万元，联保体各成员每人的授信额度为 200 万元，授信额度使用期限从 2013 年 5 月 31 日至 2015 年 5 月 31 日。合同签订后，被告向联保体各成员发放了贷款，贷款到期后，第三人卢某未按期

① 审理法院：辽宁省沈阳市和平区人民法院，案号：（2016）辽 0102 民初字第 4449 号。

还款。2015 年 5 月 28 日，被告在原告账户扣款 5000 元用于归还第三人所欠贷款，2015 年 6 月 1 日，被告在原告账户扣款 424823.2 元用于归还第三人所欠贷款。

原告认为，原告虽签订了联保体授信合同，但第三人在签订及履行借款合同过程中存在欺诈行为，第三人并不具备贷款资格及还贷能力并且其提供的所有材料都是不真实的或不具备法律效力的，而银行在审批过程中对第三人欺诈或提供虚假材料行为是明知或应知的，因二者的原因导致原告受损。上述情形根据法律规定，原告不应承担担保责任，故银行从原告账户中进行扣款行为无事实及法律依据，银行及第三人行为侵犯原告的合法权益，现诉至法院请求依法判决。诉讼请求：1. 判令被告返还保证金 429823.2 元；2. 判决撤销联保体授信合同中的担保及保证条款，判决原告不承担担保或保证责任。

法院判决

法院认为，当事人对自己提出的诉讼请求所依据的事实或者反驳对方诉讼请求所依据的事实有责任提供证据加以证明。没有证据或者证据不足以证明当事人的事实主张的，由负有举证责任的当事人承担不利后果。原告、被告、第三人及案外人签订的《联保体授信合同》合法有效，各方均应恪守履行。第三人未按约定偿还贷款，原告应承担保证责任。原告并无证据证明第三人在签订合同过程中存在欺诈行为，亦无证据证明被告存在放任第三人进行欺诈的行为，原告的诉讼请求并无事实及法律依据，法院对原告诉讼请求不予支持。法院判决驳回原告徐某、刘某的诉讼请求。

专家点评

本案的争议之一是原告在签订联保体授信合同的过程中是否受到第三人的欺诈以及被告是否知悉。依据民法典总则编第 149 条的规定，一方当事人因第三人欺诈行为而实施的民事法律行为，对方当事人知道或者应当知道该欺诈行为的，该行为属于可撤销的民事法律行为，受欺诈一方当事人享有撤销权。相反，在不存在第三人欺诈或者对方当事人不知悉欺诈的情事时，该当事人不能主张撤销权。案中原告虽然主张其在签订联保体授信合同的过程中受到第三人的欺诈并且被告已经知悉，但是并未提供证据证明自己的主张，在法律效果上与不存在第三人欺诈相同，法院驳回原告的诉讼请求，合法合理。

第一百五十条　一方或者第三人以胁迫手段，使对方在违背真实意思的情况下实施的民事法律行为，受胁迫方有权请求人民法院或者仲裁机构予以撤销。

【条文释义】

本条是对一方或者第三人胁迫行为及效力的规定。

胁迫是指行为人以将来发生的祸害或者实施不法行为，给另一方当事人以心理上的恐吓或者直接造成损害，迫使对方当事人与其实施民事法律行为。胁迫分为两种，一种是以恐吓为手段的胁迫，另一种是以不法行为为手段的胁迫。

胁迫行为的构成要件是：1. 行为人须有实施威胁的事实。在以恐吓为手段的胁迫行为中，行为人威胁的事实是将来发生的祸害，包括涉及生命、身体、健康、财产、名誉、自由等方面所要受到的严重损害。在以不法行为为手段的胁迫行为中，使相对人感受恐怖的行为人直接实施的不法行为已经或者正在对相对人产生人身的或者财产的损害。2. 行为人实施胁迫行为须出于故意。胁迫的故意是通过威胁使相对人与其订立民事法律行为。3. 相对人因受到胁迫而实施订立民事法律行为的行为。相对人由于在心理上或者人身上受到威胁，因而不得不与行为人订立民事法律行为。

胁迫行为是可撤销的民事法律行为，受胁迫方对该民事法律行为享有撤销权，有权请求人民法院或者仲裁机构予以撤销。

【案例评注】

胡某二诉赵某合同纠纷案[①]

基本案情

2011年9月14日，原告胡某二、廖某、黄某就承建共青城市和熙家园项目地下停车场及上面建筑物签订合作协议书一份，内容为，“1. 甲、乙、丙三方在进场前分别投入人民币贰佰万元整，考虑该项目总投入在贰仟万元左右，根据工程的进度三人再逐步平均进行投入。2. 在项目运转期间由胡某二抓全面，廖某、黄某全力协助，财务分别由廖某、黄某分管……3. 三人股份为平均制，即三分之

---

① 审理法院：一审法院为江西省抚州市中级人民法院，案号：（2015）抚民三初字第7号；二审法院为江西省高级人民法院，案号：（2015）赣民一终字第285号。

一，三分之一，三分之一。如股东之间转让股份，必须提前通知其他股东，经同意由合作股东优先购买……”2013年9月1日，被告赵某、廖某、胡某二签订补充协议书一份，内容为，“1.从2013年9月1日起，和熙家园工程所有事物（包括材料购买，工程支付，工程分包等一切事项）必须经所有股东表决通过方能执行；2.所有华森置业来款到建安公司项目，必须划拨到专门账号（62×××69，廖某），由专人管理，任何人不得以任何理由挪用工程款……”2013年12月13日，赵某、胡某二、廖某签订协议一份，内容为，“现赵某、胡某二、廖某在2011年9月三人共同投资共青城华森公司（和熙家园）地下室及10#、15#、16#、17#、18#、19#、20#、21#、24#楼承建项目。赵某在项目运转过程中分别投入资金人民币640万元（陆佰肆拾万元）。由于在该项目运转过程中，胡某二、廖某不履行协议，并且私自侵占项目资金，使项目不能按时完工，造成了巨大的经济损失。按照三人协议规定所有损失由他二人（胡某二、廖某）全部负责。后经三人多次协商洽谈，达成以下协议：一、在2014年元月前还清赵某全部投资640万元（陆佰肆拾万元）。二、补偿赵某经济损失人民币400万元（肆佰万元），补偿款在2014年6月前还清。在2014年1月至6月期间按照还款金额每月平均返还。三、在所有款项未到位的情况下工地财务由赵某监管，工程合理用款除外（工人工资、材料款）。但必须在赵某或委派人核实后签字方能发放。为了保证该协议能够执行到位，项目部负责人（廖某、胡某二）必须对该协议内容全部负责，并承担相应的法律责任。如资金未在规定的时间内还清，除承担相应的法律责任外，同时处还款金额的双倍罚款。赵某在签订该协议后自动退股，本项目一切盈利及损失与赵某无关……”2014年6月15日，共青城市公安局刑侦大队出具情况说明一份，内容为，“2014年4月30日，廖某到我共青城市刑侦大队报案称‘其于2013年12月13日在共青城市被他人限制人身自由，迫使其签订不公平协议’。目前，我大队已受理该案，此案正在调查中”。原告胡某二主张本案协议是廖某、胡某二受胁迫所签订的，应予撤销，赵某强行领走的款项应予追回，并追究赵某胁迫的法律责任。被告赵某认为，原告没有在法定期限内行使撤销权，在我方起诉后也未提出反诉，对方有委托律师作为代理人，称不知道法律规定也不合理，本案协议不属于可撤销、可变更合同，对原告的起诉应予驳回。

法院判决

法院认为，根据证人辛某二证言证实，2013年11月，胡某二被赵某带走，直至在本案诉争协议签字后才被其接回，廖某在签订协议前被人踢打。证人江某提供证言证实，签订诉争协议时廖某被人踢打威胁后才在协议上签字。从证人证言看，廖某在2013年12月13日签订协议时受到了胁迫。法院判决：原告主张撤销胡某二、廖某与赵某在2013年12月13日签订的《协议》，符合法律规定，应予支持。被告不服二审判决诉至江西省高级人民法院，二审法院经审理后裁定撤销一审判决，发回原审法院重新审判。

专家点评

本案中双方当事人争议焦点为赵某、胡某二、廖某于2013年12月13日签订的协议是否属于可撤销、可变更的合同。根据民法典总则编第150条的规定，一方或者第三人以胁迫手段，使对方在违背真实意思的情况下实施的民事法律行为，受胁迫方有权请求人民法院或者仲裁机构予以撤销。本条赋予被胁迫人以撤销权，旨在保护民事主体的真实意思表示能力，避免其受到胁迫等非法因素的干扰而做出不真实的意思表示。其中，胁迫的方式包括以肉体或者精神损害来威胁，案中廖某在签订协议前被人踢打，构成对廖某意思表示的胁迫，廖某依法享有撤销该意思表示的权利。

第一百五十一条 一方利用对方处于危困状态、缺乏判断能力等情形，致使民事法律行为成立时显失公平的，受损害方有权请求人民法院或者仲裁机构予以撤销。

【条文释义】

本条是对显失公平及效力的规定。

本条将乘人之危的行为归并在显失公平的行为之中，统一称为显失公平。

显失公平，是指一方当事人利用对方处于困境，或者缺乏判断能力等情况下，与对方当事人实施的对自己明显有重大利益而使对方明显不利的民事法律行为。其特征是：1. 民事法律行为的内容对双方当事人明显不公平，一方承担更多的义务却享有更少的权利，而另一方享有更多的权利却承担更少的义务；2. 获得利益的一方当事人所获得的利益超过法律所允许的程度；3. 受害的一方是因处于困境或者缺乏经验或紧迫的情况下实施的订立民事法律行为的行为。

显失公平的构成要件是：1. 利用对方当事人处于困境或者缺乏经验等。困境包括经济、生命、健康、名誉等方面的窘迫或急需，情况比较紧急，迫切需要对方提供金钱、物资、服务或劳务。对方当事人缺乏经验，是承担不利后果的一方当事人在其自身有轻率、无经验等不利的因素，对行为的内容认识不准确。2. 对方当事人因困境或者缺乏经验而与其订立民事法律行为。乘人困境，对方当事人明知其提出的条件是利用自己的危难或急迫而从中获取不当利益，但因困境所迫，而与其订立民事法律行为。缺乏经验，是行为人因无知、没有交易经验、不熟悉经营活动等，贸然与对方实施民事法律行为。3. 行为人所获得的利益超出了法律所准许的限度，其结果是显失公平的。一般认为，出卖人交付的标的物的价格少于其实有价值的一半，或者超出其市场价格的一倍的，属于显失公平。显失公平的发生时间在订立民事法律行为之时。

显失公平，受损害方有权请求人民法院或者仲裁机构予以撤销。受到损害的一方基于显失公平的民事法律行为，有权向人民法院或者仲裁机构请求行使撤销权，撤销显失公平的民事法律行为。

【案例评注】

陈某某诉某公司确认合同无效纠纷案①

基本案情

2012年9月7日，原告陈某某与被告某公司签订了一份《百味汇美食城经营管理合同》，该合同首部载明："管理方（简称甲方）：某公司，被管理方（简称乙方）：陈某某。"主要约定："根据国家、省有关法律、法规和本市的有关规定，甲、乙双方在自愿、公平、诚实信用、等价有偿原则的基础上，经充分协商，同意下列经营管理合同事项，乙方已对所要经营的场所百味汇美食城（档口）做了充分了解，甲乙双方订立本合同，就下列各项条款达成以下合作协议，并共同遵守。一、本合同经营期限为1年，从2012年10月1日起至2013年9月30日止。二、甲方将位于高新西区百味汇美食城11号档口提供给乙方设置加工间，经营品种为火锅兔、仔姜系列、鸡煲。三、为了提升整体形象、营造良好的就餐环境及提高消费档次，乙方一次性支付甲方整体形象打造、包装费72646元；本档口综合服务及经营管理费最低每月按5506元计算，一个季度乙方向甲方预先支付16518元，如以后需增加工作人员按比例加收费用；当甲方交付该档口时，乙方向甲方交保证金5000元，本金额当乙方不再在本美食城经营时无息退还乙方；档口内的水、电、气及其他费用均由乙方承担，由甲方每月向乙方按实际使用量及其金额收取，公共费用则平均分摊当月收取（注：垃圾清运费均摊，按年度一次

① 审理法院：四川省成都市高新技术产业开发区人民法院，案号：（2013）高新民初字第2468号。

性收取）；相关证照乙方自行办理，费用自行承担（甲方辅助、协调且提供办理相关证照的基本资料）；在本合同中未呈现的其他费用均由乙方承担，公共部分费用则均摊；在合同期间乙方不得以任何条件及方式向甲方提出退还支付金额；下次合同递增比例不超过15%（综合服务及经营管理费）。四、乙方在本美食城销售的商品品种为火锅兔、仔姜系列、鸡煲，乙方不得擅自变更经营品种，乙方确需新增经营品种或改变业态品种，必须以书面形式申请，经甲方同意后乙方方可加工销售。”在经营过程中，原告主张，被告公共区域服务不到位，管理不尽责，宣传不力，原告无法实现投资经营目的，不愿再与被告合作，请求依法判决：一、原、被告之间签订的《百味汇美食城经营管理合同》因显失公平依法予以撤销；二、被告返还原告美食城打造、包装费79979元、综合服务及经营管理费16518元、签约保证金5000元、天然气设施安装补差费6537元，其他为天然气接头费、招牌和厨房餐具、饮具等各项费用损失约17400元。上述5项费用合计125434元。对于原告要求被告退还的保证金5000元和天然气设施安装补差费6537元的诉讼请求，被告在诉讼过程中明确表示同意退还。

法院判决

法院认为，美食城系一种特殊的经营模式，对内各商家单独经营，互不干扰，对外则形成美食城的整体，亦强调经营统一性和稳定性，合同约定的打造、包装费系被告分摊给原告装修、装饰和配置美食城基本设施设备的费用。法官在判决中指出，美食城建筑面积共958.60平方米，被告委托某装饰公司装修该美食城花费241156元，天然气安装花费208447元，此外，厨卫墙砖、地砖、清洗间地砖、大厅地砖、档口立面砖等系由被告另行购买。装修后，被告为美食城大厅部分增设了监控系统、排烟系统、消防设施、空调、吊灯、洗碗机、餐桌等设备，制作了美食城招牌、灯箱等装饰。上述开支总和附加上被告一定的盈利空间再分摊到12家档口，原告负担72646元费用并非明显过高。原告在订立合同时已到美食城现场进行了查看，被告虽未告知其场地来源，原告亦明知装饰装修及设施设备系附着于他人房产之上，大部分均无法与建筑物相分离或分离后价值减损较大，且双方合同中明确了装饰装修及设施设备原告不能搬离。因此，在订立合同时已经明确约定的打造、包装费72646元并不显失公平。关于每月5506元的综合服务和经营管理费，原告认为该费用过高，且包含的服务内容不详，被告主张收取该笔费用中包含了场地使用费、服务人员工资、美食城管理人员工资等，原告主张还应包含物管费、垃圾清运费。对此，法院认为，美食城建筑面积共958.60平方米，每月租金共计19172元；另有约6位公共区域服务人员、2名管理人员，按照2012年成都市城镇住宿和餐饮业就业人员年平均工资25324元计算的美食城每月人工成本为16882元。由于12家档口使用面积大致相当，公共开支系均摊，故仅计算场地使用费和人工工资被告花费的成本平均到每位档口业主约为每月3004元，计算被告的正常利润，原告每月5506元的综合服务和经营管理费也并非显失公平。

因原告未举证证明除保证金和天然气设施安装补差费以外的相关条款明显违反公平、等价有偿原则，判决如下：一、被告某公司应于本判决生效之日起10日内向原告退还保证金5000元、天然气设施安装补差费6537元；二、驳回原告的其他诉讼请求。

专家点评

本案的焦点是原、被告订立的《百味汇美食城经营管理合同》是否显失公平。依据民法典总则编第151条的规定，一方当事人利用对方处于困境，或者缺乏判断能力等情况下，与对方当事人实施的对自己明显有重大利益而使对方明显不利的民事法律行为，受损害方有权请求人民法院撤销该民事法律行为。而上述条款系原、被告就此种特殊的经营模式作出的约定，属于双方意思自治的范畴，合同本身并不违背平等、自愿、诚实信用的原则，也无显失公平的情形。可见，涉案合同条款并不满足构成显失公平的主客观要件，因此法官驳回了原告撤销合同的请求。

第一百五十二条　有下列情形之一的，撤销权消灭：

（一）当事人自知道或者应当知道撤销事由之日起一年内、重大误解的当事人自知道或者应当知道撤销事由之日起九十日内没有行使撤销权；

（二）当事人受胁迫，自胁迫行为终止之日起一年内没有行使撤销权；

（三）当事人知道撤销事由后明确表示或者以自己的行为表明放弃撤销权。

当事人自民事法律行为发生之日起五年内没有行使撤销权的，撤销权消灭。

【条文释义】

本条是对撤销权及消灭事由的规定。

因重大误解、胁迫、欺诈以及显失公平实施的民事法律行为，一方当事人享有撤销权。撤销权可以因一定的法定事由而消灭：1. 超过除斥期间没有行使权利；2. 撤销权人放弃撤销权。

撤销权的除斥期间有几种情形：1. 一般除斥期间，当事人自知道或者应当知道撤销事由之日起一年内没有行使撤销权的，起算时间为知道或者应当知道撤销事由之日起。2. 特别除斥期间是：（1）重大误解的除斥期间，是当事人自知道或者应当知道撤销事由之日起九十日；（2）当事人受胁迫而实施的民事法律行为的除斥期间为一年，起算时间是自胁迫行为终止之日起。对于胁迫行为，在起算时间上采取特别方法以保护受胁迫的当事人。3. 如果当事人不知道或者不应当知道撤销事由发生的，最长除斥期间是当事人自该民事法律行为发生之日起的五年。在上述规定的除斥期间完成后，撤销权消灭。

当事人放弃撤销权，也是撤销权消灭的法定事由。当事人放弃撤销权有两种形式：1. 以明示方式放弃撤销权，即当事人知道撤销事由后明确表示自己放弃撤销权的。2. 以默示方式放弃撤销权，当事人知道撤销事由后，以自己的行为表明放弃撤销权。明示或者默示方式放弃撤销权的，原来的民事法律行为继续有效。

【案例评注】

陈某诉文某房屋买卖合同纠纷案①

基本案情

原告陈某与被告文某系母女关系。原告于1999年购买位于翠屏区下江北电厂新建村二幢×单元×层×号房产。该房产系原告与其配偶（已故）合并计算工龄后购买的房改房。其中原告工龄计算为5年，其配偶计算为33年。2011年初，被告利用原告年事已高（84岁）不明白法律利害关系，且其掌握原告户籍簿、房产证的便利条件，谎称需要原告签名，将原告的房产过户至被告名下（合同金额65000元，现房产价值15万元左右），被告并未将上述房款交付于原告。原告虽

---

① 审理法院：四川省宜宾市翠屏区人民法院，案号：（2016）川1502民初4676号。

在《房屋买卖合同》及《房款收据》上签字，但被告未向原告告知签字文书中的内容，被告对签字所产生的法律效果并不知情。因陈某身体较好，老人大部分时间都是独居于该房屋内，子女有时间或方便时便来探望陈某。2016 年 4 月，宜宾发电厂正式进入棚户区改造。端午节家人聚餐时，文某将陈某把诉争房屋过户于自己的事告知其他兄妹，原告随后得知诉争议房产的产权人于2011 年已变更为被告，向法院提出请求撤销原、被告于2011 年签订的房屋买卖合同。被告主张，原告提起的诉讼已超过除斥期间，其诉请不能得到法院的支持。

法院判决

法院认为原告于2016 年端午节才得知诉争房产变更为被告的事实，原告行使的撤销权并未超过除斥期间的规定，判决撤销原告陈某与被告文某于2011 年签订的《房屋买卖合同》。

专家点评

本案的焦点是原告提起诉讼是否超过除斥期间的要求。依据民法典总则编第152 条规定，当事人因欺诈享有撤销权的，自知道或者应当知道被欺诈之日起一年内享有撤销权，超出一年除斥期间的，丧失撤销权。本案中，被告利用原告年事已高，没有文化的条件，让不明就里的原告在《房屋买卖合同》及《房款收据》上签字，其行为对原告已构成欺诈。原告在 2016 年 4 月得知欺诈事由，在 2016 年 11 月之前便起诉请求撤销买卖合同，尚在撤销权期限范围内，法官支持原告撤销房屋买卖合同的请求，值得认可。需要说明的是，在本案发生之时，仍然适用原《民法通则》与原《合同法》，并无自法律行为发生之日起 5 年内没有行使撤销权导致撤销权消灭的最长期限限制。

第一百五十三条 违反法律、行政法规的强制性规定的民事法律行为无效。但是，该强制性规定不导致该民事法律行为无效的除外。

违背公序良俗的民事法律行为无效。

【条文释义】

本条是对违反法律、行政法规强制性规定和违背公序良俗的民事法律行为无效的规定。

违反法律、行政法规的法律行为，是指当事人在订约目的，具体内容，以及在形式上都违反法律和行政法规的强制性规定的民事法律行为。当事人在主观上可以是故意所为，也可以是过失所致。规定违反法律、行政法规的强制性规定的民事法律行为无效，其基础是民法典总则编第7条和第143条。

“但是该强制性规定不导致该民事法律行为无效的除外”，这个但书表明的是，在法律和行政法规中有些虽然也是强制性规定，但是却不是效力性强制性规定，而是管理性的强制性规定。违反效力性强制性规定直接导致的后果是民事法律行为无效，违反管理性强制性法律规定并不一定直接导致该民事法律行为无效，而要看所违反的管理性强制性规定的法律属性。

这种行为的类型划分是：公然违法行为与非公然违法行为。前者叫形式违法行为，是指当事人在订立法律行为时，就明知法律行为违法，却仍然订立法律行为。公然违法的法律行为一经订立就是无效的法律行为。后者叫实质违法行为，是指行为的违法性并非显而易见，而是表面合法、实质违法。一经查实，亦为绝对无效的法律行为。

认定违背公序良俗的民事法律行为，是因为在私权神圣的原则下，既要尊重民事主体的意思自治，按照自己的意思设立、变更、终止民事法律关系，也必须尊重公共秩序和善良风俗。违背公序良俗原则，法律强制认定这种民事法律行为无效。民事法律行为，特别是民事主体进行的非交易性质的民事法律行为，如果该法律行为是社会全体成员普遍认为须遵循的道德准则，行为人违背了我国民法所恪守的基本理念，就构成了违背善良风俗。非交易性质的民事法律行为，损害了全体社会成员的共同利益，破坏社会的共同生活规则，违反社会成员相互之间的共同行为准则，就是违背公共秩序的民事法律行为。这样的民事法律行为都是无效的民事法律行为。

【案例评注】

李某诉徐某居间合同纠纷案[①]

基本案情

2012年，甲公司就废旧设备拆除项目对外发出招标文件，被告徐某打算参与

① 审理法院：江苏省高级人民法院，案号：（2015）苏民终字第00574号。

承接该拆除项目，经人介绍认识原告李某，在得知李某的哥哥当时担任丁公司（甲公司的上级单位）董事长后，双方商谈由李某居间协调，帮助徐某以乙公司名义中标该拆除项目并签订合同。2012 年 11 月 15 日，徐某向李某出具欠条一份，载明“今欠到持据人人民币总额：甲公司拆除项目合同价的百分之十一作为准确数字，（已预付的叁拾万元包含在内）。此据成立的前置条件为：立据人以乙公司名义参加甲公司拆除项目的中标及签订合同，合同签订后三个工作日内以现金方式足额支付持据人”。2012 年 12 月 21 日，甲公司向丙公司发出了中标通知书，载明该公司中标涉案拆除项目，中标金额为人民币 4017 万元。此次招投标过程中，乙公司以 3861 万元的价格排在第二位，未能中标涉案拆除项目。因中标单位丙公司未能按照规定交齐拆除款项，甲公司考虑时间紧迫，未组织重新招标，通知排名在该中标单位后包括乙公司在内的三家公司协商，约定按照丙公司中标价 4017 万元，与先将该款项汇入甲公司账上的公司签订合同。乙公司最先完成款项汇入，双方遂于 2012 年 12 月 26 日签订了废旧设备拆除工程项目施工及资产转让合同。该合同约定工期为 75 日历天，总价款为 4017 万元，合同签订后 5 日内一次性缴纳合同总价款和安全生产保证金，安全生产保证金为中标价的 50%，并约定了双方责任及违约条款等。李某认可徐某分七次向其付款合计 170 万元，分别为：2012 年 6 月 13 日的 30 万元现金；2012 年 8 月 21 日的 5 万元转账；2012 年 9 月 12 日的 3 万元转账；2013 年 1 月 10 日的 40 万元现金；2013 年 1 月 15 日的 62 万元转账；2013 年 1 月 17 日的 26.5 万元现金；2013 年 1 月 18 日的 3.5 万元转账。徐某则主张共支付款项数额为 186 万元，但李某已归还 19 万元。2014 年 6 月 1 日，李某向徐某出具了退款承诺书一份，载明：“因李某以项目名义向徐某索要人民币壹佰柒拾万元整（170 万元），经双方协商，李某再退还壹佰壹拾万元整（110 万元），此笔款分两次支付，从即日起三十天内付一半，计伍拾伍万元整，陆拾天内付清余款伍拾伍万元……”李某称该份退款承诺书系在受到徐某暴力胁迫下所出具，但未能提交报警记录或其他证据相印证。本案受理后，徐某向江苏省无锡市崇安区公安分局通江派出所报案，称自己被李某诈骗 170 余万元，该所于 2015 年 1 月 16 日向徐某出具了受案回执一份，该案至今仍处于初查阶段，尚未作出立案决定。2014 年 11 月 18 日，李某提起本案诉讼称：双方于 2012 年 11 月 15 日商定，徐某以乙公司的名义参加甲公司拆除项目，只要中标及签订合同，即以“拆除”合同价（4107 万元）的 11% 作为居间费用计 441.87 万元，并承诺在合同签订后三个工作日内足额支付给李某。“拆除项目”合同于 2012 年 12 月 26 日签订，徐某在 2013 年 2 月前给付李某 170 万元后，即以种种借口拒绝给付余款 271.87 万元。李某起诉至法院请求法院判令徐某偿还李某 271.87 万元及利息。

法院判决

法院认为，对于合法的请托，应按照委托合同关系处理，但涉及权钱交易等违背公序良俗的请托而形成的债务，不受法律保护。对于已经给付的部分，资金提供者主张返还的，法院不予支持。本案中，徐某挂靠乙公司参与甲公司废旧设备拆除项目的招投标程序，理应遵行招投标法公开、公平、公正、诚信的原则，而徐某试图通过李某斡旋关系从而达到中标的目的，该请托破坏了市场公平竞争的正常秩序，不受法律保护，由此形成的债权债务也不受法律保护，法院判决，李某的上诉请求缺乏法律依据，不能成立，驳回原告的诉讼请求。

专家点评

本案争议焦点为李某要求徐某支付居间服务费是否应予支持。正如法官在判决书中所指出的，徐某向李某出具的欠条内容，实质上是徐某委托李某，利用其哥哥担任甲公司上级单位新世纪公司董事长的身份，为其从中打点疏通关系提供便利，以达到成功承接拆除项目工程赚取利润的目的，原告李某所主张的债务涉及权钱交易，明显违反了公平竞争的市场规则。因该债务违反了公序良俗，依据民法典总则编第 153 条有关违背公序良俗的民事法律行为无效的规定，李某所主张的债务因违背公序良俗自始无效，不受法律保护，因此法院驳回了其诉讼请求。

第一百五十四条 行为人与相对人恶意串通，损害他人合法权益的民事法律行为无效。

【条文释义】

本条是对恶意串通行为无效的规定。

恶意串通，是当事人为实现某种目的，进行串通，共同订立民事法律行为，造成国家、集体或者第三人利益损害的违法行为。

恶意串通的构成要件是：1. 当事人在主观上具有恶意，当事人相互之间具有共同的非法目的。2. 当事人之间互相串通。串通是指相互串联、勾通，使当事人之间在行为的动机、目的、行为以及行为的结果上达成一致，共同实现非法目的。3. 双方当事人串通实施的行为损害他人的合法权益。如某城建集团将自己下属的一个资产总额 1 亿元的开发部，以 300 万元的对价出让给对方当事人，双方当事人均得到好处，受到损害的却是资产所有者的利益。这样的行为就是恶意串通。

恶意串通的民事法律行为是绝对无效的民事法律行为，发生民事法律行为无效的法律后果。

【案例评注】

甲公司诉丙公司、丁公司、戊公司买卖合同纠纷案[①]

基本案情

甲公司因与乙公司买卖大豆发生争议，双方在国际油类、种子和脂类联合会仲裁过程中于2005年6月26日达成《和解协议》，约定乙公司将在五年内分期偿还债务，并将乙公司旗下丙公司的全部资产，包括土地使用权、建筑物和固着物、所有的设备及其他财产抵押给甲公司，作为偿还债务的担保。2005年10月10日，国际油类、种子和脂类联合会根据该《和解协议》作出第3929号仲裁裁决，确认乙公司应向甲公司支付1337万美元。2006年5月，因乙公司未履行该仲裁裁决，丙公司也未配合进行资产抵押，甲公司向福建省厦门市中级人民法院申请承认和执行第3929号仲裁裁决。2007年6月26日，厦门市中级人民法院经审查后裁定对该仲裁裁决的法律效力予以承认和执行。该裁定生效后，甲公司申请强制执行。2006年5月8日，丙公司与丁公司签订一份《国有土地使用权及资产买卖合同》，约定丙公司将其国有土地使用权、厂房、办公楼和油脂生产设备等全部固定资产以2569万元人民币（以下未特别注明的均为人民币）的价格转让给丁公司，其中国有土地使用权作价464万元、房屋及设备作价2105万元，应在合同生效后30日内支付全部价款。王某三和柳某分别作为丙公司与丁公司的法定代表人在合同上签名。丙公司曾于2001年12月31日以482.1万元取得本案所涉32138平方米国有土地使用权。2006年5月10日，丙公司与丁公司对买卖合同项下的标的物进行了交接。同年6月15日，丁公司通过在中国农业银行漳州支行的账户向丙公司在同一银行的账户转入2500万元。丙公司当日从该账户汇出1300万元、1200万元两笔款项至乙公司旗下大连戌公司账户，用途为往来款。同年6月19日，丁公司取得上述国有土地使用权证。2008年2月21日，丁公司与漳州开发区戊公司签订《买卖合同》，约定戊公司购买上述土地使用权及地上建

---

① 审理法院：最高人民法院，案号：（2012）民四终字第1号。

筑物、设备等，总价款为2669万元，其中土地价款603万元、房屋价款334万元、设备价款1732万元。戊公司于2008年3月取得上述国有土地使用权证。戊公司仅于2008年4月7日向丁公司付款569万元，此后未付其余价款。丁公司、丙公司、大连戊公司及乙公司旗下其他公司的直接或间接控制人均为王某一、王某二、王某三、柳某。王某一与王某三、王某二是父女关系，柳某与王某三是夫妻关系。2009年10月15日，某粮油公司取得丁公司80%的股权。戊公司成立于2008年2月19日，原股东为宋某、杨某。2009年9月16日，某粮油公司和宋某、杨某签订《股权转让协议》，约定某粮油公司购买戊公司80%的股权。同日，某粮油公司（甲方）、戊公司（乙方）、宋某和杨某（丙方）及某食品公司（丁方）签订《股权质押协议》，约定：丙方将所拥有戊公司20%的股权质押给甲方，作为乙方、丙方、丁方履行“合同义务”之担保；“合同义务”系指乙方、丙方在《股权转让协议》及《股权质押协议》项下因“红豆事件”而产生的所有责任和义务；“红豆事件”是指甲公司与乙公司就进口大豆中掺杂红豆原因而引发的乙公司涉及的一系列诉讼及仲裁纠纷以及与此有关的涉及戊公司的一系列诉讼及仲裁纠纷。还约定，下述情形同时出现之日，视为乙方和丙方的“合同义务”已完全履行：1. 因“红豆事件”而引发的任何诉讼、仲裁案件的全部审理及执行程序均已终结，且乙方未遭受财产损失；2. 甲公司针对乙方所涉合同可能存在的撤销权因超过法律规定的最长期限（五年）而消灭。2009年11月18日，某粮油公司取得戊公司80%的股权。戊公司成立后并未进行实际经营。由于丙公司已无可供执行的财产，导致无法执行，甲公司遂向福建省高级人民法院提起诉讼，请求：一是确认丙公司与丁公司签订的《国有土地使用权及资产买卖合同》无效；二是确认丁公司与戊公司签订的国有土地使用权及资产《买卖合同》无效。

法院判决

福建省高级人民法院认为，关于丙公司、丁公司、戊公司相互之间订立的合同是否构成“恶意串通，损害第三人利益”的合同：首先，丙公司、丁公司在签订和履行《国有土地使用权及资产买卖合同》的过程中，其实际控制人之间系亲属关系，且柳某、王某三夫妇分别作为两公司的法定代表人在合同上签署。因此，可以认定在签署以及履行转让丙公司国有土地使用权、房屋、设备的合同过程中，丁公司对丙公司的状况是非常清楚的，对包括丙公司在内的乙公司因“红豆事件”被仲裁裁决确认对甲公司形成1337万美元债务的事实是清楚的。其次，《国有土地使用权及资产买卖合同》订立于2006年5月8日，其中约定丁公司购买丙公司资产的价款为 2569 万元，国有土地使用权作价 464 万元、房屋及设备作价 2105 万元，并未根据相关会计师事务所的评估报告作价。一审法院根据丙公司 2006 年 5 月 31 日资产负债表，以其中载明固定资产原价 44042705. 75 元、扣除折旧后固定资产净值为 32354833. 70 元，而《国有土地使用权及资产买卖合同》中对房屋及设备作价仅 2105 万元，认定《国有土地使用权及资产买卖合同》中约定的购买丙公司资产价格为不合理低价是正确的。在明知债务人丙公司欠债权人甲公司巨额债务的情况下，丁公司以明显不合理低价购买丙公司的主要资产，足以证明其与丙公司在签订《国有土地使用权及资产买卖合同》时具有主观恶意，属恶意串通，且该合同的履行足以损害债权人甲公司的利益。再次，《国有土地使用权及资产买卖合同》签订后，丁公司虽然向丙公司在同一银行的账户转账 2500 万元，但该转账并未注明款项用途，且丙公司于当日将 2500 万元分两笔汇入其关联企业大连戊公司账户；又根据丙公司和丁公司当年的财务报表，并未体现该笔 2500 万元的入账或支出，而是体现出丁公司尚欠丙公司“其他应付款”121224155. 87 元。一审法院据此认定丁公司并未根据《国有土地使用权及资产买卖合同》向丙公司实际支付价款是合理的。最后，从公司注册登记资料看，戊公司成立时股东构成似与丙公司无关，但在戊公司股权变化的过程中可以看出，戊公司在与丁公司签订《买卖合同》时对转让的资产来源以及丙公司对甲公司的债务是明知的。《买卖合同》约定的价款为 2669 万元，与丁公司从丙公司购入该资产的约定价格相差不大。戊公司除已向丁公司支付 569 万元外，其余款项未付。综上，法院认定丙公司与丁公司签订的《国有土地使用权及资产买卖合同》、丁公司与戊公司签订的《买卖合同》属于恶意串通、损害甲公司利益的合同。根据《合同法》第五十二条第（二）项的规定，判决确认丙公司与丁公司之间的《国有土地使用权及资产买卖合同》、丁公司与戊公司之间的《买卖合同》无效。

专家点评

本案中原告诉讼请求确认《国有土地使用权及资产买卖合同》和《买卖合同》无效，关键在于认定丙公司、丁公司、戊公司相互之间订立的合同是否构成“恶意串通，损害第三人利益”。诚如法官在判决中指出，以上三个公司控制人之间具有亲属关系，在明知丙公司可能负担巨额债务的情况下，以明显低价转让固定资产来规避债务，属于典型的恶意串通，损害第三人利益情形。依据民法典总则编第 154 条的规定，行为人与相对人恶意串通损害他人利益的民事法律行为无效，法官认定以上买卖合同无效，值得赞同。

第一百五十五条 无效的或者被撤销的民事法律行为自始没有法律约束力。

【条文释义】

本条是对民事法律行为被宣告无效或者被撤销后自始无效的规定。

民事法律行为无效或者被撤销所发生的法律后果是必须由法律做出明确规定，确定应当如何承担无效或者被撤销的民事法律行为的后果。

无论是可撤销的民事法律行为，还是无效的法律行为，根据本条的规定，在其被撤销或者被宣告为无效以后，该民事法律行为就是自始、绝对、确定地不按照行为人设立、变更、终止民事法律关系的意思表示发生法律效力。

民事法律行为无效，是民事法律行为不发生其应有的法律约束力，民事法律行为约定的权利、义务不再发生，与原来没有订立民事法律行为的状况是一样的。民事法律行为无效包括绝对无效与相对无效。

绝对无效民事法律行为，由于都是因民事法律行为内容违反法律或公序良俗，因而民事法律行为在订立之始就没有效力。这种无效是绝对无效，不仅自始无效，而且不准当事人予以追认。

相对无效民事法律行为，在经过当事人请求，依法对民事法律行为予以撤销之后，该民事法律行为虽然在撤销前曾经有过一段效力，但民事法律行为一经撤销就自始无效，其无效的后果溯及既往，前面曾经发生过的效力亦一并消灭，回归到没有民事法律行为的状态。

无效或者被撤销的民事法律行为自始没有法律拘束力，仍然应当适用民法典合同编第 507 条的规定，不能影响民事法律行为中关于解决民事法律行为争议方法的条款的效力，处理争议还必须按照原来民事法律行为的约定进行。包括四个内容：1. 民事法律行为被宣告无效的，解决民事法律行为争议方法的条款继续有效。2. 民事法律行为被撤销的，解决民事法律行为争议方法的条款不能撤销。3. 即使是变更民事法律行为，在争议处理中对解决民事法律行为争议方法的条款原则上也不能变更。4. 民事法律行为终止，解决民事法律行为争议方法的条款的效力不能消灭。

【案例评注】

邱某诉钱某提供劳务者受害责任纠纷案①

基本案情

2014年8月，原告邱某的配偶通过他人介绍的方式与被告钱某取得联系，连同其他二人共同与钱某对拟砍伐林木的由钱某承包经营的广宁县坑口镇大汕村委会小汕村黄竹涌山场进行了勘验，双方共同约定按照砍伐林木的立方数计算报酬，并由砍伐人负责将林木从山场运输到公共道路上。之后，邱某便与其他三人（包括邱某的配偶）自带劳动工具共同对上述林木进行砍伐、运输。2014年9月11日，邱某在做工过程中跌伤，造成L3椎体爆裂性骨折并不全瘫和L2棘突及椎弓骨折。当即被送往广宁县人民医院接受治疗至2014年10月21日止，共用去医疗费88679.27元（其中钱某支付了18000元），出院意见为“患者病情稳定出院，住院期间留陪人壹人，建议休息伍个月。骨折愈合后可行拆除内固定手术，费用约壹万元人民币”。邱某住院期间主要由其配偶陪护，其配偶主要是从事林木砍伐工作。2014年10月8日，在广宁县坑口镇大汕村民委员会的主持下，钱某与邱某的配偶达成《调解协议》，其内容为：“1. 前段医疗的费用双方各自支付，不论各支付多少，一律不计入此次调解内容。2. 由钱某一次性补偿给邱某玖仟元整（9000元）。3. 双方确认签名（付款）后，不论邱某身体发生什么意外及什么意外事件，与钱某无任何关系，包括间接关系。4. 双方签名确认补偿款交清，邱某不得再以任何借口向钱某索要经济补偿及一切财物。”双方当事人口头约定补偿款9000元在2014年10月9日付清，钱某至今未按约定支付补偿款。2015年4月24日，广东谨正法医临床司法鉴定所作出谨正司鉴所（2014）临鉴字135号《司法鉴定意见书》，根据《道路交通事故受伤人员伤残评定》评定邱某的损伤构成Ⅵ级伤残；根据《法医临床鉴定行业指引》附件3，评定邱某的后续治疗费约需人民币10000元。邱某为此支付了鉴定费2550元。原告请求法院判令：1. 撤销广宁县坑口镇大汕村民委员会主持调解的《调解协议》；2. 被告赔偿原告损失265422.27元。

① 审理法院：广东省广宁县人民法院，案号：（2015）肇宁法新民初字第103号。

法院判决

法院认为，邱某仅仅是向钱某提供劳力，虽然双方约定是按完成工作的量计算报酬，但结合砍伐林木并没有技术含量、质量要求等方面来看，不符合承揽（定作）合同的法律特征，考虑到双方的履行期限以及结算方式，况且钱某知道或者应当知道邱某为其提供劳力而接受，可以认定双方当事人之间是以完成一定工作任务为期限的劳务合同关系。个人之间形成劳务关系，提供劳务的一方在劳动过程中受到损害的，根据各自的过错承担相应的责任，因此，钱某应当按照自己的过错承担责任。钱某对于提供劳务的人没有提供足够的劳动安全保障、疏于管理，是导致损害事实发生的主要原因；邱某在劳动过程中欠缺足够的谨慎，是导致损害事实发生的次要原因，因此，钱某对本案负有主要过错责任，邱某对本案负有次要过错责任。综合双方当事人的过错程度，确定由钱某承担赔偿损失的80%，由邱某自行承担损失的20%，双方当事人达成的调解协议是由基层调解组织主持下达成的，第一款的内容是针对医疗费的负担达成的协议，根据双方当事人的陈述，双方当事人的真实意思表示应为钱某前期已支付的医疗费18000元作为其承担医疗费赔偿责任的范围，不足部分由邱某自行承担或通过农村合作医疗报销来弥补；基于当时邱某已接近出院，按照医院的习惯做法，每天都会将医疗费用以清单形式告知患者，可以推定邱某在接受调解时已经知道已经发生的医疗费用的数额，而且邱某在接受调解时同时考虑了进行农村合作医疗报销等因素，所以邱某对于由钱某承担医疗费18000元与实际医疗费损失的差距是知道和应当知道的，不存在重大误解的可能；结合邱某仍可进行农村合作医疗报销以及实践中农村合作医疗报销的比例、承担损失的比例等情形，由钱某赔偿医疗费18000元，也不存在显失公平的情形，所以邱某请求撤销该款协议没有法律依据，不予支持。第二款是针对医疗费以外的赔偿责任达成的协议，结合第三、四款的协议内容，该款的真实意思表示应是钱某除负担医疗费18000元外另外一次性支付9000元给邱某，虽然邱某当时知道了自己的伤情，由于作为一般公民对于伤情引起的伤残程度，在没有经有关机构评估之前是难以判断的，也无法得知因伤残所承受的经济损失程度，当然也无法合理衡量利益，造成了协议约定的赔偿数额与实际损失差距较大，显失公平，邱某请求撤销该款约定，符合法律规定，法院予以支持。因被撤销的民事法律行为自始无效，故钱某应当按照赔偿比例赔偿邱某除医疗费损失之外的实际损失。邱某因伤造成的除医疗费外的其他损失包括：1. 住院伙食补助费4000元；2. 误工费15116.62元；3. 护理费2699.4元；4. 残疾赔偿金116693元；5. 鉴定费2550元；6. 后续治疗费10000元，合计151059.02

元。上述损失应由钱某赔偿 120847.22 元。由于邱某的伤情构成六级伤残，遭受了一定的精神损害，其请求钱某赔偿精神损害抚慰金 15000 元，与有关法律规定以及当事人的过错程度、经济能力等相符，予以采纳。综上，法院判决，被告钱某应当在本判决发生法律效力之日起 10 日内赔偿原告邱某各项损失 135847.22 元。

专家点评

本案的争议焦点之一是原、被告双方签订的《调解协议》的效力。《调解协议》的第三款、第四款因被告利用了原告处于危难、对未来情况不知情的处境，而与原告签订了赔偿数额与实际损失差距较大的协议，属于显失公平的条款，原告有权依法撤销。依据民法典总则编第 155 条的规定，自原告行使撤销权后，该协议自始无效，对原告没有拘束力。故，原告有权按照过错比例要求被告赔偿除医疗费损失之外的实际损失，包括住院伙食补助费、误工费、残疾赔偿金、鉴定费和精神损害赔偿金等。因此法院依法部分支持了原告撤销《调解协议》的诉讼请求。

第一百五十六条　民事法律行为部分无效，不影响其他部分效力的，其他部分仍然有效。

【条文释义】

本条是对民事法律行为部分无效的规定。

民事法律行为部分无效，是民事法律行为的部分内容违反法律或公序良俗等，但是其他部分并不存在这样的内容。如在一个买卖民事法律行为中，民事法律行为的其他内容都没有问题，但在价款上，违反政府定价而当事人自行定价，导致价款的内容无效，其他内容有效。对这种民事法律行为，无效条款并不影响其他条款的效力，其他条款是有效的，只要在价款条款上按照政府定价，民事法律行为即可继续履行。

民事法律行为无效部分的内容影响到其他部分内容的效力，则民事法律行为全部无效。如双方当事人买卖国家禁止买卖的物品，尽管民事法律行为的其他条款都遵守国家的规定，但由于无效的内容影响到其他内容的效力，该民事法律行为的全部内容均为无效。

【案例评注】

尚某、景小某诉景某、李某、毕某土地承包经营权纠纷案[①]

基本案情

1997年，第二轮土地承包时，二原告尚某、景小某（二原告系母女关系）在双辽市王奔镇宝山村分得承包地10.9亩，原告尚某于2004年与被告景某经双辽市人民法院（2004）双郊民初字第94号民事调解书调解离婚，母女俩迁往外地，所分承包地由被告景某耕种。于2014年回来才得知，被告景某没有经过二原告同意私自将其承包地转包给被告李某、毕某耕种。二原告诉至法院，请求法院确认三被告之间所签承包合同部分无效；退还二原告10.9亩土地经营权，诉讼费用由三被告共同承担。

法院判决

法院认为，被告景某转包土地时，原告尚某与被告景某已经离婚，尚某与景小某的土地已经不属于景某的家庭承包地，被告景某、李某、毕某在签订土地转包合同时均知晓尚某与景某离婚的事实，景某未经二原告同意擅自处分二原告的土地经营权，且二原告对景某转包土地的行为不予认可，故景某与李某的土地转包合同、景某与毕某的土地转包合同部分无效（即涉及二原告土地经营权的部分无效，不影响其他部分的效力）。判决如下：一、被告景某与被告李某签订的土地转包合同部分无效（涉及原告尚某、景小某土地承包经营权的部分无效），被告李某于判决生效后返还原告尚某、景小某一等地（地块名为“大块地”）4.8亩（小亩）。二、被告景某与被告毕某签订的土地转包合同部分无效（涉及原告尚某、景小某土地承包经营权的部分无效），被告毕某于判决生效后返还原告尚某、景小某二等地（地块名为“场院后”）6亩（小亩）。

专家点评

本案的核心焦点是三被告之间签订的承包合同的效力。三被告未经原告同意而将原告所享有的承包地转包，且原告在事后不予追认，依据原《合同法》和《农村土地承包法》的相关规定，应该认定三被告之间签订的转包合同无效。但

---

① 审理法院：吉林省双辽市人民法院，案号：（2015）双郊民初字第154号。

是，民法以意思自治为原则，除违反强制性规定和公序良俗外，尽可能地承认当事人所实施的民事法律行为的效力，限制法律对于民事法律行为效力的干涉。依据民法典总则编第156条的规定，民事法律行为部分无效不影响其他部分效力的，其他部分仍然有效，涉案转包合同中涉及原告土地经营权的部分无效，并不影响其他部分的效力。

第一百五十七条　民事法律行为无效、被撤销或者确定不发生效力后，行为人因该行为取得的财产，应当予以返还；不能返还或者没有必要返还的，应当折价补偿。有过错的一方应当赔偿对方由此所受到的损失；各方都有过错的，应当各自承担相应的责任。法律另有规定的，依照其规定。

【条文释义】

本条是对民事法律行为无效、被撤销或者确定不发生效力后返还财产的规定。

民事法律行为无效、被撤销或者确定不发生法律效力后，其法律后果是返还或者折价补偿。

返还是恢复原状的一种处理方式，即无效的民事法律行为和被撤销的民事法律行为自始没有法律约束力，已经按照约定进行的履行因无法律效力而需要恢复到没有履行前的状况，已接受履行的一方将其所接受的履行返还给对方，是恢复原状的最基本的方式。

不是所有的已经履行的无效民事法律行为都能够或者需要采取返还方式。有些法律行为的性质决定了无法采取返还方式，如提供劳务的无效民事法律行为，提供工作成果的民事法律行为（如建设工程承包民事法律行为）。有些民事法律行为适用返还不经济，如返还需要的费用较高，强制返还带来经济上的极大浪费。因此，不能返还或者没有必要返还的，应当折价补偿。

无效民事法律行为和民事法律行为被撤销后造成损失的，有过错的一方应当赔偿对方因此所受到的损失，赔偿的标准是全部赔偿。如果是双方都有过错的，应当各自承担相应的赔偿责任。法律另有规定的除外，是指有的民事法律行为（例如贩毒）无效后，需要承担罚款、没收、收缴等法律责任的，就不能适用返还、补偿和赔偿损失的责任。

【案例评注】

沈某诉胡某租赁合同纠纷案①

基本案情

2013年8月7日，被告胡某（甲方）与原告沈某（乙方）签订了一份《租房协议》，根据协议的约定，甲方将新安花园18栋半地下室232平方米、一楼48平方米及二楼232平方米的房屋出租给乙方从事普浴经营。房屋租赁期限自2013年10月8日起至2021年10月7日止。其中2013年10月8日至2015年10月7日年租金为128800元，租金按六个月一付，租金需提前30日交纳。水电费则每月按实际使用量向甲方交纳。签订协议之日，乙方交纳了2013年10月8日至2014年4月7日计六个月租金64400元，同年8月3日交纳了租房押金10000元。合同还约定，协议终止后，房屋装修部分不得损坏并无偿交给甲方。协议签订后，沈某就开始购买浴场经营所需要的相关设备，并进行房屋装饰装修，同时对供水、燃气工程进行改造安装。2013年9月3日支付供水工程款20000元、供水设计费500元；2013年10月28日支付给港华公司工程款45000元、用气保证金5000元。2013年10月1日，马鞍山市雨山区公安消防大队以沈某经营的海天浴场未经消防设计备案为由，责令其停止施工并限期改正。2013年10月17日，马鞍山市雨山区公安消防大队对沈某申请的建设工程消防设计进行审核，以缺少建设工程规划许可证明文件为由，作出不予受理的决定。沈某经营的海天浴场于2013年11月6日开业，同年12月16日因行政执法责令停业至今。原审另查明：2012年3月，因国润公司未经规划许可，在雨田路与安民路交叉口新安花园二期项目18楼违法建设地下室，马鞍山市雨山区城市管理行政执法局对其进行了行政处罚。2013年1月19日，胡某与国润公司签订商品房预售合同，购买雨山区新安花园18栋101号至105号房屋，该房总面积为232.13平方米。同时还签订《新安花园18幢订购协议》一份，其中约定附赠地下室，面积为232.13平方米。后胡某将房屋一层改造为两层，用于出租。经胡某申请，原审法院委托马鞍山市价格认证中心对申请鉴定项目进行鉴定。2015年1月21日，马鞍山市价格认证中心出具《关于马鞍山市雨山区海天浴场物品及装潢部分的价格鉴定结论》，确定物品价格总计为210963.40元；工程造价汇总合计280355.85元，上述共计

---

① 审理法院：安徽省马鞍山市雨山区人民法院，案号：(2014)雨民一初字第00317号。

491319元。同年2月2日，马鞍山市价格认证中心出具《关于马鞍山市雨山区海天浴场恢复工程的价格鉴定结论》，确定恢复工程鉴定价格为96741元。胡某共支付鉴定费6500元。原告沈某诉请判令：1. 确认原被告签订的《租房协议》无效；2. 被告胡某返还原告沈某租金64400、押金10000元，赔偿损失491319元；3. 被告胡某赔偿自来水、天然气开户费合计70500元；4. 按月利率2.2%支付自2013年8月7日至生效判决确定给付之日的上述费用的利息。

法院判决

法院认为，本案争议焦点为：1. 双方签订的《租房协议》是否合法有效；2. 对于《租房协议》经确认无效或被依法解除的后果，沈某是否有过错，应否承担相应的民事责任；3.《租房协议》经确认无效或被依法解除后，双方由此造成的损失应如何确定和承担。一、关于《租房协议》效力问题……对沈某提出的关于确认《租房协议》无效的诉讼请求，法院依法予以支持。二、关于合同无效的过错认定和民事责任承担问题。根据《合同法》第二百一十六条的规定，胡某作为房屋出租人负有保证其出租的房屋符合约定用途的义务，其应当知道出租的房屋是否属于合法建筑。但胡某在明知沈某承租房屋系用于从事普浴经营的情况下，仍将不具备合法建设手续的半地下室及一楼房屋出租给沈某，对导致《租房协议》无效有重大过错，应承担相应的民事责任。沈某作为房屋承租人在订立《租房协议》时负有审慎义务，应要求胡某出示房屋产权证件和建设审批手续。但沈某并未要求胡某出示半地下室和一楼房屋的建设审批手续，亦未对该部分建筑将来能否用于从事普浴经营进行相应了解，而是草率订下《租房协议》，疏于审查和谨慎订立合同的义务。同时，在公安消防部门已责令停工整改的情况下，沈某仍然继续施工并开始营业，故沈某对《租房协议》无效造成的后果，主观上有一定的过错，应承担相应的民事责任。一审法院根据双方的过错程度及原因力大小，酌情确定由胡某和沈某分别承担80%和20%的民事责任，并无不妥。三、关于合同无效后财产返还和损失承担问题。《租房协议》因无效而终止履行，根据《合同法》第五十八条的规定，双方基于该协议取得的财产应相互承担返还义务，对不能返还或没有必要返还的财产应折价给予对方补偿，对造成的损失应由双方根据过错责任比例分担。（一）关于财产返还问题。《租房协议》无效终止后，沈某继续占有案涉房屋没有合法依据，其应将该房屋返还给胡某。自2013年11月6日开业起至同年12月16日停业时止，沈某占有使用房屋获得了经营收益，该经营收益属于财产性收益，属于返还财产范围。根据《最高人民法院关于审理城镇房屋租赁合同纠纷案件具体应用法律若干问题的解释》第五条的规定，沈某应当向胡某支付该期间的房屋占有使用费。对于一审认定该期间的房屋占有使用费为14669元，双方在二审中均未提出异议，法院予以确认。停业后，沈某虽未交还房屋，但亦未通过使用房屋获取财产性收益，依法不应支付房屋占有使用费。一审法院认定沈某应向胡某支付停业后的租金40000元，依据不足，法院予以纠正。对于沈某已经支付的房屋租金64400元及交纳的押金10000元，因《租房协议》无效，胡某占有该财产缺乏合法依据，应在扣除房屋占有使用费14669元后全部返还。(二）关于损失的认定和承担问题……

最终法院判决：一、沈某、胡某于2013年8月7日签订的《租房协议》无效。二、沈某于本判决生效之日起15日内腾空坐落于马鞍山市雨山区新安花园18栋半地下室、一楼及二楼房屋内的物品（即案涉物品价格鉴定表中第一项至第七项所列物品)，同时将上述房屋返还给胡某。三、胡某于本判决生效之日起10日内返还沈某房屋租金49731元及租房押金10000元，合计59731元。四、胡某于本判决生效之日起10日内赔偿沈某已形成附合的装饰装修物现值损失224284.68元、燃气安装费用36000元，合计260284.68元。

专家点评

本案的争议焦点是原被告双方签订的《租房协议》是否无效以及合同无效之后财产返还和损害赔偿问题。正如法官在判决书中所指出，《租房协议》因标的房屋系违章建筑而无效，协议无效并非没有任何法律效力，而是指不发生当事人所约定的效力。在确认《租房协议》无效之后，依据民法典总则编第157条的规定发生财产返还、原物不存在时折价补偿以及根据各自的过错程度分担损失等效力。本案中，除了租金可以返还外，其他如房屋占有利益、部分装修物品等均无法进行原物返还，只能折价补偿。另外，对于协议无效的发生，双方当事人均存在过错，应该依据过错对相应的损失进行分担。法院判决考虑了以上各种因素，合法合理。

第四节　民事法律行为的附条件和附期限

第一百五十八条　民事法律行为可以附条件，但是根据其性质不得附条件的除外。附生效条件的民事法律行为，自条件成就时生效。附解除条件的民事法律行为，自条件成就时失效。

【条文释义】

本条是对附条件民事法律行为效力的规定。

附条件的法律行为是指法律行为效力的开始或者终止，以将来不确定事实的发生或不发生为条件的法律行为。法律规定民事法律行为可以附条件，目的是以所附的条件来确定或者限制法律行为的效力。这是商品经济和市场经济发展的要求，是社会生活复杂性、多样性所决定的。

条件是表意人附加于意思表示的一种任意限制，使他的意思表示的效力靠着将来客观不确定的事实的成否来决定。所附条件的种类是：1. 生效条件，即延缓条件，是指民事法律行为效力的发生决定于所附条件的成就。2. 解除条件，是指民事法律行为中所确定的民事权利和民事义务应当在所附条件成就时失去法律效力的条件，是决定民事法律行为的法律效力是否终止的条件。民事法律行为所附条件，可以是事件，也可以是行为。条件是：1. 约定的条件必须是将来发生的事实；2. 约定的条件必须是不确定的客观事实；3. 约定的条件必须是当事人任意选择的事实；4. 约定的条件必须是合法的事实。

附条件的民事法律行为的后果是：1. 附生效条件的民事法律行为，自条件成就时生效。2. 附解除条件的民事法律行为，自条件成就时失效。应当强调的是，不论是何种附条件的民事法律行为，尽管其所附条件没有成就，并不是对当事人没有拘束力，即当事人不得任意更改或者撤销。

【案例评注】

王某诉刘某、何某抵押合同纠纷案[①]

基本案情

被告刘某与路某系朋友关系。2012 年末至 2013 年初，被告刘某通过银行贷款以现金和转账方式陆续借钱给路某使用，二人没有出具借款手续。2013 年 8 月 30 日，路某因涉嫌职务侵占被黑龙江省九三农垦公安局刑事拘留，同年 11 月 27 日开庭审理，11 月 29 日以贪污罪被黑龙江省九三农垦法院判处有期徒刑 10 年。2013 年 11 月 20 日，原告王某与被告刘某、何某签订债务抵押协议书。约定：

---

① 审理法院：黑龙江省北安农垦法院，案号：(2014) 北商初字第 112 号。

“甲方（王某）将挖掘机和东方红1044两台大型农用车，抵押给乙方（何某）替路某还债，甲方自愿将乙方在龙江银行和信用社的贷款还清，车价以市场行情而定，多退少补，双方同意，将此协议书为据。注明：信用社贷款400000元，龙江银行贷款300000元，合计700000元，利息70000元。”当日，双方补充签订协议书，约定：“王某与刘某债务抵押协议书一事，与路某核实之后如债务属实，王某自愿还款生效，否则王某与刘某债务抵押无效。挖掘机大约价值550000元，大型农用车大约价值250000元，一切以市场行情而定。”2013年11月27日，路某在黑龙江省九三农垦法院开庭期间，原、被告及路某的妻子、母亲、温某等人均与路某进行了会见。2013年12月7日，二被告到原告家要车，原告将挖掘机交付给被告，被告何某、刘某为原告出具收据，内容为“今收到王某替路某用钩机还给刘某贷款账，钩机作价510000元整，钩机以前的一切债务问题由王某负责，在此之后归刘某所有，以此为据，从今日起钩机再有任何问题由刘某负责，与王某无关”。2013年12月11日，路某母亲王某二与被告刘某签订车辆抵押合同，双方约定：“甲方路某欠刘某贷款人民币770000元整（包括利息），用路某名下两辆大型货车，车号为黑R5××××、黑M3××××和路某三舅王某名下挖掘机抵销路某欠刘某的一切债务，以后互不相欠任何债务，以此为据。车辆的一切手续由甲方提供。”王某于当日将2辆货车交付被告刘某、何某。

法院判决

法院认为，本案中路某与被告刘某、何某之间是共同贷款还是借贷关系；原、被告签订的抵押协议是否为附生效条件合同，条件是否成就，抵押协议是否有效以及二被告应否返还原告的挖掘机是本案争议的焦点问题。关于路某与被告刘某、何某之间是共同贷款还是借贷关系的问题。法院认为，原告外甥路某与被告刘某之间是借贷关系而非共同贷款。理由是……关于原、被告签订抵押协议是否为附生效条件合同，条件是否成就，抵押协议是否有效的问题。法院认为，原、被告双方签订的抵押协议中含有附条件的约定，所附条件已经成就，该抵押合同成立、有效。理由是：原、被告签订的抵押协议书中明确约定：“王某将挖掘机抵押给何某替路某还债。”本案中，该协议书双方意思表示一致，已经形成合意，且意思表示真实，不违反法律规定，该抵押合同已经成立。抵押合同成立后，双方随后补充签订协议书，即：“与路某核实之后如债务属实，王某自愿还款生效。”该协议书属于附生效条件的合同。所谓附条件合同，是指当事人在合同中特别规定一定的条件，以条件是否成就来决定合同效力的发生或消灭的合同。附条件是双方用来限制合同法律效力的意思表示，所附条件将来可能发生，所附条件必须合法。本案中，双方当事人签订的附条件合同符合法律规定的附条件生效的要件，该条件属于附生效条件，当原、被告在路某开庭当天与路某会见核实债务属实之后，该条件即成就，合同即生效。法院判决，驳回原告王某要求返还抵押物的诉讼请求。

专家点评

本案的争议焦点之一是原、被告签订的抵押协议是否为附生效条件合同以及条件是否成就。一般而言，民事法律行为附条件旨在给予当事人更大的自主权，允许其依据特定事件的发生来控制民事法律行为效力的发生与否，以更好地安排生产和生活。在抵押协议中原、被告明确表示以被告路某债务属实为原告自愿还款的条件，依据民法典总则编第 158 条规定，民事法律行为自条件成就时生效，法官通过质证庭审等程序核实债务属实，抵押协议即被确认有效，被告可依据该协议向原告主张履行抵押协议，法官驳回原告要求返还抵押物的请求实属合法合理。

第一百五十九条 附条件的民事法律行为，当事人为自己的利益不正当地阻止条件成就的，视为条件已经成就；不正当地促成条件成就的，视为条件不成就。

【条文释义】

本条是对恶意阻止或者恶意促成条件的法律后果的规定。

附条件的法律行为一旦成立，就对当事人具有法律上的约束力，应当遵守法律行为的约定，无论是生效条件还是解除条件，都必须按照事实发生或者不发生的客观规律，任其自然地发生或者不发生，由此来确定法律行为的生效或者解除，不得人为地加以干预。

人为地干预法律行为所附条件的发生或者不发生，违背了法律行为所附条件的意义，使所附条件的成就或者不成就加入了人的意志的因素，而且是一方当事人的意志因素，因而使法律行为的生效或者解除就由一方当事人加以控制，使法律行为的双方当事人的利益平衡发生动摇，违背民法的公平原则和诚实信用原则，因而禁止这种恶意行为。凡是当事人不正当地阻止所附条件成就的，应当视为条件已经成就，法律行为应当按照原来的约定生效或者解除；凡是当事人不正当地促成所附条件成就的视为条件不成就，应当按照法律行为原来的约定，确认法律行为不生效或者不解除。这样规定，有利于保护非恶意一方当事人的利益，制裁恶意的当事人，维护交易秩序，保护交易安全。

【案例评注】

蒋某诉某货运公司经济补偿金纠纷案①

基本案情

1982年12月，原告蒋某进入被告某货运公司工作，双方建立劳动关系。2012年6月30日，某货运公司出具《终止（解除）劳动合同通知书》，依据《劳动合同法》第4章第41条第二款的规定，解除了与蒋某于2007年7月16日订立的无固定期限劳动合同。某货运公司与蒋某还签订了一份《协商解除劳动合同经济补偿明细表》，载明某货运公司应支付蒋某解除劳动合同的经济补偿共计132255元。2012年7月2日，蒋某向某货运公司出具《承诺书》，载明："本人蒋某经手货主王某拖欠公司运费84330元尚未收回。现本人承诺负责追回所欠运费后再领取买断补偿金。"2012年8月1日，某货运公司通过银行转账的方式向蒋某支付了经济补偿金47925元，但一直未支付剩余的经济补偿金84330元。2013年4月11日，蒋某以某货运公司为被申请人，向重庆市渝中区劳动人事争议仲裁院申请仲裁，要求某货运公司向其支付解除劳动合同经济补偿金84330元，并取得《收件回执》。2013年4月22日，该院出具编号2013－231号《证明》，证明该案无《最高人民法院关于审理劳动争议案件适用法律若干问题的解释（三）》第12条第一款所规定情形。同日，蒋某乃以本案的诉讼请求起诉至法院。庭审中，蒋某陈述，其采取过措施向王某追讨所欠货款，但因未能找到王某本人，故无法收回王某的欠款，其也将该情况告知了某货运公司。某货运公司认可蒋某的说法。2013年12月9日，法院对某货运公司的委托代理人徐某平进行了询问，徐某平表示某货运公司愿意配合蒋某向法院起诉，通过法律途径向王某追讨所欠货款。法院限定某货运公司在2013年12月16日前向蒋某提供起诉的必备材料。但在法院限定的期限内，某货运公司并未向蒋某提供任何起诉材料。

法院判决

法院认为，原告向被告出具《承诺书》，承诺在追讨回王某拖欠运费84330

---

① 审理法院：重庆市渝中区人民法院，案号：（2013）中区民初字第05170号。

元后再领取经济补偿金，视为是对被告支付经济补偿金所附的条件。出具《承诺书》后，原告已经采取措施追讨王某的欠款，但因无法找到王某本人，故未能追收回王某的欠款。原告已经将相关情况告知被告，被告一直未采取法律措施向王某追讨欠款，且在法院指定的期限内，被告也未能向原告提供任何材料，配合原告依法向法院提起诉讼，向王某追讨货款。依据上述法律规定，被告的行为属于“为自己的利益不正当地阻止条件成就”，应视为被告向原告支付经济补偿金的条件已经成就。因此，判决如下：被告某货运公司在本判决生效后立即支付原告蒋某解除劳动合同的经济补偿金 84330 元。

专家点评

本案的焦点是被告的行为是否构成不正当地阻止条件的成就。民法典总则编第 159 条规定，当事人不正当地阻碍条件成就的，视为条件已经成就。这是诚实信用原则的具体化，根据诚实信用原则的基本理念，任何人不得从违反诚实信用的行为中获得利益，法律通过拟制相反的法律效果，来纠正试图阻碍事件自然发展趋势的不正当行为。按照诚实信用原则，案中被告本应配合原告依法向法院提起诉讼，向王某追讨货款，却消极地阻碍原告向王某追讨货款，构成了民法典总则编第 159 条规定的不正当地阻碍条件成就的行为，应该视为条件已经成就，被告应该依照《承诺书》向原告支付补偿金。

第一百六十条　民事法律行为可以附期限，但是根据其性质不得附期限的除外。附生效期限的民事法律行为，自期限届至时生效。附终止期限的民事法律行为，自期限届满时失效。

【条文释义】

本条是对附期限民事法律行为的规定。

附期限的法律行为，是指在法律行为中附有一定的期限，并把该期限的到来作为当事人的民事权利和民事义务发生或者消灭前提的法律行为。如房屋租赁法律行为约定，一个月内将房屋租赁给承租人，就是附期限的民事法律行为。附期限的法律行为在法律行为的内容上，与一般的法律行为并没有严格的不同，只是在法律行为中约定一定的期限，将这个期限作为法律行为生效或者失效的条件，在这个期限届至时，法律行为生效或者失效。

法律规定附期限的法律行为的意义，在于限制法律行为当事人所确定的民事权利和民事义务发生法律效力或者终止法律效力的时间，使法律行为能够按照当事人的约定有计划地进行。

法律行为的当事人限定法律行为在什么时候发生效力或失去效力，这种限定的时间就是期限。所附期限的种类是：1. 延缓期限，也称为始期，是指在法律行为中规定的期限到来之前，该法律行为所确定的民事权利和民事义务尚不能发生法律效力，要等待期限的到来；期限到来，法律行为所约定的民事权利和民事义务就开始发生法律效力，权利人开始有权请求义务人履行义务，义务人才开始承担履行义务的责任。2. 终止期限，又称为终期或解除期限，是指在法律行为中约定的期限到来时，该法律行为所约定的民事权利和民事义务的法律效力即行消灭的期限。该法律行为所约定的这样的效力一直在延续，直至法律行为所约定的期限到来为止，法律行为的效力就终止。

【案例评注】

甲公司诉乙公司买卖合同纠纷案①

基本案情

原告甲公司（乙方）与被告乙公司（甲方）于2012年9月签订《泰州振昌新型建材生产线建设工程输送系统工程设备供货合同》，约定原告向被告供应皮带机、斗式提升机等设备，约定合同总价款798000元，后因更改高磁设备，于2013年3月18日增加合同价款4000元，合同总价变更为802000元。同时合同的条款约定……合同支付方式的约定为："5.2 支付：本合同项下甲方对乙方的支付以人民币支付。本合同分三次付款：第一次付款：合同生效后30天内，甲方将付给乙方合同价款的30%……第三次付款：甲方将在质保期满后30天内，支付合同价款10%的质保金（质保期为设备连续负荷运转满12个月），即人民币80000元（大写：人民币捌万元整）。"合同第13条对检验的约定为："在交货前，乙方应对设备的质量、规格、性能、数量等进行详细全面的检验，并出具一份证明设备符合合同规定要求的检验证书，检验证书是付款必要的文件组成部分，但不作为有关质量、规格、数量的最终检验。设备交付后甲方应向有部门申请对设备的质量、数量等进行检验，并出具检验证书。"合同签订后，原告于2013年8月27日、9月10日，2014年5月19日及7月16日向被告指定的丙公司发货，王某、

① 审理法院：武汉市青山区人民法院，案号：（2016）鄂0107民初563号。

张某、谭某在发货清单的收货人处签字。原、被告均认可，被告共计向原告支付的货款金额为728000元。原告认为被告尚欠原告74000元货款，而被告认为此款系质保金，质保金付款条件未成就，故不应支付。原告诉至法院，请求判令被告向原告支付货款74000元。

法院判决

法院认为，原、被告签订的《泰州振昌新型建材生产线建设工程输送系统工程设备供货合同》系其真实意思表示，内容不违反法律、行政法规的强制性规定，属有效合同，争议焦点是：被告应否向原告支付作为合同质保金的74000元货款，主要分歧在于合同中“第三次付款：甲方将在质保期满后30天内，支付合同价款10%的质保金（质保期为设备连续负荷运转满12个月），即人民币80000元（大写：人民币捌万元整）”的约定是附期限合同，还是附条件合同。法院认定该条款为附期限合同，理由如下：1. 附条件的民事法律行为是指行为人在民事法律行为中以将来可能发生也可能不发生的客观情况作为附加条件，并以此条件的成就与否作为该民事法律行为是否生效或失效的依据。《合同法》第四十五条规定了当事人对合同的效力可以约定附条件。该条件成就与否决定合同生效与否，也决定合同中约定的权利义务是否生效。附期限的民事法律行为是指当事人在法律行为中设定一定的期限，并将期限的到来作为民事法律行为效力的发生或消灭的依据。《合同法》第四十六条规定了当事人对合同的效力可以约定附期限。就本案而言，被告认为系附条件的合同，则可能产生两种后果：条件成就时，被告须履行付款义务；条件不成就时，被告得以永远免责，永不负担付款义务，原告实体权利消灭。反之，若为附期限合同，则只产生一种后果：那就是被告当然负有付款义务，只是履行时间早晚的问题。被告仅能行使期限未届至的抗辩权，但其付款义务仍存在，原告实体权利并不消灭。因此，被告的付款义务是必然的，只是何时付款而已。如此，原告的合同目的才能得以实现。综上，法院裁判被告乙公司于本判决生效之日起10日内向原告甲公司支付货款74000元。

专家点评

本案的核心争议是原、被告所签订的供货合同中有关第三次支付价款的约定究竟是附条件还是附期限。民法典总则编第160条规定，民事法律行为可以附期限，但是按照其性质不得附期限的除外。附生效期限的民事法律行为，自期限届至时生效。附终止期限的民事法律行为，自期限届满时失效。与附条件的民事法律行为相同，附期限的民事法律行为体现了私人自治，易言之，民事法律行为的效力始期与终期取决于当事人约定的期限，区别二者的核心在于未来事件是否确定发生，如果确定发生，则为附期限，否则为附条件。本案中，被告的付款义务在原告依约履行供货义务之后是确定发生的，否则，原告将无法实现合同目的，故争议条款是附期限合同，被告应该按照约定的期限付款。在约定的期限不明时，则原告可以随时要求支付价款，但是要给被告合理的准备时间。

第七章 代 理

第一节 一般规定

第一百六十一条 民事主体可以通过代理人实施民事法律行为。

依照法律规定、当事人约定或者民事法律行为的性质，应当由本人亲自实施的民事法律行为，不得代理。

【条文释义】

本条是对代理及不得代理的规定。

代理是指代理人在代理权范围内，以被代理人的名义独立与第三人实施法律行为，由此产生的法律效果直接归属于被代理人的民法制度。在代理关系中，以他人名义实施法律行为的人称为代理人；其名义被他人使用而由他人实施法律行为的人称为被代理人或者本人，即本条所说的“民事主体”；与代理人实施法律行为的相对人称为第三人。代理的法律特征是：1. 代理人要为被代理人作出意思表示。2. 代理人是否以被代理人的名义进行活动须区别对待。3. 代理人在代理权限内独立进行法律行为。4. 代理行为的法律后果直接归属于被代理人。

代理主要适用于民事法律行为。凡是民事主体有关权利、义务的设立、变更、消灭的民事法律行为，都可以适用代理制度，包括：1. 双方或者多方的法律行为，如买卖、租赁、借贷、承揽、保险等；2. 单方法律行为，例如代理他人行使追认权、撤销权等；3. 准法律行为，例如代理他人进行要约邀请、要约撤回、承诺撤回、债权的主张和承认等。代理还可以适用于下列行为：1. 申请行为，如代理申请注册商标。2. 申报行为，如申报纳税行为。3. 诉讼行为，代理诉讼中的当事人进行各种诉讼行为（包括申请仲裁的行为）。

不适用代理的行为包括：1. 法律规定不得适用代理的行为不得适用代理，例如设立遗嘱不得代理，结婚、离婚不得代理；2. 当事人约定某些事项不得代理，则不得适用代理；3. 根据民事法律行为的性质，该种民事法律行为的性质不得适用代理的，也不能适用代理；4. 人身行为，如婚姻登记、收养子女等；5. 人身性质的债务，如受约演出不得代为演出。

【案例评注】

甲公司诉乙公司货运代理合同纠纷案[①]

基本案情

2012年5月2日，被告乙公司与原告甲公司签订展品运输委托代理协议，委托原告安排其参加巴西展会（于同年7月18～21日举行）的展品从深圳工厂到巴西展会展位往返的运输、报关等事宜。协议约定：被告应及时向原告提供委托事项所需的全部展会与展品信息及完整的单证资料，确保所提供单证的真实性、合法性和有效性，并承担因违反合约内容而给原、被告双方造成的全部损失的赔偿责任；被告应当在原告要求的时间之前备妥参展展品，对参展货物进行妥善牢固的包装，确保货物包装适合于海运、空运、陆运等多式联运的运输要求。如果被告完全按照原告运输指南的要求交付货物，并按时提供准确完善的相关文件，保证所有申报项目单货相符，原告必须确保货物准时到达展位。还约定收费标准按附件中的原告报价单收取，在货物运展前5天被告支付去程费用，在回运到深圳工厂前5天支付完毕回程费用，同日，原、被告双方签订展运接受确认书，约定去程费用为56952元，回程费用为43048元，总费用为100000元，并明确了展品运输的特殊要求及包装要求等，要求："巴西的进口手续相当严格，故每家参展商必须按照我们的要求提供所有需要单证，所申报的清单要求产品名称、重量、体积、价格都完全准确，如果因参展商提供的品名、重量、价格等不准确而造成巴西方面的处理费用，及重新估价费用，将由参展商自行承担""请务必使用航空箱或木箱等牢固的外包装妥善包装货物，以适应展品的国际多式运输、反复搬捣和反复装卸。如因包装不牢固导致货物受损，责任由参展商负责。我司原则上不接受裸装货物"……在上述的报关、运输过程中，原告预先支付了履行协议义务的各项费用。2012年12月14日，原告向被告发去催款通知函，要求被告按照协议约定支付去程、回程的运杂费共计100000元。2013年4月18日，被告在向原告提出《2012年巴西广告展损失处理方案》，确认"2012年6月16日，

---

① 审理法院：广州海事法院，案号：（2013）广海法初字第694号。

货物到达巴西桑托斯港口，巴西海关查货时告知我们的货物装箱数量与申报的装箱单不一致”，并表示涉案货物不能顺利通关的责任不在于被告，而在于原告，因为原告“作为具有多年物流报关经验的大公司，应该比我方更懂各个国家的货物清关条例，应该事先告知我们要注意哪些方面的条款，然而贵方在我方把货物交由贵方代理运输时却没有得到任何关于电脑不能用纸箱包装在航空箱里面的提醒。出货前也没帮我们把展品和装箱清单核实是否符合要求”，据此拒绝对运杂费作出全额支付。

法院判决

法院认为，本案是一宗货运代理合同纠纷案。原、被告双方签订了展品运输委托代理协议和展运接受确认书，其中约定了原告安排被告的巴西展会展品从深圳工厂到巴西展会展位往返的运输、报关等事宜，双方之间的货运代理合同关系成立。该货运代理合同是原、被告的真实意思表示，没有违反我国法律和行政法规的强制性规定，合法有效，对双方当事人具有约束力。本案中，原、被告双方在展品运输委托代理协议中约定，被告应向原告提供委托事项所需的全部展会与展品信息及完整的单证资料，确保所提供单证的真实性、合法性和有效性，并承担因违反约定内容造成损失的赔偿责任……原告主张被告应支付合同约定的运费10万元及自2012年7月19日起至本判决确定的支付之日止按照中国人民银行同期流动资金1年期贷款利率计算的去程运费56952元的利息，以及自2012年11月10日起至本判决确定的支付之日止按照中国人民银行同期流动资金1年期贷款利率计算的回程运费43048元的利息，有事实和法律依据，应予支持。涉案货物运回深圳后，被告一直未提取货物，原告据此主张被告承担货物储存于深圳仓库发生的仓储相关费用，但未向法院提交证据证明原告已实际支付该费用，原告的该项主张缺乏事实依据，不予支持。

专家点评

代理是一种依他人独立的行为而使本人直接取得其法律效果的制度。现代社会中，因个人（包括法人）的精力、时间、技能有限，通过利用他人之才能从事活动，极大地拓展私法自治范围，被广泛地应用于商业活动中。依据民法典总则编第161条规定，唯有依法律规定、当事人约定或民事法律行为的性质不能适用代理的行为才不能代理，其他各种行为均可适用代理。本案中所涉及的纠纷乃是货运代理合同，属于典型的代理行为，并不违反代理制度的适用范围限制，在发生争议后，法官应该依法依据代理相关规定予以裁决。

第一百六十二条 代理人在代理权限内，以被代理人名义实施的民事法律行为，对被代理人发生效力。

【条文释义】

本条是对代理权和代理行为效力的规定。

代理权，是指代理人基于被代理人的意思表示、法律的规定或者有关机关的指定，能够代理他人实施法律行为的权利。

代理行为就是代理权行使的行为，是指代理人以被代理人的名义，在代理权限范围内与第三人实施的，法律效果直接归属于被代理人的法律行为。

代理行为的构成要件是：1. 代理人须有被代理人的授权。2. 代理人须以被代理人的名义实施。3. 须代理人独立为意思表示。4. 代理人须有相应的行为能力。

代理人在代理权限内，以被代理人名义实施的民事法律行为，对被代理人发生效力包括两个方面：1. 代理行为的一般法律后果。符合代理行为的构成要件，发生代理的法律后果，即代理的法律后果直接归属于被代理人，而不是代理人承受。2. 代理行为的撤销权或者解除权的效果。凡是在代理行为中因意思表示瑕疵而产生撤销权的，撤销权属于被代理人而不是代理人。同样，如果代理行为订立的合同具有解除事由，该解除权也归属于被代理人享有，而不是归属于代理人。

【案例评注】

某供应链管理公司诉某货物运输公司海上、通海水域货运代理合同纠纷案①

基本案情

2013 年 12 月至 2014 年 1 月期间，被告某货物运输公司委托原告某供应链管理公司办理一票货物的订舱出运事宜。原告接受委托后，转委托甲公司处理订舱事宜，甲公司随后通过乙公司向丙公司进行了订舱。涉案货物于 2014 年 1 月 4 日

① 审理法院：上海海事法院，案号：（2015）沪海法商初字第 1875 号。

以编号为 HLCUSHA1401FTNG9 的提单出运，起运港为中国上海，目的港为哥伦比亚布埃纳文图拉，托运人为兆丰公司，船名/航次为 BUSANEXPRESS/1401E，货物装载于编号分别为 TCLU×××××××、GATU×××××××的两个20英尺集装箱内。涉案货物运抵目的港后因无人提货，致两个集装箱滞留目的港多日。2014 年 2 月 7 日，两个集装箱在布埃纳文图拉卸货；同年 5 月 29 日在布埃纳文图拉空箱返还。根据丙公司网站公布的哥伦比亚当地20 英尺集装箱的超期使用费收费标准，集装箱进口免费期为 10 天，自第 11 天起每天收取 100 美元。就因此产生的集装箱超期使用费，乙公司在向丙公司支付 16320 美元后，向甲公司收取了 18778. 80 美元。2014 年 9 月 3 日，原告向上海海事法院对被告提起 1105 号案诉讼，请求判令被告支付包括涉案业务在内共计四票业务的货代费用。同年 11 月 17 日，上海海事法院以 1105 号案民事判决书认定原、被告就前述四票业务成立海上货运代理合同关系，并在该案判决中全额支持了原告的诉讼请求。2014 年 12 月 24 日，甲公司向上海海事法院对原告提起 1686 号案诉讼，请求判令其支付涉案集装箱超期使用费 18778. 80 美元。根据甲公司与原告于 2013 年 12 月 13 日签订的货运代理协议，原告委托甲公司出运的货物到达目的港后，货物因无人提取或其他原因长期滞留目的港，应由原告负责处理，因此而产生的一切费用，包括但不限于滞箱费等，应由原告负责安排支付。2015 年 3 月 23 日，上海海事法院出具 1686 号案民事判决书，认定原告依约有义务向甲公司支付集装箱超期使用费 16320 美元及相应增值税、附加税税额，并判令原告向甲公司支付费用 17434. 66 美元。2015 年 7 月 2 日，原告通过中国银行向甲公司转账支付了前述费用。

法院判决

法院认为，基于原、被告之间的货运代理合同关系，原告在对外支付了目的港集装箱超期使用费之后，是否有权向作为委托方的被告追偿，取决于两个因素：其一，该费用是否属于原告为处理委托事务垫付的必要费用；其二，双方就该费用支付义务方是否有明确约定。首先，在海上货运代理合同中，受托人有权要求委托人返还的垫付费用，至少应符合两个条件，一是为委托人利益支出，二是完成受托事项所必要。而本案中，被告委托原告办理的货代事项仅限于出口订舱，在原告将货物订舱出运之后，即已完成其受托事项；至于目的港所发生的集装箱超期使用费的支付，既非被告的委托范畴，亦非货物出运所必须，更难称是为被告利益所为，并不属于原告为处理委托事务垫付的必要费用。其次，关于费用支付的约定。原、被告未曾就目的港集装箱超期使用费的支付加以约定，双方甚至并未订立书面协议；在此情况下，原告却与甲公司明确约定因目的港无人提货所致的一切费用均由原告负担，前述差异足见原告在订约时的不周详和不谨慎，两个相似的法律关系项下的费用支付义务也因之而大相径庭。因此，原告既未能证明其诉请的目的港集装箱超期使用费系其为处理受托事务垫付的必要费用，亦未能证明被告负有支付前述费用的合同义务，其向被告追索该费用的诉请缺乏事实与法律依据，不予支持，因此法院驳回了原告的诉讼请求。

专家点评

本案的核心争议在于原告的代理行为是否在代理权限以内，也就决定了相应的代理费用是否应该由被告，也就是委托人来承担。代理权限是指委托人对于代理人代理权范围的限制，依据民法典总则编第 162 条的规定，代理人唯有在代理权限内行使代理权时，其实施的代理行为的法律效果才应该由委托人承担，否则，代理人的代理行为构成无权代理，由代理人本人承担。本案中，被告委托原告办理的货代事项仅限于出口订舱，目的港所发生的集装箱超期使用费的支付已经超出了被告委托原告代理的权限，不应由被告承担。

第一百六十三条 代理包括委托代理和法定代理。

委托代理人按照被代理人的委托行使代理权。法定代理人依照法律的规定行使代理权。

【条文释义】

本条是对委托代理和法定代理及代理权行使规则的规定。

委托代理，是指基于被代理人的委托授权而发生代理权的代理，为授权代理和意定代理。在委托代理中，委托授权行为是基于被代理人的意志进行的，本人的意思是发生委托代理的前提条件，代理法律关系的产生，是基于被代理人的意志，由被代理人授权，而产生代理法律关系，使代理人产生的代理权。

法定代理，是依据法律规定而产生代理权的代理。法定代理的产生，是基于自然人无法参与或只能有限制地参与个人事务，但是该种个人事务又必须进行，否则将会损害其合法权益，因此设定法定代理制度，使法定代理直接产生于法律的规定，而不是依赖于任何授权行为，故法定代理是一种保护被代理人的法律制度，具有保护被代理人民事权益的功能。主要形式是：1. 父母对未成年子女的法定代理权；2. 其他对未成年子女担任监护人的人是该未成年子女的法定代理人；

3. 夫妻日常家事代理权，也是法定代理；4. 基于紧急状态法律特别授权的代理，例如作为货主的代理人。

代理权的行使规则，是指代理人在履行代理权时应当遵守的规则，也就是代理人所应当承担的义务。代理人通过行使代理权的行为履行代理义务，代理人就实现了设立代理的目的。

代理人行使代理权的基本要求，是委托代理人按照被代理人的委托行使代理权。法定代理人依照法律的规定行使代理权。行使代理权的基本要求是：1. 代理人必须为被代理人的利益实施代理行为。2. 代理人必须亲自代理，代理人必须亲自实施代理行为。3. 代理人必须在代理权限范围内行使代理权。4. 代理人必须谨慎、勤勉、忠实地行使代理权。

【案例评注】

甲公司诉乙公司货运代理合同纠纷案①

基本案情

2012 年 5 月 7 日，原告甲公司向被告乙公司发出订舱委托，委托被告代为办理 2 个 40 英尺集装箱的毛毯（生产单号 12301）从连云港出口到俄罗斯的订舱、报关等事宜，约定装箱日期为 5 月 11 日，开船日期为 5 月 15 日，并约定“如果发生转运、退运的情况，为了保证我司货权，贵司务必协助我司办理转运、退运事宜”“代理报关以后，尽快把报关预录单传真我司”。同日，原告还向被告发出了 1 个 40 英尺集装箱毛毯（生产单号 12302）、开船日期为 5 月 22 日的订舱委托，以及 3 个 40 英尺集装箱毛毯（生产单号 12303）、开船日期为 5 月 29 日的订舱委托。原告于 5 月 11 日通过中国银行向被告的青岛分公司支付运杂费 10636 元，被告青岛分公司向原告开具了 03587643 号代理运杂费发票。被告确认原告已支付了涉案货物运杂费。2012 年 5 月 14 日，丙公司向青岛海关进行出口报关。该报关单记载：运抵国俄罗斯，“马士基三宝垄”轮 1206，提运单号 859992745，314 纸箱毛毯装入 PONU7486836、UESU4659930 号 2 个集装箱，货物总价 129382.24 美元。5 月 31 日，马士基航运公司作为承运人签发 859992745 号提单，记载托运人为原告，装货港青岛，卸货港诺沃罗西斯克，堆场到堆场，船名及货物内容与报关单相符。同年 6 月 25 日，丙公司向青岛海关进行出口报关，报关单记载：运抵国为

① 审理法院：广州海事法院，案号：（2014）广海法初字第 48 号。

俄罗斯联邦，“青岛塔”轮（QingdaoTower）1206，提运单号864082493，150纸箱毛毯装入TCLU5437413号集装箱，货物总价65434.12美元。6月28日，马士基航运公司作为承运人签发864082493号提单，记载：托运人为原告，装货港青岛，卸货港诺沃罗西斯克，堆场到堆场，船名及货物内容与报关单相符。涉案864082493、859992745号提单项下货物运抵卸货港后，原告要求被告办理货物从俄罗斯退运的相关事宜。2012年11月7日至9日，原告职员葛某辉与被告职员聂某丞等通过QQ就退运事宜进行沟通。原告认为被告作为代理应当“全权办理退运”，被告表示其已向承运人马士基航运公司申请，而根据承运人的通知，在当地海关办理货物退运时必须提交如下文件：1. 托运人的接收货物确认函；2. 收货人的弃货声明；3. 托运人付清所有相关费用（集装箱超期使用费、检查费、海关罚款、退运费）的确认函。原告表示其无法提交收货人的弃货声明。涉案货物最终未能从卸货港成功退运。此外，被告通知原告到2012年11月6日止，涉案864082493号提单项下集装箱超期使用费为9348美元，859992745号提单项下集装箱超期使用费为26856美元，原告确认没有支付上述费用。关于货物损失的数额。涉案出口货物报关单记载864082493、859992745号提单项下货物总价分别为129382.24美元、65434.12美元。原告承认其收到了部分货款，货物损失为673755.96元，该数额低于报关单记载的货物总价，被告代为办理报关事宜且未提交反证，法院对原告主张的该货物损失予以确认。原告请求法院判令：1. 被告赔偿原告货款损失673755.96元；2. 被告赔偿原告因此产生的集装箱超期使用费36204美元；3. 被告承担本案受理费、财产保全申请费等诉讼费用。

法院判决

法院认为，原告甲公司委托被告乙公司安排涉案货物从江苏连云港经海路出口到俄罗斯诺沃罗西斯克的订舱等事宜，双方之间的货运代理合同关系成立。原告为委托人，被告为受托人。该货运代理合同是原、被告的真实意思表示，没有违反我国法律和行政法规的强制性规定，合法有效，对双方当事人具有约束力。《最高人民法院关于审理海上货运代理纠纷案件若干问题的规定》第十条规定：“委托人以货运代理企业处理海上货运代理事务给委托人造成损失为由，主张由货运代理企业承担相应赔偿责任的，人民法院应予支持，但货运代理企业证明其没有过错的除外”，根据已查明的事实，接受原告的委托后，被告办理了代理报关事宜，并代原告向承运人马士基航运公司订舱。涉案货物顺利运抵卸货港，被告依约履行了合同义务。在原告要求办理货物退运时，被告提供了必要的协助和联络，被告主张其没有过错，有事实依据，法院予以支持。原告主张被告应赔偿原告的货物损失，缺乏事实和法律依据，不予支持。原告主张被告应赔偿原告因货物未被退运而产生的集装箱超期使用费，因原告已确认其并未实际支付该费用且未证明该损失系被告所造成，原告的该主张缺乏事实和法律依据，应予驳回。因原告诉请的损失未获支持，原告关于被告应赔偿原告财产保全申请费的主张，缺乏法律依据，不予支持。综上，法院驳回了原告甲公司的全部诉讼请求。

专家点评

本案乃是货运代理合同纠纷，属于委托代理，依据民法典总则编第 163 条，委托代理人应该按照被代理人的委托行使代理权，代理人还需尽到一定的勤勉与信义义务，以实现委托人的利益最大化。代理人在按照委托协议行使代理权并尽到相应的勤勉与信义义务之后，可以对造成的损失免责。本案被告依据有效的委托代理协议，为委托人办理了代理报关事宜，并代原告向承运人马士基航运公司订舱，依约履行了合同义务；在原告要求办理货物退运时，被告提供了必要的协助和联络，尽到了相应的勤勉和信义义务，不应对原告所提出的因货物未被退运而产生的集装箱超期使用费以及相关损失负责，法院依据代理协议驳回了原告的诉讼请求，合法合理。

第一百六十四条 代理人不履行或者不完全履行职责，造成被代理人损害的，应当承担民事责任。

代理人和相对人恶意串通，损害被代理人合法权益的，代理人和相对人应当承担连带责任。

【条文释义】

本条是对不当代理损害赔偿责任的规定。

未善尽代理职责的责任，是代理人因懈怠行为，即不履行勤勉义务、疏于处理或者未处理代理事务，使被代理人设定代理的目的落空，蒙受损失的赔偿责任。代理人根据被代理人的授权实施代理行为，应当负有善良管理人注意的勤勉义务，认真处理代理事务。未尽上述义务，就是懈怠行为。法律禁止代理人的懈怠行为，被代理人因此遭受的损失可以要求代理人赔偿。这种民事责任的构成，即使代理人没有故意也没有过失，就是不履行或者不完全履行代理职责，只要造成了被代理人的损害，就构成这种民事责任。赔偿责任的范围，按照实际损失的范围确定。

代理人与第三人恶意串通损害被代理人合法权益的连带责任，是指在代理人履行代理职责期间，代理人利用代理权，与第三人恶意串通，实施侵害被代理人合法权益的行为，代理人与第三人应当承担的连带损害赔偿责任。这种行为发生在代理人与第三人之间，具有损害被代理人合法权益的共同故意，利用代理权实施损害被代理人合法权益的行为，并且造成了被代理人的人身或者财产权益的损害，行为和损害之间具有因果关系。这种责任的性质属于共同侵权行为，其行为后果是承担连带责任。被代理人可以请求代理人或者第三人单独承担责任，也可以要求代理人和第三人共同承担连带责任，代理人和第三人承担的最终责任份额应当依照各自的过错程度和损害的原因力确定。

【案例评注】

何某某诉宁波市某律所纠纷案①

基本案情

2008年10月6日，原告何某某与被告宁波市某律所签订委托代理合同一份，约定某律所接受何某某的委托，指派“律师陈某（法律工作者）”为何某某与严某某、徐某某、某公司民间借贷纠纷案件的一审代理人，代理权限为特别授权，某律所必须认真负责地维护何某某合法权益，如给何某某造成损失的，由某律所按实赔偿，某律所向何某某收取代理费3000元、差旅费200元，合同有效期自签订日起至本案一审终结时止。合同签订后，何某某向某律所支付代理费3000元、差旅费200元。同日，何某某与严某某、徐某某、某公司民间借贷纠纷一案向该院起诉，该院依法立案受理，案号为（2008）甬镇民二初字第664号。某律所指派该所的法律工作者陈某为该案何某某的委托代理人，指派法律工作者蔡某某作为该案严某某、某公司的委托代理人，代理权限均为特别授权代理。2008年11月20日，陈某为该案何某某的特别授权代理人向该院申请撤回对该案徐某某的起诉，该院裁定予以准许。同日，陈某、蔡某某分别作为该案何某某与严某某、徐某某、某公司的代理人到庭，在法院主持下，双方达成调解协议：严某某归还何某某借款人民币500000元，支付利息120000元（从2007年9月3日起至2008

① 审理法院：一审法院为浙江省宁波市镇海区人民法院，案号：（2008）甬镇民二字初第664号；二审法院为浙江省宁波市中级人民法院，案号：（2011）浙甬商终字第407号。

年9月2日止按月息2%计算），合计人民币620000元，此款于2009年6月20日前归还310000元，余款310000元于2009年12月20日前还清；某公司对上述严某某应负之还款义务承担连带清偿责任；何某某自愿放弃其他诉讼请求；案件受理费人民币10000元，减半收取5000元，由严某某负担，于2008年12月31日前交纳该院。陈某、蔡某某在调解笔录、调解协议上签字。该院据此作出（2008）甬镇民二初字第664号民事调解书，并送达双方当事人。2009年11月19日，该院作出（2009）甬镇民执字第1376－1号执行裁定书，以严某某下落不明，严某某、某公司无财产可供执行为由，终结申请执行人何某某与被执行人严某某、某公司民间借贷纠纷一案的执行。另查明：何某某在该院（2008）甬镇民二初字第664号案件中提供借款协议、收条各一份。借款协议抬头部分：出借人（甲方）何某某，借款人（乙方）严某某，并加盖某厂公章，担保人徐某某，法定代表人徐某某，以及住址、身份证号码、联系电话。借款协议第四条约定了违约责任："乙方和担保人自愿用企业资产和个人家庭财产作担保。"借款协议签章部分：甲方未签字盖章，乙方严某某签字，并加盖某厂公章，担保人栏徐某某签字，并加盖某公司公章。收条载明严某某2007年9月4日收到何某某50万元，收条在2008年8月22日补写。还查明：严某某系某厂（普通合伙企业）的负责人，徐某某系某公司的法定代表人。对于徐某某是否严某某借款的担保人的问题，根据何某某在该院（2008）甬镇民二初字第664号案件中提供的借款协议等证据，原审认定徐某某、某公司均为借款人严某某的连带责任保证人。原审审理中，鉴于该院（2008）甬镇民二初字第664号案件的原告何某某于2008年11月20日由其特别授权代理人陈某出面向法院申请撤回对该案徐某某的起诉，该院于同日裁定予以准许，根据我国两原《担保法》的相关规定，连带责任保证的债权人在保证期间届满前要求保证人承担保证责任的，从债权人要求保证人承担保证责任之日起，开始计算保证合同的诉讼时效，故债权人何某某可在撤回对连带责任保证人徐某某的起诉之日起两年时效内继续要求徐某某承担连带保证责任。该院对此亦向何某某进行了释明，何某某表示将另行起诉徐某某，要求其承担连带保证责任。但何某某在2008年11月20日撤诉后截至2010年11月20日的两年时效内并未向法院起诉要求徐某某承担连带保证责任。何某某于2010年1月20日向原审法院提起诉讼，请求判令：某律所赔偿何某某损失620000元。

法院判决

法院审理认为，有偿的委托合同，因受托人的过错给委托人造成损失的，委托人可以要求赔偿损失。本案争议的焦点是某律所在原审法院（2008）甬镇民二初字第664号案件中的代理行为是否有过错，其过错行为与何某某的损失之间是否有因果关系。首先，本案某律所在该院（2008）甬镇民二初字第664号案件中分别指派该所的陈某、蔡某某作为该案何某某与严某某、徐某某、某公司的代理人，该案的何某某与严某某、徐某某、某公司有明显的利害关系，某律所指派同一法律服务所的二名法律工作者分别担任该案何某某与严某某、徐某某、某公司的代理人，有可能存在双方代理人恶意串通，损害当事人合法权益的情形，故某律所应将指派陈某、蔡某某作为该案何某某与严某某、徐某某、某公司代理人的情况明确告知双方当事人，并取得双方当事人的同意，但某律所无证据证明已将此情况明确告知何某某，并取得何某某的同意，某律所的行为明显违反了相关规定。其次，在该院（2008）甬镇民二初字第664号案件调解过程中，陈某作为何某某代理人的身份撤回对担保人徐某某的起诉，从而让担保人徐某某在该案中不承担担保责任，某律所未举证证明系在取得何某某同意的情况下撤回对徐某某的起诉，且让连带责任保证人徐某某不承担担保责任明显有违常理。因此，该院认定某律所在该院（2008）甬镇民二初字第664号案件中的代理行为具有明显的过错。现该院（2008）甬镇民二初字第664号民事调解何某某被执行人严某某、某公司无财产可供执行，该院已裁定终结执行，由于某律所的过错，指派该所的两名法律工作者分别担任该案何某某与严某某、徐某某、某公司的代理人，且在该案中代理何某某申请撤回对担保人徐某某的起诉，让担保人徐某某在该案中不承担担保责任，某律所作为何某某代理人未最大限度维护被代理人的合法权益，故某律所的过错行为与何某某的损失之间有一定的因果关系。酌情认定某律所对何某某的损失620000元承担20%的赔偿责任。综上，作出如下判决：一、某律所赔偿何某某损失124000元；二、驳回何某某的其他诉讼请求。

专家点评

本案争议的焦点是诉讼代理人是否存在不当代理行为导致损害原告的诉讼利益。因代理人在代理权限内实施的法律行为的法律效果由被代理人承担，且这一拘束力是不可抗拒的，具有强大的法律效力，所以代理人在实施代理行为时必须秉持诚实信用的原则。依据民法典总则编第164条的规定，代理人因不履行或者不完全履行职责，甚至与第三人恶意串通，导致损害被代理人利益的，应当承担民事责任。本案中，被告指派同一法律服务所的两名法律工作者分别担任该案何某某与严某某、徐某某、某公司的代理人，有可能存在双方代理人恶意串通，与原告的诉讼利益受损具有一定的因果关系，应该相应地赔偿原告所受损失。主审法官酌情认定被告对何某某的损失承担一定的赔偿责任，合法合理。

第二节 委托代理

第一百六十五条 委托代理授权采用书面形式的，授权委托书应当载明代理人的姓名或者名称、代理事项、权限和期限，并由被代理人签名或者盖章。

【条文释义】

本条是对委托代理授权委托书形式的规定。

委托代理必须有委托授权，被代理人将代理权授予代理人，才能使代理人有权代理被代理人实施民事法律行为。委托代理的授权是要式行为，被代理人和代理人首先应当签订书面合同，并依据该合同，由被代理人向代理人出具授权委托书。

授权委托书也叫代理证书，是证明代理人有代理权的书面文件。授权委托书与委托合同不同：1. 授权委托书是授权行为，是单方法律行为的表现形式；委托合同是授权委托的基础法律关系，但却是双方法律行为，被代理人依据委托合同出具授权委托书。2. 授权委托书一经颁发，立刻产生授权的效力，委托合同需双方达成合意。3. 授权委托书可以直接证明代理权的存在，至于其是否存在委托代理合同关系都不重要；而仅有委托合同的存在并不能证明代理权的存在。

授权委托书的内容应当包括：1. 代理人的姓名或者名称，代理人可以是自然人，也可以是法人或者非法人组织。2. 代理事项，是被代理人向代理人授权代理民事法律行为的范围，根据代理事项的不同，将代理事项区分为一般代理和特别代理。3. 权限，代理权限是在代理事项的范围内，可以做出何种决定。超出代理权限范围的，构成超越代理权的无权代理；没有规定明确的代理事项和代理权限，为代理事项和权限不明。4. 期限，规定代理权的起止时间。5. 被代理人签名或者盖章，表明是谁向代理人授予代理权。

【案例评注】

某物资公司诉某建设公司、某市政公司买卖合同纠纷案①

基本案情

2012年5月29日，被告某建设公司与某实验中学就“芜湖市某实验中学艺术楼”工程项目签订《建设工程施工合同》。约定由被告某建设公司承接该工程的建筑施工，而被告某市政公司作为“委托代理人”在该合同上盖章，但该合同对某市政公司的代理权限（处理事项）未作具体规定。同年9月，原告某物资公司（甲方）与被告某市政公司（乙方）签订《供货协议》，约定甲方就某实验中学艺术楼工程向乙方供应建筑钢材，该协议对所供应钢材的品种、数量作出具体约定；关于价格，协议约定按市场价格波动确定每次供应价格，甲方在每批钢材供应前应将其价格报乙方同意，送货时在送货单上注明数量、单价和总金额，乙方现场施工人员签字后生效；关于付款方式，协议约定乙方在当月内现金结算，如乙方不能按时付款，按每吨钢材每天4元承担甲方损失。2013年3月10日，被告某市政公司再次向原告发出《供货通知》（补充协议），要求继续提供建筑钢材（计65吨），并说明供货方式、结算方式等按原供货协议条款执行。根据上述《供货协议》和《供货通知》，2012年9月26日至2013年8月10日期间，原告向某实验中学艺术楼工程工地送钢材计20批次，共计352.648吨，货款总额1472299.26元，2013年1月26日，被告某市政公司支付原告货款200000元，剩余货款1272299.26元至今未付。因某实验中学艺术楼工程建设存在诸多问题需要处理，2013年9月6日，某实验中学召集施工单位开会处理工程相关事宜（监理单位同时与会），此次会议形成“会议纪要”，“会议纪要”记载的施工单位（被告某建设公司）意见如下：1. 因总公司（某建设公司）大意，本工程实际管理由芜湖子公司负责，实际管理人员除项目经理岳某行外其余人员为子公司安排的人员；2. 以前的多次变更、委托，法人并不知情，但由其承担责任，在芜湖所有章都不是总公司的，但总公司承担其责任……因索要剩余钢材货款未果，原告遂诉至法院。审理中，就钢材送货单的收货方签名问题，原告解释送货单不论是否系“毛某”本人签字，都系被告某建设公司工地人员签收，钢材确已实际送到本案工程现场。被告某市政公司对原告诉称的钢材供应事实不持异议。原告并补充

① 审理法院：安徽省芜湖市镜湖区人民法院，案号：（2014）镜民二初字第00547号。

说明，其主张的逾期损失计算至2014年5月31日。

法院判决

法院认为，本案主要争议为被告某建设公司应否对原告某物资公司承担给付货款并赔偿损失的民事责任。该问题的解决应从以下几个方面着手分析：1. 本案中某建设公司与某市政公司的法律关系。原告主张某市政公司在本案所涉建设工程中系某建设公司的代理人有事实依据：其一，在某建设公司与某实验中学的建设施工合同中，已载明某市政公司系某建设公司的“委托代理人”；其二，在解决本案建设工程存在问题的《会议纪要》中，某建设公司明确表态，该工程前期的实际管理系由芜湖子公司负责；其三，本案原告所供应的钢材全都用于某建设公司承建的本案所涉建设工程。以上三点事实可以证明某市政公司在本案所涉建设工程中系某建设公司的代理人，代其处理相关事务（包括签订本案钢材买卖合同），因此，对原告该项主张予以支持，被告某建设公司关于本案钢材买卖合同与其无关的辩称意见不符合案件事实，故不予采信。2. 关于某建设公司所应当承担的民事责任。前述分析认定了两被告的代理与被代理关系，但无论是本案所涉建设施工合同还是会议纪要，都未能明确某市政公司的代理权限（职责范围），由此可以认为代理授权不明，依照法律规定，因代理权限不明，代理人与被代理人对第三人（即原告）承担连带民事责任。被告某市政公司为本案所涉工程签订供货（买卖）合同，对该买卖合同中的合同义务，两被告应当承担连带责任……综上，法院判决，一、被告某建设公司于本判决发生法律效力之日起10日内给付原告某物资公司钢材货款1209299.16元及逾期损失费386869.44元；二、被告某市政公司对上述第一项规定的给付义务承担连带清偿责任。

专家点评

鉴于委托代理授权强大的效力以及郑重性，民法典总则编第165条要求授权委托书采用书面形式，并且应当载明代理人的姓名或者名称、代理事项、权限和期限，以避免发生代理争议或者在发生争议时保存证据。在实务中容易出现的情形是授权委托书中所载的委托权限不明，法官需要对代理争议发生之后的代理效力以及相应的责任承担进行解释。本案中，两被告所签订的代理协议未能明确某市政公司的代理权限，属于代理权限不明的情形，法官依据当时生效的原《民法通则》第65条要求两被告对原告的损失承担连带责任，符合法律规定。

第一百六十六条 数人为同一代理事项的代理人的，应当共同行使代理权，但是当事人另有约定的除外。

【条文释义】

本条是对共同代理及规则的规定。

共同代理与单独代理相对，是以代理人的数量为标准对代理进行的分类。

单独代理是指代理人为一人的代理，即代理人只有一人，由代理人单独行使代理权。法定代理人只有一人的，也是单独代理。

共同代理是指代理权由数人共同行使的代理，即代理人为二人以上的数人行使代理权。共同代理的本质，是数人为同一委托事项作为代理人。在被代理人授权时，就应当把代理权授予数人，被授予代理权的数人应当都接受授权委托，共同为被代理人作代理人。

共同代理权的行使要求是“共同行使代理权”，要求是：1. 每一个共同代理人都享有平等的代理权，地位平等。2. 共同代理权为共同代理人所共同享有，代理权是一个整体，如果被代理人将代理权分割给每一个代理人行使的，这构成数个代理而不是共同代理。3. 代理权由共同代理人共同行使，由共同代理人共同的意思决定。如果共同代理人中的一人单独行使代理权，未经被代理人或者其他共同代理人的承认，构成无权代理，不发生代理的效果。

上述规则，只有当事人另有约定的，才适用约定的规则。

【案例评注】

甲公司诉乙公司、丙公司货运代理合同纠纷案①

基本案情

原告甲公司与被告乙公司、丙公司海上货运代理合同纠纷一案。2012 年 10 月 28 日，原告与丁公司签订服装供需合同一份（合约号为 MY2012042），约定丁公司向原告订购一批服装，金额为 405450 美元。交货地点为宁波、上海或深圳，分两批交货，第一批货物 7 万件，第二批货物 9 万件，交货时间分别为 2012 年

① 审理法院：浙江省宁波海事法院，案号：（2013）甬海法商初字第 301 号。

12月23日，2013年1月27日。2013年1月22日，戊公司将涉案533箱货物运至亿百华公司仓库装箱，该公司将上述货物及另外176箱货物拼箱装入编号为TCNU6095781的集装箱。后被告乙公司负责该批货物从宁波海运至南非德班的出运订舱、报关等事宜。2013年1月31日，宁波船务代理有限公司代表船东签发了编号为143286895170的海运提单，提单记载的托运人为丁公司，收货人为大杰罗姆公司，提单记载的货物箱数为709箱。被告乙公司将上述提单交付丁公司。被告乙公司将上述货物分两票报关，完成报关事项后将编号为310120130519826572的报关单交给原告，报关单上记载的发货单位为原告，报关件数533箱，金额为115504.28美元。后涉案货物于2013年2月26日在目的港被卸下，货物随后被收货人提走。原告遂以两被告未交付正本提单造成其损失为由，将两被告诉至法院。法院另认定，2013年3月8日，被告乙公司向原告出具费用确认单，要求支付订舱费、报关费、滞箱费、查验费等费用共计人民币4920元。被告丙公司于2013年3月26日向戊公司开具金额为人民币4920元的货代发票。戊公司于2013年3月28日向被告丙公司支付了上述费用。戊公司于2013年3月21日出具情况说明，认为涉案货物系其受原告委托生产，其与原告系贸易伙伴。法院还认定，收货人先后三次共计支付原告涉案货款97609美元。丁公司于2013年5月7日支付原告货款人民币645981元。丁公司于2013年5月23日向原告发函，认为原告未按双方2012年10月28日签订合同要求履行合同，仅交付第一批部分货物，要求原告退还多支付的货款并赔偿损失。

法院判决

法院认为，原告委托戊公司将货物运至被告乙公司指定地点，再经由被告乙公司将货物交给承运人，以自己的名义将涉案货物报关出运，并向被告丙公司支付了货代费用，其系海上货物运输的实际托运人；被告乙公司完成了订舱、报关等代理事项，被告丙公司向原告交付了报关单，并开具了内容为订舱费、报关费等费用的货代发票，两被告工作人员、办公地点混同，共同完成了涉案海上货运代理事项，系涉案海上货物运输的共同代理人；原、被告双方在履行合同过程中亦进行了长期的沟通，原、被告间的海上货运代理合同关系成立。涉案货物为拼箱货，两被告理应在完成代理事项后分别向不同的托运人交付提单亦确保实际托运人对货物的控制，但两被告在原告要求交付提单的前提下仍仅要求海运承运人出具一份海运提单，并将其交付丁公司，已违反货运代理人应尽的义务，应承担相应的违约责任。有关原告的损失，原告主张涉案货物的价值为115504.28美元，收货人先后三次共计支付原告涉案货款97609美元，故其损失为17895美元，丁公司的付款仅为内贸交易，与本案无关。两被告抗辩称，除收货人的上述付款外，丁公司于2013年5月7日支付原告货款人民币645981元，原告并无损失。法院认为，原告与丁公司于2012年10月28日签订的合约号为MY2012042的服装供需合同，从服装品名、签订时间上看均可与涉案货物相印证，合同亦载明包装按外商客户要求确定，报关单亦载明合同协议号为MY2012042，故MY2012042号合同项下货物与涉案货物指向相同，应认为系同一批货物。原告亦未举证证明丁公司支付的人民币645981元货款系其他货物的货款，丁公司亦确认该款项系支付涉案同批次货物之货款，故法院认定人民币645981元货款系涉案货物同批次货款，原告目前收到款项已超过涉案出运货物价值。原告与丁公司间就后续货物交付、款项支付产生的纠纷，应为买卖合同纠纷，可另案诉讼解决。综上，原告主张其存在损失，证据和理由不足，法院不予支持。

专家点评

在一些代理案件中，鉴于代理事项的复杂性，被代理人往往会委托多个代理人来代理委托事项。本案中原告与两被告签订了委托代理协议，约定由两被告共同完成涉案海上货运代理事项，可以认定两被告系海上货物运输的共同代理人。依据民法典总则编第166条的规定，数人为同一委托事项的代理人的，应当共同行使代理权，只有取得全体代理人的共同同意，才能行使代理权，所实施的行为是全体代理人的共同行为，两被告在履行代理职责过程中进行了协商分工，符合共同代理的要求。

第一百六十七条 代理人知道或者应当知道代理事项违法仍然实施代理行为，或者被代理人知道或者应当知道代理人的代理行为违法未作反对表示的，被代理人和代理人应当承担连带责任。

【条文释义】

本条是对代理违法责任的规定。

代理违法分两种，即代理人知道或者应当知道代理的事项违法仍然实施代理行为，以及被代理人知道或者应当知道代理人的代理行为违法而未作反对表示的代理行为。

代理人知道或者应当知道代理的事项违法，是指被代理人授权的代理事项本身就是违法的，代理人知道或者应当知道被代理人授权自己代理的事项违法，未作反对表示，仍然实施该代理行为，造成了相对人的损害。违法的代理行为是由代理人实施的，违法的代理是由被代理人授权的，因此，对造成相对人损害的后果，应当由代理人和被代理人共同承担连带责任。

被代理人知道或者应当知道代理人的代理行为违法，是指代理人实施的代理行为是违法的，而被代理人委托的代理事项并不违法，由于被代理人知道或者应当知道代理人实施的代理行为违法而未作反对表示，造成了相对人损害的行为。尽管被代理人授权的代理事项并不违法，而是代理人实施的代理行为违法，由于被代理人知道或者应当知道代理人实施的行为违法未表示反对，因而对于造成相对人损害的后果，应当由代理人和被代理人共同承担连带责任。

构成代理违法的连带责任，受到损害的权利人有权依照本条规定，请求代理人或者被代理人一方或者双方承担连带赔偿责任。

【案例评注】

某置业公司诉某中心学校、金某房地产开发经营合同纠纷案①

基本案情

2009年6月2日，被告金某以被告某中心学校名义与赤壁市赤马港办事处赤马港社区二组签订了一份《征用土地协议书》，约定：金某征用赤马港社区二组集体土地8亩，用于建设某中心学校教师楼项目。金某补偿赤马港社区二组土地赔偿款每亩36000元，地上个人所有附着物补偿210000元。协议签订后，金某以某中心学校教师楼建设项目向有关部门申报项目立项、规划许可等手续。2010年6月28日，原告某置业公司与被告某中心学校签订了一份《联合开发合同》，约定：被告某中心学校提供金某负责征用的位于赤壁市赤马港办事处赤马港社区二组出让土地一宗，由原告用该宗土地负责某中心学校教师住宅楼项目建设工程开发，用地面积以规划设计方案为准，原告负责规划许可、准建等手续办理。该项目征用土地前期费用为2300000元，由乙方（某置业公司）全额支付给甲方（某中心学校）共分四次给付，即签订合同三日内付1000000元，基础工程完工到正负零时付500000元，主体三层盖板时付500000元，主体封顶时全部付清。合同签订后原告分别付给被告金某、某中心学校1000000元，由被告某中心学校、金某出具了收款收据。后由于某中心学校教师楼建设项目没有得到项目批准和规划

---

① 审理法院：湖北省咸宁市赤壁市人民法院，案号：（2013）鄂赤壁民初字第01820号。

许可，该地块没有依法取得建设用地使用权。2013 年 8 月 26 日，赤壁市古城墙房屋征收还建领导小组因安置点二期土地开发项目建设需要，拟征用赤马港社区二组土地，即金某以某中心学校名义拟征用的土地，与金某签订了《补偿协议书》，赤壁市古城墙房屋征收还建领导小组补偿金某人民币 1360000 元，房屋二套（待建）。最后导致原告与被告某中心学校签订的合同无法履行，原告诉至法院，要求被告某中心学校、金某共同返还土地款人民币 1000000 元并赔偿损失。另外，某中心学校于 2009 年 3 月 8 日向金某出具了一份《授权委托书》，委托金某负责办理某中心学校在赤马港社区二组教师住宅楼所有事宜。

法院判决

法院认为，依照《合同法》第七条的规定："当事人订立、履行合同，应当遵守法律、行政法规，尊重社会公德，不得扰乱社会经济秩序，损害社会公共利益。"被告某中心学校以被告金某征用的未取得建设用地规划许可的集体土地与原告签订《联合开发合同》，违反了《土地管理法》第四十四条之规定，且该宗土地在本案起诉前仍未取得建设用地使用权，属无效合同。被告某中心学校授权委托被告金某征用的土地属未取得建设用地规划许可，属于违法代理，被告某中心学校在被告金某违法代理行为过程中，没有明确表示反对，依照《民法通则》第六十七条的规定，被告某中心学校应负连带责任。被告金某不能证明其收取原告的人民币 1000000 元交付给了被告某中心学校，故该款项应由被告金某依法予以返还，被告某中心学校承担连带责任。原告要求被告赔偿损失的请求，但未提供证据，原、被告双方签订的无效合同双方均有过错，只能从利息方面予以赔偿。法院判决如下：一、原告某置业公司与被告某中心学校 2010 年 6 月 28 日签订的《联合开发合同》无效。二、被告金某返还原告某置业公司人民币 1000000 元，赔偿利息 189000 元，被告某中心学校负连带清偿责任。于本判决生效后 10 天内付清。

专家点评

本案的核心争议之一是两被告之间的代理行为是否属于违法代理。本案中，被告某中心学校授权委托被告金某征用的土地尚未取得建设用地规划许可，属于违法事项，并且被告金某在代理过程中没有明确表示反对，属于违法代理。依据民法典总则编第 167 条的规定，代理人知道或者应当知道代理的事项违法仍然实施代理行为的，被代理人和代理人应当承担连带责任。故，两被告应该对原告承担连带责任，法院的判决依法维护了原告的合法权益，合法合理。

第一百六十八条　代理人不得以被代理人的名义与自己实施民事法律行为，但是被代理人同意或者追认的除外。

代理人不得以被代理人的名义与自己同时代理的其他人实施民事法律行为，但是被代理的双方同意或者追认的除外。

【条文释义】

本条是对禁止自己代理和双方代理的规定。

为了维护被代理人的利益，实行禁止代理权滥用规则，即法律规定或者委托合同约定的代理人不得滥用其代理权，实施损害被代理人权益的代理行为的规则。自己代理和双方代理都是代理权的滥用方式。

自己代理，是指代理人在代理权限内，以被代理人的名义与自己实施法律行为。代理人同时作为代理人与自己作为当事人，交易双方的意思表示实际上是由一个人作出，交易行为是由一个人实施的，存在代理人为自己的利益而牺牲被代理人利益的极大危险，除非事前得到被代理人的同意或者事后得到追认，法律不承认自己代理的效力。自己代理分为两种情况：1. 代理人以自己的名义向被代理人发出要约且代理人以被代理人的名义予以承诺；2. 代理人以被代理人的名义向自己发出要约且以自己的名义进行承诺。特例是，如果被代理人同意或者追认的，自己代理是经被代理人认可的，则不妨碍其代理行为的效力。

双方代理，称为同时代理，是指一个代理人同时代理双方当事人实施法律行为，也就是同时代理双方当事人的本人和相对人实施同一法律行为。同一个人代表两方当事人的利益，无法实现讨价还价的过程，两种利益难以达到平衡。因此，除非事前得到双方被代理人的同意或者事后的追认，法律不承认双方代理的效力。双方代理的特点是：1. 代理人获得了本人和相对人的授权，如果仅有一方当事人的授权，不构成双方代理；2. 双方授权的内容是相同的，如果双方都对同一个代理人做出了授权，但授权内容、代理事项不同，也不构成双方代理。

【案例评注】

郑某诉廖某房屋买卖合同纠纷案①

基本案情

原告郑某与被告廖某经人介绍相识。2012年2月21日，被告向原告借款，并向原告出具了500000元借条一张，担保人余某在借条上签了名。同日，原、被告在江西省南昌市东湖公证处办理了委托公证，委托书内容主要是：原告全权委托被告代为办理坐落在南昌县八月湖路×号伟梦清水湾住宅区龙井香院×栋×单元×室、××室房产的还贷、解除抵押登记、领取他项权证和房屋所有权证等一切相关手续；代为办理上述房产的买卖、过户、领证、拆迁及收取房款等一切相关手续；代为协助购房方办理银行按揭及房产的土地证过户、领证及相关事宜；被告在上述代理权限范围内所签署的一切有关法律文件，原告均予以承认。委托期限自即日始至上述事宜办完为止。受托人无转委托权。2013年7月2日，被告以自己为受让方，代理原告为出让方，签订了上述两套房屋的《南昌县存量房屋买卖合同》两份，将原告上述两套房产，其中一套79.51平方米合同房价为160000元，一套45.16平方米合同房价为90000元，转让过户至自己名下，并替原告还清银行按揭贷款131500元、缴纳各种税费9776.75元。实际上销售不动产统一发票，一套79.51平方米商品房价为261919元、一套45.16平方米商品房价为148764元，合计410683元。2013年9月6日，原告以被告以原告代理人的名义与自己签订的《南昌县存量房屋买卖合同》违背了原告的真实意思，侵害了原告的权益，诉请法院撤销被告自己代理所签订的两份《南昌县存量房屋买卖合同》，并返还原告所有的位于南昌县八月湖路×号伟梦清水湾住宅区龙井香院×栋×单元×室、××室的房屋。

法院判决

法院认为，当事人行使权利，履行义务应当遵循诚实信用原则；代理人行使权力必须在授权范围行使，不得违反法律规定；代理人以被代理人名义和代理人自己设立、变更、终止民事权利和民事义务，从而给被代理人造成损害的，代理人应当承担民事责任。被告以原告代理人的名义与自己签订《南昌县存量房屋买

① 审理法院：江西省南昌县人民法院，案号：（2013）南民初字第900号。

卖合同》，违背了原告的真实意思，事后又未经原告追认，在法律上属自己代理，不履行代理职责属无效代理行为，应依法撤销……综上，法院判决：一、撤销被告廖某于2013年7月2日自己代理所签订的位于南昌县八月湖路×号伟梦清水湾住宅区龙井香院×栋×单元×室、××室的两份《南昌县存量房屋买卖合同》；二、被告廖某在上述合同撤销之日，同时返还原告郑某位于南昌县八月湖路×号伟梦清水湾住宅区龙井香院×栋×单元×室、××室的房屋；并协助原告郑某过户，过户房产地税费用由被告廖某负担。

专家点评

本案的焦点是被告代理原告所签订的两份《南昌县存量房屋买卖合同》的行为是否属于自己代理。自己代理系代理权滥用行为，民法典总则编第168条规定，代理人不得以被代理人的名义与自己实施民事法律行为，法律另有规定或者被代理人同意、追认的除外，如此规定旨在避免代理人在代理过程中出现利益冲突。本案中，被告以原告代理人的名义与自己签订《南昌县存量房屋买卖合同》，违背了原告的真实意思，事后又未经原告追认，在法律上属自己代理，法院按照原告的要求依法予以撤销，合法合理。

第一百六十九条 代理人需要转委托第三人代理的，应当取得被代理人的同意或者追认。

转委托代理经被代理人同意或者追认的，被代理人可以就代理事务直接指示转委托的第三人，代理人仅就第三人的选任以及对第三人的指示承担责任。

转委托代理未经被代理人同意或者追认的，代理人应当对转委托的第三人的行为承担责任；但是，在紧急情况下代理人为了维护被代理人的利益需要转委托第三人代理的除外。

【条文释义】

本条是对转委托即复代理的规定。

转委托也叫复代理，与本代理相对应，是指代理人为实施代理权限内的全部或者部分行为，以自己的名义选定他人担任自己的被代理人的代理人，并由该他人代理被代理人实施法律行为的情形。被选定的该他人叫作复代理人（或者再代理人)，其代理的法律效果直接归属于被代理人。代理人为被代理人另行委任代理人的权限，称为复任权，属于代理权的内容。

由于被代理人与代理人之间存在着人身信赖关系，代理人因此负有亲自执行代理事务，不得转委托他人处理代理事务的义务。在以下两种情形，可以设定复代理：1. 紧急情况。在紧急情况下，代理人不能亲自处理代理事务，如此下去又会损害被代理人的利益时，法律允许进行复代理。紧急情况是指代理人身患急病、与被代理人通信联络中断等特殊原因，代理人不能办理代理事项，又不能与被代理人及时取得联系，如果不及时转托他人代理，就会给被代理人的利益造成损失或者扩大损失的情况。2. 被代理人事先同意或者事后认可。如果被代理人事先同意或者事后认可复代理，法律也允许复代理。

转委托产生的复代理经被代理人同意或者追认的，被代理人可以就代理事务直接指示转委托的第三人即复代理人，他们之间发生的代理关系，由他们自己负责。在这种情况下，代理人仅就第三人即复代理人的选任以及对第三人即复代理人的指示承担责任，对于被代理人直接与复代理人之间发生的代理关系，不承担责任。

转委托的复代理如果未经被代理人同意或者追认的，代理人应当对转委托的第三人即复代理人的行为承担责任。只是在紧急情况下代理人为了维护被代理人的利益需要转委托第三人作为复代理人代理的，按照前述规则，认可其复代理的效果。

【案例评注】

甲律师事务所诉某公司、乙律师事务所委托合同纠纷案①

基本案情

2005年2月16日，被告某公司与被告乙律师事务所签订了一份《全风险代理协议》，合同约定：由乙律师事务所为某公司与丙公司合作开发合同纠纷一案提供法律服务。某公司按照执行到位现金的30%收取代理费；乙律师事务所代理期限自签订协议时起至法律文书执行终结时止；乙律师事务所的律师未按时出庭，或者出现其他违反执业律师纪律或职业道德的行为，造成某公司财产损失的，某公司可以解除协议；某公司在执行款项到自己的账户后五个工作日内支付

① 审理法院：湖南省长沙市天心区人民法院，案号：(2013) 天民初字第1591号。

乙律师事务所律师代理费，若逾期支付则按每日万分之五支付逾期部分的违约金；双方还就其他事项进行了约定。接受委托后，就某公司与丙公司合作开发合同纠纷一案，乙律师事务所指派律师刘某代理某公司向岳阳市中级人民法院提起诉讼。2005 年 12 月 23 日，岳阳市中级人民法院一审判决某公司胜诉。丙公司不服岳阳市中级人民法院一审判决，向湖南省高级人民法院提起上诉。乙律师事务所将二审代理行为转委托给原告甲律师事务所，并于 2006 年 4 月 10 日与甲律师事务所签订《转委托协议书》，该协议书第三条明确约定，乙律师事务所委托甲律师事务所就本协议约定事项的代理方式为风险代理，代理费由乙律师事务所直接支付给甲律师事务所，乙律师事务所与原委托人某公司签订的代理合同结算费用与甲律师事务所无关。《转委托协议书》签订后，某公司书面授权给甲律师事务所代理该上诉案，甲律师事务所指派律师肖某、黄某参加二审诉讼。2006 年 8 月 8 日，某公司在出具给刘某的授权执行委托书上注明转委托增加的 5% 转委托费用由刘某代扣。2006 年，湖南省高级人民法院作出（2006）湘高法民二终字第 35 号民事判决书，维持岳阳市中级人民法院一审判决。2006 年 8 月 8 日，某公司委托刘某向岳阳市中级人民法院申请执行。在执行过程中，2006 年 11 月 1 日，丙公司申请再审。2007 年 6 月 5 日，湖南省高级人民法院向某公司、丙公司发出再审听证通知。2007 年 6 月 13 日，某公司与甲律师事务所签订《委托代理合同》，双方在合同中约定，甲律师事务所接受某公司委托，指派黄某、肖某律师为某公司与丙公司合作开发合同纠纷一案的再审代理人，代理权限为代理某公司进行再审听证终结，代理费为 120000 元。2007 年 6 月 15 日，甲律师事务所指派黄某律师参与了再审听证。2008 年 7 月 26 日，湖南省高级人民法院裁定案件再审。同年 10 月 11 日，某公司与丙律师事务所签订《委托代理合同》，委托丙律师事务所代理案件的再审及执行，合同期限至案件执行终结止。丙律师事务所指派律师参加再审诉讼，乙律师事务所没有委派律师出庭参加再审诉讼。2009 年 5 月 24 日，湖南省高级人民法院再审维持原一审、二审判决。2011 年 1 月，岳阳市岳阳楼区人民法院执行局制定的《中大公司系列案执行款分配方案明细表》确定支付给某公司的执行款总计为 2903807 元。另查明，2008 年 9 月 27 日，乙律师事务所的律师刘某异动，乙律师事务所将其与某公司签订的《全风险代理协议》的有关代理费用收取的权利由乙律师事务所全部转移给了刘某。2011 年 5 月 30 日，乙律师事务所与被告某公司、第三人刘某委托代理合同纠纷一案，乙律师事务所诉至岳阳市岳阳楼区人民法院，该案最终经岳阳市中级人民法院（2013）岳中民二终字第 3 号判决书判决，某公司支付刘某（因乙律师事务所将该代理合同的债权转让给了刘某）代理费 177200 元，该判决书已发生法律效力。至今，某公司与乙律师事务所均未支付甲律师事务所任何代理费用。经甲律师事务所多次催收未果，酿成纠纷，甲律师事务所诉至法院。

法院判决

法院认为，关于《转委托协议书》的效力及转委托费的支付问题。在甲律师事务所与乙律师事务所签订的《转委托协议书》上，虽然没有某公司的书面盖章，但是在某公司与丙公司合作开发合同纠纷一案的二审诉讼中，某公司书面授权给甲律师事务所代理该案，甲律师事务所亦按约完成了二审诉讼代理行为。由此可知，该转委托行为取得了委托人某公司的同意，《转委托协议书》合法有效，受法律保护，双方均应按照协议的约定履行各自的义务。在甲律师事务所与乙律师事务所签订的《转委托协议书》第三条明确约定，乙律师事务所委托甲律师事务所就本协议约定事项的代理方式为风险代理，代理费由乙律师事务所直接支付给甲律师事务所，乙律师事务所与原委托人某公司签订的代理合同结算费用与甲律师事务所无关。某公司虽然于2006年8月8日在出具给刘某的授权委托书上注明转委托增加的5%转委托费用由刘某在其执行款中代扣，但因双方约定的委托费用已违反了国家的法律规定，对于多增加的转委托费某公司现不愿意承担。因此，对于该笔转委托代理费用的支付与某公司无关，应由乙律师事务所按照协议约定直接向甲律师事务所支付。

关于转委托代理费用支付的金额。因乙律师事务所委托甲律师事务所就本协议约定事项的代理方式为风险代理，乙律师事务所与某公司、第三人刘某委托代理合同纠纷一案，经岳阳市中级人民法院（2013）岳中民二终字第3号判决书终审判决，某公司支付刘某（因乙律师事务所将该代理合同的债权转让给了刘某）的二审代理费为81100元，该判决书已发生法律效力。因此，该转委托代理费用应当按照岳阳市中级人民法院（2013）岳中民二终字第3号民事判决书终审判决某公司支付给刘某（因乙律师事务所将该代理合同的债权转让给了刘某）的二审代理费81100元的标准由乙律师事务所向甲律师事务所直接支付。法院判决，被告乙律师事务所于本判决生效后三日内给付原告湖南甲律师事务所转委托代理费81100元。

专家点评

本案的核心争议之一是《转委托协议书》的效力及转委托费的支付问题。转委托是指代理人为处理其权限内事务之全部或一部，而以自己的名义授权他人代理之代理。依据民法典总则编第169条的规定，代理人需要转委托第三人代理的，应当取得被代理人的同意或者追认，第三人在自己和代理人代理权限范围内所为行为，直接拘束本人和相对人。本案中，某公司虽然没有在甲律师事务所与乙律师事务所签订的《转委托协议书》上书面盖章，但是在某公司与丙公司合作开发合同纠纷一案的二审诉讼中，某公司书面授权给甲律师事务所代理该案，甲律师事务所亦按约完成了二审诉讼代理行为，可以推知该转委托行为取得了委托人某公司的同意，合法有效，被告乙律师事务所应该依据有效的转委托协议给付原告代理费。

第一百七十条 执行法人或者非法人组织工作任务的人员，就其职权范围内的事项，以法人或者非法人组织的名义实施的民事法律行为，对法人或者非法人组织发生效力。

法人或者非法人组织对执行其工作任务的人员职权范围的限制，不得对抗善意相对人。

【条文释义】

本条是对职务代理行为及后果的规定。

职务代理，是指根据代理人所担任的职务而产生的代理。尽管职务代理也是由于这个法人或者非法人组织的委托而产生的代理权，但是这种委托与委托代理的委托不同，是基于代理人在法人和非法人组织中的职务，经由法人和非法人组织的授权而产生代理权。职务代理的代理人，是执行法人或者非法人组织工作任务的人员。不具有这样的身份不能构成职务代理。职务代理的代理人执行的事务是其职权范围的事项。职务代理的代理人在自己职权范围内实施的行为，都是法人或者非法人组织的行为。职务代理的代理人执行职务实施的民事法律行为，应当以法人或者非法人组织的名义实施。没有表明是以法人或者非法人组织的名义实施的，其实也不影响代理的效果，因为只要职务代理人在自己的职权范围内实施的事项，都是有合法授权的事项。职务代理人在其职责范围内实施的民事法律行为，性质属于代理行为，因此其自己代理的一切事项，都对法人或者非法人组织发生法律效力，由职务代理人所在的法人或者非法人组织承受。

法人或者非法人组织的工作人员在执行职务代理行为时，如果超出了职权范围，构成越权代理的，法人或者非法人组织可以主张其工作人员的越权代理实施的民事法律行为无效。不过，对法人或者非法人组织的工作人员超越职权范围的代理行为无效的请求，不得对抗善意相对人，只要其在与职务代理行为的代理人实施民事法律行为时，自己不知道或者不应当知道工作人员的职务代理行为越权，且无过失的，就可以否认民事法律行为无效的主张，确认该民事法律行为有效。

【案例评注】

某置业公司诉肖某商品房销售合同纠纷案[①]

基本案情

2011年1月20日，原告某置业公司、被告肖某签订了《认购协议书》，该协议约定飞驰新天地B楼1056号、1057号商铺核定建筑面积78.28平方米，实际成交价为160万元，单价每平方米20439.4元。肖某（乙方）于2011年3月底前支付房款50万元，2011年8月底前支付房款30万元，余款80万元在2011年10月底前通过办理按揭手续付清或以现金方式付清。某置业公司（甲方）承诺2011年12月31日前交付商铺，并协助乙方办理房产证、土地证手续。协议约定了商铺经营规范及任何一方未经对方同意单方解除协议需承担10万元违约责任等内容。该协议甲方栏处由第三人杨某签字并盖有原告公司章印。根据该协议约定，被告肖某分别于2010年12月13日，2011年1月14日、1月17日、1月26日、6月2日、6月7日和7月13日以银行汇款转账等方式共计向第三人杨某支付购房款103万元，杨某出具收到肖某房款共计102万元的三份收条。原、被告双方在本案审理中均陈述该份协议中涉及的1056号、1057号商铺因其他原因实际未由被告肖某所购买。2012年1月18日，原、被告签订《商品房买卖合同》，该合同约定由被告购买原告开发的位于人民南路45号飞驰新天地B楼2162号白肉区商铺，房屋价款为520万元，被告应于合同签订时一次性付清人民币400万元，剩余的120万元于2012年10月18日付清。被告如未按本合同规定的时间付款，逾期超过60日后，原告有权解除合同，原告解除合同的，被告按累计应付款的5%向原告支付违约金。同日，双方又签订了补充协议，进一步明确了被告应于2012年1月18日前付款人民币400万元交至原告账户，被告在2012年10月18日前将所欠房款人民币120万元，利息9万元，本息合计129万元交至原告账户。被告如逾期付款超过30日的，原告有权解除本协议，将商铺另行出售，并要求乙

① 审理法院：江苏省盐城市中级人民法院，案号：（2014）盐民初字第0014号。

方承担商铺成交总价款50%的违约金。该合同签订后，被告肖某分别于2012年1月20日、1月21日、1月29日及5月8日以银行转账等方式累计向原告支付了房款360万元，对该付款事实原告予以认可。2012年3月1日，原告向被告出具了销售不动产统一发票，载明收到被告购房款520万元，并在备注栏注明“此金额已经包含［预售定金］和［预收购房款］”。次日，盐城市物业管理中心向被告出具了收取10.4万元的维修基金缴款凭证。2012年5月8日，原告向被告出具了“证明”一份，内容载明“肖某购房的飞驰新天地B楼2162号商铺按《商品房买卖合同》和《补充协议》约定，应于2012年10月18日将所欠房款120万元付给我公司，并承担利息9万元。经双方协商肖某2012年3月31日前付所欠房款120万元，不付利息。由于肖某贷款审批时间延迟。肖某于2012年5月8日已付所欠房款120万元，我公司未收取利息”。2012年8月2日，被告肖某依照第三人杨某的要求，以肖某之子张某的名义通过银行本票方式向杨某支付了房款10.7万元，杨某出具了盖有商业管理公司业务印章的收据一份，该收据上注明收到肖某10.7万元购房款。另查明，商业管理公司系受原告委托对原告开发的飞驰新天地广场商铺进行经营管理的独立法人单位，该公司与原告的法定代表人为同一人，其经营场所亦在飞驰新天地广场楼上，第三人杨某系该公司经理。2012年1月31日，被告肖某向原告出具了收条一份，内容为收到2162号白肉区商铺本年度租金计497880元。原告称该款项已以现金形式给付被告，被告肖某对此不予认可，称其出具该收条系应原告公司会计做账的要求而书写，原告并未实际退还租金。2012年3月15日，商业管理公司向被告肖某出具证明一份，证明其购买的2162号商铺2012年度的租金为56.8万元。庭审中，被告肖某提交了由第三人杨某书写的结算清单一份，内容包括：“102万、240万、+120万、租金56.8万、56.8×10÷12=47.3万（10个月）、欠160万、+10.7万”等字样。被告称该结算清单可以证实其已按照杨某的计算方法全额支付了所有购房款项，其中47.3万元系以原告未退还的租金部分抵充购房款。杨某在以证人身份出庭作证时对该结算清单系其亲笔书写并无异议，但拒绝陈述其书写原因。还查明，杨某于2014年3月25日以证人身份参加庭审审理时，其当庭认可曾多次收取被告肖某款项并出具102万元收据，2012年8月2日收取被告肖某10.7万元款项及出具结算清单等事实，并陈述其曾为其他经营户介绍购买商铺并代收购房款。杨某辩称其与被告肖某之间存在借贷关系，并提交了2012年1月19日由被告肖某签字的借条一份，借条内容为“今借到杨某人民币160万元，分六年还清，具体还款计划……如未能按上述还款时间支付借款，则依逾期还款天数按日千分之五的标准向杨某支付违约金”等。被告肖某称该借条系原、被告双方签订买卖合同时因被告资金紧张，杨某主动提出借款给被告用于支付房款，但由于被告家人未同意，该借条并未实际履行，后其向杨某索要该借条未果。其后，原告以累计收到房款360万元，余款160万元被告至今未付为由，请求法院判决：1. 解除原、被告双方签订的编号为GF－2000－0171的《商品房买卖合同》；2. 被告返还上述第一项请求中的商品房并协助原告将该商品房产权过户到原告名下，并承担过户变更登记税费；3. 被告支付违约金78万元，同时返还该商铺2012年度至2014年度期间租金196.8万元。

法院判决

法院认为，本案争议焦点为：（一）第三人杨某收取被告款项的行为性质应如何认定。（二）被告是否已经付清了全部购房款。关于争议焦点之一，法院认为：第三人杨某代表原告签订《认购协议书》并预收被告103万元房款的行为系职务行为，其行为产生的后果应由原告承担。首先，原、被告于2011年1月20日签订的《认购协议书》上盖有原告公司章印，原告对此并无异议，该协议系双方真实意思表示，且未违反法律法规的强制性规定，应为合法有效。杨某代表原告在该份协议上签字的行为，应认定为获得原告相应授权而履行的职务代理行为。该份协议未明确约定购房款的给付方式，原告亦未明确告知被告杨某有无代理权及代理权限的范围，故杨某依照该协议约定收取被告103万元购房款的行为亦应认定为代表原告而履行双方协议的职务代理行为，由此产生的民事责任应由原告承担。其次，杨某作为证人出庭作证时虽辩称该款项中部分为其与被告之间的借贷往来，但其未提供证据加以证实，且杨某出具给被告的四份收据中，有三份系注明“房款”，另一份系肖某丈夫通过银行汇款给杨某（共两次，两份收据）后，杨某打的收据之一，因肖某丈夫与杨某之间无其他债务，也应认定为房款方为合理。再次，被法院追加为第三人后也拒不到庭参与诉讼，视为其对自身权利的放弃，法院对其主张不予采信。最后，被告肖某陈述实际缴纳的103万元款项与杨某开具的102万元收条之间存在的1万元差距系计算错误导致，并认可依照102万元计算已缴纳房款数额，系当事人对自身权利的处分，法院予以确认。综上，原告辩称杨某收取被告103万元房款系其与被告个人之间的往来而与原告无关，缺乏事实和法律依据，法院不予支持……综上，法院驳回原告某置业公司的诉讼请求。

专家点评

本案的争议焦点之一是杨某收取被告款项的行为是否构成职务代理。依据民法典总则编第一百七十条的规定，职务代理人在其职责范围内实施的民事法律行为，性质属于代理行为，因此其自己代理的一切事项，都对法人或者非法人组织发生法律效力，由职务代理人所在的法人或者非法人组织承受。本案中杨某乃是代表原告公司以房款的名义收取款项，并且杨某作为证人出庭作证时虽辩称该款项中部分为其与被告之间的借贷往来，但其未提供证据加以证实，可以认定杨某的行为构成职务代理，应该由被告承担相应的法律效果。因此法院依法驳回了原告某置业公司的诉讼请求。

第一百七十一条 行为人没有代理权、超越代理权或者代理权终止后，仍然实施代理行为，未经被代理人追认的，对被代理人不发生效力。

相对人可以催告被代理人自收到通知之日起三十日内予以追认。被代理人未作表示的，视为拒绝追认。行为人实施的行为被追认前，善意相对人有撤销的权利。撤销应当以通知的方式作出。

行为人实施的行为未被追认的，善意相对人有权请求行为人履行债务或者就其受到的损害请求行为人赔偿。但是，赔偿的范围不得超过被代理人追认时相对人所能获得的利益。

相对人知道或者应当知道行为人无权代理的，相对人和行为人按照各自的过错承担责任。

【条文释义】

本条是对无权代理及后果的规定。

无权代理，是指代理人不具有代理权、超越代理权或者代理权终止后仍然实施的代理行为，包括不具有代理权的代理、超越代理权的代理和代理权终止后的代理。严格的无权代理仅指前一种情形，广义的无权代理包括上述三种情形。无权代理的特征是：1. 行为人实施的法律行为符合代理行为的表面特征。2. 行为人对所实施的代理行为不具有代理权。无权代理的法律效果是，只要未经被代理人追认，就不发生代理的法律效果。

本条第二款将无权代理行为规定为效力待定的行为。具体规则是：1. 被代理人享有追认权。无权代理设立的民事行为，如果经过被代理人的追认，使无权代理性质发生改变，其所欠缺的代理权得到补足，转化为有权代理，发生与有权代理同样的法律效果。2. 相对人享有催告权。如果无权代理行为的相对人欲使其有效，可以催告被代理人在三十日内予以追认。被代理人未作表示的，视为拒绝追认，代理行为不发生效力。3. 善意相对人享有撤销权。善意相对人如果不承认该代理行为的效力，须在被代理人追认之前以通知的方式行使撤销权，撤销该代理行为。

本条规定了两种无权代理的民事责任：1. 无权代理人实施的行为未被追认的责任。无权代理人实施的行为未被追认的，善意相对人有权请求无权代理人履行债务，或者就其受到的损害请求行为人承担赔偿责任，赔偿范围不得超过被代理人追认时相对人所能获得的利益。2. 相对人知道或者应当知道代理人无权代理的责任。相对人知道或者应当知道代理人是无权代理，造成了被代理人的权益损害，相对人和行为人就都存在过错，应当按照各自的过错承担按份责任。

【案例评注】

李某诉张某委托代理纠纷案①

基本案情

原告李某的丈夫 20 世纪 50 年代向深圳南头信用合作社投资认购股份二股(1 元一股)。1987 年深圳市发展银行成立时，将上述二股转为股票 180 股。1990 年分红、扩股时，180 股又增至 288 股。原认股人原告李某的丈夫于 1988 年去世，288 股的股票由原告持有。以前，原告李某的丈夫曾委托被告张某到证券公司领取股息，办理扩股等手续。1990 年 4 月，原告将股票交由被告，委托其代领股息。1990 年 4 月 25 日，被告通过证券公司以每股 3.56 元的价格，将原告李某丈夫名下的 288 股股票，过户到其妹妹、第三人张某琴的名下。事后，被告扣除税款和手续费后，托其母吴某友将过户股票的股息及卖股票款 980 元交给原告。同年 8 月 25 日，原告将票据交给女婿看后，发现 288 股发展银行的股票已被被告过户到第三人的名下。原告向被告索要股票，被告予以拒绝，遂于 1991 年 4 月向法院提起诉讼。在审理过程中，李某自愿放弃讼争股票 1991 年派发的红股，只要求张某购还发展银行 288 股股票。张某表示同意，应予准许。

① 案例来源：《最高人民法院公报》1993 年第 1 期（总第 33 期）。

法院判决

法院认为，代理人在代理权限内，以被代理人的名义实施民事法律行为。代理人超越代理权的行为，只有经过被代理人的追认，被代理人才承担民事责任。未经追认的行为，由行为人承担民事责任。原告李某只委托被告张某代理其领取股息，但张某却擅自将李某的股票低价出卖并过户给第三人，其行为违反了《民法通则》第六十六条的规定，超越代理权，应当承担民事责任。经过调解，原告与被告达成如下协议：一、被告张某于 1991 年 9 月 14 日前用原告李某的身份证和姓名购买深圳发展银行股票 288 股给李某，所需股金及手续费用，由张某承担。二、原告李某将被告张某 1990 年 4 月交与的 890 元当庭退还被告。

专家点评

本案的焦点在于被告的行为是否构成无权代理。无权代理是指无代理权的人以他人名义实施的代理行为，主要包括自始不存在代理权、代理权消灭和超越代理权限三种情形。依据民法典总则编第 171 条的规定，如果被代理人不予追认无权代理行为，则不对其发生效力。本案中原告只委托被告代理其领取股息，但被告却擅自将原告的股票低价出卖并过户给第三人张某，属于典型超越代理权限的无权代理行为。因被告的无权代理行为并不对原告发生效力，之后原告向被告主张返还股票，合法合理，应予支持。

第一百七十二条 行为人没有代理权、超越代理权或者代理权终止后，仍然实施代理行为，相对人有理由相信行为人有代理权的，代理行为有效。

【条文释义】

本条是对表见代理的规定。

表见代理，是指被代理人的行为足以使第三人相信无权代理人具有代理权，并基于这种信赖而与无权代理人实施法律行为的代理。表见就是表现，表见代理就是表现为有权代理的无权代理。其意义是：1. 承认外表授权，外表授权是指具有授权行为的外表或者假象，而事实上并没有实际授权，由于外表授权规则的适用，使表见代理的性质发生了变化。2. 保护善意交易相对人的利益，使善意相对人不因相信表见代理人的行为而受到损害。3. 保护动态交易安全。

表见代理的构成要件是：1. 须代理人没有代理权；2. 客观上存在使相对人相信行为人具有代理权的理由，一是相对人相信行为人有代理权的事实，二是相对人对行为人有代理权建立了信赖。3. 相对人与无权代理人成立法律行为。4. 相对人对此为善意且无过失。

表见代理发生的主要原因是：1. 被代理人以书面或者口头形式直接或者间接地向第三人表示以他人为自己的代理人；2. 被代理人与代理人之间的委托合同不成立、无效或者被撤销，但尚未收回代理证书；3. 代理关系终止后被代理人未采取必要措施公示代理关系终止的事实，并收回代理人持有的代理证书；4. 行为人的外观表象足以使第三人认为其是有代理权而与之交易的。

表见代理发生以下法律效力：1. 发生有权代理的效力。2. 表见代理人对被代理人的损失承担损害赔偿责任。3. 善意相对人主张撤销时，被代理人不得主张表见代理。

【案例评注】

王某一诉刘某等房屋买卖合同纠纷案[①]

基本案情

2013 年 5 月 29 日被告王某二假冒被告某学院的名义，与被告刘某签订房屋认购协议，约定被告刘某购买涉案房屋，总金额 583703.4 元，被告刘某支付了全款。2013 年 8 月 18 日原告王某一与被告刘某签订《房产证补充协议》，并与被告某公司签订房屋买卖委托协议，由原告购买涉案房屋，金额 580000 元整。同日原告交付被告刘某定金 50000 元，余款原告分三次支付给被告刘某。2014 年 12 月 29 日，原告收到被告某学院告知函，得知被告刘某无权处分涉案房屋，被告王某二涉嫌合同诈骗案发。2015 年 12 月 10 日，被告王某二因犯合同诈骗罪，被平原县人民法院判处有期徒刑 10 年，被告王某二不服判决提起上诉，2016 年 4 月 7 日，德州市中级人民法院作出终审裁定，驳回上诉，维持原判。现涉案房屋登记在被告某学院名下。

法院判决

法院认为，表见代理的形成，需要以下构成要件，一、客观要件，代理人具

① 审理法院：山东省德州市经济技术开发区人民法院，案号：（2016）鲁 1491 民初字第 995 号。

有代理权的外观。二、主观要件，第三人信赖的正当性和被代理人的可归责性。本案中，被告王某二出售涉案房屋时任华宇公寓物业副主任，华宇公寓2010年已撤售楼处，某学院在被告刘某办理缴纳水费手续时为其出具认可其所有权证明，且在涉案房屋的《城市供用水合同》中被告王某二对外代表某学院在供水委托代理人处签字，因此，被告王某二具有某学院代理权的外观，符合表见代理的客观要件。虽被告刘某与某学院签订的《房屋认购协议》中某学院的公章是王某二伪造的，但被告刘某作为普通购房者并无辨别的能力，被告刘某有理由相信能够合法地从王某二手中购买涉案房屋。因此被告刘某作为第三人，主观上是善意的，其对王某二的代理行为的信赖是正当的。被告某学院作为被代理人在主观上具有过失，招录王某二时未认真核实其身份，且根据某学院会计韩某梅的笔录，仅凭认购协议就可购得华宇公寓房屋。因此某学院在管理上存在过错，导致王某二能够对外以某学院的名义向外出售房屋，因此被代理人某学院在主观上具有可归责性。故被告王某二出卖房屋的行为构成表见代理，被告王某二的行为后果，应由被告某学院承担。被告某学院可在承担责任后，向被告王某二追偿。最后，法院判决被告某学院支付原告购房款580000元。

专家点评

民法典总则编第172条规定，行为人没有代理权、超越代理权或者代理权终止后，仍然实施代理行为，相对人有理由相信行为人有代理权的，代理行为有效。本案的争议焦点为被告王某二出卖房屋的行为是否构成表见代理。表见代理是指被代理人因疏忽的表见行为引起了善意第三人对无权代理人有代理权的合理信赖，为保护这种合理信赖，促进交易安全的实现，而让无权代理对本人产生与有权代理相同的法律效果。本案中，某学院在被告刘某办理缴纳水费手续时为其出具认可其所有权证明，且在涉案房屋的《城市供用水合同》中被告王某二对外代表某学院在供水委托代理人处签字，使得被告王某二具有代理权的外表和假象，被告刘某在善意的情况下与被告王某二签订买卖合同构成表见代理，某学院应该对被告王某二的行为承担责任。

第三节 代理终止

第一百七十三条 有下列情形之一的，委托代理终止：

（一）代理期限届满或者代理事务完成；

（二）被代理人取消委托或者代理人辞去委托；

（三）代理人丧失民事行为能力；

（四）代理人或者被代理人死亡；

（五）作为代理人或者被代理人的法人、非法人组织终止。

【条文释义】

本条是对委托代理消灭原因的规定。

委托代理消灭的具体原因是：1. 代理期限届满或者代理事务完成，包括代理授权所要进行的工作已经结束，或者代理的时间已经完成；2. 被代理人取消委托或者代理人辞去委托；3. 代理人丧失民事行为能力，丧失了行使代理权的资格和能力；4. 代理人死亡，不再存在行使代理权的主体；5. 作为被代理人或者代理人的法人、非法人组织终止，代理关系也不再存在，代理权消灭。

代理权消灭的效果是：1. 代理关系消灭后，代理权消灭，代理人不得再以被代理人的代理人身份进行活动。2. 代理权消灭后，代理人在必要和可能的情况下，应当向被代理人或者其继承人、遗嘱执行人、清算人、新代理人等，就其代理事务及有关财产事项作出报告和移交。3. 委托代理人应向被代理人交回代理证书及其他证明代理权的凭证。

【案例评注】

王某一诉王某二合同纠纷案①

基本案情

2014 年 1 月 23 日，原告王某一与刘某（已去世）出具委托书一份，委托被告王某二代为办理出售二人共有的位于庄河市城关街道工会东方红家园 5 号楼 × 单元 × 层 × 号房屋的相关手续，原告与刘某在委托书上签字。当日，该委托书经庄河市公证处（2014）庄证民字第 918 号公证书公证。2014 年 5 月 5 日，案涉房屋因刘某刚诉刘某、王某一民间借贷纠纷一案被法院查封。现案涉房屋不能出售，无法实现原告与被告履行合同的目的，原告持诉称理由向法院提起诉讼，请

① 审理法院：辽宁省庄河市人民法院，案号：（2015）庄民初字第 03807 号。

求依据原《合同法》第94条、第410条之规定，请求判决解除原告与被告签订的委托书，并由被告承担诉讼费用。

法院判决

法院认为，原告要求解除其向被告出具的委托书，目的在于取消被告委托代理权。《民法通则》第六十九条第二款规定，被代理人取消委托或者代理人辞去委托，委托代理终止。故原告仅需单方取消被告委托代理权，即可发生委托代理终止的效果。原告该权利未受到妨害引起民事权益争议，其起诉不符合起诉条件，应驳回其起诉。

专家点评

委托代理权的终止涉及被代理人、代理人和相对人三方的利益，应该通过法律规定予以明确，依据民法典总则编第173条的规定，委托代理权的消灭原因可以分为授权行为本身的原因、基础法律关系的原因、被代理人方面的原因和代理人方面的原因。本案中，原告要求解除其向被告出具的委托书，目的在于取消被告委托代理权，属于授权行为本身的原因，原则上委托人享有取消委托的“任意解除权”，性质上属于形成权，无需诉讼，委托人只要发出取消授权的通知即能达到委托代理终止的效果。

第一百七十四条 被代理人死亡后，有下列情形之一的，委托代理人实施的代理行为有效：

（一）代理人不知道且不应当知道被代理人死亡；

（二）被代理人的继承人予以承认；

（三）授权中明确代理权在代理事务完成时终止；

（四）被代理人死亡前已经实施，为了被代理人的继承人的利益继续代理。

作为被代理人的法人、非法人组织终止的，参照适用前款规定。

【条文释义】

本条是对被代理人死亡后委托代理行为效力的规定。

被代理人死亡后的代理行为有效的情形是：1. 代理人不知道且不应当知道被

代理人死亡的，是确实不知道，并且也不应该知道。2. 被代理人的继承人予以承认。3. 代理权授权中明确代理权在代理事项完成时终止的。4. 在被代理人死亡前已经实施，在被代理人死亡后为了被代理人的继承人的利益而继续代理。

除此之外，被代理人死亡后，委托代理人实施的代理行为无效。

作为被代理人的法人、非法人组织终止，相当于自然人的死亡，因而可以参照适用本条第一款的规定。

【案例评注】

洪某一诉洪某二、洪某三等确认合同无效纠纷案[①]

基本案情

洪某大与杜某系夫妻关系，结婚后育有5个子女，为本案原告洪某一，被告洪某二，被告洪某三，洪小某（洪某三之子），被告洪某四及被告洪某五。洪某大于1997年去世。杜某原居住在兆丰路×号×室房屋内，2003年兆丰路×号×室房屋所在地区遇拆迁，杜某被安置于浦连路×弄×号×室房屋，并于2008年取得该房屋的房地产权证。2012年1月6日，杜某因觉“咳嗽、气促、胸闷3天”，至上海市徐汇区中心医院就诊，经诊断杜某存在慢性阻塞性肺病急性发作、双侧胸腔积液等病症并住院治疗，入院时杜某神志清楚、对答切题。此后杜某经治疗好转于1月18日出院。同年4月10日，杜某及被告洪某三、洪某四共同至上海市新黄浦公证处办理系争房屋出售的委托手续。公证员卢某琴就委托事项与杜某进行谈话，作谈话笔录并拍照，杜某在委托书上盖章并捺指印，上海市新黄浦公证处于4月17日出具公证书。该委托书的内容为：“委托人杜某、受托人洪某三，我是坐落上海市闵行区浦连路×弄×号×室房屋的产权人。该房屋欲出售，我因故不能亲自办理有关手续，特委托洪某三代为办理如下事宜：代为签订《上海市房地产买卖合同》、代为办理房屋产权过户手续、代为收取房款、代为交房、代为支付上述房产出售过程中应付之相关税费、代为办理水电煤和有线电视及物业过户；委托期限为一年，自委托书签署之日起满一年止；委托人无转委托权；受托人在其权限范围内依法所做的一切行为及签署的有关文件，受托人均予以承认。”2012年5月9日，杜某因觉“反复咳嗽、气促、胸闷3年余，加重3天”，至上海市徐汇区中心医院就诊，经诊断杜某存在慢性阻塞性肺病急性发作、双侧

① 审理法院：上海市闵行区人民法院，案号：（2013）闵民五（民）初字第1473号。

胸腔积液等病症并住院治疗，入院时杜某神志清楚，此后杜某经治疗好转于5月24日出院。2012年7月2日，杜某再次因病住院治疗，入院时神志清楚，后因病重抢救无效于同年7月10日死亡。2013年3月16日，被告洪某三持委托书代杜某与被告洪小某签订《上海市房地产买卖合同》，将系争房屋出售给其子即被告洪小某，转让价格为人民币（币种下同）80万元，双方约定于2013年6月15日之前向房地产交易中心申请办理转让过户手续。该合同关于交房时间、价款支付、违约责任等内容处均为空白，未予填写。同年4月1日，被告洪某三及洪小某办理了系争房屋的变更登记手续，4月11日系争房屋过户登记至被告洪小某名下。原告洪某一起诉至法院，请求判令：1. 被告洪某三代杜某与被告洪小某就上海市闵行区浦连路×弄×号×室签订的房屋买卖合同无效；2. 被告将房屋产权登记恢复原状。

法院判决

法院认为，本案的争议焦点为被告洪某三作为杜某代理人签订的买卖合同之效力。依据杜某出具的委托书，其委托被告洪某三出售系争房屋，委托期限为一年，即自2012年4月10日起至2013年4月9日止，在此期限内被告洪某三作为杜某的代理人与被告洪小某签订买卖合同，并办理了系争房屋的过户手续。但该买卖合同及产权变更的时间在杜某死亡之后，依据《最高人民法院关于贯彻执行〈中华人民共和国民法通则〉若干问题的意见》第八十二条之规定，“被代理人死亡后有下列情况之一的，委托代理人实施的代理行为有效：（1）代理人不知道被代理人死亡的；（2）被代理人的继承人均予承认的；（3）被代理人与代理人约定到代理事项完成时代理权终止的；（4）在被代理人死亡前已经进行、而在被代理人死亡后为了被代理人的继承人的利益继续完成的”，现被告洪某三虽以买卖合同的方式将系争房屋出售给被告洪小某，但洪某三向法院表述因认为系争房屋系杜某给其的，其亦要将房屋给被告洪小某，洪某三与洪小某之间并不存在真实的买卖意思表示，又被告洪某三于被代理人死亡后签订该合同，不属于法律规定的有效情形，洪某三属无权代理。又因杜某已死亡，其继承人未能对该买卖合同达成一致意见予以追认，该买卖合同应属无效。

法院判决：一，被告洪某三与被告洪小某就上海市闵行区浦连路×弄×号×室于2013年3月16日签订的《上海市房地产买卖合同》无效；二，被告洪某三、被告洪小某于本判决书生效之日起15日内将上海市闵行区浦连路×弄×号×室房屋产权恢复登记至原产权人名下。

专家点评

本案的焦点之一是洪某三作为代理人在被代理人死亡之后签订的买卖合同的效力。一般情况下，被代理人死亡后，代理关系消灭。但是，在某些情况下，根据代理制度的本质以及诚实信用的原则，在被代理人死亡时，应该认可代理行为仍然有效，民法典总则编第 174 条对这些特殊情形予以明确规定。本案中被告在被代理人死亡后所进行的代理行为并不符合民法典总则编第 174 条所规定的任何一种有效情形，属于无权代理。

第一百七十五条 有下列情形之一的，法定代理终止：

（一）被代理人取得或者恢复完全民事行为能力；

（二）代理人丧失民事行为能力；

（三）代理人或者被代理人死亡；

（四）法律规定的其他情形。

【条文释义】

本条是对法定代理终止原因的规定。

法定代理的终止与委托代理的消灭原因不同。法定代理的消灭原因是：1. 被代理人取得或者恢复完全民事行为能力。无民事行为能力或者限制民事行为能力的被代理人取得了民事行为能力或者恢复了民事行为能力，法定代理没有再存在的基础和必要。2. 代理人丧失民事行为能力，代理人无法行使代理权。3. 被代理人或者代理人死亡，法定代理和指定代理的基础不再存在，消灭代理权。4. 法律规定的其他情形，例如人民法院或者其他指定代理的机关取消该指定代理，则丧失了法定代理的法律基础，因此消灭代理关系。

法定代理关系消灭后，依据其产生的法定代理权即行消灭。

【案例评注】

韩某二诉韩某一等人身损害赔偿纠纷案[①]

基本案情

原、被告为同村乡亲，原告韩某二与被告韩某一为地邻。2001 年 8 月 5 日上午，原告韩某二在地里挖土，因边界与韩某一、王某发生口角导致争执，后经村干部关某制止，韩某二回到家中，被告韩某一、王某及其他五被告均持器械赶到韩某二家门口处，与韩某二之兄韩某三、父亲韩某四、母亲郝某、叔叔韩某五、婶子李某及韩某二本人发生殴斗，此过程造成被告韩某英，原告韩某二、李某均受伤。伤后，二原告入住内邱县中医院，其中韩某二花费 182.10 元，李某花费 170 元，次日二人转至内邱县法医鉴定中心，住院七天，韩某二伤情经鉴定为："轻微伤"，法医鉴定意见为："住院治疗七天，准陪床一名，出院后休息十天"，花费为住院费 1364.80 元，鉴定费 163 元，西药费 30 元，共计 1557 元，李某伤情经鉴定为"轻微伤"，法医处理意见为："住院治疗七天，准陪床一名，出院后休息七天"，花费为住院费 1485.60 元，鉴定费 163 元、CT 费 150 元，共计 1798.60 元。原审还查明，本案被告韩某英伤情经鉴定为"轻伤"，其向内邱县人民法院提出刑事附带民事诉讼，内邱县人民法院制发了（2002）内邢初字第 50 号刑事附带民事判决书，以本案原审原告父亲韩某四犯故意伤害罪，判决管制 6 个月，并赔偿韩某英各项经济损失 5965.70 元。双方均不服此判决，提出上诉，二审期间经调解做出了（2003）邢刑终字第 8 号刑事附带民事调解书，即韩某四一次性赔偿韩某英经济损失 8000 元，其他皆清。

法院判决

原审法院认为，原、被告为同村乡亲，在生产生活上本应和睦相处，但在原告韩某二与被告韩某一家为土地边界发生纠纷，在村干部出面协调后，仍然将事态扩大，引发群殴，显示了双方法制观念的淡薄。对此行为，法院依法予以训诫。被告韩某英的损失业经法院处理，不再赘述。在公安机关对双方的调查材料中，均能反映出除关某妮之外的六被告参与了殴斗，造成二原告受伤并住院的后

---

① 审理法院：一审法院为河北省邢台市内邱县人民法院，案号：（2001）内民初字第 483 号；再审法院为河北省邢台市内邱县人民法院，案号：（2006）内民再初字第 1 号。

果，此六被告已对二原告构成共同侵权，应当承担连带赔偿责任。在二原告的诉状中，李某的委托代理人为其丈夫，但在诉讼中，并未向法庭提交有关委托代理手续，庭审中原告李某又未出庭，故法院对李某以撤诉处理。韩某二现正服役，虽未出庭，但诉讼时其仅16周岁，属限制民事行为能力人，其法定代理人出庭是符合有关法律规定的，并不影响韩某二权利的行使。故判决：一、被告韩某一、韩某英、韩某更、韩某妮、王某、韩某娟赔偿原告韩某二医疗费1394.80元，鉴定费163元，误工费255元，陪床费105元，营养费105元，共计2022.80元，自本判决生效后5日内交至法院转原告。六被告之间负连带责任。

邢台市人民检察院抗诉认为，判决书载明韩某二于1984年11月22日出生，此案开庭时间为2003年8月14日，在诉讼时韩某二已年满18周岁，属完全民事行为能力人，具有民事法律行为能力。韩某二在开庭时未到庭，又没有出具委托书，根据《民事诉讼法》第五十九条、第一百二十九条对应2012年《民事诉讼法》第一百四十三条之规定，本案原告韩某二无正当理由拒不到庭，又未向法院提交委托书，对韩某二可以按撤诉处理，法院开庭审理并判决违反法定程序。

再审法院认为，《民法通则》第六十六条第一款规定："没有代理权、超越代理权或者代理权终止后的行为，只有经过被代理人的追认，被代理人才承担民事责任。未经追认的行为，由行为人承担民事责任。本人知道他人以本人名义实施民事行为而不作否认表示的，视为同意。"开庭时，原告韩某二虽年满18周岁应到庭未到庭，但现已对其母亲郝某法定代理权终止后的诉讼行为予以追认，且从原审庭审笔录看，被告当时并未提出异议。另外，原审被告如对判决实体不服，可以依法提起上诉，保护自己的实体权利。总之，原审判决虽然程序上存在瑕疵，但并不会影响实体判决。因此，根据《最高人民法院关于适用〈中华人民共和国民事诉讼法〉若干问题的意见》第二百零一条（此意见已失效）对应2015年《最高人民法院关于适用〈中华人民共和国民事诉讼法〉的解释》第四百零七条之规定，判决如下：再审裁判结果维持（2001）内民初字第483号民事判决。

专家点评

本案焦点是原告韩某二在取得民事行为能力，也就是法定代理终止对其母亲所代理的诉讼行为的效力的影响。法律之所以为未成年人设定法定代理人，原因是未成年人属于意思表示能力不足之人，当未成年人成年之后，自己立刻取得完全民事行为能力，法定代理权的基础也就丧失了，法定代理当然终止。依据民法典总则编第175条的规定，原告韩某二在年满18周岁时自动取得民事行为能力，韩某二之母亲的法定权利自动终止。但是原告韩某二虽年满18周岁应到庭未到庭，但已对其母亲郝某法定代理权终止后的诉讼行为予以追认，并不影响原审裁判效力。

第八章 民事责任

第一百七十六条 民事主体依照法律规定或者按照当事人约定，履行民事义务，承担民事责任。

【条文释义】

本条是对民事义务和民事责任的规定。

民事义务是与民事权利相对应的概念，是指义务人为满足权利人的要求而为一定的行为或者不为一定行为的法律负担。其特征是：1. 民事义务产生于法律的规定或者当事人的约定。2. 民事义务的内容表现为为一定行为或者不为一定行为。3. 民事义务的履行是为了满足民事权利人的利益。4. 履行民事义务具有法律的强制性。

民事责任，是指民事主体不履行或者不完全履行民事义务应当依法承担的不利后果。不履行或者不完全履行民事义务，就是违反民事义务。民事责任既是违反民事义务所承担的法律后果，也是救济民事权利损害的必要措施，还是保护民事权利的直接手段。民事责任的特征是：1. 民事责任是以民事义务的存在为前提产生的法律责任。2. 民事责任是具有强制性的法律责任。3. 民事责任是具有制裁性的法律责任。4. 民事责任主要是具有财产性的法律责任。5. 民事责任主要是具有补偿性的责任，也包括一定的惩罚性赔偿责任。

民事责任与民事义务的区别是：1. 民事责任产生在民事义务的不履行之后。2. 民事责任与民事义务分别与国家公权力、民事权利概念相关联。3. 民事义务属于“当为”，而民事责任不仅是“当为”，更是“必为”。

民事责任与民事义务既有严格的区别，又有密切的联系。本条同时规定民事义务和民事责任，反映的就是这样的关系，即违反民事义务的行为是产生民事责任的原因和依据，而民事责任是违反民事义务的行为所引起的不利法律后果。

【案例评注】

王某富诉某律师所财产损害赔偿纠纷案[①]

基本案情

原告王某富诉称，经被告某律师所见证的原告父亲王某智生前所立的遗嘱，由于缺少两个以上见证人这一法定形式要件，在继承诉讼中被法院认定无效。致使原告作为继承诉讼中的败诉方，不仅不能按遗嘱继承得到父亲的遗产，还得按法定继承向其他继承人付出继承房屋的折价款。被告在见证原告父亲立遗嘱的过程中有过错，侵害了原告的遗嘱继承权利，给原告造成了财产损失，请求判令被告赔偿房屋折价款、遗嘱见证代理费、两审继承诉讼的代理费、诉讼费等损失共计134893.75元。被告辩称，王某智委托被告代理的事项是见证签字，不是见证代书遗嘱。被告是根据王某智的委托，才指派了一名律师去见证王某智签字，已经履行了自己的义务，且在见证过程中没有过错。至于经被告见证签字的遗嘱，其内容和形式是否符合法律规定，被告没有提示义务。王某智所立的遗嘱，是因代书人未签字而被认定无效。被告不是该遗嘱的代书人，不应该承担代书人的法律责任。

法院判决

北京市朝阳区人民法院经审理查明：原告王某富之父王某智与被告某律师所签订了《非诉讼委托代理协议书》一份，约定某律师所接受王某智的委托，指派张某律师作为王某智的代理人；代理事项及权限为：代为见证；协议上还有双方约定的其他权利义务。王某智在该协议书上签字，某律师所在该协议书上加盖了公章，但该协议书未标注日期。同年9月10日，王某智又与某律师所指派的律师张某签订了一份《代理非诉讼委托书》，内容为：因见证事由，需经律师协助办理，特委托某律师所律师张某为代理人，代理权限为：代为见证。9月17日，某律师所出具一份《见证书》，附王某智的遗嘱和某律师所的见证各一份。见证的内容为：兹有北京市海淀区北太平庄钟表眼镜公司宿舍×楼×门×号的王某智老人于我们面前在前面的遗嘱上亲自签字，该签字系其真实意思表示，根据《民法通则》第五十五条的规定其签字行为真实有效。落款处有见证律师张某的签字和

① 案例来源：《最高人民法院公报》2005年第10期。

某律师所的盖章。王某智于9月19日收到该《见证书》。法院认为：律师与普通公民都有权利作代书遗嘱的见证人，但与普通公民相比，由律师作为见证人，律师就能以自己掌握的法律知识为立遗嘱人服务，使所立遗嘱符合法律要求，这正是立遗嘱人付出对价委托律师作为见证人的愿望所在。原告王某富的父亲王某智与被告某律师所签订代理协议，其目的是通过律师提供法律服务，使自己所立的遗嘱产生法律效力。某律师所明知王某智这一委托目的，应当指派两名以上的律师作为王某智立遗嘱时的见证人，或者向王某智告知仍需他人作为见证人，其所立遗嘱方能生效。根据《民法通则》第一百零六条第二款之规定，被告某律师所在履行与王某智签订的《非诉讼委托代理协议》时，未尽代理人应尽的职责，给委托人及遗嘱受益人造成损失，应当承担赔偿责任。据此，北京市朝阳区人民法院判决：被告某律师所于判决生效后7日内赔偿原告王某富经济损失114318.45元。

判决后，某律师所不服，向北京市第二中级人民法院提出上诉，北京市第二中级人民法院经审理，确认了一审查明的事实。同时认为某律师所不能以证据证明其与王某智约定的“代为见证”，只是见证签字者的身份和签字行为的真实性；也不能以证据证明在签约时，该所已向王某智明确告知其仅是对签字见证而非对遗嘱见证，故应当承担举证不能的不利后果。故裁定驳回上诉，维持原判。

专家点评

此案涉及民法典总则编第176条的规定，本条系以原《民法通则》第106条为基础，并进行了语句的精简。在本案中，原告王某富之父亲王某智生前立遗嘱时，委托了被告某律师所进行见证，但由于缺少两个以上见证人这一法定形式要件，在继承诉讼中该继承协议被法院认定为无效，这直接致使原告王某富不仅不能按遗嘱继承得到父亲的遗产，还得按法定继承向其他继承人付出继承房屋的折价款，由此而遭受了损失。原《民法总则》第176条规定，民事主体应当依照法律规定或者按照当事人约定，履行民事义务，承担民事责任。被告某律师所作为一个律师事务所，其指派的律师应当具有了解法律规定，使所立遗嘱符合法律要求的义务。但某律师所在履行义务时，没有尽到代理人应尽的职责，给委托人及遗嘱受益人造成损失，应当承担赔偿责任。

第一百七十七条　二人以上依法承担按份责任，能够确定责任大小的，各自承担相应的责任；难以确定责任大小的，平均承担责任。

【条文释义】

本条是对按份责任的规定。

按份责任是指数个责任人按照约定或者法律规定，按照不同的份额，对一个责任按份承担的民事责任。分为两种形式：1. 约定的按份债务不履行发生的按份责任；2. 依照法律规定发生的按份责任，例如分别侵权行为发生的按份责任。

按份责任与连带责任的基本区别是，连带责任的责任人之间虽然也有份额，但是这种份额具有相对性，对外每一个责任人都负有全部承担责任的义务。而按份责任的各个责任人的责任份额不具有连带性，只对自己的份额负责，不对整体责任负责。

按份责任的规则是，数个责任人承担按份责任的，如果能够确定责任大小，应当按照行为人各自的过错程度和行为原因力的大小比例，承担相应的责任；如果难以确定责任大小的，则平均承担责任。发生按份责任，每个行为人只对自己的行为后果承担侵权责任。

【案例评注】

吴某某等诉某旅行社、某公司人身损害赔偿纠纷案[①]

基本案情

原告吴某某、张某某、吴某娟诉称：吴某某系本案受害人张某之妻、张某某与张某之女、吴某娟系张某之母。2005 年 5 月 5 日，吴某某、张某某、张某等 17 人参加了由被告某旅行社组织的牛姆林二日自驾游。进入牛姆林景区游览时天色变阴，原告一行建议导游调整行程，但导游坚持带队上山。不久下了暴雨，导游没有就近安排避雨，而是要求大家原路返回，致使张某在返回的途中被一棵折断的马尾松砸伤，经医治无效死亡。某旅行社负有保障游客安全的法定义务，其导游没有充分考虑天气情况和游客意见，谨慎、安全地安排行程，而是为完成任务，在极为不利的天气情况下坚持要求游客上山，其错误行为与事故的发生有重大的因果关系，故某旅行社应当对张某的死亡承担责任；被告某公司应知天气、林木是影响旅游安全的重要因素，却未作任何防范，且在事故发生后连最基本的

---

① 案例来源：《最高人民法院公报》2006 年第 6 期。

救护手段都不能提供，延误了最佳救治时机，亦应对张某的死亡承担责任。请求判令二被告连带赔偿原告方赔偿金共计 70 余万元。被告某公司辩称：案发当时，不可预测的飑线导致大树折断，砸伤受害人张某致其死亡，该事件的发生属不可抗力；被风吹断的马尾松原本长势良好，某公司对该树木的管理没有瑕疵，故对事件的发生没有过错；事件发生后，某公司对被害人的救护措施并无不当。

法院判决

厦门市思明区人民法院经审理认为：关于被告某旅行社对被害人张某的死亡应否承担责任的问题。某旅行社与原告吴某某、张某某及张某等人建立了旅游服务合同关系，在合同责任与侵权责任竞合的情况下，原告方可选择要求对方承担违约责任或侵权责任。现原告方选择了侵权之诉，以某旅行社、某公司为被告，主体适格。原告方认为被告某旅行社违反保障游客安全义务，应对某旅行社具有过错承担举证责任。导游对恶劣天气的防患意识应当高于游客，且负有保障游客安全的责任，应以游客安全第一为宗旨，依诚实信用原则并结合当时的天气情况对是否调整行程作出正确判断。本案中，导游不顾恶劣天气的影响，坚持带游客冒险进入林区的错误行为，导致游客处于遭受风雨困扰的险境，并实际导致张某被折断的马尾松砸伤致死，其主观上具有过错。某旅行社承诺提供优秀导游服务，在其未安排全陪导游的情况下，本案导游既代表某公司也代表某旅行社，故某旅行社对于张某的死亡也具有过错，应当承担相应的民事责任。关于被告某公司应否承担责任的问题，法院认为，某公司本应对该树给予特别的注意，采取必要的防护加固或砍伐等措施，防止危险的发生。现某公司未能提供证据证明其已对该马尾松采取必要的防范措施，其提供的证据不足以证明该马尾松折断系不可抗力引起，亦不能证明张某本人对于事故的发生具有过错，故对其免责抗辩不予采纳，某公司应对其管理的马尾松折断砸伤张某致死承担相应的民事责任。另外，某公司在事故发生后救助不力，导致损失扩大。游客受伤后，某公司负有以最大努力加以救助的义务。张某受伤后，同伴立即打电话联系景区工作人员救助，一段时间后，景区工作人员才抬来一张桌子。在救护车到来之前，景区工作人员联系景区医生施救，但景区医生始终没有出现，现场未采取任何急救措施。某公司只采取抬救措施，而未提供担架、专业医师进行现场施救，违反了自己制定的规定，没有尽到救助义务。某公司虽已与天湖山医院签订医疗协议建立紧急救援体系，但救护车在报警后近一小时才到达，不符合紧急救援的要求。某公司在张某受伤后，并未尽到最大救助努力，导致损害后果进一步扩大，应承担相应的民事责任。

综上所述，法院认为，导游不顾恶劣天气坚持带游客冒险进入林区的错误行为，被告某公司管理不善致使马尾松折断伤人，事件发生后又未尽最大救助努力，这三个因素均是导致被害人张某死亡后果发生的原因。其中，导游的错误行为是导致事故发生的次要原因，其原因力酌定为20%；某公司管理不善致使马尾松折断以及事后救助不力的行为是导致事故发生的主要原因，原因力酌定为80%。本案中，导游既代表被告某旅行社，又代表某公司，故基于导游的错误行为而产生的责任应由二被告共同承担，各自负担10%，并互负连带责任；某公司管理不善致使马尾松折断伤人及事后救助不力，相应责任由某公司自行承担。原告方要求某旅行社对全部损害后果承担连带责任的诉讼请求缺乏法律依据，不予采纳。合计赔偿金额550515.8元，由某旅行社对其中的10%承担赔偿责任，金额为55051.58元；某公司对其中的90%承担赔偿责任，金额为495464.22元；在55051.58元范围内两被告互负连带责任。某公司已支付给原告方的2万元、丧葬费2872.2元，应从某公司承担部分抵扣。

专家点评

此案涉及民法典总则编第177条的规定，民法典总则编第177条系以原《侵权责任法》第12条为基础，进行了文字上的改动。

在本案中，被告某旅行社安排的导游不顾恶劣天气坚持带游客冒险进入林区，其存在过错，因此某旅行社对于张某的死亡具有过错，应当承担相应的民事责任。而被告某公司管理不善致使马尾松折断伤人，在事件发生后又未尽最大救助努力，这也是导致被害人张某死亡后果发生的原因。民法典总则编第177条规定，二人以上依法承担按份责任，能够确定责任大小的，各自承担相应的责任；难以确定责任大小的，平均承担责任。本案审理法院经过综合考量，认为导游的错误行为是导致事故发生的次要原因，其原因力酌定为20%；某公司管理不善致使马尾松折断以及事后救助不力的行为是导致事故发生的主要原因，原因力酌定为80%。二责任人之间的责任大小可以分清，因此法院应当判决责任人各自承担相应份额的赔偿责任。

第一百七十八条 二人以上依法承担连带责任的，权利人有权请求部分或者全部连带责任人承担责任。

连带责任人的责任份额根据各自责任大小确定；难以确定责任大小的，平均承担责任。实际承担责任超过自己责任份额的连带责任人，有权向其他连带责任人追偿。

连带责任，由法律规定或者当事人约定。

【条文释义】

本条是对连带责任的规定。

连带责任是指因违反连带债务或者依照法律的直接规定，两个以上的义务人向赔偿权利人连带承担全部责任，权利人有权要求连带责任人中的一人或数人承担全部责任，而一人或数人在承担全部责任后，将免除其他责任人的责任的民事责任形态。分为两种：1. 违反连带债务发生的连带责任，如连带义务人违反连带债务的违约责任；2. 依照法律的直接规定发生的连带责任，如共同侵权行为的侵权连带责任。

连带责任规则是：1. 连带责任的对外关系。凡是法律规定承担连带责任的，权利人有权请求部分或者全体连带责任人承担责任。因为连带责任是一个完整的责任，每一个连带责任人都有义务承担全部赔偿责任。2. 连带责任的对内关系。首先，连带责任人根据各自责任大小，确定相应的赔偿数额。责任大小的确定，一是过错程度，二是原因力大小；难以确定责任大小的，责任份额平均分配。其次，其中一个或者数个连带责任人支付超出自己赔偿责任份额的，他有权向其他连带责任人追偿。

更简洁的规则是把连带责任分为中间责任和最终责任，规则是：1. 中间责任，任何一个连带责任人都应当对权利人承担全部责任，请求一个、数个或者全部连带责任人承担连带责任；2. 最终责任，每一个连带责任人最终承担的，是自己应当承担的责任份额；3. 一个连带责任人承担了超出自己责任份额的赔偿责任的（即中间责任），可以通过追偿的方法实现最终责任，将连带责任分配给每一个连带责任人。

连带责任的产生事由：1. 法律规定，如民法典合同编和侵权责任编都规定了连带责任；2. 当事人约定，当事人约定的连带债务，当连带债务不履行时就产生了连带责任。

【案例评注】

甲公司诉乙公司、丙公司侵害发明专利权纠纷案[①]

基本案情

原告甲公司诉称：被告乙公司未经其许可，在天猫商城等网络平台上宣传并销售侵害其ZL200980000002.8号专利权的产品，构成专利侵权；被告丙公司在甲公司投诉乙公司侵权行为的情况下，未采取有效措施，应与乙公司共同承担侵权责任。请求判令：1. 乙公司立即停止销售被诉侵权产品；2. 乙公司立即销毁库存的被诉侵权产品；3. 丙公司撤销乙公司在天猫平台上所有的侵权产品链接；4. 乙公司、丙公司连带赔偿甲公司50万元；5. 本案诉讼费用由乙公司、丙公司承担。

乙公司答辩称：其只是卖家，并不是生产厂家，甲公司索赔数额过高。

丙公司答辩称：1. 其作为交易平台，并不是生产销售侵权产品的主要经营方或者销售方；2. 涉案产品是否侵权不能确定；3. 涉案产品是否使用在先也不能确定；4. 在不能证明其为侵权方的情况下，由其连带赔偿50万元缺乏事实和法律依据，且其公司业已删除了涉案产品的链接，甲公司关于撤销乙公司在天猫平台上所有侵权产品链接的诉讼请求亦不能成立。

法院经审理查明：2009年1月16日，甲公司及其法定代表人李某熙共同向国家知识产权局申请了名称为“红外线加热烹调装置”的发明专利，并于2014年11月5日获得授权，专利号为ZL200980000002.8。2015年1月26日，涉案发明专利的专利权人变更为甲公司。涉案专利年费缴纳至2016年1月15日。

2015年1月29日，甲公司的委托代理机构北京商专律师事务所向北京市海诚公证处申请证据保全公证，其委托代理人王某先、时某在公证处监督下，操作计算机登入天猫网，在一家名为“益心康旗舰店”的网上店铺购买了售价为388元的3D烧烤炉，并拷贝了该网店经营者的营业执照信息。同年2月10日，甲公司委托案外人张某军向淘宝网知识产权保护平台上传了包含专利侵权分析报告和技术特征比对表在内的投诉材料，但淘宝网最终没有审核通过。

一审庭审中，甲公司主张将涉案专利权利要求1作为本案要求保护的范围。经比对，甲公司认为除了开关位置的不同，被控侵权产品的技术特征完全落入了

① 案例来源：最高人民法院2017年3月6日发布的指导案例83号。

涉案专利权利要求 1 记载的保护范围，而开关位置的变化是业内普通技术人员不需要创造性劳动就可解决的，属于等同特征。两原审被告对比对结果不持异议。另查明，甲公司为本案支出公证费 4000 元，代理服务费 81000 元。

法院判决

法院生效裁判认为，各方当事人对于乙公司销售的被诉侵权产品落入甲公司涉案专利权利要求 1 的保护范围，均不持异议，认定乙公司涉案行为构成专利侵权正确。关于丙公司在本案中是否构成共同侵权，《侵权责任法》第三十六条第二款规定，网络用户利用网络服务实施侵权行为的，被侵权人有权通知网络服务提供者采取删除、屏蔽、断开链接等必要措施。网络服务提供者接到通知后未及时采取必要措施的，对损害的扩大部分与该网络用户承担连带责任。上述规定系针对权利人发现网络用户利用网络服务提供者的服务实施侵权行为后“通知”网络服务提供者采取必要措施，以防止侵权后果不当扩大的情形，同时还明确界定了此种情形下网络服务提供者所应承担的义务范围及责任构成。首先，丙公司依法持有增值电信业务经营许可证，系信息发布平台的服务提供商，符合网络服务提供者的主体条件。其次，丙公司在二审庭审中确认甲公司已委托案外人张某军向淘宝网知识产权保护平台上传了包含被投诉商品链接及专利侵权分析报告、技术特征比对表在内的投诉材料。

故一审法院判决：一、乙公司立即停止销售侵犯专利号为 ZL200980000002.8 的发明专利权的产品的行为；二、乙公司于判决生效之日起 10 日内赔偿甲公司经济损失 150000 元；三、丙公司对上述第二项中乙公司赔偿金额的 50000 元承担连带赔偿责任。一审宣判后，丙公司不服，提起上诉。

二审法院认为，丙公司在接到甲公司的通知后未及时采取必要措施，对损害的扩大部分应与乙公司承担连带责任。丙公司就此提出的上诉理由不能成立。关于丙公司所应承担责任的份额，一审法院综合考虑侵权持续的时间及丙公司应当知道侵权事实的时间，确定丙公司对乙公司赔偿数额的 50000 元承担连带赔偿责任，并无不当。浙江省高级人民法院于 2015 年 11 月 17 日作出（2015）浙知终字第 186 号民事判决：驳回上诉，维持原判。

专家点评

此案涉及民法典总则编第 178 条的规定，民法典总则编第 178 条承继了原《侵权责任法》第 13 条、第 14 条的规定。

本案中，被告乙公司销售的被诉侵权产品落入了甲公司涉案专利权利要求的保护范围之中，乙公司的行为自然构成了甲公司专利权的侵犯。而侵权责任法规定，网络用户利用网络服务实施侵权行为的，被侵权人有权通知网络服务提供者采取删除、屏蔽、断开链接等必要措施。网络服务提供者接到通知后未及时采取必要措施的，对损害的扩大部分与该网络用户承担连带责任。丙公司在接到甲公司的通知后未及时采取以上的必要措施，对损害的扩大部分应与乙公司承担连带责任。民法典总则编第 178 条规定，二人以上依法承担连带责任的，权利人有权请求部分或者全部连带责任人承担责任。连带责任人的责任份额根据各自责任大小确定；难以确定责任大小的，平均承担责任。实际承担责任超过自己责任份额的连带责任人，有权向其他连带责任人追偿。因此本案原告可以同时起诉乙公司和丙公司，同时丙公司仅对 50000 元的损失负有责任，因此法院应当判决丙公司对 50000 元承担连带赔偿责任，而不应判决丙公司对全部 150000 元的损失承担连带赔偿责任。

第一百七十九条 承担民事责任的方式主要有：

（一）停止侵害；

（二）排除妨碍；

（三）消除危险；

（四）返还财产；

（五）恢复原状；

（六）修理、重作、更换；

（七）继续履行；

（八）赔偿损失；

（九）支付违约金；

（十）消除影响、恢复名誉；

（十一）赔礼道歉。

法律规定惩罚性赔偿的，依照其规定。

本条规定的承担民事责任的方式，可以单独适用，也可以合并适用。

【条文释义】

本条是对民事责任方式的规定。

民事责任方式，是指行为人将承担与其所实施的违反法定义务或者约定义务行为，以及救济对方当事人相适应的民事责任的具体方法和形式。

民事责任方式的种类是：1. 返还财产，主要是指返还原物。2. 恢复原状，是指恢复权利被侵害前的原有状态。3. 修理、更换、重作，是指交付的标的物不符合合同要求的质量标准，债务人应当承担的民事责任方式。4. 支付违约金，是指当事人通过协商预先确定的，在违约后作出的独立于履行行为之外的给付。5. 赔偿损失，包括补偿性损害赔偿和惩罚性损害赔偿。6. 停止侵害，是应当承担的立即停止侵害行为的民事责任方式。7. 消除影响、恢复名誉，是指行为人在侵权行为影响所及的范围内消除不良后果，恢复受害人的名誉评价到未受侵害时的状态的民事责任方式。8. 赔礼道歉，是侵权行为人向受害人承认错误，表示歉意，求得受害人原谅。9. 继续履行，是指债务人应当将没有履行的义务继续履行完毕，以实现债权人的债权。10. 排除妨碍，是指行为人实施的行为使权利人无法行使或不能正常行使自己的财产权利、人身权利，应当将妨碍权利实施的障碍予以排除。11. 消除危险，是指行为人的行为和其管领下的物件对他人的人身和财产安全造成威胁，应当将具有危险因素的行为或者物件予以消除。

法律规定惩罚性赔偿的，主要有民法典和《消费者权益保护法》《食品安全法》等。分为两种：1. 违约惩罚性赔偿，例如产品欺诈或者服务欺诈应当承担价金三倍的惩罚性赔偿责任。2. 侵权惩罚性赔偿，比如恶意的产品侵权或者服务侵权，造成消费者死亡或者健康严重损害的，应当承担损失两倍以上的惩罚性赔偿；侵权人故意违反国家规定损害生态环境造成严重后果的，应当承担惩罚性赔偿。

适用民事责任方式的规则：1. 救济权利损害需要。2. 民事责 7 任方式可以并用。3. 权利人可以适当处分。4. 必要情形下的先予执行。

【案例评注】

甲公司诉乙公司等侵害商标权纠纷案[①]

基本案情

原告甲公司诉称："黄皮肤"中药乳膏系原告法定代表人卢某郁始创和使用的名称，原告在 2009 年 8 月，将"黄皮肤"乳膏产品的外包装申请了外观设计专利，并在 2010 年 5 月 19 日获得国家知识产权局的授权。2013 年，原告取得

① 审理法院：安徽省合肥市中级人民法院，案号：（2015）合民三初字第 00148 号。

"黄皮肤"注册商标专用权，核定使用的商品类别为第5类，包括膏剂、人用药、消毒剂等商品。自2008年原告将"黄皮肤"产品投入市场以来，凭借优异的产品质量和大量的广告宣传，"黄皮肤"产品在全国范围获得了广泛的知名度和盛誉。原告发现，被告乙公司未经许可，擅自在其生产的同类产品显著位置标注有"黄皮肤"的商标字样，并在全国多个地区大量批发销售，且通过电商网站如淘宝网、快易捷药品交易网等网站进行销售，且该产品的包装装潢与原告产品也近乎一致，侵犯了原告的商标权。被告杨某青、聂某英为被告乙公司的侵权行为提供账号、收取款项，构成共同侵权。为此，原告诉至法院，请求判令三被告立即停止侵权行为，召回并销毁侵权包装物和标识，赔礼道歉，并共同赔偿原告经济损失80万元。

被告乙公司和被告聂某英共同辩称其认可侵权事实，也同意召回和销毁侵权产品，但认为原告主张的赔偿数额过高。被告杨某青未发表答辩意见。

法院判决

经查，经国家工商行政管理总局商标局核准，原告甲公司注册了第7642945号"黄皮肤"商标，核定使用商品类别为第5类，包括膏剂、汞软膏、人用药、卫生消毒剂等商品，商标注册有效期自2013年3月14日起至2023年3月13日止。原告取得"黄皮肤"注册商标之后，先后在安徽省阜阳市、河北省迁西县、河北省迁安市、重庆市、江西省乐平市、云南省昆明市等地，向工商部门举报当地存在销售侵犯其涉案商标权的商品的行为，经工商部门查处，作出了对相关当事人的行政处罚决定。

再查明，原告法定代表人卢某郁于2009年8月28日向国家知识产权局申请了名为"包装盒"的外观设计专利，并于2010年5月19日授权公告。后卢某郁将该专利独占许可本案原告实施。该外观设计的图形和原告提供的其自己生产的黄皮肤乳膏的包装基本相同。

法院认为，本案原告依法取得了"黄皮肤"注册商标专用权，应受保护，未经原告许可，任何人不得在相同或类似商品上使用与该商标相同或近似的商标。涉案被控侵权商品在外包装以及产品的显著位置标注有"黄皮肤"的字样，虽然字体与原告商标并不相同，但足以构成近似，并且该商品与原告商标注册受保护的商品类别属于同一类。故涉案"黄皮肤中药乳膏"商品构成对原告"黄皮肤"商标的侵权。

关于赔偿数额的问题，本案侵权产品的销售范围分布全国多个省份地市，数量较大，其中仅安徽太和县一地销售货值即达到8万余元。因原告未能提供证据证明被告准确的侵权获利情况，或其因被告侵权所遭受的实际损失，法院综合考虑原告涉案商标的知名度和影响力、被告侵权行为的性质和情节以及主观过错程度，酌情确定被告乙公司向原告赔偿经济损失共计人民币20万元。

因被告乙公司生产销售的侵权商品遍布全国多地，为有效制止侵权，乙公司应立即召回并去除侵权商品的包装标识。

关于被告杨某青和聂某英是否应承担共同侵权责任的问题，共同侵权系指主观上有共同侵权的意思联络，客观上共同实施了侵权行为。杨某青和聂某英在经营乙公司时，对乙公司的侵权行为应属明知，其在向代理商发函时，明确要求对方将货款转入其个人账户，该行为为乙公司的侵权提供了便利，应认定其与乙公司构成共同侵权，应与乙公司承担连带侵权责任。

另外，原告在诉讼中主张各被告在媒体上刊登致歉声明，法院认为，原告的商标在本案中受到侵害的主要是财产权属性，并未涉及人身权，而赔礼道歉的民事责任针对的是人身权受到侵犯后的法律救济，故原告主张赔礼道歉的诉讼请求无事实和法律依据，法院不予支持。据此，判决如下：一、被告乙公司、被告杨某青、被告聂某英立即停止生产、销售侵犯原告甲公司“黄皮肤”注册商标专用权的商品；二、被告乙公司、被告杨某青、被告聂某英于本判决生效之日起30日内，召回并去除已生产的侵犯原告甲公司“黄皮肤”注册商标专用权的商品的包装标识；三、被告乙公司、被告杨某青、被告聂某英于本判决生效之日起10日内，共同赔偿原告甲公司经济损失20万元。

专家点评

此案涉及民法典总则编第179条的规定，民法典总则编第179条系在原《民法通则》第134条的基础上进行了修改。

在本案中，被告乙公司未经许可，擅自在其生产的同类产品显著位置标注有原告享有商标专用权的“黄皮肤”商标字样，并在线上线下销售，显然侵犯了原告的商标权。原告因此诉至法院，请求被告立即停止侵权行为，召回并销毁侵权包装物和标识，赔礼道歉，并共同赔偿经济损失。民法典总则编第179条规定，承担民事责任的方式主要有：停止侵害；赔偿损失；赔礼道歉。这些承担民事责任的方式，可以单独适用，也可以合并适用。原告也因此要求被告停止侵权、赔偿损失同时进行赔礼道歉。被告的行为给原告造成了财产损失自不必说，原告要求被告停止侵害和赔偿损失合法有据。但原告在诉讼请求中同时主张各被告在媒体上刊登致歉声明，赔礼道歉主要涉及人身权受到侵犯后的法律救济，而原告的商标在本案中受到侵害的主要是财产权属性，并未涉及人身权，故法院判决被告承担停止侵害和赔偿损失的责任，而没有判决赔礼道歉的责任。

第一百八十条 因不可抗力不能履行民事义务的，不承担民事责任。法律另有规定的，依照其规定。

不可抗力是不能预见、不能避免且不能克服的客观情况。

【条文释义】

本条是对不可抗力及后果的规定。

不可抗力是指人力所不可抗拒的力量，包括自然原因（如地震、台风、洪水、海啸等）和社会原因（如战争等）。

不可抗力应当符合以下要求：1. 不可预见，指根据现有的技术水平，一般人对某种事件的发生无法预料。2. 不可避免且不能克服，是当事人已经尽到最大努力和采取一切可以采取的措施，仍然不能避免某种事件的发生并克服事件造成的损害后果。3. 属于客观情况，是事件外在于人的行为的自然性。

司法实践应用不可抗力的基本规则是，因不可抗力造成损害的，当事人一般不承担民事责任，但须不可抗力为损害发生的唯一原因，当事人对损害的发生和扩大不能产生任何作用。在发生不可抗力的时候，应当查清不可抗力与造成的损害后果之间的关系，并确定当事人的活动在发生不可抗力的条件下对所造成的损害后果的作用。

在法律有特别规定的情况下，不可抗力不作为免责事由。如《邮政法》第48条规定，保价的给据邮件的损失，即使是因不可抗力造成的，邮政企业也不得免除赔偿责任。

【案例评注】

谢某松等诉华某虎交通事故责任纠纷案[①]

基本案情

2008年8月14日12时12分，华某虎驾驶的小客车失控后侧翻，并撞击为其

---

① 审理法院：一审法院为上海市浦东新区人民法院，案号：(2009)浦民一民(民)审初字第10697号；二审法院为上海市第一中级人民法院，案号：(2009)沪一中民一(民)终字第4091号。

货车加盖防雨布的谢某松及随车人员荆某川，造成两车受损及谢某松、华某虎和案外人荆某川、戴某勇受伤。经交警部门确认，本起交通事故属交通意外，谢某松、华某虎和案外人荆某川、戴某勇均不承担事故责任。后谢某松与华某虎就赔偿事宜协商未果，遂起诉至一审法院。

谢某松诉称，交通事故发生后，公安机关虽然确认本次交通事故属交通意外，双方均不承担事故责任，但谢某松受伤之后果系华某虎驾驶的小客车右后轮破裂引起小客车侧翻撞击所致，故华某虎对谢某松受伤后所造成的相关经济损失应承担相应的赔偿责任。

华某虎辩称，本次交通事故属交通意外，华某虎对事故的发生并无过错，故要求对超出交强险赔付范围之外部分承担不超过百分之十的赔偿责任。

都邦财险上海分公司辩称，由于本次交通事故属交通意外，华某虎并不承担事故责任，故同意在肇事车辆投保的交强险无责赔偿限额内承担赔偿责任。

法院判决

上海市浦东新区人民法院经审理认为，公安机关虽然确认本次交通事故属交通意外，双方均不承担事故责任，但是，谢某松受伤之后果系华某虎驾驶的小客车右后轮破裂引起小客车侧翻撞击所致，根据公平原则，华某虎应当赔偿谢某松超出交强险赔偿限额范围部分。华某虎以对事故的发生并无过错为由，要求对超出交强险赔付范围之外部分承担不超过百分之十赔偿责任的抗辩意见，原审法院不予采纳。由于当事人双方对本次交通事故的发生均无过错，故都邦财险上海分公司应在华某虎为肇事车辆投保的交强险无责保险限额内予以赔偿。遂判决：一、都邦财险上海分公司赔偿谢某松各项损失共计6000元；二、华某虎赔偿谢某松各项损失共计110516.98元。

判决作出后，被告华某虎不服，上诉至上海市第一中级人民法院。

上海市第一中级人民法院经审理认为，机动车与非机动车、行人之间发生的交通事故，机动车一方承担无过错责任。本案中，虽然交警部门认定本次交通事故是意外发生的，双方均无过错，但谢某松的受伤事实却和华某虎的车辆撞击行为之间存在因果关系，本案也无证据证明谢某松有过错，故应该由华某虎承担事故的全部责任。而都邦财险上海分公司究竟应在有责交强险范围内还是无责范围内承担赔偿责任，是由其保险的车辆一方当事人是否承担责任而决定的。因为本案中华某虎要承担事故的全部责任，故都邦财险上海分公司应该在有责交强险范围内承担赔偿责任。据此，二审法院变更了原审法院就华某虎承担责任的归责原则，并对保险公司承担的交强险赔偿范围予以改判。遂判决：一、都邦财险上海分公司赔偿谢某松各项损失共计 89560 元；二、华某虎赔偿谢某松各项损失共计 26956.98 元。

专家点评

此案涉及民法典总则编第 180 条的规定，民法典总则编第 180 条继承了原《民法通则》第 107 条的规定。

本案中能否适用不可抗力作为免责事由，值得思考。《道路交通安全法》第 76 条第二款规定只有在交通事故的发生是由受害人故意造成时，机动车驾驶人方可免责，除此之外，其他的免责事由都不能作为道路交通安全法所规定的法定免责事由。因此，虽然民法典总则编在一般规定中规定了不可抗力作为民事侵权的免责事由，但民法典总则编同时强调“法律另有规定的除外”，而《道路交通安全法》相对于民法典总则编属于特别性规定，自然也就属于“法律另有规定”的范畴。因此在本案的道路交通安全事故中，不可抗力不可作为法定免责事由，使侵权人华某虎免于承担责任。另外，因为本案原告即受害人谢某松本身并无过错，虽然本次交通事故是由意外引起的，侵权人华某虎也不存在过错，但根据罗马法的报偿责任理论，最终的风险应该由危险系数较高的机动车一方承担才比较公平，故法院判决华某虎承担事故的全部责任是合理合法的。

第一百八十一条 因正当防卫造成损害的，不承担民事责任。

正当防卫超过必要的限度，造成不应有的损害的，正当防卫人应当承担适当的民事责任。

【条文释义】

本条是对正当防卫的规定。

正当防卫，是指当公共利益、他人或本人的人身或者其他利益遭受不法侵害时，行为人所采取的防卫措施。正当防卫是保护性措施，是合法行为，对造成的损害，防卫人不负赔偿责任。

构成正当防卫须具备的要件是：1. 须有侵害事实。2. 侵害须为不法。3. 须以合法防卫为目的。4. 防卫须对加害人本人实行。5. 防卫不能超过必要限度。

适用正当防卫的基本规则是：1. 构成正当防卫的，防卫人不承担侵权责任。2. 正当防卫超过必要限度，是防卫过当。

对防卫过当的把握，关键在于对正当防卫必要限度的判断，民法上的正当防卫行为只能与不法侵害相适应，一般不应超过不法侵害的强度。判断必要限度通常考虑两个方面：1. 不法侵害的手段和强度。例如，为阻止不法侵害人偷窃而致其轻伤，是正当防卫；重伤或杀死小偷就超过了必要限度。2. 所防卫权益的性质，使用严重损害侵害者的反击方法来保卫较小的财产利益，为超过必要限度。

正当防卫超过必要限度造成不应有的损害的，应当承担适当的民事责任：1. 防卫过当不能免除民事责任。2. 对防卫过当造成的损害，应当减轻责任。3. 故意加害行为的赔偿责任，对超出必要限度的损害应当全部赔偿。防卫过当的赔偿范围，应当是超出防卫限度的那部分损害，即“不应有”的那部分损害。

【案例评注】

唐某某诉王某侵犯人身权纠纷案[①]

基本案情

2009 年 10 月 18 日 13 时许，原告唐某某与唐某贵协商共同抢夺他人财物，并作出具体分工，由唐某某负责寻找抢夺目标直接实施抢夺，唐某贵负责驾驶摩托车接应逃离作案现场。当日 17 时许，唐某某、唐某贵来到重庆市高新区枫林秀水重客隆超市附近，见被告王某从该超市购物出来，进入停靠在路边的奔驰轿车内放置东西准备启动离去，唐某某趁王某不备，拉开该轿车副驾驶座位车门，抢走放在副驾驶座位上的黑色手提包一个，随即乘坐唐某贵驾驶的豪江牌 HJ××× 型摩托车往相反方向逃离现场。王某见状当即驾车调头追赶，在重庆市高新区劲力五星城附近将摩托车撞倒，追回了被抢的手提包，并当即报警。随后，公安人员赶赴现场，将唐某某、唐某贵抓获。经清点，被抢夺的手提包内放有人民币 84749 元、港币 9550 元。

2010 年 11 月 18 日，就唐某某犯抢夺罪一案，重庆市第五中级人民法院作出（2010）渝五中法刑终字第 279 号刑事判决。该判决书认定，唐某某乘王某不备，拉开该轿车副驾驶座位车门，夺取座位上放置的手提包，随即乘坐唐某贵驾驶的摩托车往相反方向逃离，王某对该手提包已失去了有效控制，唐某某已经完成了全部抢夺行为，符合抢夺罪既遂的全部构成要件，其犯罪形态应认定为犯罪既遂。据此，重庆市第五中级人民法院以抢夺罪判处唐某某有期徒刑 10 年，并处罚

---

① 审理法院：重庆市沙坝区人民法院，案号：重庆市沙坪坝区人民法院（2011）沙法民初字第02402号。

金 6 万元。

原告唐某某诉称，2009 年 10 月 18 日 17 时许，原告对被告实施抢夺后，被告驾车追赶，在高新区劲力五星城故意撞伤原告，故要求被告赔偿住院伙食补助费、续医费、营养费、被扶养人生活费、交通费、精神抚慰金、医药费、误工费、护理费等，共计 11900 元。

被告王某辩称，2009 年 10 月 18 日 17 时许，唐某某与唐某贵对被告实施抢夺，并骑乘摩托车逃逸。被告为维护自身合法财产权利，驾车追赶原告，原告在逃逸过程中因撞上停在路边的黑色轿车而受伤。故被告的行为并无不当，不同意原告的诉讼请求。

法院判决

重庆市沙坪坝区人民法院经审理认为，正当防卫要求以下四个构成要件：一是对象条件，即正当防卫只能针对加害人本人实施，被告王某的行为系针对加害人唐某某实施，满足正当防卫的对象条件；二是目的条件，即正当防卫的目的是使国家、公共利益、本人或者他人的人身、财产和其他权利免受不法侵害，被告王某的目的在于追回被抢手提包，即保护自身的财产权，满足正当防卫的目的条件；三是时间条件，即正当防卫只能针对正在发生的侵害行为，虽然唐某某的抢夺行为已经构成既遂，但王某及时采取措施还来得及挽回损失，所以应当认定该抢夺行为导致的危险状态尚在持续中，受害人可以实施正当防卫；四是限度条件，即正当防卫不能超过必要的限度，原告使用强力夺取的方法侵害被告的财产权，且犯罪金额特别巨大，被告的防卫行为虽导致原告受伤，但被告作为个人，在面对两个犯罪行为人时，不采取这一方式不足以抵抗现实的侵害，因此，被告的行为并未超过必要的限度，满足正当防卫的限度条件。

综上，虽然被告王某在驾车追赶原告的过程中，将原告唐某某骑乘的摩托车撞倒，并导致原告唐某某受伤，但被告王某的行为是为制止原告的不法侵害行为，在不得已的情况下采取的必要措施，其行为具有合法性，且未超过必要限度，不应就原告所受伤害承担赔偿责任。据此，判决驳回原告唐某某的诉讼请求。

专家点评

此案涉及民法典总则编第 181 条的规定，民法典总则编第 181 条承继了原《民法通则》第 128 条的规定。

本案中，被告王某的行为系针对实施抢夺行为的原告唐某某，其行为的主观目的是夺回被抢走的财物，完全符合正当防卫的对象条件。本案有疑义的是，被告的行为是否满足正当防卫的时间条件与限度条件的民事判断标准，亦即王某的行为是否构成了防卫过当。在本案中被告王某在危急情况下，基于追赶速度必须超过逃跑速度，驾驶自有机动车追击原告唐某某，系属正常的应激反应，该选择并无明显不当，不具有可非难性。另外，从防卫的强度来看，针对原告的抢夺行为，如果被告不对原告实施伤害并使得原告暂时丧失攻击能力，根本不可能挽回损失。同时从防卫的手段来看，根据当时情势及双方的力量对比，抢夺人骑乘摩托车逃逸，被告除驾车追击外，已没有更好的选择。因此虽然被告王某导致原告唐某某受伤的行为，并不构成防卫过当，而只能认定为是为制止原告的不法侵害行为，在不得已的情况下采取的必要措施，系正当防卫行为，被告王某自然不应就原告所受伤害承担赔偿责任。

第一百八十二条 因紧急避险造成损害的，由引起险情发生的人承担民事责任。

危险由自然原因引起的，紧急避险人不承担民事责任，可以给予适当补偿。

紧急避险采取措施不当或者超过必要的限度，造成不应有的损害的，紧急避险人应当承担适当的民事责任。

【条文释义】

本条是对紧急避险的规定。

为了社会公共利益、自身或者他人的合法利益免受更大的损害，在不得已的情况下而采取的造成他人少量损失的紧急措施，称为紧急避险。紧急避险是一种合法行为，是在两种合法利益不可能同时都得到保护的情况下，不得已而采用的牺牲其中较轻利益、保全较重大利益的行为。

构成紧急避险须具备以下要件：1. 危险正在发生并威胁公共利益、本人或者他人的利益。2. 采取避险措施须为不得已。3. 避险行为不得超过必要的限度。

紧急避险规则的适用要求是：1. 引起险情发生的人的责任。如果有引起险情发生的人，应由引起险情发生的人承担民事责任。2. 自然原因引起险情的责任。危险是由自然原因引起，没有引起险情发生的人，在一般情况下紧急避险人不承担民事责任；在特殊情况下避险人也可以承担适当的民事责任。3. 超过必要限度的赔偿。紧急避险采取措施不当或者超过必要限度，造成不应有损害的，避险人应当承担适当的民事责任。4. 受益人适当补偿。既没有第三者的过错，也没有实施紧急避险行为人本身的过错，遭受损害的人与受益人又不是同一个人的，则受益人应当适当补偿受害人的损失。

【案例评注】

周某某诉王某某、李某某道路交通事故损害赔偿纠纷案[①]

基本案情

原告周某某诉称：原告因交通事故受伤，车辆被毁，遭受的损失共计34570.3元。对这起交通事故，案外人柳某海负主要责任，死者王某负次要责任，原告无责任。二被告王某某、李某某在王某死亡后，已经接受了负主要责任一方即案外人柳某海给王某的赔偿，却对王某应向原告承担的次要责任不予赔偿。故请求法院判令二被告以继承王某的遗产赔偿原告损失的20%。

铜山县人民法院经审理查明：2001年1月8日13时许，案外人柳某海驾驶案外人卞某秋所有的苏CB4×××号半拖挂汽车，沿苏239线由西向东行驶至80公里+700米处时，发现由南向北横过公路的骑车人王某，立即采取向左打方向并刹车的避让措施。因有雪路滑和车速高，苏CB4×××号的车头越过公路中心线，车尾向右甩尾侧滑。苏CB4×××号的车头越过公路中心线后，与相向而行由原告周某某驾驶的苏CM4×××法号大货车发生碰撞，致周某某受伤，两汽车不同程度损坏；车尾向右侧滑时，又将王某连人带车撞倒，造成王某当场死亡。此次事故中，苏CB4×××号汽车驾驶员柳某海在雪天路滑的情况下超速行驶，发现险情时采取的避让措施不当，致使车辆侧滑后发生事故，违反了《道路交通管理条例》的相关规定，应负事故主要责任；死者王某在横过公路时对车辆观察避让不够，应负事故的次要责任；苏CM4×××号汽车驾驶员周某某正常驾驶，对事故不负责任。

法院判决

铜山县人民法院认为，对周某某的损失，应由王某的遗产继承人王某某、李某某承担20%的赔偿责任。王某某、李某某反诉主张周某某应负事故的次要责

① 案例来源：《最高人民法院公报》2002年第5期。

任，因证据不足，不予支持。据此，铜山县人民法院于 2001 年 7 月 25 日判决：一、被告王某某、李某某于本判决生效后 10 日内，在其继承王某遗产的范围内给原告周某某赔偿总损失 34570.30 元的 20% 计 6914.06 元。二被告互负连带清偿责任；。二、驳回原告周某某的其他诉讼请求。三、驳回反诉原告王某某、李某某的诉讼请求。

一审宣判后，被告王某某、李某某不服，向江苏省徐州市中级人民法院提起上诉。徐州市中级人民法院认为：这是一起紧急避险行为。因紧急避险造成损害的，由引起险情发生的人承担民事责任。如果危险是由自然原因引起的，紧急避险人不承担民事责任或者承担适当的民事责任。因紧急避险采取措施不当或者超过必要的限度，造成不应有的损害的，紧急避险人应当承担适当的民事责任。在这起紧急避险事故中，险情虽然是由违规横过公路的王某引起，但在宽阔的路面上，王某的违规行为，不会迫使柳某某只能采取两车相撞的办法去避险。导致两车相撞的根本原因，是柳某海超速驾驶和采取的紧急避险措施不当。道路交通事故处理机关认定周某某是正常驾驶，对事故不负责任，那么紧急避险事故的责任，自然应当由柳某某全部负担，与王某无关。周某某起诉请求由王某某、李某某为死者王某承担 20% 的事故赔偿责任，理由不能成立。

另外，王某死亡时不满 14 周岁，本人尚需父母抚养，没有任何个人财产可供其承担民事责任，也未留下任何遗产可供其父母继承。案外人柳某某以及苏 CB4×号汽车车主卞某秋给付上诉人王某某、李某某的 4.3 万元，是根据处理办法第三十六条的规定给付的丧葬费和死亡补偿费。丧葬费，是依死者亲属实际支出的费用计算的；死亡补偿费，是对死者亲属的经济补偿和精神抚慰。这两项费用，都不是死者的遗产。一审判决王某某、李某某在继承王某遗产的范围内给周某某赔偿 6914.06 元，没有事实根据，应当纠正。

本案既有机动车与非机动车之间发生的交通肇事，也有机动车与机动车之间的紧急避险事故。造成非机动车一方人员死亡的，是交通肇事中案外人所有的机动车，且肇事机动车一方已对自己的过错承担了责任。被上诉人周某某是紧急避险事故的受害方，没有参与交通肇事，与交通肇事中非机动车一方人员的死亡无关，不属于处理办法第四十四条规定所指的情况，因此该条规定对本案并不适用。上诉人王某某、李某某上诉主张周某某应分担 10% 的赔偿责任，理由不能成立。据此，徐州市中级人民法院判决：一、维持一审民事判决的第二、三项；二、撤销一审民事判决第一项；三、驳回周某某要求王某某、李某某作为王某的继承人赔偿其损失的诉讼请求。

专家点评

此案涉及民法典总则编第 182 条的规定，民法典总则编第 182 条延续了原《民法通则》第 129 条的规定。

在本案中，险情虽然是由违规横过公路的被害人王某引起，但在宽阔的路面上，王某的违规行为，并不必然会迫使柳某海只能采取两车相撞的办法去避险。因此导致两车相撞的根本原因，仍然是柳某海超速驾驶和采取的紧急避险措施不当。本案应当认定为紧急避险过当。民法典总则编第 182 条规定，因紧急避险造成损害的，由引起险情发生的人承担民事责任。因此本案紧急避险事故的责任，自然应当由柳某某全部负担，与王某无关。本案法院判决王某不承担责任，是正确的做法。

第一百八十三条 因保护他人民事权益使自己受到损害的，由侵权人承担民事责任，受益人可以给予适当补偿。没有侵权人、侵权人逃逸或者无力承担民事责任，受害人请求补偿的，受益人应当给予适当补偿。

【条文释义】

本条是对见义勇为受害人特别请求权的规定。

见义勇为受害人的特别请求权，是指行为人为了保护他人的民事权益，在为保护他人民事权益的见义勇为行为中自身受到损害，所享有的赔偿和补偿自己损失的请求权。见义勇为受害人的请求权包含两个内容：1. 对侵权人的侵权损害赔偿责任请求权；2. 对受益人的适当补偿请求权，包括侵权人承担侵权责任的同时就可以行使的补偿请求权，以及无侵权人、侵权人逃逸或者无力承担民事责任时行使的请求权。

产生见义勇为受害人特别请求权的要件是：1. 行为人实施了见义勇为行为，见义勇为行为须为保护他人民事权益而实施的行为，须行为人实施保护他人合法权益的行为无法定或约定义务，须针对侵害他人合法权益的侵害行为或者他人处于危难的危险事实，须在客观上使受益人少受或免受损害的行为。2. 见义勇为的行为人须因实施该行为而遭受人身和财产损失。3. 见义勇为行为人遭受的损害与实施见义勇为行为有因果关系。

行使见义勇为受害人特别请求权，承担民事责任的规则是：1. 侵权人应当承担民事责任，即侵权人应当按照人身损害、财产损失和精神损害责任的规定承担全部赔偿责任。2. 受益人承担适当补偿责任，即使侵权人也承担了侵权赔偿责任，受益人也可以给予适当补偿。3. 没有侵权人、侵权人逃逸或者无力承担赔偿责任的适当补偿责任，由于因见义勇为受害的人无法从侵权人处获得损害赔偿，受益人应当予以补偿。其中第二种适当补偿带有酬谢的意思，第三种适当补偿才是责任性质的补偿。

【案例评注】

曹某某等诉阎某某损害赔偿案①

基本案情

原告曹某某、葛某某、曹某诉称，被告阎某某与原告等人的亲属曹某军原系夫妻关系。双方于2008年3月17日协议离婚。2008年4月6日18时许，被告以要求复婚为由与曹某军争吵，并以死相挟，从海安县海安镇洋港桥上投河自尽。曹某军见状立即跳入河中营救被告，结果，被告获救，曹某军却因多脏器衰竭死亡。曹某军因见义勇为营救被告而亡，故原告要求被告赔偿、补偿原告等人医疗费17703.65元、误工费260元、护理费298.64元、住院伙食补助费72元、营养费24元、死亡赔偿金147140元、丧葬费13687元、交通费2059元、被扶养人生活费170496元、办理丧事人员误工费746元，合计352486.29元，减去被告已给付的37900元，被告应赔偿、补偿原告等人314586.29元。被告阎某某未作答辩。

法院判决

江苏省海安县人民法院经公开审理查明：原告曹某某、葛某某系夫妻关系，只生有一子曹某军。曹某军与被告阎某某原系夫妻关系，婚后生有原告曹某。2008年3月17日，曹某军与阎某某在海安县民政局登记离婚。同年4月6日下午，被告与曹某军在海安县海安镇见面。双方在海安镇洋港桥西侧的水泥路上交谈，被告要求与曹某军复婚，曹某军不同意，双方未能谈拢。后曹某军要离开，被告感到复婚无望，遂有轻生之念。被告翻过洋港桥上的栏杆，跳入河中。曹某军见状，即跳入河中营救被告。后被告被路人救上岸而存活，而曹某军则在被他

① 审理法院：江苏省南通市海安县人民法院，案号：（2009）安曲民一初字第0333号。

人救上岸后送入医院抢救。曹某军因多脏器功能衰竭，次日治疗无效出院后死亡。曹某军治疗共花费医疗费 19318.65 元。事发后，被告共给付原告 37900 元。

法院认为：虽然死者与被告曾经是夫妻，但这并不必然衍生出其负有对被告法定或约定救助义务之结论。本案中，死者曹某军在被告复婚无望后顿生轻生之念而跳河自杀时，不顾个人安危，出手相救，最终导致自己溺水身亡，其行为属于见义勇为，死者的行为为中华民族扶危济困之道德传统所提倡。尽管被告系因他人获救而避免丧生，但这丝毫不影响曹某军见义勇为的成立。

死者曹某军的行为不仅是社会主义道德的要求，更应得到法律的肯定。然而，由于我国现行的法律规定中，对于见义勇为者遭受的损失补偿，尤其如本案中没有加害人的情形下见义勇为者遭受损失的补偿问题，没有明确的规定，司法实践中对此类案件的处理由于无章可循而莫衷一是，较多类推适用《民法通则》有关无因管理的规定。但见义勇为与无因管理无论在内涵上还是在外延上都有较大的区别。

按照一般的侵权理论，将受害人的损失回复到如损失没有发生应有的状态，即为填平原则，系处理侵权纠纷案件普遍适用的原则，亦为社会公众普遍接受。

尽管原告曹某某、葛某某老年丧子，值得同情，主观上因曹某军之死而认为应归责于被告。但平等保护是现代法治社会对司法的基本要求，对于本没有过错的被告，要求通过司法强制力强制其赔偿原告因死者死亡造成的一切损失，显然是不公平的。

见义勇为者的损失得不到弥补，不仅对见义勇为者不公平，也不利于发挥道德的感召力。这应当是一个系统的社会工程，非为作为司法机关的法院一家力量而能成就。现实生活中，对见义勇为者的损失，一般通过以下途径予以弥补：一是由侵权者赔偿；二是通过社会力量来适当弥补，如设立并通过见义勇为基金、社会捐助等方式；三是由受益人适当补偿。本案中，原告的损失，因没有侵权人而不能通过这一途径弥补。由于社会求助渠道的缺失或不完备，原告尚未能获得社会求助渠道对其损失的弥补。对于原告的损失，只剩下受益人弥补这一途径，而受益者补偿仅仅是适当，必须把握一定限度，只有这样才能体现公平并兼顾各方利益的平衡。根据本案的实际情况，法院确定被告补偿的份额为50%。

江苏省海安县人民法院判决：被告闾某某补偿原告曹某某、葛某某、曹某有关曹某军的一切费用共 139152.34 元，减去被告闾某某已给付的 37900 元，尚应给付原告曹某某、葛某某、曹某 101252.34 元，于本判决发生法律效力后 10 日内履行。

专家点评

此案涉及民法典总则编第 183 条的规定，民法典总则编第 183 条系在原《侵权责任法》第 23 条的基础上，承继了原《民法总则》第 183 条的规定。

在本案中，死者曹某军在被告闫某某复婚无望后顿生轻生之念而跳河自杀时，不顾个人安危，出手相救，虽然死者与被告闫某某曾为夫妻，但这并不能得出曹某军负有对被告法定或约定救助义务之结论。曹某军的行为属于见义勇为。曹某军为了救助他人，最终导致自己溺水身亡，其行为不仅为我国道德所提倡，更应得到法律的肯定。在案件发生时，我国没有规定见义勇为的特别请求权，像本案就只能采用类推适用有关无因管理的规定对见义勇为者进行保护，此种保护明显不足，因此，民法典总则编第 183 条增加了相关规定，受益人可以依据相应规定请求适当补偿。在民法典总则编规定了见义勇为的特别请求权后，民法典总则编沿袭了这条规定，受害人可以根据此条主张赔偿，而本案没有侵权人只有受益人，而见义勇为者因为见义勇为行为遭受了死亡的严重损害后果，自己无法主张请求权，因此受害人的家属可以根据此条规定，要求受益人给予适当的补偿。

第一百八十四条 因自愿实施紧急救助行为造成受助人损害的，救助人不承担民事责任。

【条文释义】

本条是对善意救助人责任豁免的规定。

很多国家都规定“好撒玛利亚人法”，我国民间叫“好人法”。好撒玛利亚人就是善意救助人。好撒玛利亚人法的核心，是赋予好撒玛利亚人以责任的豁免权，救助者在救助过程中即使存在一般过失，也不对此承担责任。

我国规定好撒玛利亚人法的含义是：1. 坚持鼓励善意救助人的救助积极性；2. 承认特殊救助义务，不宜确定一般救助义务；3. 承认善意救助人的豁免权。

善意救助人享有豁免权须具备以下要件：1. 行为人为善意救助人；2. 行为人实施了救助行为；3. 行为人的善意救助行为造成了受救助者的损害。符合上述条件的善意救助者不承担民事责任。

在我国当前社会中，在好撒玛利亚人法的适用方面，存在影响诚信道德建设的问题，主要是对好撒玛利亚人难辨真假而引起的法律适用问题。一方面，被救助者讹诈救助人，使好撒玛利亚人蒙冤，错误地判决其承担侵权责任；另一方面，行为人造成损害后冒充好撒玛利亚人，混淆是非，造成社会影响。这些都需要进一步改进，按照本条的规定适用好法律，保护善意救助人。

【案例评注】

王某某诉许某某道路交通事故人身损害赔偿案[①]

基本案情

2009年10月21日11时45分许，被告许某某驾驶津HAK×××号东风标致轿车沿红旗路由南向北行驶至红星美凯龙家居装饰广场附近时，遇原告王某某在红旗路上由西向东跨越中心隔离护栏，后王某某倒地受伤，被120急救车送往天津市人民医院救治。天津西站大队对此事故进行了处理。事故发生当日，许某某在西站大队对其进行询问时称：其当时驾车沿红旗路由南向北靠中间第二条车道向第一条车道并道，因前方有大货车，其在并道前并未发现王某某，并道后距离王某某四五米时才发现王某某。王某某当时好像被护栏绊了一下，踉踉跄跄往前跑了两步摔在地上，许某某立即采取制动措施并向左打转向，停车时距离王某某一二米。

一审法院审理期间，经委托天津市天意物证司法鉴定所鉴定，王某某右下肢损伤构成八级伤残。同时一审法院就王某某伤情成因询问了当时参与治疗的天津市人民医院张某龙医生，其表示无法确定王某某伤情的具体成因，但能确定其伤情系外伤所致，根据王某某的年龄及具体伤情，其自己摔伤的可能性较小。

2010年12月15日，王某某向一审法院起诉，以许某某驾车将其撞伤且拒不承认为由，请求判令许某某赔偿医疗费12329.26元、住院伙食补助费300元、交通费723.6元、营养费5000元、护理费50000元、残疾赔偿金100000元、鉴定费1000元及鉴定检查费90元。许某某答辩称，王某某跨越道路中心隔离护栏时不慎摔倒受伤，王某某的伤情与许某某没有任何关系，本案不属于交通事故，不同意赔偿王某某的损失。

法院判决

一审法院认为，王某某、许某某双方就许某某驾驶车辆是否与王某某发生碰

---

① 审理法院：一审法院为天津市红桥区人民法院，案号：（2010）红民一初字第837号；二审法院为天津市第一中级人民法院，案号：（2011）一中民四终字第0993号。

撞进行诉辩与举证，但根据现有证据，法院无法确认许某某车辆与王某某发生接触，也无法排除许某某车辆与王某某发生接触。假设许某某在交通队的自述及在法庭的陈述成立，即双方并未发生碰撞，王某某系自己摔倒受伤，但许某某在并道后发现王某某时距离王某某只有四五米，在此短距离内作为行人的王某某突然发现许某某车辆向其驶来必然会发生惊慌错乱，其倒地定然会受到驶来车辆的影响。故判决许某某应赔偿王某某各项损失共计 108606.34 元。

许某某不服一审判决，提起上诉。二审法院认为，本案的争议焦点是王某某的腿伤是否为许某某的驾车行为所致。由于涉案交通事故没有现场监控录像或者目击证人等直接证据，只能根据相关的证据予以认定。根据西站大队现场勘验笔录、事故现场图及照片，事发时许某某所驾车辆左前部紧挨中心隔离护栏，左前轮部分压着中心隔离护栏桩基，其位置符合该车在紧急情况下向左避让并制动形成的状态，可以排除该车平缓制动停车的可能性。同时，从王某某尚能从容跨越护栏的行为分析，也可以排除王某某在跨越护栏前已被撞受伤的可能。因此，该鉴定结论与事故现场图、照片、勘验笔录、当事人述称等证据可以形成完整的证据链，足以认定王某某腿伤系许某某驾车行为所导致，许某某的驾车行为与王某某的损害之间存在因果关系。许某某主张王某某是自行摔伤，许某某是停车救助的理由不能成立，不予支持。

综上所述，二审法院判决如下：驳回上诉，维持原判。

专家点评

此案涉及民法典总则编第 184 条的规定，民法典总则编第 184 条系承继了原《民法总则》第 184 条的规定。

这一条文的重要法律价值在于保护善意救助者不受民事责任的追究，以便鼓励公民见义勇为。近年来，我国社会的诚信道德和诚信秩序出现重大问题，数起案件的法律适用更是引发了大范围的争议。上述的许某某案就是其中一个典型的案例，在本案中，法院无法根据现有证据确认许某某与王某某发生接触，也无法排除许某某车辆与王某某发生接触，但法院认为许某某在并道后发现王某某时距离王某某只有四五米，在此短距离内作为行人的王某某突然发现许某某车辆向其驶来必然会发生惊慌错乱，因此王某某的倒地定然会受到驶来车辆的影响。据此认定王某某的行为与许某某的损害之间具有因果关系，从而判决许某某承担赔偿责任。这样判决，显然不具有说服力，许某某认为自己是善意救助人，反而在事实真伪不明的情况下被判决承担赔偿责任，实在是不可理喻。基于这种情况，原《民法总则》第 184 条规定，因自愿实施紧急救助行为造成受助人损害的，救助人不承担民事责任，民法典总则编第184条承继了相关规定。如此规定，有助于唤起社会良知，鼓励人们对处于危难和困境中的他人予以救助，端正社会风气，引领社会潮流。

第一百八十五条 侵害英雄烈士等的姓名、肖像、名誉、荣誉，损害社会公共利益的，应当承担民事责任。

【条文释义】

本条是对侵害英雄烈士人格利益责任的规定。

本条的立法本意，是在现实生活中，一些人歪曲事实，诽谤抹黑、恶意诋毁、侮辱英雄烈士的名誉、荣誉等，损害了社会公共利益。加强对英烈姓名、名誉、荣誉等的法律保护，对于促进社会尊崇英烈，扬善抑恶，弘扬社会主义核心价值观意义重大。

对于死者的人格利益进行侵害的，构成侵权行为，应当承担民事责任。规定对侵害英雄烈士等的姓名、肖像、名誉、荣誉，损害社会公共利益的，应当承担民事责任，是作出的特殊保护规定。这正是将保护死者人格利益的经验应用在对英雄烈士的人格利益保护问题上。对此，《英雄烈士保护法》也作出了具体规定，凡是侵害英雄烈士等的姓名、肖像、名誉、荣誉，损害社会公共利益的，应当判令侵权人承担民事责任。

【案例评注】

葛某某、宋某某诉洪某某侵害名誉权、荣誉权案①

基本案情

2013年9月9日，洪某某在财经网发表《小学课本"狼牙山五壮士"有多处不实》一文，对狼牙山五壮士事迹中的细节提出质疑。2015年8月17日，"狼牙山五壮士"两名幸存者的后人葛某某和宋某某分别向北京市西城区人民法院提起诉讼，要求被告洪某某立即停止侵犯行为并公开道歉。

① 审理法院：一审法院为北京市西城区人民法院，案号：（2015）西民初字第27841号；二审法院为北京市第二中级人民法院，案号：（2016）京02民终6272号。

法院判决

北京市西城区人民法院经审理认为，根据《侵权责任法》《民法通则》及最高人民法院的司法解释，自然人死亡后，其名誉、荣誉等人格利益仍应得到保护。葛振林、宋学义虽然已经去世，但其生前人格利益仍然受法律保护。葛某某、宋某某作为葛振林、宋学义的儿子，有权提起本案诉讼。

关于洪某某是否构成侵权的问题，西城区人民法院认为，首先，被告洪某某不仅侵害了葛振林、宋学义的个人名誉，而且侵害了相应的公共利益。葛振林、宋学义于1941年9月25日发生于狼牙山上的一次战役中英勇抗敌并负伤。1941年10月18日，时任晋察冀军区司令员兼政治委员的聂荣臻签发训令，对宁死不屈、光荣殉国的马宝玉、胡德林、胡福才三位烈士及跳崖负伤的葛振林、宋学义两位同志予以表彰，并号召全体指战员学习。之后，几十年中，“狼牙山五壮士”这一称号在全军、全国人民中广泛传播，获得了普遍的公众认同，成为全军、全国人民学习的榜样和楷模。从这些英雄人物的角度看，他们的英雄事迹反映了他们不怕牺牲、宁死不屈、英勇抗敌的精神；“狼牙山五壮士”的英雄称号，既是国家及公众对他们作为中华民族的优秀儿女在反抗侵略、保家卫国做出的巨大牺牲的褒奖，也是他们应当获得的个人名誉和个人荣誉。同时，“狼牙山五壮士”是中国共产党领导的八路军在抵抗日本帝国主义侵略伟大斗争中涌现出来的英雄群体，是中国共产党领导的全民抗战并取得最终胜利的重要事件载体。这一系列英雄人物及其事迹，经由广泛传播，在抗日战争时期，成为激励无数中华儿女反抗侵略、英勇抗敌的精神动力；成为人民军队誓死捍卫国家利益、保卫国家安全的军魂的来源；在和平年代，狼牙山五壮士的精神，仍然是我国公众树立不畏艰辛、不怕困难、为国为民奋斗终生的精神指引。这些英雄人物及其精神，已经获得全民族的广泛认同，是中华民族共同记忆的一部分，是中华民族精神的内核之一，是社会主义核心价值观的重要内容。而民族的共同记忆、民族精神以及社会主义核心价值观，应当视为社会公共利益。

其次，被告洪某某发表的两篇文章对狼牙山五壮士在抗日战争中所表现的英勇抗敌的事迹和精神这一主要事实，自始至终未作出评价，而是以考证“在何处跳崖”“跳崖是怎么跳的”“敌我双方战斗伤亡”以及“‘五壮士’是否拔了群众的萝卜”等细节为主要线索，通过援引不同时期的材料、相关当事者不同时期的言论甚至“文革”时期红卫兵迫害宋学义的言论为主要证据，全然不顾基本历史事实。在无充分证据的情况下，文章多处作出似是而非的推测、质疑乃至评价。文章虽然未使用侮辱性的语言，但被告采取的行为方式却是，通过强调与主要事实无关或者关联不大的细节，引导读者对“狼牙山五壮士”这一英雄人物群体及其事迹产生质疑，从而否定主要史实的真实性，进而降低他们的英勇形象和精神价值。因此，被告的行为是一种侵害他人名誉、荣誉的加害行为。案涉文章经由互联网传播，产生了较大的影响，伤害了原告的个人感情，在一定范围和程度上伤害了社会公众的民族和历史情感，同时也损害了社会公共利益。

关于被告洪某某的主观过错问题，西城区人民法院判决认为，被告作为生活在中国的一位公民，对“狼牙山五壮士”的历史事件所蕴含的精神价值，应当具有一般公民所拥有的认知。对“狼牙山五壮士”及其所体现的民族精神和民族感情，应当具有通常成年人所具有的体悟。尤其是作为具有一定研究能力和能够熟练使用互联网工具的人，更应当认识到案涉文章的发表及其传播将会损害到“狼牙山五壮士”的名誉及荣誉，也会对其近亲属造成感情和精神上的伤害，也会损害到社会公共利益。在此情形下，被告有能力控制文章所可能产生的损害后果而未控制，仍以既有的状态发表，在主观上显然具有过错。

对于被告洪某某主张的言论自由和学术自由问题，西城区人民法院认为，依法保护当事人的言论自由是我国现行法律的明确规定，也是本案裁判需要考虑的重要因素之一。从民法的角度看，表达自由也已经成为民事主体一般人格尊严的重要内容。但是，学术自由、言论自由建立在不侵害他人合法权益、社会公共利益和国家利益的基础上。这是法治国家和法治社会对公民的基本要求，也是公民应当承担的社会责任。本案中，原告葛某某之父葛振林、原告宋某某之父宋学义的名誉及相应的社会公共利益，应当受到国家法律的保护。“狼牙山五壮士”及其事迹所凝聚的民族感情和历史记忆以及所展现的民族精神，是当代中国社会主义核心价值观的重要来源和组成部分，具有巨大的精神价值，也是我国作为一个民族国家所不可或缺的精神内核。对“狼牙山五壮士”名誉的损害，也是对中华民族的精神价值的损害。被告完全可以在不损害他人合法权益和社会公共利益的前提下进行学术研究和自由发表言论，但被告却未采用这种方式，而是采用了侵害他人名誉、荣誉权益和社会公共利益的方式进行所谓“学术研究”，行使言论自由，否认狼牙山五壮士英勇抗敌的事实和所表现的大无畏精神，其所主张的言论自由明显不足以抗辩其侵权责任的成立。

依据上述理由，西城区人民法院判决：一、被告洪某某立即停止侵害葛振林、宋学义名誉、荣誉的行为。二、被告洪某某在判决生效后三日内公开发布赔礼道歉公告，向原告葛某某、宋某某赔礼道歉，消除影响。该公告须连续刊登5日，公告刊登媒体及内容需经法院审核，逾期不执行，法院将在相关媒体上刊登判决书的主要内容，所需费用由被告洪某某承担。

二审法院认为，抵制历史谣言，还原历史真相，追求历史正义，满足公众知情权，我国现行法律均予以保护和支持。但从本院查明的事实看，洪某某之所以要写案涉文章，其目的是要为散布历史谣言、污蔑狼牙山五壮士的张广红鸣不平，这在洪某某的文章中有明确表述。要还原历史真相，追求历史正义，满足公众的知情权，应当建立在严肃认真地对历史的研究上，但洪某某在没有充分证据的情况下，极不严肃地、轻率地否认狼牙山五壮士英勇抗敌的事迹和舍生取义的精神这一基本事实，误导社会公众对狼牙山五壮士的认知，这显然与洪某某自己的上诉主张是相互矛盾的。本院认为，满足公众的知情权与保护公民的人格权不受侵害并不矛盾。洪某某提出的满足公众知情权的行为，是建立在否认狼牙山五壮士英勇抗敌事迹和舍生取义精神这一基本事实基础上，且这种否认无确凿真实的证据，这就决定了他的所谓"满足公众知情权"的行为不可避免地会成为误导社会公众的侵权行为。故洪某某以满足公众知情权为由主张免责，不能成立。

专家点评

此案涉及民法典总则编第 185 条的规定，民法典总则编第 185 条延续了原《民法总则》第 185 条的规定。

本案的判决，体现了我国司法在对英烈的名誉权保护中的鲜明立场。在我国，虽然自然人已经去世，但死者的名誉权、荣誉权仍然受到法律保护。本案被告洪某某发表的两篇文章，对狼牙山五壮士在抗日战争中所表现的英勇抗敌的事迹和精神这一主要事实没有作出评价，而是以考证在何处跳崖，跳崖是怎么跳的，在无充分证据的情况下，文章多处作出似是而非的推测、质疑乃至评价。的确使读者对狼牙山五壮士这一英雄人物群体及其事迹产生质疑，从而否定主要事实的真实性，进而降低他们的英勇形象和精神价值，因而法官判决构成侵权，法官的这种理解也是合理的。但把如此问题上升到一定高度，以至于专门在民法典总则编中规定一个条文进行专门保护，在学术界存在一定争议，值得进一步的探讨。

第一百八十六条　因当事人一方的违约行为，损害对方人身权益、财产权益的，受损害方有权选择请求其承担违约责任或者侵权责任。

【条文释义】

本条是对违约责任与侵权责任竞合的规定。

民事责任竞合即请求权竞合，是指因某种法律事实的出现，而导致两种或两种以上的民事责任产生，各项民事责任相互发生冲突的现象。当不法行为人实施的一个行为，在法律上符合数个法律规范的要求，因而使受害人产生多项请求权，并导致这些请求权相互冲突的情形。民事责任竞合具有如下特点：1. 民事责任竞合是由违反民事义务的行为引起的，责任是违反法定义务的必然后果。2. 数个民事责任的产生是由一个违反民事义务的行为造成的。3. 在一个行为产生的数个责任之间相互冲突。同一民事违法行为同时符合数种民事权利保护的规定，就构成民事责任竞合。

本条规定的违约责任与侵权责任竞合，是一个违约行为，既产生违约损害赔偿请求权，又产生侵权损害赔偿请求权，两个请求权救济的内容是一致的，权利人只能行使一个请求权。这个请求权实现之后，另一个请求权消灭。例如服务者为消费者服务造成人身损害，受害人既可以选择违约损害赔偿责任起诉，也可以选择侵权责任起诉。

本条虽然规定的只是违约责任与侵权责任的竞合规则，但对其他民事责任竞合也提供了法律依据，例如侵权责任与不当得利责任的竞合，也应当适用这样的规则。

【案例评注】

谢某星、赖某某诉某公司服务合同纠纷案①

基本案情

原告谢某星、赖某某诉称：被告某公司开办游泳池，不按规定配备相关设施，救生员也不在现场值班，以致原告之子谢某超溺水后，因得不到及时救助而死亡。原告认为，谢某超交费进入被告开办的游泳池游泳，双方已形成服务合同关系，被告有义务保障谢某超的人身安全。谢某超是因被告提供的服务有瑕疵而死亡的。被告不履行保障人身安全的义务，应当承担违约责任。特依法提起诉

---

① 案例来源：《最高人民法院公报》2003 年第 6 期。

讼，请求参照《道路交通事故处理办法》的规定，判令被告给付谢某超的死亡赔偿金56390元，丧葬费3500元，被扶养人生活补助费32000元，共计91890元。

被告某公司辩称：尸体检验鉴定报告书中的分析说明第三条写道："死者气管腔内检见胃内容物，分析是入水池后呛水，部分胃内容物反流后随溺液被吸入呼吸道。"这个分析充分证明，原告谢某星、赖某某之子谢某超是因游泳的方法不当而呛水，胃内容物随呛水进入气管腔内引起机械性窒息死亡，这是死亡的真正原因。因此事故责任应由死者自行承担。故不同意谢某星、赖某某的诉讼请求。

另查明：被告某公司虽然为自己经营的游泳池配备了足额的救生员，但没有按《龙岩市游泳池管理暂行规定》的要求配备医务人员、建立抢救溺水事故的应急制度、配备安全防护器材和急救药品；事故发生当晚，游泳池的灯光较暗，不能从较远处见到池底，照明不符合规定的要求。事故发生时，救生员不在瞭望高台上观察游泳池动态，以致没有救生员看到死者谢某超的溺水过程。

法院判决

龙岩市新罗区人民法院经审理认为：死者谢某超和他人到被告某公司开办的游泳池游泳，属生活消费范畴，谢某超等四人与某公司形成了消费和服务关系，该关系受《消费者权益保护法》调整。在接受服务过程中发生的人身伤害，受害人有权依照上述法律规定要求经营者承担侵权损害的赔偿责任。谢某超到某公司的游泳池游泳，双方同时还形成以消费和服务为内容的合同关系，该关系受《合同法》的调整。该法第一百二十二条规定："因当事人一方的违约行为，侵害对方人身、财产权益的，受损害方有权选择依照本法要求其承担违约责任或者依照其他法律要求其承担侵权责任。"原告谢某星、赖某某现已明确选择依合同法律关系起诉，请求判令某公司承担违约责任，该请求合法，应当支持。

谢某超是在接受某公司有瑕疵的服务过程中死亡的，某公司不能提供谢某超是因自身过错致死的任何证据，因此可以推定谢某超的死亡与某公司的瑕疵服务具有因果关系。某公司未尽保障游泳者人身安全的合同附随义务，应当承担赔偿损失的违约责任。

为保障未成年人的安全，无行为能力的未成年人到游泳池游泳，应当有监护人陪伴。一旦发生无行为能力的未成年人在无监护人陪伴的情况下要求进场游泳的情况，游泳池的经营者有义务向其告知危险性并有权拒绝其入场。谢某超年满16周岁，其年龄、智力说明其已具备预见游泳的危险性和进行自我保护的能力。谢某超去游泳池游泳，无需征得其监护人同意。被告某公司同意谢某超进池游泳，说明该公司也认可谢某超具有这样的民事行为能力。某公司既然接受了未成年人进场游泳，作为经营者，理应对未成年人的人身安全给予更多的注意。某公司以原告谢某星和赖某某监护不到位、谢某超未经监护人同意就去游泳本身有过错为由，主张自己无需承担本案的民事责任，理由不能成立，不予支持。据此，龙岩市新罗区人民法院判决：一、被告某公司于判决生效之日起30日内给付原告谢某星、赖某某谢某超死亡赔偿金51390元。二、驳回原告谢某星、赖某某的其他诉讼请求。宣判后，双方当事人服判，均未上诉，一审判决已发生法律效力。

专家点评

此案涉及民法典总则编第186条的规定，民法典总则编第186条系与原《合同法》第122条一脉相承。

在本案中，原告谢某星、赖某某的孩子谢某超在被告龙岩市某公司游泳时死亡，原告与被告事实上形成了两个法律关系。原告与被告事实上形成了两个法律关系。第一是谢某超到太阳城的游泳池游泳，属生活消费范畴，双方形成消费和服务关系，该关系受《消费者权益保护法》调整，在接受服务过程中发生的人身伤害，受害人有权依照上述法律规定要求经营者承担侵权损害的赔偿责任；第二是双方同时还形成以消费和服务为内容的合同关系，该关系受《合同法》的调整。民法典总则编第186条规定，因当事人一方的违约行为，损害对方人身权益、财产权益的，受损害方有权选择请求其承担违约责任或者侵权责任。本案中原告谢某星、赖某某现已明确选择依合同法律关系起诉，请求某公司承担违约责任，法院应当适用违约责任的相关规定审理本案。

第一百八十七条 民事主体因同一行为应当承担民事责任、行政责任和刑事责任的，承担行政责任或者刑事责任不影响承担民事责任；民事主体的财产不足以支付的，优先用于承担民事责任。

【条文释义】

本条是对非冲突性责任竞合和民事责任优先权保障的规定。

法规竞合，是指一个违法行为，同时触犯数个法律或者数个法律条文，在法律适用时，选择适用该行为触犯的某一个法律条文同时排除其他法律条文适用，或者同时适用不同的法律条文的法律适用规则。其构成要件须为两个，分别为“同一行为”与“多个法律条文”。

责任竞合是法规竞合，是法规竞合的具体表现形式。作为一种客观存在的现象，法规竞合分为两种：1. 发生在同一法律部门内部的法规竞合，如前条规定的违约责任与民事责任竞合；2. 发生在不同的法律部门之间，如民事责任与刑事责任、民事责任与行政责任的竞合。后一种竞合为非冲突性竞合，数个法律规范可以同时适用，根据不同法律规范产生的数个法律后果并行不悖，可以共存。

民事责任与刑事责任或者行政责任竞合，后果是“不影响依法承担民事责任”。在形成民事责任与刑事责任或者民事责任与行政责任竞合时，一个违法行为人承担刑事责任或者行政责任，并不影响其民事责任的承担。受害人一方主张有关机关追究违法行为人的刑事责任和行政责任，并不妨害受害人向违法行为人主张追究民事责任。

非冲突性法规竞合发生，产生民事主体损害赔偿请求权的优先权保障。由于对侵权行为有可能由刑法、行政法、侵权法等不同部门法进行规范，因此，形成了刑法、行政法、民法的法律规范竞合，性质属于非冲突性法规竞合。侵权人因同一个违法行为，同时要承担民事责任、刑事责任或者行政责任。由于不同部门法律规范的竞合属于非冲突性竞合，因此可以同时适用。例如，侵权人因同一个违法行为，既要承担罚金、没收财产的刑事责任，或者罚款、没收违法所得的行政责任，又要承担损害赔偿的民事责任，发生财产性的行政责任、刑事责任与民事责任的竞合，应当同时承担。赋予请求权人以损害赔偿请求权的优先权，则该请求权的地位就优先于罚款、没收财产的刑事责任或者罚款和没收违法所得的行政责任，使民事主体的权利救济得到更有力的保障。这就是损害赔偿请求权优先于行政责任或者刑事责任的优先权保障赖以产生的法理基础。民事主体的财产不足以支付的，先承担民事责任。

【案例评注】

吴某好诉黄某涛赡养费纠纷案[①]

基本案情

原告吴某好与被告黄某涛系母子关系。吴某好与前夫黄某生育了女儿黄某澜、儿子黄某涛。1976 年吴某好与前夫黄某离婚，女儿黄某澜由前夫抚养，儿子

① 审理法院：一审法院为广东省中山市第一人民法院，案号：（2013）中一法民一初字第 1955 号；二审法院为广东省中山市中级人民法院，案号：（2014）中中民一终字第 509 号。

黄某涛由吴某好抚养。1992年6月1日，吴某好与吴某荣再婚，吴某荣当时带着两个儿子吴某明、吴某文，再婚后吴某好没有生育子女，一家人共同生活。现吴某好与吴某荣分居，其退休金每月1600元。

2011年9月黄某涛因长期吸毒以及贩毒被捕。2013年1月30日，广东省中山市中级人民法院作出（2012）中中法刑一初字第154号刑事判决，认定黄某涛犯贩卖毒品罪，判处无期徒刑，剥夺政治权利终身，并处没收个人全部财产。宣判后黄某涛不服，上诉于广东省高级人民法院。2013年5月10日，该院作出（2013）粤高法刑一终字第245号刑事裁定，裁定驳回上诉，维持原判。2012年12月15日，吴某好因病入中山市中医院住院治疗16天，出院诊断为：动脉粥样硬化血栓性脑梗死（右侧颈内动脉）、颈椎病、骨质疏松症高血压病3级等疾病。2013年8月2日，吴某好到该院门诊，诊断为：脑梗死、血压病3级。因医治缺钱，2013年9月24日吴某好提起诉讼，认为黄某涛不履行赡养义务，请求判令黄某涛按2000元/月的标准向其一次性支付赡养费504000元（从2011年9月计算至2032年9月止）。

法院判决

中山市第一人民法院审理认为：吴某好与黄某涛是母子关系，黄某涛对吴某好有赡养的义务，但黄某涛因犯罪被判处无期徒刑，剥夺政治权利终身，并处没收个人全部财产，现正在监狱服刑期间，不具有赡养能力。吴某好是退休人员，如生活确有困难，可向另外的赡养人或扶养人主张权利予以解决，其要求黄某涛给付赡养费的请求不能成立。

中山市第一人民法院判决驳回吴某好的诉讼请求。

宣判后，吴某好不服提起上诉称：一、黄某涛虽因犯罪被判处无期徒刑并处没收个人全部财产，但赡养义务并不因此而终止，现黄某涛的财产没有被执行没收，黄某涛应支付的赡养费可从其尚未被执行没收的财产中执行。二、吴某好体弱多病、生活困难，退休工资不足以支付基本生活费用以及医疗费。吴某好无法要求黄某涛以外的其他扶养人进行经济帮助，并且是否有其他赡养人均不能免除黄某涛的扶养义务，原审判决适用法律错误，请求依法改判。

中山市中级人民法院经审理认为，子女有赡养父母的义务，子女不履行赡养义务时，无劳动能力的或生活困难的父母，有要求子女给付赡养费的权利。吴某好虽有退休金，但其已年过六旬，患有脑梗死、颈椎病、高血压3级等高危疾病，需要继续治疗，其退休金数额不足以保证在得到较好医疗救治的同时，仍能维持本地区的平均生活水准。故其向子女追讨赡养费系出于实际需要，合法有据。

吴某好离婚时，女儿黄某兰（现更名黄某澜）已 10 岁，离婚后，虽未共同生活，但实际上吴某好抚育黄某澜多年；吴某好再婚后，与继子吴某明、吴某文形成抚养关系，故黄某澜、吴某明、吴某文与黄某涛负有共同赡养吴某好的法定义务。现吴某好仅向黄某涛主张赡养费，但吴某好没有提供证据证明另外三个子女不具备支付赡养费的经济负担能力，吴某好要求黄某涛个人承担全部的赡养义务没有事实根据，亦不具备法律基础。考虑到吴某好需要治疗的情况与收入状况，其主张的 2000 元/月的赡养费并无畸高，鉴于黄某涛同意支付赡养费，且吴某好尚有其他赡养义务人，法院酌定黄某涛按 500 元/月的标准向吴某好支付赡养费用。赡养费原则上应定期给付，但黄某涛被判处无期徒刑并被没收全部个人财产，其不具备按月给付的履行条件，故吴某好主张一次性支付赡养费，可以支持。法院酌定黄某涛应按 500 元/月的标准支付赡养费给吴某好（自 2011 年 9 月起支付至 2032 年 9 月止），合计 126500 元。同时，根据私权保障和私权优先的原理，本案赡养费应优先于黄某涛被没收全部个人财产的刑事责任。

中山市中级人民法院判决：一、撤销广东省中山市第一人民法院（2013）中一法民一初字第 1955 号民事判决；二、黄某涛自本判决生效之日起 10 日内向吴某好支付赡养费 126500 元（自 2011 年 9 月起支付至 2032 年 9 月止）。

专家点评

此案涉及民法典总则编第 187 条的规定，民法典总则编第 187 条借鉴了原《侵权责任法》第 4 条的规定，并对民事责任优先原则进行了强调。

本条规定，意味着我国改变了一切情况下“国家利益大于集体利益，集体利益大于个人利益”的观念。本案的一审判决认为，被判决没收个人全部财产的人，财产应当全部上交国家，自然不具有赡养能力。而吴某好就算生活确有困难，也可向另外的赡养人或扶养人要求解决。这种判决就是重视公权力而忽视个人私权观念的体现，而二审法院基于私权保障和私权优先的理念，对案件进行改判，很好地践行了此条立法的理念。在本案中，黄某涛基于子女的赡养义务对吴某好应给付赡养费是私法意义上的民事责任，其因贩卖毒品罪被判处没收全部个人财产，这属于公法即刑事法律规范调整的刑事责任，两者属于不同法律部门之间的责任，构成了非冲突性法规竞合和责任竞合。黄某涛就算被判处没收全部个人财产，也不能免除其应负的赡养义务。同时权利人吴某好的给付赡养费请求权也应当具有优先受偿力。

第九章 诉讼时效

第一百八十八条 向人民法院请求保护民事权利的诉讼时效期间为三年。法律另有规定的，依照其规定。

诉讼时效期间自权利人知道或者应当知道权利受到损害以及义务人之日起计算。法律另有规定的，依照其规定。但是，自权利受到损害之日起超过二十年的，人民法院不予保护，有特殊情况的，人民法院可以根据权利人的申请决定延长。

【条文释义】

本条是对诉讼时效期间的规定。

诉讼时效，是能够引起民事法律关系发生变化的法律事实，又称消灭时效，是指权利人在一定期间内不行使权利，即在某种程度上丧失请求利益的时效制度。设立诉讼时效制度的主要目的，是客观地促进法律关系安定，及时结束权利义务关系的不确定状态，稳定法律秩序，降低交易成本，即“法律帮助勤勉人，不帮助睡眠人”。

诉讼时效期间的种类是：1. 一般诉讼时效，是指由民法典统一规定的，普遍适用于法律没有作特殊诉讼时效规定的各种民事法律关系的消灭时效。2. 特别诉讼时效，也叫特殊诉讼时效，是指由民法典或民法单行法特别规定的，只适用于某些特殊民事法律关系的消灭时效。3. 最长诉讼时效，也叫绝对诉讼时效，是指不适用诉讼时效中止、中断、延长规定的长期诉讼时效期间。

本条规定的是一般诉讼时效和最长诉讼时效的期间及起算的规则。

一般诉讼时效期间为3年，自权利人知道或者应当知道权利受到损害以及义务人之日起计算。期间起始的时间须具备两个要件：1. 权利人知道或者应当知道权利受到损害；2. 知道或者应当知道义务人。具备了这两个要件，即开始起算诉讼时效期间。对诉讼时效期间的起算时间，法律另有规定的情况是民法典总则编第189～191条。

最长诉讼时效为20年。如果权利受到侵害的事实发生之后，权利人一直不知道或者不应当知道权利受到损害及其义务人的，则从权利受到损害之日起计算，超过20年的，人民法院不予保护。不过，本条第二款最后一句有一个特别规定，即有特殊情况的，人民法院可以根据权利人的申请决定延长，条件比较弹性，并非一律卡死，关键在于对特殊情况的判断，并且须有权利人的申请。其含义是，具有情况特殊和权利人申请的两个要件，可以突破20年的最长诉讼时效期间，寻求民法对民事权利的保护。

【案例评注】

甲公司诉乙公司国际货物买卖合同纠纷案①

基本案情

原告甲公司诉称：2011年9月8日甲公司向乙公司发出两个订单，购买共计123吨的无缝钢管。乙公司在收到订单后，于2011年9月14日向甲公司发出了编号为RT110831的形式发票，对货物种类、型号、质量、价款等进行了约定。2011年10月26日乙公司依据实际装运数量向甲公司发出编号为R T110831－1的商业发票，货值72289.23欧元。甲公司已全部付款。待货物运抵克罗地亚后，甲公司发现货物种类不符合约定，经检验乙公司交付的是焊接钢管而非无缝钢管。甲公司发现乙公司所交付的货物不符合约定后，向乙公司提出损失赔偿，但乙公司一直拖延不予解决。甲公司认为乙公司的行为已构成根本违约，故诉至法院。

被告乙公司辩称：双方之间合同关系的确立及合同的履行均是在2011年，而甲公司的起诉时间为2014年1月15日，在此期间甲公司从未与乙公司针对合同的履行情况进行过任何接触、商议，根据原《民法通则》的相关规定，已经超过诉讼时效。

法院判决

法院经审理查明：2011年，境外甲公司通过形式发票及商业发票的形式与乙公司达成买卖协议，约定甲公司购买碳钢无缝钢管，总重量为123吨、总价款为

① 审理法院：一审法院为天津市第二中级人民法院，案号：（2014）二中民三初字第7号；二审法院为天津市高级人民法院，案号：（2015）津高民四终字第2号。

93373.56 欧元，货物从中国新港装运至克罗地亚的里耶卡，使用 CIF 术语，未就检验条款进行约定。同年 10 月 26 日，乙公司开具 RT110831－1《商业发票》与《装箱单》，载明货物总件数、总重量，并明确载明装运的集装箱号。11 月 9 日，乙公司委托报关行持由天津检验检疫局出具的《出境货物通关单》向天津海关申报上述货物出口。《出境货物通关单》载明，商品名称："无缝管"、规格型号："168.3MM 等；石油、天然气用；圆管状；碳钢；热轧；无缝管"、数量：117036.98 千克、总价：88859.32 欧元。

乙公司发货后，甲公司于同年 11 月 28 日向乙公司支付了全部货款。涉案货物于 12 月底抵达目的港。

甲公司在收到该批货物后，认为货物并非"无缝钢管"，并在 2012 年 4 月 17 日至 21 日期间通过邮件多次与使用乙公司内部邮箱的"maxwell"协商涉案货物后续处理问题。因双方协商未果，甲公司将钢管送交丙公司进行了检测。丙公司于 2012 年 4 月 20 日作出《检测报告》，认定被检测的货物为有缝钢管，大部分钢管上的缝隙经过了打磨，不符合无缝钢管的标准。该《检测报告》检测的钢管所对应的型号、尺寸、重量等与编号为 RT110831－1《商业发票》完全一致。

天津检验检疫局作出的《出境货物通关单》系凭中华人民共和国沧州出入境检验检疫局（以下简称沧州检验检疫局）转单信息而出具，不对涉案货物进行检验。且因涉案货物的出口时间（2011 年）已超过档案保存期限，纸质档案已经销毁，无法进一步核实涉案货物在沧州检验检疫局的检验情况。此外，该《出境货物通关单》载明的货物名称为"无缝管"、申报总值为 93373.56 欧元、数量为 6694 支、总重量为 123000 千克。

一审判决认为：关于甲公司的起诉是否超过诉讼时效的问题。因《销售公约》中并未涉及诉讼时效的相关规定，故应当适用中华人民共和国的相关法律法规。《合同法》第一百二十九条规定，因国际货物买卖合同和技术进出口合同争议提起诉讼或者申请仲裁的期限为 4 年，自当事人知道或者应当知道其权利受到侵害之日起计算。因此，甲公司在 2014 年 1 月提起的诉讼并未超过诉讼时效。

乙公司不服一审判决，提起上诉称：一审判决适用法律错误。对于诉讼时效问题存在选择性适用法律问题。

二审法院认为，在《销售公约》中并未涉及诉讼时效问题的情况下，应依据《合同法》第一百二十九条之规定确定本案诉讼时效。2011 年 10 月 26 日乙公司开具《商业发票》确定双方之间合同，同年 12 月底涉案货物运抵目的港，故甲公司至迟于 2011 年 12 月底方可知晓涉案货物与合同约定不符。因此，一审法院认定甲公司于 2014 年 1 月提起本案诉讼并未超过四年诉讼时效正确，应当予以维持。

专家点评

此案涉及民法典总则编第 188 条的规定，民法典总则编第 188 条承继了原《民法总则》第 188 条的规定，在民法总则生效后，向人民法院请求保护民事权利的诉讼时效期间正式由两年变为三年。但是，本条规定，法律另有规定的，仍然依照其规定。本案就是适用“法律另有规定”的典型案例。关于甲公司的起诉是否超过诉讼时效的问题，由于《销售公约》中并未涉及诉讼时效的相关规定，故应当适用中国原《合同法》的规定，原《合同法》第 129 条规定，因国际货物买卖合同和技术进出口合同争议提起诉讼或者申请仲裁的期限为四年，而非普通的两年诉讼时效期间，因此，甲公司从 2011 年 12 月知道货物存在瑕疵，到 2014 年 1 月提起的诉讼时，并未超过诉讼时效。

第一百八十九条　当事人约定同一债务分期履行的，诉讼时效期间自最后一期履行期限届满之日起计算。

【条文释义】

本条是对分期债务诉讼时效期间的规定。

对于分期债务诉讼时效期间的起算，诉讼时效期间自最后一期履行期限届满之日起计算。

分期债务，是当事人约定把一个债务分成若干期、若干批分次清偿，例如分期付款买卖的付款义务。定期债务，是按照约定的期限按月、按年定期清偿，如房屋租赁的租金通常是按月给付。本条所称分期债务是指前者。

分期债务是一个债务，计算诉讼时效期间是在最后一期债务清偿期届满时开始计算诉讼时效期间，不能将每一期的给付定为单独的给付而单独计算诉讼时效期间。如购买一辆汽车 50 万元，要用 5 年时间分期付款，每年付 10 万元人民币，在最后一期款的 10 万元付款期限届满后，开始计算诉讼时效期间。

【案例评注】

郑某红诉魏某债权纠纷案[①]

基本案情

2005 年 9 月 28 日，原告郑某红和被告魏某到浙江省宁波市海曙区民政局办理了离婚登记手续，双方签订的离婚协议书第三条记载："男方支付女方 10 万元，该款在本协议生效起三年内还清，即 2006 年 12 月 21 日前付 3 万元，2007 年 12 月 10 日付 3 万元，2008 年 12 月 31 日付 4 万元。" 2006 年 1 月 23 日，双方复婚，2008 年 4 月 22 日又再办理离婚手续。经查明，2006 年 1 月 7 日，被告支付原告 3.5 万元，2007 年 1 月 19 日支付 4.4 万元，2008 年 1 月 31 日支付 5 万元。

郑某红于 2010 年 12 月 7 日诉至法院，请求判令：被告魏某立即支付原告 10 万元，并支付上述款项逾期付款利息 10410 元。

法院判决

浙江省宁波市海曙区人民法院经审理认为，原、被告签订的离婚协议是双方真实的意思表示，不违反法律规定，依法有效。被告未按协议约定的期限支付补偿款，显属违约，原告要求被告支付该笔财产分割补偿款 10 万元及赔偿利息损失，符合法律规定。但向人民法院请求保护民事权利的诉讼时效期间为 2 年，《民法总则》规定一般诉讼时效为 3 年。，协议约定被告应分别于 2006 年 12 月 21 日支付 3 万元、2007 年 12 月 10 日支付 3 万元，原告主张该两笔款项已经超过诉讼时效，不予支持，对诉讼时效内被告应支付的财产分割补偿款 4 万元，予以支持，对原告要求被告按同期银行贷款利率赔偿自 2008 年 12 月 31 日至 2010 年 12 月 7 日期间的利息损失，予以支持。法院判决：被告魏某支付原告郑某红财产分割补偿款 4 万元，赔偿利息损失 4242 元，合计 44242 元。

宣判后，原、被告均不服，提起上诉。郑某红认为讼争债权是一个整体，法院应支持其全部债权 10 万元及利息，分期债务诉讼时效应自最后一笔债务履行期限届满之次日起算，其三笔债务均未超过诉讼时效。请求二审法院撤销原判，改判支持其原审诉讼请求。魏某认为其已分期付清所有款项共计 12.9 万元，请求二

① 审理法院：一审法院为浙江省宁波市海曙区人民法院，案号：(2010) 甬海民初字第 2516 号；二审法院为浙江省宁波市中级人民法院，案号：(2011) 浙甬民二终字第 472 号。

审法院撤销原判，驳回郑某红的诉讼请求。

浙江省宁波市中级人民法院经审理认为，原、被告于 2005 年 9 月 28 日签订的离婚协议书合法有效，双方应按约履行。当事人约定同一债务分期履行的，诉讼时效期间从最后一笔债务履行期限届满之日起计算，郑某红的起诉并未超过诉讼时效。2006 年 1 月 7 日，魏某支付给郑某红的 3.5 万元系在双方离婚期间，应认定为归还欠款性质。2011 年 9 月 15 日，法院判决撤销原判，改判魏某应支付郑某红款项 6.5 万元及利息损失。

专家点评

此案涉及民法典总则编第 189 条的规定，民法典总则编第 189 条关于分期履行债务的诉讼时效计算规定延续了《最高人民法院关于审理民事案件适用诉讼时效制度若干问题的规定》第五条和原《民法总则》第 189 条的做法。

当某一笔债务发生后，当事人约定了分期履行的时间并依照约定的时间分期履行的，债务的内容和范围在债务发生时就已经确定，不因分期偿还而发生变化。诉讼时效制度设立的目的在于督促权利人及时主张权利。债权人之所以同意债务人分次分期偿还债务，可能是出于当事人之间存在特殊关系，例如商业合作关系或是其他友好关系，也有可能是债务人资金链紧张，债权人为了使债务人能够完全履行债务，给予债务人履行的宽限；因此，债权人没有在第一期债务到期后主张权利，是因为其与债务人之间的特殊关系，如果对分期履行的每笔债务分别计算诉讼时效，有可能导致债权人因为担心债权“过期”而频繁主张权利，不仅不利于维持当事人之间债权债务关系的稳定，反而徒增当事人讼累。

在本案中，郑某红和魏某在 2005 年 9 月 28 日的离婚协议书中约定由魏某支付郑某红 10 万元，分三期偿还以及每期的还款时间，从约定的内容看，从双方办理离婚登记之日起，该债权即已确定，其符合同一债务分期履行的特征。郑某红与魏某的最后一笔债务履行期限为 2008 年 12 月 31 日，而她的起诉时间是 2010 年 12 月 7 日，并未超过原《民法通则》规定的 2 年诉讼时效期间（原《民法总则》已将一般诉讼时效改为 3 年）。因此郑某红对魏某剩余的 6.5 万元债权应当获得法院的支持。

第一百九十条　无民事行为能力人或者限制民事行为能力人对其法定代理人的请求权的诉讼时效期间，自该法定代理终止之日起计算。

【条文释义】

本条是对起诉法定代理人诉讼时效期间的规定。

无民事行为能力人或者限制民事行为能力人因自己的法定代理人侵害其合法权益，而对法定代理人提起诉讼的，其诉讼时效期间是一样的，都是 3 年。但是，为了保护无民事行为能力人或者限制民事行为能力人的合法权益，设定了诉讼时效期间的特殊起算方法。

本条规定的法定代理人，包括未成年人的父母，以及无民事行为能力或者限制民事行为能力的成年人的监护人。无民事行为能力人或者限制民事行为能力人的法定代理人侵害了无民事权利能力人或者限制民事行为能力人的人身权益或者财产权益，权利人产生保护自己权利的请求权，可以向自己的法定代理人主张损害赔偿请求权。

无民事行为能力人或者限制民事行为能力人对自己的法定代理人行使请求权，其诉讼时效期间的起算，自该法定代理终止之日起计算。原因是，无民事行为能力人或者限制民事行为能力人在法定代理人履行职责期间，并不具有民事行为能力或者民事行为能力受限制，无法判断自己的权益是否受到损害，如果按照诉讼时效期间起算的一般规则，会损害其合法权益。只有当他们取得或者恢复了民事行为能力，法定代理终止，才能有效地行使其权利。从这时开始计算诉讼时效期间能够更好地保护他们的合法权益。

【案例评注】

刘某乙诉刘某丙分家析产纠纷案[①]

基本案情

原告刘某乙诉称：原告是被告刘某丙的女儿。2007 年，原、被告家庭的部分承包土地被征收，明华村刘屋坡三队按家庭人口分配征地补偿款，每人按 126338.32 元进行分配，原、被告家庭共分得 505353.28 元。该款分三次发放，第一次每人发放 20000 元，第二次每人发放 104338.32 元，第三次每人发放 2000 元，全部款项均发放到被告的银行账户中。原、被告家庭原来比较和睦，原告暂

---

① 审理法院：广西壮族自治区南宁市西乡塘区人民法院，案号：（2016）桂 0107 民初 1738 号。

时没有向被告主张分配款项。之后，因被告受他人影响，重男轻女，坚决要与原告的母亲离婚，以便再娶妻生儿子，向法院提起离婚诉讼，为维护家庭稳定，原告劝说母亲不同意离婚，也劝说被告珍惜家庭。最终，法院未作出准予离婚的判决。被告在领取判决书之后，经常对原告母亲实施家庭暴力，经妇联、派出所多次调解也不起作用，被告将原告及原告母亲、原告妹妹三人赶出家门。现原告及原告母亲、原告妹妹三人借住在外婆家，有家不敢回。原告要求分配征地补偿款，被告拒绝分配。被告的行为造成了严重的家庭矛盾，损害了原告的利益，为维护原告的权益，请求法院判决：1. 被告平均分配原告征地补偿款 126338. 32 元；2. 被告承担本案全部诉讼费用。

被告刘某丙辩称：一、被告与原告系父女关系。2008 年 3 月期间，生产队分配集体土地征收补偿款时，原告是未成年人，时年 15 岁 3 个月，属于被抚养人。数年来，被告靠该征地补偿款作为家庭经费开支，将原告抚养成人，现原告忘恩负义，提起诉讼显属无理。二、以被告为户主获得的集体土地征地补偿款，被告已用于家庭生活合理性消费支出，不能再按人口进行平均分配。生产队的集体土地被征用后，被告本户也如同本队的其他村民一样，不再有土地耕种，不再有收入，就靠分配到手的集体土地征地补偿款作为家庭生活消费支出。分配款项的时间是 2008 年 3 月，至今已有 8 年多，按消费性支出计算，每人每年平均可用于生活消费性支出为 15792. 29 元，每人每月平均可消费性支出为 1316. 02 元，这个消费标准明显达不到广西统计局公布的全区人均可消费性支出的标准，何况被告还要供原告及其妹妹读书。综上，被告作为户主于 2008 年 3 月收到的生产队分配的集体土地征地补偿款已全部用于家庭生活消费性支出，用于养育原告及其妹妹，以及供原告及其妹妹上学读书等，已无法按家庭成员平均分配。三、原、被告所在的集体经济组织是南宁市西乡塘区明华村刘屋坡三组。该集体经济组织于 2008 年 3 月 20 日在履行集体经济收入分配审批手续之时，已在本小组发头商店进行过公示，理应本集体经济组织成员人人皆知，原告也不例外。然而，原告从知道或应当知道权利被侵害之时起至今已 8 年多，按照原《民法通则》“向人民法院请求保护民事权利的诉讼时效期间为二年”的规定，原告提起本案诉讼明显已超过法律规定的时限，法律不再保护。综上，请求法院驳回原告的诉讼请求，维护被告的合法权益。第三人滕某、刘某甲共同述称：同意原告的诉讼请求，被告应该支付征地补偿款给原告。

法院判决

法院经审理查明：原告与第三人刘某甲均为被告与第三人滕某的女儿，第三人滕某与被告原为夫妻关系，被告曾于 2015 年 6 月诉至法院，要求与第三人滕某离婚，法院判决不准两人离婚，2016 年 4 月，被告再次诉至法院，要求与滕某离婚，法院于 2016 年 6 月判决两人离婚，该判决现已生效。2008 年，被告一户 4 口人取得征地分红 104338.32 元/人，2012 年，被告一户 4 口人取得征地分红 2170 元/人。2016 年 4 月，原告向法院起诉，提出前述诉讼请求。2016 年 5 月，原告申请追加滕某、刘某甲作为本案第三人参加诉讼，法院予以准许。原告及第三人在庭审中均表示无法举证证明上述征地分红至今尚存。

法院认为：原告是被告的女儿，在被告与原告母亲即第三人滕某 2015 年 6 月发生婚姻纠纷时，才产生征地补偿款的分割问题，原告最早应从此时起知道或应当知道权利被侵害，故原告 2016 年 4 月提起本案诉讼未超过法定的诉讼时效期间。征地分红分别于 2008 年和 2012 年发放，至原告起诉时已有 8 年和 4 年的时间，被告作为原告的监护人，对原告负有抚养教育的义务，其为履行监护职责保障原告的利益而处理作为被监护人的原告的财产，并无不当，故在被告陈述征地分红已全部用于家庭生活支出及养育原告而原告及第三人又无法举证证明征地分红至今尚存的情况下，原告请求分割征地补偿款 126338.32 元没有事实及法律依据，不予支持。故判决如下：驳回原告刘某乙的诉讼请求。

专家点评

此案涉及民法典总则编第 190 条的规定，民法典总则编第 190 条延续了原《民法总则》第 190 条的规定。

本案中，原告刘某乙与被告系女儿与父亲的关系。被告多次在原告未成年时，对原告母亲实施家庭暴力，经妇联、派出所多次调解也不起作用，被告之后甚至将原告及原告母亲、原告妹妹三人赶出家门。本案的焦点是原告的起诉是否超过诉讼时效的问题，审理法院认为，在被告与原告母亲即第三人滕某 2015 年 6 月发生婚姻纠纷时，才产生征地补偿款的分割问题，因此原告最早应从此时起知道或应当知道权利被侵害，故原告 2016 年 4 月提起本案诉讼未超过法定的诉讼时效期间。这种固然是一种说理方式，但也从一个角度体现出当时法院对于未成年人行使对其法定代理人的请求权时的些许无奈。基于此，民法典总则编第 190 条规定，无民事行为能力人或者限制民事行为能力人对其法定代理人的请求权的诉讼时效期间，自该法定代理终止之日起计算，民法典总则编第 190 条予以延续，这就使未成年人对其法定代理人的诉讼时效起算更加灵活，有利于更好地保护未成年人的合法权益。

第一百九十一条　未成年人遭受性侵害的损害赔偿请求权的诉讼时效期间，自受害人年满十八周岁之日起计算。

【条文释义】

本条是对未成年人遭受性侵的诉讼时效期间的规定。

对未成年人遭受性侵害，损害赔偿请求权的诉讼时效期间起算如何规定，立法中有不同意见。立法采肯定说，作出特别规定，原因是未成年人遭受性侵害，由于他们尚未成年，如果适用诉讼时效起算的一般方法，将会对他们的合法权益无法切实保障，因而有作出特别规定的必要。

未成年人遭受性侵害，产生两方面的损害赔偿责任：1. 造成未成年人的人身损害，侵害的是健康权和身体权，产生人身损害赔偿责任；2. 造成未成年人精神上和心理上的伤害，侵害了其性自主权，应当承担精神损害责任。

当未成年人遭受性侵害的损害赔偿请求权产生后，并不基于权利受到损害的事实，从其知道或者应当知道权利受到损害以及义务人之日起算，那样将会因未成年人尚不具有完全民事行为能力而使其权利无法得到切实保障，因而计算诉讼时效期间应自受害人年满 18 周岁之日起开始计算。

【案例评注】

杨某诉朗某、陈某等生命权、健康权、身体权纠纷案[①]

基本案情

原告杨某诉称，2015 年 1 月 26 日上午期末考试第一堂结束后，被告谢某为被告朗某介绍女朋友，邀请张某、罗某与被告朗某、陈某等人一起吃饭喝酒。饭后，被告谢某劝原告到被告陈某家玩耍，在被告陈某家，朗某强行对其实施了性侵害。

2015 年 3 月 3 日 11 时许，原告在第二节课下课后在垫江县某学校花园旁上完厕所出来时，被被告朗某用刀架在脖子上，并被被告陈某推拉，强行将其带出垫江县某学校。被告朗某、陈某将原告挟持上被告朗某租的摩托车，原告乘其不

① 审理法院：重庆市垫江县人民法院，案号：（2016）渝 0231 民初 1785 号。

备从车上跳下，又被被告朗某、陈某拉上车，将其拉至被告朗某家中和垫江县坪山镇车站旁的迎宾旅馆先后五次对其发生性侵害。被告朗某先后多次对原告实施性侵害，被告陈某帮助强迫原告上摩托车，被告谢某明知原告未满14周岁，帮助他人采取暴力手段与原告发生性关系，被告垫江县某学校未尽到管理职责，未对原告提供安全保障，存在管理不善，致使被告朗某、陈某非法闯入校内，导致事故发生，对原告造成的伤害特别重大，故诉至人民法院，请求判决六被告连带赔偿原告医药费4000元、交通费2000元及精神损害抚慰金40000元，共计46000元。

被告朗某辩称，其没有用刀架在原告脖子上，摩托车是陈某临时租的，其他属实。被告陈某辩称，是其临时租的摩托车，没有带刀，愿意承担赔偿责任。被告谢某未作答辩。被告谢某甲未作答辩。被告袁某未作答辩。

被告垫江县某学校辩称，该校是半封闭学校，学生在上课、做课间操和小型文体活动时是全封闭的。全校有师生公用厕所两处，一处是围墙内比较小型的厕所，另一处是学校围墙以外、比较大型的厕所，该厕所除师生使用外，也供部分社会人群使用，这个事实是历史形成的，学校没有过错。2015年1月26日，原告遭受侵害是在校外，原告也未告知学校任何人，如告知就不会产生第二次侵害，学校对此事完全不知情，谈不上未尽管理职责。根据原《民法通则》第136条的规定，身体受到伤害的诉讼时效为一年，原告的起诉已超过诉讼时效，请求法院判决驳回原告的诉讼请求。

法院判决

法院认为，公民的生命健康权受法律保护。侵害他人造成人身损害的，应当赔偿医疗费、交通费等康复支出的合理费用，造成严重精神伤害的，被侵权人可以请求精神损害赔偿。本案中，朗某强行对原告实施了性侵害，造成原告身体、健康、精神遭受损害，应当承担赔偿责任。

《侵权责任法》第四十条规定，无民事行为能力人或者限制民事行为能力人在幼儿园、学校或者其他教育机构学习、生活期间，受到幼儿园、学校或者其他教育机构以外的人员人身伤害的，由侵权人承担侵权责任；幼儿园、学校或者其他教育机构未尽到管理职责的，承担相应的补充责任。本案中，原告未参加2015年1月26日下午的考试，未参加2015年3月3日下午的学习，被告垫江县某学校居然不知情，足见其对学生教育、管理的松懈，门禁不严，安保不足，对课间擅自离校、被他人带离校外的学生发现不及时，也未及时联系通知监护人，未尽到管理职责，故应在本案中承担相应的补充责任，结合被告垫江县某学校之过错，确定其承担30%的补充责任。对被告垫江县某学校辩称原告的起诉已超过诉讼时效的意见，《最高人民法院关于贯彻执行〈中华人民共和国民法通则〉若干问题的意见（试行）》第一百六十八条规定，人身损害赔偿的诉讼时效期间，伤害明显的，从受伤害之日起算；伤害当时未曾发现，后经检查确诊并能证明是由侵害引起的，从伤势确诊之日起算。本案中，被告垫江县某学校未举证证明原告所受伤害明显，原告于2015年6月24日经医院检查确诊造成伤害，于2016年2月26日起诉，且原告于2016年3月3日也遭受性侵害，系连续侵权，该权利仍在保护期内，故原告的起诉未超过诉讼时效，对被告垫江县某学校的该项抗辩意见，法院不予采纳。

原告的损失为：医疗费4000元，交通费200元，精神损害抚慰金15000元，共计19200元，由被告朗某、陈某、谢某甲、袁某承担连带赔偿责任，由垫江县某学校承担30%的补充责任，即5760元。

据此，判决如下：一、被告朗某、陈某、谢某甲、袁某在本判决发生法律效力之日起10日内连带赔偿原告杨某医疗费、交通费、精神损害抚慰金共计19200元；二、被告垫江县某学校对被告朗某、陈某、谢某甲、袁某上述赔偿责任的30%即5760元承担补充责任；三、驳回原告杨某的其他诉讼请求。

专家点评

此案涉及民法典总则编第191条的规定，民法典总则编第191条系延续了原《民法总则》第191的规定。

在本案中，侵权人朗某强行对原告实施了性侵害，造成原告身体、健康、精神遭受损害，应当承担赔偿责任自不必说。本案有争议的是原告的请求权是否超过了诉讼时效。法院审理认为，原告遭受的性侵害系连续侵权，故该权利仍在保护期内，因此原告的起诉未超过诉讼时效，可以看出法院的说理也是存在着些许无奈的。基于此，民法典总则编第191条规定，未成年人遭受性侵害的损害赔偿请求权的诉讼时效期间，自受害人年满18周岁之日起计算，民法典总则编第191条延续了相关规定，如此更有利于对未成年人的性自主权的保护，这也是彼时《民法总则》立法中的主要亮点之一。

第一百九十二条　诉讼时效期间届满的，义务人可以提出不履行义务的抗辩。

诉讼时效期间届满后，义务人同意履行的，不得以诉讼时效期间届满为由抗辩；义务人已经自愿履行的，不得请求返还。

【条文释义】

本条是对时效消灭产生抗辩权的规定。

法律规定的诉讼时效期间届满，义务人产生抗辩权，因而可以提出不履行义务的抗辩。抗辩权，是抗辩他人行使权利的对抗权。对方权利人行使请求权，而该方当事人享有抗辩权，就可以行使抗辩权对抗请求权，进而拒绝请求权人的请求给付，拒绝履行义务。

诉讼时效期间完成产生的抗辩权是永久性抗辩权，抗辩权人行使抗辩权对抗请求权后，就永久发生拒绝给付、不履行义务的法律效力。故时效消灭抗辩权是指诉讼时效期间完成后，义务人产生的据以对抗请求权人行使请求权，拒绝履行自己义务的抗辩权。诉讼时效期间完成的法律效果包括两个方面：1. 直接效果，即产生时效消灭抗辩权；2. 本体效果，即时效抗辩请求权行使后的后果。诉讼时效期间完成后，义务人行使抗辩权的，产生的本体效果是：（1）对于义务人的效果，可拒绝权利人的履行义务的请求，同时将权利人的请求权转化为自然债权，自己的义务转化为自然债务，从而取得时效利益。（2）对于权利人的效果，其实体权利和诉权都不消灭，只是这种实体权利变成一种自然权利，作为权利根本属性的法律上之力已经不复存在，诉权也存在，但是起诉后法院不会支持其请求权。（3）义务人自愿履行的效果，义务人同意履行的，不得以诉讼时效届满为由抗辩；义务人已经自愿履行的，不得请求返还，因为这两种行为均为义务人放弃了抗辩权。

【案例评注】

甲公司诉何某昌等清算责任纠纷案[①]

基本案情

原告甲公司起诉称：乙公司应向开发区农行偿还借款200万元及利息。2001年9月，开发区农行将债权转让给丙公司广州办事处，之后该办事处将债权转让

① 审理法院：广东省广州市中级人民法院，案号：（2013）穗中法民二终字第395号。

给原告。乙公司一直未履行债务并于2008年12月24日被吊销营业执照，公司股东何某昌、何某顺未履行清算责任，故请求法院判令：确认何某昌、何某顺对(1997) 黄法经字第138号民事判决确认的债务200万元承担连带清偿责任。

被告何某昌、何某顺辩称：不同意原告的诉讼请求，乙公司至今未清算，原告需要对公司清算的，可申请清算，原告要求股东承担责任没有依据；原告从2009年1月8日起应当知道债权受到侵犯，但一直未申请法院清算和向股东主张权利，其于2012年4月才起诉，已经超过两年诉讼时效原（《民法总则》规定一般诉讼时效为3年)；债权人对生效判决未依法申请执行，债权已成为自然债权，不受法律保护。

第三人乙公司在2012年6月4日的庭审中述称：同意对生效判决确定的债务承担清偿责任，但目前经济困难，要求给予两年宽限期。2012年7月13日，乙公司提交补充答辩状，对案件诉讼时效提出异议，认为债权人未向法院申请强制执行判决，债权不再受法律保护，股东无需对公司债务承担连带责任。

法院经审理查明：1997年9月10日，广州市黄埔区人民法院作出（1997) 黄法经字第138号民事判决书，判决乙公司在判决生效后10日内向开发区农行清偿借款200万元及利息等。判决于1997年11月5日生效后，债权人未向法院申请执行。2001年9月18日，开发区农行将债权转让给丙公司广州办事处。2006年12月15日，该办事处将债权转让给原告。

乙公司因未按规定办理年检，于2008年12月24日被工商局吊销营业执照，股东何某昌、何某顺未依法对公司清算。何某昌、何某顺在诉讼中表示不会对乙公司进行清算。原告不同意乙公司提出的给予两年宽限期的请求。

法院判决

广东省广州市越秀区人民法院经审理认为：乙公司于2008年12月24日被吊销营业执照后，两被告作为清算义务人，应依法对公司进行清算。两被告表示不对乙公司进行清算，导致本案无法查明因清算义务人怠于清算而导致公司财产贬值、流失、毁损或者灭失等情况，其结果等同于无法清算，故原告要求两被告对公司债务承担连带清偿责任，于法有据。但是，根据连带责任原理，股东连带责任的承责基础应建立在公司债务这一基础债务之上，当基础债务消灭或不受法律保护时，其连带责任债务亦将消灭或不受法律保护。本案的基础债务为乙公司在(1997) 黄法经字第138号民事判决书中对债权人负有的债务，依照《民事诉讼法》(1991年施行) 第二百一十九条第一款规定的“申请执行的期限，双方或者一方当事人是公民的为一年，双方是法人或者其他组织的为六个月”。由于申请执行人未按规定期限申请执行民事判决，已丧失就该案债权请求法院强制执行保护其合法权益的权利，故判决书确认的债务已由法定之债沦为自然之债。故判决驳回原告的诉讼请求。

原告不服一审判决，提起上诉。

广东省广州市中级人民法院裁判认为：乙公司在2012年6月4日的庭审中表示同意承担继续清偿原债务的责任，并要求给予两年清偿期限，因此乙公司实际上确认了本案债务，并同意继续清偿原债务。《最高人民法院关于审理民事案件适用诉讼时效制度若干问题的规定》第二十二条规定："诉讼时效期间届满，当事人一方向对方当事人作出同意履行义务的意思表示或者自愿履行义务后，又以诉讼时效期间届满为由进行抗辩的，人民法院不予支持。"对该条文可作以下理解：第一，诉讼时效期间届满，义务人负有的债务本应成为自然债务，不能得到法院的保护、不具有强制执行力，成为不完全债务。但如果义务人表示同意履行诉讼时效期间已过的债务，实质上是义务人放弃了诉讼时效抗辩权，对原债务进行了重新确认，使效力不完全的债务回复为效力完全的原债务。第二，只要义务人作出同意履行义务的意思表示并且该意思表示已经到达对方当事人的，就应当适用本条规定，并不以当事人之间形成合意为适用要件。

债权人虽然没有在法律规定的申请执行期限内申请执行生效判决，债权本已成为自然债权，但乙公司通过庭审陈述意见的方式将其同意履行债务的意思表示传达给原告，依据上述法律规定，原告有权要求乙公司继续履行原债务，乙公司应当依照生效判决承担清偿债务的责任。一审法院依据《民事诉讼法》（1991年实施）第二百一十九条的规定认为因申请执行人未在法定期限内申请执行，判决书确认的债务已由法定之债沦为自然之债，依法不受法律强制力保护，与现行法律规定不符，应予以纠正。故广州市中级人民法院判决：一、撤销一审判决；二、何某昌、何某顺对（1997）黄法经字第138号民事判决书确认的债务200万元承担连带清偿责任。

专家点评

此案涉及民法典总则编第192条的规定，民法典总则编第192条延续了原《民法总则》第192条的规定，该条也延续了《最高人民法院关于审理民事案件适用诉讼时效制度若干问题的规定》第22条和《最高人民法院关于贯彻执行〈中华人民共和国民法通则〉若干问题的意见（试行）》第171条的规定。

本案中，乙公司的债务于1997年经法院判决确定，但当时的债权一直未向法院申请强制执行，该债权已经成为自然之债。之后原告经多次转让受让该债权，并提起本案诉讼，乙公司在答辩初期表示同意履行债务，但随后表示反悔。事实上，此案的关键点在于，乙公司对于已过执行期限的债务作出同意清偿的意思表示，能否认定为是义务人自愿履行超过了诉讼时效的自然之债。本案审理时，法院依据最高人民法院《关于审理民事案件适用诉讼时效制度若干问题的规定》第22条规定："诉讼时效期间届满，当事人一方向对方当事人作出同意履行义务的意思表示或者自愿履行义务后，又以诉讼时效期间届满为由进行抗辩的，人民法院不予支持"，认为诉讼时效期间届满，义务人负有的债务本应成为自然债务，不能得到法院的保护、不具有强制执行力，成为不完全债务，但如果义务人表示同意履行诉讼时效期间已过的债务，实质上是义务人放弃了诉讼时效抗辩权，对原债务进行了重新确认，使效力不完全的债务回复为效力完全的原债务。据此，兆恒公司在本案中确认本案债务并向融通公司作出同意履行义务的意思表示，应当认定为对原债务进行了重新确认，虽然在其后的诉讼过程中予以反悔，但依法不影响该意思表示的效力。

第一百九十三条　人民法院不得主动适用诉讼时效的规定。

【条文释义】

本条是对时效消灭抗辩权采当事人主义的规定。

因诉讼时效期间完成产生的抗辩权，是义务人的权利，实行当事人主义，而不是法官职权主义。对时效消灭抗辩权行使还是不行使，取决于义务人的态度，任何人都不能干预，法院也不能干预。

无论义务人是否主张行使该抗辩权，法院在诉讼的任何阶段，都不主动依据职权审查时效期间是否已经完成。只有在义务人提出了时效完成的抗辩后，法院才有义务审查诉讼时效期间的完成情况，如果诉讼时效期间确已完成，债务人行使时效消灭抗辩权，就有法律根据，应当支持其主张，驳回权利人即原告的诉讼请求。

【案例评注】

王某英诉周某祥等民间借贷纠纷案①

基本案情

1999年6月22日，被告周某祥向原告王某英借款6万元，约定按月利率7.2‰计付月息，并由杨某香提供担保。后王某英曾于2000年6月22日前要求周某祥归还借款，2000年6月22日周某祥通过杨某香向王某英归还了该日之前的借款利息，借款本金及此后利息仍未归还，王某英也未再次要求周某祥归还借款及利息。2008年9月18日，王某英向原审法院提起诉讼，要求周某祥归还借款6万元及利息，杨某香承担连带还款责任。

法院判决

一审法院审理认为：周某祥向王某英借款6万元、按月利率7.2‰计付月息并由杨某香提供担保事实，因未约定还款期限，诉讼时效依法从王某英主张权利之日起计算。电话录音中王某英称“催过一趟”“这么多年的事情了，去催一下都记得到何时的”等对话结合王某英自认2000年6月22日前要求周某祥归还借款利息的事实，且庭审中王某英自认此后未再次向周某祥要求归还借款，综上可知，本次王某英的主张已经超过了法定二年的诉讼时效期间（《民法总则》规定一般诉讼时效为3年）。王某英要求周某祥归还借款6万元及利息，于法无据，不予支持。因本案当事人未约定借款的保证方式、保证期间，保证人依法应按照连带责任保证方式，承担自债权人要求债务人履行义务的宽限期届满之日起6个月内的保证责任。王某英曾于2000年6月22日前要求周某祥归还借款，因此王某英要求周某祥归还借款之日即为履行义务的宽限期届满之日，现已经超过了6个月的保证期间，故王某英要求杨某香承担连带还款责任，于法无据，不予支持。原审法院于2009年1月22日作出判决：驳回王某英的诉讼请求。

上诉人王某英不服原审法院上述民事判决，提起上诉称：一审判决认定保证期间已过错误。根据《最高人民法院关于适用〈中华人民共和国担保法〉若干问题的解释》第三十三条规定：“主合同对主债务履行期限没有约定或者约定不明的，保证期间自债权人要求债务人履行义务的宽限期届满之日起计算。”本案主

---

① 审理法院：浙江省衢州市中级人民法院，案号：（2009）浙衢商终字第258号。

合同对主债务履行期限没有约定，认定保证期间的关键在于如何确定债权人要求债务人履行义务的宽限期届满之日。原审判决主动审查诉讼时效不符合法律规定。本案中周某祥未到庭应诉，放弃了自己诉讼权利，而杨某香也未提出诉讼时效异议，在主债务人和保证人均没有主张超过诉讼时效情况下，原审以超过诉讼时效为由判决驳回上诉人的诉讼请求是错误的。上诉人王某英请求二审法院撤销原审判决，依法改判支持其一审全部诉讼请求。

被上诉人杨某香答辩称：王某英夫妇住在镇政府宿舍，离该企业仅几里地，理应知晓，且周某祥自2000年6月22日后即停止支付利息，至起诉时已整整8年，王某英称其2008年1月才向周某祥和被上诉人主张权利是不符合事实的，也与其在起诉状中称“上述款项经原告多次催讨，被告均拒绝偿还”相矛盾。事实上在2000年至2001年间，被上诉人两次陪王某英到周某祥处要求其还款，至今已过去多年，显然保证期间已满，王某英未在保证期间内要求被上诉人承担保证责任，被上诉人不应再承担保证责任。

二审法院认为：《最高人民法院关于审理民事案件适用诉讼时效制度若干问题的规定》第三条规定：“当事人未提出诉讼时效抗辩，人民法院不应对诉讼时效问题进行释明及主动适用诉讼时效的规定进行裁判。”因诉讼时效是债务人免于被强制履行债务的法定阻却事由，属于债务人享有的诉讼权利，故对诉讼时效问题人民法院不应主动审查。本案中债务人周某祥经人民法院公告传唤开庭未到庭参加诉讼，也未提出诉讼时效抗辩主张。在此情况下，原审法院主动援引诉讼时效的规定，以超过诉讼时效为由驳回王某英要求周某祥偿还借款本息的诉讼请求，属于适用法律错误，法院应予纠正，周某祥应承担偿还王某英借款6万元及相应利息的民事责任。综上，依照相关规定，判决如下：一、撤销浙江省龙游县人民法院（2008）龙民二初字第990号民事判决；二、被上诉人周某祥于本判决送达之日起10日内归还上诉人王某英借款本金6万元并支付自2000年6月22日起至本判决确定的履行之日止的借款利息；三、驳回上诉人王某英的其他诉讼请求。

专家点评

此案涉及民法典总则编第193条的规定，民法典总则编第193条延续了《最高人民法院关于审理民事案件适用诉讼时效制度若干问题的规定》第三条的做法。本案中，一审法院主动援引诉讼时效的规定，以超过诉讼时效为由驳回王某英要求周某祥偿还借款本息的诉讼请求，这显然是法官职权主义的体现，属于适用法律错误。诉讼时效问题属于债务人享有的诉讼权利，对诉讼时效问题人民法院不应主动审查。因此，二审法院纠正了一审法院的错误，撤销了一审判决。

第一百九十四条 在诉讼时效期间的最后六个月内，因下列障碍，不能行使请求权的，诉讼时效中止：

（一）不可抗力；

（二）无民事行为能力人或者限制民事行为能力人没有法定代理人，或者法定代理人死亡、丧失民事行为能力、丧失代理权；

（三）继承开始后未确定继承人或者遗产管理人；

（四）权利人被义务人或者其他人控制；

（五）其他导致权利人不能行使请求权的障碍。

自中止时效的原因消除之日起满六个月，诉讼时效期间届满。

【条文释义】

本条是对诉讼时效期间中止及具体事由的规定。

时效制度意在敦促权利人及时行使权利，但其适用却以权利人可以行使权利而怠于行使为前提，如果出现客观障碍而使权利人无法行使权利，则继续计算时效未免有失公平，因此应暂停计算期间以保证权利人有行使权利的必要时间，从而保护其权益。

诉讼时效中止，是指在诉讼时效期间的最后 6 个月内，因法定障碍事由的存在，不能行使请求权的，诉讼时效停止进行，待法定障碍事由消除之日起满六个月，诉讼时效期间完成的诉讼时效制度。

引起诉讼时效中止的法定障碍事由是：1. 不可抗力：须符合民法典总则编第 180 条规定的“不能预见、不能避免且不能克服的客观情况”出现。2. 无民事行为能力人或者限制民事行为能力人没有法定代理人，或者法定代理人死亡、丧失代理权或者丧失民事行为能力：这会使正在进行的诉讼行为不能正常进行，继续进行会损害权利人的合法权益。3. 继承开始后未确定继承人或者遗产管理人：这是因为无法确定继承法律关系的主体，或者无法确定遗产管理人，无法进行正常的继承纠纷的诉讼活动。4. 权利人被义务人或者其他人控制：权利人被义务人或者其他人予以身体强制，对权利人的身体进行拘束，限制人身自由等，而使其无法主张权利或者对权利人进行精神强制，使其不敢或者不能主张权利。5. 其他导致权利人不能行使请求权的障碍：例如原告或者被告正在处于战争状态的武装部队服役。

诉讼时效中止须发生在时效期间的最后 6 个月内。只要在诉讼时效期间的最后 6 个月内出现中止时效的原因，就一律在中止时效的原因消除之日起，再加上 6 个月，诉讼时效期间才届满。

【案例评注】

张某某诉万某某机动车交通事故责任案[①]

基本案情

2014 年 2 月 13 日，万某某无证驾驶无号牌铃木牌二轮摩托车沿 009 县道（九蒋公路）由北向南行驶，18 时许行至湖北省天门市渔薪镇郑滩村八组地段时，将同向在道路右边行走的张某某撞倒致伤。2014 年 2 月 26 日，天门市公安局交通警察支队对该事故作出公交认字［2014］第 5013 号道路交通事故认定书，认定万某某负此事故的全部责任，张某某无责任。

法院判决

一审法院认为，本案系一起因机动车与行人之间发生交通事故致人损害而引起的损害赔偿责任纠纷。万某某无有效机动车驾驶证驾驶无号牌铃木牌二轮摩托车上道路行驶，没有在确保安全、畅通的原则下通行，对本案事故和损害后果的发生在主观上存在明显过错，应对张某某因此事故所致损失承担全部的民事赔偿责任。故对张某某要求万某某赔偿的诉讼请求，在合法范围内予以支持。张某某主张由万某某赔偿其误工费，因其自鉴定之日起仅年满 16 周岁，且其未能提供有效证据证明其确实存在误工损失，故对其该项诉讼请求不予支持；其主张营养费 750 元，无医疗机构或鉴定机构的意见佐证，亦不予支持。

万某某辩称的张某某起诉已超过诉讼时效的辩解主张，没有法律依据。《最高人民法院关于贯彻执行〈中华人民共和国民法通则〉若干问题的意见（试行）》第一百七十二条规定："在诉讼时效期间的最后六个月内，权利被侵害的无民事行为能力人、限制民事行为能力人没有法定代理人，或者法定代理人死亡、丧失代理权，或者法定代理人本人丧失行为能力的，可以认定为因其他障碍不能

---

① 审理法院：一审法院为湖北省天门市人民法院，案号：（2016）鄂 9006 民初 734 号；二审法院为湖北省汉江中级人民法院，案号：（2017）鄂 96 民终 4 号。

行使请求权，适用诉讼时效中止。”本案中，张某某的法定代理人死亡，在诉讼时效期间的最后6个月内诉讼时效中止，自其年满18周岁即2015年10月6日后继续计算诉讼时效期间，且其早在2015年3月曾向法院主张权利，依法可认定其诉讼时效中断，故对万某某的该项辩解主张不予采纳。

综上所述，判决：一、万某某于判决生效后10日内赔偿张某某医疗费等各项经济损失20932.11元；二、驳回张某某的其他诉讼请求。

万某某不服一审判决，上诉称：张某某提起诉讼，已超过法定诉讼时效期间，丧失了本案的胜诉权。一审判决认定本案存在诉讼时效中止和中断的情形，属认定事实和适用法律错误。

张某某辩称，张某某曾于2015年3月向一审法院提起过诉讼，因一审法院收到材料后要求其办理户口后再提起诉讼，因张某某户籍在河南省，父母双亡后回湖北省天门市随外祖父母一起居住。本案交通事故发生时，张某某系孤儿、限制民事行为能力人，一年后才在河南省办好了户籍，故于2016年5月及时提起了本案诉讼。一审判决认定存在诉讼时效中断和中止的情形正确。请求驳回上诉，维持原判。

二审法院认为，本案中，张某某于2014年2月13日被万某某驾驶无号牌铃木牌二轮摩托车撞伤时，被送入天门市第三人民医院住院治疗15天后于2014年2月28日出院。为确定其本人的伤害程度及损失总额，张某某于同年3月4日申请法医鉴定，天门维民司法鉴定所于当日作出［2014］临鉴字第127号法医鉴定意见，确定张某某的伤害程度为轻伤二级以及后期治疗费用等损失计算标准。故此，本案的诉讼时效期间的起算日为2014年3月5日，截止日为2015年3月4日。2015年3月2日，张某某向一审法院提起诉讼。因张某某当时年满16周岁，系限制民事行为能力人，且未办理户籍登记和居民身份证，故一审法院要求张某某办好户籍登记后再提起诉讼。此时本案诉讼时效因张某某主张权利而发生中断，中断后诉讼时效期间的重新计算日为2015年3月3日，截止日为2016年3月2日。此后，张某某从湖北省天门市回到户籍所在地河南省办理户籍登记和居民身份证，为再次提起诉讼准备相应材料。直至2015年9月2日，即在诉讼时效期间的最后6个月内，其户籍登记和居民身份证尚未办理完毕，依照上述法律规定，本案诉讼时效发生中止，直至2015年12月1日张某某的户籍登记和居民身份证办理完毕，诉讼时效中止的情形才消失，故此，本案的诉讼时效期间应从2015年12月2日开始继续计算6个月，即本案诉讼时效期间的截止日为2016年6月1日。张某某于2016年5月3日再次提起诉讼，未超过法定诉讼时效期间。

综上所述，万某某的上诉请求不能成立，应予驳回；一审判决认定本案诉讼时效先中止后中断，属适用法律错误，但一审判决认定本案未超过法定诉讼时效期间正确，应予维持。判决如下：驳回上诉，维持原判。

专家点评

此案涉及民法典总则编第 194 条的规定，民法典总则编第 194 条延续了原《民法总则》第 194 条和相关司法解释的做法。

本案中，诉讼时效期间的起算日为 2014 年 3 月 5 日，截止日为 2015 年 3 月 4 日。但由于张某某系未成年人，未办理户籍登记和居民身份证，故一审法院要求张某某办好户籍登记后再提起诉讼。此时诉讼时效发生中断，中断后诉讼时效期间的重新计算日为 2015 年 3 月 3 日，截止日为 2016 年 3 月 2 日。2015 年 9 月 2 日，即在诉讼时效期间的最后 6 个月内，其户籍登记和居民身份证尚未办理完毕，依照上述法律规定，本案诉讼时效发生中止，直至 2015 年 12 月 1 日张某某的户籍登记和居民身份证办理完毕，诉讼时效中止的情形才消失，故此，本案的诉讼时效期间应从 2015 年 12 月 2 日开始继续计算 6 个月。故张某某于 2016 年 5 月 3 日再次提起诉讼，未超过法定诉讼时效期间。

第一百九十五条　有下列情形之一的，诉讼时效中断，从中断、有关程序终结时起，诉讼时效期间重新计算：

（一）权利人向义务人提出履行请求；

（二）义务人同意履行义务；

（三）权利人提起诉讼或者申请仲裁；

（四）与提起诉讼或者申请仲裁具有同等效力的其他情形。

【条文释义】

本条是对诉讼时效期间中断及后果的规定。

诉讼时效期间中断，是指诉讼时效期间进行过程中，出现了权利人积极行使权利的法定事由，从而使已经经过的诉讼时效期间归于消灭，从时效期间中断、有关程序终结时起，重新开始计算的诉讼时效制度。

引起诉讼时效期间中断的法定事由是：1. 权利人向义务人提出履行请求：履行请求是指权利人对于因时效受利益的当事人，而于诉讼外行使其权利的意思表示。2. 义务人同意履行义务：义务人承认，是指义务人表示知道权利存在的行为，并通过一定方式（口头的或书面的）向权利人作出愿意履行义务的意思表示。3. 权利人提起诉讼或者申请仲裁：在诉讼时效期间内，当事人向法院提起诉讼，或者向仲裁机构提出申请时，已表明其已经开始行使自己的权利。4. 与提起诉讼或者申请仲裁具有同等效力的其他情形：具有同等效力的行为，例如申请支付令，申请破产、申报破产债权，为主张权利而申请宣告义务人失踪或死亡，申请诉前财产保全、诉前临时禁令等诉前措施，申请强制执行，申请追加当事人或者被通知参加诉讼，在诉讼中主张抵销。

诉讼时效期间中断，使以前经过的期间归于消灭，时效重新开始计算。重新计算时效期间起算点的方法是：1. 以起诉或提请仲裁、调解而中断的，自判决、裁定、调解协议生效之时起重新计算。2. 以其他方式主张权利而中断的，自中断原因发生时重新计算。3. 因债务人同意履行债务而中断的，自中断原因发生时重新计算。

【案例评注】

临海市公路管理局与柯某伦等违反安全保障义务责任纠纷案[①]

基本案情

2014 年 9 月 1 日，被告吉某未取得机动车驾驶证驾驶无号牌普通二轮摩托车从临海市杜桥镇驶往临海市区方向，14 时 30 分许，途经 327 省道临海市杜桥镇马宅村村口，因未察明路外情况，驶入右侧阶梯便道，导致车辆侧翻，造成吉某及乘坐在该摩托车后座的柯某某（系柯某伦之子）受伤，柯某某经医院抢救无效于 2014 年 9 月 4 日死亡的非道路交通事故。2016 年 2 月 25 日，该院作出（2015）台临刑初字第 390 号刑事判决书，吉某犯交通肇事罪，判处有期徒刑一年，缓刑一年。在刑事诉讼过程中，三原告与吉某已达成赔偿协议，由吉某赔偿给三原告 80000 元。

法院判决

一审法院审理认为，吉某未取得机动车驾驶证驾驶无号牌普通二轮摩托车，在未察明路外情况，驶入东侧阶梯便道，导致车辆侧翻，致车上人员柯某某死

① 审理法院：一审法院为浙江省临海市人民法院，案号：（2016）浙 1082 民初 6619 号；二审法院为浙江省台州市中级人民法院，案号：（2016）浙 10 民终 2299 号。

亡，其作为驾驶员有明显过错，应负主要民事赔偿责任。被告临海市公路管理局对与公路相依附和直接相连接的、路况比较特殊的特殊道路即阶梯便道，未予以设立必要车辆禁行标志和拦栅、标明该道路的性质等，未尽到安全防护的管理维护义务，有一定的过错，应负次要民事赔偿责任。受害人柯某某乘坐摩托车未戴安全头盔，对其损害有一定的过错，应负次要民事责任。被告临海市公路管理局不属于道路管理者，不承担民事赔偿责任。故判决：一、被告临海市公路管理局于本判决发生法律效力之日起10日内赔偿原告柯某伦、邓某甲、邓某乙经济损失138873.50元；二、驳回原告柯某伦、邓某甲、邓某乙的其他诉讼请求。

宣判后，临海市公路管理局不服，提起上诉称：三被上诉人起诉已经超过诉讼时效。事故发生于2014年9月1日，受害人于2014年9月4日死亡，事故责任认定书作出的时间为2015年3月10日。原审原告2016年6月23日起诉，已超过人身损害诉讼时效一年的期限，期间原审原告也未向上诉人主张过权利。本案的案由为公共道路妨碍通行损害责任纠纷，而“案外人”吉某的交通肇事刑事判决与本案民事赔偿主体、案由以及请求事项没有法律上的关联性。原审法院以刑事判决后5个月内提起民事诉讼为由认定本案未丧失诉讼时效，显属错误。

柯某伦、邓某甲、邓某乙共同答辩称：本案没有超过诉讼时效。案涉交通事故的刑事诉讼程序一直到2016年5月才结束。

临海市公路管理局答辩称：本案民事诉讼已经超过法律规定的诉讼时效。根据《民法通则》第一百三十六条之规定，身体受到伤害要求赔偿的诉讼时效期间为一年。本案关联的交通事故发生时间为2014年9月1日，受害人柯某某死亡时间为2014年9月4日。与本案关联的吉某交通肇事罪一案的法院判决仅仅认定本交通事故为道路交通事故而不是“非道路交通事故”，并没有对事故的认定和损害赔偿构成实质性的影响，因此，本案事故受害人方提出的民事赔偿诉讼的时效起算时间应该是2014年9月4日，而本案的起诉时间是2016年6月23日，显然已经超过法律规定的诉讼时效。

二审法院认为，关于本案所争议的诉讼时效问题，由于案涉交通事故发生后，柯某某经医院抢救无效死亡，因可能涉及刑事犯罪，公安机关随即立案进行刑事侦查，直至2016年2月，该案的刑事诉讼程序结束。在受害人柯某某死亡、公权力机关主动对案涉的刑事犯罪行为进行制裁的情况下，作为受害人的近亲属，三被上诉人请求保护民事权利的诉讼时效中断，自刑事诉讼程序结束之时重新起算。故原审对上诉人的时效抗辩主张未予采纳，亦属妥适。综上，上诉人上诉理由不能成立，法院不予支持。原审判决得当，应予维持。依照《民事诉讼法》第一百七十条第一款第（一）项之规定，判决如下：驳回上诉，维持原判。

专家点评

此案涉及民法典总则编第 195 条的规定，民法典总则编第 195 条延续了原《民法总则》第 195 条和相关司法解释的规定。

本案中，对损害赔偿问题没有争议，争议的是诉讼时效的问题。本案交通事故发生时间为 2014 年 9 月 1 日，受害人柯某某死亡时间为 2014 年 9 月 4 日。由于吉某可能涉及刑事犯罪，公安机关随即立案并进行刑事侦查，直至 2016 年 2 月，该案的刑事诉讼程序才结束。在此期间，受害人的近亲属对被告的诉讼时效应当认定为中断，而当刑事诉讼程序结束之时重新起算。故本案原告 2016 年 6 月 23 日起诉时，并没有超过人身损害诉讼时效一年的期限。

第一百九十六条 下列请求权不适用诉讼时效的规定：

（一）请求停止侵害、排除妨碍、消除危险；

（二）不动产物权和登记的动产物权的权利人请求返还财产；

（三）请求支付抚养费、赡养费或者扶养费；

（四）依法不适用诉讼时效的其他请求权。

【条文释义】

本条是对不适用诉讼时效期间的请求权的规定。

诉讼时效的适用范围也称诉讼时效的客体，是指哪些权利适用诉讼时效制度。本条对此未作明确规定，只是规定了不适用诉讼时效的部分请求权。这意味着，诉讼时效制度的适用范围其实就是请求权，是采用排除法来规定诉讼时效的适用范围。

不适用诉讼时效事由的具体情形是：1. 请求停止侵害、排除妨碍、消除危险：尽管都是保护权利的请求权，但是性质有所区别，无论经过多长时间，法律不可能任由侵害物权的行为取得合法性。2. 不动产物权和登记的动产物权的权利人请求返还财产：不动产和登记的动产物权价值较大事关国计民生和社会稳定，并且具有公示性，不能因时效期间的完成而使侵害行为合法化。3. 请求支付抚养费、赡养费或者扶养费：目的是保护近亲属之间不能依靠自己的劳动收入而维持生活的人，使其具有请求与其有亲属关系的依照法律规定负有赡养、扶养或者抚养义务的人给付费用的请求权，以使自己能够正常生活。4. 依法不适用诉讼时效的其他请求权：例如民法典人格权编第995条规定的停止侵害、排除妨碍、消除危险、消除影响、恢复名誉请求权，都是人格权请求权，不适用诉讼时效的规定。

【案例评注】

甲公司诉乙公司返还原物纠纷案[①]

基本案情

原告甲公司诉称：原、被告于2010年5月15日签订“设备购销合同”，双方约定由被告向原告购买软胶囊机成套设备，其中含主机一台，型号为RGY10－15II，该设备经被告验收合格。后被告提出在原告处购买的该台设备存在质量问题，原告于2012年3月26日另行向被告提供了一台软胶囊机主机，供其临时使用。后原告多次要求被告返还软胶囊机主机，但被告至今拒不返还。故原告提起诉讼，请求人民法院判令：1. 被告返还原告软胶囊机主机；2. 被告赔偿原告因不返还原告软胶囊机主机造成的经济损失79460元；3. 本案的诉讼费由被告承担。

被告乙公司辩称：1. 原告的诉讼已经超过法律规定的诉讼时效，目前原告先后供应给被告的两台主机均存在质量问题，一直闲置；2. 不存在被告无权占有原告两台主机的行为，也不存在给原告造成损失的行为；3. 原告出卖的主机存在严重的质量问题，软胶囊机主机属于调换。

法院判决

法院经审理认为：1. 本案系原告甲公司基于物权而提起的物权保护之诉，根据《物权法》的规定，物权保护的方法有返还原物、排除妨害、赔偿损失等，且被告占有主机一直持续至今，原告提起诉讼，未超过诉讼时效。2. 所有权人对自己的不动产或动产，依法享有占有、使用、收益和处分的权利。本案中，被告乙公司辩解，原告给其使用的第二台主机是对第一台主机的更换，没有事实与法律依据，原告亦不予认可，法院不予支持，故原告将第二台主机交由被告使用的行为，应属于借用。原告甲公司是第二台主机的所有权人，要求被告返还现由被告占有的第二台主机有事实和法律依据，法院予以支持。3. 原告主张要求被告赔偿

① 审理法院：北京市海淀区人民法院，案号：（2003）海民初字第1064号。

损失的诉讼请求，法院认为，原告陈述为维护双方合作关系而将第二台主机交由被告使用，可以认定原告自愿将第二台主机无偿借与被告使用，现原告以部分零件被使用过既有划痕、磨损影响二次销售为由要求被告赔偿损失，没有事实和法律依据，法院不予支持。4. 被告提出在原告处购买的设备存在质量缺陷而给被告造成损失，在本案中未提起反诉，法院不予处理。综上，依据《物权法》第三十二条、第三十四条之规定，判决被告乙公司于本判决生效后 15 日内，将原告于 2012 年 3 月 26 日向被告交付的软胶囊机主机一台（型号：RGY10－15II）返还原告甲公司；驳回原告甲公司的其他诉讼请求。

判决作出后，乙公司不服，向江苏省盐城市中级人民法院提起上诉称：1. 本案已超过诉讼时效；2. 一审认定事实错误，被上诉人提供第二台主机并非是借用给上诉人，而是为上诉人更换的主机，并且第二台主机是被上诉人运送并安装；3. 一审适用法律错误，本案应当是因产品质量引起的更换，不存在返还原物的情形。请求二审法院驳回被上诉人的诉讼请求，或者改判返还第一台主机。

二审法院认为，甲公司在本案中的诉讼请求系返还原物，请求权依据为物权请求权，并不适用诉讼时效的相关规定。故依此判决：驳回上诉，维持原判。

专家点评

此案涉及民法典总则编第 196 条的规定，民法典总则编第 196 条系在《最高人民法院关于审理民事案件适用诉讼时效制度若干问题的规定》第一条的基础上进行了修改。本案中，原告甲公司的诉讼请求系返还原物，其请求权依据为物权请求权，根据《民法总则》第 196 条第（二）项的规定，不动产物权和登记的动产物权的权利人请求返还财产的，不适用诉讼时效的相关规定。因此上诉人认为本案已超过诉讼时效的上诉意见并不正确。

第一百九十七条 诉讼时效的期间、计算方法以及中止、中断的事由由法律规定，当事人约定无效。

当事人对诉讼时效利益的预先放弃无效。

【条文释义】

本条是对诉讼时效强制性与时效利益抛弃无效的规定。

民法典规定的诉讼时效制度属于强制性法律规范，对任何人都具有强制的拘束力，不得违反诉讼时效制度的规定。故有关诉讼时效的期间、计算方法以及中止、中断的事由等须由法律规定，当事人对此作出不同于民法典规定的有关诉讼时效的约定，一律无效。

时效利益抛弃，是指义务人在诉讼时效期间完成之前，以明示或者默示的方法放弃其时效利益的行为。正是由于诉讼时效制度的强制性，决定了当事人对时效利益不得抛弃。当事人违反法律规定，约定延长或者缩短诉讼时效期间，预先放弃时效利益的，人民法院都不予认可。故诉讼时效完成之前，当事人不得事先抛弃时效利益。抛弃时效利益的行为属于无效的行为，对双方当事人都不具有拘束力。

诉讼时效利益放弃如果发生在诉讼时效期间届满之后，则为义务人放弃时效完成的抗辩权，则在民法典总则编第 192 条已经规定，是可以的。

【案例评注】

新华服务所诉某公司代理合同纠纷案①

基本案情

2002 年 12 月 25 日，原告新华服务所与被告某公司签订《委托代理合同》，合同约定：应某公司委托，新华服务所指派法律工作者罗某、毛某等两人为某公司的代理人；某公司委托代理的事项是“某资产管理公司诉某站执行纠纷一案”。

法院查明，2003 年 6 月 5 日，某公司向新华服务所支付代理费 100000 元；2003 年 6 月 9 日，某公司向新华服务所支付代理费 50000 元；2005 年 1 月 11 日，某公司向新华服务所支付代理费 200000 元；2013 年 1 月 28 日，某公司向新华服务所支付“法律咨询费”50000 元。

一审中，新华服务所另提交新华服务所与某公司于 2002 年 12 月 25 日签订的《委托代理合同》文本一份，其第 6 条第 2 款载明“本代理合同约定的代理费总额为 1300000 元，扣除已付的 200000 元代理费，某公司应在收到生效文书三日内，一次性支付剩余代理费 1100000 元”。某公司对该份合同不予认可。某公司另提交收据一份，载明新华服务所于 2007 年 7 月 20 日收到某公司支付的执行代理费 130000 元。新华服务所对该份收据不予认可，表示其未收到过某公司支付的 130000 元。

---

① 审理法院：四川省成都市中级人民法院，案号：(2014) 成民终字第 3527 号。

法院判决

一审法院认为，新华服务所与某公司一致陈述，自新华服务所代理某公司涉案执行案件结案后，某公司即应向新华服务所支付全部代理费，成都市中级人民法院于2004年12月1日作出民事裁定书，认定涉案《执行和解协议》已经履行完毕，裁定（2001）成经初字第542号、（2002）成经初字第496号民事判决书终结执行，则某公司应于2004年12月2日向新华服务所支付全部剩余代理费。依照《民法通则》之规定，新华服务所诉请要求某公司支付代理费的诉讼时效期间自2004年12月2日起至2006年12月1日止。对新华服务所关于某公司于2013年1月28日向其支付“法律咨询费”50000元构成诉讼时效中断的主张，一审法院认为，新华服务所未提交证据证明银行回单中载明的“法律咨询费”系本案执行代理费，且即使五金公司于2013年1月28日向新华服务所支付了50000元代理费，也是在不知晓诉讼时效已届满的情况下支付的，某公司并未确认债务金额及承诺付款，亦无放弃诉讼时效抗辩权的意思表示，因此，不能认定某公司当日付款的行为系放弃部分或全部债务的诉讼时效抗辩权，故新华服务所的该项主张缺乏事实和法律依据，一审法院不予支持。综上所述，新华服务所关于某公司向其支付代理费余款的主张因超过诉讼时效，一审法院不予支持。

综上，一审法院判决：驳回新华服务所的全部诉讼请求。

宣判后，一审原告新华服务所不服原审法院作出的上述民事判决，提起上诉，主要理由为：1. 上诉人依约完成了委托代理合同约定的所有内容和事项，已全部履行了委托合同约定的所有义务，被上诉人应当按照委托代理合同的约定共支付上诉人1300000元代理费，现已支付400000元，还拖欠上诉人900000元代理费；2. 上诉人的诉讼请求没有超过诉讼时效，一审法院适用法律错误。

二审法院认为，双方当事人向法庭提交的《委托代理合同》虽然在付款方式中对最后“一次性付清所有余额”的约定不一致，但对其他条款双方均无异议，且某公司提交的那份合同中对余额的数字没有约定，明显有不符合逻辑的遗漏，结合新华服务所在一审中提交的另一份在2002年12月5日形成的委托代理合同，虽然该合同某公司不予认可，但合同上有双方签字盖章，可以印证当时双方当事人对代理费用为1300000元是有意思表示的，故法院认为新华服务所提交的委托合同是双方真实意思表示，法院予以确认。

合同中关于“代理费支付不受诉讼时效限制”的约定，根据《最高人民法院关于审理民事案件适用诉讼时效制度若干问题的规定》第二条“当事人违反法律规定，约定延长或者缩短诉讼时效期间、预先放弃诉讼时效利益的，人民法院不予认可”的规定，系无效约定。本案中，某公司在2013年1月28日向新华服务所支付“法律咨询费”50000元的行为，因某公司并无证据证明系该委托合同之外的其他法律咨询费，可以认定为系其自愿履行部分债务。但其行为不能认定为某公司对全部债务默示放弃诉讼时效抗辩权。故新华服务所的上诉理由不能成立，法院对其上诉请求依法不予支持。综上，原审审判程序合法，适用法律正确。据此，判决如下：驳回上诉，维持原判。本判决为终审判决。

专家点评

此案涉及民法典总则编第197条的规定，民法典总则编第197条系在《最高人民法院关于审理民事案件适用诉讼时效制度若干问题的规定》第2条基础上进行的修改。本案中，原、被告在合同中约定“代理费支付不受诉讼时效限制”，根据民法典总则编第197条的规定，诉讼时效的期间、计算方法以及中止、中断的事由由法律规定，当事人约定无效。因此原、被告双方的此条约定应当归属于无效。因此本案上诉人的诉讼请求已经超过诉讼时效，一审法院判决驳回新华服务所的全部诉讼请求。

第一百九十八条 法律对仲裁时效有规定的，依照其规定；没有规定的，适用诉讼时效的规定。

【条文释义】

本条是对仲裁时效准用诉讼时效规则的规定。

仲裁时效，是指权利人向仲裁机构请求保护其权利的法定期间，即债务人在法定的仲裁时效期间完成后，在对方当事人提请仲裁保护其权益的仲裁程序中，可以据此主张时效消灭抗辩权，以拒绝履行义务。《仲裁法》规定的仲裁时效制度，在仲裁程序中当然应当适用。《仲裁法》对仲裁时效的具体制度没有规定的，则应当适用民法典有关的诉讼时效规定。

民法典规定的除斥期间制度是否也应当在仲裁程序中予以适用，由于民法典本来就把除斥期间制度放在诉讼时效制度中规定，且除斥期间也是关于权利存续时间的规定，与诉讼时效的性质相同。既然本条规定法律对仲裁时效没有规定的，适用诉讼时效的规定，同样也应当适用民法典关于除斥期间的规定。

【案例评注】

“AKA”轮租金差额等争议案[①]

基本案情

“AKA”轮出租人甲公司与承租人乙公司于1994年9月26日签订定期租船合同，租期为3个月至5个月。该轮于1994年10月14日19：00时在中国青岛港交付承租人使用，1995年4月16日21：00时在新加坡还船。该轮在租期内共营运两个航次，第一航次的装港为中国新港，卸港为墨西哥港，第二航次的装港为墨西哥港，卸港为印度尼西亚港。出租人认为，承租人应向其支付租金差额等款项合计200002.63美元。

承租人提出，承租人于1994年9月26日从出租人租进“AKA”轮，租期为3个月至5个月。在履行租船合同期间，双方曾就承租人是否有权命令该轮开往美国港口进行装货作业问题，在伦敦进行过一次仲裁，仲裁结果是承租人胜诉。1995年10月17日，出租人以承租人扣减“AKA”轮租金为由，在巴拿马海事法院申请扣押承租人另一期租船“HUDSON BAY”轮船载燃油，承租人提供担保后，该轮于1995年10月20日获释。1996年8月19日，出租人请求巴拿马海事法院就双方当事人之间的争议进行审理，该海事法院于1996年10月30日裁定其对双方当事人的争议没有管辖权。出租人不服裁定，向巴拿马最高法院提起上诉，该法院于1999年5月3日作出裁定，维持巴拿马海事法院的裁定，承租人提供的担保金能否发还等待北京仲裁结果。承租人指出，本案定期租船合同第35条规定：“本租船合同产生的任何争议均应提交北京或伦敦仲裁，由被申请人选择，仲裁裁决是终局的，对双方当事人均有约束力。”1996年3月5日，出租人通知承租人开始仲裁，并要求由承租人选择仲裁地点，承租人立即复电表示选择北京为仲裁地点，但此后4年出租人一直没有音信，直至前不久，出租人才向仲裁委员会提出正式租金差额仲裁申请。

承租人认为，出租人的租金差额仲裁申请已经超过时效期间，《仲裁法》第七十四条规定：“法律对仲裁时效有规定的，适用该规定。法律对仲裁时效没有规定的，适用诉讼时效的规定。”《海商法》第二百五十九条规定：“有关船舶租用合同的请求权，时效期间为二年，自知道或者应当知道权利被侵害之日起计

---

① 审理仲裁机构：中国海事仲裁委员会，案号：未公开。

算。”本案为船舶租用合同争议，根据上述规定，时效期间应为2年，自出租人知道或者应当知道其权利被侵害之日起计算。本案还船时间为1995年4月16日，时效期间应从此时起算，而出租人迟至于2000年4月才提出仲裁申请，已经超过时效期间。

出租人认为，该轮于1995年4月16日21：00时还船，时效期间最早应从此日开始计算。根据英国《1980年时效法》规定的6年时效期间，出租人是在时效期间届满前提起仲裁，未超过时效期间。

法院判决

关于时效问题，仲裁庭注意到，被申请人主张，申请人提起仲裁请求已超过法定诉讼时效，依法应予驳回。申请人反驳称，诉讼时效中断的情形已出现，因此申请人提起本案仲裁并未超过诉讼时效。仲裁庭认为，诉讼时效是权利人行使请求权，获取保护其民事权利的法定时间界限。它包含两层意思，一是权利人在此时间内享有请求保护的权利；二是这一权利在此时间内连续不行使即归于消灭。因此，只有出现诉讼时效中断的情形才能使已经经过的时效期间丧失效力。

在本案中，对于申请人提起本案仲裁是否超过诉讼时效以及是否存在诉讼时效中断情形的认定，应从法律规定和本案事实两方面予以考虑。

《仲裁法》第七十四条规定：“法律对仲裁时效有规定的，适用该规定，法律对仲裁时效没有规定的，适用诉讼时效的规定。”根据法律，本案的诉讼时效应为2年（《民法总则》规定的一般诉讼时效为3年）。如当事人提起诉讼、当事人一方提出要求或者同意履行义务，诉讼时效发生中断。

在本案中，双方当事人约定的付款条件为“在提单日期后30天通过电汇付款”，由于本案合同属于国内贸易合同，双方之间并无提单，因此，此处的“提单”应理解为运输单据。申请人于2003年4月1日将本案项下最后一批货物发运给被申请人，因此，根据前述双方约定，被申请人应在2003年5月1日前支付本案项下货款，但被申请人并未支付，因此申请人向被申请人主张货款的法定诉讼时效期间应自2003年5月1日起算。其后，被申请人于2003年5月23日向申请人支付了本案项下部分货款141170美元，部分履行了付款义务，使诉讼时效发生中断，因此，本案申请人向被申请人主张货款的诉讼时效期间应自2003年5月24日起算至2005年5月24日止。但在此期间内，申请人并未向仲裁委员会提起仲裁请求被申请人支付货款。因此，应考虑在此期间内是否有诉讼时效中断的情形发生。本案中判断诉讼时效是否中断的依据为：申请人是否在法定诉讼时效期间内提起对被申请人的诉讼；申请人是否在法定诉讼时效期间内向被申请人提出过支付货款的要求或主张；被申请人是否在法定诉讼时效期间内向申请人表示同意履行支付货款的义务。

仲裁庭认为，根据申请人提交的证据也不能证明诉讼时效因此中断。因此，申请人在法定的期限内未能提起仲裁，请求被申请人支付货款且在该期限内亦无诉讼时效中断的情形出现，因此，申请人提起的本次仲裁已超过诉讼时效。申请人超过诉讼时效提起的要求被申请人支付货款及利息的请求已丧失胜诉权，仲裁庭无法支持。

专家点评

此案涉及民法典总则编第 198 条的规定，民法典总则编第 198 条的规定与《仲裁法》第 74 条保持了一致。

在本案中，申请人和被申请人均没有对仲裁时效进行约定，根据民法典总则编第 198 条的规定，法律对仲裁时效有规定的，依照其规定；没有规定的，适用诉讼时效的规定。同样的，如果当事人提起诉讼、当事人一方提出要求或者同意履行义务，仲裁时效发生中断。但是本案根据申请人提交的证据无法证明仲裁时效发生中断。因此，申请人提起的本次仲裁事实上已超过仲裁时效。故仲裁庭没有支持申请人的仲裁请求。

第一百九十九条 法律规定或者当事人约定的撤销权、解除权等权利的存续期间，除法律另有规定外，自权利人知道或者应当知道权利产生之日起计算，不适用有关诉讼时效中止、中断和延长的规定。存续期间届满，撤销权、解除权等权利消灭。

【条文释义】

本条是对除斥期间的规定。

除斥期间，也称不变期间，是指法律对某种权利规定的存续期间。其法律意义在于，督促权利人尽快行使权利，超过除斥期间怠于行使该权利的，则该权利消灭。学理上相认为，其法律特征是：1. 除斥期间是法定期间，不是当事人约定的期间，也不准许当事人约定，是强制性法律规范。2. 除斥期间是权利存续期间，是权利被排除、期限被截止的意思，除斥期间完成，后果是该权利消灭。3. 除斥期间的适用采法官职权主义，不必对方当事人主张，其期间利益不是当事人主动选择，只能被动承受，不能抛弃。

除斥期间的适用范围是形成权：1. 撤销权：是形成权，其权利的存续期间适用除斥期间。2. 解除权：即解除合同的权利，性质属于形成权，解除权人只要将解除合同的意思表示通知对方，即发生解除合同的效力。3. 某些特殊的民事权利：如民法典合同编第 692 条规定的保证期间也是除斥期间。

除斥期间与诉讼时效的区别是：1. 适用范围不同，除斥期间主要适用于形成权，诉讼时效只适用于债权请求权以及其他有关的请求权。2. 期间的计算方法不同，除斥期间的起算时间一般从权利成立之时计算，不适用中止、中断和延长的规定，诉讼时效期间的起算时间是从当事人知道或者应当知道权利被侵害及义务人时起算，适用中止、中断或者延长的规定。3. 法律效果不同，除斥期间完成的法律效果是直接消灭权利，诉讼时效期间完成的法律效果是义务人取得抗辩权，可以对抗请求权。4. 适用方法不同，除斥期间实行法官职权主义，而诉讼时效采用当事人主义。

除斥期间届满，撤销权、解除权等权利发生实体消灭的法律后果，使这些权利永远不复存在。

除斥期间是否可以约定，本条规定是可以的，但是学理认为除斥期间不能由当事人约定。

【案例评注】

甲公司与乙公司、王某锋财产权属纠纷案①

基本案情

乙公司申请再审称……（二）再审判决适用法律错误。1. 在甲公司没有违约而乙公司已逾期付款的情况下，甲公司确实享有解除权。但是，根据原《合同法》第 95 条的规定并参照《最高人民法院关于审理商品房买卖合同纠纷案件适用法律若干问题的解释》第 15 条第 2 款的规定，甲公司没有在乙公司催告后的合理期限（3 个月）内行使解除权，其解除权已在起诉前消灭。因此，再审判决认定甲公司有权解除合同，适用法律错误。2. 即使甲公司违约，本案也不应适用原《合同法》第 94 条第（4）项而应适用第（3）项的规定，甲公司无权不经催告而直接起诉解除合同。事实上，甲公司不仅没有催告过乙公司付清余款，而且

① 审理法院：最高人民法院，案号：（2012）民再申字第 310 号。

对乙公司与案涉房屋租户续签租约并继续经营长达半年之久也从未提出过任何异议。乙公司有充分理由相信甲公司愿意继续履行合同并愿意给予乙公司充分的时间筹集剩余房款。3. 再审判决适用原《合同法》第 167 条关于分期付款买卖合同的规定，适用法律错误。分期付款买卖合同是指当事人约定在标的物交付给买受人后，买受人将其应付的总价款在一定期限内分批向出卖人支付的特殊买卖合同。分期付款买卖合同的典型特征在于标的物交付之后价款分批支付。本案所涉房屋交付之前，首付款 3400 万元已经支付完毕，交付之后，购房余款 5100 万元应由乙公司通过银行贷款一次性付清，不存在分期支付的问题。因此，本案所涉合同并非分期付款买卖合同，不应适用原《合同法》第 167 条的规定。

2004 年 3 月 8 日，甲公司与乙公司签订《滨海商贸大世界 B 座商业楼转让协议》（以下简称《转让协议》），将案涉房屋转让给乙公司。2005 年 7 月 11 日，甲公司与乙公司及王某锋签订《补充协议》，三方约定改由以王某锋的名义办理购房、贷款及产权过户手续，乙公司、王某锋负责自行办理按揭贷款，并应当于协议签订之后 30 日内支付剩余房款 5100 万元，但乙公司、王某锋未能依约履行。2005 年 12 月 18 日，乙公司法定代表人王某向甲公司发出《通报函》，声明乙公司不同意将首付款 3400 万元转为王某锋个人的付款，亦不能在约定期限内办理贷款，并提议解除合同。2006 年 6 月 28 日，甲公司提起诉讼，请求解除《转让协议》及《补充协议》，一审、二审、再审判决均予以支持。乙公司申请再审称，参照《商品房买卖合同司法解释》第 15 条第二款的规定，甲公司未在乙公司《通报函》发出后 3 个月内行使解除权，其解除权已在起诉前消灭。

法院判决

法院认为，乙公司的该项申请再审理由不能成立：首先，《最高人民法院关于审理商品房买卖合同纠纷案件适用法律若干问题的解释》第一条明确规定："本解释所称的商品房买卖合同，是指房地产开发企业将尚未建成或者已竣工的房屋向社会销售并转移房屋所有权于买受人，买受人支付价款的合同。"甲公司并非房地产开发企业，其系向特定的对象乙公司及王某锋出售房屋，而非向社会销售，故案涉协议并非该司法解释所称的商品房买卖合同，本案不适用上述司法解释。解除权行使期限属于除斥期间，超过权利行使期限，解除权消灭，故该期限的确定对当事人的权利义务具有重大影响，在法无明文规定的情况下，乙公司请求参照适用上述司法解释就商品房买卖合同所规定的解除权行使期限，缺乏事实与法律依据。其次，根据《合同法》第九十五条第二款的规定，法律没有规定或者当事人没有约定解除权行使期限，经对方催告后在合理期限内不行使的，该权利消灭。对房屋买卖合同的解除权行使期限，法律没有规定，本案当事人在合同中亦未约定，何为“合理期限”，应当由人民法院结合具体案情予以认定。

本案中，《转让协议》签订后，甲公司已将案涉房屋交付给乙公司管理、经营，乙公司已支付了首付款3400万元，并自2004年5月17日起至2006年6月26日共计向案涉房屋内的租户收取租金18723264.69元及保证金145211元。一旦合同解除，不仅涉及甲公司、乙公司及王某锋之间的权利义务关系，还涉及资产及租户移交等诸多问题，且乙公司在2005年12月18日发出的《通报函》亦只是表明“拟与贵公司（甲公司）协商解除上述协议”，因此，甲公司需要充分时间对是否解除合同进行研究。最后，乙公司在发出《通报函》后至甲公司起诉前，既未履行《补充协议》项下的付款义务，亦未表达过继续履行合同的意愿，其违约行为始终处于延续状态。综合本案情况，甲公司收到《通报函》后，于2006年6月28日提起诉讼，并未超出合理期限。综上，裁定如下：驳回乙公司的再审申请。

专家点评

此案涉及民法典总则编第199条的规定，民法典总则编第199条延续了原《民法总则》第199条的规定。

在本案中，甲公司向特定的对象乙公司及王某锋出售房屋，而非向社会销售，因此本案不适用《最高人民法院关于审理商品房买卖合同纠纷案件适用法律若干问题的解释》。而本案解除权行使期限属于除斥期间，超过权利行使期限，解除权消灭，故该期限的确定对当事人的权利义务具有重大影响，在法无明文规定的情况下，乙公司请求参照适用《最高人民法院关于审理商品房买卖合同纠纷案件适用法律若干问题的解释》就商品房买卖合同所规定的解除权行使期限，缺乏事实与法律依据。这是因为一旦合同解除，不仅涉及甲公司、乙公司及王某锋之间的权利义务关系，还涉及资产及租户移交等诸多问题，因此，甲公司需要充分时间对是否解除合同进行研究。因此，甲公司的解除权并未消灭，其于2006年6月28日提起诉讼，并未超出合理期限。

第十章 期间计算

第二百条 民法所称的期间按照公历年、月、日、小时计算。

【条文释义】

本条是对期间计算标准的规定。

期间是民法上的特定概念，其上位概念是时间，与其并列的概念是期日。即时间包括期间和期日，民法典总则编只规定了期间的计算，没有规定期日。

时间是重要的法律事实，举凡人的出生、死亡、权利能力、行为能力、公法上或私法上的法律行为效力的发生与消灭，都与时间发生关系。时间的期日和期间可以独立发生作用，也可以与其他事实结合，以成立特殊法律事实的形式发挥作用。时间是一种法律事实，与人的意志无关，属于事件的范畴。民法的时间的重大意义是：1. 决定民事主体的民事权利能力与民事行为能力的起止。2. 是进行某些法律推定的依据。3. 决定权利行使和义务履行的时间限度。4. 是法律行为效力的起点或终点。5. 可以用来确定权利的取得、存续或丧失。

期间，是指从某一时间点到另一时间点所经过的时间。实际上，期间是期日与期日之间的间隔时间。期日表现的是时间点，期间表现的是时间段，即时段，是以一定时点为起点，以到达另一时点为终点，其间延续的时间长度。确定期间，须首先确定其起始时间和终止时间，即确定期日。期间的效果是：1. 在通常情况下，期间是指一段时间，有起始和终了的时间，即始期和终期，在始期和终期之间就是期间。2. 一定的时间经过，会产生一定的法律后果，因此，期间的经过也能成为民法上的法律事实，发生特定的法律后果。

期间在民法上的意义表现是：1. 对于主体资格的意义。例如期间对主体资格的存在产生相当的影响。2. 对于法律关系的意义，成为民法上的重要法律事实，可以引起民事法律关系的产生、变更和消灭。3. 对民事权利存续的意义，如解除权适用除斥期间的规定。4. 对于民事义务履行的意义，届时不履行义务构成违约责任。

期日，是指不可分或者视为不可分的一定时间，是时之静态，为时之点。期日常表现为某时、某日，该具体日期即为期日。期日分为：1. 独立的期日；2. 为计算期间的方便而作为期间的起点与终点的期日。

本条规定，民法关于时间的问题，按照公历的年、月、日、小时计算，而不能按照农历计算。在很多北方省份，自然人的出生时间在过去通常采用农历，对此应当进行换算，按照公历计算。

【案例评注】

平原县农村信用合作联社诉高某锁、张某某等借款合同纠纷案[①]

基本案情

原告平原县农村信用合作联社向一审法院起诉请求：请求法院依法判令被告高某锁偿还借款本金 88150 元，被告张某波、赵某河、张某华、张某民、张某、闫某安、张某某、张某一、高某军、张某平承担连带清偿责任。

一审法院认定事实：2008 年 8 月 25 日，原告与被告高某锁等 11 人签订大联保体贷款申请及联保协议、大联保体最高额联合保证借款合同，合同约定大联保体每一位成员自 2008 年 8 月 25 日至 2011 年 8 月 25 日期间向大联保的其他成员发放的贷款提供连带责任保证；2011 年 1 月 10 日被告高某锁在原告处借款 1 万元，借款期限至 2011 年 8 月 10 日，约定月息为 8. 76729‰，该款到期后被告高某锁累计偿还借款本金 6400 元，偿还利息 1350 元；2011 年 4 月 5 日被告高某锁又借款 9 万元，借款期限至 2011 年 8 月 10 日，约定利率为月息 8. 45040‰。该款到期后被告高某锁已偿还借款本金 5450 元，偿还利息 200 元。余款本金 88150 元及利息经原告多次催要，被告至今未能偿还，现原告向法院起诉，要求被告立即偿还借款 88150 元及利息。

法院判决

一审法院认为，原告与被告签订大联保体最高额联合保证借款合同，系有效合同。借款合同签订后原告向被告高某锁两次发放贷款共计 10 万元，该款到期后被告高某锁已偿还借款本金 11850 元及利息 1550 元，以上事实清楚，证据充分，原告要求被告偿还借款本息，符合法律规定，应予保护；关于借款利息，被告应

① 审理法院：山东省德州市中级人民法院，案号：(2016) 鲁 14 民终 1476 号。

自借款之日起至借款到期之日止按借款凭证上载明的利率支付利息，并按合同约定自借款逾期之日起至付清之日止在借款凭证载明利率基础上加收50%的逾期利息，该约定不超出法律规定，予以支持；被告张某波等自愿为该笔借款提供连带责任保证，并与原告签订了大联保体最高额联合保证担保借款合同，因此被告张某波等依法应对该笔借款承担连带清偿责任；据此，一审法院判决：一、被告高某锁于判决生效后三日内偿还原告平原县农村信用合作联社借款本金88150元及利息；二、被告张某波、张某平、张某某、张某一、张某民、张某、张某华对上述借款承担连带清偿责任。

张某某不服一审判决，提起上诉，请求：撤销平原县人民法院（2015）平商初字第513号民事判决，驳回被上诉人对上诉人的诉讼请求。事实和理由：一、本案上诉人的担保期间已经超过，上诉人的保证责任已经免除。本案主债务人高某锁债务履行届满日为2011年8月10日，按担保期间2年即730天计算，上诉人的担保期间最后日为2013年8月9日，并非2013年8月10日，被上诉人于2013年8月10日向上诉人主张权利已经超过保证期间，上诉人的保证责任已经免除，一审认定事实错误。

二审法院认为，根据上诉人的上诉理由及被上诉人的答辩理由，本案当事人争议的焦点问题是：上诉人张某某应否承担担保责任。在联保协议及大联保体最高额联合保证借款合同上均有赵某河的签名，上诉人张某某等相关人员也为赵某河的借款提供了担保，赵某河作为大联保体的成员事实清楚。上诉人张某某主张赵某河不是大联保体的成员证据不足。根据《民法通则》第一百五十四条第一款“民法所称的期间按照公历年、月、日、小时计算”及《最高人民法院关于贯彻执行〈中华人民共和国民法通则〉若干问题的意见（试行）》第一百九十八条“当事人约定的期间不是以月、年第一天起算的，一个月为三十日，一年为三百六十五日”的规定，以“年”定期间的，我国《民法通则》采用的是日历计算法，从每年的始日到最后1日为1年，如果不是从每年的始日开始，那么就应以期间的最后一年中与始日相当之日的前一天作为终止日。“年”是一个固定的期间，无论平年、闰年，都以365天计算。本案中，双方约定的保证期间为两年，按照上述计算方法，保证期间的终止日应为2013年8月10日。2013年8月10日被上诉人平原县农村信用合作联社向赵某河发出担保人履行责任通知书，对其他担保人产生效力，被上诉人的起诉没有超过诉讼时效。上诉人张某某的主张不能成立。综上所述，张某某的上诉理由不能成立，二审法院不予支持。原审判决认定事实清楚，证据充分，适用法律正确，应予维持。依照《民事诉讼法》第一百七十条第一款第（一）项规定，判决驳回上诉，维持原判。该判决为终审判决。

专家点评

此案涉及民法典总则编第 200 条的规定，民法典总则编第 200 条延续了原《民法通则》第 154 条和原《民法总则》第 200 条的规定。

我国民法典采用的是日历计算法，而“年”是一个固定的期间，无论平年、闰年，都以 365 天计算。本案中，双方约定的保证期间为两年，按照上述计算方法，本案主债务履行届满日为 2011 年 8 月 10 日，而按照两年的保证期间计算，期间的终止日应为 2013 年 8 月 10 日。2013 年 8 月 10 日被上诉人平原县农村信用合作联社向赵某河发出担保人履行责任通知书，对其他担保人产生效力，因此平原县农村信用合作联社的起诉没有超过诉讼时效。

第二百零一条 按照年、月、日计算期间的，开始的当日不计入，自下一日开始计算。

按照小时计算期间的，自法律规定或者当事人约定的时间开始计算。

【条文释义】

本条是对时间单位计算方法的规定。

对年、月、日的计算方法。期间是按照年、月、日计算期间的，无论是法定和约定，期间开始的当天都不计算在内，而是以下一日开始计算期间。计算撤销权的除斥期间，在知道或者应当知道的当天，不计算在期间之内，从下一日开始计算。例如，约定 2012 年 12 月 10 日计算期间的，应当从次日即 12 月 11 日开始计算。

对小时的计算方法。法律规定或者当事人约定的期间是以小时计算的，如果有当事人约定，按照约定的期限时间到终止时间计算；如果当事人没有约定，或者当事人约定不明确，或者是当事人约定适用法定的计算方法的，则应当依照法律规定的起始和终止的时间点计算。按照小时计算期间的，从规定的时点开始。例如从 10 点开始，两个小时就是到 12 点终止。

【案例评注】

应某某诉杨某、杨某权、杨某夏民间借贷纠纷案[①]

基本案情

2014年1月10日，被告杨某权、杨某夏向原告应某某出具借条，载明杨某权、杨某夏向应某某借款80万元，月息3.5%，借款期限自2014年1月10日至2015年1月9日。该借条上有被告杨某以连带保证人身份签字担保。杨某权在此借条下方注明："此借款80万元由两笔组成，第一笔30万元，是二〇一四年元月十日由农行卡转账。第二笔50万元，是二〇一三年八月三十日由应某某农行卡转账（至今未还而转入此借款）。"2013年8月30日，应某某向杨某权现金交付借款15000元、通过银行转账交付借款485000元。2014年1月10日，应某某委托其妻周某喜向杨某权转账支付借款30万元。

因杨某权、杨某夏不能按时偿还借款，应某某于2015年7月8日向一审法院起诉，请求依法判令：1. 杨某权、杨某夏立即共同偿还借款本金人民币80万元及利息（从2014年1月10日起按人民银行同期贷款利率的4倍计算至清偿完毕止）；2. 判令杨某承担连带清偿责任；3. 判令杨某权、杨某夏、杨某承担本案的全部诉讼费用。

法院判决

一审法院认为：杨某权、杨某夏向应某某借款80万元的事实清楚，证据确实。杨某权、杨某夏不按约定履行还款的义务，损害了应某某的合法权益，应依法承担民事责任。杨某权辩称已还借款30万元及利息，没有事实法律依据，不予支持。杨某辩称借款保证期限已过，而本案受理时间为2015年7月8日，该时间在保证期限内，故该抗辩意见不予采纳。因杨某是对2014年1月10日当日的借款承担担保责任，而当日借款本金实际为30万元，故杨某抗辩只对30万元借款承担保证责任予以支持。

一审判决：一、被告杨某权、杨某夏于本判决生效之日起30日内向原告应某某偿还借款800000元及利息；二、被告杨某对300000元借款负连带清偿责任。三、驳回原告应某某的其他诉讼请求。

---

① 审理法院：湖北省荆州市中级人民法院，案号：（2016）鄂10民终573号。

杨某不服一审判决，提起上诉称：本案上诉人的保证期限为 6 个月，至 2015 年 7 月 8 日届满。而本案的受理时间是 2015 年 7 月 13 日，被上诉人没有在保证期限内要求上诉人承担保证责任，因此上诉人的保证责任已免除。

应某某答辩称：借条上约定的还款日期为 2015 年 1 月 9 日，被上诉人向一审法院起诉时间为 2015 年 7 月 8 日，在《担保法》规定的担保期限内。上诉人主张一审法院 2015 年 7 月 13 日才受理，7 月 13 日是人民法院审查立案的时间，并非被上诉人的起诉时间。请求二审法院维持一审判决。

二审法院另查明：原审原告应某某向原审法院提交起诉状的落款日期为 2015 年 7 月 8 日，原审法院向原审原告应某某出具的"受理案件通知书"的落款日期为 2015 年 7 月 8 日。双方当事人争议焦点是：保证人杨某在本案中的保证责任是否免除。

《担保法》第二十六条规定："连带责任保证的保证人与债权人未约定保证期间的，债权人有权自主债务履行期届满之日起六个月内要求保证人承担保证责任。在合同约定的保证期间和前款规定的保证期间，债权人未要求保证人承担保证责任的，保证人免除保证责任。"本案已查明，杨某以连带责任保证人签名，与应某某未约定保证期间，故保证期间应为法定的六个月。《民法通则》第一百五十四条第二款规定："规定按照小时计算期间的，从规定时开始计算。规定按照日、月、年计算期间的，开始的当天不算入，从下一天开始计算。"《最高人民法院关于贯彻执行〈中华人民共和国民法通则〉若干问题的意见（试行）》第一百九十八条第一款规定："当事人约定的期间不是以月、年第一天起算的，一个月为三十日，一年为三百六十五日。"涉案借条约定的还款日为 2015 年 1 月 9 日，故本案保证期间应自 2015 年 1 月 10 日起计算至第 180 日，即 2015 年 7 月 8 日为保证期间的最后一日。原审原告应某某于 2015 年 7 月 8 日起诉，应属在法律规定的保证期间内要求保证人杨某承担保证责任，杨某的保证责任不能免除。

因此，上诉人杨某的上诉理由不能成立，其上诉请求法院不予支持。一审认定事实清楚，适用法律正确，应当予以维持。故判决驳回上诉，维持原判。本判决为终审判决。

专家点评

此案涉及民法典总则编第 201 条的规定，民法典总则编第 201 条延续了原《民法通则》第 154 条和《民法总则》第 201 条的规定。

本案中，涉案借条约定的还款日为 2015 年 1 月 9 日，按照《民法总则》第 201 条的规定，故本案保证期间应自第二天即 2015 年 1 月 10 日起计算，期间的第180日即2015年7月8日为保证期间的最后一日。因此原审原告应某某于2015年7月8日起诉，属于法律规定的保证期间内要求保证人杨某承担保证责任，杨某的保证责任并不能因此而免除。

第二百零二条 按照年、月计算期间的，到期月的对应日为期间的最后一日；没有对应日的，月末日为期间的最后一日。

【条文释义】

本条是对按照年、月期间计算方法的规定。

所谓到期月，是按照月或者年计算期间的那个月，按月计算的，是指下个月；按年计算的，是指下一年的该月。对应日，是按照月和年计算期间的下月和下年该月的当日。如果有对应日，至该日为终期；如果没有对应日，月末日为期间的最后一日，这是指每年的2月，如果始期的对应日为12月29日，而这一年的2月只有28日，就没有对应日，因此2月28日就是终期。

【案例评注】

甘某某诉黄某某民间借贷纠纷案①

基本案情

原告甘某某诉称：被告黄某某因资金周转需要于2014年5月29日向原告甘某某借款45000元，并承诺于2014年7月29日前还清，借款当日原告已将款项以现金和银行转账方式交付给被告，但被告却未按期还款，原告多次催收无果，为维护原告的利益，特向法院起诉，请求判令：1. 被告向原告返还借款45000元及逾期付款利息20430元（利息按中国人民银行同期同类贷款利息二倍计算，从2014年5月29日起暂计至2016年4月20日，其余利息另计至实际清偿之日止）；2. 被告承担本案的诉讼费。

被告黄某某没有提出答辩意见，亦没有提供任何证据及提出任何质证意见。

经审理查明：原告主张被告黄某某是原告朋友温某的老乡，被告黄某某原在

---

① 审理法院：广东省东莞市第二人民法院，案号：（2016）粤1972民初5766号。

东莞市厚街镇寮厦村做皮革生意，后因生意周转需要经温某介绍向原告借款45000元人民币。对此，原告甘某某提交了一份《借款合同》予以证明。《借款合同》的内容为：1. 黄某某因资金周转需向甘某某借款人民币45000元；2. 黄某某确认已收第一条所述全部款项；3. 借款期限为2个月，自黄某某收到甘某某借款当天开始计算。利率为中国人民银行的短期银行贷款利率的四倍；4. 借款期满，黄某某应当将本金随同所有利息一次性归还给甘某某，如黄某某逾期返还上述本息，则应当按照每日千分之三的比例向甘某某支付迟延返还滞纳金……7. 合同签订地点为东莞市厚街镇珊美村。《借款合同》下方有“甘某某”“黄某某”及“温某”字样签名，以及三方捺印，合同的落款时间为2014年5月29日，合同第七条存在签约地点的修改，原告主张该《借款合同》是在东莞市南城区的公司复印的，于当天签订时修改。关于该45000元的支付方式，原告主张因当时被告要求全部以现金方式支付，但原告只有10800元的现金，故该借款分两笔支付，其中一笔10500元是通过现金于原告在东莞市厚街镇珊美村的家中一楼的办公室支付的，现场有原告的妹夫童某、温某、黄某某及原告的父亲在场；另外的34500元通过转账支付，转账账户是原告甘某某的妹夫童某的账户，接收款项的账户是刘某的账户，原告主张经被告及温某确认刘某是被告的妻子。

法院判决

法院认为：被告黄某某经合法传唤，无正当理由拒不到庭参加诉讼，依法视为其放弃抗辩及质证的权利。本案属于民间借贷纠纷，双方均应按照《借款合同》的记载及相关法律法规享有相应的权利及承担相应的义务。甘某某提交的《借款合同》上有黄某某作为甲方签名，故甘某某与黄某某之间存在合法的借贷关系，归还借款是黄某某的法定义务，双方于《借款合同》中约定借款期限为2个月，现还款期限已至，黄某某没有提交证据证明其已归还借款，故现原告要求被告归还借款本金45000元人民币，于法有据，法院予以支持。

另关于原告主张的利息问题。原告主张从2014年5月29日开始计算利息至被告黄某某实际清偿完毕之日止，故该段利息应分为借款期限内利息与逾期还款利息。原、被告双方在2014年5月29日签订《借款合同》且于当天支付借款，原、被告双方于《借款合同》中约定：借款期限为2个月，自黄某某收到甘某某借款当天开始计算。故应从2014年5月29日计算借款期限内利息，计算期间为2个月。虽原告于庭审中主张借款时被告说明借款期限内利息的计算利率为2%，但原告并未提交证据证明，对此主张法院不予采纳。且双方于《借款合同》中约定借款期限内利息的计算利率为中国人民银行的短期银行贷款利率的四倍。经计算得双方于《借款合同》中约定的月利率为5.60%÷12×4=1.867%，根据《最高人民法院关于审理民间借贷案件适用法律若干问题的规定》第二十六条第一款的规定“借贷双方约定的利率未超过年利率24%，出借人请求借款人按照约定的利率支付利息的，人民法院应予支持”，但原告现主张以中国人民银行同期同类贷款利率的二倍计算借款期限内利息，经计算得出原告主张的月利率为5.6%÷12×2=0.933%，低于双方约定的月利率1.867%，属于原告对自身权利的自由处分，故法院依法认定借款期限内月利率为0.933%，借款期限内利息为45000×（5.60%÷12×2）×2=840元。

至于逾期付款利息，原、被告双方在《借款合同》中约定：如黄某某逾期返还上述本息，则应当按照每日千分之三的比例向甘某某支付迟延返还滞纳金，但根据《最高人民法院关于审理民间借贷案件适用法律若干问题的规定》第二十九条第一款的规定“借贷双方对逾期利率有约定的，从其约定，但以不超过年利率24%为限”，双方的约定明显高于年利率24%，故应以24%为限，原告现主张以中国人民银行同期同类贷款利率的二倍计算逾期付款利息，经计算年利率为5.6%×2=11.2%，低于年利率24%，属于原告对自身权利的自由处分，法院依法认定逾期付款利息应按年利率11.2%计算。

综上所述，判决如下：一、限被告黄某某于本判决发生法律效力之日起三日内归还原告甘某某借款45000元人民币；二、限被告黄某某于本判决发生法律效力之日起三日内支付原告甘某某2014年5月29日至7月28日借款利息840元人民币；三、限被告黄某某于本判决发生法律效力之日起三日内支付原告甘某某逾期还款利息，以45000元人民币为本金，从2014年7月29日开始，按照年利率11.2%计算至被告黄某某付清所拖欠款项之日止。

专家点评

此案涉及民法典总则编第202条的规定，民法典总则编第202条延续了原《民法通则》第154条和原《民法总则》第202条的规定。

本案中，《借款合同》约定的借款期限为2个月，自黄某某收到甘某某借款当天开始计算。原、被告双方在2014年5月29日签订《借款合同》且于当天支付借款，原、被告双方于《借款合同》中约定：借款期限为2个月，自黄某某收到甘某某借款当天开始计算。按照原《民法总则》第202条的规定，到期日最后一日应为2014年7月29日，但由于当事人双方约定期间自黄某某收到甘某某借款当天开始计算，故借款到期日为2014年7月28日，在这一期间应计算的是利息，从7月29日开始就应当计算滞纳金。

第二百零三条　期间的最后一日是法定休假日的，以法定休假日结束的次日为期间的最后一日。

期间的最后一日的截止时间为二十四时；有业务时间的，停止业务活动的时间为截止时间。

【条文释义】

本条是对期间最后一日特殊计算的规定。

期间的最后一日具有特殊的意义，即最后一日期间完成的时间，其法律后果都将出现，因此对当事人意义重大。期间的最后一日的特殊计算方法，其宗旨是更好地保护当事人的权利，不至于因特殊问题而使当事人的权益受到损害。

如果期间的最后一日是法定休假日，最后一日当事人将无法行使权利，故将法定期间的最后一日延长，即法定休假日结束的次日为期间的最后一日，给当事人留出一天的时间可以行使权利。如《消费者权益保护法》第 24 条规定远程交易的消费者享有 7 天的无理由退货的权利，如果是在春节前一天购物，春节休息 7 天，就无法行使这一权利，故延长到春节假期后的第二天，给消费者留出一天可以行使权利。

期间的最后一日最终截止的时间是 24 时，这是一般的计算方法。如果特定的法律关系涉及的是业务活动，而该业务活动有时有业务时间的，那么到停止业务活动的时间，就是最后一日的截止时间。

【案例评注】

王某夫诉甲公司等借款保证合同纠纷案[①]

基本案情

2010 年 2 月 8 日，被告甲公司、某厂向原告王某夫借款 200 万元，定于 2010 年 4 月 7 日前归还，由孙某孟、乙公司和案外人何某敏、孙某孟开办的某车料厂担保。借款期限届满后，甲公司、某厂爽约，孙某孟、乙公司等也未尽担保责

① 审理法院：浙江省宁波市中级人民法院，案号：（2012）浙甬商终字第 978 号。

任。2010年10月8日、2011年12月19日，王某夫委托律师向孙某孟、乙公司分两次邮寄了律师公函，要求承担担保责任，邮件跟踪查询单显示：孙某孟、乙公司分别于2010年10月9日、2011年12月20日收到了上述邮件。

法院判决

一审法院经审理认为，王某夫与甲公司、某厂的民间借贷合法有效。甲公司、某厂应依约履行还款责任。保证人对承担保证责任没有约定，应承担连带责任，连带责任保证的保证人与债权人未约定保证期间的，债权人有权自主债务履行期届满之日起6个月内要求保证人承担保证责任。本案保证期间为约定还款日2010年4月7日的次日起6个月内，即2010年4月8日至10月7日，因2010年10月1日至7日为法定休假日，根据《民法通则》的规定，期间的最后一天是星期日或者其他法定休假日的，以休假日的次日为期间的最后一天，本案的保证期间最后一天为2010年10月8日。由于保证合同是单务无偿合同，因此债权人以发送邮件方式要求保证人承担保证责任的，应当认定债权人是在邮件到达或者应当到达保证人之日才向保证人主张了自己的权利。王某夫虽然于2010年10月8日委托律师向乙公司、孙某孟邮寄律师公函要求承担保证责任，但乙公司、孙某孟收到邮件日期均为2010年10月9日，已过保证期间。据此，王某夫并未在保证期间内要求乙公司、孙某孟承担保证责任，乙公司、孙某孟免除保证责任。法院判决：甲公司、某厂返还王某夫借款200万元；驳回王某夫对保证人的诉讼请求。

一审判决后，王某夫不服该判决，提起上诉。二审法院经审理认为，本案的争议焦点为出借人王某夫是否在保证期间内向保证人孙某孟、乙公司主张权利。因王某夫与孙某孟、乙公司未约定保证期间，按照担保法的相关规定，债权人有权自主债务履行期届满之日起六个月内要求保证人承担保证责任，本案所涉借款的保证期间应为2010年4月8日至10月7日。王某夫于2010年10月8日委托律师向孙某孟、乙公司邮寄公函要求其承担保证责任，已过保证期间，孙某孟、乙公司可据此主张免除承担担保责任。保证期间是除斥期间，不因任何事由发生中断、中止、延长的法律后果。原审法院以2010年10月1日至7日为法定休假日为由，认定本案的保证期间最后一天为2010年10月8日有误，但对本案的实体处理并无不当。据此二审判决：驳回上诉，维持原判。

专家点评

此案涉及民法典总则编第203条的规定，民法典总则编第203条延续了原

《民法通则》第154条和原《民法总则》第203条的规定。

本案所涉借款的保证期间应为2010年4月8日至10月7日。如出借人在该期间内向担保人主张权利，则保证期间终止，诉讼时效开始起算。王某夫于2010年10月8日委托律师向孙某孟、乙公司邮寄公函要求其承担保证责任，已过保证期间。保证期间是除斥期间，不因任何事由发生中断、中止、延长的法律后果。故以2010年10月1日至7日为法定休假日为由，认定本案的保证期间最后一天为2010年10月8日，混淆了保证期间与诉讼时效的质的区别，二审法院依法予以纠正。另外需要注意的是，一审法院对保证期间内主张权利采用到达主义，也不妥当。

第二百零四条　期间的计算方法依照本法的规定，但是法律另有规定或者当事人另有约定的除外。

【条文释义】

本条是对期间计算方法的除外规定。

期间的计算对当事人的利益关系重大，除了民法典规定的计算方法之外，如果法律另有规定，例如单行法对期间的计算方法有规定的，依照其规定。同时，允许当事人依据意思自治原则确定计算方法，例如当事人可以选择特定的交易习惯计算期限，或者采用周、半月等作为计算单位等，都依照当事人的约定确定计算方法。

【案例评注】

某公司、孙某劳动争议纠纷案[①]

基本案情

某公司与孙某劳动争议纠纷一案，合肥市瑶海区劳动争议仲裁委员会于2018年5月25日作出（2018）合瑶劳仲裁字第236号仲裁裁决：一、被申请人某公司于本裁决书生效之日起10日内支付申请人孙某工资报酬42200元；二、被申请人

① 审理法院：安徽省合肥市中级人民法院，案号：（2019）皖01执复9号。

某公司于本判决生效之日起10日内支付申请人孙某2017年6月至2018年2月的生活费7200元；三、被申请人某公司于本裁决书生效之日起10日内支付申请人孙某解除劳动关系经济补偿金10700元；四、驳回申请人的其他仲裁请求；五、驳回被申请人的反诉仲裁请求。

某公司不服，遂提起诉讼。2018年9月14日，该院作出（2018）皖0102民初7083号民事调解书：一、原告某公司一次性支付被告孙某各项补偿共计53000元，该款于2018年10月1日前支付。二、如原告按上述规定全额支付赔偿款后，被告自愿放弃其他权利的主张并以此了结双方因劳动关系而产生的权利义务关系，如原告未按上述规定支付，则被告有权随时要求原告按原仲裁裁决书的各项裁决事项予以支付赔偿款。三、诉讼费用免于收取。

调解书生效后，因被执行人某公司未按时履行生效调解书确定的义务，孙某向法院申请强制执行。在执行过程中，该院向被执行人送达了执行通知书、报告财产令、当事人缴款通知书等法律文书，以（2018）皖0102执4474号执行裁定书冻结被执行人某公司工商银行合肥马鞍山南路支行账号内存款7150元（7100元为执行案款，50元为执行费），并予以划扣。后被执行人某公司提出执行异议申请。

另查明：某公司于2018年10月8日向孙某付款53000元（系某公司法定代表人罗某华通过个人银行账户网银支付）。

法院判决

一审人民法院认为：《民法总则》第二百零三条虽然规定，期间的最后一日为法定休假日的，以法定休假日结束的次日为期间的最后一日；但《民法总则》第二百零四条同时规定，期间的计算方法依照本法的规定，但是法律另有规定或者当事人另有约定的除外。可见，在仅涉及当事人双方权利义务关系的期间计算，如不违背法律的强制性、禁止性规定，法律充分尊重当事人的意思自治；换言之，如果当事人约定在法定休假日履行法律义务且不违反法律的强制性、禁止性规定，应从其约定，法定休假日期间不应予以扣除。被执行人某公司未全面履行生效调解书确定的还款义务，人民法院依法冻结（扣划）被执行人某公司名下银行存款7150元，符合法律规定。该院遂作出（2018）皖0102执异54号执行裁定，驳回某公司的异议请求。某公司不服，向二审法院提出复议申请。

二审法院认为：本案争议焦点为某公司于2018年10月8日支付款项53000元，是否违反民事调解书约定的履行期限。本案执行依据合肥市瑶海区人民法院（2018）皖0102民初7083号民事调解书约定，某公司于2018年10月1日前支付孙某各项补偿 53000 元，如未按上述规定支付，孙某有权要求某公司按原仲裁裁决书的各项裁决事项予以支付赔偿款。民事活动的期间计算方法，《民法总则》规定了一般性的计算方法以及除外规则。当事人另有约定的属于期间除外规则，当事人完全可以自行约定期间。某公司和孙某在民事调解书中约定 2018 年 10 月 1 日前支付 53000 元，并不违反法律的强制性、禁止性规定，应当尊重其意思自治。因此，某公司于 2018 年 10 月 8 日付款，逾期履行付款义务，明显违反双方当事人履行期间的终点约定，应当依照民事调解书约定承担违约责任。某公司复议提出民事调解书约定 2018 年 10 月 1 日前支付，即是包含 2018 年 10 月 1 日本数，进而顺延至 2018 年 10 月 8 日支付款项，其复议理由将当事人另有约定的规则排除在外，没有法律依据，本院不予支持。故裁定驳回复议申请人某公司的复议申请，维持安徽省合肥市瑶海区人民法院（2018）皖 0102 执异 54 号执行裁定。

专家点评

此案涉及民法典总则编第 204 条的规定，本条规定继承了原《民法总则》第 204 条的规定，并将“依照本法”改为“依照民法典”。

根据本条规定，期间的计算方法依照民法典的规定，但是法律另有规定或者当事人另有约定的除外。本案中，某公司和孙某在民事调解书中约定 2018 年 10 月 1 日前支付 53000 元，虽然 10 月 1 日是法定节假日，但是只要当事人的意思表示真实，法律便应予以尊重。因此，某公司于 2018 年 10 月 8 日付款，属于逾期履行付款义务，其提出民事调解书约定 2018 年 10 月 1 日前支付，是依法顺延的结果的理由不能成立。

图书在版编目（CIP）数据

中华人民共和国民法典释义与案例评注．总则编 / 杨立新主编．—北京：中国法制出版社，2020（2020.12重印）

ISBN 978－7－5216－1094－9

Ⅰ．①中… Ⅱ．①杨… Ⅲ．①民法－总则－法律解释－中国②民法－总则－案例－中国 Ⅳ．①D923.05

中国版本图书馆 CIP 数据核字（2020）第 080224 号

策划编辑 谢雯 责任编辑 谢雯 王紫晶 封面设计 杨泽江

中华人民共和国民法典释义与案例评注·总则编

ZHONGHUA RENMIN GONGHEGUO MINFADIAN SHIYI YU ANLI PINGZHU ·ZONGZEBIAN

主编/杨立新

经销/新华书店

印刷/三河市国英印务有限公司

开本/730 毫米×1030 毫米 16 开 印张/35.5 字数/513 千

版次/2020 年 6 月第 1 版 2020 年 12 月第 3 次印刷

中国法制出版社出版

书号 ISBN 978－7－5216－1094－9 定价：125.00 元

北京西单横二条 2 号

邮政编码 100031 传真：010－66031119

网址：http：//www.zgfzs.com **编辑部电话：010－66070046**

市场营销部电话：66033393 **邮购部电话：010－66033288**

（如有印装质量问题，请与本社印务部联系调换。电话：010－66032926）